DIE VÖLKER OHNE GESCHICHTE

Eric R. Wolf betrachtet Weltgeschichte in völlig neuer Perspektive: aus der Sicht der kolonialisierten Länder. Er demonstriert anhand einer Fülle von Beispielen, daß die kulturellen und ökonomischen Beziehungen zwischen diesen Ländern und dem Abendland längst vor dem Jahre 1492 einsetzten. Deutlich wird so die eigenständige und eigenartige Geschichte der Völker und Gesellschaften der heutigen Dritten und Vierten Welt – eine Geschichte, die in höchst unterschiedlichen Mischungen aus Widerstand und Kollaboration in den Prozeß kolonialer Übermächtigung eingegangen ist. Mit diesem Perspektivenwechsel und seiner rigorosen Kritik an der ethnologischen Mythenbildung vom „edlen Wilden" und von „Authentizität" hat der Kulturanthropologe Wolf den Weg für ein neues Geschichtsverständnis gewiesen.

Eric R. Wolf ist Professor für Anthropologie am Herbert H. Lehman College der City University of New York.

Eric R. Wolf

DIE VÖLKER OHNE GESCHICHTE

Europa und die andere Welt seit 1400

Aus dem Amerikanischen
von Niels Kadritzke

Campus Verlag
Frankfurt/New York

Die amerikanische Ausgabe *Europe and the People Without History* erschien 1982
bei der University of California Press, Berkeley und Los Angeles.

Die deutsche Ausgabe wurde mit dem Einverständnis des Autors
um die „Bibliographical Notes“ gekürzt.

Die Deutsche Bibliothek – CIP-Einheitsaufnahme

Wolf, Eric R.:
Die Völker ohne Geschichte : Europa und die andere Welt seit 1400 / Eric R. Wolf. Aus dem Amerikan. von Niels Kadritzke. – Studienausg. – Frankfurt/Main ; New York :
Campus Verlag, 1991.
Einheitssacht.: Europe and the people without history ‹dt.›
ISBN 3-593-34527-7

Studienausgabe 1991

Umschlaggestaltung: Atelier Warminski, Büdingen
Umschlagmotiv: Theodor de Bry, Die Ankunft des Kolumbus in Amerika (1594)
Druck und Bindung: Fuldaer Verlagsanstalt, Fulda
Printed in Germany

Für Sydel

Inhalt

Vorwort

Die Anthropologie muß endlich die Geschichte entdecken, schrieb ich im Jahre 1968 – eine Geschichte, die Aufschluß darüber geben könnte, auf welche Weise die Gesellschaftssysteme der modernen Welt entstanden sind, und die sich um eine plausible analytische Erklärung aller Gesellschaften, einschließlich unserer eigenen, zu bemühen hätte. Ich war davon überzeugt, daß eine solche analytische Geschichtsbetrachtung nötig sei, um jener innerhalb der Humanwissenschaften überhandnehmenden formalen Rationalität entgegenzuwirken, die nichts mehr über die Ursachen des menschlichen Handelns herausfinden wollte, sondern nur noch technische Lösungen für vorwiegend in technischen Kategorien wahrgenommene Probleme anstrebte. Unsere wissenschaftlichen Methoden wurden im Laufe dieser Entwicklung zwar immer differenzierter, die Ergebnisse dafür aber offensichtlich immer platter. Um nicht in der Produktion von Banalitäten zu versinken, bedurfte es aus meiner Sicht des Bemühens, die Wurzeln der Gegenwart in der Vergangenheit aufzudecken. Nur auf diesem Wege könnten wir die Kräfte begreifen lernen, von denen die hier und heute existierenden Gesellschaften und Kulturen bewegt werden. Die damals formulierten Überzeugungen waren der Ausgangspunkt für dieses Buch.

Nun war mir von Anfang an klar, daß eine solche analytische Geschichtsschreibung nicht aus dem Studium einer einzelnen Kultur oder Nation, einer isolierten Kultursphäre oder gar aus dem Studium eines einzelnen Kontinents innerhalb einer einzigen Periode hervorgehen könnte. Man mußte vielmehr auf die Einsichten einer älteren anthropologischen Schule zurückkommen und sich wieder auf die fruchtbaren Vorstellungen einlassen, von denen sich Anthropologen wie Alfred Kroeber und Ralph Linton bei ihren Bemühungen um die Entwicklung einer globalen Kulturgeschichte hatten leiten lassen. Sie hatten nämlich begriffen, was wir offenbar wieder vergessen haben: daß die Menschen ihre unterschiedlichen Kulturen nicht isoliert voneinander hervorbringen, sondern sich dabei wechselseitig beeinflussen.

Diese ältere Anthropologie wußte freilich wenig über die entscheidenden Triebkräfte auszusagen, die für die wechselseitige Beeinflussung der Kulturen seit 1492 gesorgt hatten – über die Kräfte also, die Europa zur Expansion seines Handels und zum Industriekapitalismus vorantrieben. Dabei sind die kulturellen Verbindungen, die diese Anthropologenschule zu beschreiben versuchte, nur dann angemessen zu erfassen, wenn man sie in ihre politischen und ökonomischen Zusammenhänge stellt. Die Erkenntnisse der Anthropologie müssen mithin im Lichte einer neuen, historisch orientierten Politischen Ökonomie neu durchdacht werden.

Der Versuch, dies zu leisten, muß über die gängigen Darstellungsweisen der Geschichte der westlichen Welt hinaus- und davon ausgehen, daß dieser weltweite Entwicklungsprozeß westliche und nicht-westliche Völker gemeinsam erfaßt und untereinander verknüpft hatte. Die meisten ethnischen Gruppen waren zu dem Zeitpunkt, da sie von der anthropologischen Forschung heimgesucht wurden, schon des längeren in die Veränderungsprozesse hineingezogen, die durch die Expansion der Europäer in Gang gekommen waren, und haben zu diesen Prozessen ihre eigenen Beiträge geleistet. Heute können wir uns nicht mehr damit begnügen, die Geschichte nur der siegreichen Eliten zu schreiben bzw. die Unterwerfung der beherrschten ethnischen Gruppen zu protokollieren. Sozialhistoriker und historische Soziologen machen uns klar, daß die »kleinen Leute« an den historischen Prozessen nicht nur als Opfer und stumme Zeugen, sondern gleichermaßen auch als aktiv Handelnde beteiligt waren. Demnach gilt es, die Geschichte der »geschichtslosen Völker« überhaupt erst aufzudecken – also die aktive Geschichte der sogenannten »Primitiven«, der bäuerlichen Massen, der Arbeiter, der Einwanderergruppen und bedrängten ethnischen Minderheiten.

Im Sinne dieser Zielsetzung stellt dieses Buch den Versuch dar, die Demarkationslinien zwischen den verschiedenen humanwissenschaftlichen Disziplinen zu überschreiten und die Grenzen zwischen westlicher und nicht-westlicher Geschichte aufzuheben. Ich habe es in dem Vertrauen geschrieben, daß ein besseres Verständnis der historischen Bedingtheiten der Menschengattung heute in den Bereich des Möglichen gerückt ist.

Der Anlauf zu diesem Buch ergab sich auch aus den Ansätzen einer intellektuellen Neubesinnung, die für die späten 60er Jahre so typisch waren. Angehen konnte ich dieses Projekt dann während meines einjährigen Forschungsaufenthaltes in England (1973/74), den ein Forschungsstipendium des *National Endowment for the Humanities* möglich machte. Die Unterstützung durch diese Stiftung sei an dieser Stelle mit Dankbarkeit vermerkt.

Im Frühjahr 1974 begann ich dieses Buch zu schreiben; die Endfassung war 1981 abgeschlossen. Sie wurde dann von mehreren Freunden mit kritischem Blick gelesen. Mein Dank gilt in diesem Zusammenhang Roderick Aya, Richard Fox, Ashraf Ghani, Shirley Lindenbaum, Rayna Rapp, Roger Sanjek, Jane Schneider und Peter Schneider. Samuel Bowles und Sidney Mintz opferten ihre Zeit, um sich mit mir über verschiedene Punkte schriftlich auseinanderzusetzen. Insoweit ich auf ihre Ratschläge *nicht* eingegangen bin, liegt die Verantwortung ausschließlich bei mir. Daß mein Freund Angel Palerm gestorben ist, bevor er diese Arbeit lesen konnte, hat mich sehr traurig gemacht; ich habe seine scharfsinnigen Kommentare sehr vermißt.

Für Quellenhinweise habe ich vielen zu danken: Anne Bailey, Mario Bick, Charles Bishop, Warren DeBoer, Ashraf Ghani, Herbert Gutman, Shirley Hune, Herbert Klein, Carol Kramer, Hermann Rebel, Roger Sanjek, Gerald Sider, Juan Villamarîn, Elizabeth Wahl und Frederick Wyatt. Rat und Beistand bei der Auswahl des Bildmaterials erhielt ich von Anna Roosevelt, James G. E. Smith und Donald Werner von der *Heye Foundation* des *Museum of the American Indian*, von Robert Carneiro, Barbara Conklin und Gordon Ekholm vom *American Museum of Natural History*, von William Sturtevant von der *Smithsonian Institution* sowie von Lambros Comitas, June Finfer, Fred Popper, Lucie Wood Saunders, Bernard B. Shapiro und Archibald Singham. Die hervorragenden Karten wurden von Noel L. Diaz und Caryl Davis gezeichnet. Ihnen allen bin ich sehr zu Dank verpflichtet. Großen Dank schulde ich auch der *School of Oriental and African Studies* und der *London School of Economics and Political Science* an der *University of London*, deren Bibliotheksbestände ich in Anspruch nehmen konnte. Während des gesamten Arbeitsprozesses boten mir das *Herbert H. Lehman College* der *City University of New York* und das *Ph. D. Program in Anthropology* am *Graduate School and University Center* der *City University of New York* eine für Forschung, Lehre und intellektuellen Austausch außerordentlich anregende Umgebung. Dafür sei an dieser Stelle herzlich gedankt.

Aber alle diese Bemühungen wären fruchtlos geblieben ohne den Rat, die redaktionellen Fähigkeiten und die nie erlahmende Unterstützung von Sydel Silverman, meiner Gefährtin, Ehefrau und wichtigsten Kritikerin in Sachen Anthropologie. »Di tante cose quant' i'ho vedute, dal tuo podere e dalla tua bontate riconosco la grazia e la virtute« (*Paradise*, XXXI). Als Ausdruck meiner Liebe und Bewunderung habe ich ihr dieses Buch gewidmet.

E. R. W.

Vorwort zur deutschen Ausgabe

Dieses Buch lege ich dem deutschsprachigen Publikum mit ausgesprochen großer Freude vor – mit Freude, aber auch mit einem gewissen Bangen. Mit Bangen deshalb, weil zwar eine Anzahl von Begriffen – wie »Kultur«, »Produktionsweise« oder »Geschichte« – auf beiden Seiten des Atlantik gleichermaßen vertraut sind, eben diese gemeinsame Vertrautheit aber auch die Konturen der Problemstellung verwischen könnte, die gerade das Besondere dieser Arbeit ausmacht.

Zwar verarbeite ich historische Erkenntnisse und Perspektiven, will aber dabei keine »Weltgeschichte« darstellen. Ich ziehe vergleichende ethnologische Studien heran, beabsichtige dabei aber keine »Völkerkunde«. Meine Arbeit stellt vielmehr den Versuch dar, über beide Arten wissenschaftlicher Vorhaben hinauszugelangen. Meine These lautet, daß die Sammler-, Ackerbauern- und Hirtenvölker, denen anthropologische Studien gewidmet wurden, weder eine historisch abgeschlossene Stufe in der Entwicklung der menschlichen Kultur darstellen noch eine Art menschlicher Wesen, die sich von uns heutigen Menschen qualitativ unterscheiden würden.

Ich versuche demgegenüber zu zeigen, daß sich die Lebensweisen dieser Menschen in fortwährender Wechselwirkung mit uns und unserer Lebensweise herausgebildet haben. Und daß wiederum diese Wechselwirkung qualitativ auf derselben Stufe angesiedelt ist wie jene, die den Aufbau von Gesellschaft, Nation, Weltreich, Zivilisation im sogenannten Westen geprägt hat. Wir alle spielen also unsere jeweiligen Rollen in demselben historischen Drama, bewegen uns innerhalb desselben Netzes von Kommunikations- und Austauschbeziehungen. Insofern möchte ich die übliche Grenzziehung überwinden, die die Erforschung »primitiver« und »zivilisierter« Kulturen unterschiedlichen Disziplinen zuweist.

Im übrigen halte ich daran fest, daß wir das Wesen der zeitübergreifenden Wechselwirkungen nicht verstehen werden, wenn wir nicht die Natur der ökonomischen und politischen Prozesse begriffen haben, die diese Wechselwirkungen sowohl in der Vergangenheit als auch in der Gegenwart bestimmen. Wir müssen also das Studium von Kultur und Geschichte mit dem Studium der ökonomischen und politischen Verhältnisse zusammenbringen. Zu diesem Zweck beziehe ich mich auf Marx – auf den Marx allerdings, der die entscheidenden Beziehungen analysiert, die der Gesellschaft zugrundeliegen, und nicht auf den Philosophen der Entfremdung oder den Marx, der eine Zukunft ohne Widersprüche prophezeit hat. Ich habe auch nicht die Absicht nachzuweisen, ob und daß sich verschiedene Kulturen in das Raster bestimmter Produktionsweisen einfügen, die ihrerseits in ihrer vorgegebenen Abfolge nur ein starres Evolutionsschema demonstrieren sollen.

Ich will vielmehr aufzeigen, daß die Ähnlichkeiten und Unterschiede der kulturtragenden Populationen so lange unverstanden bleiben, wie jede dieser Populationen als Träger eines unabhängigen und unwandelbaren »Kulturguts« betrachtet wird. Und auch in dieser Hinsicht gehe ich davon aus, daß solche Beziehungen am klarsten ermittelt werden können, wenn wir die Grenzen spezialisierter Forschungsgebiete überwinden und damit den Rahmen für ein neues, integratives Verständnis gewinnen.

Für die Möglichkeit, diese Überlegungen auch deutschen Lesern nahezubringen, danke ich dem Campus Verlag und dem Übersetzer Niels Kadritzke, der dieses Buch in ausdauernder und gewissenhafter Arbeit in ein angemessenes Deutsch übertragen hat.

Irvington, N. Y., im Mai 1986 E. R. W.

Karawane beim Verlassen von Aleppo. Kupferstich von Theodor de Bry, 1599 (Rare Books and Manuscript Division.the New York Public Library. Astor, Lenox, and Tilden Foundations)

Teil I

Verflechtungen

Kapitel 1

Einleitung

Die zentrale Aussage dieses Buches lautet: Unsere Menschenwelt stellt sich als eine vielfältige Totalität miteinander verbundener Prozesse dar, und Untersuchungen, die diese Totalität zerstückeln, ohne sie wieder zusammenzusetzen, verfälschen die Realität. Begriffe wie »Nation«, »Gesellschaft« oder »Kultur« sind lediglich Bezeichnungen für einzelne Bruchstücke und laufen Gefahr, für die Sache selbst genommen zu werden. Nur wenn wir diese Begriffe als Bündel von Beziehungen auffassen und nur indem wir sie auf die Zusammenhänge zurückbeziehen, aus denen wir sie ursprünglich entwendet haben, können wir – hoffentlich – Trugschlüsse vermeiden und unseren Erkenntnishorizont erweitern.

Die Feststellung, daß wir doch alle miteinander »in einer Welt« leben, ist heute in gewisser Weise zum Gemeinplatz geworden.

Denken wir an die ökologischen Zusammenhänge: New York hat unter der Hongkong-Grippe zu leiden, und die Weinreben Europas werden durch amerikanische Blattläuse vernichtet. Dann die demographischen Zusammenhänge: Menschen aus Jamaika wandern nach London, Chinesen nach Singapur aus. Oder die ökonomischen Zusammenhänge: Die Stillegung von Ölquellen am Persischen Golf legt Kraftwerke in Ohio lahm; eine ungünstige Zahlungsbilanz der USA läßt amerikanische Dollars auf Bankkonten in Frankfurt oder Yokohama abfließen; die Italiener stellen Fiat-Autos in der Sowjetunion her; die Japaner bauen ein Wasserkraftwerk in Sri Lanka. Denken wir schließlich an die politischen Zusammenhänge: Europäische Kriege lösen Reaktionen rund um den Erdball aus; amerikanische Truppen intervenieren in den Randzonen Asiens; finnische UNO-Soldaten überwachen die Grenze zwischen Israel und Ägypten.

Und all das gilt nicht nur für die Gegenwart, sondern auch für die

Vergangenheit. Krankheiten aus Eurasien haben die Urbevölkerung von Amerika und Ozeanien dahingerafft. Die Syphilis ist von der Neuen in die Alte Welt eingeschleppt worden. Die Europäer haben samt ihren Pflanzen und Tieren die amerikanischen Subkontinente erobert; die Kartoffel, die Maispflanze und der Maniokstrauch haben sich von Amerika über die ganze Alte Welt ausgebreitet. Afrikaner wurden in riesiger Zahl gewaltsam in die Neue Welt verfrachtet; chinesische und indische Kontraktarbeiter schickte man nach Südostasien und zu den westindischen Inseln. Portugal gründete eine portugiesische Siedlung in Macao vor der chinesischen Küste. Holländer erbauten mit aus Bengalen herangeschafften Arbeitskräften die Stadt Batavia, das heutige Djakarta. Irische Kinder wurden als Dienstpersonal nach Westindien verkauft. Geflohene afrikanische Sklaven fanden im Bergland von Surinam Zuflucht. Die Europäer lernten indische Textilien und chinesisches Porzellan kopieren, die Schokolade der amerikanischen Ureinwohner trinken, amerikanischen Tabak rauchen und mit arabischen Zahlen umgehen.

All diese Fakten sind wohlbekannt. Sie verweisen auf Kontakte und Berührungsflächen, Verbindungen und wechselseitige Beziehungen. Aber von der Wissenschaft, die uns doch zum Verständnis der sichtbaren Erscheinungen verhelfen soll, werden sie großenteils standhaft übersehen. Historiker, Ökonomen und Politikwissenschaftler legen ihren Forschungen jeweils separate Nationen als Bezugsrahmen zugrunde. Die Soziologie unterteilt die Welt nach wie vor in getrennte Gesellschaften. Selbst die Anthropologie, die sich früher intensiv mit der Frage beschäftigt hat, wie sich bestimmte Kulturmerkmale über die ganze Welt ausgebreitet haben, zerlegt ihren Gegenstand heute in einzelne Fallstudien: Jede Gesellschaft hat ihre eigenständige Kultur, wird als ein in sich geschlossenes und streng umgrenztes System wahrgenommen, das sich von anderen, ebenso abgezirkelten Systemen abhebt.

Wenn nun gesellschaftliche und kulturelle Eigenständigkeit und gegenseitige Abschottung ein allgemeines Merkmal der menschlichen Gattung wären, müßte man dieses Merkmal doch wohl am ehesten bei den sogenannten primitiven, also jenen »geschichtslosen« Völkern antreffen, die sich – wie man meinen sollte – untereinander und von der Außenwelt isoliert gehalten haben. Aber was besagen angesichts dieser Hypothese die Erkenntnisse der Archäologen, wonach bereits im Jahre 1570 an der damaligen Grenze des Niagara-Flusses europäische Handelsgüter auftauchten? Oder wonach bereits im Jahre 1670 beim Irokesen-Stamm der Onandaga so gut wie keine Gegenstände aus einheimischer Fertigung mehr anzutreffen waren (sieht man von ihren Pfeifen ab)? Auf der anderen Seite des Atlantiks wurden die Organisation und die Lebensweise großer afrikanischer Bevölkerungsgruppen durch den Sklavenhandel ganz erheblich verändert. Da die europäischen Sklavenhändler ihre Ware lediglich von der afrikanischen Küste nach ihren Bestimmungsorten auf den amerikanischen Subkontinenten verfrachteten, lag das Geschäft der Warenbeschaffung ausschließlich in afrikanischer Hand. Auf diesem »afrikanischen Fundament« erhob sich nach den Worten des britischen Merkantilisten Malachy Postlethwayt »das imposante Gebäude der amerikanischen See- und Handelsmacht«. Von Senegambia in Westafrika bis Angola wurde eine Population nach der anderen in diesen Sklavenhandel hineingezogen, der mit seinen Greifarmen weit ins Landesinnere vordrang und schließlich Menschen erfaßte, die vorher nicht einmal einen der europäischen Händler an der Küste zu Gesicht bekommen hatten. Jeder Bericht über die Kru, die Fanti, die Aschanti oder die Ijaw, über die Igbo, die Kongo, die Luba, die Lunda oder die Ngola, der diese ethnischen Gruppen als selbstgenügsame »Stämme« behandelt, mißdeutet die afrikanische Geschichte ebenso wie die afrikanische Gegenwart.

Die Handelsbeziehungen mit den Irokesen oder mit Westafrika hatten sodann aber auch ihre Rückwirkungen auf Europa. Zwischen 1670 und 1760 entstand eine irokesische Nachfrage nach rotem Tuch und blauen Stoffen aus dem Stroudwater-Tal im englischen Gloucestershire. Zugleich war dies eines der ersten Gebiete, wo die englischen Weber ihre Selbständigkeit einbüßten und zu industriellen Lohnarbeitern wurden. Womöglich hing also der Amerikahandel mit dem Beginn der industriellen Revolution gerade in diesem Tal zusammen. Auf alle Fälle verdienten die Waffenhersteller von Birmingham an der Produktion von mehr als 5500 Musketen, die sie innerhalb von nur drei Jahren (1658–1661) an die afrikanische Goldküste lieferten (Jennings 1977, 99 f.; Daaku 1970, 150 f.).

Wenn wir auf Schritt und Tritt auf solche Zusammenhänge stoßen, warum verwandeln wir dann eigentlich ständig dynamische und miteinander verknüpfte Erscheinungen in statische und voneinander isolierte? Zum Teil erklärt sich das mit der Art und Weise, wie man uns unsere eigene Geschichte beibringt. Außerhalb wie innerhalb der Schule lehrt man doch, daß es z. B. so etwas wie »den Westen« gebe, den wir uns als eine Gesellschaft und eine Zivilisation vorstellen, die unabhängig von und in Kontrast zu anderen Gesellschaften und Zivilisationen existiert. Viele von uns sind sogar in dem Glauben an eine westliche Abstammungslehre aufgewachsen, wonach das antike Griechenland das alte Rom hervorgebracht hat, Rom wiederum das christliche Europa, das christliche Europa die Renaissance, die Renaissance die Aufklärung und die Aufklärung die politische Demokratie sowie die industrielle Revolution. Die Industrie wiederum soll – nachdem sie sich mit der Demokratie vermählt hat – die Vereinigten Staaten von Amerika gezeugt haben, die bekanntlich das Recht auf Leben und Freiheit sowie das Streben nach Glück verkörpern.

Ein solches Entwicklungsschema ist irreführend aus zwei Gründen. Erstens, weil es die Geschichte als eine Traumkarriere der Moral darstellt, als historisches Etappenrennen, bei dem jeder Teilnehmer die Fackel der Freiheit an den nachfolgenden Stafettenläufer übergibt. Geschichte verwandelt sich damit in eine märchenhafte Legende, die vom Siegeszug des Guten, von der Überwindung der Bösen durch die Tugendhaften handelt. Nicht selten wird daraus eine Geschichte, bei der die Sieger allein schon durch ihren Sieg beweisen, daß sie die Tugendhaften und Guten sind. Wenn der historische Prozeß die Durchsetzung eines moralischen Anliegens in der zeitlichen Dimension sein soll, werden diejenigen, die Anspruch auf dieses Anliegen erheben, automatisch zum auserwählten Werkzeug der Geschichte.

Dieses Schema ist noch in einem zweiten Sinne irreführend. Wenn Geschichte nichts als die Legende eines sich Schritt für Schritt verwirklichenden Anliegens ist, dann ist jedes Einzelglied des historischen Stammbaums, oder jeder Träger der Stafette, lediglich ein Vorbote der endgültigen Idealgestalt – und nicht etwa ein Produkt vielfältiger sozialer und kultureller Prozesse, die zu einer bestimmten Zeit und an einem bestimmten Ort abgelaufen sind. Was erfahren wir z. B. über das antike Griechenland, wenn wir es als eine vorgeschichtliche »Miß Liberty« interpretieren, die in der Nacht der Barbarei die Fackel der moralischen Werte emporhält? Wir würden dann kaum ein Gespür für die Klassenkonflikte entwickeln, die die griechischen Städte erschütterten, oder für die Beziehung zwischen den »freien Bürgern« und ihren Sklaven. Wir kämen nicht auf die Frage, warum mehr Griechen auf seiten der persischen Könige kämpften als in den Reihen der hellenischen Allianz gegen die Perser. Wir würden uns nicht für die Tatsache interessieren, daß in Süditalien und Sizilien, das damals *Magna Graecia* hieß, mehr Griechen wohnten als im eigentlichen Griechenland. Und wir hätten auch keinerlei Grund, wissen zu wollen, warum schon bald mehr griechische Söldner in fremden Armeen dienten als im militärischen Aufgebot ihrer Heimatstädte. Griechische Siedler außerhalb Griechenlands, griechische Söldner in nicht-griechischen Armeen, Sklaven aus Thrazien, Phrygien oder Paphlagonien in griechischen Häusern – all das verweist auf die Beziehungen der alten Hellenen mit Griechen und Nicht-Griechen außerhalb Griechenlands. Aber unser historisches Anleitungsschema bietet keinerlei Anreiz, nach solchen Beziehungen zu fragen.

Nirgend tritt dies mythenträchtige Schema deutlicher zutage als in den Schulbuchdarstellungen der Geschichte der USA: Ein Ensemble antagonistischer Kräfte wird als Entfaltungsprozeß einer zeitlosen Wesenheit gefeiert.

So betrachtet erscheinen die ständig verschobenen Grenzen der USA und die häufigen Verwicklungen der Amerikaner in innere und äußere – erklärte wie unerklärte – Kriege auf *eine* Bildebene zusammengedrängt: ein optischer Effekt, den das teleologische Wissen bewirkt, daß die 13 Kolonien, die sich am östlichen Rand des Kontinents festgesetzt haben, innerhalb eines Zeitraums von knapp hundert Jahren die amerikanische Flagge an den Küsten des Pazifik aufpflanzen werden. Aber dieser historische Schlußpunkt war selbst nur die umkämpfte Resultante aus vielen widersprüchlichen Beziehungen. Zum Beispiel haben die Gründer-Kolonien ihre Unabhängigkeit ausgerufen, obwohl eine Mehrheit ihrer Einwohner – europäische Siedler, eingeborene Amerikaner und afrikanische Sklaven zusammengerechnet – den Loyalisten zuneigte, die treu zur englischen Krone hielten. Auch wäre die neue Republik fast am Streitpunkt der Sklavenhaltung gescheitert, der nach einer Serie schwieriger Kompromisse nur dadurch beigelegt wurde, daß zwei Föderationen mit jeweils eigener Expansions-Zone entstanden. Land gab es auf dem neuen Kontinent wahrlich genug zu erschließen, aber das mußte man erst einmal den eingeborenen Amerikanern, die es besiedelten, wegnehmen und dann in lukrativen Grundbesitz umwandeln. Präsident Jefferson konnte Louisiana billig von Frankreich kaufen; aber dieses große Gebiet hatte durch den Aufstand der aus Haiti importierten Sklaven gegen ihre französischen Besitzer seine Bedeutung für das französische Kolonialsystem – es produzierte Nahrungsmittel für die Plantagenwirtschaft in der Karibik – vorher schon eingebüßt. Mit der Besetzung von Florida verloren Schwarze, die der Sklaverei des Südens entkommen wollten, eines ihrer wichtigsten Schlupflöcher. Der Krieg mit Mexiko sicherte den amerikanischen Südwesten für die Sklavenhalter und Baumwollanbauer. Und die spanisch-sprachigen Grundbesitzer, die dem amerikanischen Drang zum Pazifik im Wege waren, wurden einfach zu »Banditen« erklärt, als sie ihr Eigentum gegen die englischsprachigen Neuankömmlinge verteidigen wollten. Dann brach zwischen den Nordstaaten und den Südstaaten – die einen importierten ihre Arbeitskräfte aus Europa, die anderen aus Afrika – einer der blutigsten Kriege der Weltgeschichte aus. Der besiegte Süden wurde eine Zeitlang zur Kolonie des siegreichen Nordens. Aber diese interregionalen Bündnisbeziehungen wandelten sich im Lauf der Zeit, und mit sinkendem Einfluß des industriellen Nordostens bildete sich eine Vorherrschaft des südlichen »Sonnengürtels« heraus. Alles in allem läßt sich nicht übersehen, daß die Republik weder unteilbar noch mit gottgegebenen Grenzen ausgestattet war.

So ist durchaus vorstellbar, daß alles auch hätte ganz anders kommen können. Es hätte etwa eine mehrsprachige Republik Florida entstehen können oder ein französisch orientierter Mississippi-Staat, eine spanischsprachige *New Biscaya,* eine Republik der Großen Seen oder ein nordamerikanisches Kolumbien auf dem Gebiet der heutigen US-Staaten Oregon und Washington sowie des kanadischen British Columbia.

Solche historischen Rückprojektionen kann man nur dann als völlig sinnlos ansehen, wenn man eine gottgewollte Tendenz unterstellt, den nordamerikanischen Kontinent zu einer geopolitischen Einheit zusammenzufassen. Sie machen hingegen Sinn, wenn wir uns das historische Geschehen an seinen Knotenpunkten *materiell* vergegenwärtigen, d. h. uns klarmachen wollen, wie die einen Beziehungen die Oberhand über die anderen gewonnen haben. In dieser Sicht verkörpern weder das antike Griechenland, noch das alte Rom, noch das christliche Europa, noch die Renaissance, noch die Aufklärung, noch die industrielle Revolution, noch die Demokratie und noch nicht einmal die Vereinigten Staaten von Amerika ein Prinzip, das sich – wie von einer inneren Triebfeder in Bewegung gehalten – auf einen sich vollendenden Zustand zubewegt. All diese historischen Größen stellen vielmehr ein sich in Zeit und Raum veränderndes und veränderbares Geflecht von Beziehungen bzw. ein Beziehungsgeflecht inmitten anderer Beziehungsgeflechte dar.

Dieser Punkt hat mehr als nur akademische Bedeutung. Wenn uns ein Begriff zur realen Sache wird, schaffen wir falsche Modelle der Realität. Wenn wir Nationen, Gesellschaften oder Kulturen als nach innen homogene und nach außen isolierte, ausgestanzte Objekte ausgeben, entsteht ein Modell von Welt, das einem globalen Billardtisch gleicht, auf dem die einzelnen Kulturkreise wie harte, runde Billardkugeln aneinanderklacken und sich gegenseitig in Bewegung setzen. Nur wenn sich die Vielfalt unserer Welt so leicht auseinandersortieren läßt wie die verschiedenfarbigen Billardkugeln, läßt sich umstandlos verkünden: »Osten ist Osten und Westen ist Westen – und niemals werden beide zusammenkommen.« Auf diese Weise wird ein wesensmäßiger »Westen« einem ebenso wesensmäßigen »Osten« entgegengestellt, wo ein Menschenleben noch nie etwas zählte und das kriecherische Volk immer nur vor den jeweiligen Despoten im Staube lag.

Als sich später dann auch die Völker anderer Klimazonen ihre politische Unabhängigkeit, vom Osten wie vom Westen, zu erobern begannen, steckte man diese neuen Kandidaten eines eigenständigen geschichtlichen Anspruchs in eine sogenannte »Dritte Welt« der Unterentwicklung, die man – als Restkategorie gegenüber den anderen Billardkugeln – dem entwickelten Westen wie dem sich entwickelnden Osten gegenüberstellte. Später wurden die für die Realität genommenen Kategorien – wohl unvermeidlicherweise – als geistige Waffen im Kalten Krieg eingesetzt: Da hatten wir also unsere »moderne« westliche Welt; ihr gegenüber stand die östliche Welt, die dem

Kommunismus – nach Rostow (1960) eine »Modernisierungskrankheit« – zum Opfer gefallen war; schließlich gab es auch noch die Dritte Welt, die noch in den Fesseln der »Tradition« lag und die sich bei ihren Modernisierungsanstrengungen die Luft abzuschnüren drohte. Wenn es dem Westen gelingen würde, die traditionellen Fesseln aufzubrechen, könnte er das arme Opfer vor der vom Osten ausgebrüteten und ausgebreiteten Krankheit vielleicht noch erretten und der Dritten Welt den Weg in die Modernisierung weisen – den Weg ins Leben, in die Freiheit und ins westliche Glück. Das fürchterlichste Produkt dieser Denkweise war die Theorie der »Zwangsurbanisierung« (Huntington 1968, 655). Sie lief darauf hinaus, daß die Vietnamesen in die Modernisierung hineingetrieben werden könnten, wenn es nur gelänge, sie durch Flächenbombardierungen und die Entlaubung des flachen Landes in die Städte zu zwingen. So werden Begriffe zu realen Objekten, die man in einem realen Krieg durch einen Federstrich zum Angriffsziel erklären kann.

Der Aufstieg der Sozialwissenschaften

Die Gewohnheit, Begriffseinheiten wie Irokesen, Griechenland, Persien oder die Vereinigten Staaten als isolierte und starre Realgebilde mit stabiler Binnenstruktur und stabilen äußeren Grenzen anzusehen, macht es uns unmöglich, ihre Konfrontation und ihr tatsächliches Konfliktverhalten zu verstehen. Und wenn wir aus solch imaginären Bauklötzen Pyramiden basteln und mit den Bezeichnungen »Osten« und »Westen« oder Erste, Zweite und Dritte Welt belegen, treiben wir diese Verständnisschwierigkeiten nur auf die Spitze. Wahrscheinlich haben wir es hier mit einer grundsätzlichen konzeptionellen Fehleinschätzung gesellschaftlicher und politischer Erscheinungen zu tun, und nicht nur mit einer kurzfristigen Verirrung. Irgendwann in der Vergangenheit haben wir offenbar den falschen Erkenntnisweg eingeschlagen, eine falsche Entscheidung getroffen, die unser Denken bis in die Gegenwart verdorben hat.

Dieser entscheidende Zeitpunkt läßt sich genau bestimmen. Er liegt in der Mitte des vergangenen Jahrhunderts, als sich die wissenschaftliche Forschung über Wesen und Vielfalt der menschlichen Gattung in zwei selbständige (und ungleiche) Fach- und Spezialgebiete aufspaltete. Diese Spaltung war verhängnisvoll. Sie erbrachte nicht nur Fortschritte im Sinne gründlicher und spezialisierter Untersuchungen über spezifische Aspekte der menschlichen Existenz; sie verkehrte auch die ideologische Rechtfertigung, mit der die neu entstandenen Spezialgebiete begründet wurden, in eine intellektuelle. Nirgends wird dies deutlicher als im Fall der Soziologie. Bevor diese Disziplin entstand, gab es die Politische Ökonomie, die sich mit dem »Reichtum der Nationen« beschäftigte, also der Erzeugung und Verteilung von Reichtum innerhalb bzw. zwischen den politischen Einheiten und den Klassen, aus denen sie sich zusammensetzten. Mit der Beschleunigung der kapitalistischen Entwicklung im 18. Jh. geriet diese Staats- und Klassenstruktur zunehmend unter Druck, und zwar seitens der neuen, »aufsteigenden« gesellschaftlichen Gruppen und Klassen. Diese forderten die rechtsförmige Durchsetzung ihrer Ansprüche gegenüber den alten Gruppen, die der Staat verteidigte und repräsentierte. Dieselbe Herausforderung machte sich auf der geistigen Ebene geltend. Die neuen Kräfte beriefen sich auf die Verpflichtungskraft sozialer, ökonomischer, politischer und ideologischer Gemeinsamkeiten, die sich im Begriff einer dem Staat entgegengesetzten »Gesellschaft« kristallisierten. Die wachsende, sich gegen die politische und ideologische Ordnung artikulierende Unzufriedenheit entlud sich schließlich in Unruhen, Aufruhr und Revolution. Dieses Gespenst sozialer Unruhen und Revolutionen löste die Frage aus, wie gesellschaftliche Ordnung aufrechterhalten und wiederhergestellt werden könne, ja auf welche Weise gesellschaftliche Ordnung überhaupt möglich sei. Die Soziologie hoffte also, eine Antwort auf die »soziale Frage« zu finden. Sie hatte nach Rudolph Heberle »einen eminent politischen Ursprung ... Saint Simon, Auguste Comte und Lorenz Stein sahen in der neuen Wissenschaft von der Gesellschaft ein Gegenmittel gegen das Gift der sozialen Desintegration«. (Zit. n. Bramson 1961, 12, Anm. 2.)

Die frühen Soziologen wollten diese Aufgabe lösen, indem sie den Bereich der »sozialen Beziehungen« aus der Politischen Ökonomie herauslösten. Sie verwiesen auf sichtbare und zuvor nur unzureichend untersuchte Bindungen, welche die Menschen untereinander als Individuen, in Gruppen und Vereinigungen oder als Mitglieder von Institutionen eingehen. Dieses Gebiet der gesellschaftlichen Beziehungen machten sie alsbald zum Gegenstand ihrer intensiven Bemühungen. Daraus resultierte eine ganze Reihe theoretischer Postulate, mit deren Hilfe sie die Soziologie von der politischen Wissenschaft und von der Ökonomie abgrenzten. Den gemeinsamen Nenner dieser Postulate würde ich folgendermaßen zusammenfassen:

1. Im Laufe des gesellschaftlichen Lebens gehen die Individuen miteinander bestimmte Beziehungen ein. Diese Beziehungen lassen sich von dem ökonomischen, politischen und ideologischen Kontext, in dem sie auftreten, abstrahieren und als eigenständige Erscheinungen behandeln. Inso-

fern sie autonom sind, bilden sie einen eigenen Bereich: den Bereich des Gesellschaftlichen.

2. Gesellschaftliche Ordnung setzt dichtere und ausgedehntere gesellschaftliche Beziehungen zwischen den Individuen voraus. Je dichter diese Bindungen werden und je weiter sie ausgreifen, desto sicherer ist die Gesellschaftsordnung. Die Maximierung verwandtschaftlicher und nachbarschaftlicher Bindungen bzw. des Gruppen- und Vereinszusammenhalts ist daher gut für die gesellschaftliche Ordnung. Umgekehrt gilt: Werden solche Bindungen nicht maximiert, ist die gesellschaftliche Ordnung gefährdet. Die Entwicklung vieler und verschiedenartiger Bindungen vermindert auch die Gefahr einer klassenmäßigen Polarisierung.
3. Die Herausbildung und Aufrechterhaltung solcher Bindungen hängt in starkem Maße von der Existenz und Verbreitung gemeinsamer Gewohnheiten und Überzeugungen ab. Ein moralischer Konsens, zumal wenn er auf ungeprüften Überzeugungen und nicht auf über den Verstand angeeigneten Gewohnheiten beruht, stärkt die gesellschaftlichen Bindungen. Umgekehrt werden diese geschwächt, wenn die Individuen von reinen Nützlichkeitserwägungen ausgehen und lediglich Geboten der technischen Vernunft folgen.
4. Die Entwicklung sozialer Beziehungen und die Ausbreitung entsprechender Gewohnheiten und Überzeugungen bringen eine Gesellschaft hervor, die sich als Gesamtsystem der gesellschaftlichen Beziehungen zwischen den Individuen darstellt. Gesellschaftliche Beziehungen konstituieren Gesellschaft – umgekehrt ist Gesellschaft die Ebene, die alles zusammenhält, auf der sich Berechenbarkeit und Ordnung herstellen. Bei geordneten und stetigen gesellschaftlichen Beziehungen gilt die Gesellschaftsstruktur als innerlich stabil. Die Ausdehnung dieser Struktur deckt sich mit der Dichte und Reichweite der sozialen Beziehungen. Wo diese deutlich schwächer und seltener werden, stößt die Gesellschaft an ihre äußeren Grenzen.

Wo steckt in diesen Annahmen der Haken? Erstens machen sie uns für die Vorstellung anfällig, daß soziale Beziehungen nicht nur autonom seien, sondern jenseits ihrer ökonomischen, politischen oder ideologischen Zusammenhänge auch noch eine eigene innere Gesetzmäßigkeit aufweisen. Insofern soziale Beziehungen als Beziehungen zwischen Einzelpersonen erscheinen, wird die Interaktion zwischen den einzelnen zum Ursprungsgrund gesellschaftlichen Lebens. Und zweitens: Da gesellschaftliche Unordnung in Abhängigkeit von der Quantität und Qualität der gesellschaftlichen Beziehungen gesehen wird, werden die ökonomische, die politische oder ideologische Dimension als möglicher Ursprung sozialer Unordnung immer weniger reflektiert – statt dessen die Ursachen der Unordnung auf der Ebene von Familie und Gemeinschaft gesucht. Das Interesse richtet sich also vor allem auf die Frage, wie man ein anständiges Familien- und Gemeinschaftsleben bewerkstelligen kann. Weil man aber in der Abweichung der Überzeugungen und Gewohnheiten von den üblichen Normen den Ursprung der Unordnung ausgemacht hat, erklärt man möglichst einheitliche Gewohnheiten und übereinstimmende Überzeugungen zum Eckstein einer anständig funktionierenden Gesellschaftsordnung. Drittens läßt sich mit Hilfe besagter Postulate ein *allgemeiner* Begriff von Gesellschaft mir-nichts-dir-nichts mit einer *bestimmten* Gesellschaft gleichsetzen. Das allgemeine Problem, wie dem Ordnungsdefizit von Gesellschaft zu begegnen sei, verwandelt sich in die konkrete Frage, wie man in einer bestimmten Gesellschaft »Ordnung schaffen« könne.

In unserer handfesten Gegenwart wird die Gesellschaft, in der es Ordnung zu schaffen gilt, sodann mit einem bestimmten Nationalstaat identifiziert, der Ghana oder Mexiko oder auch USA heißen kann. Da die gesellschaftlichen Beziehungen aus ihrem ökonomischen, politischen oder ideologischen Kontext herausgelöst wurden, läßt sich dieser Nationalstaat ohne weiteres als Struktur gesellschaftlicher, von gemeinsamen moralischen Normen geprägter Bindungen darstellen – statt als Geflecht von ökonomischen, politischen und ideologischen Beziehungen, die wiederum mit anderen Strukturen verflochten sind. Als Triebfeder fungierten in dieser soziologischen Theorie also nicht etwa ökonomische, politische oder ideologische Kräfte, sondern inhaltslose soziale Beziehungen. Und da diese auf den Bannkreis der einzelnen Nationalstaaten beschränkt sind, treten als Hauptdarsteller der Geschichte eben die Nationalstaaten auf, die durch ihre inneren gesellschaftlichen Beziehungen zum Handeln getrieben werden. Die einzelne Gesellschaft ist nur noch ein Objekt, das von einem inneren Uhrwerk in Gang gehalten wird.

Ökonomie und Politische Wissenschaft

Das Herauslösen der sozialen Beziehungen aus den ökonomischen, politischen und ideologischen Zusammenhängen, in die sie eingebettet sind, die sie aber auch aktiv gestalten, vollzog sich in einem Prozeß, durch den die ökonomischen und politischen Dimensionen des menschlichen Lebens zu separaten Wissenschaftsdisziplinen ernannt wurden. Die Ökonomie ließ von der Fragestellung ab, wie eine gesellschaftlich organisierte Bevölkerung ihr

Gemeinwesen mit Gütern versorgt, und forschte nur noch der Frage nach, wie durch Nachfrage ein Markt entsteht. Die Leittheorie dieser neuen ökonomischen Disziplin war

»eine Theorie über Märkte und Markt-Abhängigkeit. Dabei handelt es sich um eine Theorie des allgemeinen Austauschgleichgewichts, die sich, fast nebenbei, auch noch mit der Produktion und Distribution beschäftigt. Sie ist keine Theorie über ein Gesellschaftssystem und schon gar nicht über ökonomische Macht und gesellschaftliche Klassen. Sie betrachtet Haushalte und Unternehmen lediglich als Marktkräfte und nicht als Elemente einer Gesellschaftsstruktur. Deren ›Grundausstattung‹ in Gestalt von Vermögen, Fähigkeiten und Grundeigentum werden als *gegeben* vorausgesetzt. Außerdem zielt diese Theorie darauf ab, die allgemeine Tendenz zu einem Gleichgewicht nachzuweisen, weshalb Konflikte zwischen Klassen oder einzelnen Bereichen schon durch ihre Grundannahmen so gut wie ausgeschlossen sind.« (Nell 1973, 77 f.)

Anders ausgedrückt: Dieser neuen ökonomischen Wissenschaft geht es überhaupt nicht um die reale Welt der Dinge (Lekachman 1976). Sie ist ein abstraktes Modell über das Zustandekommen subjektiver Entscheidungen von Individuen im Zusammenspiel mit den Entscheidungen anderer Individuen. Ein ähnliches Schicksal wurde dem Studium des politischen Lebens zuteil. Eine neue Politische Wissenschaft trennte den Bereich des Politischen von der Ökonomie und verlegte sich auf die Reflexion über die Macht auf staatlicher Ebene. Indem dieser Politikbegriff die ökonomischen, gesellschaftlichen und ideologischen Aspekte des menschlichen Lebens zum bloßen »Umfeld« des Politischen degradierte, wurde die Fragestellung abgetrennt, wie die Organisation dieses »Umfelds« die politischen Entscheidungen begrenzt oder beeinflußt. Die Politikwissenschaft machte sich stattdessen an die Erforschung des politischen Entscheidungsprozesses. »Politisch« ist dabei ein Prozeß, der Forderungen aufnimmt und dann in Entscheidungen ummünzt – nach weitgehend derselben Vorstellung, wie im ökonomischen Marktmodell das Zusammenspiel der Nachfrage die Produktion der Versorgungsgüter auslöst. Wie das Marktmodell mündet auch dieser Ansatz leicht in die Annahme,

»daß die organisierten privaten Machtträger der Gesellschaft einander im Gleichgewicht halten, wodurch eine konzentrierte, unverantwortliche Machtausübung verhindert werde... Man geht davon aus, daß sich so ausgewogene öffentliche Entscheidungen ergeben, was angeblich auf einen ähnlich wunderbaren Vorgang zurückgehen soll wie Adam Smiths Walten der ›unsichtbaren Hand‹.« (Engler 1968, 199)

Im Rahmen eines solchen Modells hängt letzten Endes die Bereitschaft, sich nach den politischen Marktregeln zu richten, notwendigerweise nicht vom Markt selbst ab, sondern von den Orientierungen und Wertvorstellungen der Marktteilnehmer. Und diese haben ihrerseits mit der »politischen Kultur« zu tun, wie der einschlägige Ausdruck in der Sprache der Politikwissenschaftler lautet. Infolgedessen hat sich die Politikwissenschaft weitgehend auf die Erforschung der Entscheidungsprozesse einerseits und der Orientierungen andererseits konzentriert, aus denen sich in ihren Augen das autonome politische System einer gegebenen Gesellschaft zusammensetzt.

All diese Spezialdisziplinen gehen von der Vorstellung aus, daß eine Ansammlung von Individuen vertraglich übereingekommen sei, die soziale Ordnung aufrechtzuerhalten, auf dem Markt zu handeln und zu feilschen, sowie für einen »input« in den politischen Entscheidungsprozeß zu sorgen. Unter dem gemeinsam formulierten Vorwand, sich mit dem Studium des menschlichen *Verhaltens* zu beschäftigen, haben die verschiedenen Disziplinen ihren Gegenstand untereinander aufgeteilt. Dann hat sich jede für sich an den Entwurf eines Modells gemacht, das vorgeblich die »harten«, sichtbaren Fakten erklären kann, in Wirklichkeit aber ein ideologisch aufgeladenes Schema darstellt, das nur der engen Definition des eigenen Untersuchungsobjektes entspricht. Dieses Schema sorgt für sich selbst bestätigende Antworten; denn Erscheinungen, die das Modell nicht vorsieht, sind vor dem Hohen Gericht der Herren Fachwissenschaftler erst gar nicht zugelassen. Stellt sich dann heraus, daß das Modell durchlöchert ist wie ein Sieb, bekommt man entweder die Erklärung, es handle sich ja nur um eine abstrakte Konstruktion und nicht etwa um ein Behältnis, das mit empirischem Wasser gefüllt werden soll – oder den Hinweis, die Löcher seien von irgendwelchen unverantwortlichen Elementen hineingebohrt worden. Nachdem sie ihre holistische Perspektive aufgegeben haben, sind die spezialisierten Sozialwissenschaften also den beiden Danaiden aus der klassischen griechischen Sage vergleichbar, die auf ewig dazu verdammt sind, Gefäße ohne Boden mit Wasser zu füllen.

Die Entwicklung der soziologischen Theorie

Wie beschrieben hatte die Soziologie ihren Ursprung in dem Versuch, durch die Erfindung einer Theorie der sozialen Ordnung der gesellschaftlichen Unordnung entgegenzuwirken und Ordnung bzw. Unordnung auf die Quantität und Qualität der sozialen Bindungen zurückzuführen. Eine wichtige Konsequenz dieses Ansatzes besteht darin, daß er ein polares Modell zweier Gesellschaftstypen in Umlauf gebracht hat. Der eine Typ zeichnet sich durch ein Höchstmaß von Ordnung aus, die sozialen Beziehungen sind dicht geknüpft und von einem hochgradigen Wertkonsens erfüllt. Beim anderen Typ hat die soziale Unordnung über die Ordnung die

Oberhand gewonnen, die sozialen Beziehungen sind atomisiert und durch einen Werte-Dissens zersetzt. Von diesem Gemälde der Polarität ist es nur ein kurzentschlossener Schritt zu der Vision, die gesellschaftliche Entwicklung vollziehe sich als Wandel vom einen Gesellschaftstyp zum anderen. Das schien der allgemeinen Ansicht zu entsprechen, wonach das moderne Leben eine fortschreitende Zersetzung der Lebensformen mit sich bringe, welche die »gute alte Zeit« unserer Vorfahren geprägt haben. Im Europa des 19. Jhs., wo die überkommenen gesellschaftlichen Bindungen sich tatsächlich unter dem doppelten Druck von Kapitalismus und Industrialisierung auflösten, konnte sich eine solche ihrer Zeit verhaftete Darstellung des soziologischen Gegensatzpaares immerhin auf die unmittelbare Erfahrung berufen. Ferdinand Tönnies zufolge verlief denn auch die historische Entwicklung von der »Gemeinschaft« zur »Gesellschaft«. Sir Henry Maine faßte diese Entwicklung als Bewegung weg von statusbezogenen hin zu vertragsbezogenen sozialen Beziehungen. Emile Durkheim beobachtete eine Entwicklung von einem Typus gesellschaftlicher Solidarität, die von der ungefähren Gleichheit aller Mitglieder ausgeht, zu einem anderen Typus, der darauf beruht, daß die sozialen Unterschiede sich gegenseitig »organisch« ergänzen. Die Chicago-Schule der Stadtsoziologie betonte den Gegensatz zwischen einer bindungsreichen (*cohesive*) Gemeinschaft und der atomisierten, heterogenen, desorganisierten Stadt. Robert Redfield schließlich verdichtete all diese verschiedenen Fassungen zu seinem polaren Modell, das eine Fortentwicklung vom Volk (*folk*) zur Stadtgesellschaft behauptet. In diesem Modell waren wiederum die Quantität bzw. Qualität gesellschaftlicher Beziehungen die wichtigsten unabhängigen Variablen.

Isolation oder mangelnde soziale Interaktion in Verbindung mit gleichförmigen oder ähnlichen sozialen Bindungen produziert folgende abhängige Variablen: Gruppenorientierung (*collectivization*), glaubensmäßige Bindung (*sanctity*) und Verknüpfung von Anschauungen in den Köpfen der Menschen (*organization*). Umgekehrt produzieren häufige Kontakte in Verbindung mit ungleichartigen oder auseinanderstrebenden sozialen Beziehungen die abhängigen Variablen *individualization*, *secularization* und *desorganization*. Zusammengefaßt heißt das: Zunehmend häufige und unterschiedliche soziale Interaktionen haben dazu geführt, daß die »moralische Ordnung« des gewachsenen »Volkes« von der »technischen Ordnung« der Zivilisation abgelöst wurde.

Ausgangspunkt der Soziologie war also das Gefühl, die gesellschaftliche Ordnung sei durch das Verkümmern von Gemeinschaft bedroht. Im Laufe des 20. Jhs. bildete sich dann allerdings die Überzeugung heraus, daß die Gesellschaft in dem Maße, in dem sie sich ausdehnte und ausdifferenzierte, einer Entwicklung unterliege, welche die religiösen und moralischen Bindungen auf Kosten der nützlichkeitsbezogenen und technischen Beziehungen zurückdränge. Die Gesellschaft bewegte sich offensichtlich in Richtung zunehmender »Vergesellschaftung« – so jedenfalls der Ausdruck von Max Weber in Anlehnung an die Begriffe von Tönnies. Weber bezeichnete damit die Ausbreitung von Beziehungen,

»wenn und soweit die Einstellung des sozialen Handelns auf rational (wert- und zweckrational) motiviertem Interessen*ausgleich* oder auf ebenso motivierter Interessen*verbindung* beruht. Vergesellschaftung kann typisch insbesondere (aber nicht: nur) auf rationaler *Vereinbarung* durch gegenseitige Zusage beruhen.« (1964, 29.)

Obwohl Weber selbst den Ausdruck Vergesellschaftung mit gemischten und unguten Gefühlen verwendete, haben sich seine späteren Jünger mit Begeisterung auf seine Prognose gestürzt. In ihren Augen hatte die »traditionelle Gesellschaft« die Menschen fest in ihre ererbten Positionen hineingepreßt und zusätzlich in ihren partikularistischen Positionen stramm aneinander gefesselt. Die »moderne Gesellschaft« löse dagegen die Menschen aus ihren überkommenen Bindungen heraus und weise den nunmehr mobilen Individuen spezialisierte und differenzierte Rollen zu, die den sich wandelnden Bedürfnissen der sie alle überspannenden Universalgesellschaft entsprächen. Diese im Entstehen begriffene Gesellschaft erfordere einen Mechanismus zur Bestimmung gesellschaftlicher Ziele und eine Apparatur zu deren Durchsetzung. Die Zielbestimmung ergab sich nach Auffassung der Modernisierungstheoretiker aus einer erweiterten Beteiligung des Volkes. Zur Durchsetzung der Ziele – z. B. einer bestimmten ökonomischen Entwicklung – gelte es eine Bürokratie zu schaffen, d. h. Organisationen, die auf rationale und effiziente Weise bestimmte Mittel zur Realisierung der festgelegten Ziele einsetzen. Schließlich mache die öffentliche Beteiligung an der Ermittlung und Durchsetzung gesellschaftlicher Ziele eine psychische Neuorientierung erforderlich, die einer Verankerung der erforderlichen technischen und rationalen Normen günstig sein würde.

Menschen, die solche neuen Verhältnisse hervorzubringen imstande sind, werden eines Tages den Durchbruch in die Modernität geschafft haben. Die anderen, die dazu nicht imstande sind, sehen ihre gesellschaftliche Entwicklung an entscheidenden Umschlagpunkten blockiert oder bleiben eben im Sumpf des Traditionalismus stecken. In der theoretischen Erbfolge von Max Weber bis Talcott Parsons wurde demnach der Begriff »Vergesellschaftung« durch ein schlichtes Austauschen des Namensschildes zum Begriff »Modernisierung«. Während Gesellschaft früher als problematisch gegolten hatte, gewann der Begriff in der zweiten Hälfte des 20. Jhs. eine erstrebenswerte und zukunftsorientierte Bedeutung. Den negativen Pol des Begriffspaares sah man jetzt in der »traditionellen Gesellschaft«, insofern sich diese nur langsam verändert, unflexibel reagiert und ihren Mitgliedern die psychische Bereitschaft vorenthält, sich auf die notwendigen Rationalisierungs- und Säkularisierungsprozesse einzulassen. Die »Modernisierungstheorie« diente nunmehr – in Umkehrung der ursprünglichen Kritik der Soziologie an der Funktionsweise der Gesellschaft im 19. Jh. – letzten Endes dazu, als modern erachtete Gesellschaften lobend herauszustreichen und Gesellschaften, die es noch nicht zu diesem Attribut gebracht haben, eher kritisch zu betrachten.

Als die politischen Führer der USA ihr Entwicklungshilfeprogramm für die Dritte Welt verkündeten, leisteten ihnen die Modernisierungstheoretiker dabei Hilfestellung. Aber in Wirklichkeit verhinderte diese Theorie ein auch nur einigermaßen ideologisch unbefangenes Verständnis dieser Dritten Welt. Die Theoretiker sagten »modern«, aber sie meinten die USA – oder besser: das Idealbild einer demokratischen, pluralistischen, rationalen und säkularen USA. Sie sagten »traditionell«, aber sie meinten sämtliche Entwicklungshilfe-Kandidaten, die das amerikanische Ideal zu übernehmen hatten, bevor man ihnen Hilfe gewähren konnte. Als Theoretiker waren sie auf dem Holzweg. Sie repräsentierten eine falsche Sicht der amerikanischen Geschichte, die Analyse durch pure Selbstgefälligkeit ersetzte. Sie warfen China, Albanien, Paraguay, Kuba und Tansania in denselben Topf »traditioneller Gesellschaften« und verhinderten damit jeden Ansatz zur Erforschung der erheblichen Unterschiede zwischen all diesen Ländern. Sie setzten Tradition mit Stagnation und fehlender Entwicklung gleich und bescheinigten damit den als traditionell abgestempelten Gesellschaften, daß sie über keine erwähnenswerte eigene Geschichte verfügten. Mit ihrer Aufteilung der Welt in moderne, Übergangs- und traditionelle Gesellschaften blockierten sie auch noch jedes wirkliche Verständnis für die Beziehungen dieser verschiedenen Gesellschaften untereinander. Indem sie erneut jede Gesellschaft zu einer autonomen und fest umgrenzten Struktur sozialer Beziehungen erklärten, wurde die Analyse der Austauschbeziehungen zwischen den Gesellschaften oder bestimmten Gruppen von Gesellschaften vernachlässigt, also auch die Analyse ihrer inneren sozialen Auseinandersetzungen, des Kolonialismus, des Imperialismus und der Abhängigkeit. Auf diese Weise verhinderte die Modernisierungstheorie erfolgreich die ernsthafte Erforschung von Themen, die doch ganz unübersehbar unsere reale Welt bewegen.

Anthropologie

Diese Sozialwissenschaften haben uns also nicht zu einem angemessenen Verständnis der vernetzten Welt verholfen; aber wie steht es mit den entsprechenden Leistungen der Anthropologie? Sie trägt ja den anspruchsvollen Titel »Wissenschaft vom Menschen« und hat sich insbesondere dem Studium der nicht-westlichen und »primitiven« Völker verschrieben. Die Kulturanthropologie hat sich tatsächlich in ihren Anfängen als Welt-Anthropologie verstanden. In ihrer »evolutionistischen« Phase beschäftigte sie sich mit der Herausbildung von Kultur auf globaler Ebene. In ihrer »diffusionistischen« Phase interessierte sie sich für die Ausbreitung bzw. Ballung der kulturellen Erscheinungsformen auf der gesamten Erdoberfläche. Die »Diffusionisten« verstanden die Beziehungen zwischen Populationen mit gleichartigen kulturellen Erscheinungsformen – sagen wir matrilinearen Verwandtschaftsbeziehungen oder der Gewohnheit, die Zähne zu schwärzen oder Kleidung zu schneidern – als Resultat von Kommunikation zwischen den einzelnen Gruppen, sei es durch Wanderungsbewegungen, durch Nachahmung oder wechselseitiges Lernen. Zwar befaßten sie sich nicht so intensiv mit den Menschen, immerhin aber entwickelten sie einen Sinn für globale Zusammenhänge. Sie hingen also nicht der Vorstellung von »isolierten primitiven Kulturen« an.

Diese Interessen und Auffassungen gerieten jedoch in den Hintergrund, als sich das Hauptaugenmerk der Anthropologen von den kulturellen Erscheinungen auf »lebendige Kulturen« verlegte, d. h. auf die Erforschung spezifischer Populationen und ihrer Lebensweisen in örtlich begrenzten Siedlungsgebieten. Feldforschung – also direkte Kommunikation mit den Menschen und teilnehmende Beobachtung ihrer alltäglichen Aktivitäten vor Ort – wurde zu einem Kennzeichen der anthropologischen Methode. Feldforschungen haben sich als ungeheuer fruchtbar erwiesen, was das Aufdecken bzw. die Korrektur falscher Annahmen und fehlerhafter Beschreibungen betrifft. Sie haben auch unvermutete Beziehungen zwischen der Struktur gesellschaftlicher Aktivitäten und kulturellen Erscheinungsformen aufgedeckt. Aber gerade die Erfolge dieser Methode haben ihren Vertretern eine falsche Zuversicht eingeflößt. Und so haben sie kurzerhand die lediglich heuristischen Überlegungen über die spezifische Methode in den Rang von theoretischen Aussagen über Gesellschaft und Kultur schlechthin erhoben.

Der für Feldforschung verfügbare Zeit- und Energieaufwand ist begrenzt, damit zwangsläufig aber auch die Anzahl und geographische Reichweite möglicher Beobachtungen und Interviews. Die Forschungsbemühungen müssen sich also auf einen zur Beobachtung geeigneten Ort und ein begrenztes Aufgebot klar identifizierbarer »Informanten« konzentrieren. Die anfallenden Beobachtungen und Mitteilungen werden freilich als repräsentativ für eine größere Gesamtheit nicht realisierter Beobachtungen und Mitteilungen bewertet und zur Konstruktion eines Modells der erforschten sozio-kulturellen Einheit benutzt. Ein solches Modell ist aber nur Protokoll einer »deskriptiven Zuordnung«, also ein theoretisch halbfertiges Gebäude und keineswegs schon eine tragfähige Erklärung. Die funktionalistische Richtung der Anthropologie hat jedoch versucht, schon aus dem Studium des Mikrokosmos allein Erklärungen abzuleiten, wobei sie diesen als hypothetisch isoliertes Gebilde behandelt. Dabei werden die einzelnen Merkmale nur im Hinblick darauf erklärt, welchen Beitrag sie jeweils zur Erhaltung des vermeintlich isolierten Ganzen leisten. Auf diese Weise hat sich ein methodologisches Ermittlungsinstrument mit Hilfe einer puren a-priori-Annahme in ein theoretisches Konstrukt verwandelt. Das endete dann in einer Serie von Analysen über voneinander völlig isolierte Untersuchungsobjekte.

Es hat drei wichtige Versuche gegeben, die Grenzen des Mikrokosmos zu überschreiten. Der eine Versuch – von Robert Redfield – flüchtete sich in die Arme der soziologischen Theorie. Redfield wendete das polare Begriffspaar Gemeinschaft/Gesellschaft auf anthropologische Fallstudien an, um jene »vorgestellten Gesellschaftstypen« vorzuführen bzw. exemplarisch zu veranschaulichen. So präsentierte er die ländlichen Gemeinden X-Cacal und Chan Kom in Yukatan als den einen Pol eines Kontinuums sozialer Beziehungen und kultureller Einstellungen, das sich bis zum Gegenpol des »städtischen« Gemeinwesens erstreckt. Nun mochten diese beiden Siedlungen zwar seine Theorie erhellen, aber die Theorie konnte keineswegs umgekehrt die politischen und ökonomischen Prozessse erläutern, die diese Landgemeinden geprägt haben: X-Cacal wurde im 19. Jh. während der sog. Kastenkriege von Aufständischen gegründet, die einen Maya-Dialekt sprachen; Chan Kom ist ein Dorf von Ackerbauern, die durch die mexikanische Revolution aus dem Hazienda-System befreit wurden und sich mit Unterstützung der Sozialistischen Partei Yukatans als Neusiedler in einem Grenzgebiet niederließen. Redfields Konzeption funktionierte also – wie überhaupt die ganze Theorie über Gemeinschaft/Gesellschaft – nur in einer Richtung, nämlich aufwärts in die lichten Höhen der Theorie, nicht aber wieder zurück in die Niederungen der Empirie.

Der zweite Versuch einer theoretischen Konstruktion, die einen erforschten Mikrokosmos in größeren Zusammenhängen entschlüsseln sollte, war Julian Stewards Modellvorstellung von verschiedenen Ebenen der soziokulturellen Integration. Dieser Ansatz, der aus der Philosophie der »Entwicklungsanstöße« hervorgegangen ist, besagt folgendes: Wenn gleichartige Einheiten auf einer höheren Ebene integriert werden, können daraus neuartige Einheiten entstehen, die nicht nur die Merkmale der »unteren« Ebene in sich vereinigen, sondern auf der entstehenden höheren Ebene qualitativ andere Merkmale ausbilden. Damit trat Steward einmal der Vorstellung entgegen, daß jede »Gemeinschaft« lediglich eine kleinformatige Kopie der »Nation« darstelle – als ob es sich bei beiden um qualitativ identische strukturelle Erscheinungen handele. Er ging dann aber weiter und entwarf ein theoretisches Gebäude, bei dem die Einheiten auf der familialen Ebene zu Bausteinen der Gemeinde-Ebene, Einheiten der Gemeinde-Ebene zu Bausteinen der regionalen und Einheiten der regionalen zu Bausteinen der nationalen Ebene wurden.

Wiewohl der Ausdruck »Integration« einen Prozeß suggeriert, ist dieser Ansatz kein prozessualer, sondern ein struktureller. Er deutet einen inneren Aufbau des Ganzen und seiner Teile an, wobei letztere freilich erst im nachhinein inhaltlich spezifiziert werden können. Insofern bietet dieses Modell eine »hohle« Beschreibung gesellschaftlicher Komplexität, die theoretisch auf jedes komplexe soziokulturelle Gebilde anwendbar ist. Aber es sagt überhaupt nichts über die Prozesse aus, die diese Strukturen hervorbringen, bzw. über die besonderen Merkmale, die sie zusammenhalten, oder über den Inhalt auch nur eines einzigen ihrer Teilelemente. Erkenntnise über diese Prozesse ergeben sich aus dem Modell nicht, sie müssen ihm erst beigesteuert werden. Als sich Steward der Erforschung des »aktuellen Wandels in traditionellen Gesellschaften« zuwandte, gab sein Modell denn auch keinerlei Auskünfte über das Vordringen des Kapitalismus, die Ausbreitung einer weltweiten Spezialisierung und Arbeitsteilung oder die Entstehung von Herrschaft einiger Populationen über die anderen. Hier sah sich Steward unglückseligerweise auf das vergleichende Studium isolierter Beispiele und auf die unbefriedigenden Theorien zurückgeworfen, die Tradition und Modernisierung gegeneinander ausspielen.

Der dritte Versuch, über die mikroskopische Untersuchung eines genau umrissenden Forschungsfeldes hinauszugehen, vollzog sich in Gestalt einer Neuauflage der Evolutionstheorie. Dem Evolutionsdenken in der Anthropologie, das im 19. Jh. eine so herausragende Rolle gespielt hatte, war mit der Behauptung der Garaus gemacht worden, daß »das extensive Auftreten von Diffusionsprozessen ... die Axt an die Wurzeln jeder Theorie historischer Gesetzmäßigkeiten gelegt« (Lowie 1920, 434) habe. Evolutionisten und Diffusionisten vertraten nicht eigentlich entgegengesetzte Positionen, sondern interessierten sich nur für völlig unterschiedliche Erscheinungen. Die Evolutionisten hatten die Tatsache der Diffusion durchaus nicht geleugnet, sich aber das Recht genommen, für ihr Modell der aufeinanderfolgenden Etappen sozialer und kultureller Entwicklung von diesen Fakten abzusehen. Die Diffusionisten wiederum gingen der Frage aus dem Weg, die durch ein ungleiches technologisches und organisatorisches Niveau verschiedener Populationen aufgeworfen wurde. Sie konzentrierten ihr Augenmerk lieber auf die Übertragung kultureller Formen von einer Gruppe auf die andere. Während die Evolutionisten keinerlei Interesse für die Geschichte einzelner Gesellschaften und Kulturen zeigten, ließen die Diffusionisten jedes Interesse für die ökologischen, ökonomischen, sozialen, politischen und ideologischen Rahmenbedingungen vermissen, innerhalb derer die kulturellen Formen sich räumlich und zeitlich ausbreiteten. Die zwei Denkschulen redeten also letzten Endes aneinander vorbei. Die Funktionalisten wiederum lehnten die »spekulative Geschichtsbetrachtung« der Diffusionisten überhaupt ab und verlegten sich auf die Analyse der inneren Funktionsweise vermeintlich isolierter Bevölkerungseinheiten.

In den 40er und 50er Jahren führte Leslie White die evolutionäre Perspektive erneut in die amerikanische Anthropologie ein, indem er an das zuvor von Tylor, Morgan und Spencer entwickelte Modell anknüpfte. Diesem Modell einer universalen und unilinearen Evolution setzte Julian Steward ein multilineares Modell entgegen, das den Evolutionsprozeß als eine Serie aufeinanderfolgender Verzweigungen darstellt. Danach versuchten Sahlins und Service beide Ansätze dadurch zusammenzubringen, daß sie die allgemeine und die spezifische Evolution als doppelten Aspekt ein und desselben Evolutionsprozesses auffaßten. Allgemeine Evolution definierten sie als »Fortentwicklung von geringerer zu größerer Energieausnutzung, von niedrigem zu hohem Integrationsniveau und von spezieller zu allseitiger Anpassungsfähigkeit« (Sahlins/Service 1960, 22 f.). Spezifische Evolution definierten sie als »phylogenetischen Auffächerungsprozeß der Kultur entlang ihrer vielen Entwicklungslinien, d. h. die adaptive Veränderung der einzelnen Kulturen« (1960, 38). Obwohl ihnen die Konvergenz als Bewegungsform der kulturellen – im Gegensatz zur biologischen – Phylogenese vertraut war, definierten sie die kulturelle Phylogenese in den altmodischen diffusionistischen Kategorien als Verbreitung kultureller Merkmale und nicht als Ergebnis vielfältiger Beziehungen zwischen sich wechselseitig beeinflussenden Kulturvölkern. In ihren detaillierten Analysen spezifischer Evolutionsprozesse hoben sie entsprechend die Rolle der Anpassung hervor, die sie als »Spezialisierung zur Ausnutzung bestimmter Facetten der Umwelt« darstellten (1960, 50). Ihr Umweltbegriff umfaßt dabei die natürlichen *und* die soziokulturellen Rahmenbedingungen des menschlichen Lebens, aber die Betonung liegt doch in erster Linie auf der Anpassung an die jeweilige *natürliche* Umwelt. In den 60er und 70er Jahren fielen die Studien über einzelne ökologische »Systeme« zwar zunehmend subtiler aus, sie gelangten jedoch nie über die funktionale Analyse der Einzelbeispiele hinaus, die sie jetzt als integrale, sich selbst regulierende ökologische Einheiten voraussetzten. Trotz ihrer theoretischen Bemühungen kaprizierte sich die evolutionistische Anthropologie also nur allzu umstandslos auf die Untersuchung ökologischer Anpassungsprozesse – die Anthropologie war wieder beim Studium von Einzelfällen angelangt.

Der Konzentration auf ökologische Fallstudien entspricht die erneute Begeisterung für die Entzifferung dessen, was »in den Köpfen« einzelner Populationen vor sich geht. Solche Studien lassen mit dem Funktionalismus zugleich dessen fruchtbarste Fragestellung hinter sich: wie die Menschen mit den materiellen und organisatorischen Problemen ihres Lebens fertigwerden. Ihr Interesse gilt nicht mehr den materiellen Beziehungen der Menschen zu ihrer Außenwelt, sondern nur noch der Erforschung eines örtlich beschränkten Mikrokosmos von Bedeutungsgehalten, den sie als autonomes System wahrnehmen.

Die Hinwendung zu den Sinngehalten ist stark von der Entwicklung der Linguistik beeinflußt, vor allem durch de Saussures strukturelle Theorie der Sprache als eines überindividuellen gesellschaftlichen Systems linguistischer Formen, das stets nur normativ *identische* Äußerungen hervorbringe. Diese Schule untersucht die Beziehungen zwischen den einzelnen linguistischen Zeichen, ohne zu fragen, wer eigentlich mit wem, wann und worüber spricht. Ursprünglich wollte man damit der Position Humboldts und Vosslers entgegentreten, die die Sprache als einen sich ständig wandelnden historischen Strom individuell erzeugter Äußerungen begriffen. Demgegenüber vollzog de Saussure eine völlige Trennung zwischen Sprache (*langue*) und Ausdruck (*parole*), wobei er die Zeichen durch ihre wechselseitige Beziehung definierte, ohne irgendeinen Kontext außerhalb dieser Zeichen zu berücksichtigen. Auf dieselbe Weise definierte er Bedeutungsgehalte rein durch andere Bedeutungsgehalte, ohne sie auf den praktischen Zusammenhang zu beziehen, in dem sie auftreten.

Die Auflösung des Gegensatzes zwischen diesen beiden Auffassungen setzt ganz offensichtlich eine relationale, dialektische Perspektive voraus. Darauf hat bereits vor 50 Jahren Woloschinow hingewiesen, als er de Saussure vorwarf, seine Konzeption ginge von einem statischen linguistischen System mit einer gesichtslosen und passiven Bevölkerung als kollektivem Träger aus. Woloschinow beharrte demgegenüber darauf, daß sich ein solches Kollektiv aus Sprechern mit verschiedenen »Akzenten« oder Interessen zusammensetzt, deren verbale Äußerungen sich auf ganz unterschiedliche konkrete

Zusammenhänge beziehen und Teil eines unendlichen historischen Stromes sind. Den jeweiligen Kontext dürfe man sich auch nicht als innerlich homogen und äußerlich isoliert vorstellen, sondern als Querschnitt durch die »unterschiedlich orientierten Akzente..., die sich im Zustand ständiger Spannung, ununterbrochener Interaktion und Auseinandersetzung befinden« (1973, 80). Weder Zeichen noch ihre Bedeutung ließen sich verstehen, wenn man sie nicht auf das beziehe, was sie meinen, also auf ihren situationsspezifischen Gegenstand. Diese Einsicht steht quer zu der in der Anthropologie vorherrschenden Neigung, Bedeutungssystemen eine völlige Autonomie zuzuschreiben, also solipsistische Sprachwelten zu ergründen, die der menschliche Geist in einem scheinbaren Vakuum hervorgebracht habe.

Einige Anthropologen schränken mithin ihr Interesse auf eine immer intensivere Einzelfall-Forschung ein, andere wiederum wollen die Anthropologie zu einer exakten Wissenschaft machen, indem sie anhand kodifizierter Merkmale, die aus umfassenden Samples ethnographischer Fallstudien gewonnen sind, quer durch die Kulturen statistische Vergleiche anstellen. Der wissenschaftliche Eifer verzehrt sich dabei großenteils in der Frage, wie sich das Material in die einzelnen Vergleichsfälle aufspalten läßt und wie man die Variablen definieren soll, die es zu kodifizieren und zu vergleichen gilt. Sind also z. B. die Hunderte von örtlichen Eskimo-Clans jeweils Einzelfälle? Oder sind sie eher Beispiele für größere selbstdefinierte Stammesgruppen (wie Ahtena, Netsilik oder Iglulik)? Oder machen sie nicht doch insgesamt nur eine einheitliche Kategorie Eskimo aus?

Auch stellt sich die Frage, wie sauber ein Sample ist, wenn es räumlich und zeitlich nicht ausreichend geschiedene oder zu eng miteinander verknüpfte »Fälle« enthält. Wie immer die Antworten ausfallen: die am Ende ausgewählten Fälle wird man immer als autonom und abgrenzbar unterstellen. Jedes Sample wird letztlich als Summe streng umgrenzter Einheiten interpretiert, die ihre kulturellen Merkmale – so die Annahme – entweder eigenständig entwickelt oder über Diffusion voneinander bezogen haben. Da ist sie wieder: die vertraute Welt der soziokulturellen Billardkugeln, die auf einem globalen Billardtisch hin- und herflitzen.

Was aber, wenn uns *Prozesse* zur Kenntnis gelangen, die sich nicht an die Grenzen der separaten Einzelfälle halten, sondern sich durch sie hindurch bewegen und über sie hinaus erstrecken? Denken wir etwa an den nordamerikanischen Pelzhandel und den Handel mit eingeborenen amerikanischen und afrikanischen Sklaven. Wie steht es mit den dezentralisierten und patrilinearen Gruppen der Algonkin-sprachigen Indianer, die sich mit der Ausbreitung des Pelzhandels in großen, nicht auf Verwandtschaftsbasis organisierten

Dörfern niederließen und unter dem Namen Ojibwa in die ethnographische Literatur eingegangen sind? Wie steht es mit den Chipeweyan-Indianern, deren Stämme teilweise die Jagd aufgaben und zu Pelztierjägern oder auch »Transportarbeitern« wurden, während andere weiterhin als »Karibu-Esser« auf Rentierjagd gingen, wobei einzelne Individuen zwischen beiden Beschäftigungsweisen hin- und herwechselten? Und was haben wir von den vielsprachigen, multi-ethnischen und Mischehen eingehenden Gruppen von Kri- und Assiniboin-Indianern zu halten? Sie entstanden in den Ebenen des amerikanischen Hohen Nordens unter dem Einfluß des Pelzhandels, wobei die Gruppen am Ende »miteinander verschmolzen« (Sharrock 1974, 96). Oder denken wir an die Mundurucú im Amazonasgebiet, bei denen sich die verwandtschaftliche Zurechnung vom patrilokal-patrilinearen zum matrilokal-patrilinearen Typ verschob – eine ungewöhnliche Kombination, die eine Reaktion auf ihre neue Rolle als Sklavenjäger und Lieferanten von Maniok-Mehl für die Sklavenjäger-Expeditionen darstellte. Gehen wir schließlich nach Afrika, wo der Sklavenhandel eine unbegrenzte Nachfrage nach Sklaven erzeugt hatte. Dort reagierten auf diese Nachfrage weitgehend isoliert voneinander lebende Populationen, indem sie Menschen – durch Krieg, Entführung, Pfändung oder richterliche Prozeduren – aus ihren Verwandtschaftsgruppen herausrissen, um sie als Sklaven an die Europäer zu verkaufen. Würde man bei all diesen Fällen versuchen, selbständige Kultureinheiten und trennscharfe Grenzen zu bestimmen, müßte ein falsches Sample entstehen. Denn wir haben es stets mit einem räumlichen wie zeitlichen Wandel der Beziehungen zu tun, der durch die europäische Expansion verursacht worden ist. Wenn wir uns dann noch klarmachen, daß diese Expansion fast 500 Jahre lang ununterbrochen eine Population nach der anderen erfaßt hat, wird die Suche nach einem globalen repräsentativen Sample isolierter Einzelfälle vollends illusorisch.

Allerdings brauchen wir mit einer deskriptiven Verwendung des Begriffs »Gesellschaft« – als Bezeichnung für ein empirisch verifizierbares Bündel wechselseitiger Beziehungen zwischen Menschen – überhaupt keine Probleme zu haben, so lange wir damit keine vorgängigen Urteile über den inneren Zusammenhalt oder die äußere Abgrenzung der betreffenden »Gesellschaft« verbinden. Auch ich werde den Begriff in diesem Buch immer wieder in diesem Sinne benutzen und ihn anderen, umständlicheren Ausdrücken vorziehen. Und ich will auch nicht den Fehler begehen, einfach die anthropologische Einsicht links liegen zu lassen, daß die menschliche Existenz kulturelle Formen hervorbringt, die auf der Fähigkeit des Menschen zum Gebrauch von Symbolen beruht.

Das Bild einer autonomen, sich selbst regulierenden und selbst legitimierenden Gesellschaft und Kultur bannt freilich die Anthropologie in die Grenzen ihrer eigenen Definition. In den heiligen Hallen der Wissenschaft wird der Bereich der Beobachtung und Reflexion immer enger gefaßt, während sich draußen in der rauhen Wirklichkeit die Erdbewohner immer heftiger den kontinente-, ja weltumspannenden Veränderungen ausgesetzt sehen. Hat es denn überhaupt jemals eine Zeit gegeben, in der die menschlichen Populationen völlig frei von umfassenderen Beziehungen und großräumigeren Kraftfeldern existiert hätten? Genauso wie die Soziologen in einer Welt des Aufruhrs und des Wandels dem Irrlicht von sozialer Ordnung und Integration nachjagen, wollen die Anthropologen am Straßenrand und in den Gossen der kapitalistischen Industriewelt makellose Ebenbilder einer vorkapitalistischen, vorindustriellen Vergangenheit aufspüren. Aber die Europäer und Amerikaner wären solchen vermeintlichen Zeugen einer jungfräulichen Vergangenheit überhaupt nie begegnet, wenn sie nicht in der blutigen Realität aufeinandergeprallt wären – als sich die Europäer aufmachten, um der Naturschätze und menschlichen Ware anderer Kontinente habhaft zu werden. Insofern ist es einfach richtig, daß die Anthropologie ein Sproß des Imperialismus ist. Ohne Imperialismus gäbe es keine Anthropologen, aber auch keine Dené, Baluba oder malayischen Fischer, die es zu studieren gilt. Die unausgesprochene anthropologische Unterstellung, solche Völker seien Völker ohne Geschichte, läuft darauf hinaus, 500 Jahre der Auseinandersetzung, des Tötens, des Widerstandes und der Anpassung auszuradieren. Und was die Soziologie mit ihrer Mythenlehre von Gemeinschaft und Gesellschaft anrichtet, schafft die Anthropologie nur zu häufig mit ihrem eigenen Mythos des edlen Wilden. Beide erhalten damit Trugbilder am Leben, die das alltägliche Faktum verleugnen, daß deren »unverdorbene« Gemeinschaften mit »unserer Welt« verbunden und in sie verstrickt sind.

Dieses Faktum kommt in den Arbeiten der Anthropologen und Historiker ans Licht, die sich auf ein Spezialgebiet verlegt haben, das man heute als Ethnogeschichte bezeichnet. Vielleicht hat man sie so genannt, um sie von der »eigentlichen« Geschichte, also der Erforschung des vermeintlich zivilisierten Völkerlebens, abzugrenzen. Aber wenn eines aus den Studien der Ethnohistoriker deutlich wird, so die Erkenntnis, daß die »Subjekte« beider Bereiche der Geschichtsforschung dieselben sind. Je mehr ethnohistorische Kenntnisse vorliegen, desto klarer stellen sich »ihre Geschichte« und »unsere Geschichte« als Teile derselben Geschichte heraus. Deshalb kann es keine von der »weißen Geschichte« abgetrennte »schwarze Geschichte« geben. Die Geschichte der Schwarzen ist vielmehr ein aus ökonomischen, politischen oder ideologischen Gründen unterdrückter oder in den üblichen Darstellungen übersehener Bestandteil einer *gemeinsamen* Geschichte.

Diese Bemerkungen knüpfen an die Empfehlungen des Anthropologen Alexander Lesser an, der schon vor Jahren – in anderem Zusammenhang – forderte: wir sollten erstens »von der Arbeitshypothese universeller menschlicher Kontakte und Einflüsse ausgehen«; wir sollten uns zweitens »die menschlichen Gesellschaften – prähistorische wie primitive wie moderne – nicht als geschlossene, sondern als offene Systeme« vorstellen; und wir sollten drittens erkennen, daß diese Gesellschaften »unauflösbar mit näher oder weiter entfernten anderen Menschengruppen durch ein regelrechtes Netz von Beziehungen verbunden sind« (1961, 42).

Die Arbeiten der Ethnohistoriker haben Fall für Fall die Gültigkeit dieser Maximen nachgewiesen. Aber ihr Anspruch bleibt so lange rein programmatisch, als sich aus der Reflexion über das Funktionieren dieser Verbindungen im Einzelfall nicht eine breitere Perspektive entwickelt, die es uns dereinst erlauben wird, auf theoretischer wie empirischer Ebene zwischen all diesen Verbindungen wiederum eine Verbindung herzustellen.

Eine solche Perspektive schließt eigentlich aus, eine gegebene Kultur als begrenztes System oder als einen sich aus sich selbst fortspinnenden »Lebensentwurf« zu interpretieren. Daher brauchen wir dringend eine neue Theorie der kulturellen Formen. Von den Anthropologen haben wir gelernt, daß Kulturformen – im Sinne von »normierten Mustern« für Sachen, Verhaltensweisen und Ideen – bei der Regelung der zwischenmenschlichen Verkehrsformen eine nachweisliche Rolle spielen. Für die Zukunft stellt sich daher keineswegs die Forderung, diese Rolle der Kulturformen zu leugnen, sondern die gegenteilige: genauer zu erforschen, wie diese innerhalb der jeweiligen Population an der Vermittlung gesellschaftlicher Beziehungen mitwirken.

Was sagt uns Marx?

Wenn wir nun von der Existenz solcher Verbindungen ausgehen, bleibt immer noch die Frage, wie wir eine Vorstellung von ihnen gewinnen können. Läßt sich ein allgemeingültiger Prozeß ermitteln, der all diese Verknüpfungen hervorbringt und organisiert? Kann man eine solche allgemeine Dynamik unterstellen und sich zugleich ein Gespür dafür bewahren, wie sie sich in räumlich und zeitlich spezifischen Formen entfaltet, hier die eine, dort die andere Population erfaßt und verschlingt?

Ein solcher methodischer Zugriff ist möglich – aber nur wenn wir uns eine Theorie zutrauen, die über unsere spezialisierten Wissenschaftszweige hinausgreift. Dazu reicht es nicht aus, einfach multidisziplinär vorzugehen und zu hoffen, daß eine Summierung aller möglichen Disziplinen zu völlig neuen Einsichten führt. Die Tatsache der Spezialisierung stellt ja gerade ein wesentliches Hindernis für die Entwicklung einer neuen Perspektive dar. Die Spezialisierung hat eine Geschichte, und deren Bedeutung liegt darin, daß die verschiedenen akademischen Disziplinen ihre Existenz einer gemeinsamen Rebellion gegen ihre Mutterdisziplin »Politische Ökonomie« verdanken. Dieser ging es darum, die Gesetze bzw. Gesetzmäßigkeiten aufzudecken, die mit der Produktion des Reichtums zu tun haben. Daraus ergaben sich Fragen wie: Auf welche Weise geht Reichtum aus der Produktion hervor? Welche Rolle spielen die Klassen bei der Entstehung von Reichtum? Welche Bedeutung hat der Staat in bezug auf die unterschiedlichen Klassen? Solche Fragen beschäftigten damals Konservative ebenso wie Sozialisten (und auf erstere bezog sich Marx, als er den Politischen Ökonomen vorhielt, daß sie als universelle Erscheinungen ansahen, was in seinen Augen nur die Merkmale historisch spezifischer Produktionsweisen waren). Aber sie sind so vollständig aus dem Repertoire der Sozialwissenschaften getilgt worden, daß in der jüngsten Ausgabe der *International Encyclopedia of the Social Sciences* nicht einmal mehr die Stichworte »Politische Ökonomie« und »Klasse« zu finden sind. Das Interesse an solchen Themen wird heute üblicherweise nur noch den Marxisten zugeschrieben. Und dies, obwohl Marx selbst in einem Brief an Joseph Weydemeyer (vom 5. März 1852) geschrieben hat:

»...(es) gebührt mir nicht das Verdienst, weder die Existenz der Klassen in der modernen Gesellschaft noch ihren Kampf unter sich entdeckt zu haben. Bürgerliche Geschichtsschreiber haben längst vor mir die historische Entwicklung dieses Kampfes der Klassen, und bürgerliche Ökonomen die ökonomische Anatomie derselben dargestellt.« (MEW 28, 507f.)

Wahrscheinlich hat gerade dieser Anspruch der Politischen Ökonomie, eine »Anatomie« der Klassenstruktur zu leisten, die sich herausbildenden Sozialwissenschaften veranlaßt, sich gegen das Klassenkonzept überhaupt zu wenden. Hätte man nämlich für die sozialen, ökonomischen und politischen Beziehungen eine innere Spaltung in antagonistische Klassen zugegeben, dann hätte das Streben nach Ordnung immer unter dem Bannfluch dieses »Geistes der Zwietracht« gestanden. Das hat schon James Madison dazu gebracht, in seinen völlig unverblümten *Federalist Papers* die Funktion des Staates als Regelung der Beziehungen zwischen antagonistischen Klassen zu definieren. Im Gegensatz dazu wandten sich die verschiedenen sozialwissenschaftlichen Disziplinen von der Politischen Ökonomie ab und verlegten sich auf ein tiefschürfendes Studium des zwischenmenschlichen Handelns – sei es in Primär- oder Sekundär-Gruppen, im Marktgeschehen oder in Prozessen auf staatlicher Ebene. Damit verflüchtigte sich auch das Interesse für die entscheidenden Fragen nach dem Charakter von Produktion, Klassen und Macht – z. B.: Wie kann man »Produktion« als Bedingung menschlichen Daseins verstehen und analysieren? Unter welchen Bedingungen hat Produktion die Entstehung von Klassen zur Folge? Was bedeutet der Klassengegensatz für die Zuteilung ökonomischer Ressourcen und die Ausübung von Macht? Und was ist eigentlich der Staat?

Obwohl die Sozialwissenschaften solche Fragen über Bord geworfen haben, stehen diese nach wie vor auf ihrer heimlichen Tagesordnung. Und weil niemand sie nachdrücklicher und systematischer gestellt hat als Marx, spielt er für so viele sozialwissenschaftliche Debatten die Rolle eines heimlichen Ansprechpartners. Die Sozialwissenschaften seien – so hat man zu Recht bemerkt – im Grunde ein einziger ausgedehnter Dialog mit dem Marx'schen Gespenst. Wenn wir die gegenwärtigen Grenzen und Begrenzungen ihrer Spezialdisziplinen überwinden wollen, müssen wir auf die oben aufgeworfenen Fragen zurückgehen und sie aufs neue durchdenken.

Dafür ist Marx in mehrfacher Hinsicht wichtig. Er war eine der letzten großen Gestalten, die eine ganzheitliche Wissenschaft vom Menschen im Sinn hatten, welche die verschiedenen Spezialdisziplinen in sich vereinigen könnte. Ganz anders, als man ihm so oft nachgesagt hat, war Marx in keiner Weise ein ökonomischer Determinist. Wohl aber ein Materialist, der an das Primat der materiellen Beziehungen – im Gegensatz zum Primat des sich sukzessive entäußernden Geistes – glaubte. Sein Begriff der »Produktion« richtete sich folglich gegen Hegels Begriff des »Geistes«. Marx meint mit Produktion sowohl die sich wandelnden Beziehungen der menschlichen Gattung zur Natur als auch die gesellschaftlichen Beziehungen, die der Mensch im Prozeß der Transformation der Natur eingeht, sowie schließlich auch den daraus hervorgehenden Wandel der symbolischen Ausdrucksmöglichkeiten des Menschen. Diese Konzeption ist folglich alles andere als nur im strikten Sinne ökonomisch, sie ist ebenso ökologisch, gesellschaftlich, politisch und sozialpsychologisch. Vor allem und wesentlich aber ist sie *relational,* d. h. sie befaßt sich mit Beziehungen.

Marx behauptete ferner – gegen die Auffassung derer, die »Gesellschaft« oder »Markt« oder »das Politische« zu Universalkategorien machen wollten – die Existenz verschiedener Produktionsweisen in der Menschheitsgeschichte. In jeder dieser Produktionsweisen habe sich jeweils eine andere Kombination der einzelnen Elemente verkörpert. Was für die eine gültig war, galt nicht für die andere. Für Marx gab es also keine Universalgeschichte, aber er war ein zutiefst historischer Denker. Die einzelnen Elemente, die eine Produktionsweise konstituieren, wie auch ihre jeweils besondere Kombination, durchlaufen nach Marx eine konkrete, nach Entstehungs-, Entfaltungs- und Auflösungsprozeß unterscheidbare Geschichte. Er war weder ein Vertreter der Universal- noch der Ereignisgeschichte; als Historiker interessierten ihn die Konfigurationen oder auch Syndrome der materiellen Beziehungen. Die meiste Energie steckte er natürlich in das Studium der Geschichte und Wirkungsweise *einer* bestimmten Produktionsweise, nämlich des Kapitalismus. Und dies nicht, um sie zu verteidigen, sondern um auf ihre revolutionäre Umwälzung hinzuwirken. Da die Herausbildung der sozialwissenschaftlichen Spezialdisziplinen als Gegengift gegen Revolution und Unordnung wirken sollte, ist leicht verständlich, daß in den heiligen Hallen der akademischen Wissenschaft die Zwischenfragen des ungebeten herumgeisternden Gastes alsbald nicht mehr erwünscht waren.

Aber dies ehrwürdige Gespenst hat uns auch heute noch wichtige Erkenntnisse zu bieten. Erstens werden wir die gegenwärtige Welt nicht verstehen lernen, ohne die Ausweitung des Weltmarktes und den Gang der kapitalistischen Entwicklung genauer zu erforschen. Zweitens müssen wir diese Ausweitung und diese Entwicklung theoretisch erklären. Drittens müssen wir einen Zusammenhang herstellen zwischen Geschichte und Theorie dieser historischen Entwicklung sowie den Prozessen, die das Leben einer örtlichen Bevölkerung beeinflussen und verändern. Eine solche Theorie muß in der Lage sein, die wichtigsten Momente, die diese Prozesse vorantreiben, wie auch ihre jeweilige Systemkombination zu einem bestimmten historischen Zeitpunkt zu erfassen. Zugleich muß diese Theorie aber auch subtil und genau genug sein, um die entscheidenden Merkmale erklären zu können, die jede dieser Kombinationen – wie etwa den Kapitalismus – von allen anderen historisch bekannten Kombinationen unterscheidet. Schließlich gilt es auch noch, die theoretisch gesättigte Geschichte und die historisch gesättigte Theorie zusammenzubringen, um damit zeitlich und örtlich genau eingrenzbare Populationen als Endprodukt wie als Träger entscheidender Entwicklung herauszuarbeiten.

Unter den Autoren, die zu einer theoretisch gesättigten Geschichte der vom Kapitalismus hervorgebrachten Welt beigetragen haben, ragen zwei Namen noch besonders heraus, und zwar durch ihre präzisen Formulierungen wie ihre umfassenden Forschungsanstrengungen. Der eine ist der Ökonom André Gunder Frank, der in den frühen 60er Jahren die Modernisierungs-Theorie als Erklärungsansatz für die ökonomische Entwicklung in Frage zu stellen begann. Frank (1966, 1967) verfocht die ketzerische These, Entwicklung und Unterentwicklung seien keineswegs getrennte Erscheinungen, sondern aufs engste miteinander verbunden. In den vergangenen Jahrhunderten habe sich der Kapitalismus von seinem Entstehungszentrum über den ganzen Erdball ausgedehnt. Alle Gebiete, in die er vordrang, machte er zu abhängigen Satelliten des metropolitanen Zentrums. Indem der Kapitalismus die in den Satellitengebieten produzierten Wertüberschüsse an sich riß, um damit die Bedürfnisse der Metropolen zu befriedigen, verzerrte und blockierte er um seiner eigenen Interessen willen die Entwicklung der Satelliten. Frank nannte dies »die Entwicklung der Unterentwicklung«. Die Ausbeutungsbeziehung zwischen Satellit und Metropole verdoppelte sich innerhalb der einzelnen Satellitengesellschaften: Die Klassen und Regionen, die mit der auswärtigen Metropole in engerem Kontakt standen, zogen ihrerseits aus dem Hinterland einen Wertüberschuß heraus und verzerrten und verhinderten damit dessen Entwicklung. Unterentwicklung in den Satellitengesellschaften sei daher keine Erscheinung sui generis, sondern das Ergebnis der Beziehungen zwischen Satellit und Metropole. Nach Frank setzt sie sich im Prozeß des Mehrwert-Transfers weiterhin fort und wird aufgrund der fortdauernden Abhängigkeit des Satelliten von der Metropole immer stärker.

Ähnlich wie André Gunder Frank argumentiert Immanuel Wallerstein in seiner explizit historischen Darstellung der kapitalistischen Wurzeln und der Entwicklung der »europäischen Welt-Ökonomie«. Diese Welt-Ökonomie, die im späten 15. und frühen 16. Jh. entstand, konstituierte einen durch globale Arbeitsteilung gekennzeichneten Weltmarkt. Auf diesem Markt tauschen Anbieter (Individuen oder Unternehmen oder auch Regionen) die Erzeugnisse aus, die sie in Erwartung eines zu realisierenden Gewinns produziert haben. Das Profitstreben lenkt sowohl die Produktion im allgemeinen als auch ihre Spezialisierung. Die Profite entstehen aus der Arbeit der ursprünglichen Produzenten, die bei Wallerstein Proletarier heißen, und zwar unabhängig davon, wie ihre Arbeit angeeignet wird. Diese Profite werden mit Hilfe rechtlicher Sanktionen von Kapitalisten angeeignet, die Wallerstein unabhängig von der Herkunftsquelle ihres Kapitals als Bourgeois klassifiziert. Die Ausdehnung des Marktes und die sich weltweit verzweigende Arbeitsteilung führen zu einer grundlegenden Scheidung zwischen Kernländern (bei Frank: Metropole) und Peripherie (bei Frank: Satelliten). Die Verbindung läuft über einen »ungleichen Tausch«; dabei werden Güter, die in den Kernländern unter Bedingungen »eines hohen Lohnniveaus (bei niedrigem Kontrollniveau), hoher Gewinne und hoher Kapitalintensität« erzeugt wurden, mit Gütern ausgetauscht, die in der Peripherie unter Bedingungen »eines niedrigen Lohnniveaus (bei hohem Kontrollniveau), niedriger Gewinne und niedriger Kapitalintensität« produziert worden sind (vgl. Wallerstein 1974, 351). Die Güter des Zentrums werden vor allem von »freien« Lohnarbeitern produziert, in der Peripherie vor allem durch verschiedene Arten von Zwangsarbeitern. Obwohl Wallerstein zur Erklärung dieses Unterschieds auf verschiedene Faktoren verweist, nimmt er letzten Endes Zuflucht zu einer im Grunde demographischen Begründung: Die Zunahme der freien Lohnarbeit in den Zentren war eine Reaktion auf die hohe Bevölkerungsdichte, denn die Arbeiter mußten gegeneinander konkurrieren und waren deshalb bereit, sich der Marktdisziplin zu unterwerfen. In der Peripherie hingegen begünstigte die geringe Bevölkerungsdichte die Ausbreitung von Zwangsarbeit. Wir werden später Gelegenheit haben, einige dieser Behauptungen kritisch unter die Lupe zu nehmen. Wichtig an den Arbeiten von Frank und Wallerstein ist zunächst jedoch, daß sie die fruchtlosen Modernisierungs-Debatten überwunden haben durch eine differenzierte und theoretisch orientierte Darstellung, wie sich der Kapitalismus herausgebildet und ausgebreitet hat – als Entstehung und Ausbreitung untereinander verflochtener und doch voneinander unterscheidbarer Beziehungen.

Frank wie Wallerstein legten ihr Hauptaugenmerk auf das kapitalistische Weltsystem und den Zusammenhang seiner einzelnen Teile. Obwohl sie die Ergebnisse anthropologischer und regionalgeschichtlicher Arbeiten heranzogen, ging es ihnen in erster Linie um die Frage, wie sich das Zentrum die Peripherie unterworfen hat. Sie wollten also nicht unbedingt die Reaktion jener Mikro-Populationen erforschen, denen das Interesse der Anthropologen üblicherweise gilt. Bei dieser Schwerpunktbildung bleiben Umfang und Vielfalt dieser Populationen ebenso außer Betracht wie ihre Existenzweise vor der europäischen Expansion und dem Vordringen des Kapitalismus. Außer Betracht bleibt auch, auf welche Weise diese älteren Existenzweisen durchdrungen, unterworfen, zerstört oder absorbiert wurden, und zwar zunächst durch die Ausdehnung des Marktes und später durch den industriellen Kapitalismus. Ohne eine solche Untersuchung aber bleibt der Begriff »Peripherie« nicht mehr als nur eine Art Deckname – ebenso wie z. B. der Begriff »traditionelle Gesellschaft«. Seine Vorzüge gegenüber dem älteren Begriff liegen vor allem in seinen inhaltlichen Implikationen: »Peripherie« verweist darauf, daß es umfassendere Beziehungen zu untersuchen gilt, wenn man die in den »Randgebieten« ablaufenden Prozesse wirklich verstehen will. Erst wenn wir diese Untersuchung angehen, werden wir herausfinden können, wie die Mundurucú oder die Meo in das übergreifende System hineingezogen wurden – und zwar als seine Opfer und gleichzeitig als seine Agenten.

Mit diesem Buch lege ich eine solche Untersuchung vor. Ich hoffe damit, die allgemeinen Entwicklungen nachzeichnen zu können, die sich mit der Ausdehnung des Handels und dem Aufstieg des Kapitalismus vollzogen haben. Zugleich will ich die Auswirkungen dieser Entwicklungen auf die Mikro-Populationen verfolgen, die von Ethnohistorikern und Anthropologen studiert worden sind. Ich werde diese Prozesse und ihre Auswirkungen mit dem Blick des Historikers untersuchen, freilich im Sinne eines Geschichtsverständnisses, das die Entwicklung der materiellen Beziehungen analysiert und sich deshalb auf den Ebenen des umfassenden Systems wie der Mikro-Kulturen gleichzeitig bewegt. Als erstes werde ich deshalb die Welt um das Jahr 1400 betrachten, bevor Europa zu weltweiter Vorherrschaft aufgestiegen war. Dann werde ich einige theoretische Konstruktionen diskutieren, die uns helfen können, die bestimmenden Züge des Kapitalismus und der ihm vorangegangenen Produktionsweisen zu erfassen. Danach werde ich die Expansion des europäischen Handels darstellen, samt der Rolle, die bei seiner globalen Ausbreitung die verschiedenen europäischen Nationen gespielt haben. Auf den Spuren dieser Expansion werde ich die Jagd auf das amerikanische Silber, den Pelzhandel, den Sklavenhandel und den Drang nach neuen Quellen des Reichtums in Asien schildern. Darauf folgt die Beschreibung des Übergangs zum Kapitalismus im Verlauf der industriellen Revolution und der Auswirkungen dieser Revolution auf die einzelnen Weltregionen, die das industrielle Zentrum mit ihren Ressourcen beliefert haben. Schließlich werde ich die Entstehung der Arbeiterklassen und ihre Wanderungsbewegungen innerhalb wie zwischen den Kontinenten skizzieren. In dieser Darstellung werden sich die Völker, die eine »eigene« Geschichte für sich beanspruchen, und die Völker, denen ihre Geschichte als »eigene« verwehrt worden ist, als Teilnehmer an derselben geschichtlichen Veranstaltung herausstellen.

Kapitel 2

Die Welt um das Jahr 1400

Im Jahre 1271 brachen die venezianischen Kaufleute Niccolo und Maffeo Polo in Begleitung von Nicolos Sohn Marco von der Ostküste des Mittelmeeres ins Binnenland auf und reisten durch den Iran nach Hormus am Persischen Golf. Von dort machten sie sich in nordöstlicher Richtung nach Kaschgar auf und folgten sodann der alten Seidenstraße bis nach Peking. Nach ausgedehnten Fahrten durch China und das südliche Asien stachen die Polos wieder Richtung Europa in See und trafen im Jahre 1295 in Venedig ein. Rund vierzig Jahre später begab sich Ibn Battuta, ein Hofgelehrter aus Marokko, auf eine Pilgerfahrt nach Mekka. Anschließend reiste er über Persien, Anatolien und die Krim nach Konstantinopel. Von hier brach er nach Zentralasien und Indien auf und leistete dann einige Jahre herrschaftliche Dienste in Delhi und auf den Malediven. Nach Aufenthalten in Südchina und in Sumatra kehrte er 1349 wieder nach Marokko zurück. Drei Jahre später durchquerte er in Begleitung marokkanischer Kaufleute die Sahara und gelangte bis zu dem im westlichen Sudan gelegenen Königreich Mali. Als er wieder in Fes eintraf, diktierte er einem Schreiber seinen Reisebericht. Zwischen 1405 und 1433 segelte der chinesische Admiral Cheng-ho siebenmal nach Südasien und gelangte dabei bis zum Roten Meer und zur ostafrikanischen Küste. 1492 erblickte ein genuesischer Kapitän in Diensten der Königin von Aragon erstmals die Neue Welt – beim Anblick der Bahamas dachte er allerdings, Japan vor sich zu haben.

All diese Reisen waren keine abgehobenen Abenteuer. In ihnen kamen historische Triebkräfte zum Ausdruck, die ein Netz immer umfassenderer Verbindungslinien zwischen den Kontinenten entspinnen und die Welt schon bald darauf zu einer einzigen Bühne des menschlichen Handelns vereinheitlichen sollten. Um zu verstehen, wie sich die Welt im weiteren entwickelt, müssen wir zuvor wissen, wie sie damals aussah. Ich werde mich deshalb zunächst einem imaginären Reisenden des Jahres 1400 an die Fersen heften und die Welt so beschreiben, wie sie sich ihm damals dargestellt haben mag. Mit diesem Versuch einer globalen anthropologischen Skizze will ich über die Beschreibung einzelner Stämme, Kulturzonen und Zivilisationen hinausgehen und das Geflecht von wechselseitigen Beziehungen darstellen, das sich über die beiden damals noch getrennten Hemisphären erstreckte: über die »Alte Welt« Europas, Asiens und Afrikas, und über die »Neue Welt« der beiden amerikanischen Subkontinente. In beiden Welthälften verdichtete sich dies Geflecht und dehnte sich weiter aus. Um diesem Prozeß auf die Spur zu kommen, müssen wir auch nachzeichnen, welche historischen Reiserouten diejenigen Völker bevorzugt haben, die von einer aus westlichem Blickwinkel geschriebenen Geschichte in der Regel ignoriert oder nur als Karrikatur wahrgenommen wurden. Denn auch diese Völker der Vergangenheit hat man – wie die »zeitgenössischen Primitiven« unserer Anthropologen – als Völker ohne eigene Geschichte behandelt.

Diese weitgespannten, schon vor der europäischen Expansion vorhandenen Verbindungen zwischen den Völkern waren Resultat konkret bestimmbarer materieller Prozesse, etwa der Herausbildung von politisch-militärischen Systemen, die sich aktiv eine Vormachtstellung erobern wollten. Beide Hemisphären erlebten, getrennt voneinander, den Aufstieg von Mächten, die das Mehrprodukt der verschiedensten und vielfältigsten Gruppen an sich zogen. Gleichzeitig vollzog sich eine Ausweitung des Fernhandels – ein Prozeß, der allenthalben Verbindungen zwischen den Erzeuger-Regionen und den Zentren geballter Nachfrage anbahnte und der den Völkern, die die Handelsrouten unter ihrer Kontrolle hatten, zusätzliche spezifische Möglichkeiten eröffnete. Die Entstehung mächtiger Reiche wie der Ausbau der Handelsverbindungen ihrerseits wiederum zur Ausweitung der Kommunikationsnetze, die unterschiedliche Populationen unter der Ägide dominierender religiöser oder politischer Ideologien zusammenbrachte. Aus der Summe dieser Prozesse ging jene Welt hervor, der Europa nur wenig später eine neue, seinen eigenen Bedürfnissen entsprechende Gestalt zu geben vermochte.

Die politische Geographie der Alten Welt

Um die Welt von 1400 zu verstehen, müssen wir mit der Geographie beginnen. Eine Karte der Alten Welt informiert uns über gewisse konstante

Naturbedingungen. Da ist zunächst die große Gebirgskette, die sich in Ost-West-Richtung über die gesamte eurasische Landmasse erstreckt. Sie beginnt mit den zerklüfteten Bergketten des südlichen und westlichen China, türmt sich dann hinauf bis zu den Gipfeln des Kunlun, des Himalaya und des Pamir – »Dach der Welt« genannt – und zieht sich über das Elbrus-Gebirge, den Kaukasus, die Karpaten und die Alpen bis hinüber zu den Pyrenäen. Zeitweise blockierten diese Gebirge den Kontakt zwischen Norden und Süden, dann wiederum dienten die Lücken zwischen den Bergketten als Einfallstor für Bevölkerungsbewegungen und militärische Angriffsoperationen. Im Norden Chinas mußten die Herrscher der Han-Dynastie ihre Große Mauer errichten, um die Chinesen innerhalb und die Mongolen und Turkvölker außerhalb ihrer Grenzen zu halten. Von Turkestan führten die Straßen Richtung Süden nach Persien und Indien. Im Westen konnten die Eindringlinge donauaufwärts bis ins Herzland Europas vorstoßen.

Eine zweite Karte veranschaulicht eine weitere konstante Naturbedingung: die geographische Verteilung der wichtigsten Klimazonen. Diese führen zu unterschiedlichen Vegetationstypen und demgemäß zu unterschiedlichen Arten menschlicher Besiedlung. Auf dieser Klimakarte springt uns sofort ein breiter Gürtel von Trockengebieten ins Auge, der sich in west-östlicher Richtung von der Sahara und den arabischen Wüsten über die iranische Hochebene bis nach Turkestan und in die Mongolei erstreckt. In diesen Landstrichen leben Hirtenvölker, die mit ihren Herden die Weidegebiete durchwandern, die sie an den Rändern der Wüsten und in den Steppen finden. Ackerbau ist nur in unmittelbarer Nähe der ständigen Wasserquellen, der Oasen, möglich. Südlich der aus Wüste und Steppe bestehenden Trockenzone liegen feuchtwarme tropische und subtropische Wälder und Savannen, die in vielen Fällen kultivierbar sind: in Westafrika, in der Ganges-Ebene, auf den Inseln und Halbinseln Südasiens und im Süden Chinas. Nördlich der Trockenzone erstrecken sich die bewaldeten Regionen. Die Waldgebiete westlich des Ural sind regenreich und erlauben eine lange Anbausaison. Hier läßt sich also durch Rodung gutes Ackerland gewinnen. Östlich des Ural sind die Waldgebiete trockener und kälter und gehen allmählich in die Taiga über. Diese Nadelwälder der kalten Klimazonen sind – zusammen mit dem baumlosen, flechtenbedeckten Gürtel der zirkumpolaren Tundra – die bevorzugte Umwelt für Waldjäger. Ackerbauern haben sich in diese Gebiete nur selten vorgewagt, und für Hirten war es schwierig, ihre Tiere unter diesen Bedingungen durchzubringen.

Wenn wir die Verteilung von nutzbarem und anbaufähigem Ackerland einerseits und Wüste bzw. Steppe andererseits vergleichen, ergibt sich ein bemerkenswerter Kontrast. Der Trockengürtel bildet eine zusammenhängende Zone, die anbaufähigen Gebiete dagegen liegen wie ein Archipel über die Landkarte verstreut. Der breite Gürtel von Weideland begünstigte Wanderungsbewegungen in zentrifugaler Richtung, in den in getrennte Einheiten unterteilten Anbauzonen dagegen orientierten sich die Menschen zentripetal auf ihren heimatlichen Grund und Boden. Dieser Gegensatz zwischen mobilen Steppenbewohnern und fest ansässigen Ackerbauern hat die Entwicklung des menschlichen Verhaltens in einem gehörigen Maße bestimmt: Er führte zeitweise zur Abschottung zwischen Herdenhaltern und Dorfbewohnern, und dann wieder zu ihrer gegenseitigen Beeinflussung.

In Nordwestafrika ist der Ackerbau hauptsächlich auf den zum Mittelmeer abfallenden Nordrand des Atlasgebirges beschränkt, nach Süden und Osten wird seine weitere Ausdehnung durch Steppen- und Wüstengebiete behindert. Der Weizen, der in den Tälern des Souss und des Er Rbia in Marokko, im Tal des Chélif und in der Mitidja-Ebene in Algerien oder in der tunesischen Mejerda-Ebene angebaut wurde, spielte für die Versorgung der regionalen Höfe und Eliten eine wichtige Rolle. Östlich von Tunis schlossen sich die Oase von Tripolis und die riesige Oase des Nil-Tales an. Das ägyptische Getreide hatte zu Zeiten des Römischen Reiches ganz Rom ernährt, und dieselbe Rolle spielte es später für Byzanz, für das arabische Damaskus und (nach 1453) für die Osmanen. Das Byzantinische und das Osmanische Reich bezogen ihr Getreide zunehmend auch aus den Anbaugebieten an der unteren Donau und an den Schwarzmeerküsten.

Kleinere Anbauenklaven hielten sich auch im terrassierten Hügelland Palästinas, ausgedehntere landwirtschaftliche Oasen um Antiochia (heute das türkische Antakya) und Damaskus. Die syrische Steppe, wo zu Zeiten der Römer und dann wieder im 20. Jh. Landwirtschaft betrieben wurde, spielte für die Versorgung der Bevölkerung keine bedeutende Rolle und war lange Zeit als Weideland in nomadischer Hand. In Anatolien ist Landwirtschaft entlang der Mittelmeer- und der Schwarzmeerküste und auch in verstreuten Landstrichen der gebirgigen Hochebene möglich; der Rest ist Steppe, die in Richtung Südosten wiederum in Wüste übergeht. Irak, also das Land zwischen Euphrat und Tigris, war früher einmal ein ungeheuer ertragreiches Gebiet. Seine durch hydraulische Systeme ermöglichte Überschußproduktion hatte seit akkadischen Zeiten die Grundlage für die Herausbildung von Staatswesen abgegeben. Unter der persischen Dynastie der Sassaniden (226–637 n. Chr.) hatte hier der Bau von wassertechnischen Anlagen seinen absoluten Höhepunkt erreicht. Aber mit der islamischen Eroberung des Gebietes und dem gleichzeitigen Anwachsen von Bagdad zu einer Metropole mit über 300 000 Einwohnern wurden der Reichtum und die menschlichen Ressourcen immer mehr von der Stadt aufgesogen. Das führte zum Niedergang der landwirtschaftlichen Produktion und zum stetigen Rückgang der eingetriebenen Tributzahlungen (Adams 1965, 84 ff.). Den Todesstoß für die Landwirtschaft bedeutete schließlich der Mongoleneinfall Mitte des 13. Jhs., als Khan Hulägu die Bewässerungsanlagen am Unterlauf von Euphrat und Tigris zerstören ließ.

Jenseits der Gebirgskette des Zagros liegt die iranische Hochebene. Sie ist zum größten Teil von Steppe und Wüste bedeckt und erlaubt Ackerbau nur an besonders günstigen Stellen, wo Flüsse am Innensaum der Bergkette Schwemmland angetragen haben. Zeitweise wurden auch trockenere Zonen für den Anbau erschlossen, und zwar mit Hilfe unterirdischer Tunnel, die das Wasser nach den Gesetzen der Schwerkraft auf der Höhe des Grundwasserspiegels zu weit entfernt liegenden Feldern lenkten. Noch weiter östlich, in Afghanistan und Belutschistan, lassen Wüste und Einöde der Landwirtschaft wiederum kaum eine Chance.

Obwohl dieses ganze Gebiet vorwiegend aus unwirtlichen Wüsten und Steppen besteht, entstanden auf der Basis bewässerter Landwirtschaft eine ganze Reihe städtisch ausgebauter Oasen, die als Rastpunkte und Versorgungsstationen fur die nach Osten und Westen ziehenden Karwanen dienten. Die bedeutendste dieser Karawanenrouten war die Seidenstraße. Sie begann in Antiochia im nördlichen Syrien, führte zunächst nach Rai (in der Nähe von Teheran) und dann über Merw (heute Mary, in der Turkmenischen SSR) und Balch (Baktria) nach Kaschgar. In Kaschgar gabelte sich die Route in eine nördliche und eine südliche Umgehung der Takla-Makan-Wüste (der südlichen Gobi). Die nördliche Route führte nach Kucha und Karatschar, die südliche durch die Gebiete von Yarkand und Chotan. Beide Routen liefen in Tun-huang in der chinesischen Provinz Kansu wieder zusammen und von dort weiter nach China hinein. Kaschgar – dessen Gärten und Weinberge Marco Polo in begeisterten Worten geschildert hat – war also eine bedeutende Drehscheibe des Fernhandels. Von Kaschgar führte eine weitere Route in nördlicher Richtung nach Samarkand und nach Sarai am Unterlauf der Wolga, von wo aus man nach Asow und ans Schwarze Meer gelangen konnte. Entlang des ganzen nördlichen Steilabfalls der großen eurasischen Gebirgskette nisteten kleinere Buchten urbaren Landes, das man landwirtschaftlich nutzen konnte, sofern es gelang, die Hirtenvölker in ihrem Drang nach Weideland und Wasser in Schach zu halten.

Diese ganze Kette großräumiger Ackerbaugebiete erstreckte sich also in einem riesigen Bogen vom marokkanischen Atlas-Gebirge bis unmittelbar vor die Tore Zentralchinas. Diese landwirtschaftlichen Regionen waren untereinander durch Verkehrs- und Handelsrouten verbunden. Nur ein einziges Mal in der Geschichte unterstand diese langgezogene Kette einer politisch und religiös einheitlichen Herrschaft – das war im 7. und 8. Jh. n. Chr., als die islamischen Armeen von der arabischen Halbinsel in östlicher wie in westlicher Richtung ausschwärmten. Danach aber rissen die einzelnen Kettenglieder wieder auseinander und fügten sich nie wieder zusammen. Die politische Trennung verschärfte sich auch noch durch religiöse Sektenbildung, die ihrerseits auf die politische Segmentierung zurückwirkte.

Viele Glieder dieser langen Kette wurden durch diesen neuerlichen Abtrennungsprozeß nur noch weiter geschwächt. Die isolierten Landwirtschaftsgebiete verfestigten sich zu isolierten politischen Gemeinwesen; ihre innere Entwicklung stieß früher oder später an die Grenzen der vorhandenen natürlichen Ressourcen, und nach außen waren sie wegen ihrer ungeschützten Grenzen ständigen Einfällen und Eroberungsversuchen ausgesetzt. Das einzige, was diese geopolitische Perlenschnur noch zusammenhielt, waren die Bande des Handels und der Religion. Allein sie konnten die innere Begrenzung der einzelnen Teile überwinden und die natürlichen Ressourcen in größeren Dimensionen zusammenfassen. Aber ohne ein politisch zusammengehaltenes Verteidigungspotential drohten auch diese Bande ständig durch Interventionen geschwächt und schließlich zerrissen zu werden.

Im Norden der eurasischen Gebirgskette bildeten die Steppengebiete einen weiten Korridor, der sich von der mongolischen Steppe im Osten über die kirgisischen und russischen Steppen bis zur ungarischen Steppe erstreckte, also fast schon ins Herz Zentraleuropas reichte. Dies waren die idealen Wanderzonen für die nomadischen Hirtenvölker. Die Verwandlung der südrussischen Grasebenen in dauerhaftes Ackerland wurde erst möglich, nachdem die Russen im 17. Jh. diese Hirtenvölker und ihre Khans besiegt hatten.

Westlich der russischen Grasebenen schloß sich die europäische Halbinsel an: ein Waldgebiet mit gemäßigtem Klima, das sich roden und in Ackerland umwandeln ließ. Die Entwicklung dieser Halbinsel, soweit sie jenseits der von den Römern erschlossenen Mittelmeerzone lag, vollzog sich allerdings in sehr langsamem Tempo. Obwohl die europäische Halbinsel fast vollständig von den Wassermassen der Ostsee, der Nordsee, des Atlantik und des Mittelmeeres umgeben ist, ließ sich diese Nähe zum Wasser nur dann richtig zum eigenen Vorteil nutzen, wenn die Küsten gegen Seeräuber aus dem Norden und dem Süden verteidigt und gehalten werden konnten. Das gelang vollständig erst im 9. Jh. n. Chr. Und die Rodung der europäischen Wälder zog sich über Jahrtausende hin. Erst um das Jahr 1000 n. Chr. hatte sich das Gleichgewicht zwischen Waldgebieten und landwirtschaftlichen Nutzflächen zugunsten der Ackerbauern verschoben. Erst jetzt bildeten sich in der Zone zwischen Meer und Wald landwirtschaftliche Kernzonen heraus.

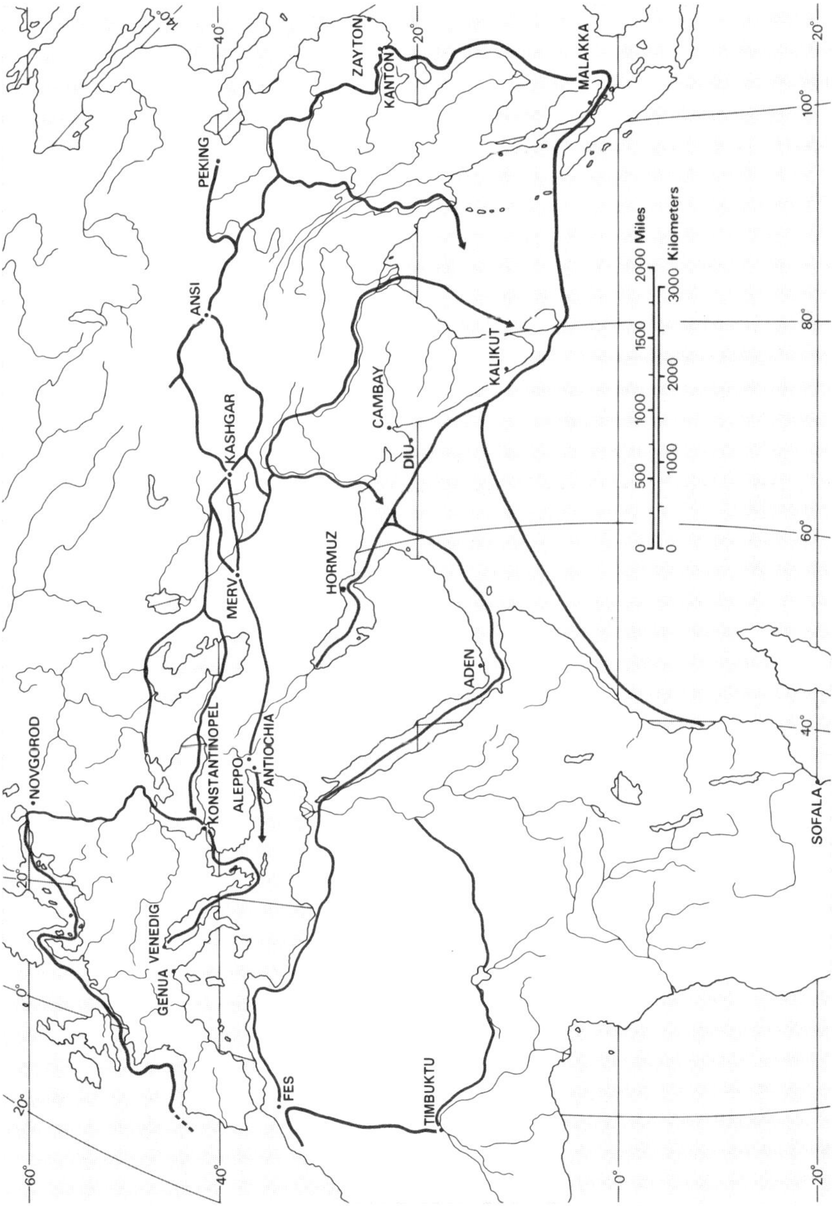

Die wichtigsten Handelsrouten der Alten Welt um 1400

Ständige Landwirtschaft unter günstigen Naturbedingungen und in leicht zu verteidigender Lage entwickelte sich vor allem dort, wo größere Flüsse Transportmöglichkeiten für die Küstenschiffahrt eröffneten. Zu solchen bevorzugten Regionen mit hoher Produktivität entwickelten sich die Niederlande, das Seine-Becken, das Einzugsgebiet des mittleren Rheines, das Tal der Themse in England und des Tejo in Portugal sowie die italienische Po-Ebene. Die landwirtschaftlichen Überschüsse dieser Regionen förderten die Herausbildung politischer Machtzentren, sie wurden somit zu strategischen Versorgungsbasen der sich entwickelnden Staatsgebilde.

Jenseits des östlichen Endpunktes der Seidenstraße, in der Provinz Kansu, verlängerte sich die trans-eurasische Route bis nach China hinein – in eine politisch-ökonomische Welt also, die sich von Europa wie vom islamischen Kulturkreis erheblich unterschied. Europa bestand eigentlich nur aus den Randgebieten einer Halbinsel: die geopolitischen Zentren bildeten sich in den Küstenzonen seiner Landmasse heraus. Die islamische Welt erstreckte sich in longitudinaler Richtung, quer zum eurasischen Gebirgsrücken, mit Ausläufern nach Ost- und Westafrika. China hingegen entwickelte sich zu einer kompakten Einheit von – im Vergleich mit den westlichen Gemeinwesen – riesigen Dimensionen. Diese Entwicklung vollzog sich nur allmählich. Die Herausbildung eines ersten Staatswesens beruhte auf der Expansion der Landwirtschaft im Norden, im Einzugsgebiet der Flüsse Ching und Wei in der Provinz Shansi, am Fen-Fluß, ebenfalls in Shansi, und am Unterlauf des Gelben Flusses. Das Hauptprodukt dieser Region war Hirse, wenn auch nach 700 n. Chr. zunehmend auch Weizen an Boden gewann. Später kam dieses ältere politische Gravitationszentrum in Kontakt mit den Reisanbaugebieten des Jangtse-Tales, und zu Beginn des 7. Jhs. wurden beide Gebiete durch große Kanäle miteinander verbunden. Einige Zeit später bildete sich südlich des Jangtse-Flusses ein drittes Kerngebiet heraus. Die Wanderung ethnischer (Han-)Chinesen in die fruchtbaren Flußniederungen und -deltas dieses Gebietes hatte im 3. Jh. n. Chr. eingesetzt, sich aber im 7. und 8. Jh. im Gefolge einer ausgefeilteren Anbautechnik, die auf einer Verbesserung der Werkzeuge, des Saatgutes und der Bewässerungstechniken beruhte, beträchtlich beschleunigt.

Im Mekong-Delta entwickelte sich eine von chinesischen wie von indischen Vorbildern beeinflußte und auf den Anbau von Wasserreis gestützte staatliche Struktur bereits im 1. Jh. n. Chr. Die bewässerten landwirtschaftlichen Kerngebiete, die während des ersten Jahrtausends in den Regionen und Inseln rundum entstanden, lehnten sich jedoch vornehmlich an indische Vorläufer an. Hier wären das Khmer-Königreich von Angkor sowie Königreiche in Zentraljava und in Ceylon zu nennen. In Indien selbst hatten sich schon die staatlichen Systeme von Mohonjo Daro und Harappa auf eine früh ausgebildete Kernregion am Indus gestützt; sie waren aber um 1200 v. Chr. wahrscheinlich von indoeuropäischen Eindringlingen zerstört worden. Danach erlangte das trockene Industal seine frühere Schlüsselrolle nie wieder zurück, sieht man von seiner Funktion als Aufmarschgebiet für bewaffnete Invasoren aus Zentralasien ab. Später entstehende Staatsgebilde hatten ihren Ursprung im Gangestal, und hier vor allem in den Regionen Bihar und Bengalen, wo hauptsächlich Reis angebaut wurde. Wo die jährliche Niederschlagsmenge nur ein oder zwei Meter betrug, mußten die Felder zusätzlich künstlich bewässert werden; in Gegenden mit mehr als zwei Metern Jahresniederschlag mußten sie durch Dämme und Deiche vor Überflutung geschützt werden.

Die Ausbreitung der bewässerten Landwirtschaft im Osten und Süden Asiens verdrängte Bevölkerungsgruppen mit weniger intensiven Anbaumethoden. In Indien drängten die Völker, die intensiven Ackerbau betrieben, Bergstämme wie die Munda und die Orao in Bihar zurück, deren Anbaumethoden sich auf Brandrodung beschränkten. In China bildete das Han-Volk seine historische Identität erst nach 700 n. Chr. mit der Entwicklung seiner auf Bewässerungstechnik basierenden politischen Ökonomie heraus. Weiter südlich lebten fremde »Barbaren«: die Mong (Meo), die Yu Mien (Yao) und die Tai-Dialekte sprechenden Volksgruppen. Als dann die Han-Chinesen über den Yangtse-Fluß in »barbarisches« Territorium vordrangen, gingen einige dieser Gruppen, deren landwirtschaftliche und politische Strukturen den chinesischen ähnelten, in ihnen auf, während die Brandrodungs-Anbau betreibenden Völker in gebirgigere oder unwirtlichere Landstriche abgedrängt wurden. In anderen Regionen wiederum zogen sich die nicht seßhaften Ackerbauern von selbst zurück, um ihre auf Verwandtschaftsbasis organisierten Gesellschaften vor politischer und ökonomischer Tributabhängigkeit in Sicherheit zu bringen. So lebte also seit dem 12. und 13. Jh. eine Restbevölkerung nicht-chinesischer Minoritäten in der Bergwelt Südwest-Chinas und der angrenzenden Gebiete von Burma, Thailand, Laos und Vietnam. Dieser Vorgang wiederholte sich in kleinerem Maßstab immer dort, wo sich in den Niederungen Kernzonen mit bewässerter Landwirtschaft entwickelten, wohingegen die Bewohner des Berglandes bei der landwirtschaftlichen Erschließung des gebirgigen und unzugänglichen Hinterlandes nur ihre extensiven Brandrodungs-Methoden einsetzen konnten.

Der Handel

Wenn wir unseren imaginären Reisenden über die Höhenzüge und durch die befestigten Orte der Alten Welt des Jahres 1400 streifen lassen, so bewegt er sich in den Fußstapfen ungezählter Händler, die über Jahrtausende hinweg damit beschäftigt waren, ein ausgedehntes Netz kommerzieller Verbindungslinien zwischen weit auseinanderliegenden Regionen aufzubauen. Denn die Streulage der landwirtschaftlichen Anbaugebiete machte die Verbindungsrouten – zu Lande wie zu Wasser – zu einem lukrativen Objekt. Diese Routen mußten nämlich – ob sie nun kurze oder lange Entfernungen überbrückten – instandgehalten und gegen Angriffe verteidigt werden. Auch konnte sich jede Gruppe, die eine wichtige Verbindung unter ihre Kontrolle brachte, zum eigenen Nutzen in das Transportnetz einfädeln; sie konnte freilich auch die Verbindung kappen und damit die landwirtschaftlich genutzten »Inseln« noch stärker voneinander abschotten. Die Geschichte der Alten Welt läßt sich folglich nicht nur anhand einer strategischen Flächennutzungskarte vorführen, sondern auch anhand eines Netzplans dieser Verbindungen zwischen den einzelnen Gebieten.

Europa ist eine Halbinsel im Westen der eurasischen Landmasse, deren großer Vorzug u. a. darin besteht, daß jede seiner geographischen Regionen sich an Seerouten anschließen läßt, ohne allzugroße Distanzen überbrücken zu müssen – sei es zum Finnischen Meerbusen, zur Ostsee oder zum östlichen Mittelmeer. Selbst noch vom nordöstlichsten Punkt dieses Schiffsverkehrsnetzes konnte man über eine Portage zur Wolga gelangen und weiter – wie die Wikinger – zum Kaspischen Meer segeln. Diese Route wurde allerdings durch die Steppennomaden unterbrochen und stand erst Mitte des 16. Jhs. wieder für den Handelsverkehr offen. Die Seidenstraße führte von den Häfen der östlichen Mittelmeerküste nach Kaschgar und weiter nach China hinein. Eine zweite Mittelmeerroute verband Aleppo mit dem Persischen Golf, von wo die Schiffe nach Indien und Südostasien ablegten. Eine dritte Route hatte zunächst die Landenge von Suez durch eine Portage zu überbrücken, ehe es per Seetransport durch das Rote Meer und den Golf von Aden nach Ostafrika und Indien weiterging. Von der südlichen Küstenzone des Mittelmeeres führten Karawanenrouten, die mit Hilfe von Kamelen, den sog. »Wüstenschiffen«, betrieben wurden, quer durch die Sahara, wo sie in den Städten Gao und Timbuktu am großen Niger-Bogen wieder zusammenliefen. Von dort wurden die Güter auf Flußschiffen und mit Packeseln ins Herz Westafrikas weitertransportiert. Südostasien wiederum war – von Malaysia bis zu den Philippinen und Japan – von zahllosen strategischen Einfalls- und Handelsrouten durchzogen.

Die Existenz solcher Routen erinnert uns daran, daß der Warenaustausch über große Entfernungen weit in die Geschichte zurückreichende Wurzeln hat. Schon vor langen Zeiten hatten Kaufleute Güter aus Gebieten mit Überschußproduktion in unterversorgte Regionen transportiert und für diese Dienstleistung ein Entgeld kassiert. Solange die Transportmöglichkeiten begrenzt waren – solange also die Lasten von menschlichen Trägern oder Lasttieren über Land geschleppt und von Schiffen mit geringer Nutzlast über See verbracht werden mußten –, wurden vorzugsweise Luxusgüter transportiert, Güter also, die pro verkaufter Einheit einen hohen Gewinn einbrachten. In dem Maße, in dem der Handel mit solchen exquisiten Gütern vorherrschte, spielte sich der Austausch vornehmlich in zwei verschiedenen Sphären ab: erstens in der Sphäre des lokalen Handels und Austauschs mit Gütern des täglichen Bedarfs, die innerhalb begrenzter Regionen zwischen Dörfern und Städten transportiert wurden; und zweitens in der Sphäre des Fernhandels mit hochwertigen Gütern, die produziert wurden, um von den Eliten konsumiert zu werden und ihren politischen und ökonomischen Herrschaftsanspruch zu unterstreichen.

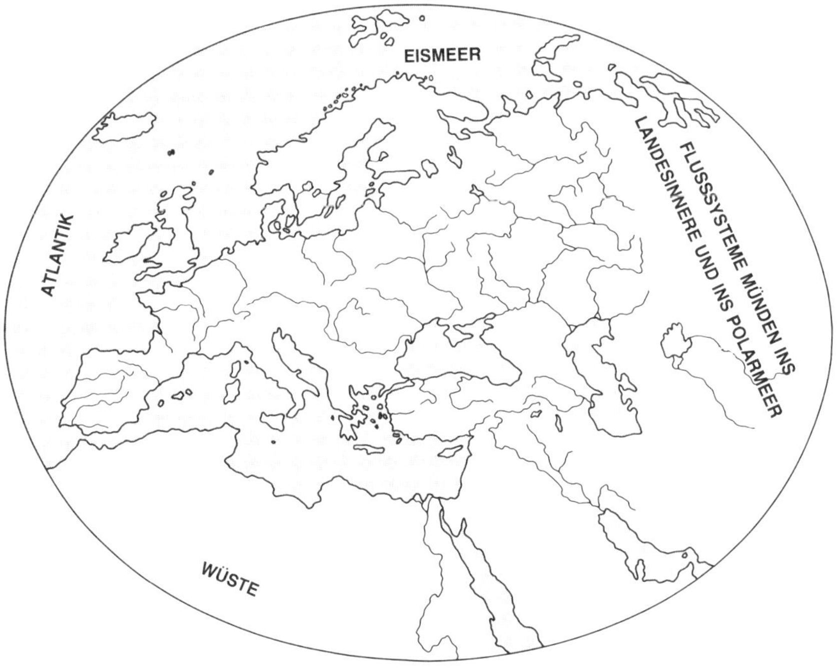

Die Europäische Halbinsel und ihre dichte Erschließung durch Wasserwege

Nomadische Viehzüchter

Wenn Händler und andere Reisende den Trockengürtel der Alten Welt von Afrika bis an die östlichen Gestade Asiens durchquerten, drangen sie damit in den bevorzugten Lebensraum der Völkerschaften ein, die sich auf die Nutzung dieser Trockengebiete spezialisiert hatten – der nomadischen Hirtenvölker. Diese waren keineswegs lediglich Hirten – sie kontrollierten auch die meisten Routen, die die Verbindung zwischen den einzelnen Oasen oder den einzelnen Kerngebieten oder den einzelnen Regionen herstellten. Mit ihren berittenen Streitkräften konnten sie jeden Verkehr über einen strategisch wichtigen Punkt unterbinden und massive Angriffe gegen die Handelszentren in den Oasen und Städten ausführen. Heute haben sich die Machtverhältnisse zuungunsten der Hirtenvölker verschoben, weil sie zunehmend ihre Fähigkeit eingebüßt haben, auf eigene Faust Krieg zu führen. Aber bevor die Europäer die Seeroute nach dem Orient erschlossen, spielten die Hirtenvölker im transkontinentalen Karawanenhandel eine bedeutende Rolle, insofern sie sich die Zusicherung eines sicheren Geleits mit Abgaben bezahlen ließen. Die Macht, eine solche »Schutzrente« zu erheben (wie F.C. Lane sie bezeichnete), verschaffte ihnen ein lukratives Einkommen. Auf 3 bis 4 Millionen Piaster schätzt Niels Steensgard (1973, 175) die finanziellen Verluste, die der Levante-Region durch die Eröffnung der direkten Handelsverbindung zwischen Europa und Asien – um das südafrikanische Kap der Guten Hoffnung herum – entstanden sind.

Um 1400 machte der Karawanenhandel aber noch glänzende Geschäfte – ebenso wie die nomadischen Hirtenvölker, die für den Geleitschutz sorgten. Dabei hätten letztere keineswegs unabhängig von den besiedelten Zonen überleben können. Obwohl die Hirtenbevölkerung auf Viehhaltung spezialisiert war und mit ihren Herden auf der Suche nach Wasser und Weideland umherzog, war sie in aller Regel auf Ackerbauern angewiesen, die sie mit Getreide und Handwerksprodukten versorgten. Sehr oft dienten solche unentbehrlichen Tauschbeziehungen als Bindeglied zwischen Hirten und Ackerbauern. Die Bedingungen des Tausches hingen jeweils von der Machtverteilung zwischen den beteiligten Gruppen ab. Wo die Nomaden Pferde besaßen, konnten sie in Auseinandersetzungen mit der seßhaften Bevölkerung ihre Vorteile – als da sind: überraschendes Auftauchen, größere Beweglichkeit, überlegene Stoßkraft – oft entscheidend zur Geltung bringen. Außerdem verfügten sie mit ihrer segmentierten und auf einer Rangordnung der Geschlechter basierenden Organisation über zusätzliche strategische Vorteile. Familienverbände, die normalerweise selbständig operierten, konnten unter Berufung auf gemeinsame Stammesverpflichtungen zusammengeholt werden, wobei der Gesamtverband dann der Führung der höherrangigen Geschlechter unterstellt war.

Nun waren die Hirtenvölker durchaus nicht ständig darauf aus, die seßhafte Bevölkerung zu überfallen. Eine große Zahl verschiedener Hirtenvölker lebten in friedlicher Symbiose mit festen Ansiedlungen. Auch betrieben viele von ihnen im Rahmen ihres jährlichen Wanderungszyklus etwas eigenen Ackerbau, oder sie hatten die Aufgabe der regelmäßigen Feldbestellung an eine Untergruppe ihres Verbandes delegiert. Welchen Umfang der Austausch zwischen Herden- und Ackerbauprodukten annahm, hing von zahlreichen Faktoren ab. Eine Verschiebung der Proportionen in die eine Richtung konnte die Hirten dazu bringen, die Tierhaltung zugunsten der Feldbestellung aufzugeben; veränderte sich der Bedarf in die andere Richtung, konnten die Ackerbauern ihre Felder aufgeben und sich ganz auf die Viehzucht verlegen. Aber die entscheidende Frage, die auch gar nicht so leicht zu beantworten ist, lautet: Unter welchen präzisen Bedingungen haben sich die viehzüchtenden Nomaden für die Alternative eines kriegerischen Unternehmens und gegen die Strategie der Anpassung bzw. der Symbiose entschieden?

Unser ins Jahr 1400 entsandte Berichterstatter hätte die Nomaden ganz gewiß als »Geißel Gottes« wahrgenommen. In den vorangegangenen 400 Jahren hatten sie Angriff auf Angriff gegen die landwirtschaftlichen Kerngebiete vorgetragen. Die Gründe für dieses Verhalten sind nicht vollständig klar. Owen Lattimore (1951) hat in der Geschichte der Steppenbewohner den Ausgangspunkt ihrer Wanderungen bis in die Gebiete zurückverfolgt, wo Ackerbauern und Nomaden um Grund und Boden konkurrierten, der als Acker- wie auch als Weideland genutzt werden konnte. Solche Gebiete waren zugleich politische Unruheherde: Das Interesse der die Ackerbauern beherrschenden Autorität ging dahin, die Nomadenstämme gegeneinander aufzuhetzen; die Nomaden wiederum lernten allmählich die Stärken und Schwächen der ständig besiedelten Gebiete einzuschätzen. Der Druck der nomadischen Hirtenvölker – seien es Türken, Mongolen, Araber oder Berber – wurde in den vier Jahrhunderten vor der Erkundungsreise unseres imaginären Beobachters so stark und allgegenwärtig wie nie zuvor und auch später nie wieder.

Die Fähigkeit, große mobile Kampfverbände unter ein wirksames Zentralkommando zu stellen, kam den Nomaden in Kriegszeiten sehr zustatten. In Friedenszeiten ergaben sich daraus jedoch Probleme. Dann wurde es nämlich schwierig, die unterworfenen Völker unter Aufsicht zu halten, ohne zugleich an Kampffähigkeit einzubüßen. »Das Reich wurde zwar auf dem Rücken der Pferde errungen, aber man kann es nicht vom Rücken der Pferde regieren«, soll der chinesisch beeinflußte Khitan Tschou-Tsai zu Ögödai, dem Nachfolger Dschingis Khans, gesagt haben (Grousset 1970, 257). Um ihre Erfolge zu konsolidieren, übernahmen die nomadischen Eroberer daher in der Regel die administrativen Modelle der besiegten Völker. Im konkreten Fall hielten sich die Nomaden der westlichen Steppe an islamische Vorbilder, während die Nomaden der östlichen Steppen- und Wüstengebiete ihre Modelle von den Han-Chinesen entlehnten. Das blieb nicht ohne Folgen. Die Konzentration auf routinemäßige administrative Fertigkeiten schwächte in der Regel die Grundlage ihres militärischen Könnens. Und gleichzeitig brachten die verbesserten Steuereinnahmen, die sie zur Entfaltung eines glanzvollen festen Hofstaats brauchten, ihre immer noch nomadischen Rivalen auf die Idee, den Herrschaftsanspruch der Eroberer in Frage zu stellen (Lattimore 1951, 76 f.). Das Ergebnis war eine ständige Umschichtung der herrschenden Eliten, die oft mit einer gewaltsamen Minderung oder gar dem Verlust der im Krieg eroberten Reichtümer einherging, wobei auch die überschußproduzierende Bevölkerung dezimiert und die technische Grundlage, auf der ihre Produktion beruhte, beeinträchtigt wurde.

Die Hirten gerieten nicht nur mit den Regionen intensiver Landwirtschaft, sondern auch untereinander in Konflikt. Sie drangen auf die Weidegründe anderer Gruppen vor oder stritten sich um die Kontrolle der strategischen Punkte, von denen aus man den Handel im Griff hatte. Nach Frederick Teggart (1939) warf z. B. jede Niederlage an der großen chinesischen Mauer die abgeschlagenen Hirtenvölker gegen nachdrängende Nomaden zurück. Dieser Rückstau pflanzte sich immer weiter fort, bis schließlich am Ende der Kette im Westen der römische Limes den Ansturm nomadischer Eindringlinge zu spüren bekam. Auch wenn Teggart die Gleichzeitigkeit dieser Prozesse vielleicht übertrieben darstellt, ist dennoch eines unbestritten: die ständigen Wanderungsbewegungen der Hirtenvölker innerhalb des Trockengürtels – sowohl der mongolischen und turk-sprachigen im Norden als auch der arabisch-sprachigen im Süden – machten diesen Ost-West-Korridor nicht nur zu einem Gebiet besonders dichter Interaktionen, sondern auch zu einer bevorzugten Zone der Konfliktaustragung.

Der Nahe Osten und Afrika

Turkvölker

Unser Reisender wäre im Jahre 1400 entlang der alten Seidenstraße immer wieder umherwandernden Hirtenvölkern begegnet, östlich von Kaschgar hauptsächlich mongolisch-sprachigen und westlich davon vor allem turksprachigen Völkern. Seit 1000 n. Chr. hatten die Turkvölker mehr und mehr Kontakte mit den Stadtbewohnern und Ackerbauern entwickelt, zumal in der nördlichen Grenzregion des Iran und im angrenzenden Steppengürtel. Als die Steppenkrieger in dieser Region die Oberhand gewannen, drängten sie die Landwirtschaft wie die Macht der agrarischen Klasse allmählich zurück. Indem sie zum sunnitischen Islam übertraten und ihre kriegerische Ideologie mit der Rolle des *Ghazi*, des Kämpfers gegen die Ungläubigen, verschmolzen, gelang es diesen Türken, sich teilweise wieder die ideologische Energie der frühen, expansionistischen islamischen Bewegung anzueignen. Seit dem 11. Jh. waren in den Diensten nahöstlicher Herrscher immer mehr Türken zu finden, die andere Gruppen in der Rolle von Söldnern und militärischen Leibeigenen ablösten. Im 11. Jh. errichteten und festigten sie sogar in zwei Gebieten – in Zentral-Anatolien und in Nordwest-Indien – ihren eigenständigen Herrschaftsbereich. Mitte des 13.Jhs. entrang eine türkisch-tscherkessische Elite militärischer Leibeigener (*mam-luk:* Mamelucken) in Syrien und Ägypten den alten Herrschern kurdischer Abstammung die Macht.

Im Lauf des 13. und 14. Jhs. wurden die meisten türkischen Gruppen von den Eroberungszügen des Dschingis Khan und seiner Mongolenheere überrannt, wobei sie sich diesen zunächst anschlossen, um sie später bei ihrem Rückzug zu beerben. Im Iran z. B. war eine Dynastie seldschukischer Türken noch vor dem Mongolensturm im ersten Drittel des 13. Jhs. gestürzt worden, aber hundert Jahre danach begann ein neuer Machtkampf zwischen mongolischen und türkischen Rivalen. Hier behielt zunächst ein Türke aus Transoxanien – Timur »der Schreckliche« (Tamerlan) – die Oberhand. Sein Herrschaftsbereich erstreckte sich im Jahre 1400 vom Schwarzen Meer bis vor die Tore Kaschgars, aber bald nach seinem Tod im Jahre 1405 begann sein Reich zu bröckeln. Weitere hundert Jahre später wurde das Stammland Timurs in Transoxanien von den Usbeken unter einem Nachfahren des Dschingis Khan erobert. Im gleichen Zeitraum mobilisierten die religiösen Führer des schiitischen Safawiden-Ordens die nomadischen Turkvölker gegen die sunnitischen Usbeken, die im Gefolge ihrer Niederlage nach Osten verdrängt wurden, und einigten den Iran gegen den Druck der sunnitischen Osmanen, die Persien vom Westen her bedrängten.

Die Osmanen selbst entstammten einem Oguzen-Geschlecht, das die Weidegründe um die Stadt Merw unter Kontrolle hatte, und wurden von einer persisch sprechenden Elite seldschukischer Türken angeführt. Aus dieser Keimzelle entstand ein Reich, das McNeill (1963, 499) als ein »Freibeuter-Grenzfürstentum« bezeichnet hat. Von ihrer Herrschaftsbasis in Nordwestanatolien aus überfielen und plünderten die Osmanen seit 1300 n. Chr. byzantinische Siedlungen, und in der zweiten Hälfte des 14. Jhs. weiteten sie ihren Machtbereich rasch immer weiter über die Balkanhalbinsel aus. Bis 1400 hatten sie das vormals so mächtige Byzantinische Reich auf Enklaven in Konstantinopel und Saloniki sowie im Südosten des Peloponnes reduziert und holten gerade zum letzten Schlag gegen diese Ziele aus, als Timur in Ankara einfiel (1402). Erst als sie ihre Kämpfe mit Timur ausgestanden hatten, setzten die Osmanen dann im 15. Jh. ihre Expansion weiter fort: Im Jahre 1453 eroberten sie Konstantinopel und begründeten damit ein Reich, das sich noch bis zum Ende des Ersten Weltkrieges halten sollte.

Im Jahre 1400 hätte unser Beobachter die Osmanen unmittelbar vor ihrer Niederlage gegen Timur angetroffen. Er hätte die Macht der Ghazi-Ideologie spüren können, die – unter der Parole des *Dschihad*, des Heiligen Krieges – die Expansion der Osmanen auf Kosten der Ungläubigen beflügelte. Aber er hätte noch kaum etwas von dem System mitbekommen, das die Osmanen dann in der Folgezeit aufbauten, um die eroberten Gebiete zu behaupten und zu verwalten. Dieses gewaltige Reich sollte noch über drei Jahrhunderte hinweg den Nahen Osten beherrschen, den Europäern den direkten Zugang zum Orient verlegen und den europäischen Expansionsdrang nach Westen in Richtung auf die amerikanischen Subkontinente bzw. auf die Seerouten um das Kap der Guten Hoffnung lenken. Wegen dieser Zusammenhänge sollten wir kurz einen Blick auf die Herrschaftsstruktur werfen, die sich unter den Osmanen herausgebildet hatte.

Im Zentrum des osmanischen Staatswesens stand der *Sultan* mit seinem imperialen Hofstaat, der aus seinen militärischen Lehnsmännern bzw. aus Militärsklaven bestand. Letztere – die berühmten Janitscharen – rekrutierten sich zum Großteil aus der nicht-moslemischen Bevölkerung, aus Kriegsgefangenen oder aus Kindern, die sich die Osmanen als Tributleistung von den unterworfenen Völkern ausliefern ließen. Diese zum Untertanengehorsam erzogenen Sklaven waren einzig und allein dem Sultan treuepflichtig; in dieser Hinsicht gab es also keine Konkurrenz einer Verwandtschaftsgruppe, deren Loyalitätsanspruch den Ansprüchen des Staates hätte in die Quere kommen können. Auf diese Weise versuchten die Osmanen der Zerrissenheit und der Konkurrenz entgegenzuwirken, die eine segmentierte Gesellschaftsform, wie sie nomadischen Hirtenvölkern eigen ist, in der Regel heraufbeschwört. (Diese Struktur hatten die Osmanen nicht erfunden; sie ist bereits im 8.Jh. bei den abbasidischen Kalifen von Bagdad bezeugt, die vor allem Türken aus den nahegelegenen Steppengebieten rekrutierten, wie auch bei den umaijadischen Kalifen im spanischen Córdoba, die zum selben Zweck slawische Gefolgsleute bevorzugten).

Die militärischen Lehensmänner hatten die Aufgabe, die Provinzen zu regieren und dort die Überschüsse einzutreiben, aus denen die osmanische Armee verpflegt und die Nahrungsmittelversorgung der Kernregion sichergestellt wurde. Als Gegenleistung verlieh man den militärischen Gefolgsleuten auf Lebenszeit den Anspruch, einen Teil der Tributleistungen einzubehalten (*iq ta*). Der eigentliche Besitztitel verblieb aber beim Sultan; es wurden also keine Eigentumsrechte vergeben, was die Entstehung einer europäischen Form des Feudalismus (wo einer Gefolgschaft von Blutsverwandten erbliche Besitztitel auf Land und Arbeitskräfte übertragen wurden) verhinderte. Der osmanische Staat sicherte sich auch die Oberherrschaft über die *Ulema*, also über die islamischen Hüter und Lehrer der Heiligen Gesetze. Entgegen der früheren islamischen Praxis organisierten sie die Ulema als eine Hierarchie, die dem Staat verantwortlich war und den Auftrag hatte, durch Standardisierung des Rechts den zentrifugalen Tendenzen lokaler religiöser Strömungen

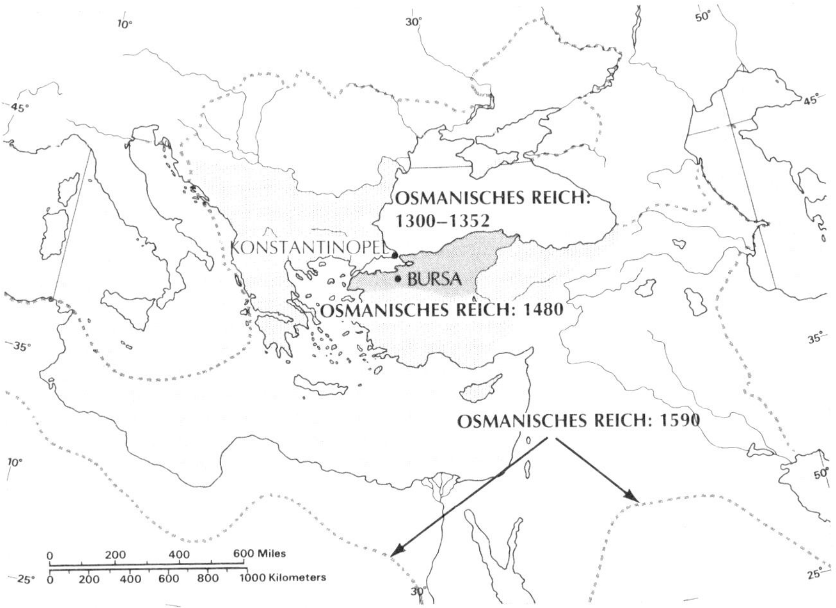

Die Expansion des Osmanischen Reiches

entgegenzuwirken. Die militärischen Gefolgsmänner und die Ulema bildeten zusammen die Klasse der *Askeri*, der Soldaten. Alle anderen gehörten zu den Untertanen (*Raeya*), die den Staat und seine Beamtenschaft mit ihren Abgaben zu unterhalten hatten.

Die osmanische Ökonomie basierte allerdings vor allem auf dem umfassenden Gebrauch von Geld. Die als Tribut abgeführten Überschüsse wurden – zusammen mit den Ernteerträgen der Bauern und den Erzeugnissen der Handwerksgilden – auf lokalen, regionalen und überregionalen Märkten verkauft. Daher hingen die Eintreibung wie die preisliche Regulierung der Staatseinnahmen von einer Händlerschicht ab, die dem Staat unentbehrliche Dienste leistete und sich dabei ständig seiner Kontrolle zu entziehen drohte. Die Kaufleute brauchten eine offizielle staatliche Lizenz, und das Marktgeschehen wurde von Staatsbeamten streng überwacht und besteuert. Im späten 16. Jh. jedoch verzahnte sich der Handel innerhalb des Osmanischen Reiches immer enger mit den Handelsbeziehungen, die sich mit Venedig, Genua und Florenz sowie den Handelszentren am Schwarzen Meer entwickelt hatten. Ein Großteil der gehandelten Güter war Schmugglerware, ja man kann sogar sagen, daß letztlich »die Schmugglerware die Hauptrolle spielte« (Islamoglu/Keyder 1977, 41). Gleichzeitig ging der Staat – der immer weniger in der Lage war, das nötige Steueraufkommen einzutreiben – zunehmend dazu über, seine Beamten als Steuerpächter einzusetzen, statt sie mit einem Teil der Abgaben zu entlohnen. Der Steuerpächter beschaffte dem Staat seine Finanzmittel, und dieser gewährte ihm dafür das Recht, Abgaben und Steuern vor Ort einzutreiben und für sich selbst einen Profit einzubehalten. Diese schwindende Staatskontrolle über die Steuern führte ihrerseits zum Aufstieg einer Klasse lokaler Notabeln, der *Aghas*. Sie konnten in dem Maße, in dem die Macht des Hofes und seiner Repräsentanten dahinschwand, ihre örtlichen Machtpositionen und ihren geschäftlichen Einfluß ausbauen.

Nord- und Westafrika

Auch weiter westlich, in Nordafrika, fiel den nomadischen Bevölkerungsgruppen um das Jahr 1400 eine strategische Rolle zu. Hier waren die Städte und Karawanenhandelsplätze von Feldern und Palmenpflanzungen umgeben, und zwischen ihnen lagen Wüsten oder Steppen. Weitgespannte Handelsrouten verbanden die Städte, aber die Karawanen bewegten sich auf ihnen durch ungastliche Landstriche, die von Halbnomaden und Nomaden mit durchaus eigenen Interessen kontrolliert wurden.

Die Geographie und die Siedlungsstrukturen dieses Gebietes deuteten zwar auf einen scharfen Gegensatz zwischen Steppe und urbar gemachtem Land sowie zwischen Städten und bäuerlichem Hinterland hin, aber im moslemischen Nordafrika überbrückten die Gesellschaften diese klaffenden Gegensätze durch Bindungen auf der Ebene »horizontaler Solidarität« (Laroui 1976, 35). Die Städte existierten nicht etwa abgeschottet von ihrer ländlichen Umgebung als unabhängige und autonome Einheiten. In jeder Stadt gab es Viertel, in denen die Bevölkerungsgruppen nach bestimmten ethnischen, religiösen oder auch Berufsgruppen getrennt wohnten. Die großen und kleinen Städte wie die Dörfer bildeten »geographisch und ökologisch, aber auch sozial ein Gemisch, das auch Gebiete und Bevölkerungsgruppen umfaßte, die weder reine Stadt- noch reine Landbewohner, sondern eine Mischung aus beidem darstellten« (Lapidus 1969, 73 f.). Ein solches Bevölkerungsgemisch stand jeweils unter der Vorherrschaft einer Elite von Familien, die sich aus Landbesitzern, Kaufleuten, Staatsbeamten, den Häuptern der Gilden und den religiösen Führern der Moscheen, der Koranschulen und der wohltätigen Stiftungen (*Ulama*) zusammensetzte und die auch durch ihre Heiratspolitik unter sich blieb. Zugleich wurden diese Eliten auch über die regionalen Grenzen hinweg durch die Bande gemeinsamer Interessen zusammengehalten. Der Fernhandel spann ein Netz kommerzieller Beziehungen zwischen den einzelnen Kaufleuten und knüpfte auch ein Bündnis mit den Anführern der Nomaden, die sich auf die Sicherung des weiträumigen Karawanenhandels verlegt hatten. Außerdem war überall in der islamischen Welt die religiöse Elite der Ulama vertreten, die die Verbindung zwischen den religiösen Oberhäuptern und Gesetzesinterpreten in den verschiedenen Regionen sicherstellte. Und schließlich befanden sich die strategischen Zentren und befestigten Plätze fest in der Hand von politisch-militärischen Eliten, die sich in der Regel aus den Söldnersklaven eines obersten Sultans zusammensetzten, der im Konflikt oder auch in Übereinstimmung mit den Mitgliedern der ortsansässigen Eliten die steuerliche und politische Oberhoheit ausübte.

In solchen Gemeinwesen beruhte die Machterhaltung auf der Fähigkeit, eine Region mit Hilfe ihrer eigenen Eliten unter Kontrolle zu halten und wirksame Bündnisse mit den Hirtenvölkern zustandezubringen, die die Karawanenpisten und Oasen im Hinterland verteidigen konnten. Wer die alte Herrschaft in Frage stellen wollte, mußte Bündnisse mit abtrünnigen Stammesgruppen anstreben und sich der Zusammenarbeit mit unzufriedenen städtischen Händlern und Handwerkern versichern. Das Ergebnis war ein ständiger Wechsel der Machtverhältnisse, wobei die abtrünnigen Koalitionen die Belastbarkeit der alten Herrschaft erprobten, bis der Weg für die eigene Machtübernahme frei war. Danach begann der Zyklus wieder von vorne.

Ibn Chaldun, ein Hofgelehrter berberischer Abstammung, hat im 14. Jh. dieses ständige Entstehen und Zerfallen von Bündnissen glänzend analysiert, und zwar als ununterbrochenes Wechselspiel zwischen der verwandtschaftlichen Solidarität der Nomaden und der Interessenvielfalt, die der seßhaften Lebensweise anhaftet. Wie Ibn Chaldun damals aufzeigte, folgte dieser Prozeß seiner eigenen Logik. Aber in Nordafrika war er außerdem auf einen größeren Zusammenhang zurückzuführen: zum einen auf den Handel quer durch die Sahara nach Süden, und zum anderen auf die Beziehungen mit ökonomischen und politischen Kräften der iberischen Halbinsel und Italiens.

Der Trans-Sahara-Handel mit Westafrika war für Nordafrika, den Nahen Osten und selbst für Europa von strategischer Bedeutung. Die Handelsrouten durchquerten die Wüste und stießen bis in den transafrikanischen Savannengürtel und weiter in die Tropenwaldzone vor. Die westafrikanischen Goldminen in der Region Bambuk und in Buré (Buréa, Mali) spielten für die Versorgung der Alten Welt mit Barrengold eine entscheidende Rolle. Aus diesem Gebiet stammten im späten Mittelalter etwa zwei Drittel des Goldes, das im Wirtschaftskreislauf der gesamten Hemisphäre umlief (Hopkins 1973, 82). Und aus der Waldzone bezog die Nahostregion eine große Anzahl ihrer Sklaven. Diese Zone lieferte außerdem Stoffe, Elfenbein, Pfeffer und Kola-Nüsse (die in Gebieten, wo der Islam den Alkoholgenuß untersagte, als Anregungsmittel geschätzt waren). Im Austausch dafür erhielt die Waldzone Pferde, Messing, Kupfer, Glaswaren, Perlen, Leder, Textilien, geschneiderte Kleidung und konservierte Lebensmittel aus Nordafrika sowie Salz aus den Salzbergwerken der Sahara. Die Handelsrouten durch die westliche Sahara nach Marokko und Algerien unterstanden vornehmlich der Kontrolle des Mande-sprachigen Händlervolkes der Dyula, die ihren Einfluß von Jenne (einer Stadt am Bani, einem Nebenfluß des Niger) bis Begho, dem am Rande der Waldzone gelegenen wichtigsten Umschlagpunkt für Gold und Waldprodukte, ausgedehnt hatten. Die östlichen Handelsrouten nach Tunesien und Lybien gingen in das Handelsnetz der Haussa über, die von der Stadt Kano im Norden Nigerias und von anderen Haussa-Städten aus kommerzielle Beziehungen mit der Waldregion im Süden unterhielten.

Ein derartiges Netz von Außenverbindungen zeitigte natürlich politische Auswirkungen. Wer die Herrschaft über die Umschlagpunkte zwischen Wald und Savanne bzw. zwischen Savanne und Wüste erobern und behaupten konnte, hatte politische Machtpositionen inne. Von der Berührungszone zwischen diesen drei Regionen gingen auch die entscheidenden Impulse für die Staatenbildung im westlichen Afrika aus. Das früheste politische Gemeinwesen, das schon vor 800 v. Chr. entstandene Aukar, stützte sich auf die Marktzentren in den Weidegebieten, die sich nördlich des oberen Niger und des Senegal erstreckten. Dieser Staat, der wahrscheinlich von den Soninke gegründet und zumeist (nach dem Titel seiner Herrscher) Ghana genannt wurde, kontrollierte den Handel mit dem Goldwäscher-Gebiet von Bambouk; mithilfe dieses Monopols bezog er seine Bedarfsgüter aus Marokko, die über eine Kolonie moslemischer Händler nach Süden gelangten. Im 11. Jh. war dieses Königreich an Berber aus Mauretanien gefallen. Diese sich Al-Murabitun nennenden Stämme bekamen damit den Handel in Richtung Norden in ihre Hand. Im 13. Jh. bildete sich dann ein ursprünglich von Ghana abhängiges Gebiet zu dem selbständigen Staatswesen Kangaba (heute in Mali) heraus, das von den Malinke beherrscht wurde. Und auch dessen Macht beruhte wiederum auf der Kontrolle des Goldhandels und der Handelsrouten von Timbuktu.

Kangaba war um 1400 allerdings bereits am Zerfallen. Im Laufe des folgenden Jahrhunderts mußte es dem Songhai-Reich weichen, dessen Hauptstadt Gao war. Die Songhai pflegten den Handel mit dem Norden über die Lemtuna, einen Berberstamm aus den weiter nördlich gelegenen Oasen. Ihr Staat wurde später durch die von Norden eindringenden Marokkaner eingenommen. Weitere Staatengebilde entstanden später entlang den südlichen und östlichen Randzonen des Songhai-Reiches: im Süden, gegen Ende des 16. Jhs., mehrere Staaten der Mossi, die die Verbindung zwischen Jenne und den Waldgebieten der Aschanti bzw. den Savannen am Unterlauf des

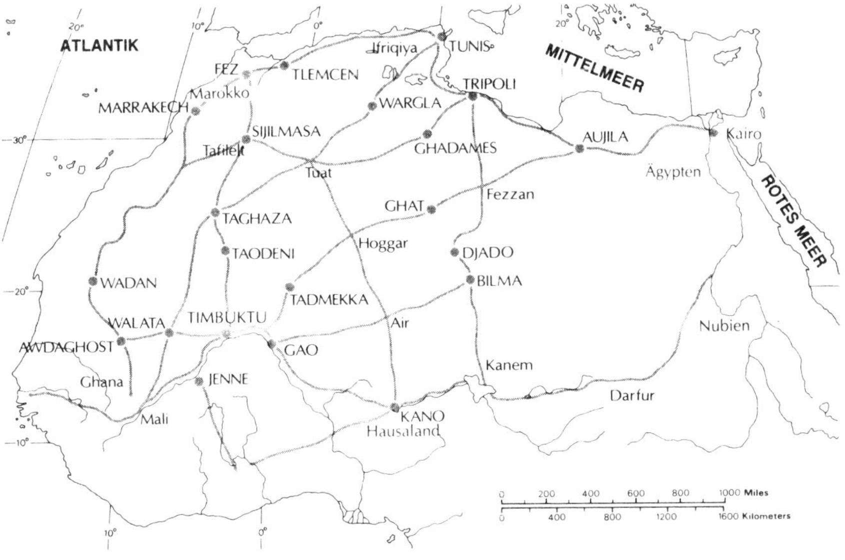

Die wichtigsten Handelsrouten im westlichen Afrika

Volta unter Kontrolle hatten; im Osten wurde das Staatswesen von Kanem und Bornu (westlich und östlich des Tschad-Sees), das die Handelsrouten nach Tunesien und Lybien sowie zum Mittleren Niltal im Griff hatte, durch die Haussa-Staaten in den Hintergrund gedrängt, die um die beiden führenden östlichen Handelszentren Katsina und Kano herum entstanden. Von diesen beiden Städten aus bauten die Haussa ihre Beziehungen mit den Yoruba und anderen benachbarten Völkern in der westafrikanischen Waldzone aus.

Das Afrika südlich der Sahara war also durchaus kein isoliertes, rückständiges Gebiet, wie es sich die Europäer vorstellten, sondern ein integraler Bestandteil jenes Geflechts von Beziehungen, das sich zwischen den Ackerbauern der Waldzone bzw. den Goldschürfern und den Händlern der Savannen- und Wüstenregion und den Kaufleuten und Herrschern im besiedelten Gürtel Nordafrikas herausgebildet hatte. Der Grundfaden dieses Beziehungsgeflechts bestand aus Gold, aber der »goldene Handel des Mohrenlandes« war durchwirkt mit dem Austausch von anderen Erzeugnissen. Diese Handelsbeziehungen hatten unmittelbare politische Auswirkungen. Was sich im nigerianischen Benin oder bei den Haussa in Kano abspielte, war in Tunis und Rabat spürbar. Als später die Europäer von der Küste her in Westafrika eindrangen, betraten sie ein Gebiet, in dem sie bereits ein dichtes Netz von Städten und Siedlungen vorfanden und das in ein Tauschhandelsgeflecht einbezogen war, das weit über die begrenzten Enklaven der europäischen Küstenstützpunkte hinausreichte.

Die erwähnten Rückwirkungen lassen sich an den nördlichen Endpunkten der Handelsstraßen in Algerien und Marokko aufzeigen. Hier kam eine Elite nach der anderen ans Ruder, wobei jede von den Austauschbeziehungen mit der Sahara und der Waldzone abhängig war. All diese einander ablösenden Eliten wurzelten in blutsverwandtschaftlich organisierten Bündnisstrukturen, die in der Regel durch eine gemeinsame religiöse Ideologie aktiviert wurden. Wir haben bereits die Al-Murabitun erwähnt, die Ghana zerstört haben. Sie gehörten zu einer religiösen Bewegung, die im 11. Jh. unter den verbündeten Hirtenvölkern der Sanjaha-Berber aufgekommen war, als diese ihre Versorgungsbasis durch arabische Beduinen bedroht sahen, die damals in die mauretanische Sahara vordrangen. Ihre militärisch-religiösen Einsiedeleien (*Ribat* genannt, was die Wurzel ihres Namens Al-Murabitum bildet) waren Ausgangspunkt ihrer Kampagnen für eine erneute Hinwendung zum reinen Islam. Ein Zweig der Al-Murabitun wandte sich nach Süden, um das Gold von Ghana in seinen Besitz zu bringen, ein anderer zog nach Norden, um Marokko und Spanien zu erobern. Unter ihrem hispanisierten Namen – nämlich als Almoraviden – herrschten sie zwischen 1090 und 1110 n. Chr. in

Al-Andalus, dem islamischen Andalusien. Im 12. Jh. wurden sie von den Al-Muwihiddin – auf spanisch: den Almohaden – abgelöst, einer unitarischen Sekte aus dem Stammesverband der Masmuda. Den Al-Muwihiddin folgten im 13. Jh. wiederum die Beni Marin, Wüstennomaden aus der Umgebung des Handelsplatzes Sijilmassa, die in der Folgezeit die Sanhaja und die Masmuda zugunsten ihres eigenen Stammesverbandes, der Zanata, von der Macht verdrängten. Danach hatten die Beni Marin dann aber an zwei Fronten zu kämpfen: gegen die Nachkommen der Al-Muwihiddin, die Hafsiden in Tunis, und gegen einen Teil ihres eigenen Verbandes, die Zayaniden in Westalgerien, die ihnen die Herrschaft über Sijilmassa streitig machten. Die Hafsiden und Zayaniden unterhielten Handelsbeziehungen mit den europäischen Küsten, insbesondere mit Aragón in Ostspanien; damit versuchten sie, sich gegen die Macht der Beni Marin zu behaupten und die Verarmung ihres eigenen Hinterlandes zu kompensieren, das ständig von Nomaden ausgeplündert wurde. Nachdem das islamische Granada im Jahre 1492 dem Königreich Kastilien zugefallen war, erbaten die Hafsiden und die Zayaniden die Protektion des Osmanischen Reiches, die ihnen auch in Gestalt einer Piratenflotte gewährt wurde; seitdem entwickelte sich die Seeräuberei zu ihrer wichtigsten Einkommensquelle (Abun-Nasr 1971, 167).

Unser Reisender hätte im Jahre 1400 die Beni Marin noch als Herrscher Marokkos angetroffen, aber in der Folge sollte ihr Rückhalt immer mehr nachlassen. Im 16. Jh. ging dann die Macht auf die Führer einer religiösen Bewegung über, die ihre Abstammung auf den Propheten Mohammed zurückführte. Diese Bewegung war unter den Berbern der Sus-Ebene entstanden und verfocht den Heiligen Krieg gegen die Portugiesen. In ihrem Bemühen, die Herrschaft über die Goldvorkommen des Sudan zu erringen, fielen diese Sadidnen (wie sie sich nannten) gegen Ende des 16. Jhs. über die Songhai her und zerstörten deren Reich. Sie erreichten damit aber lediglich, daß sie den Goldhandel von den westlichen auf die weiter östlich gelegenen Karawanenstraßen verdrängten. Auch diese marokkanischen Herrscher verlegten sich, wie ihre Vorbilder in Algerien und Tunis, zu gegebener Zeit auf die Piraterie als einer Methode, den Strom der Reichtümer anzuzapfen, der auf den von den Europäern geschaffenen Seewegen an ihnen vorbeizog.

Ostafrika

Ostafrika war ebenfalls in das Netz der Land- und Seeverbindungen einbezogen, deren Auswirkungen einem Beobachter im Jahre 1400 ins Auge gefallen wären.

Ostafrika war großenteils von Bantu-sprachigen Völkern bewohnt. Deren Geschichte ist noch nicht völlig erforscht; alles, was die Archäologen, die vergleichenden Linguisten und die Ethnohistoriker bisher herausgefunden haben, deutet aber darauf hin, daß sie ursprünglich in Zentral-Kamerun ansässig waren. Von dort nahmen zwei Wanderungsströme ihren Ausgang. Der erste Strom bewegte sich nach Osten durch die Landstriche des Sudan. Hier hatten die Bantu-Völker bereits im 2. Jahrtausend v. Chr. Getreide angebaut und Viehzucht getrieben sowie auch Eisen hergestellt und verarbeitet. Um 1000 v. Chr. hatten einzelne Bevölkerungsgruppen dieses östlichen Wanderungsstroms den ostafrikanischen Senkungsgraben und das Hochland von Tansania und Süd-Kenia erreicht. Um 500 v. Chr. drehte dieser Wanderungsstrom nach Süden ab und durchquerte den tropischen Waldgürtel in der Nähe des Victoria-Sees. Durch dieses Einfallstor zogen die Bantu-sprachigen Ackerbauern- und Hirtenvölker in südlicher Richtung nach Transvaal und in südwestlicher Richtung nach Zentral-Sambia, nach Zimbabwe (Rhodesien) und schließlich nach Angola. Die nach Süden wandernden Gruppen überquerten um 400 n. Chr. den Limpopo und erreichten Transvaal. In einem zweiten Wanderungsstrom Richtung Süden gelangten die Bantu-Völker von Kamerun aus entlang der Küsten und Flüsse bis zur Kongo-Mündung. Anders als die mit dem ersten Strom nach Osten gezogenen Ackerbauern, die auch Viehzucht betrieben und Eisengeräte herstellten, beschränkten sich diese Völker noch lange Zeit auf den Anbau von Knollenfrüchten unter Einsatz von Steinwerkzeugen. Um die Zeitenwende trafen beide Ströme wieder zusammen, und zwar vermutlich im Norden des heutigen Angola. Bis 500 n. Chr. breiteten sich die Bantu-Völker dann nach Osten bis Sambia und in die südöstlichen Regionen von Zaire aus. Dabei setzten sie einen Staatenbildungs-Prozeß in Gang, dessen Wirkungen bis in die historisch erforschten Zeiten hinein spürbar blieben. Bei ihrem Vordringen vertrieben sie Khoisan-sprachige Völker, die als Jäger und Sammler gelebt hatten, in den unwirtlichen afrikanischen Südwesten, wo sie noch heute anzutreffen sind: als viehzüchtende Khoikhoi (»Hottentotten«) bzw. als San (»Buschmänner«), die als Wildbeuter leben.

Im Lauf ihrer Expansion kamen die Bantu-Völker in immer engeren Kontakt mit nahöstlichen und asiatischen Händlern. Arabische Handelsstützpunkte gab es in Ostafrika mindestens seit dem 10. Jh., vielleicht auch schon früher. Sie exportierten Sklaven, Elfenbein, Eisen, Rhinozeros-Hörner, Schildkröten-Panzer, Bernstein und Leopardenfelle nach Indien und noch weiter nach Osten. Chinesische Quellen erwähnen Sklaven aus Zenj (Schwarzafrika) bereits im 7. Jh., und schon 1119 n. Chr. sollen die meisten Reichen von Kanton schwarze Sklaven besessen haben (Mathew

1963, 108). Möglicherweise wurde dieser frühe Sklavenexport von malayischen Händlern abgewickelt, die aus dem Königreich Srivivayay in Sumatra stammten und zwischen dem 8. und dem 11. Jh. den Handel zwischen Indien und China unter Kontrolle hatten. Zwar unterstand Sansibar möglicherweise schon seit dem 8. Jh. arabischer Herrschaft, aber der erste bedeutende ostafrikanische Hafen war wohl Kilwa (im heutigen Tansania), der seit dem 11. Jh. den Goldhandel mit dem südlichen Rhodesien beherrschte. Andere wichtige Handelsplätze waren Mogadischu, Kisimani Mafia und Malindi. Als im 13. Jh. die Handelsverbindungen zwischen Anatolien und dem Persischen Golf bzw. dem Indischen Ozean den unter

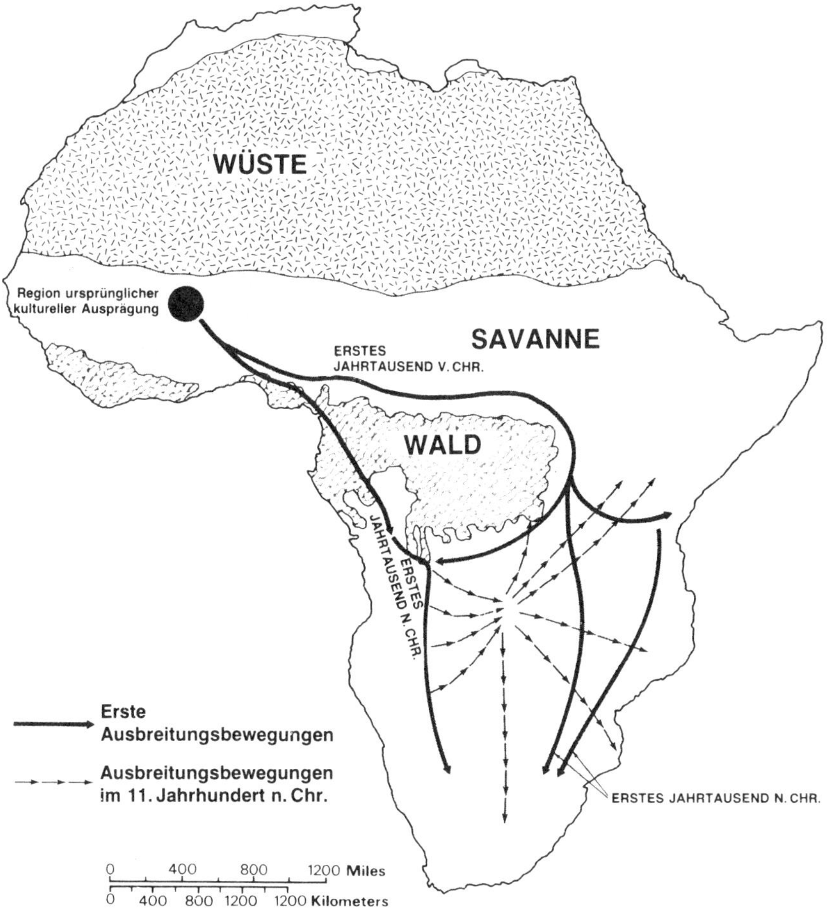

Wanderungsbewegungen der Bantu-sprachigen Völker (nach Pillipson 1977)

mongolischer Kontrolle stehenden Routen quer durch den Kontinent den Rang abliefen, weitete sich der ostafrikanische Handel mit Gold, Elfenbein, Kupfer und Sklaven ungeheuer aus. Ostafrika wurde so zu einem Teil des Handelsnetzes zwischen den Küsten der südlichen Meere. Im Austausch für seine Exportgüter bezog es Perlen und Stoffe aus Indien, Porzellan (vornehmlich der Ming-Periode) aus China sowie Erzeugnisse aus Burma und Vietnam.

Der Goldhandel hatte für das ostafrikanische Hinterland erhebliche Auswirkungen. Bereits im 9. Jh. war der Abbau von Goldvorkommen (bis zu einer Tiefe von 30 Metern) im Gebiet zwischen dem Sambesi und dem Limpopo in vollem Gange. Es gilt als »sehr wahrscheinlich, daß gewaltige Mengen Goldes exportiert wurden« (Summers 1961, 5). Die Völker, die das Gold abbauten, kannten eiserne Geräte und betrieben Viehzucht sowie wahrscheinlich auch Ackerbau. Um 1000 n. Chr. gerieten sie unter die Herrschaft nachrückender, wahrscheinlich Schona-sprachiger Bevölkerungsgruppen, die inmitten der die Goldminen ausbeutenden Völker ihre aus Stein errichteten repräsentativen und zeremoniellen Gebäude errichteten. Die Ruinen von Zimbabwe stellen das bekannteste dieser herrschaftlichen Zen-

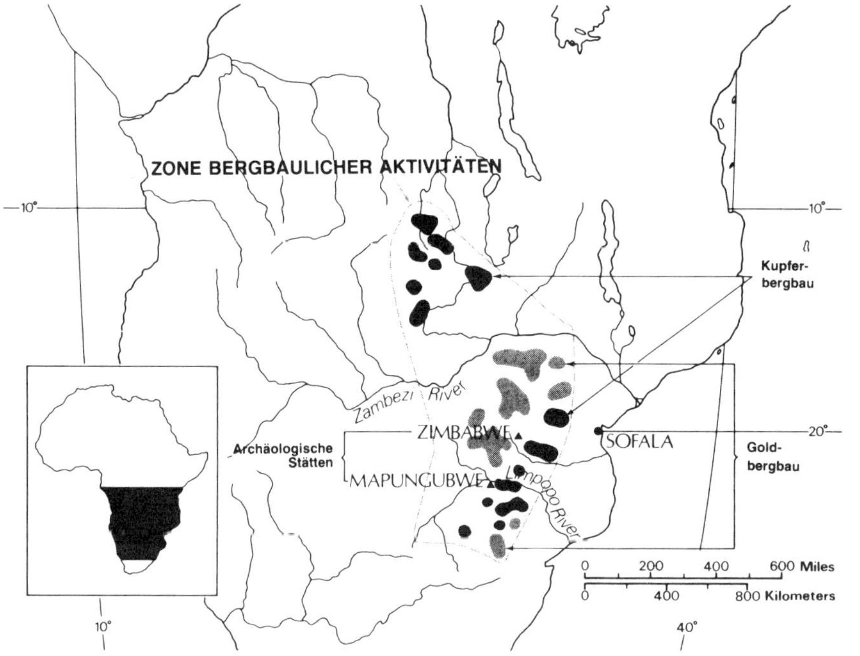

Prähistorischer Bergbau in Ostafrika

tren dar. Die Führer dieser neuen Herren übernahmen den Goldhandel mit den Arabern an der Küste und schalteten sich in den Handel mit dem Elfenbein und dem Kupfer des Limpopo-Tales ein. Ihr Einfluß auf das Hinterland ist an den reichen Grabstätten von Ingombe Ilede am Sambesi abzulesen, die eindeutig auf einen umfangreichen Handel mit Kupfer, Eisen und Gold schließen lassen.

Die Schona von Zimbabwe unterstanden im Jahre 1400 den Mwene Mutapa, einer Rozwi-Dynastie. Deren politische Organisation wurde bereits von frühen portugiesischen Reisenden und später dann auch in historischen Berichten geschildert, die aus der mündlichen Überlieferung dieser Gegend stammen (Abraham 1966).

Diese Quellen gestatten uns einen sonst nur selten möglichen Blick auf die Entstehung eines Staates, die auf dem Anschluß an ein die ganze Hemisphäre umspannendes Handelsnetz beruhte, und verschaffen uns darüber hinaus Einblick in die politische Ökonomie und Ideologie eines sich entwickelnden afrikanischen Königreiches. Besagte Berichte stellen die Schona als einen Verband patrilinearer Verwandtschaftsgruppen dar, die intern nach einer Anzahl von »Stämmen« bzw. Sippen untergliedert und organisiert waren. Jeder dieser Verbände stand mit *Midzimu*, d. h. Geistern von Vorfahren, in Verbindung; diese wiederum waren einem oder mehreren *Mhondoro*-Geistern untergeordnet, in denen sich der Stammesgründer und seine Nachkommen verkörperten und in denen sie weiterlebten. Über diesen Geistern der Häuptlingsahnen stand noch der Ahnengeist des königlichen Geschlechts, der Nembire; er stellte für dieses Geschlecht die Verbindung mit dem Gott *Mwari* her. Zimbabwe diente gleichzeitig als Kultstätte, die diesem Mwari als dem Gott aller Schona geweiht war, und als politisches Zentrum des Herrschergeschlechts (der Mbire), das den Ehrentitel *Mwene Mutapa* führte. Die höchste Souveränität des Landes lag beim obersten Herrscher. Er vergab die Rechte auf Landbesitz an die Oberhäupter der patrilinearen Verbände, die nach ihrem Ableben in der Hierarchie der Ahnengeister zu höheren Mhondoro-Rängen aufstiegen. Die mit diesen Privilegien versehenen Häuptlinge lieferten dem obersten Herrscher dafür Gold, Elfenbein, Waffen, Vieh und Hacken – Güter, die dann im Handel mit der Küste umgesetzt wurden. Obwohl das zentralisierte Staatsgebilde der Mwene Mutapa Mitte des 15. Jhs. zerfiel, spielten die Nachfolgereiche in dem Handel, den die Portugiesen dann in Richtung Osten entwickelten, noch eine bedeutende Rolle. »Ostafrikanisches Gold und Elfenbein« dienten nach Malyn Newit (1973, 32) »als Zahlungsmittel für die indischen Gewürze, deretwegen die Portugiesen in erster Linie gen Osten strebten. Ohne diesen Handel unter Kontrolle zu haben, hätten die Portugiesen niemals mit den Moslems auf dem indischen Markt konkurrieren können.«

Süd- und Ostasien

Jenseits des Indischen Ozeans und noch weiter im Osten liegen die weiten Räume Indiens und Chinas und die Inselwelt Südostasiens. Der Überseehandel mit Gewürzen und Gold zwischen Indien und dem Westen, der schon zu Zeiten des frühen Römischen Reiches florierte, war nach dem 2. Jh. n. Chr. zurückgegangen (vgl. Wheeler 1955). Infolgedessen hatte sich der indische Handel wieder nach Südostasien orientiert (Coedès 1964, 44–49), und Araber und Perser hatten die Handelsrouten nach Osten übernommen. Im 4. und erneut im frühen 7. Jh. existierten Kolonien arabischer Kaufleute in Kanton (Leur 1955, 111). Bis zum 10. Jh. verschifften die Chinesen ihre Güter auf arabischen und iranischen Schiffen oder mittels der Seefahrer-Völker im südlichen China und am Rande des chinesischen Meeres, die nicht zu den Han-Chinesen zählten. Es hatten also schon über eine lange Zeit regelmäßige Handelsverbindungen zwischen den Kernregionen des südlichen, östlichen und westlichen Asien bestanden.

Die Entwicklung Indiens wie die Chinas hingen jedoch mehr von der Expansion des Ackerbaus und der dadurch ermöglichten Überschußproduktion ab als von solchen durch den Fernhandel eröffneten Verbindungen nach außen. Im Laufe dieser inneren Expansion bildeten Indien und China ihre jeweils spezifischen ökonomischen und politischen Strukturen heraus, die eine Vermittlung zwischen den Produzenten und den Abnehmern dieser Überschüsse gewährleisten sollten. Beide Regionen und ihre Strukturen müssen daher als eigenständige Systeme dargestellt werden. Anschließend werden wir uns Südostasien und damit der Region zuwenden, in der sich die Verkehrswege zwischen China und Indien gekreuzt haben.

Indien

Wäre unser Beobachter im Jahre 1400 durch Indien gereist, hätte er viele Städte in Ruinen liegen sehen. 1388 hatte Timur Nordindien heimgesucht und die Armeen der turko-afghanischen Sultane vernichtend geschlagen. 1398 plünderte er Delhi, metzelte die Einwohner nieder und schleppte die Schätze der Sultane in sein Transoxanisches Reich. Nach diesem Ereignis blieben die politischen Verhältnisse in Nordindien lange Zeit chaotisch, wenn auch Mitte des 15. Jhs. eine neue afghanische Dynastie ihre politische Macht einigermaßen zu konsolidieren begann.

Bei seinen Reisen über die indischen Dörfer wäre unserem Berichterstatter die Aufsplitterung der Bevölkerung in Kasten aufgefallen, in die sie unentrinnbar hineingeboren wurde. Einige Züge dieses Kastenwesens hatte schon im Jahre 300 v. Chr. der Botschafter Mazedoniens am Hofe von Chandragupta Maurya geschildert. Zu Beginn des 16. Jhs. n. Chr. lieferte dann der Portugiese Duarte Barbosa – er begleitete Magellan bei seiner Weltumsegelung – eine ausführliche Beschreibung des Kastenwesens (und das Wort selbst ist uns auch in Gestalt des portugiesischen *casta* überliefert). Die Kasten hatten in Indien also eine lange Geschichte, sie haben die Beziehungen zwischen den Menschen auf dem Subkontinent vor wie nach der Ankunft der Europäer geprägt. Wir müssen daher das Kastenwesen etwas eingehender untersuchen und es vor allem in seinem Prozeßcharakter begreifen, denn das Kastenwesen beeinflußte zwar einerseits den historischen Wandel, es blieb andererseits aber auch selbst durch diesen Wandel nicht unberührt.

Der indische Begriff für »Kaste« geht auf das Wort *jati* zurück, das von *jan* (gebären) abgeleitet ist; er bedeutet inhaltlich also: Abstammung von gemeinsamen Vorfahren. Die gemeinsame Abstammung kann sich dabei auf verschiedene Ebenen beziehen: auf die Großfamilie, auf eine Sippe, auf mehrere, örtlich zusammengefaßte Sippen, auf ein über eine ganze Region verteiltes Bündel von Sippen – schließlich sogar auf die alles überwölbende Super-Kategorie *varna*, die alle Untereinheiten in eine vierstufige Hierarchie einordnet, die sich ihrerseits als ganze von der Kategorie der Parias (der Unberührbaren) absetzt. Auf welche Ebene sich der Begriff Kaste im Einzelfall bezieht, hängt jeweils von den Interessen ab, die in einem bestimmten Zusammenhang auf dem Spiel stehen. Unter bestimmten Umständen können verschiedene dieser Ebenen zusammengefaßt werden, damit sich leichter eine Gemeinsamkeit oder ein Bündnis herstellen läßt; unter veränderten Bedingungen kann dann womöglich wieder die Trennung der Ebenen in den Vordergrund treten (Béteille 1969, 157). Die einzelnen Segmente dieser Kastenstruktur treten aber nicht nur ständig auseinander und wieder zusammen, sie unterliegen auch einer gegenseitigen rangmäßigen Zuordnung. Der Rang einer Kaste äußert sich in den Kategorien von Reinheit und Unreinheit, was die Kastenordnung »den Menschen, die in ihr leben, als schlüssig und rational erscheinen läßt« (Dumont 1970, 44).

Um eine Kaste zu bilden, muß eine Gruppe von Menschen, die durch verwandtschaftliche Bande verknüpft sind, bestimmte gemeinsame Bräuche wie Ernährungsgewohnheiten oder einen Kleidungsstil einhalten und gemeinsame Riten vollziehen. Will sich eine Gruppe innerhalb einer Kaste von einer anderen trennen, muß sie ihre eigenen Gewohnheiten und Riten herausbilden. Die Verschmelzung zweier Gruppen zu einer Kaste zeigt sich darin, daß sie ihre Gewohnheiten und Verhaltensweisen angleichen. Nach seiner eigenen ideologischen Selbstdarstellung beruht das Kastensystem zwar auf statischen Vorschriften, in Wirklichkeit ermöglicht es aber ein hohes Maß an Flexibilität und Mobilität. Da die Zugehörigkeit zu einem Kastensystem mit ökonomischer und politischer Macht verbunden ist, wirken sich die Aktionen jeder einzelnen Kaste auf alle benachbarten Kasten des Systems aus. Der Handlungsspielraum der einzelnen Kaste kann also durch gegenläufige Bemühungen anderer Kasten eingeschränkt werden. Jedoch sind einige Kasten innerhalb der Rangordnung ersichtlich aufgestiegen, andere dagegen abgestiegen. Schließlich besteht auch die Möglichkeit, Außenstehenden eine Position innerhalb des Kastensystems zu verschaffen. Bezeichnenderweise dürfen sich fremde Eroberer im oberen Bereich der Kastenhierarchie eingliedern, nämlich als *Kshatriya* oder Kriegerkaste. Auch nicht-indische ethnische Gruppen können in das Kastensystem Aufnahme finden, indem man sie einer bestimmten Kategorie innerhalb der Hierarchie zuordnet.

Um sich die Wirkungsweise des Kastenwesens konkret zu vergegenwärtigen, muß man allerdings hinter den verwandtschaftlichen Aufbau und die Ritensprache schauen und sich ein Bild von der Politischen Ökonomie des Kastensystems verschaffen. In jeder der Provinzen hat ein erweiterter Familienverband die Befehls- und Herrschaftspositionen inne; er gruppiert sich jeweils um eine führende Familie. Diese herrschaftlichen Familien verheiraten sich untereinander, was ihre dominierende Rolle innerhalb der ganzen Provinz absichert. Ein solcher Familienverband demonstriert seine Stellung mithilfe bestimmter Riten, seine Herrschaft ist aber zugleich eine rituelle *und* eine politische. In jedem Dorf beherrschen Mitglieder der herrschenden Kaste in ihrer Eigenschaft als Grundbesitzer oder als Krieger das ökonomische und politische Leben. Auf der Provinzebene stellt diese dominierende Kaste die Herrscherfigur, den *Radscha*, wodurch die Provinz politisch gesehen zu einer Art »kleinem Königreich« wird (Dumont 1957). Diese kleinen Königreiche waren oft Teil eines größeren, umfassenden Reiches. Wenn ein Provinz-Radscha seinen politischen Rang innerhalb des Gesamtstaates aufwerten konnte, kam das dem Einfluß der herrschenden Kaste in seiner Provinz zugute; eine rangmäßige Einbuße hingegen gefährdete das Ansehen und den inneren Zusammenhalt der herrschenden Kaste und ihrer Mitglieder bis hinunter auf die Dorfebene.

Dem Ideal nach steht der höchste Rang in der Kastenordnung den Familiengeschlechtern der Priester, also der *Brahmanen*, zu. Diese gelten als Träger von *Dharma*, d. h. der universalen Ordnung, der allgemeingültigen Werte und Normen (Dumont 1970, 68). Da die Brahmanen den höchsten Grad ritueller Reinheit verkörpern, können sie niemanden, der rangmäßig unter ihnen steht, verunreinigen – wohl aber können sie selbst von allen anderen verunreinigt werden. Sie fungieren als Priester bei den religiösen Zeremonien und legen aus den alten Sanskrit-Schriften die angemessenen Verhaltensmaßregeln aus. Kasten und Kastenmitglieder, die auf der Reinheitsskala unter den Brahmanen rangieren, nahmen sich daher in der Regel deren Verhaltensweisen und Riten zum Vorbild und ließen sich dies im Erfolgsfalle möglichst auch noch von einem Brahmanen-Priester bestätigen. Auf diese Weise breiteten sich Brahmanische Verhaltensmuster über die ganze Stufenfolge des Kastensystems nach unten aus (Srinivas 1961, Kap. 1). Das Nachahmen priesterlicher Vorbilder war freilich nicht der einzige Weg zu einem höheren Status; auch Kriegern und Kaufleuten durfte man nacheifern.

Wenn der Rang der Brahmanen deren rituelle Reinheit bezeugte, so stand der Rang des Kriegers, des Kshatriya, für Macht. Im Gegensatz zum *Dharma* der Priester war den Kriegern das Reich des *Artha* vorbehalten, das Reich der Gewalt, des Gewinnstrebens und des Eigennutzes (Dumont 1970, 66). Da aber die Macht ihren Ursprung in der Gewalt hat, ist es letzten Endes die Artha, die für den festen Zusammenhalt der abgestuften und streng untergliederten Ordnung zu sorgen hat. Innerhalb eines Dorfes oder einer Gruppe verwandtschaftlich verbundener Dörfer nahm die am Ort dominierende Gruppierung der Kaste die Kriegerfunktion wahr. Ideologisch betrachtet repräsentierte die herrschende Familie die Funktion des Königs auf Dorfebene (ebd.). Auf die Macht der Kshatriya war also im Grunde das ganze System ausgerichtet, und wer immer es schaffte, an einem bestimmten Ort diese Macht auszuüben oder an sich zu reißen, übernahm damit die Kriegerfunktion (Jayawardena 1971, 118). Unter gewissen Umständen kam es allerdings vor, daß eine Gruppe von Kaufleuten mehr Bedeutung erlangte als die Kshatriyas, dann richteten sich die niedrigeren Kasten womöglich eher an deren Status aus (Sinha 1962). Die Rangordnung der Kasten konnte also durchaus auf veränderte Machtverhältnisse und neue Einflüsse reagieren. Vor allem aber waren die auf lokaler oder Provinzebene dominierenden Familien in der Lage, diese Rangordnung zu manipulieren, um ihren Einfluß zu verstärken oder räumlich auszuweiten. Auf der Ebene des Staates konnte der König sogar den Rang der einzelnen Kasten eigenmächtig neu bewerten (Hutton 1951, 93–97). Für die städtische Bevölkerung hatte die Kastenzugehörigkeit oft weniger Bedeutung als die Mitgliedschaft in einer Handwerksgilde (Lehman 1957, 523). Und selbst in den Dörfern war der Einfluß der dominierenden Kaste keineswegs absolut. Wenn z. B. die herrschende Kaste – durch Feste, Geschenkaustausch und Riten – besonders enge Beziehungen mit der Kriegerkaste demonstrierte, konnten sich die unteren Kasten an brahmanischen Verhaltensweisen orientieren und so ihre Opposition zur herrschenden Kaste zum Ausdruck bringen (Heesterman 1973, 101).

Der stärkste Trumpf, den die örtlich dominierenden Kastenmitglieder ausspielen konnten, war ihre Kontrolle über den dörflichen Grundbesitz. Bevor die britische Kolonialmacht im 18. Jh. eine Landreform in Gang brachte, gab es in Indien mehrere Formen des Grundbesitzes. Da war erstens die Form des *Bhaiacharya*: das ganze Land gehörte dem örtlichen Segment der Kaste als ganzem und wurde immer wieder neu unter die einzelnen Haushalte aufgeteilt, und zwar entsprechend der Größe und den Bedürfnissen der Haushalte, die sich laufend veränderten. In diesem Modell wurden die Pachtzahlungen an den Radscha von der Kaste als Gesamtgruppe bezahlt. Eine zweite Form hieß *Pattidari*: das Land war unter den Haushalten der herrschenden Kaste des Dorfes aufgeteilt, in diesem Fall aber entsprechend ihrer Stellung im Familienverband, aber die Pacht wurde immer noch als Gesamtsumme abgeführt. Eine dritte Form hieß *Bighadam*: das Land war ungleich verteilt, und die Zahlungen der Grundbesitzer richteten sich nach der Größe ihrer Pachtflächen. In vorkolonialer Zeit stellten diese verschiedenen Regelungen von Grundbesitz und Bodennutzung keine einander ausschließenden Formen dar, sondern gleitende Markierungen auf einem Kontinuum. So konnte es passieren, daß die verwandtschaftlichen Bindungen sich unter dem Druck eines starken Staates oder aufgrund fortgesetzter Aufsplitterung des Landes abschwächten und die Landvergabe nach verwandtschaftlicher Rangordnung abgelöst wurde durch eine Verteilung nach den Bedürfnissen der Haushalte. Die Entwicklung konnte aber auch in umgekehrter Richtung verlaufen, wenn das Oberhaupt einer aufsteigenden Familie seine Macht erweiterte. All diesen Regelungen lagen verwandtschaftliche Rechte und Verpflichtungen zugrunde, zu denen auch der Anspruch auf Unterstützung und der Anspruch der Führer auf die Arbeitskraft und die Loyalität der Verwandtschaft gehörten. Wenn diese Ansprüche schwächer oder stärker wurden, machten auch die Rechte auf Grund und Boden eine Veränderung durch. Als die Briten die Macht übernahmen, interpretierten sie diese fluktuierenden Beziehungen zwischen den Menschen als starre Eigentumsformen, wie ihnen das aus Europa vertraut war. Folgerichtig führten sie ein vermeintlich liberales System von gesetzlichen Eigentumsregelungen ein, womit sie aber in Wirklichkeit nur die Anpassungsfähigkeit früherer Regelungen beseitigten.

In den Dörfern gab es noch zwei Kategorien von Personen, die keinerlei Recht auf Landbesitz hatten. Das waren zum einen die Kasten, die als Handwerker oder Barbiere Dienstleistungen für die Landbesitzer erbrachten. Sie konnten einem bestimmten Haushalt zugeordnet sein oder aber im Dienst der landbesitzenden Kaste insgesamt stehen. Diese dörflichen Dienstleistungsträger besaßen ihre eigenen Arbeitsmittel und bezogen eine Art »garantierten Lebensunterhalt«. Das hob sie deutlich von einer anderen

Schicht ab, deren Mitglieder weder ihr eigenes Handwerkszeug besaßen noch einen auf Verwandtschaftsbeziehungen gestützten Anspruch auf Grundbesitz (Meillassoux 1974, 102f.; Newell 1974, 487). Sie waren entweder landlose Arbeiter oder jederzeit kündbare Pächter; zu ihnen mochten auch Leute zählen, die zusätzlich teilweise als Lederarbeiter oder Musikanten tätig waren. Diese Personen stellten ein Reservoir von Arbeitskräften dar, die sich den herrschenden Schichten des Dorfes dauernd zur Verfügung halten mußten (Mechner 1974). Sie bildeten die Kasten der sogenannten Unberührbaren; ihr ohnehin inferiorer Rang wurde noch zusätzlich durch die Verbote betont, denen sie in ihren Beziehungen mit den höheren Kasten unterworfen waren. Wo und wie viele solcher Unberührbaren-Kasten es gab, hing von den Umweltbedingungen ab. Am stärksten waren sie in den dichtbesiedelten Gebieten mit bewässerter Landwirtschaft in der Indus-Ganges-Ebene und in den fruchtbaren Küstenstrichen des Südens vertreten, wo sie zumeist als Landarbeiter eingesetzt waren. In trockeneren und gebirgigeren Gegenden bearbeiteten die Grundbesitzer ihre Felder selbst, und die Handwerker stammten häufig aus ärmeren Haushalten von Landbesitzern. Die unberührbaren Arbeiter wurden hier sogar gelegentlich aus dem Dorf gejagt, wenn die Einkommen der Grundbesitzer sanken (Newell 1974, 487f.). Wo sie bleiben konnten, arbeiteten sie in erster Linie auf Geheiß der dörflichen Landbesitzer und unterstanden auch deren Befehlsgewalt.

Der Gesamtaufbau der indischen Gesellschaft – die sich aus einzelnen Zellen und Segmenten zusammensetzt und dennoch imstande ist, zwischen diesen Zellen und Segmenten Verbindungen herzustellen – läßt sich am besten vor dem Hintergrund der Politischen Ökologie dieses Subkontinents verstehen. Es gibt nämlich mindestens drei verschiedene Indien: das Indien der Gangesebene; das Indien der Küstenzone; und das Indien des Dekkan, also das zentralindische Hochplateau. Das Indien der Gangesebene ist ein regenreiches Gebiet mit außerordentlich intensivem Reisanbau. Historisch gesehen liegt hier das Zentrum der indischen Staatenbildung: Hier befand sich der Kern des Maurya-Reiches, das zwischen 322 und 185 v. Chr. existierte, und hier herrschte zwischen 300 und 600 n. Chr.die Guptas-Dynastie. Das Indien der Küstenzone besteht aus einer Reihe von Flußdeltas und Küstenstrichen wie z. B. den Provinzen Andrah und Tamilnad an der östlichen Koromandel-Küste, Kerala an der südwestlichen Malabar-Küste (Pfefferküste) oder Konkan und Gujarat im Westen. Die Häfen an diesen Küsten hatten für den Überseehandel lange Zeit eine überragende Rolle gespielt. Das dritte Indien – das Hochland des Dekkan – liegt für die beiden anderen Indien abgeschieden hinter Hügel- und Bergketten. Nach Norden ist es von der Gangesebene durch eine Bergregion getrennt, die heute noch von einer der austroasiatischen Sprachgruppe zugehörigen Bevölkerung bewohnt wird. Nach den Küstenebenen hin ist es durch die beiden Gebirgszüge der Ost- und der Westghats geschützt. Das Dekkan selbst ist ein regenarmes Plateau mit kümmerlicher natürlicher Vegetation; die wichtigsten Getreidesorten wie die Hirse sind den Umweltbedingungen der Trockenzone angepaßt. Reis und anderes Getreide läßt sich auf bewässerten Feldern anbauen, das erforderliche Wasser stammt aus Tümpeln oder Teichen, die aber in der Regel gerade dann austrocknen, wenn das Wasser am dringendsten benötigt wird. Daher herrscht in diesem zentralen Hochland ein regelmäßig wiederkehrender Mangel an Nahrungsmitteln.

Die indische Halbinsel gehört heute zu den am dichtesten besiedelten Gebieten der Welt. Die dichte Besiedlung und die Intensivierung der Landwirtschaft, auf der diese beruht, haben sich jedoch nur langsam und diskontinuierlich ausgebreitet. Einzelne Landstriche inmitten dieser Gebiete sind deshalb von Menschen bevölkert geblieben, die vom Sammeln von Nahrungsmitteln leben oder wandernde Brandrodung betreiben (sog. *swidden cultivation*). Als dann zentralisierte Staaten entstanden, setzten sie ihre Machtmittel dazu ein, Rodungsarbeiten, Bewässerungsanlagen und Bergwerke in Angriff zu nehmen sowie die Kolonisierung der Grenzgebiete durch Siedlergemeinschaften oder Brahmanen-Verbände voranzutreiben. Eine politische Zentralisierung wie unter den Dynastien der Maurya und der Guptas kam allerdings nur selten – und dann nur in der Gangesebene – zustande. Ansonsten blieb die gängige politische Einheit stets und überall das »kleine Königreich« – eine Provinz, die von einem aus der ranghöchsten Familie stammenden Radscha regiert wurde, der in der Regel nicht mächtig genug war, um die Bevölkerung zum Ausbau der Landwirtschaft anzuhalten. Außerdem hing im Dekkan die Bewässerung von den verstreut liegenden Teichen ab, folglich wohnte hier die Bevölkerung ebenfalls verstreut und nicht massiert in der Umgebung einer zentralen Wasserquelle. Der Kolonisierungsprozeß und die Streulage der Ansiedlungen, die sich in ökologisch begünstigten, aber isolierten Nischen entwickelten, mußten den Prozeß der Zersplitterung und Dezentralisierung der Bevölkerung nur noch verstärken. Ganze Landstriche zwischen den besiedelten Gebieten blieben häufig in der Hand von verwandtschaftlich organisierten Gruppen, die dem sich auf ihre Kosten ausbreitenden Staat feindlich gegenüberstanden. Die Ausbreitung der indischen Kultursphäre vollzog sich also auf grundsätzlich andere Art und Weise als bei den Chinesen. Das chinesische Reich dehnte sich aus, indem es eine bewässerte Zentralregion ausweitete und die Brandrodung betreibende bäuerliche Bevölkerung nach Südwesten in die Berge abdrängte. Indien hingegen nahm eine andere Entwicklung, in deren Verlauf einige der fremden

Volksgruppen einfach aufgesogen wurden, indem sie verschiedenartige Positionen in einem übergreifenden Kastensystem zugeteilt bekamen.

Die Brahmanen stellten ein Gegengewicht gegen diesen dominierenden Zersplitterungsprozeß dar. Jede einzelne, aus Landbesitzern, Handwerkern und Dienstkräften zusammengesetzte lokale Einheit wurde durch die Riten und Kulte einer »kleinformatigen« örtlichen Traditionspflege zusammengehalten, die sich auf die heiligen Sanskrit-Schriften berief. Azephale ethnische Gruppen konnte man in das umfassendere kulturelle Netz einbinden, indem man ihre Anführer als Krieger anerkannte oder ihre Frauen mit Brahmanen verheiratete oder aber indem sie die rituellen Handlungen des Sanskrit übernahmen. Diese Integrationsprozesse funktionieren auch heute noch, wenn etwa Mitglieder einzelner »Stämme« sich der Rechtsprechung der Brahmanen unterordnen und auf diese Weise zu Hindus werden. (Nebenbei: Bei den austro-asiatischen »registrierten Stämmen« des zentralindischen Hügellandes handelt es sich just um die letzten ethnischen Gruppen, die sich bis heute weigern, »den Brahmanen [Priester] anstelle von eigenen Gruppenmitgliedern als oberste Auslegungs- und Lehrinstanz in religiösen Angelegenheiten anzuerkennen« [Cohn 1971, 19].) Oft führten die Brahmanen auch neue landwirtschaftliche Methoden wie z. B. das Pflügen oder auch neue Getreidesorten ein, oder sie knüpften Verbindungen zu größeren Märkten und entfernteren Handelsplätzen an. Häufig kam es auch vor, daß Brahmanen von Königen oder ehrgeizigen Herrschern aufgefordert wurden, sich in ihren Dörfern niederzulassen, und daß ihnen dann Land übergeben wurde (Kosambi 1969, 171 f.).

Die Vorherrschaft der Brahmanen und die Nachbildung des Kastensystems in den ländlichen Gebieten und Dörfern sind demnach als Reaktion auf die ökologische und politische Dezentralisierung zu verstehen. Damit wurden auf organisatorischer Ebene Verbindungen zwischen den Mitgliedern der obersten Kasten – also den Priestern, Kriegern und Kaufleuten – gestiftet und gleichzeitig die jeweils am Ort vertretenen Kastensegmente dieser Schichten mit lokalen Gruppen von Handwerkern und Bediensteten zusammengebracht. Es handelte sich also, in den Worten von Heesterman, um eine »Reichsbildung mit dürftigen Mitteln« (»the poor man's solution to empire«) (1973, 107). Nach Frederic Lehman (1957, 151 f.) ist es mit Hilfe des Kastenmodelles gelungen, innerhalb der ländlichen Strukturen Indiens organisatorische Ansätze und Kulturtechniken auszubilden, durch die dann jene anhaltenden Perioden der Unordnung neutralisiert werden konnten, die infolge des »langen Ausfallens einer wirksamen zentralen Autorität« immer wieder eintraten.

Die auf dem Kastenwesen beruhende ländliche Infrastruktur widerstand über die Jahrhunderte auch dem wiederholten Ansturm fremder Eroberer. Immer wieder stießen eroberungslustige Herrscher mit ihren Truppen aus dem Steppengürtel jenseits der schützenden Gebirgsketten in die indische Tiefebene hinab, und immer benutzten sie dabei die Route von Balch (Baktra) über die Pässe nach Pundschab. In den ersten 300 Jahren unserer Zeitrechnung waren es die einen ostiranischen Dialekt sprechenden Saken und Kushan; dann kamen im 5. und 6. Jh. n. Chr. die mongolisch-türkischen Epthaliter (*Ye-Tai*), zu denen auch die Gujaraten gehörten, die sich dann in Indien niederließen, und zwar unter dem Namen Rajputen (wörtlich: »Königssöhne«). Ihnen folgten im 11. Jh. das persifizierte Turkvolk der Ghaznawiden und im 12. Jh. der aus Herat stammende afghanische Stamm der Ghuriden. Zu Beginn des 13. Jhs. fielen eine Dynastie türkischer Gefolgsleute der Ghuriden und eine Truppe mongolischer Invasoren ein, im späten 14. Jh. die persifizierten Türken Timurs, und schließlich im 15. Jh. noch einmal Afghanen.

Im Jahre 1525 machte sich ein Nachkomme Timurs namens Babur an die Eroberung Indiens, nachdem er sein Transoxanisches Reich an einfallende Usbeken verloren hatte. Er überwältigte die sich ihm entgegenstellenden Afghanen und indischen Rajputen und begründete eine Herrscherdynastie, die in der Folgezeit den größten Teil des indischen Subkontinents zu einem Reich vereinigte, das sie bis zur britischen Machtübernahme beherrschte. Diese Mogul – (gleich: mongolische) Dynastie war jedoch nur das letzte Glied einer Kette von Herrschervölkern, die ursprünglich aus den Weidezonen Zentralasiens stammten. Sie repräsentierten also in keiner Weise – wie man behauptet hat – »das traditionelle Indien«; sie gründeten ihre neugewonnene Macht vielmehr auf gesellschaftliche Strukturen, die weitaus älter und gefestigter waren als ihre eigenen.

China

Am östlichen Ende der alten Seidenstraße, in China, hätte unser Reisender eine der wichtigsten Phasen der Auseinandersetzungen verfolgen können, die sich zwischen den Nomaden des Nordens und den seßhaften Ackerbauern südlich der Großen Mauer abspielten. In den Jahrhunderten vor 1400 war China immer wieder von den »Barbaren« aus dem Norden angegriffen worden. Im frühen 11. Jh. hatten die Kitan (Liao), eine mongolischsprechende Elite aus Jehol, das chinesische Gebiet nördlich des Hwai-Flusses eingenommen. Nur wenige Jahre später hatten die tungusischen Dschurdschen die Kitan abgelöst; sie stammten aus dem Waldgürtel, der heute zur (ostsibirischen) Küstenprovinz der Sowjetunion gehört. Diese Dschurdschen schoben die Grenzen ihres Reiches bis an die Ufer des Yangtse vor. Sowohl die Dschurdschen im Norden als auch die chinesische Sung-Dynastie waren dann aber bis zum Ende des Jahrhunderts von den Mongolen des Dschingis Khan überrannt worden, die anschließend mit ihren Reiterheeren über die südlichen Bergketten hinweg bis nach Bhamo, dem Einfallstor nach Burma, und bis ins vietnamesische Hanoi weiterzogen. Kurz darauf begannen die Mongolenprinzen jedoch, sich gegenseitig anzugreifen. Und 1370 hatte es der chinesische Gründer der Ming-Dynastie wieder geschafft, die Mongolen in ihr Stammland zurückzutreiben und die Mongolenherrschaft in China ein für allemal zu beenden. Im Jahre 1400 wären wir also Zeuge dieses chinesischen Wiederaufstiegs unter den frühen Ming-Kaisern geworden.

Trotz der häufigen Einfälle aus dem Norden war China damals ein Kulturkreis, der sich durch eine ausgeprägte Kontinuität auszeichnete – Hegel nannte China ja einmal das »Land der ewigen Wiederkehr«. Wie Wittfogel aufgezeigt hat, lag eine entscheidende Bedingung dieser Kontinuität in der großen Bedeutung wassertechnischer Bauwerke für das Funktionieren des chinesischen Staates. Bei diesen hydraulischen Anlagen handelte es sich vor allem um zweierlei: um Kanäle und Bewässerungsgräben, mit deren Hilfe die Felder mit Wasser versorgt wurden, sowie um große Dämme und Schleusensysteme, die besiedelte Gebiete gegen Überflutungen schützen sollten. Ergänzend kam noch der Ausbau von Transportkanälen hinzu, über die man das geerntete Korn auch in weiter entfernte Gebiete schaffen konnte. Die ersten großenWasserbauwerke, die wir kennen, entstanden in der Niedergangsperiode der Chou-Dynastie (ca. 500–250 v. Chr.), als sich zwischen einzelnen politischen Untereinheiten erbitterte Konkurrenzkämpfe entwickelten. Die wichtigsten wassertechnischen Anlagen befanden sich in der Ebene von Chengtu in der Provinz Szetschuan, wo rund 9000 km^2 Land bewässert wurden, und in der Wei-pei-Ebene der Provinz Shansi mit etwa 2600 km^2 bewässerten Landes. Diese Anlagen waren noch vor der Herausbildung des vereinigten chinesischen Kaiserreiches unter der Ch'in-Dynastie (221–207 v. Chr.) entstanden, und die spätere Konsolidierung dieses Reiches beruhte wohl unter anderem auch auf dieser wasserbautechnischen Grundlage. Unter der Ch'in-Dynastie wurde auch schon mit dem Bau von Transportkanälen begonnen, deren bedeutendste Ausbauphase aber erst später im 7. Jh. n. Chr. kommen sollte. Instandhaltung und Ausbau solcher Wasserbauwerke wurden dann zu einer der wichtigsten, wenn nicht überhaupt zu *der* wichtigsten Aufgabe des chinesischen Staates. Entscheidend war dabei vor allem, die erforderlichen Arbeitskräfte und Steuern aufzubringen. Der Niedergang der Dynastie wird denn auch mit ihrer Unfähigkeit in

Zusammenhang gebracht, ausreichende staatliche Mittel für diese Aufgaben abzuzweigen (Wang 1936).

Mit der landwirtschaftlichen Erschließung der Gebiete südlich des Yangtse begann China seit dem 7. Jh. seinen Reichtum zu vermehren. Vor allem in den südlichen Provinzen Kiangsu und Chekiang setzten sich entscheidende Neuerungen bei den Anbautechniken von Wasserreis durch. Diese bestanden nicht nur in neuen und erweiterten Bewässerungsprojekten, sondern auch in verbesserten Werkzeugen und Techniken der Bodenbestellung sowie im verstärkten Einsatz von Düngemitteln. Von diesen Provinzen breitete sich der bewässerte Reisanbau weiter nach Süden aus – und zwar unter bewußter Förderung durch die Sung-Dynastie, denn diese hatte inzwischen die Herrschaft über das Gebiet nördlich des Yangtse verloren und war angesichts der reduzierten Anbaufläche an einer Produktivitätssteigerung interessiert. Die höheren Erträge führten zu einem enormen Bevölkerungswachstum, umgekehrt machten auch mehr Einwohner wieder größere Ernten möglich. Zwischen 606 und 742 n. Chr. vermehrte sich im Süden die Bevölkerung um mehr als das Doppelte, zwischen 742 und 1078 verdoppelte sie sich ein weiteres Mal (Elvin 1973, 206, 208). Im Laufe dieser Entwicklung absorbierten die Chinesen (die sich zur Unterscheidung von anderen ethnischen Gruppen als *Han* bezeichneten) andere Bevölkerungsgruppen oder ver-

Bewässerter Reisanbau in der chinesischen Provinz Szetschuan (Foto von Bruno Barbey, 1960)

drängten sie in Gebiete, die einen intensiveren Reisanbau nur schwer zuließen. So wurden etwa die Miao, die zuvor am unteren Mittellauf des Yangtse gesiedelt hatten, nach Yunnan, Szedschuan und Kweichow abgedrängt. Und die Yao, die vormals die Gebirgsgegenden der östlichen Küstenprovinzen bewohnt hatten, mußten auf ihre heutigen Siedlungsgebiete in Kweichow ausweichen. In ihrer neuen Umgebung, wo die Lebensbedingungen weder intensive Landwirtschaft noch den Aufbau einer chinesischen Bürokratie erlaubten, behaupteten sich auch weiterhin dezentralisierte Stammesreiche mit einer auf Brandrodung beruhenden Landwirtschaft (Fried 1952).

Nun dürfen wir nicht etwa annehmen, daß alle Bewässerungssysteme in staatlicher Regie gebaut wurden. Die meisten Anlagen am unteren Yangtse wurden z. B. von reichen Landeigentümern in Auftrag gegeben. Dennoch können wir vernünftigerweise davon ausgehen, daß die spezifischen bewässerungstechnischen Erfordernisse der chinesischen Landwirtschaft ihren Einfluß auf die Entwicklung des besonderen Typs der chinesischen Bürokratie gehabt haben. Denn eindeutig überstiegen viele der staatlicherseits betriebe-

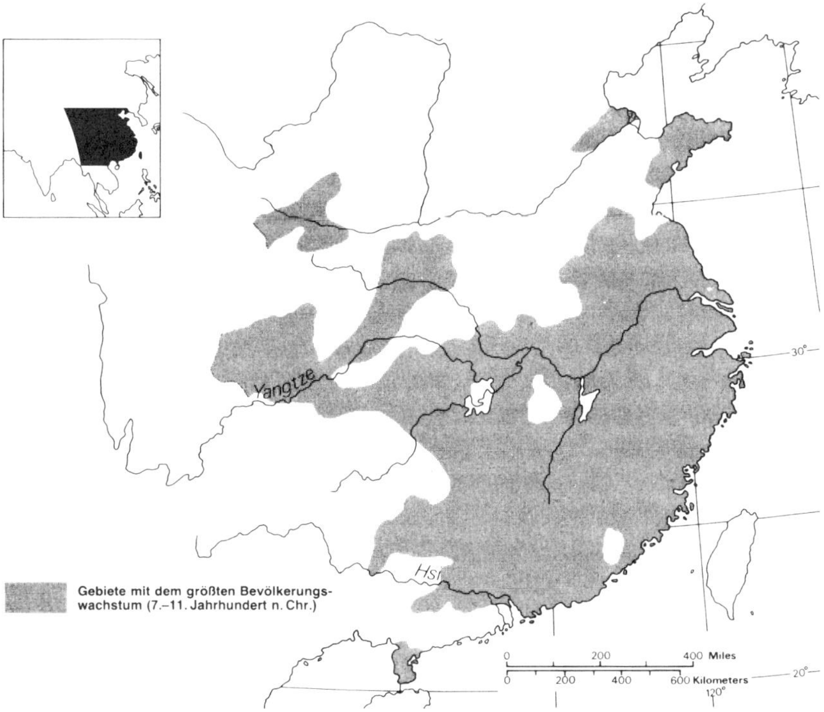

Die Expansion der Han-Chinesen nach Südchina (nach Elvin 1973)

nen Aufgaben – und dazu gehört die Kontrolle der Bewässerungsanlagen – die Möglichkeiten lokaler und auch regionaler Adliger oder Personengruppen. Durch die Schaffung eines personellen Reservoirs potentieller Beamter sicherte sich der Staat seinen Bedarf an Funktionären, die bei der Wahrnehmung staatlicher Aufgaben auch dem zentrifugalen Einfluß lokaler Machtträger entgegenwirken konnten.

Diese Staatsbeamten bezeichnet man zuweilen als Mandarine. Sie wurden aus der Klasse des niedrigen Adels rekrutiert; ihr chinesischer Titel lautet *shen-shih*, was wörtlich »schärpentragender Literat« bedeutet. Die Schärpe weist den Träger als Inhaber eines kaiserlichen Amtes aus, »Literat« verweist auf die Vertrautheit mit den chinesischen Klassikern. Ein Amtsinhaber wurde auf Lebenszeit ernannt und konnte seine Stelle nicht vererben. Er war von Frondiensten und Steuern befreit, unterstand nicht der rechtlichen Aufsicht der örtlichen Justiz und hatte Zutritt zu den religiösen Zeremonien am Kaiserhof. Die Umgangsformen und die Ideologie, die er sich aneignete, wurzelten im Studium der Klassiker, das heißt vor allem der Spruchweisheiten und Schriften des Kung-tse (Konfuzius). Diese lehrten die Pflege der richtigen gesellschaftlichen Umgangsformen, die sich für Kung-tse letzten Endes im Ideal des »Gentleman« verkörpern. Die Texte des Konfuzius stammen aus einer Zeit, da die Aristokraten einige Machtpositionen an aufsteigende Nicht-Adlige abtreten mußten; insofern schildern sie einen aristokratischen Verhaltensstil, der gleichermaßen von verdienten Nicht-Adligen und von Adligen angenommen werden konnte. Die Männer, die sich in diesem Verhaltensstil schulten, hingen der religiös sanktionierten Tradition (*li*) an und hielten sich im Konfliktfall eher an diese Tradition als an das positive Recht (*fa*).

Obwohl diese Klasse kaiserlicher Bediensteter zumindest bis auf die ersten Chin-Kaiser zurückgeht, erlangte sie ihre herausragende Stellung erst in der Zeit zwischen dem 7. und dem 9. Jh. unter der Tang-Dynastie, weil die sie als Gegengewicht gegen die Macht der Adelsfamilien ins Spiel brachte. Um die Jahrtausendwende waren die Schärpenträger bereits auf dem besten Weg, sich politische und ökonomische Machtpositionen aus eigenem Recht anzueignen. Viele von ihnen entwickelten sich zu mächtigen Grundeigentümern, die ihre Güter mithilfe leibeigener Arbeitskräfte bewirtschafteten, allerdings nach wie vor Steuerbefreiung genossen und ihre Beamtenposten jetzt auch aufgrund des Vererbungs-Privilegs (*yin*) an ihre Nachkommen weiterreichen konnten. So wie in früheren Zeiten die Adligen ihre Positionen abgesichert hatten, indem sie auf Abstammung beruhende Aristokraten-Geschlechter schufen, begann nunmehr der Schärpenträger-Adel mächtige Familienreiche zu gründen, die von einer Oberschicht erfolgreicher Sippenmitglieder betrieben wurden. Diese patrilinearen Sippen erlangten insbesondere im Süden Chinas eine herausragende Stellung, und dort waren sie auch häufig die treibenden Kräfte bei der weiteren Erschließung des Landes. Die mächtigsten chinesischen Sippen sind dann auch zur Zeit der Sung-Dynastie entstanden – in der Periode also, in der die landwirtschaftliche Expansion südlich des Yangtse ihre entscheidenden Fortschritte machte (Hu 1948, 12 f.).

So überrascht es uns nicht, daß die Ming- und die Ching-Kaiser nach der Wiederaufrichtung der chinesischen Herrschaft am Ende des 14. Jhs. einen guten Teil ihrer Anstrengungen darauf richteten, die zunehmend unabhängige Macht der Schärpenträger einzudämmen und zurückzudrängen. Zum ersten Mal wurde dies in der Ming-Periode versucht, als man die *yin*-Privilegien zurücknahm und für die Bewerber auf Beamtenpositionen eine obligatorische Prüfung am Kaiserhof einführte. Aber erst im 18. Jh. haben dann die Ching-Kaiser – also die Mandschu-Dynastie – versucht, die Kontrolle des Adels über Grund und Boden zu schwächen, indem sie die Institution der Leibeigenschaft abschafften.

Es liegt demnach klar auf der Hand, daß es sich bei den gelehrten Schärpenträgern keineswegs um eine Klasse von Philosophenkönigen handelte, die nur den hehren, im Staat verkörperten Idealen lebten – aber eben auch nicht einfach um eine Klasse lokaler Grundbesitzer. Ihre Funktion bestand vielmehr darin, die auf staatlicher Ebene wirkenden Institutionen mit den lokalen und regionalen Institutionen und Autoritäten zu verknüpfen. Ihre Position war also zwangsläufig eine widersprüchliche und auch wandlungsfähige – je nachdem, ob der übergeordnete Staat oder die lokalen Interessen die Oberhand behielten.

Wie die Rolle und der Charakter dieser Klasse gebildeter Schärpenträger verwandelten sich freilich im Lauf der Zeit auch die Rolle und der Charakter der bäuerlichen Bevölkerung. Der Staat der Chin-Dyanstie hatte nicht nur im Jahre 221 v. Chr. zum erstenmal ein vereinigtes chinesisches Reich geschaffen, sondern auch eine Gesetzgebung gestiftet, die den Bauern Eigentumsrechte an ihrem Land verlieh, wofür diese als Gegenleistung die Steuern, die Frondienste und den militärischen Dienst unmittelbar dem Staat und nicht mehr einem sich dazwischen schiebenden Adligen schuldeten (Wittfogel 1931, 50 f.; Lattimore 1951, 441 f.). Lattimore betont, daß so zugleich eine Kategorie landloser Menschen entstand, auf die der Staat als Reservoir mobiler Arbeitskräfte nach Belieben zurückgreifen konnte (1951, 441 f.). Unter der Han-, der Sui- und der frühen Tang-Dynastie, die alle in den bäuerlichen Milizen das Rückgrat ihrer Armeen erblickten, wurden die gezielten Maßnahmen zur Stärkung des freien Bauerntums fortgeführt. So wurden häufig große Güter konfisziert und wiederholt auch Gesetze zugunsten einer gleichmäßigeren Aufteilung des Bodens erlassen.

Ab Mitte des 8. Jhs. erlosch die Bindungskraft dieser Gesetze und die Großgrundbesitzer gewannen rasch wieder an Boden. Die Bauernmilizen zerfielen, die Steuerbefreiung für die Bauern wurde wieder aufgehoben. Infolgedessen mußten sich viele von ihnen der staatlichen Besteuerung entziehen, indem sie sich an einen Grundbesitzer banden; oder sie mußten ihr Land verkaufen, um über die Runden zu kommen. Andere Bauern wurden gewaltsam zu Zwangsarbeitern gemacht. Es gab außerdem auch Sklaven, die aber nur einen kleinen Prozentsatz der Bevölkerung ausmachten (Wilbur 1943, 174; Elvin 1973, 74, Anm. 1). Zwangsarbeit kam dabei in zweierlei Form vor. Erstens gab es hörige Pächter, deren Dienste an eine bestimmte Person gebunden waren; ihr Status war vererbbar und sie konnten verkauft und gekauft werden. Theoretisch durften nur Schärpenträger solche Hörigen halten, aber in der Praxis konnten sich auch schärpenlose Grundbesitzer welche anschaffen, indem sie eine fiktive Adoption vornahmen. Zweitens gab es Pächter, die zum Grund und Boden gehörten und zusammen mit dem von ihnen bearbeiteten Stück Land verkauft wurden. Im Jahre 1400 war das mit Hilfe von Zwangsarbeit betriebene Landgut die vorherrschende Form des Grundbesitzes (Balázc 1964, 125; Elvon 1973, 79 f.). Erst nach 1730, unter der Mandschu-Dynastie der Ching-Kaiser, wurden hörige Pächter endgültig abgeschafft. Die Einnahmen aus der Landwirtschaft waren im 16. und 17. Jh. geschrumpft; dies und die Eröffnung anderweitiger Profitmöglichkeiten veranlaßten dann die Landbesitzer, ihre Investitionen in andere Bereiche zu lenken. Im Gefolge dieser Entwicklung nahm der bäuerliche Grundbesitz wieder zu, jetzt freilich unter anderen Bedingungen als denen, die zu Zeiten der frühen chinesischen Dynastien zur Entstehung eines freien Bauernstandes geführt hatten.

Um 1400 begannen sich die Beziehungen Chinas zur Außenwelt zu wandeln. Davor hatten sich Kontakte zwischen dem »Reich des Himmels« und seinen Nachbarn über den Austausch auf Handels- und religiöser Ebene ergeben. Unter der Tang-Dynastie (618–908 n. Chr.) hatten sich die Kontakte mit Indien verstärkt, und China hatte sich dem Einfluß des von Süden vordringenden Buddhismus geöffnet. In der Periode der Sung-Dynastie (960–1279) hatte der Handel mit den südlichen Meeren gewaltig zugenommen. Und unter der Herrschaft der Mongolen (1280–1367) war China auch mit dem Westen in Berührung gekommen, als die Wiedereröffnung der alten Seidenstraße moslemische, christliche und jüdische Händler nach China brachte (so war etwa der chinesische Admiral Cheng-ho, der die kaiserliche Flotte bei ihren Vorstößen in den Indischen Ozean und bis zur afrikanischen

Küste kommandierte, ein Moslem). Auch die mongolischen Herrscher hielten sich als Schreiber und Berater bevorzugt Uiguren und nestorianische Christen und drängten damit die konfuzianischen Schärpenträger in ihrer Bedeutung zurück.

Die Vertreibung der Mongolen im Jahre 1367 und die Machtübernahme der Ming-Dynastie kehrten diese Entwicklung, die Chinas Bande mit der Außenwelt verstärkt hatte, wieder um. China zog sich in sich selbst zurück und kappte seine Verbindungen nach außen. Das hing vielleicht auch mit dem nativistischen Charakter der Ming-Kaiser selbst zusammen, die nach 400 Jahren fremder Invasionen eine Rückkehr zu den chinesischen Wurzeln anstrebten. Dafür waren natürlich auch die Schärpenträger zu haben, die unter den Mongolen an Einfluß eingebüßt hatten und von einer außenpolitischen Kehrtwende nur profitieren konnten. Aber China steckte damals gewiß auch in ökonomischen Schwierigkeiten: Die Bevölkerungszahl, die ihr Maximum vor dem Mongoleneinfall erreicht hatte, sank auf ihren tiefsten Stand. Vielleicht hat Mark Elvin (1973, 298 ff.) mit seiner These recht, daß diese Wende auch auf den Beginn einer technologischen Stagnation zurückzuführen sei, die er mit der Tatsache erklärt, daß man in technischer und organisatorischer Hinsicht den Spielraum für die Produktivitätssteigerungen, die vor der industriellen Revolution möglich waren, bereits völlig ausgeschöpft hatte. Ohne Zweifel hat sich denn auch die neue Dynastie vor allem bemüht, die chinesischen Nordgrenzen zu sichern; zu diesem Zweck hob sie gewaltige Armeen aus und baute den Großen Kanal, der Truppenbewegungen zwischen dem Norden und dem Süden ermöglichte. Diese Strategie setzte auf die Nutzung der Binnenwasserwege, ging also auf Kosten der Küstenrouten, die jetzt überdies den Angriffen japanischer Piraten und ihrer chinesischen Helfer ausgesetzt waren. China zog sich also zur Zeit der Ming-Dynastie auf sich selbst zurück und verzichtete im Interesse seiner inneren Stabilität auf weitere Neuerungen und Erkundungen über seine Grenzen hinaus. Das sollte sich erst im 17. Jh. wieder grundsätzlich ändern, als sich nämlich eine Koalition tungisischer Dschurdschen-Sippen aus der Mandschurei mongolischer Hilfe und chinesischer Kollaborateure versicherte und mit deren Beistand die Mandschu-Herrschaft in Form der letzten kaiserlichen, der sogenannten Ching-Dynastie, aufrichten konnte.

Südostasien

Wo Indischer Ozean und Chinesisches Meer ineinander übergehen, liegen die Halbinsel und die Inselwelt Südostasiens – eine jener Regionen, in denen sich der indische und der chinesische Kulturkreis überschneiden. So waren in dieser Region um 1400 indische und chinesische Einflüsse zu beobachten. Beide überlagerten eine frühere Kulturbasis, die auf Brandrodung und dem Wanderanbau von unbewässertem Bergreis beruhte. Diese Anbaumethode wird heute noch von den »Bergmenschen« des südostasiatischen Festlandes und von einzelnen »Stammes«gruppen der äußeren Indonesischen Inselwelt betrieben und stellt die Ernährungsbasis für ihre genealogisch verknüpften und abgestuften Gemeinschaften dar. Auch unser Reisender wäre diesen *ladang*-Bauern begegnet, und zwar Seite an Seite mit Kolonisten, die etwa seit Beginn der christlichen Zeitrechnung den Anbau von Wasserreis sowie indische oder chinesische Kulturformen eingeführt hatten.

Der indische Einfluß in Südostasien ist älter als der chinesische und verdankt sich wahrscheinlich indischen Händlern. Diese kamen in Begleitung von Brahmanen, die kraft ihrer Riten lokale Stammesoberhäupter in die Kaste der Herrscher, die Kschatrija, aufnehmen konnten. Ganz ähnlich wie schon auf dem indischen Subkontinent entstand so mit Hilfe dieser rituellen Macht eine politische Infrastruktur.

Solche kolonisierenden Gruppen hatten sich zwischen 200 v. Chr. und 200 n. Chr. auf dem südostasiatischen Festland und auf den großen Inseln Sumatra und Java niedergelassen. Sie entwickelten sich nach und nach zu immer mächtigeren Eliten, die sich um einen königlichen Hofstaat gruppierten und ihren Reichtum aus intensivem Reisanbau und ihren Handelsgeschäften bezogen. Der königliche Hof war allenthalben ziemlich ähnlich aufgebaut: Im Mittelpunkt stand eine heilige Gott-Königs-Gestalt, die einen Palast bewohnte, der gleichzeitig als Tempel und als Festungsanlage diente. Dem Hof zugeordnet waren die bewaffneten Gefolgsleute und die Verwandtschaft des Königs sowie Handwerker und Träger besonderer ritueller Funktionen. Der Hof war gleichzeitig zentrale Bastion der Macht und symbolischer Mittelpunkt des Universums. Um dieses herrschaftliche Zentrum gruppierte sich ein kleiner Kosmos von Vasallen und Verbündeten, die dem Zentrum das notwendige Einkommen verschafften, damit dieses seine Gefolgschaft entlohnen und seine Unterstützungsbasis ausbauen konnte. Die erzielten Überschüsse erhöhten sich mit dem Bau von Bewässerungsanlagen, dem Einsatz von Fronarbeit und der Erschließung weiterer Gebiete. Sie wurden zum Großteil in den Bau großer Tempelanlagen investiert. Damit wollte man die kosmischen Verbindungen zwischen königlicher Macht und den übernatürlichen Kräften verstärken. Beispiele für solche Tempelanlagen finden wir in Borobodur in Zentraljava (8. Jh.) und in den Königstädten Angkor Thom und Angkor Wat in Kambodscha (9. bzw. 12. Jh.). Trotz aller Bemühungen um die Stärkung des königlichen Charismas – oder vielleicht auch gerade wegen der dafür aufgewendeten Ausgaben – waren solche Staaten oft unstabile Gebilde, die im Gefolge von dynastischen Rivalitäten, von Rebellionen lokaler Potentaten oder aufgrund des Niedergangs der Königsmacht rasch wieder zerfallen konnten.

Der holländische Soziologe J. C. van Leur stellt diesen »Binnenlandstaaten« einen anderen Staatstyp gegenüber, den er als »Hafenfürstentum« bezeichnet. Er meint damit Handelshäfen, die an einer Küste oder an einer Flußmündung liegen. Deren Existenzgrundlage waren weder Bewässerungsanlagen noch Fronarbeit, sondern Handelsgeschäfte. Teilweise bezogen sie ihre Nahrungsmittel von nahegelegenen Gütern, die von Sklaven bearbeitet wurden, der Rest stammte von den durch Brandrodung gewonnenen Feldern der »Stammes«bevölkerung, die ihre Ernte an das Handelszentrum lieferte, wobei ihre Anführer – die den Fürsten des Meeres Gefolgschaft schuldeten – als Vermittler fungierten. In diesen Fürstentümern spielten die Kaufleute die maßgebliche Rolle. Sie waren zumeist Ausländer, die getrennt nach ethnischer Herkunft in ihren eigenen Stadtvierteln wohnten, wobei sich jedes Viertel in politischen und geschäftlichen Angelegenheiten durch einen Sprecher vertreten ließ. Obwohl einige Kaufleute auch in Hofkreisen Einfluß hatten, stellten sie letztlich doch keine unabhängige Klasse dar, was vielleicht mit ihrer ausländischen Herkunft und ihren kosmopolitischen Verpflichtungen zusammenhängt. Sie blieben Untertanen des Fürsten und seines Gefolges; in ihrer Lebensweise orientierten sie sich an den höfischen Kreisen.

Die Wirklichkeit war aber oft komplexer und entsprach keineswegs reinlich den dichotomischen Idealtypen, die uns van Leur vorführt. In mindestens zwei Fällen haben sich größere staatliche Gebilde organisiert, die »Binnenlandstaaten« und »Hafenfürstentümer« in sich vereinten. Da war einmal der Staat von Sriviyaya: Keimzelle seiner zwischen dem 7. und 10. Jh. erfolgenden Expansion war der Hafen Palembang in Ost-Sumatra, der die überaus wichtige Handelsroute durch die Straße von Malakka beherrschte. Wiewohl eindeutig Seemacht, nahm Sriviyaya Sumatra und einen großen Teil Javas ein und brachte im 8. Jh. ein Mitglied seiner königlichen Dynastie sogar auf den Thron der Khmer in Kambodscha. Auf einen zweiten Fall stoßen wir im 14. Jh.: das Reich von Madschapahit, dessen Kerngebiet in Ostjava lag. Es war seiner Struktur nach ein binnenländisches Königreich, das aber umfassende Handelsbeziehungen mit China, Indien und der Halbinsel Südostasiens unterhielt. Madschapahit eroberte später auch noch Java, Sumatra, die südliche Malayische Halbinsel, Borneo und einen großen Teil der Philippinen. Im Jahre 1400 befand es sich bereits im vollen Niedergang, nachdem in einer für Binnenlandstaaten typischen Entwicklung dynastische Streitigkeiten ausgebrochen waren und die unterworfenen Völker sich gegen die Tributzahlungen zur Wehr setzten. Zugleich wurden seine Ambitionen auf die Eroberung der Seeherrschaft zurückgestutzt, als die Chinesen in die südlichen Gewässer vordrangen und, was noch entscheidender war, der Einfluß des Islam sich in der Handelswelt des Indischen Ozeans und des Chinesischen Meeres immer mehr ausbreitete. Der Zerfall des hinduistisch-buddhistischen Reiches von Jadschapahit ging mit einer Konvertierung einher: In rascher Folge traten die Händler und Herrscher in den Hafenfürstentümern entlang der gesamten südostasiatischen Küste zum islamischen Glauben über.

Um 1400 hatte bereits der Aufstieg von Malakka begonnen. Die Stadt war um 1380 von einer Piratengruppe aus Sumatra gegründet worden, die sich unter der Führung eines Prinzen von Sriviyaya gegen das Reich von Madschapahit erhoben hatte. Gegen Ende des Jahrhunderts trat der Prinz zum Islam über, wodurch er die reichen moslemischen Kaufleute aus Pasai in Sumatra anlockte. Seine eigenen Leute besetzten in dem neuen Handelszentrum die Schlüsselstellungen: die Posten des Militärbefehlshabers und des Steuereintreibers wie auch den Posten, der die Funktionen des Schatzmeisters, des Obersten Richters und des Zeremonienmeisters am königlichen Hof in sich vereinigte. Die Kaufleute gehörten vier großen Gemeinden an, die jeweils durch einen Repräsentanten vertreten wurden. Dies waren die Gudscheraten, die Kalingas und Bengalen, die von den Inseln stammenden Kaufleute und die Chinesen. Der Portugiese Tomé Pires schrieb ein Jahrhundert später, Malakka habe 40000–50000 Einwohner und unter seinen Kaufleuten seien 61 »Nationen« vertreten. Ihm imponierten »der Einfluß und der Reichtum (der Stadt) derart, daß mich deucht, als gebe es auf der Welt nicht ihresgleichen. Wer Herr über Malakka ist, hat seine Hand an der Gurgel Venedigs«.

Der Islam lieferte also das fertige ideologische Bindemittel für den Zusammenhalt der moslemischen Handelszentren, die sich vom Indischen Ozean bis zu den philippinischen Sulu-Inseln aufreihten. Die Safi trugen die islamische Botschaft als Wanderprediger ins Hinterland, wo sich der islamische Mystizismus mit dem Glauben der Einheimischen an personifizierte überirdische Kräfte zu einer synkretistischen Mischung verband. Vor allem aber verschaffte die islamische Religion den neuen Hafenfürsten oder Piratenanführern eine neue ideologische Legitimationsgrundlage, konnten sie jetzt doch als moslemische Sultane darauf berufen, das »Schattenbild Gottes auf Erden« vorzustellen. Die religiöse Bekehrung der Hafenstädte riß – auf neue und andere Art – den Gegensatz zwischen den Binnenlandstaaten und den Hafenfürstentümern wieder auf, und zwar jetzt eindeutig zum Vorteil der Handelsherren. So konnte sich der Islam in der Folgezeit auch in den

Binnenregionen durchsetzen. Nur in Bali überlebte der ältere ideologische Kult der Inselwelt bei einer Gruppe hinduistisch-buddhistischer Flüchtlinge unversehrt auch diese Entwicklung.

Die Neue Welt

Es gibt keinen Ibn Battuta, Marco Polo oder Cheng-ho, der uns einen Bericht über seine Reisen in der Neuen Welt hinterlassen hätte. Aber mit Hilfe von archäologischen, linguistischen und ethnohistorischen Zeugnissen können wir rekonstruieren, was ein Reisender um das Jahr 1400 auf den beiden amerikanischen Subkontinenten zu sehen bekommen hätte.

Diesen Zeugnissen zufolge ist es sehr wahrscheinlich – und in einigen Fällen so gut wie sicher –, daß zwischen verschiedenen Kulturregionen der westlichen Hemisphäre gegenseitige Verbindungen bestanden haben. Unsere Archäologen nennen Gebiete, deren Kulturen einander deutlich ähnlich sind, auch »Interaktionsregionen«, insofern sie davon ausgehen, daß ein verbreitetes Auftreten von ähnlichen Werkzeugen, baulichen Formen oder künstlerischen Stilelementen in diesen Gegenden wohl auf gegenseitige Kontakte, mithin auf gesellschaftliche Beziehungen hinweist. Im Jahre 1400 gab es zwei »hochkonturierte Interaktionszentren«, wie der Archäologe Gordon Willey sie nennt. Sie zeichnen sich in archäologischer Hinsicht durch Funde aus, die von intensivem Ackerbau einschließlich Bewässerungsanlagen zeugen; weiterhin durch große und dichtbevölkerte Siedlungen bis hin zu Städten, in deren Mitte sich eindrucksvolle architektonische Denkmäler wie Tempel oder Paläste erheben; durch handwerkliche Erzeugnisse wie Keramik oder Webwaren, die offensichtlich für hochrangige Eliten angefertigt wurden; und schließlich durch eindeutige Hinweise auf ein ideologisches Überbausystem, das der breiten Bevölkerung Ziele und Zweck der von den Eliten beherrschten Machtzentren offenbaren sollte. Eines der »hochkonturierten« Interaktionsgebiete lag in den Mittleren Anden, also im heutigen Peru und Bolivien. Dieses Gebiet wurde etwas später, im Lauf des 15. Jhs., zum Kernland des Inka-Reiches; 1400 waren die Inkas allerdings noch eine Schar ländlicher Emporkömmlinge, die nur in einem kleinen Gemeinwesen im Andenhochland um die Hauptstadt Cuzco herrschten. Das zweite Gebiet lag in Mittelamerika, zwischen den Hochflächen des heutigen Mexiko und Guatemala und den angrenzenden Ebenen. In diesem Gebiet lebten zur Zeit der spanischen Eroberung die Azteken und Mayas. Im Jahre 1400 hätte unser Reisender freilich kaum etwas von den Azteken bemerkt, die damals als kleinere Söldnergruppe im Dienste eines größeren Staates standen. Und die Mayas waren gerade mit blutigen internen Händeln zwischen einigen epigonalen Eliten beschäftigt, die sich gegenseitig das Erbe einer ruhmvolleren Vergangenheit streitig machten.

Südamerika

Der entscheidende Schauplatz, auf dem sich in Südamerika der landwirtschaftliche Intensivierungsprozeß und der Aufstieg übergreifender politischer Systeme ereigneten, war der breite Gebirgsgürtel der Anden, der sich an der Westflanke des Kontinentes entlangzieht. Die Anden bestehen aus gigantischen, in Nord-Süd-Richtung verlaufenden Gebirgsketten, deren mehr als 6000 Meter hohe Gipfel über die besiedlungsfähigen Hochtäler und -ebenen aufragen. Von der westlichen Kordillere fallen die Berge zur Pazifikküste hin ab, die hier nur ein schmaler, wüstenartiger, ab und zu von kleinen Flußtälern durchschnittener Landstreifen ist. In diesem Wüstengebiet wie an den Berghängen wird seit Jahrtausenden Ackerbau betrieben, und zwar in der Wüste mit Hilfe von Bewässerungskanälen und im Gebirge durch das Anlegen von gewaltigen Terrassen und den Bau von Bewässerungsrinnen.

Die Andenregion zeichnet sich dadurch aus, daß die Küste, die Piedmontfläche (also der Fuß des Gebirges), die Hochflächen des Altiplano und die Tundra-Steppe der Puna extrem unterschiedliche Umwelt- und Naturbedingungen bieten, die entsprechend ganz verschiedene menschliche Tätigkeiten erfordern und gestatten. An der Küste konnten die Menschen in geschützten Oasen Baumwolle anbauen und den Dung von Seevögeln als Düngemittel einsetzen. Auf der Piedmontfläche konnte man Mais und Pfeffersträucher ziehen. Das Hochland produzierte Kartoffeln und Quinoa (auch peruanischer Reis genannt). In der Puna schließlich warfen die Lamaherden Fleisch und Wolle ab, die Hirten sammelten zusätzlich Salz. Am Osthang der Anden bauten die Bewohner Koka an und sammelten Honig, Holz, Vogelfedern und andere Produkte des Waldes. All diese Tätigkeiten in den verschiedenen Zonen griffen aber auch häufig ineinander. Die Anbaugrenze für Nutzpflanzen konnte z. B. höhergerückt werden, indem man diese mit dem Mist düngte, der sich bei den Lamahirten ansammelte. Wenn in tiefer gelegenen Gebieten Teiche und Entwässerungsgräben angelegt wurden, kam das nicht nur dem Ackerbau zugute, vielmehr konnte man auch mit Hilfe der zusätzlich gewonnenen Wassermengen bzw. Futterpflanzen die Herdenhaltung in niedrigere Höhenlagen ausdehnen (Orlove 1977). Murra (1972) vertritt in diesem Zusammenhang folgende These: Wenn so unterschiedliche Höhenniveaus so dicht beieinander liegen und sich zwischen ihnen eine so dichte Verflechtung ergibt, wird es sich besonders lohnen, die produktiven Tätigkeiten gesellschaftlich zu organisieren. Das habe die Andenvölker auf allen Ebenen sozialer Komplexität – vom kleinsten Dorf bis zum umfassenden Reich – zu dem Versuch ermutigt, eine möglichst große Bandbreite ökologischer Zonen in unterschiedlicher Höhenlage unter Kontrolle zu bekommen. Und es habe die systematische Zusammenfassung der natürlichen Ressourcen dieser Zonen durch eine übergeordnete Autorität begünstigt, die die Produkte dann wieder auf die verschiedenen Zonen verteilen konnte. Für Murra erklärt sich damit, warum gerade in der Andenregion ein System entstanden ist, das den Güteraustausch über wechselseitige Lieferung und Umverteilung organisierte und nicht über Tauschakte zwischen privaten Anbietern und Käufern auf dem Markt. Im Vergleich zu anderen Weltgegenden mit intensiver Landwirtschaft und entwickelten staatlichen Systemen, in denen der Handel mit den Naturprodukten in der Regel über den Markt abgewickelt wird, ist in der Andenregion die Tendenz deutlich, die Verteilung der Güter durch die Hände hierarchisch organisierter Repräsentanten politischer Gruppen laufen zu lassen.

Zur Zeit der Ankunft der Spanier war die ganze Region – nach Norden bis über Mantua im heutigen Ecuador hinaus, und nach Süden bis zum Maulé im heutigen Chile – der Herrschaft der Inka unterworfen; aber im Jahre 1400 hatte deren Expansion gerade erst begonnen. Die Periode vor der Inka-Herrschaft zwischen 1000 und 1478 n. Chr. war eher durch politische Zersplitterung gekennzeichnet. Die Archäologen klassifizieren sie als das Späte Zwischenreich, weil sie zwischen einer früheren Periode staatlicher Einigung und dem späteren Einheitsstaat der Inka liegt. Zwischen 800 und 1200 n. Chr. wurden Anläufe zu einer politischen Konsolidierung gemacht. An den archäologischen Stätten finden sich immer wieder zwei Stilrichtungen, die jeweils mit einer Stadt in Verbindung stehen: mit Tiahuanaco, das in der Ebene südlich des Titicaca-Sees, und mit Wari, das im Tal von Ayacucho in den Zentralanden liegt. Tiahuanaco-Motive wie z. B. der »Torgott« mit dem Jaguarrachen und einem Strahlenkranz von Schlangen um den Kopf (ein Vorläufer des Inkagottes Viracocha) oder ein Katzengott dominieren im Titicaca-Becken und weiter südlich in der Region Cochabamba, sogar noch in der regenlosen südlichen Randzone der Atacama. Willey geht davon aus, daß dieser Stil von regelrechten Kolonisten, bei denen es sich um kolonisierende Eliten gehandelt haben kann, verbreitet wurde.

Die Stadt Wari lag weiter nördlich, im Hochtal des Mantaro. Ihre frühe Entwicklung wurde womöglich von Tiahuanaco gefördert. Der Einflußbereich von Wari läßt sich insbesondere an der bunten Keramik ablesen, die mit den mythologischen Figuren und Tieren der Tiahuanaco-Kultur versehen sind. Dieser Stil wurde wohl von den Führungsschichten verbreitet, die in örtlichen politischen und religiösen Zentren residierten, wie sie in der ganzen Region zwischen dem Urubamba-Becken und dem Mittellauf des Maranón im Osten und den Flüssen Ocono und Chicama an der Küste entstanden. Die späteren Wari-Siedlungen beruhen auf einem vorgeplanten Grundriß, ein System, das möglicherweise in der Küstenregion entstanden war und einen frühen Beleg für die Planungsmethoden darstellt, wie sie für spätere Andenstaaten typisch waren. Solche planvolle Organisation bezog die Nahrungsmittelverteilung, die auf territorialer Basis über vom Staat unterhaltene Magazine betrieben wurde, ebenso ein wie den Bau von Kontrollposten entlang der Straßen und in der Nähe wichtiger Ansiedlungen.

Bis 1250 waren diese beiden herausragenden politischen Systeme wieder in mehrere getrennte Einheiten zerfallen. Eine Reihe dieser Staaten versuchte, die Kontrolle über das Hochland zu erobern, andere beherrschten nur einzelne Küstenabschnitte. Das wichtigste dieser Reiche war das der Chimu am nördlichen Küstenabschnitt, das sich vom Fluß Chira im Norden bis zur Stadt Supe im Süden erstreckte. Seine Hauptstadt Chanchan im Moche-Tal bedeckte eine Fläche von mindestens 15 km^2. Sie bestand aus zehn getrennten ummauerten Vierecken, jedes davon mit eigenen Wohngebäuden, Höfen, unterirdischen Zisternen und Grabstätten. Neben diesem zentralen Ort für die herrschende Schicht gab es noch die städtischen Verwaltungszentren in den Provinzen und zahlreiche kleine Dörfer. Über das ganze Chimu-Reich verstreut finden sich Spuren massiver Festungsanlagen. Diese Festungen und die Bevölkerungszentren wurden über ein großes, sich über mehrere Täler erstreckendes Kanalsystem mit Wasser versorgt. Der Verkehr spielte sich auf ausgebauten Straßen ab, die dem Gütertransport und der Sicherung der politischen Herrschaft über die verschiedenen Täler dienten. Es kann durchaus sein, daß dieses Chimu-Reich eine Reihe von Herrschaftsmechanismen entwickelte, die später den Inkas als Vorbild dienten oder sogar direkt von ihnen übernommen wurden.

Im Jahre 1400 verfügten die Inkas nur über ein kleines Staatsgebiet im oberen Abschnitt des Urubamba-Beckens. Die Inka-Dynastie war zu diesem Zeitpunkt etwa 200 Jahre alt. Ihre Expansion begann erst später, mit dem neunten Herrscher Pachacuti Inca Yupanqui. Speerspitze dieser Expansion war eine Berufsarmee; die Eroberungen wurden durch den Bau von Straßen und Kontrollposten abgesichert.

In der Phase der imperialen Expansion stellte sich die Inka-Gesellschaft als hierarchisches System dar, das aus folgenden Schichten bestand: der gottglei-

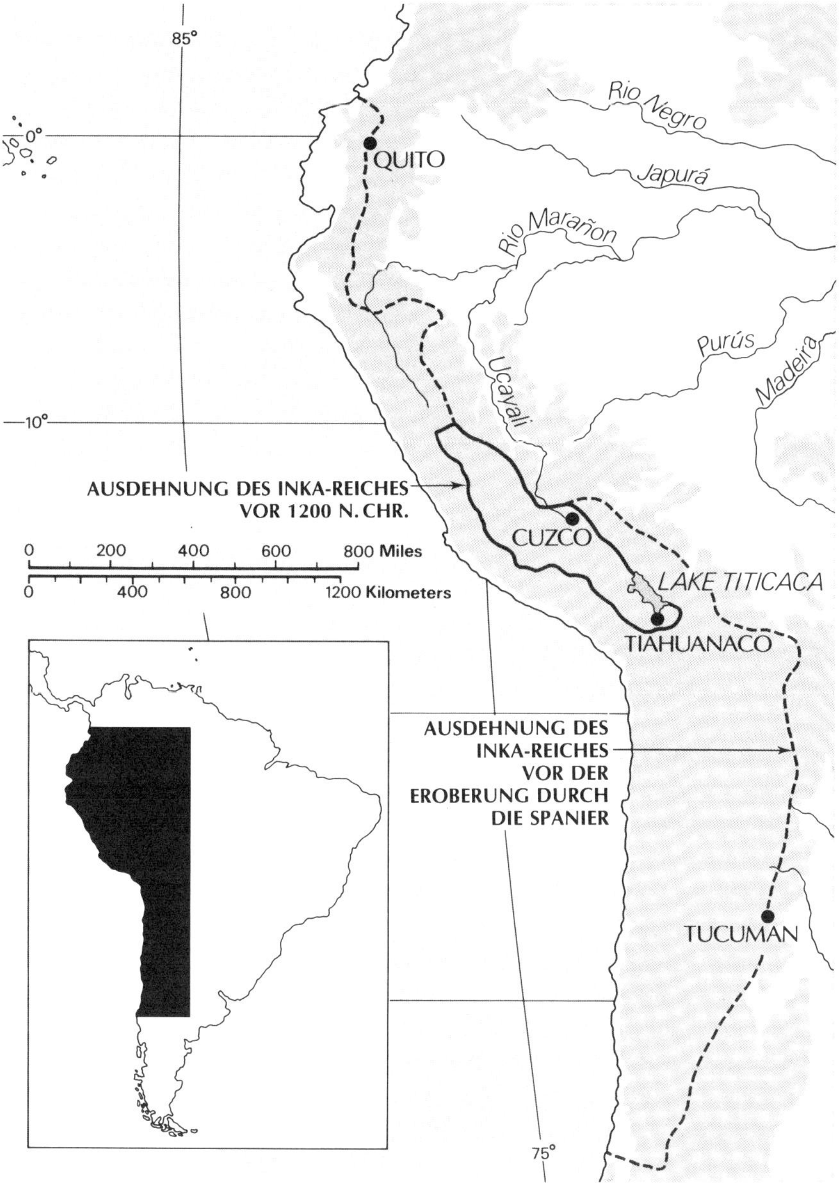

Die Andenregion

chen Inka-Dynastie selbst als Träger der Staatsreligion; einer Aristokratie, zu der die Verwandten der Dynastie wie die örtlichen Herrscher gehörten, die sich der Inka-Herrschaft unterworfen hatten; ein Klasse von lokalen Oberhäuptern der endogamen, patrilinearen Sippen, die auch über den Boden verfügten; schließlich die Mitglieder dieser Abstammungsgruppen (sie hießen *allyus*). Die Abgaben an den Staat leisteten die Männer in Form von Einsätzen beim Bau öffentlicher Vorhaben, in der Landwirtschaft und beim Militär. Die Frauen waren weitgehend mit Weben beschäftigt. Die angefertigten Stoffe wurden in den Magazinen der Inkas abgeliefert und zur Entlohnung treuer Untertanen verwendet; ihnen wurde ein außergewöhnlicher ritueller Wert zugemessen. Der Staat sorgte für die Erschließung neuen Ackerlandes, vor allem in den Landstrichen am Fuß der Gebirge, wo Mais angebaut werden konnte. Er war auch für die Instandhaltung der Bewässerungsanlagen und Straßen verantwortlich und ebenso für das Funktionieren eines ungewöhnlichen Postsystems von Läufern, die Nachrichten rasch von einem Ende des Reiches zum anderen beförderten. Wer sich den Forderungen der Inkas freiwillig beugte, dem war ein Platz innerhalb dieser hierarchischen und wohlorganisierten Strukturen sicher. Verweigerung hingegen bedeutete Krieg, und rebellierende Gruppen wurden einfach in Gegenden fern ihrer ursprünglichen Heimat angesiedelt.

Im Norden Perus erstrecken sich die Anden nordwärts über die Grenze nach Ecuador, wo sich einige Bergketten abspalten und zur Küstenebene abfallen. Die Hochbecken Ecuadors sind weder so groß noch so fruchtbar wie die Perus, aber die klimatischen Verhältnisse sind ganz ähnlich wie in den Zentralanden; auch hier sind die wichtigsten Anbauprodukte die Andenkartoffel und Quinoa. Weiter nördlich jedoch, wo die Berge in die subtropische und tropische Klimazone hineinreichen, wird Mais zur wichtigsten

Kriegsszene auf bemalter Töpferware im Moche-Stil. Nordküste Perus, um 400 n. Chr. (Museum of Cultural History, Los Angeles)

Feldfrucht. Diese Zone zeichnet sich durch eine außerordentliche Vielfalt mikro-klimatischer Bedingungen aus, die auf höchst verschiedenartige Weise – mittels Brandrodungsanbau, sorgfältiger Bodenwahl, Terrassierung der Felder und Anlage von Bewässerungskanälen – genutzt wurden. Diese differenzierten Maßnahmen wurden aber nie in großem Maßstab betrieben und hingen völlig von den jeweiligen Umweltbedingungen ab.

Der Nordrand des Anden-Kernlandes kannte typischerweise nur kleine politische Einheiten unter örtlich begrenzter Herrschaft oder höchstens föderative Zusammenschlüsse solcher Einheiten unter einem Oberherrscher. Die wichtigste dieser Föderationen war die der Canari. Sie wurde 1450 von den Inkas mühelos unterworfen, aber nur sechzig Jahre später verbündeten sich die Canari mit den Spaniern, um das Joch der Inka loszuwerden. Die Föderation der Cara leistete den Inkas größeren Widerstand.

An der Küste Ecuadors hatte sich ein Bündnis von Seefahrer-Städten unter einem Oberherrscher zusammengetan, der seinen Sitz in Manta hatte. Diese dichtbevölkerte Föderation lebte von der intensiven landwirtschaftlichen Nutzung der terrassierten Berghänge und von einem ausgedehnten Handel. Mit ihren Balsa- und Holzflößen waren die Bewohner des Manta-Reiches hervorragende Seefahrer und unterhielten wahrscheinlich schon bedeutende Handelsbeziehungen zu Mittelamerika. Der Umfang des Handels in diesem Gebiet ist insofern belegt, als den Spaniern kurz nach ihrem Einfall ein großes mit Segeln und einer Kabine ausgestattetes Balsa-Floß mit zwanzig Mann Besatzung in die Hand fiel, das dreißig Tonnen Luxusgüter geladen hatte. Weiter nördlich, im heutigen Kolumbien, waren die wichtigsten Staatengebilde die der Chibcha und der Tairona. Die Chibcha siedelten in Hochtälern in den heutigen Bezirken Cundinamarca und Bayacá. Es gab zwei herausragende Chibcha-Staaten, deren Herrscher Cipa bzw. Zaque hießen, dazu noch einige kleinere unabhängige Gemeinwesen. Zur Zeit der spanischen Eroberung hatte gerade der Cipa die Oberhand gewonnen, nachdem er im 15. Jh. sein Reich gegen mehrere Rivalen behauptet und seine Vorherrschaft im frühen 16. Jh. auch gegen den Zaque durchgesetzt hatte. Das Cipa-Reich herrschte über 120–160 000 Menschen (Villamarín 1979, 31) und war hierarchisch aufgebaut. Eine Gruppe von Haushalten bildete eine »Kompanie«, von denen wieder mehrere eine halb-autonome Gemeinschaft bildete, die dem Cipa direkt treuepflichtig war. Als Hauptstadt des Cipa hat man eine ausgedehnte Anlage in der Nähe der heutigen Ortschaft Funza ermittelt; es handelte sich um eine offenbar eng bebaute Stadt mit strohgedeckten Tempeln, Palästen, Magazinen und Wohnhäusern. Das ökonomische Fundament dieses Staates waren Mais, Kartoffeln und Quinoa, die auf Furchenfeldern und terrassierten Berghängen angebaut wurden. Der Staat war in der

Hand einer Adelsschicht, die der einfachen Bevölkerung Naturalabgaben und Arbeitsleistungen abforderte und die Bodenerzeugnisse und Textilien im Tiefland gegen das Gold austauschte, das sie für ihre religiösen Zeremonien und zum Zwecke der Repräsentation benötigten. Man hat Belege dafür gefunden, daß diese Chibcha-Elite ihre umfassende kulturelle Hegemonie mit Hilfe eines religiösen Kultes entwickelt hatte, der auf dem exklusiven Erwerb geheimen übernatürlichen Wissens beruhte.

Das Gebiet der Tairona lag nördlich des Chibcha-Reiches in der Sierra Nevada de Santa Marta, einem Gebirgsmassiv an der Küste des Karibischen Meeres. Politisch war das Tairona-Reich offenbar ähnlich organisiert wie das der Chibcha, denn es setzte sich auch aus mehreren halbautonomen Gemeinschaften zusammen, die einem Oberherrscher unterstanden. Sitz dieser Herrscher waren weiträumige Hauptstädte, wie sie z. B. in Buritaca mit seinen 200 archäologischen Fundstätten entdeckt wurden. Diese von 1360 bis 1635 n. Chr. bewohnte Anlage bedeckt eine Fläche von vier Quadratkilometern am Rande des steil ansteigenden Corea-Gebirges an der Nordflanke der Sierra. Dieser Herrschersitz ist ein raffiniert angelegter Komplex von Treppenaufgängen, Straßengräben, Fahrwegen, Stützmauern und Terrassen; er ist aufgeteilt in funktionale Zonen, die jeweils für Wohnzwecke, für Arbeiten, für öffentliche Funktionen und für religiöse Zermonien reserviert sind. Die Versorgung mit Nahrungsmitteln beruhte auf intensiver Landwirtschaft: Auf den terrassierten Hängen wurden mit Hilfe von Bewässerungsanlagen und unter Anwendung von Fruchtwechsel-Methoden Mais, Bohnen, Manioksträucher, Süßkartoffeln und Paprika angebaut. In den Grabstätten von Buritaca hat man bei Ausgrabungen schöne Keramiken und Goldarbeiten gefunden.

Die Chibcha, die Tairona und andere Völker Kolumbiens waren ständig in kriegerische Auseinandersetzungen verwickelt. Kriege waren von zeremonieller Bedeutung und sicher auch eine Prestigeangelegenheit, sie hatten aber ebenso ökonomische Funktionen. Nach Reichel-Dolmatoff kam es häufig vor, daß die Völker Kolumbiens, die in Regionen mit niedriger Regenmenge siedelten und nur eine Maisernte pro Jahr erzielten, in fruchtbarere Gebiete mit zwei oder drei Jahresernten einfielen. Anders gesagt: die Achtzig-Inches-Isohyete (also die Verbindungslinie zwischen den Orten mit einer Jahresniederschlagsmenge von zwei Metern, d. Ü.) wurde »praktisch zu einer militärisch befestigten Grenzlinie« (1961, 86). Durch Krieg verschafften sich die Völker auch Sklaven, die sie entweder bei der Feldarbeit und zu häuslichen Diensten einsetzten oder auch für Opfer- und kannibalische Zeremonien benötigten.

Der geschilderte Staatsaufbau – die organisatorische Zusammenfassung lokaler Gemeinschaften mit eigenen Anführern in einem größeren Reich unter einem obersten Herrscher – war auch für eine Reihe anderer Gebiete typisch, z. B. für die Küstenebenen am Karibischen Meer, für die Großen Antillen oder die Mojos-Ebene im Süden Boliviens. In den Ebenen Venezuelas und auf den Karibischen Inseln basierten diese Herrschaftsgebilde auf dem Anbau von Mais und dem bitteren Maniokstrauch, aber auch auf den natürlichen Ressourcen des Meeres. Die Staatsgebilde in der Mojos-Ebene kannten süße Manioksträucher und Mais, dazu nutzten sie die Savannenstreifen längs der Flüsse, die sie vor Überflutung geschützt hatten. Zwischen diesen Gebieten und dem Andenhochland existierten durchaus Kontakte. Wir wissen z. B., daß Mojo-Händler ins Gebiet der Aymara reisten, um Baumwolltuch und Federn gegen Metallwerkzeuge und Schmuck zu tauschen. Auf derselben Route gelangten auch wertvolle Edelmetalle und Kupfer aus den Anden bis hinunter zum Oberlauf des Paraguay, wo die ersten spanischen Conquistadoren die Kunde vom »Reich des Großen Mojo«, einem sagenhaften Königreich im Westen, vernahmen. Über den Handelsaustausch im tropischen Bergland fand selbst Goldschmuck der Inkas seinen Weg flußabwärts entlang des Ucayali.

Östlich der Anden erstreckt sich im Innern des südamerikanischen Kontinents der tropische Regenwald. Hier siedelten vornehmlich Brandrodungs-Bauern, die bittere (giftige) Maniokstraucher anbauten und ihren Eiweißbedarf durch Fischfang und Jagd deckten. Im allgemeinen organisierte sich diese Bevölkerung in lokalen Sippen, wobei die Ergänzung durch neue Mitglieder ständig gewährleistet war, weil die Heiratsregeln Exogamie und die Niederlassung am Ort des Ehepartners vorschrieben. Die Verwandtschaftsbeziehungen reichten also über die lokalen Siedlungsverbände hinaus. Die Anführer dieser Gemeinschaften kümmerten sich vermutlich um die Organisation von Feldzügen und die Verteilung von Nahrungsmitteln und anderen Gütern, oder sie halfen, Streitigkeiten beizulegen, indem sie einen Konsens herbeiführten. Dabei verfügten sie jedoch über keinerlei institutionalisierte Hebel zur Durchsetzung von Sanktionen. Die Beziehungen zwischen menschlichen und nicht-menschlichen Lebewesen wurden, gemäß der mythischen Überlieferung, als Beziehungen zwischen verschiedenartigen Mächten aufgefaßt; für diese Beziehungen waren die Schamanen zuständig, die mit Hilfe von Halluzinationen auslösenden Drogen mit den übernatürlichen Mächten Kontakt aufnahmen. Nach der Ankunft der Europäer wurden die Bewohner der tropischen Waldzonen durch Krankheiten, Sklavenfeldzüge, wirtschaftliche Ausbeutung und regelrechten Völkermord dezimiert. Entsprechend war im Jahre 1400 n. Chr. ihre Bevölkerungszahl wahrscheinlich erheblich höher als in den späteren »historischen« Zeiten.

Zwischen den Völkern der tropischen Waldzone und den Andenvölkern bestanden offensichtlich wichtige Beziehungen. Aus der tropischen Waldzone stammte wahrscheinlich eine Reihe von Nutzpflanzen, die dann an der trockenen Pazifikküste erfolgreich angebaut wurden wie z. B. die Süßkartoffel, der süße Maniokstrauch und die Erdnuß. Es gab keine Phase in der Geschichte der Andenregion, in der nicht Erzeugnisse von den östlichen Hängen wie Koka, Federn, Jaguarfelle, Fischgifte und Arzneimittel gegen natürliche und handwerkliche Produkte des Hochlandes ausgetauscht worden wären. Nicht einmal die Inkas waren freilich in der Lage, die Bevölkerung der tropischen Waldgebiete zu unterwerfen. Sie scheiterten mit ihrem Krieg gegen das Kopfjägervolk der Jivaro, in deren Gebiet reiche Flußgoldvorkommen lagerten. Und auch die Vorstöße der Inka nach Süden kamen in den von den Mosetene bewohnten Gebieten zum Stehen.

Südlich der Zentralanden hatten sich die Kulturformen des Hochlandes bis in den nordchilenischen und argentinischen Trockengürtel verbreitet, und zwar erstmals in der Epoche der Tiahuanaco-Kultur, ein zweites Mal dann unter den Inkas. In diesem Gebiet entwickelte sich eine extensive Lamahaltung, aber auch Getreideanbau auf terrassierten und bewässerten Feldern. Die Bewohner der Aracama waren für ihre weitreichenden Transportgeschäfte bekannt, die den Austausch von Küstenprodukten wie Fisch und Salz gegen Hochlandwaren wie Lamawolle und Tabak vermittelten. Die Diaguita waren für ihre metallurgischen Fertigkeiten berühmt. Die Inkas hatten es allerdings mit ihrem Expansionsdrang gegen deren Territorium – wie auch gegen das Gebiet der Picunche weiter im Süden – eher auf das Endprodukt dieser Kenntnisse, also auf das wertvolle Gold, Silber und Kupfer abgesehen. Bei den Aracauni-sprachigen Picunche schafften es die Inkas, sie ihrem Reiche einzuverleiben, die Mapuche und Hulliche jedoch, die derselben Sprachgruppe angehörten, aber weiter südlich siedelten, ließen sich von ihnen nicht unterwerfen. Diese zuletzt genannten Völker, die Kartoffeln anbauten und Lamaherden hielten, lebten in ortsfesten Verwandtschaftsgruppen, die sich allerdings zu einer lockeren, von Kriegsführern regierten Föderation zusammengeschlossen hatten. In den feuchten Buchen- und Zedernwäldern südlich des Bio-Bio-Flusses, stießen die ökologischen und politischen Lebensformen der Anden an ihre südliche Grenze. Auch die Inkas schafften es nicht, noch weiter nach Süden vorzudringen.

Mesoamerika

In Mesoamerika hätte unser Beobachter im Jahre 1400 eine politische Szenerie angetroffen, die ein Bild noch größerer Zersplitterung bot als das Andengebiet um die gleiche Zeit. Teotihuacan, ein bedeutendes Machtzentrum im mexikanischen Hochtal, hatte im 1. Jh. n. Chr. die Vorherrschaft über ein weites Gebiet errungen, das sich im Süden mindestens bis Kaminaljuyu in der Nähe des heutigen Guatemala City und bis Tikal im Herzen des bewaldeten Petén (eine Tiefebene in Yucatan; d. Ü.) erstreckte. Zur Blütezeit von Teotihuacan zog es schätzungsweise 150 000–200 000 Menschen in die Stadt, was die umliegenden Gebiete beinahe entvölkert hätte. Das Gemeinwesen stützte sich auf eine landwirtschaftliche Technologie, die u. a. wahrscheinlich bereits Bewässerungskanäle und ein entwickeltes Entwässerungssystem für das angrenzende Schwemmland der Seeufer kannte. Die Stadt verfügte über bedeutende Obsidian-Minen und beherbergte zahlreiche Werkstätten, die aus diesem glasartigen Gestein Werkzeuge herstellten. Aber bis zum Jahre 700 n. Chr. war dieses ausgedehnte Staatsgebilde wieder zerfallen.

Über die Gründe dieses Zusammenbruchs von Teotihuacan haben wir noch keine volle Klarheit. Wahrscheinlich haben zu dem Zeitpunkt, als die landwirtschaftliche Produktivität nicht mehr weiter zu steigern war, die

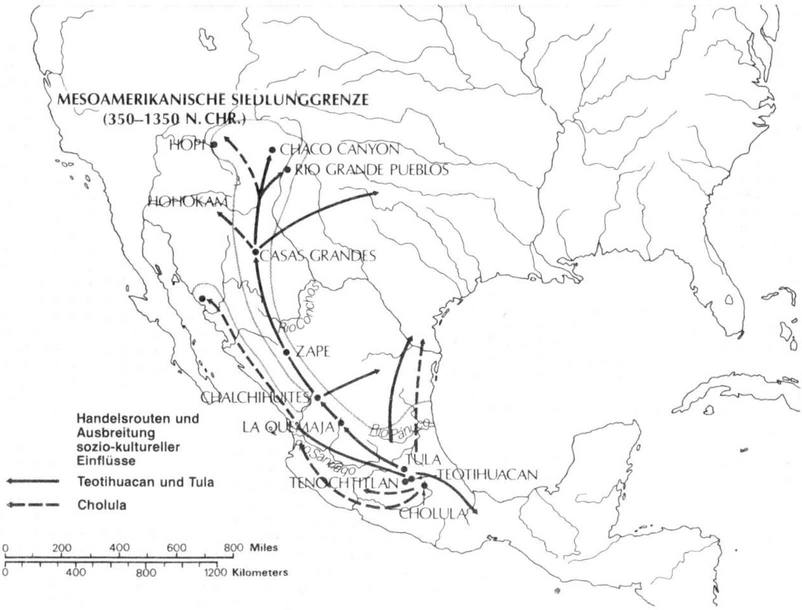

Mesoamerika (nach Weigand 1978)

religiösen und politischen Mechanismen zur Begrenzung der Bevölkerungszahl versagt. In der Folgezeit zogen sehr viele Menschen in die ländlichen Gebiete zurück und siedelten in kleineren Gemeinden, die näher an ihren heimatlichen Feldern lagen. Zur selben Zeit muß offenbar auch das Handelssystem auf drastische Weise zusammengebrochen sein. Darauf läßt jedenfalls die Tatsache schließen, daß damals bewaffnete Banden aus der Stadt zu Raubzügen aufbrachen: nach Norden, wo die Türkisvorkommen lagen, und nach Süden, wo es wertvolle Federn, Gold und Kakaobohnen – also die wichtigsten damaligen Tauschmittel – zu holen gab.

Der Fall von Teotihuacan hatte auch den Niedergang der Maya-Städte in den tropischen Wäldern des Petén zur Folge. Vielleicht stieß auch bei den Mayas die landwirtschaftliche Produktion, die auf drainierten Feldern betrieben wurde, an ihre endgültige Expansionsgrenze. Und womöglich hatte auch bei ihnen die Bevölkerung der städtischen Zentren eine zu hohe Dichte erreicht. Eine andere Erklärung hat Rathje vorgeschlagen: Die Obsidian- und Basalt-Produzenten am Rande der Maya-Gebiete waren vielleicht nicht mehr bereit, sich ihre Erzeugnisse – die es in den Maya-Zentren nicht gab – lediglich durch religiöse Dienstleistungen abgelten zu lassen. Also könnten sie versucht haben, das Netz des Tauschhandels selber in die Hände zu bekommen – und damit all die wertvollen Dinge, die in diesem Netz hängenblieben.

Nach dem Fall von Teotihuacan rissen verschiedene streitbare Eliten – die sich um ganz unterschiedliche politische Symbole der Selbstlegitimation herumgruppierten – die Hinterlasssenschaft der Stadt an sich. Diese Nachfolgerstaaten schlugen sich zunächst untereinander um ihre Beute und dehnten sich dann in alle Himmelsrichtungen aus, um neue Horizonte zu erreichen. Für kurze Zeit verlagerte sich das Gravitationszentrum innerhalb des mesoamerikanischen Kernlandes mehr nach Norden, und zwar anscheinend nach Tula (heute in der Provinz Hidalgo). Tula wurde zur Hauptstadt eines toltekischen Einflußgebietes, in dem man nicht so sehr ein geschlossenes »Reich« als vielmehr ein Nebenzentrum verschiedener Krieger-, Händler-, Bauern- und Priestergruppen sehen muß, die den Namen und die Symbole der Tolteken als Freibrief für ihre Eroberungs- und Kolonisierungszüge in Anspruch nahmen.

Einige dieser Gruppen wanderten weiter nach Norden und trugen den Ackerbau bis in die Trockenzone nördlich des mexikanischen Hochtales. Toltekische Kolonisten oder Händler, die damals hinter Türkis, Alaun, Salz, Weihrauch und Rohkupfer her waren, dürften vermutlich sogar den Südwesten der heutigen Vereinigten Staaten erreicht haben.

Andere Gruppen wanderten südwärts und eroberten Nicaragua, das guatemaltekische Hochland und die Halbinsel Yucatan. In Yucatan kam im 12. Jh. eine Kriegerbande Chontal-sprachiger Putún aus der Küstenebene von Tabasco an die Macht und richtete sich in Chichén Itza ihre Hauptstadt ein. Diese Maßnahme kann ein Versuch gewesen sein, die Handelsroute unter Kontrolle zu bringen, auf der Salz, Baumwollstoff, Honig, Weihrauch aus Kopalharz und Sklaven aus der Tabasco-Ebene nach Honduras transportiert wurden und in umgekehrter Richtung Kakao, Gold, Jade und Obsidian aus Zentralamerika nach Norden flossen. Diese Putún waren offenbar mit den Hochland-Tolteken von Tula verbündet. Mit dem Niedergang des Tula-Reiches zerfiel auch das von den Putún beherrschte Chichén Itza. Eine abgespaltene Gruppe der Putún suchte sich ein neues Zentrum in Mayapan, aber auch diese Stadt wurde Mitte des 15. Jhs. zerstört und von einer Vielzahl kriegerischer Kleinstaaten abgelöst.

Im Hochtal von Mexiko, im eigentlichen Kernland Mesoamerikas, hätte unser Reisender im Jahre 1400 Konflikte und Auseinandersetzungen zwischen fünf verschiedenen Stadtstaaten miterlebt, die sämtlich von einer unabhängigen Herrscherelite regiert wurden. Einer dieser Stadt-Staaten, das von einer Gruppe Otomí-sprachiger Tepaneken regierte Azcapozalco, baute damals gerade seine Machtbasis aus. Aber kaum jemand hätte wohl schon voraussagen können, daß diese Stadt nur dreißig Jahre später durch die Azteken (oder Colhua-Mexica, wie sie eigentlich hießen) zerstört werden sollte, die damals nur eine Söldnerbande in den Diensten der Tepaneken waren.

Wandzeichnung im Tempel der Krieger, Chichén Itza (Yucatan), um 1200 n. Chr. Die Darstellung zeigt Krieger in Booten, Dorfbewohner bei ihren alltäglichen Verrichtungen und eine Opferszene (oben rechts) (American Museum of Natural History, New York)

Nordamerika

In der Zeit nach 1000 n. Chr. drangen Einflüsse aus Mesoamerika in zwei Schüben auf das Gebiet von Nordamerika vor. Der erste Schub geht vielleicht auf die erwähnten »toltekischen« Kolonisten und Händler zurück, die bis in den regenarmen Südwesten Nordamerikas vorgedrungen sein könnten. Dort gerieten die Hohokam und die Anasazi unter den Einfluß dieser Neuankömmlinge. Erstere lebten auf bewässertem Ackerland in der Ebene des Rio Gila (im heutigen Arizona), letztere betrieben auf dem Colorado-Plateau intensive Landwirtschaft auf bewässerten und terrassierten Feldern und waren berühmt wegen ihrer für mehrere Haushalte gebauten Wohnanlagen. Die typischen zeremoniellen Kunstgegenstände des Südwestens stammen zumeist aus der Endphase der toltektischen Periode (um 1300 n. Chr.); in diesem Stil verschmolz offenbar die mesoamerikanische Verehrung des Regengottes mit der örtlichen religiösen Überlieferung (Kelley 1966, 107 f.). Bald danach aber machten es die zunehmende Dürre und kriegerische Auseinandersetzungen immer schwerer, in Regionen mit marginaler Landwirtschaft zu überleben, und das für eine seßhafte Lebensweise geeignete Gebiet schrumpfte drastisch zusammen.

Der mesoamerikanische Einfluß breitete sich aber nicht nur nach Nordwesten in die Wüstengebiete aus, er strahlte auch in nordöstlicher Richtung, also in die warmen und feuchten Waldgebiete und Flußuferlandschaften der Region, in der Mississippi, Missouri und Ohio zusammenfließen. Die aus diesen Einflüssen entstandene Kultur wird als »Mississippi-Kultur« bezeichnet. Anders als im trockenen Westen, wo man inzwischen rekonstruieren kann, auf welchem Wege sich der mesoamerikanische Einfluß ausgebreitet hat, weiß man bis heute noch nicht, entlang welcher Routen die mesoamerikanischen Vorbilder für die Siedlungsformen, die Bauweisen und den Stil der zeremoniellen Kunstwerke bis an die Ufer des Mississippi gelangen konnten. Die mächtigen, terrassierten Erderhebungen, auf denen sich am Rande öffentlicher Plätze die Tempel, Wohnpaläste der Eliten und andere Gebäude erhoben, lassen eine Beziehung zu den in Mexiko gefundenen Vorbildern erkennen. Dasselbe gilt für die auffallenden künstlerischen Darstellungen – z. B. weinende und geflügelte Augen, mit Augen oder Kreuzen versehene menschliche Hände, menschliche Schädel und Gebeine –, die man mit dem sogenannten »Südlichen Kult« in Verbindung gebracht hat. Exakte Parallelen finden sich jedoch nur hinsichtlich der keramischen Techniken und der Sitte, die Zähne zu verstümmeln. Als Erklärung für diese quasi mesoamerikanischen Züge werden Kontakte mit mesoamerikanischen Händlern wie z. B. den aztekischen *pochteca* vermutet, wobei freilich unklar bleibt, was solche Händler in den östlichen Waldgebieten gesucht haben sollten.

Die Mississippi-Kultur verdrängte eine ältere, nämlich die sog. Grabhügel-Kultur. Ihren Namen hat sie von der Praxis, die Toten unter einem Hügel zu begraben und diese Gräber mit kunstvoll gearbeiteten, nach dem Status des Toten bemessene Beigaben auszustatten. Diese Grabbeigaben stammen aus Regionen, die so weit voneinander entfernt liegen wie z. B. Wyoming und die Ostküste. Sie zeugen also von der Existenz einer herausgehobenen Schicht, die sich mittels einer gemeinsamen Symbolsprache über weite Gebiete hinweg verständigen konnte. Trotz solcher weiträumigen Einflüsse war die Ernährungsstruktur von Ort zu Ort äußerst verschieden, wobei u. a. wilde Pflanzen und Tiere, örtlich vorkommende Nutzpflanzen (wie Sonnenblumen und Laichkraut) und Mais eine Rolle spielten.

Die Mississippi-Kultur stützte sich vor allem auf den Anbau von Mais, Kürbis und Bohnen. Diese Ernährungsgrundlage trug eine Siedlungsstruktur, deren Mittelpunkt große Städte mit Tempelhügeln und öffentlichen Plätzen bildeten; um sie herum gruppierten sich kleinere Städte, gleichfalls mit künstlichen Hügeln, und um diese wiederum Dörfer, in denen keine Hügel errichtet wurden. Einzelne Siedlergruppen dieser Mississippi-Kultur wanderten vom Kerngebiet um Cahokia (etwa dort, wo heute St. Louis liegt) bis nach Wisconsin und Georgia. Mit ihnen wanderten auch die Kultformen aus dem Süden, die wie die Grabhügelkultur auf eine eindrucksvolle Grabausstattung zentralen Wert legten, dabei aber noch besonders die Tapferkeit der Verstorbenen im Kriege herausstellten. Dieser Kult hatte womöglich wichtige politische Funktionen: Eine der bedeutendsten Anlagen, nämlich Spiro Mound (»Spiralenhügel«) war offenbar zugleich der zentrale Ort, aus dem die politisch einflußreichen Nachfahren der dort verehrten Toten ihre ideologische Macht bezogen (Brown 1975, 15). Die Rohmaterialien für diese Grabkunst, wie Kupfer und Muscheln, stammten aus einem weiten Einzugsgebiet, das von der Region nördlich des Lake Superior bis zu den Sandbänken vor Florida reichte.

Die Träger der Mississippi-Kultur wanderten vom mittleren Mississippi-Tal in alle Himmelsrichtungen aus. Dabei stießen sie ringsum auf Unterformen der Grabhügelkultur, die sie ihrem Einfluß unterwarfen. Als dann ihre Macht in der Zeit nach 1300 n. Chr., vielleicht aufgrund einer verstärkten Kriegstätigkeit, abzubröckeln begann, tauchten diese unterdrückten regionalen Kulturen wieder aus der Versenkung auf. Ihre Träger waren die Vorläufer einiger jener Völkergruppen, auf die dann später die hereindrängenden Europäer trafen. Das gilt für die Irokesen in den Quellgebieten des Ohio, für die Cherokee in den südlichen Appalachen, für die Natchez am unteren

Mississippi sowie für die Pawnee, die Mandan und andere »Dorfindianer« am Missouri. Letztere kombinierten in ihrer Lebensweise den Ackerbau rund um ihre Dörfer mit der Bisonjagd, die sie jeden Sommer betrieben. Die Irokesen und die »Dorfindianer« spielten später im Pelzhandel eine unübersehbare Rolle (vgl. Kapitel 8), während die Cherokee durch die Entstehung des »Baumwollgürtels« im Süden verdrängt wurden. Die Natchez hingegen verloren sich spurlos in der Geschichte. Ihre komplexe soziale Gliederung – ganz oben die »Sonnen«, die Mitglieder des im Hauptort verankerten Königsgeschlechtes, darunter zwei höhere Adelsgeschlechter aus einer Seitenlinie der königlichen Familie, ganz unten schließlich eine Schicht von Gemeinen, auch »Stinker« genannt – scheint aus dem Zusammentreffen zwischen der Mississippi-Kultur und früheren kulturellen Traditionen entstanden zu sein, die an der Golfküste ansässig und karibisch geprägt waren. Die Franzosen haben dann im 18. Jh. die Natchez dezimiert, indem sie viele von ihnen als Sklaven nach den Westindischen Inseln verkauften; die wenigen, die übrigblieben, schlossen sich den Creek und Cherokee an. In der

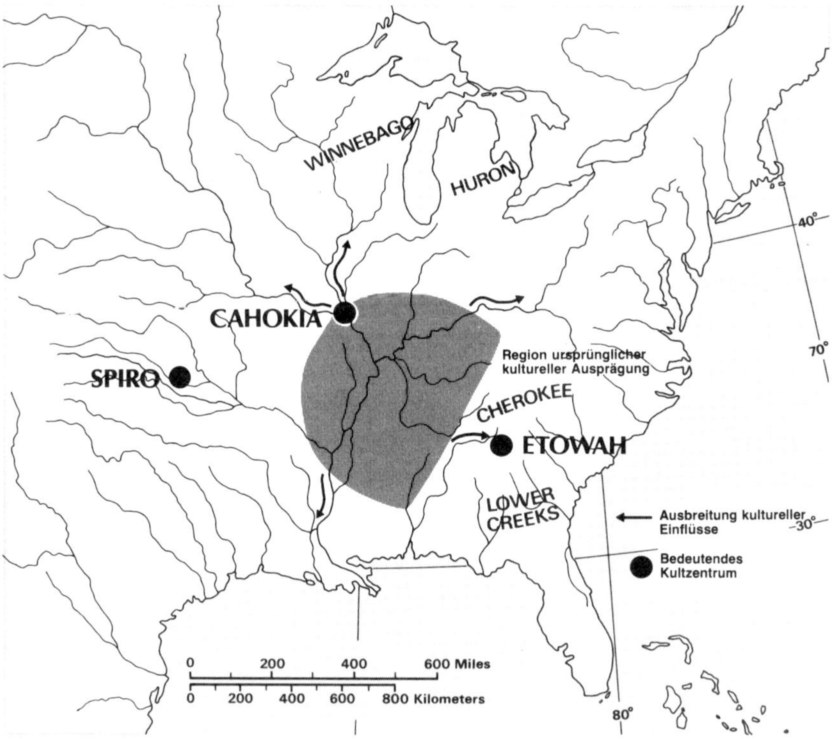

Siedlungs-Expansion in der Mississippi-Region

Phantasie der Europäer lebten sie freilich als Helden von Chateaubriands poetisch ausgeschmücktem Roman *Atala* weiter.

Unser Reisender hätte also im Jahre 1400 die innere Zersplitterung der beiden »hochkonturierten« Zonen Amerikas miterlebt. Er wäre auch auf Schritt und Tritt Zeuge kriegerischer Auseinandersetzungen geworden, die sich zwischen den Staatsgebieten außerhalb der Anden- bzw. der mesoamerikanischen Hochkultur abspielten. Jenseits dieser Zone kriegführender Ministaaten und Staatenbünde um die beiden Kerngebiete hätte er noch in anderen Siedlungszonen Hortikulturen antreffen können: in den südamerikanischen Tropenwäldern und in den Waldgebieten des nordamerikanischen Nordostens.

Als die ersten Ackerbauern sich mit ihren Brandrodungsmethoden in diese Gebiete hineinzufressen begannen, zogen sich die dadurch aufgestörten Jäger und Sammler noch weiter in die Randgebiete zurück. Diese Sammler nahmen die in ihrer Umgebung vorkommenden Naturprodukte auf ganz verschiedene Weise in Anspruch. Die Küstenbewohner beider Subkontinente, also z. B. die Jäger im arktischen Zirkumpolar-Gürtel, die Fischer und Jäger von Meeressäugetieren an der nordamerikanischen Pazifikküste und die Sammler von Schalentieren auf den chilenischen Inseln, beuteten die Ressourcen des Meeres aus. Andere Gruppen suchten in den von Ackerbauern noch nicht erschlossenen Gebieten nach wilden Tieren und Pflanzen, so z. B. die Jäger der Waldzone im Norden, die Eicheln und Körner sammelnden Bewohner der amerikanischen Trockenzone zwischen dem kalifornischen Bergland und der Grenze zu Mesoamerika sowie die Guanako- und Nandu-Jäger im Chaco und den Pampas Südamerikas. Diese Jäger und Sammler hielten sich in ihren angestammten Lebensräumen bis zur Ankunft der Europäer, wobei sie durchaus auch einmal in die kultivierbaren Zonen vordrangen, wo sie dann – etwa in der amerikanischen Trockenzone nach dem Zerfall von Teotihuacan – den Ackerbauern das Leben schwer machten, oder auch einmal ihre Aktivitäten auf Gebiete ausdehnten, die mit den damals vorhandenen landwirtschaftlichen Techniken nicht zu erschließen waren.

* * *

In dieser Welt von 1400 gab es nirgends eine Völkergruppe, die nicht mit anderen in Verbindung gestanden hätte. Gruppen, die sich als kulturell gesonderte Einheiten definierten, waren über verwandtschaftliche oder zeremonielle Beziehungen miteinander verknüpft. Wenn sich ein Staat weiter ausdehnte, zog er andere Völker in seine übergreifenden politischen Strukturen hinein. Wenn sich die eine Elite an die Stelle einer anderen setzte, unterwarf sie sich bäuerliche Bevölkerungsgruppen und setzte neue politische und symbolische Ordnungssysteme durch. Durch den Handel entstanden Verbindungsnetze zwischen Ostasien und der Levante, quer durch die Sahara, oder von Ostafrika über den Indischen Ozean zur Inselwelt Südostasiens. Erobern, Einverleiben, Ablösung alter Strukturen durch neue, Handel – all diese Dinge kennzeichnen auch die Entwicklung der Neuen Welt. In beiden Hemisphären waren die gesellschaftlichen Grenzen so durchlässig, daß die einzelnen Völkergruppen ihre Nachbarn beeinflussen konnten. So entstanden soziale Gebilde, die sich einander immer mehr anglichen und miteinander verflochten. Eine isolierte Gesellschaft war – wenn es so etwas überhaupt einmal gab – nur eine kurzfristige Erscheinung: z. B. wenn eine Gruppe an den Rand der Interaktions-Zone gedrängt wurde und sich für eine kurze Zeitspanne selbst überlassen blieb. Insofern entwirft das sozialwissenschaftliche Modell streng unterschiedener und getrennter Systeme und eines zeitlosen kontaktfreien Zustandes keinesfalls ein angemessenes Bild von der Situation, wie sie sich vor der Expansion der Europäer darstellte. Und noch viel weniger läßt sich mit diesem Modell jenes weltweite System von Beziehungen erfassen, das sich später im Verlauf dieser Expansion herausbildete.

Auf den Spuren unseres Reisenden haben wir jetzt nur Europa ausgelassen, das damals gerade auf dem Sprung war, seinen Machtbereich nach Übersee auszudehnen. Lange Zeit hatte Europa in weltweiten Angelegenheiten eine unerhebliche Rolle gespielt; aus arabischer Sicht galt es als »das Land der Franken an den westlichen Meeren«. Die Portugiesen, die als erste Europäer bis Asien gelangten, nannte man in Malaya *Feringhi* und in China *Fo-lang-ki.* Die Chinesen lernten erst im Lauf der Zeit, die Portugiesen von den in Macao vertretenen Jesuiten aus »I-ta-li« oder die Holländer (*Ho-lan*) von den Engländern zu unterscheiden. Auf der anderen Seite des Globus waren sich die aztekischen Herrscher bei der Ankunft der Spanier nicht sicher, ob sie es mit Göttern oder mit Menschen zu tun hatten. Ein empirisch veranlagter Kriegerhäuptling der Tlaxcalteken fand dann freilich des Rätsels Lösung, als er einen spanischen Gefangenen so lange unter Wasser hielt, bis sich dieser als ein ganz normaler Sterblicher erwiesen hatte. Im Pazifik hießen die einfallenden Europäer nach Kapitän Cook einfach die »Cookies«. Das rasche und massive Vordringen dieser »fremden Barbaren mit ihren roten Haaren und nach oben stehenden Nasen« macht es freilich erforderlich, daß wir auf dieses Europa einen besonderen Blick werfen. Das wird im Kapitel 4 geschehen.

Kapitel 3

Produktionsweisen

Um einen Überblick über die Welt von 1400 zu gewinnen, hat sich unser imaginärer Reisender bei den Völkern vierer Kontinente umgesehen. Im Verlauf seiner Reisen haben wir in Umrissen verschiedene Gesellschaftssysteme und ganz unterschiedliche kulturelle Wahrnehmungsweisen kennengelernt, auf die Europa erst später im Laufe seiner Expansion gestoßen ist. Um die zentralen Merkmale dieser Vielfalt der Erscheinungsformen analytisch wie deskriptiv zu erfassen, wollen wir auf den Marxschen Begriff der »Produktionsweise« zurückgreifen. Dabei wollen wir zunächst die Voraussetzungen dieses Begriffs erörtern und anschließend die einzelnen Produktionsweisen darstellen, mit deren Hilfe wir jene entscheidenden Prozesse ausmachen können, die durch das Zusammentreffen zwischen Europäern und der Mehrzahl der anderen Völker dieser Erde in Gang gesetzt wurden.

Produktion und gesellschaftliche Arbeit

Bei der Entwicklung der Kategorie der Produktionsweise ging Marx von zwei grundlegenden Auffassungen über die Befindlichkeit des Menschen aus. Beide sind zugleich Axiome der modernen Anthropologie. Erstens sieht Marx die Gattung *homo sapiens* als Teil der Natur; zweitens definiert er *homo* als eine gesellschaftliche Spezies, deren einzelne Mitglieder stets über gesellschaftliche Beziehungen mit anderen Menschen verbunden sind. Die menschliche Gattung ist aus Naturprozessen hervorgegangen, zugleich aber ist sie ihrer Natur nach eine gesellschaftliche Gattung.

Allerdings ist sie nicht nur ein passives Produkt von Naturprozessen, sondern hat im Laufe ihrer Entwicklung auch die Fähigkeit erworben, die Natur zum Nutzen des Menschen umzuformen. Zwar verhält sich die Menschheit zur Natur wie ein Teil zum Ganzen, aber dieser Teil besitzt die Fähigkeit, sich dem umfassenden Ganzen entgegenzusetzen. In den Worten von Marx: Der Mensch »tritt dem Naturstoff selbst als eine Naturmacht gegenüber... Indem er... (die Natur) verändert, verändert er zugleich seine eigne Natur« (MEW 23, 192). Diese aktive Beziehung des Menschen zur Natur ist zwar schon in seinen biologischen Merkmalen angelegt, wird aber erst mit Hilfe der exosomatischen (außerhalb des Körpers befindlichen) technologischen, organisatorischen und geistig-konzeptionellen Mittel wirksam umgesetzt. Die Mittel, mit denen sich der Mensch der Natur entgegenstellt, würden wir heute unter dem Oberbegriff der »Kultur« zusammenfassen.

Das zweite Marxsche Axiom hebt auf die Gesellschaftlichkeit der menschlichen Gattung ab. Menschliche Wesen existieren in organisierten Gesellschaften. Und die Art ihrer gesellschaftlichen Organisation entscheidet darüber, wie sie der Natur gegenübertreten und transformiernd auf sie einwirken. Umgekehrt wirkt die transformierte Natur wiederum auf die Struktur der gesellschaftlichen Verflechtungen zurück, in denen die Menschen leben. In Marx' Worten heißt dies, »daß das bornierte Verhalten der Menschen zur Natur ihr borniertes Verhalten zueinander, und ihr borniertes Verhalten zueinander ihr borniertes Verhältnis zur Natur bedingt« (MEW 3,31).

Gibt es ein theoretisches Konzept, mit dessen Hilfe wir diese komplexe Beziehung zwischen der durch ihre gesellschaftlichen Strukturen innerlich verwobenen Menschengattung und der Natur erfassen können? Marx entwickelte dieses Konzept mit seinem Begriff der Arbeit. Durch Arbeit paßt sich der Mensch der Natur an und wandelt sie zu seinem eigenen Nutzen um. Der Arbeitsprozeß ist also »allgemeine Bedingung des Stoffwechsels zwischen Mensch und Natur, ewige Naturbedingung des menschlichen Lebens« (MEW 23, 198). Arbeit ist freilich immer gesellschaftlich, denn sie wird stets durch eine organisierte Gesellschaft mobilisiert und für bestimmte Vorhaben aufgeboten. Deshalb traf Marx die Unterscheidung zwischen Tätigkeit und Arbeit. Tätigkeit steht für die Aktivitäten von Individuen, die einzeln oder gruppenweise Energie verausgaben, um Energie zu produzieren. Demgegenüber ist Arbeit für Marx eine gesellschaftliche Erscheinung und wird von menschlichen Wesen verrichtet, die durch die Gesellschaft miteinander verknüpft sind.

Dieser Begriff von Arbeit als einem von einer menschlichen Gesellschaft veranstalteten Prozeß, war solange nicht denkbar, solange verschiedene

Tätigkeiten wie z. B. die Feldbestellung, das Spinnen oder auch das Beten als qualitativ verschiedenartig angesehen wurden. Erst als die verschiedenen Tätigkeiten unter den gemeinsamen Nenner des Geldes subsumiert werden konnten, wurde Arbeit schlechthin überhaupt vorstellbar. Marx hielt Adam Smith zugute, daß er als erster diesen Begriff formuliert hat – nicht ohne anzumerken, daß dieser »ungeheure Fortschritt« exakt zu der Zeit eintrat, da verschiedene Arten von Arbeit untereinander austauschbar geworden waren (*Grundrisse*, 24 f.), das heißt: mit den Anfängen des Kapitalismus. Der Nutzen des Begriffes reicht freilich über die Zeit seiner historischen Entstehung hinaus. Wenn erst einmal von Arbeit schlechthin gesprochen werden kann, so kann man sich auch klarzumachen beginnen, wie eine jede organisierte menschliche Gesellschaft dieselbe Entwicklung in Gang setzt und gemeinsam deren Früchte erntet.

Will man verstehen lernen, wie die Menschen die Natur zu ihrem Nutzen transformieren, kann man also nicht bei der Beschreibung und Analyse der Wechselwirkung zwischen Technik und Umwelt stehenbleiben. Der Arbeiter, also der unmittelbare Produzent, ist niemals ein isolierter Robinson Crusoe. Er steht immer – ob als Verwandtschaftsmitglied, als Leibeigener, als Sklave oder als Lohnarbeiter – in Beziehung zu anderen. In ähnlicher Weise darf man sich diejenigen, die über die gesellschaftliche Arbeit herrschen, nicht als Techniker vorstellen, die lediglich den technischen Ablauf des Arbeitsprozessses lenken. Ihre Positionen werden ihnen durch das jeweilige System der Anwendung gesellschaftlicher Arbeit zugeschrieben, das sie in die Rolle eines Familienoberhauptes, eines Häuptlings, eines Feudalherrn oder eines Kapitalisten versetzt. Nur in derartigen Begriffen von gesellschaftlicher Mobilisierung, Anwendung und Verteilung von Arbeit läßt sich begreifen, welcher Zusammenhang zwischen der technischen Tansformation der Natur und der Organisation der Gesellschaftlichkeit des Menschen besteht.

Marx hat für dieses komplizierte Geflecht wechselseitiger Beziehungen zwischen Natur, Betätigung gesellschaftlicher Arbeit und gesellschaftlicher Organisation den Begriff der *Produktion* eingeführt, und in diesem Sinne werden wir den Begriff auch im vorliegenden Buch verwenden. Den Entstehungshintergrund dieses Begriffes müssen wir aber ständig im Auge behalten, denn in seiner modernen Verwendung wird der Begriff »Produktion« häufig auf eine ausschließlich technologische Bedeutung reduziert. Marx griff auch deshalb auf ihn zurück, weil er seine theoretische Konzeption von dem Hegelschen Begriff des Geistes absetzen wollte; insofern klingt im Begriff der Produktion auch die Konfrontation zwischen Marx und dem Hegelschen Idealismus an. Für Hegel stellen die verschiedenen Eingriffe des Menschen in die Natur eine Abfolge von Entäußerungen des Geistes bzw. der Vernunft dar. Produktion im Sinne von Marx steht aber auch im Gegensatz zum kontemplativen Materialismus eines Feuerbach. Dieser hatte an Hegel kritisiert, daß er das Denken als etwas Transzendentales und nicht als selbstverständliches Attribut des Menschen auffaßte. Aber dabei vernachlässigte er sowohl das gesellschaftliche Wesen des Menschen als auch dessen Konfrontation mit der Natur. Demgegenüber betonte Marx das aktive Wesen der gesellschaftlich organisierten Menschen, und dies in einem doppelten Sinne: nämlich aktiv hinsichtlich der Umwandlung der Natur und aktiv bei der immer wieder neuen Herstellung gesellschaftlicher Beziehungen, die sich auf die Transformation der Umwelt auswirken. *Produktion* drückte für ihn sowohl diese aktive Auseinandersetzung mit der Natur aus als auch die gleichzeitige »Reproduktion« der gesellschaftlichen Beziehungen.

Des weiteren geht der Marxsche Begriff der Produktion konsequent davon aus, daß die Menschen mit Hilfe der Hände wie auch des Kopfes produzieren. Im Gegensatz zu anderen Lebewesen wird der Arbeitsprozeß von den Menschen zuvor im Geiste entworfen und geplant. Arbeit ist also undenkbar ohne Intentionalität und damit ohne Information und zweckvolle Absicht. Und so wie Arbeit immer gesellschaftliche Arbeit ist, sind auch Informationen und zweckvolle Absichten stets gesellschaftlich bestimmt. Nach Marx kommt das Denken nicht aus himmlischen Höhen über die reale Welt; Denken und Sprechen sind vielmehr nur die »Sprache des wirklichen Lebens« (MEW 23, 26). Gesellschaftliche Hand- und Kopfarbeit wird verausgabt, um die Natur zu beherrschen; die Verausgabung gesellschaftlicher Arbeit reproduziert umgekehrt wieder die materiellen wie die ideellen Bindungen der gesellschaftlichen Verfassung der Menschen.

Produktionsweisen

Die Kategorie der gesellschaftlichen Arbeit macht es also möglich, die wichtigsten Organisationsformen menschlicher Produktion begrifflich zu erfassen. Jede dieser Formen stellt eine Produktionsweise dar – ein spezifisches, historisch vorfindliches System gesellschaftlicher Beziehungen, das die Verausgabung von Arbeit regelt, um der Natur mittels Werkzeugen und handwerklicher Fertigkeiten sowie organisatorischer und intellektueller Fähigkeiten ein Quantum Energie abzuringen.

Was für Formen der Verausgabung gesellschaftlicher Arbeit gibt es nun? In den Schriften von Marx ist von einer Anzahl verschiedener Produktionsweisen die Rede. Da ist einmal die ursprüngliche, primitive, kommunitäre Produktionsweise, die zuerst Morgan in seinem Modell des Ur-Kommunismus beschrieben hat; dann die Produktionsweise der Sklavenhaltergesellschaften in der klassischen europäischen Antike; eine germanische Produktionsweise, die den germanischen Völkern in der Frühzeit der Völkerwanderung zugeschrieben wird; eine slawische Produktionsweise, die für die frühen Slawen charakteristisch gewesen sein soll. Marx spricht auch von einer bäuerlichen Produktionsweise, einer feudalen, einer asiatischen und einer kapitalistischen Produktionsweise. Die Kriterien, auf denen all diese Produktionsweisen basieren, sind nicht immer gleichwertig. Einige der angeführten Gesellschaftsformationen haben wohl nie eine eigenständige und grundlegende, sondern vielleicht nur eine untergeordnete oder abgeleitete Produktionsweise dargestellt; bei anderen knüpfte Marx an historische Interpretationen an, die mittlerweile als falsch erkannt sind.

Für dieses Buch ist es unerheblich, ob Marx im Einzelfall recht oder unrecht hatte – ob er also zwei oder acht oder fünfzehn Produktionsweisen hätte voraussetzen sollen oder ob man die von ihm vorgeschlagenen Produktionsweisen besser durch andere ersetzt. Die Brauchbarkeit des Begriffs als solchem hängt nicht von seinen Klassifikationsleistungen ab. Sie steckt vielmehr darin, daß der Begriff der Produktionsweise auf die Beziehungen abhebt, die für die Verausgabung gesellschaftlicher Arbeit durch organisierte große Menschengruppen entscheidend sind. Da wir es in diesem Buch mit der Frage zu tun haben, wie sich die kapitalistische Produktionsweise ausgebreitet und welche Auswirkungen sie auf andere Weltregionen gehabt hat, in denen die gesellschaftliche Arbeit anders organisiert war, werden wir uns auf diejenigen Produktionsweisen beschränken, die uns die denkbar knappste Darstellung jenes Aufeinandertreffens verschiedener Produktionsweisen ermöglichen. Für unseren Zusammenhang werden wir daher nur drei Produktionsweisen definieren: erstens die kapitalistische, zweitens eine auf Tributen basierende (in der Folge: tributgebundene oder auch tributäre) und drittens eine durch Verwandtschaftsbeziehungen organisierte (in der Folge: verwandtschaftlich strukturierte) Produktionsweise. Damit soll keineswegs behauptet werden, dieses kategoriale Dreigestirn erschöpfe schon alle Möglichkeiten. Im Hinblick auf andere Probleme und Fragestellungen mag es durchaus von Nutzen sein, weitere Abgrenzungen vorzunehmen oder andere als die hier vorgeschlagenen Grenzlinien zu ziehen.

Ich will in diesem Zusammenhang auch in keiner Weise die Ansicht propagieren, daß es sich bei diesen drei Produktionsweisen um eine evolutionäre Abfolge handelt. Wir werden zwar gewisse historische Beziehungen zwischen den einzelnen Produktionsweisen aufzuspüren versuchen, aber ein wesentliches Ziel dieses Buches liegt gerade in dem Nachweis, daß der

Zustand der meisten der von Anthropologen untersuchten Gesellschaften als Resultat der europäischen Expansion und nicht etwa als unverfälschter Niederschlag vergangener Evolutionsstadien zu sehen ist. Mit dieser Einschätzung gehe ich noch über die Vorbehalte anderer Autoren hinaus, die sich bereits gegen die unkritische Neigung ausgesprochen haben, die von Beobachtern nach 1400 beschriebenen Gruppen, Stämme oder Häuptlingsreiche mit Gesellschaften gleichzusetzen, wie sie vor der europäischen Expansion oder gar vor dem Prozeß der Staatenbildung existiert haben (Service 1968, 167; Fried 1966 und 1975). Fried hat ganz entschieden festgehalten, daß »der Stamm ... ein sekundäres soziopolitisches Phänomen (ist), das aufgrund der Intervention von komplexer strukturierten Gesellschaften, insbesondere von Staaten, entstanden ist« (1975, 114). Ich gehe davon aus, daß alle menschlichen Gesellschaften, über die uns Berichte vorliegen, »sekundäre«, ja oft sogar tertiäre, quartäre oder centenäre Erscheinungen sind. Kultureller Wandel oder kulturelle Evolution spielen sich nicht in isolierten Gesellschaften ab, sondern ausnahmslos in untereinander verbundenen Systemen, in denen Gesellschaften auf vielfältige Weise zu übergreifenden »gesellschaftlichen Feldern« verwoben sind. Der Begriff der Produktionsweise erweist sich gerade auch insofern als nützlich, als er uns die Beziehungen sowohl zwischen den Systemen als auch innerhalb der Systeme zu veranschaulichen vermag. In unserem Zusammenhang wird der Begriff dazu dienen, die sich wandelnden Formen herauszuarbeiten, in denen sich die Interaktionen der kapitalistischen mit anderen Produktionsweisen vollzogen haben, aus denen dann die heutige Vorherrschaft des Kapitalismus entstanden ist. An diesem Prozeß sind Irokesen, Aschanti, Tamilen und Chinesen ebenso beteiligt wie die Bewohner der Insel Barbados, der amerikanischen Neu-England-Staaten und Polens. Die Opfer und die Profiteure, die aktiven Parteien und die Kollaborateure – sie alle erweisen sich als Teile desselben Zwangszusammenhanges.

Die drei Produktionsweisen, mit denen wir im folgenden operieren, sind nicht als schematische Kategorien aufzufassen, durch die sich eine bestimmte Gesellschaft jeweils in eine Begriffsschublade stecken ließe. Die Begriffe »Produktionsweise« und »Gesellschaft« sind auf unterschiedlichen Abstraktionsebenen angesiedelt. Der Begriff der Gesellschaft geht von tatsächlichen oder zugeschriebenen Wechselwirkungen zwischen Menschen aus. Der Begriff der Produktionsweise will dagegen die politisch-ökonomischen Beziehungen sichtbar machen, auf denen diese Wechselwirkungen basieren und an denen sie ihre Orientierung und ihre Grenzen finden. Diese Schlüsselbeziehungen mögen in einem Fall die wechselseitigen Beziehungen nicht in allen Bereichen der betreffenden Gesellschaft prägen; in einem anderen Fall können sie durchaus die gesamte Gesellshaft beherrschen; dann wieder können sie auch über historisch gewachsene Systeme gesellschaftlicher Wechselwirkungen hinausgreifen. Als vergleichende Kategorie angewandt, macht uns der Begriff der Produktionsweise jedoch auf wichtige Veränderungen der politisch-ökonomischen Ordnung aufmerksam und führt uns deren Auswirkungen vor Augen. Vor allem aber können wir mit Hilfe dieses Begriffes ermitteln, was sich beim Zusammentreffen von unterschiedlich konstituierten Interaktions-Systemen abspielt, also von Gesellschaften, die auf unterschiedlichen Produktionsweisen beruhen.

Am Anfang unserer Darstellung steht die kapitalistische Produktionsweise. Sie ist zwar historisch später als die anderen, nämlich erst im Laufe des 18. Jhs., entstanden. Aber Marx selbst hat seine allgemeinen Begriffe erst über die Analyse dieser Produktionsweise entwickelt, und wir teilen seine Überzeugung, daß erst das Verständnis der Wirkungsweise des Kapitalismus das Verständnis der anderen Produktionsweisen erschließen kann.

Die kapitalistische Produktionsweise

Marx verbrachte den größten Teil seines Forscherlebens mit der Analyse der kapitalistischen Produktionsweise. Er studierte diese natürlich deswegen so intensiv, weil er ihr zu ihrem alsbaldigen Abtritt verhelfen wollte. Welches sind nun – nach Marx – ihre hervorstechenden Merkmale?

Die kapitalistische Produktionsweise ist entstanden, als sich dem Geldreichtum die Möglichkeit bot, Arbeitskraft einzukaufen. Diese spezifische Fähigkeit ist kein Attribut, das dem Reichtum als solchem zu eigen wäre. Sie ergibt sich erst aus der historischen Entwicklung und ist an die Ausbildung bestimmter Vorbedingungen gebunden. Arbeitskraft ist für sich genommen keine Ware, die für den Verkauf auf einem Markt geschaffen ist. Sie ist eine Eigenschaft der Menschen, eine Fähigkeit des *homo sapiens.* Solange die Menschen Produktionsmittel (Werkzeuge, natürliche Ressourcen und Land) mit ihren Händen nutzen und zur Herstellung des eigenen Lebensunterhalts einsetzen können, gibt es für sie – und das gilt innerhalb jedweder Gesellschaftsordnung – keinen zwingenden Grund, ihre Arbeitsfähigkeit an jemanden anderen zu verkaufen. Damit die Arbeitskraft zum Verkauf angeboten wird, muß die Verbindung zwischen Produzent und Produktionsmittel endgültig durchtrennt sein. Diejenigen, die über den Reichtum verfügen, müssen also imstande sein, die Produktionsmittel an sich zu reißen und alle anderen, die sich dieser Mittel bedienen wollen, von ihnen fernzuhalten – es sei denn, diese akzeptieren die ihnen vorgesetzten Bedingungen. Und die keinen Zugang zu den Produktionsmitteln haben, müssen sich an diejenigen wenden, die sie nunmehr kontrollieren, und sich um die Erlaubnis bewerben, mit ihnen zu arbeiten. Dafür erhalten sie dann Löhne, mit denen sie ihre lebensnotwendigen Ausgaben bestreiten können.

In der kapitalistischen Produktionsweise bestimmt darüber hinaus die Produktion auch die Distribution. Wer über die Produktionsmittel verfügt, verfügt zugleich über die produzierten Waren. Die eigentlichen Produzenten aber müssen sich diese Waren von den Eigentümern der Produktionsmittel zurückkaufen. Die Produktionsmittel wiederum zirkulieren nur unter denen, die das Kapital haben, um sie zu erwerben. Wer kein Kapital hat und seine Arbeitskraft verkaufen muß, kann auch keine Produktionsmittel besitzen. Daher bestimmt die Art, wie die gesellschaftliche Arbeit innerhalb einer Produktionsweise auf die Umwandlung der Natur angesetzt wird, zugleich auch die Art, wie die eingesetzten und erworbenen Ressourcen unter Produzenten und Nicht-Produzenten verteilt werden. Die Ressourcenströme, zu denen auch die Einkommen gehören, sind also nicht – wie ein ökologisch orientierter Anthropologe unlängst meinte (Love 1977, 32) – das menschliche Analogon zu dem Prozeß, über den sich biologische Organismen Energie aneignen. Denn zwischen die Menschen und die Ressourcen schieben sich die ausschlaggebenden Beziehungen, die über die jeweilige Art der Anwendung gesellschaftlicher Arbeit auf die Natur entscheiden.

Nun hätten die Vermögenden, die ja jetzt über die Produktionsmittel verfügen, durchaus keinen Grund, Arbeiter anzuheuern, wenn diese nur so viel produzieren würden, daß damit gerade ihre Lohnsumme abgedeckt wäre. Im Laufe eines Arbeitstages produzieren die Arbeiter in Wirklichkeit aber mehr als den Wert ihrer Lohnkosten – sie produzieren einen Mehrwert. Unter den Bedingungen der kapitalistischen Produktionsweise gehört dieser Mehrwert dem Kapitalisten, dessen Produktionsmittel die Arbeiter in Gang gesetzt haben. Je größer der Mehrwert, desto größer die vom Kapitalisten bezogene Profitrate, die sich für ihn an seinen eigenen Ausgaben für Betriebsanlagen, Rohstoffe und Arbeiter bemißt.

Die Kapitalisten können diesen Mehrwert auf zweierlei Weise erhöhen. Sie können einmal die Löhne niedrig halten bzw. sie auf den niedrigsten Punkt drücken, der biologisch oder gesellschaftlich durchsetzbar ist. Sie können zweitens das Produktionsergebnis der Arbeiter innerhalb einer bestimmten Arbeitsperiode steigern. Solche Produktivitätssteigerungen erfordern Verbesserungen auf der Ebene der Produktionstechnologie und -organisation. Diese Erfordernisse produzieren einen unbarmherzigen Druck, insofern sie die Kapitalisten zu laufend gesteigerter Kapitalakkumulation und technischen Neuerungen treiben. Je mehr Kapital ihnen zu Gebote steht, desto größer ihre Fähigkeit, die technologische Produktivität zu steigern – und desto größer zugleich ihre Fähigkeit, zusätzlichen Mehrwert zu akkumulieren, um die Produktion noch mehr auszuweiten und billiger zu verkaufen als die Konkurrenten, die nicht in neue Technologien investieren können und statt dessen versuchen müssen, den Konkurrenzkampf durch eine härtere Belastung der Arbeiter zu bestehen.

Die kapitalistische Produktionsweise ist also durch drei miteinander zusammenhängende Merkmale gekennzeichnet. Erstens üben die Kapitalisten die Herrschaft über die Produktionsmittel aus. Zweitens haben die Arbeiter keinen selbständigen Zugang zu den Produktionsmitteln und müssen ihre Arbeitskraft an die Kapitalisten verkaufen. Drittens folgt aus der Maximierung des Mehrwerts, den die Arbeiter mit Hilfe der Produktionsmittel, also des Eigentums der Kapitalisten, produzieren, eine »unaufhörliche Akkumulation, die mit Veränderungen der Produktionsmethoden einhergeht« (Sweezey 1959, 114ff.; vgl. auch Mandel 1972, 105–108).

Diese Merkmale sind jedoch nicht nur als gleichzeitige Momente, sondern auch in ihrer historischen Abfolge zu sehen – als sich herausbildende Facetten einer Produktionsweise, die in einem ganz bestimmten Zeitraum entstanden ist und sich im weiteren zeitlichen Verlauf auch weiterentwickelt. Hier liegt ein entscheidender Punkt. Geldreichtum wird in den Händen seiner Eigentümer erst dann zu Kapital, wenn diese die Herrschaft über Produktionsmittel erlangen, Arbeitskraft kaufen und anwenden und dabei die Mehrwertmasse ständig vergrößern, indem sie die Produktivität mit Hilfe fortlaufend verbesserter Technologien erhöhen. Solange Geldreichtum außerhalb des Produktionsprozesses entsteht, lediglich die Produkte der ursprünglichen Produzenten absahnt und durch ihren Verkauf in Profite verwandelt, ist dieser Geldreichtum noch *nicht* Kapital. Egal, ob er von Herrschern oder Kaufleuten erworben und vermehrt worden ist – er hat noch nicht den »wirklich revolutionierenden Weg« (MEW 25, 347) eingeschlagen, sich noch nicht die Produktionsmittel selbst angeeignet und umgewandelt. Nur wo Geldreichtum die Produktionsbedingungen in den Griff bekommen hat (wie wir es im einzelnen dargestellt haben), läßt sich von der Existenz oder Dominanz einer kapitalistischen Produktionsweise sprechen. Daher ist ein Handels- oder Händler-Kapitalismus ein Unding. Es gibt nur Handelsreichtum. Um überhaupt Kapitalismus sein zu können, muß der Kapitalismus folglich Produktions-Kapitalismus sein.

Die so bestimmte kapitalistische Produktionsweise beruht notwendigerweise auf einer fortwährend hervorgebrachten Klassenspaltung zwischen dem einen Teil der Bevölkerung, der Mehrwert produziert, und dem anderen

Teil der Bevölkerung, der die Produktionsmittel kontrolliert. Gleichzeitig führt sie auch innerhalb der einzelnen Klassen zu einer Differenzierung. Im Wettstreit um höhere Produktivität scheiden sich die Produktionsmittelbesitzer in Sieger und Verlierer. In der dauernden Pendelbewegung zwischen der Entwicklung neuer Quellen der Mehrwertproduktion und der ständig wiederkehrenden konjunkturellen Rezession unterliegt die Arbeitskraft abwechselnd der Vollbeschäftigung, der Unterbeschäftigung und der Arbeitslosigkeit. Diese beiden Differenzierungsprozesse gehören in Wirklichkeit zusammen, denn die Kapitaleigner stehen unter dem ständigen Druck, neue Reserven billiger und williger Arbeitskräfte aufzutun oder aber teure und aufsässige Arbeitskräfte durch Maschinen zu ersetzen.

Das Wachstum dieses Produktionskapitalismus ist ein historischer Entwicklungsprozeß, der in bestimmten Regionen auf der europäischen Halbinsel in Gang kam. Von dort breitete er sich aus und erfaßte schließlich auch außereuropäische Zonen. Dieses Wachstum beruhte auf seiner eigenen inneren Fähigkeit, sich selbst auf ständig erweiterter Grundlage zu reproduzieren; es entsprang aber *auch* einem funktionierenden Zusammenspiel mit anderen Produktionsweisen, denen Reichtümer und Menschen entzogen und in Kapital und Arbeitskräfte verwandelt wurden. Die kapitalistische Produktionsweise demonstrierte also ständig einen Doppelcharakter: Einerseits war sie fähig, sich intern zu entwickeln und auszubreiten, indem sie ihr strategisches Beziehungsgeflecht auf dem ganzen Erdball verwurzelte; andererseits konnte sie sich aber auch zeitweilig mit anderen Produktionsweisen auf Beziehungen einlassen, die sich zwischen den Polen von Symbiose und Konkurrenz bewegen. Diese Beziehungen mit anderen Produktionsweisen sind Bestandteil ihrer eigenen Geschichte und Entwicklung. Daß die kapitalistische Produktionsweise nach außen expandierte und damit auch auf Tauschhandelsbeziehungen mit anderen Produktionsweisen verwiesen wurde, ergab sich mithin, wie wir sehen werden, aus ihrer eigenen inneren Dynamik.

Die tributgebundene Produktionsweise

Die landwirtschaftlichen Hauptgebiete, die unser Beobachter bei seiner imaginären Reise durch die Welt von 1400 durchquert hat, waren in der Hand von Staaten, die ökonomisch gesehen davon lebten, daß den unmittelbaren Produzenten von politischen oder militärischen Herrschern Wertüberschüsse entzogen wurden. Diese Staaten repräsentieren eine Produktionsweise, worin den ursprünglichen Produzenten – also Bauern oder Hirten –

die Produktionsmittel zur Verfügung stehen, ihnen dann aber mit politischen oder militärischen Machtmitteln ein Tribut abgenommen wird. Marx hat die entscheidenden Merkmale dieser Produktionsweise im dritten Band des *Kapital* folgendermaßen gekennzeichnet:

»Es ist ferner klar, daß in allen Formen, worin der unmittelbare Arbeiter ›Besitzer‹ der zur Produktion seiner eignen Subsistenzmittel notwendigen Produktionsmittel und Arbeitsbedingungen bleibt, das Eigentumsverhältnis zugleich als unmittelbares Herrschafts- und Knechtschaftsverhältnis auftreten muß, der unmittelbare Produzent also als Unfreier; eine Unfreiheit, die sich von der Leibeigenschaft mit Fronarbeit bis zur bloßen Tributpflichtigkeit abschwächen kann. Der unmittelbare Produzent befindet sich hier der Voraussetzung nach im Besitz seiner eigenen Produktionsmittel, der zur Verwirklichung seiner Arbeit und zur Erzeugung seiner Subsistenzmittel notwendigen gegenständlichen Arbeitsbedingungen; er betreibt seinen Ackerbau wie die damit verknüpfte ländlich-häusliche Industrie selbständig... Unter diesen Bedingungen kann ihnen (den Kleinbauern) die Mehrarbeit für den nominellen Grundeigentümer nur durch außerökonomischen Zwang abgepreßt werden, welche Form dieser auch immer annehme.« (MEW 25, 798 f.)

Mit anderen Worten: die Mobilisierung der gesellschaftlichen Arbeit und deren Einwirkung auf die Natur laufen hier vor allem über den Einsatz von Macht- und Herrschaftsmitteln – also über einen *politischen* Prozeß. Daher ist in dieser Produktionsweise der Einsatz gesellschaftlicher Arbeit eine Funktion der Verteilung der politischen Macht und entsprechend muß sich auch mit der Verlagerung der politischen Macht der Einsatz der gesellschaftlichen Arbeit verändern.

Vergegenwärtigen wir uns die beiden polaren Möglichkeiten: zum einen kann die Macht in den Händen einer Herrschaftselite konzentriert sein, die an der Spitze der Machtpyramide steht; zum anderen kann die Macht vornehmlich bei lokalen Autoritäten liegen, wobei dann die zentrale Regierungsgewalt an der Spitze brüchig und schwach ist. Diese beiden Möglichkeiten markieren die beiden Endpunkte auf einer Skala möglicher Machtverteilung.

Eine herrschende, das Mehrprodukt abschöpfende Elite an der Spitze der Machtpyramide wird unter zwei Bedingungen eine starke Position haben: erstens, wenn sich einige ausschlaggebende Faktoren des Produktionsprozesses – wie z. B. wassertechnische Anlagen – unter ihrer Kontrolle befinden (Wittfogel 1931); zweitens, wenn ihr einige ausschlaggebende Zwangsinstrumente – wie z. B. ein stehendes Heer mit überlegenen militärischen Fähigkeiten – zur Verfügung stehen. In diesem Fall können die zentralen Herrscher direkt über die Arbeitskräfte, die für sie die Tributleistungen aufbringen, verfügen, ohne auf den Beistand der lokalen Machthaber angewiesen zu sein. Sie werden in der Lage sein, die Kontrolle der örtlichen Autoritäten über die Ressourcen und insofern auch über die unmittelbaren Überschußproduzenten zu schwächen und dafür zu sorgen, daß diese Autoritäten von Einkünften abhängig werden, die sie ihnen selber anbieten. Im Erfolgsfalle können die obersten Herrscher die lokalen Autoritäten dann gegeneinander ausspielen und dazu bringen, sich um den bevorzugten Zugang zu den Einkommensquellen zu streiten. Sie können auch die Macht der Händler beschneiden, indem sie ihnen den Kontakt mit den unmittelbaren Produzenten auf dem Lande verwehren und sie daran hindern, potentiell rebellische lokale Autoritäten finanziell zu unterstützen. Schließlich wird eine solche starke Zentralgewalt in der Lage sein, überörtliche »Graswurzel«-Organisationen wie Gilden, Stände, Ligen oder religiöse Sekten in die Schranken zu weisen – dies um so eher, da eine starke Zentralgewalt häufig von der produzierenden Bauernschaft unterstützt wird, mit der sie eine gemeinsame Feindschaft gegenüber den Machthabern und Mehrproduktbeziehern der mittleren Herrscherschichten verbindet.

Umgekehrt wird die Zentralgewalt schwach und werden die örtlichen Machthaber stark sein, wo sich die entscheidenden Produktionsfaktoren und Machtmittel in den Händen örtlicher Mehrproduktbezieher befinden. Liegen die Verhältnisse so, dann können Autoritätsfiguren am Ort den Abfluß der Tribute in Richtung Zentrum unterbrechen, die eigene Herrschaft über das Land und die das Land bearbeitende Bevölkerung verstärken und auch selber lokale oder regionale Bündnisse abschließen. Solche Bündnisse sind häufig allerdings nicht nur gegen die Zentralgewalt, sondern auch gegen Mitglieder der eigenen Klasse gerichtet – mit der Folge, daß das flache Land völlig von Fraktionskämpfen überzogen und damit die eigene Klassenposition geschwächt wird. Solche Fraktionskämpfe wiederum machen es der zentralen Machtelite möglich, sich nach der strategischen Maxime »teile und herrsche« an der Macht zu halten. Paradoxerweise schwächen solche mörderischen Fraktionskämpfe auch die Stellung der unmittelbaren Produzenten, denn diese müssen sich mangels einer starken Zentralgewalt einen Beschützer gegen Aufruhr und drohende Plünderungen suchen.

Im großen und ganzen entsprechen die beiden hier geschilderten Machtkonstellationen den Marxschen Begriffen der »asiatischen Produktionsweise« bzw. der »feudalen Produktionsweise«. Beide werden normalerweise als starre und unwandelbare Gegensätze aufgefaßt. Geographisch wird der eine Begriff in der Regel auf Europa, der andere auf Asien verrechnet. Durch meine Darstellung sollte aber klar geworden sein, daß wir es hier mit verschiedenen Ergebnissen des Kampfes um die höchste Macht im Staate zwischen einander entgegenstehenden nichtproduzierenden Klassen zu tun haben. Insoweit nun dieser unterschiedliche Ausgang in allen Fällen auf den Einsatz von Mitteln »außerökonomischen Zwangs« zurückzuführen ist, haben wir es mit einer Familienähnlichkeit zu tun (Vasiliev/Stuchevskij 1967; Töpfer 1967). Dieser Ähnlichkeit werden wir am ehesten gerecht, wenn wir für diese Produktionsweise einen einheitlichen Begriff einführen, nämlich den von Samir Amin (1975) vorgeschlagenen Ausdruck »tributgebundene Produktionsweise« (*»tributary mode of production«*).

Wenn man den »Feudalismus« begrifflich zu einer eigenständigen Produktionsweise erklärt, erhebt man lediglich eine kurze Periode der europäischen Geschichte zu einem Modellfall, an dem sich dann alle anderen »quasi-feudalen« Erscheinungen zu messen haben. Ganz ähnlich ist auch der Begriff der asiatischen Produktionsweise – mit der Herrschaft einer zentralisierten Staatsbürokratie über statische Dorfgemeinschaften verelendeter Bauern – das verunglückte Resultat einer ahistorischen und ideologischen Lesart der asiatischen Geschichte. Seit langem ist es im Westen Mode, die westliche Freiheit gegen die östliche Tyrannei abzusetzen. Das tat schon Herodot mit seiner Schilderung der griechischen Stadtstaaten und ihrer Kriege gegen die Perser; oder später dann Montaigne und Voltaire, die Gesellschaften auf der Grundlage eines Gesellschaftsvertrags mit anderen Gesellschaften konfrontierten, wo die Massen üblicherweise von einer despotischen Herrschaft erdrückt wurden. Unsere Darstellung sollte uns besser in die Lage versetzen, die politisch relevanten Variablen, durch die sich die tributgebundene Konstellationen voneinander unterscheiden, exakt herauszuarbeiten. So stellte etwa China, das sich durch eine stark konzentrierte hydraulische Komponente auszeichnete, eindeutig ein anderes Modell tributgebundener Beziehungen dar als Indien, das sich auf ein zersplittertes »Teich«-Bewässerungssystem stützte, oder als der Iran, wo die Bewässerung mittels unterirdischer Brunnen und Kanäle funktionierte. Außerdem weisen stark zentralisierte »asiatische« Staaten im Inneren häufig oligopolistische Herrschaftsstrukturen auf und ähneln damit dem Feudalismus, wie auch umgekehrt in vielen Fällen eine eher »feudale« Herrschaftsstruktur mit vielen örtlichen Machthabern im Lauf der Zeit durch zentralisiertere und konzentriertere Machtstrukturen abgelöst wird. Wenn man also eine »schwache« historische Periode eines Staates – z. B. des Staates der Sassaniden oder der Byzantiner oder der chinesischen T'ang-Dynastie – begrifflich zu einer quasi-feudalen Produktionsweise verengt und eine »starke« Periode desselben Staates ins begriffliche Gefängnis der asiatischen Produktionsweise sperrt, zerlegt man fälschlicherweise soziale Konstellationen, die auf der Skala einer einzigen Produktionsweise hin- und heroszillieren, in zwei unterschiedliche Produktionsweisen.

Wie wir gesehen haben, hängen die unterschiedlichen Erscheinungsformen der tributgebundenen Produktionsweise von der konkreten Machtorganisation in dem jeweiligen Staat ab; entsprechend ist das Funktionieren der

Produktionsweise wenigstens teilweise auch von der Stärke bzw. Schwäche des Staates im Verhältnis zu anderen Gemeinwesen abhängig. Um ein Beispiel zu nennen: die Machtverschiebung innerhalb der Staaten in Nordafrika und in West-, Zentral- und Ostasien hing aufs engste mit der militärischen und politischen Expansion bzw. Kontraktion nomadischer Hirtenvölker und mit der Zu- bzw. Abnahme des Transfers von Mehrprodukten auf den Überlandrouten zusammen. Wenn es zutrifft, daß nichtkapitalistische, auf Klassen basierende Produktionsweisen zur Abschöpfung des Mehrprodukts »außerökonomische Mittel« einsetzen, gilt logischerweise auch, daß man die erfolgreiche Abschöpfung des Mehrprodukts nicht erklären kann, wenn man sich auf eine isolierte Gesellschaft beschränkt. Vielmehr gilt: die Aneignung des Mehrprodukts ist eine Funktion der organisatorischen Veränderungen in den umfassenderen Machtgefilden, auf denen die konkrete tributgebundene Konstellation angesiedelt ist.

Historisch gesehen kann demnach eine Gesellschaft, die auf der tributgebundenen Produktionsweise beruht, zur Zentralisation wie auch zur Zersplitterung tendieren bzw. auch zwischen diesen beiden Polen oszillieren. Außerdem können im konkreten Fall die Tribute auf ganz unterschiedliche Weise eingetrieben, in Umlauf gebracht und verteilt werden. Nur in den seltensten Fällen – wenn nämlich der Bezieher mit seiner Gefolgschaft das ganze erhaltene Mehrprodukt *in situ* verbraucht – gelangt kein Teil des Mehrprodukts in die Zirkulation innerhalb der Gesellschaft oder über sie hinaus. Ähnlich selten kommt es vor, daß Teile des Mehrprodukts ausschließlich über das Stufensystem einer hierarchisch organisierten Elite nach oben geschleust und dann wieder nach unten umverteilt werden, ohne daß also an dieser Zirkulation kommerzielle Mittelsmänner oder Kaufleute beteiligt wären. Das Andenreich der Inkas scheint einem solchen System noch am nächsten gekommen zu sein, aber selbst hier finden wir in begrenzten Regionen an der Küste von Peru und Ecuador Anhaltspunkte für die Mitwirkung von Kaufleuten. Viel häufiger kommt es vor, daß das Mehrprodukt durch Transaktionen kommerzieller Vermittler weitergegeben und ausgetauscht wird.

Kulturelle Sphären

Die gesellschaftlichen Großräume, die durch die politischen und kommerziellen wechselseitigen Verflechtungen zwischen tributgebundenen Gesellschaften entstanden sind, finden auf kultureller Ebene ihre Entsprechung in »kulturellen Sphären« – also Zonen kultureller Verflechtung, die sich um die jeweils hegemoniale Gesellschaft gruppieren. Eine solche Hegemonie basiert in der Regel darauf, daß eine durchsetzungsfähige zentralisierte Elite von Mehrproduktempfängern ein ideologisches Modell entwickelt, das von anderen Eliten innerhalb der umfassenderen politisch-ökonomischen Verflechtungszone nachgeahmt wird. Innerhalb einer solchen Zone kann also ein bestimmtes Modell oder kulturelles Muster dominant werden – denken wir z. B. an den Konfuzianismus, dessen sozialer Träger die Oberschicht der chinesischen Gelehrten war. Aber auf dem Schauplatz einer solchen kulturellen Sphäre können auch mehrere Kulturmuster nebeneinander existieren oder miteinander konkurrieren, und zwar in einer Fülle symbolischer Ausdrucksformen, die den Wechselfällen der Beziehungen zwischen den tributgebundenen Gesellschaften der betreffenden kulturellen Sphäre entsprechen.

Ein Kennzeichen aller kulturellen Modelle besteht darin, daß sie nicht nur die herausgehobene Stellung der Bezieher des Mehrprodukts und deren gesellschaftliche Distanz zum übrigen Volk betonen, sondern für diese auch eine übernatürliche Abstammung und übernatürliche Legitimität beanspruchen. Der chinesische Kaiser war zugleich der Beauftragte des Himmels, der das Gleichgewicht zwischen Himmel und Erde zu wahren hatte; die konfuzianischen gelehrten Schärpenträger setzten diesen Auftrag um, indem sie mit ihren Anordnungen für die angemessenen hierarchisch abgestuften Beziehungen sorgten. Das *kraton,* also der Palast der Herrscher Südostasiens, war nicht nur Regierungssitz, sondern darüber hinaus auch Schauplatz des religiösen Rituals, dessen Durchführung dem Gott-König und seiner adligen Gefolgschaft anvertraut war. In der islamischen Welt ist der Kalif zugleich *amir al-mu'minin,* also Kommandeur oder Gouverneur der Gläubigen, Hüter des Gesetzes und die Instanz, die »das Gute anordnet und das Böse verbietet« (*Koran* III, 106). Bei den Schona sorgen die Ahnengeister des Königs-Clans der Nembire für die Verbindung zu dem Gott *mwari.* In anderen Kulturen ist die Beziehung der obersten Herrschergewalt zur auf übernatürliche Wesen zurückgehenden Ordnung weniger direkt und unter Umständen durch Priester vermittelt. Der Hindu-Herrscher (*raja*) befolgt den Grundsatz des Eigeninteresses und der Nützlichkeit (*arta*); um die Grundsätze der richtigen übernatürlichen Ordnung zu erlassen, ist er jedoch auf die Dienste der Brahmanen angewiesen. In der christlichen Welt ist der König Herrscher aus göttlichem Recht, aber er teilt seine Herrschergewalt mit der anderen Ordnungsmacht, also der Kirche. In all diesen Fällen ist Herrschaft – ob in monolithischer oder in geteilter Form – als strukturelles Merkmal des Universums ausgewiesen.

Solche der tributgebundenen Produktionsweise entsprechenden ideologischen Modelle weisen gewisse gemeinsame Merkmale auf. Üblicherweise bieten sie eine hierarchische Anschauung des Kosmos, in der die herrschende übernatürliche Ordnung – geltend gemacht durch die höheren Machthaber – alle Menschen umfaßt und beherrscht; wobei in dem ideologischen Modell auch noch die tatsächliche Beziehung zwischen den die Macht ausübenden Aneignern des Mehrprodukts und den beherrschten Produzenten auf eine imaginäre Ebene verschoben ist, wo diese sich als allmächtige Gottheit und ohnmächtige »Untertanen« gegenüberstehen (vgl. Feuchtwang 1975). Das Problem der öffentlichen Macht verwandelt sich damit in ein Problem privaten Wohlverhaltens: Der »Untertan« ist aufgefordert, sich durch vorschriftsmäßiges persönliches Verhalten um die Aufrechterhaltung der politischen Ordnung verdient zu machen. In dieser Verschiebung steckt aber auch ein Widerspruch. Wenn nämlich die öffentliche Gewalt versagt und nicht für Gerechtigkeit sorgt, stehen zugleich die ideologischen Bande auf dem Spiel, die den Untertanen auf die übernatürliche Ordnung verpflichten. Dem Herrscher kommt seine Legitimität abhanden; der »Auftrag des Himmels« kann auf andere Machtaspiranten übergehen bzw. die Menschen können beginnen, die Maßstäbe ihrer Gruppenmoral gegen die offizielle Vermittlungsapparatur ins Feld zu führen. Aber die Argumente, die sie zugunsten dieser Maßstäbe geltend machen, werden sich vornehmlich auf die Natur der imaginären Bande zwischen Untertanen und übernatürlicher Ordnung beziehen statt auf die Natur der Herrschaft, die auf »außerökonomischen Mitteln« beruht.

Kaufmannsvermögen

Der Ausdruck »tributgebundene Produktionsweise« verweist auf die entscheidenden Mechanismen, über die das Mehrprodukt angeeignet wird; darüber hinaus ist freilich zu fragen, wie dieses Mehrprodukt anschließend verteilt wird. In fast allen Fällen wird es wenigstens zum Teil in Umlauf gebracht und ausgetauscht. Schon lange vor 1400 haben Kaufleute Waren mit Karawanen und auf Segelschiffen über weite Strecken transportiert und gewinnbringend verkauft, was ihnen riesige Vermögen einbrachte. Vor allem dort, wo tributgebundene Gesellschaften in einem (durch die Konkurrenz wie durch die Symbiose rivalisierender Reiche) hergestellten Großraum existierten, war der Fernhandel mit exklusiven Gütern oder Luxuswaren bereits weit verbreitet und hoch entwickelt. In diesen Gütern materialisierten sich die ideologischen Modelle und der damit vertretene Überlegenheitsanspruch; insofern hatten diese Güter auch einen wichtigen politischen Bezug. Jane Schneider hat ihn so formuliert:

»Die Beziehung zwischen Handel und sozialer Schichtung erschöpfte sich nicht darin, daß sich eine gesellschaftlich höherstehende Gruppe durch die gewissenhafte Einhaltung einer Kleider- und Nahrungsordnung und durch exklusive Statussymbole auszeichnete; sie beinhaltete darüber hinaus die direkte und bewußte manipulative Einwirkung auf verschiedene Rand- und Mittelschichtgruppen, und zwar durch Patronage, gezielte Geschenke und eine kalkulierte Verteilung exotischer und wertvoller Güter.« (1977, 23)

Aber parallel zu diesem Handel mit Luxusgütern entwickelte sich häufig ein umfangreicher Handel mit Massenware, und zwar in erster Linie dort, wo die Nutzung von Wasserwegen die Kosten der Transportenergie verringerte, also z. B. im Bereich des Mittelmeeres, des Schwarzen Meeres, des Indischen Ozeans und der Chinesischen Meere. Als die europäischen Kauffahrer in andere Kontinente vordrangen, trafen sie mithin häufig auf eingefahrene Strukturen von Handelsbeziehungen, wozu auch Verhaltensmaßregeln und Prozeduren gehörten, mit denen sie völlig vertraut waren.

Tributbeziehungen und Handelstätigkeit existierten also seit langem nebeneinander her. Das funktionierte häufig zum gegenseitigen Nutzen, aber aus dieser Gegenseitigkeit konnten auch Konflikte entstehen. Händler sind Fachleute für den Austausch von Gütern, die sie kaufen und verkaufen, um Gewinne zu erzielen. Um diese Gewinne zu vergrößern, versuchen sie ihre Austauschsphäre auszuweiten, indem sie in die Schleusen des Warenaustausches, also die Märkte, auch solche Bedarfs- oder Luxusartikel hineinpressen, die von einer verwandtschaftlich strukturierten oder einer tributgebundenen Produktionsweise produziert worden sind. Die Umwandlung von Gebrauchswerten in Waren, d. h. in für den Austausch produzierte Güter, hat erhebliche Folgen. Sie kann die tributgebundene Macht ernsthaft schwächen, wenn sie Produkte und Dienstleistungen, auf denen diese Macht beruht, in Handelswaren verwandelt. Wird diesem Umwandlungsprozeß zu viel Spielraum gelassen, kann das dazu führen, daß ganze Klassen von Tributbeziehern vom Handel abhängig werden und der gesellschaftliche Einfluß der Kaufleute auf Kosten der politischen und militärischen Anführer zunimmt. Infolgedessen haben Gesellschaften, die auf der tributgebundenen Produktionsweise beruhten, den Handel nicht nur gefördert, sondern durchaus auch beschnitten, wenn er sich zu kräftig entwickelt hatte. Zu gewissen Zeiten und unter gewissen Bedingungen wurden also die Kaufleute wieder »in ihre Schranken verwiesen«, und zwar mit den unterschiedlichsten Mitteln: Man konnte ihnen politische Aufseher vor die Nase setzen oder sie in eine Partnerschaft mit politischen Autoritäten zwingen; man konnte ihre Gewinne beschlagnahmen, spezielle Zollabgaben einführen oder eine hohe »Schutzrente« einführen; man konnte das gesellschaftliche Ansehen des

Kaufmanns herunterziehen oder Kampagnen unterstützen, die den Handel als etwas Sündhaftes oder Böses hinstellten; man konnte schließlich sogar die kaufmännische Tätigkeit insgesamt verachten und machtlosen Außenseitergruppen überantworten. Die Stellung des Kaufmanns ist also durchweg sowohl politisch als auch ökonomisch definiert – und dabei stets abhängig von der Macht und den Interessen anderer Gesellschaftsklassen.

Immer wenn sich die tributbeziehende Macht durch eine Offensive der Kaufleute bedroht fühlte, nahm sie zu defensiven Maßnahmen Zuflucht, wobei es freilich den Anschein hat, als hätten die nach 1000 n. Chr. entstandenen europäischen Staaten den Kaufleuten größere Unabhängigkeit und mehr Privilegien eingeräumt als die meisten anderen politischen Systeme. Dies erklärt sich womöglich durch die schlichte Tatsache, daß die europäische Halbinsel gegenüber den stärkeren, reicheren und zentralisierten tributgebundenen Gesellschaftssystemen des Nahen und Mittleren Ostens und Ostasiens historisch im Rückstand lag. Die Herrscher in den europäischen Kernregionen bedurften zur Festigung ihrer Macht oft der Unterstützung von Kaufleuten, die ihnen Geldmittel verschaffen konnten; umgekehrt unterstützten sie ihrerseits oft kaufmännische Gruppen, um den Ansprüchen rivalisierender Machtaspiranten entgegenzutreten. Angesichts der politischen Zersplitterung dieses Randgebietes Europa konnten sich die Kaufleute im übrigen gegen politischen und gesellschaftlichen Druck besser behaupten, wenn sie sich ein eigenes Netz weitgespannter Handels- und Finanzbeziehungen knüpften.

Gegenüber den Kaufleuten anderer Kontinente genossen die Händler in Europa auch Standort- und technologische Vorteile. Wegen der kurzen Entfernungen zum Meer konnte hier schon früh die Fluß- und Seeschiffahrt intensiviert werden. Der Transport zu Wasser kostete nicht nur weniger Energie als der Transport über Land, er gestattete auch eine engere Integration zwischen Nah- und Fernhandel und war nicht mit den enormen Protektionskosten des transkontinentalen Karawanenhandels belastet. Die Zunahme des Handelsvolumens, das über ein ständig ausgeweitetes Transportnetz abgewickelt wurde, beschleunigte wiederum die Umschlaggeschwindigkeit des geldheckenden Geldes, insofern nun eine feste Geldsumme mehrmals hintereinander Profite erzielen konnte.

Einige wissenschaftliche Autoren stellen diese europäischen Kaufleute des Mittelalters als direkte Vorfahren der Kapitalisten dar. Aus ihrer Sicht ist die Verwandlung von Kaufmannsvermögen in Kapital ein kontinuierlicher, linearer und lediglich quantitativer Prozeß. Die Entwicklung des Kapitalismus erscheint also lediglich als folgerichtige Konsequenz der Entwicklungen, die bereits innerhalb der tributgebundenen Produktionsweise in Gang gekommen waren. Dies ist im Kern die von Weber, Wallerstein und Frank vertretene Position. Sieht man hingegen in der Verwandlung von kaufmännischem Vermögen in Kapital eine Entwicklung, die nicht nur quantitatives Wachstum, sondern vielmehr eine wesentliche Umwälzung der eigentlichen Schlüsselprozesse mitsichbringt, so erscheint der Kapitalismus als ein qualitativ neues Phänomen – eben als neue Methode der Mobilisierung gesellschaftlicher Arbeit zwecks Umwandlung der Natur. Dies ist die von Marx vertretene Auffassung. In seiner Perspektive war die Geschichte des geldheckenden Geldes nur »die Vorgeschichte des Kapitals«. Kaufmannsvermögen funktionierte so lange nicht als Kapital, als die Produktion von verwandtschaftlich strukturierten oder tributgebundenen Beziehungen beherrscht wurde. Was in diesen Gesellschaften nicht von den Produzenten selbst bzw. von den Tributbeziehern konsumiert wurde, konnte auf den Markt gebracht und gegen Überschußprodukte anderer Gegenden ausgetauscht werden, wobei dann die Kaufleute die durch den Transporthandel erzielten Preisdifferenzen abschöpfen konnten.

Die Zunahme des Handels nach 1400 n. Chr. führte zwar zu einer enormen Ausweitung der Märkte, keineswegs aber auch automatisch zur Entstehung der kapitalistischen Produktionsweise. Die tributgebundene Produktionsweise blieb so lange vorherrschend, bis sich die kapitalistische entfaltete und sie von innen zu erobern begann. Dieser Prozeß vollzog sich im Lauf des 18. Jhs. Die Aneigung des Mehrprodukts über Tribute blieb während dieser ganzen langen Periode weiterhin die Hauptstütze einer herrschaftlichen Klasse samt ihrer Gefolgsleute und Bediensteten. Tributabgaben finanzierten nach wie vor auch die Machtreserven des Staates, also seine Heere und Kriegsflotten wie auch seine Handelsflotten und seine Beamten. Die weiterhin eingeforderten Tribute halfen also die Bedingungen herzustellen, unter denen sich die kaufmännischen Aktivitäten überhaupt vollziehen und kräftig entwickeln konnten. Kraft eben dieser Erfolge eröffneten sich die Kaufmannsvermögen immer mehr Kanäle für den Warenaustausch, was die Tributbezieher mit der Zeit immer stärker von ihnen abhängig werden ließ. Die Kaufleute verschafften sich laufend größere Summen geldheckenden Geldes, das sie wiederum mit dem Ziel anlegten, den Zufluß von Waren zu den Märkten weiter zu verstärken. Dabei wurden dann Produzenten in aller Welt in ein geschlossenes Netz von Austauschbeziehungen eingebunden, was auf zwei Arten vor sich gehen konnte: entweder durch freiwillige Anpassung der vorfindlichen Produktionsbeziehungen an die Erfordernisse des Tauschhandels oder durch gewaltsame Maßnahmen, die die Produktion von Waren erzwingen konnten.

Die an den überseeischen Unternehmungen beteiligten europäischen

Kaufleute bedienten sich ganz unterschiedlicher Methoden, um das Mehrprodukt in den Handelsaustausch hineinzuschleusen. Manchmal verlegten sie sich exklusiv auf nur eine Methode, unter bestimmten Umständen konnten sie aber auch alle gleichzeitig einsetzen. Aber keine einzige dieser Methoden zur Verwandlung von Gütern in Waren war wirklich neu: für jede gab es eine Entsprechung in anderen, auf Tributen basierenden Systemen. All diese Methoden entsprangen unmittelbar aus ökonomischen Funktionen der tributgebundenen Produktionsweise und blieben mit dieser noch eine ganze Zeitlang verflochten.

Eine dieser Methoden bestand in dem Verkauf des tributförmigen Mehrprodukts. Dabei erstanden die Kaufleute gegen Lieferung anderer Güter von den herrschaftlichen Tributbeziehern und von staatlichen Agenturen gewisse Teile des Mehrprodukts. Ihre Warenlieferungen gewährleisteten der tributbeziehenden Klasse ihren aufwendigen Lebensstil, darüber hinaus belieferten die Kaufleute die Armeen des Staates und bestückten seine Waffenarsenale. Gelegentlich beteiligten sie sich auch selbst an Raubzügen und Plünderungen, wobei sie ihre Beute anschließend verkauften.

Eine zweite Methode, um Güter in den Handelskreislauf hineinzuziehen, bestand in der Eröffnung von Austauschbeziehungen mit Sammlern und unmittelbaren Produzenten. Diesen boten die Kaufleute Artikel an, die für sie selbst billig zu erstehen, für die Eingeborenen aber sehr begehrenswert waren; im Austausch bezogen sie Artikel, die für die Produzenten keinen großen Wert verkörperten, auf fernen Märkten aber teuer verkauft werden konnten. Die eingeborenen Produzenten bezogen in diesem Austauschprozeß Gebrauchswerte, die sie wie einen Schatz aufbewahrten. Dauerte ein solcher Austausch über längere Zeit fort, wurden die Völker, die die Kaufleute sich aufs Korn genommen hatten, von diesen allerdings abhängig. Sie intensivierten die Produktion der handelsstrategisch wertvollen Produkte, was zur Folge hatte, daß sie andere wichtige ökonomische Tätigkeiten verkümmern ließen oder ganz aufgaben. Da sich also die Produzenten zunehmend auf die Lieferung eines einzigen Artikels spezialisierten, wurden sie auch im Hinblick auf Werkzeuge, Haushaltswaren, Prestigegüter und sogar Lebensmittel immer mehr von den Kaufleuten abhängig. Wo sich die Produzenten gegen die Aufnahme oder Fortsetzung der Tauschgeschäfte sperrten, wurden sie von den Kaufleuten gelegentlich mit gewaltsamen Methoden zum Kauf gezwungen und mußten die erstandene Ware mit ihren eigenen Produkten abbezahlen. Zeitweilig halfen die Kaufleute den Tauschgeschäften auch mit Alkohol oder Tabak nach, so daß die Produzenten von den großzügigen Spendern physisch abhängig wurden und die weitere Abwicklung des Tauschhandels garantiert war. Mit der Zeit konnte ein derart ungleicher Austausch – dessen Aufrechterhaltung inzwischen durch Bevorschussungs-Systeme abgesichert wurde – in eine Art Peonage (Schuldknechtschaft) münden, wobei der unmittelbare Produzent aufgrund seiner Bedürfnisse gar nicht umhin konnte, sich auch für die Zukunft auf die Produktion derselben begehrten Artikel festzulegen.

Ein ähnlicher Prozeß zunehmender Spezialisierung und Abhängigkeit kennzeichnete auch die Herausbildung der »Verlags-Systeme«, die sich unter der Kontrolle der Kaufleute herausbildeten. Solche Systeme entstanden in der Regel aus der Produktion von spezialisierten Waren durch Haushalte, die ihre Produkte zwecks Weiterverkauf an Händler veräußerten. Diese Händler konnten dann allmählich ihre Herrschaft über den Arbeitsprozeß erweitern, indem sie Werkzeuge oder Rohmaterialien vorstreckten und die fertigen Produkte als Entgeld für die gelieferten Produktionsfaktoren in Zahlung nahmen.

Sowohl in der Form der Peonage als auch mit dem Verlagssystem gelangte die Warenproduktion schon an die Grenzen des Kapitalismus, war aber noch nicht von kapitalistischen Beziehungen beherrscht. Beide Methoden der Anwendung von Arbeit entwickelten sich über Händler, die den Austausch organisierten, indem sie Versorgungs- und Manufakturgüter vorschossen und dafür gezielt bestimmte Waren bezogen. Mittels seiner Vorschüsse konnte der Händler einen langfristigen pfandrechtlichen Anspruch auf Arbeit geltend machen, wobei es sich um die Arbeit einer verwandtschaftlich strukturierten Gruppe oder auch eines Handwerksbetriebs im Einzugsbereich einer tributherrschaftlichen Domäne handeln konnte. Der Händler konnte auch noch einen Schritt weiter gehen und Werkzeuge und Rohmaterialien – etwa Schießpulver, Gewehrmunition und Fallen oder Webstühle und Rohtextilfasern – verauslagen, d. h. die Arbeitskraft mit komplexen Arbeitsmitteln ausstatten. Ein solcher Händler kaufte aber noch keine Arbeitskraft auf einem Markt, auf dem die Arbeiter um vorhandene Arbeitsplätze konkurrierten, und er war auch noch nicht Herr über den tatsächlichen Arbeitsprozeß. Das Mehrprodukt bezog er nicht als Mehrwert, sondern als Resultat eines ungleichen Tausches im Rahmen monopolistischer und quasitributgebundener Beziehungen. Der Produktionsprozeß wurde noch von der Nachfrageseite her bestimmt – reagierte also auf die Erfordernisse von Kaufleuten, die mit Transaktionen über Märkte befaßt waren – und noch nicht aus dem Zusammenwirken von Arbeitskraft und Maschinen innerhalb des eigentlichen Produktionsprozesses. Solange es dabei blieb, hatten die Kaufleute nur begrenzte Möglichkeiten, den produktiven Prozeß zu beherrschen und auf neue Nachfragen abzustimmen.

Eine dritte Methode, wie die Kaufleute sich Teile des Mehrprodukts für den Handelsaustausch verschaffen konnten, bestand in der Ausbreitung der Sklaverei. Sklavenarbeit stellte nie eine bedeutendere eigenständige Produktionsweise dar, spielte aber insofern eine ergänzende Rolle, als sie alle anderen Produktionsweisen – die verwandtschaftlich strukturierten, die tributgebundenen und die kapitalistischen – mit Arbeitskräften versorgte. Sklaven wurden ganz regelmäßig in der Großlandwirtschaft und im Bergbau eingesetzt, wo der Produktionsausstoß von einer möglichst großen Arbeitsleistung bei möglichst geringem Aufwand an Arbeitsmitteln und menschlichen Fertigkeiten abhängt. Die Verwendung von Sklaven in solchen Produktionszweigen ist in Europa seit den Zeiten der klassischen Antike durchgängig praktiziert worden. Mit Beginn der europäischen Expansion nach Übersee stand also auch die Möglichkeit offen, Sklaven für die Erzeugung von Waren einzusetzen, die für den Austausch bestimmt waren. Die weite Verbreitung der Sklaverei in Amerika war insofern nur die jenseits des Atlantik vollzogene Wiedergeburt eines Produktionsprozesses, der längst schon in Kreta, Zypern, Sizilien, Madeira, den Azoren, den Kanarischen Inseln und den im Golf von Guinea gelegenen Inseln in Gang gekommen war.

Wie bei den oben geschilderten Vorschußsystemen gegenüber unmittelbaren Produzenten und Weiterverarbeitern, mußte auch im Fall der Sklavenwirtschaft der Arbeitsprozeß durch eine massive Infusion von Waren in Gang gesetzt werden. Die Kaufleute schossen den afrikanischen Sklavenlieferanten Waren vor, wodurch die Sklaven als eine Warenart unter anderen in die Austauschkreisläufe gerieten. Auch Plantagenbesitzern, die Sklaven als Arbeitskräfte für ihre Pflanzungen ankauften, streckten die Kaufleute Geld und Waren vor. Die Sklavenhaltung selbst erforderte – als ein System der Zwangsarbeit – notwendigerweise Geldaufwendungen, die häufig durch die Vorschüsse von Kaufleuten abgedeckt wurden. Zudem mußten die Sklaven »gebrochen« (d. h. abgerichtet) und beaufsichtigt werden – die hohe Produktivität ging mit hohen Ausgaben für Zwangsmittel einher. Da sich der größte Teil der Sklavenbevölkerung nicht reproduzierte, mußten laufend neue Sklaven erworben und bezahlt werden. Für deren Lebensunterhalt hatten die Eigentümer aufzukommen, wobei die entsprechenden Kosten von den Gewinnen der Plantagen abgingen. Wenn die Sklaven sich auf dem »Selbstversorgungsland« der Plantagen Nahrungsmittel für den eigenen Bedarf anbauen durften, wurde aufgrund ihrer verstärkten wirtschaftlichen Autonomie die Verfügungsmacht der Eigentümer geschwächt. Wirksame Herrschaft über die Sklaven machte es also häufig erforderlich, Lebensmittel und andere Dinge zu importieren. An diesem System waren nicht nur Kaufleute beteiligt. Oft brachten die Pflanzer ein aus Tributen stammendes Erbvermögen mit, und häufig investierten sie auch ihre Gewinne in die eigenen Unternehmen.

Aber insgesamt spielten die Kaufleute bei der Finanzierung der Sklavenhaltung, der Lieferung der benötigten Waren, der Erschließung von Märkten für die Plantagenprodukte und der Rückführung der Gewinne in die Mutterländer eine zunehmend bedeutende Rolle.

Die Kaufmannsvermögen erschlossen sich im Laufe der europäischen Expansion immer neue Zirkulationsrouten und Austauschkanäle. Eigentliche Quelle ihrer Bereicherung war die Fähigkeit, ein bestimmtes Preisgefälle – aufgrund dessen sie billig kaufen und teuer verkaufen konnten – zu pflegen und aufrechtzuerhalten. Gegen eine Einebnung dieses Preisgefälles schützte sich das Kaufmannsvermögen, indem es sich mit jedweder Macht verbündete, die der Entwicklung eines »freien« Marktes hinderlich sein konnte. Der kaufmännische Besitz bedurfte der politischen und militärischen Macht, um Liefergebiete zu erobern, um sich einen bevorzugten Zugang zu Lieferanten zu sichern, um sich unbefugte Konkurrenten vom Leibe zu halten und um sich mittels monopolistischer Verkaufsbeschränkungen möglichst hohe Gewinnspannen zu sichern. Da es dem kaufmännischen Besitz um die Macht über Personen zwecks Steigerung und Diversifizierung des Warenumsatzes ging, brachte er keinen Arbeitsmarkt hervor. Er bewirkte also keine qualitative Veränderung bei der Mobilisierung gesellschaftlicher Arbeit und blieb eng mit der tributgebundenen Produktionsweise verquickt. Diese Abhängigkeit konnte sich erst lockern, als neue politische und ökonomische Bedingungen für den Aufstieg des industriellen Kapitalismus sorgten.

Die verwandtschaftlich strukturierte Produktionsweise

Im Jahre 1400 waren die Gebiete mit intensiver landwirtschaftlicher Produktion von Gesellschaften in Beschlag genommen, die auf der tributgebundenen Produktionsweise basierten, wobei es allerdings überall in der Welt an den Rändern dieser Gebiete gesellschaftliche Gruppen gab, die in anderer Weise organisiert waren. Diese Gruppen werden in der anthropologischen Literatur überwiegend als »primitve« Völker bezeichnet. Dieser Ausdruck ist mißverständlich, wenn er uns die Irokesen oder die Crow-Indianer oder die Lunda als unsere »zeitgenössischen Urahnen« vorführt bzw. als Völker, die sich noch nicht auf das Niveau von Kulturvölkern emporgearbeitet haben. Der Ausdruck ist aber selbst in analytischer Hinsicht problematisch, weil er sich auf einen Entwicklungsursprung bezieht, ohne das Geringste zu dessen Beschreibung beizutragen. Claude Meillassoux hat ganz richtig geltend gemacht, daß man mit der lediglich negativen Kennzeichnung dieser Völker –

durch Begriffe wie »klassenlos«, »akephal« (führerlos, herrschaftsfrei) oder »staatsfrei« – noch keinerlei Aussage darüber trifft, was sie nun eigentlich positiv sind.

Es ist üblich geworden, von diesen Völkern zu sagen, daß sie durch »Verwandtschaftsverhältnisse« zusammengehalten werden; weniger üblich ist es hingegen, der Frage nachzugehen, was Verwandtschaftsverhältnisse eigentlich sind. Empirisch gesehen sind verwandtschaftliche Bindungen ihrer Ausdehnung wie ihrer Intensität nach durchaus verschieden. Es gibt Menschen, die »eine Menge Verwandte« haben, und andere mit sehr viel weniger. Oft spielt das Zusammenwohnen eine wichtigere Rolle als die Familienabstammung; örtliche Gruppen setzen sich häufig aus Verwandten, aber darüber hinaus auch aus Nichtverwandten zusammen. Dabei kommt es durchaus vor, daß gemeinschaftliche Aufgaben von Gruppen übernommen werden, die nicht durch verwandtschaftliche Beziehungen definiert sind, oder daß die Ausbeute von Jagd- bzw. anderen Unternehmungen sowohl innerhalb der Verwandtschaft als auch unter Nicht-Verwandten verteilt wird. Für viele Anthropologen sind zum Verständnis der Formen der menschlichen Selbstorganisation die Residenzregelungen sogar ein wichtigeres Kriterium als die Verwandtschaftsverhältnisse. So vertreten etwa Kroeber wie auch Titiev die Position, daß sich *lineages* auf der Grundlage des Zusammenwohnens herausbilden (Kroeber 1952, 210; Titiev 1843). Ganz ähnlich hat Leach den Anthropologen ins Stammbuch geschrieben, sie hätten »von einer konkreten Realität – also einer örtlichen Gruppe von Menschen – auszugehen und nicht von einer abstrakten Realität – wie etwa vom theoretischen Konzept der *lineage* oder einem vorgefaßten Begriff von Verwandtschaftssystem« (1961, 104). Selbst Meyer Fortes, dessen bedeutende Leistung in der Analyse erweiterter Verwandtschaftssysteme und ihrer rechtlichen und politischen Implikationen besteht, hat folgendes festgehalten:

»Eine *lineage* kann nicht ohne weiteres als geschlossene Gruppe agieren, wenn ihre Mitglieder zur Regelung ihrer Angelegenheiten nie zusammentreffen können. Daher ist es keineswegs ein überraschender Befund, daß eine *lineage* in afrikanischen Gesellschaften im allgemeinen an einem Ort verankert ist, dabei aber nicht unbedingt in einem geschlossenen bzw. ständig in demselben Territorium lebt. Für eine weit verstreut lebende Gruppe kann schon ein festerer Kern von Mitgliedern ein hinreichendes örtliches Zentrum abgeben.« (1953, 36)

Große Unterschiede zwischen den einzelnen Völkern gibt es auch hinsichtlich der Frage, inwieweit sich Verwandtschaftsstrukturen, die in den einzelnen Familien anzutreffen sind, auch auf die entferntere Verwandtschaft

»erstrecken«. Unterschiedlich ist auch der Grad, in dem solche erweiterten oder replizierten Strukturen familialer Verwandtschaftsverhältnisse auch die rechtlichen und politischen Verpflichtungen zwischen den einzelnen Gruppen zu tragen haben. Anders ausgedrückt: die Normen verwandtschaftlicher Verpflichtungen können im wesentlichen auf das familiale Verhältnis der Filiation (d. h. zwischen den Eltern und ihren Nachkommen) und der Heirat (also zwischen den Heiratspartnern) begrenzt sein. Sie können sich ferner darauf beschränken, die Menschen mit einem Fundus von Verwandtschafts-»bezeichnungen« auszustatten, ohne damit gleich rechtliche und politische Verpflichtungen zu verknüpfen. Bei anderen Völkern können Verwandtschaftsverhältnisse dann wieder eine überdimensionale Bedeutung annehmen, also z. B. weitgespannte gesellschaftliche und ideologische Bündnisbeziehungen herzustellen helfen, die dann auf rechtlicher und politischer Ebene zu wichtigen Wirkungsfaktoren werden können.

Verwandtschaftliche Beziehungen können demnach auf zwei Ebenen wirksam werden: auf der Ebene der Familie bzw. des familialen Haushalts und auf der Ebene der politischen Ordnung. Aber damit haben wir es immer noch mit Aussagen darüber zu tun, was Verwandtschaft *bewirkt* – und nicht, was sie *ist*. Und wenn wir schon »Verwandtschaft« nicht definieren können, läßt sich auch nicht definieren, was »Nicht-Verwandtschaft« sein soll. Die Nicht-Anthropologen unter unseren Lesern mag es überraschen, daß die Anthropologen selbst sich durchaus nicht einig sind, was unter Verwandtschaft zu verstehen sei. Die Zunft ist in dieser Frage insgesamt in drei Gruppen gespalten. Da sind zunächst diejenigen Analytiker, die in Verwandtschaft und ihren Erscheinungen bloße Folgewirkungen der menschlichen Biologie erblicken: Die Menschen treten eben in zweierlei Sexualgestalt auf und gehen sexuelle Beziehungen ein – mit der Folge, daß die weiblichen Menschen Nachkommen hervorbringen. Die biologischen Sachverhalte Sexualbeziehung und Zeugung werden so zur Grundlage von Heirat und Nachkommenschaft als Institutionen des menschlichen Lebens. Verwandtschaftsverhältnisse sind in dieser Sichtweise etwas, was lediglich mit der Ermittlung von Ahnenreihen zu tun hat. Andere Anthropologen vertreten demgegenüber eine zweite Position: Verwandtschaft habe nicht nur mit der gesellschaftlichen Kontrolle von sexuellen Beziehungen und Zeugungsvorgängen zu tun, sondern schließe auch kulturelle Bestimmungen über Heiratsverbindungen und kulturell festgelegte Muster ein, die eine Zuordnung der Nachkommen zu den Elternteilen ermöglichen. In dieser Sicht bilden Verwandtschaftsbeziehungen einen besonderen kulturellen Bereich mit eigenständigem Inhalt, der aus symbolischen, die Deszendenz- und Affilitätsbeziehungen benennenden Konstrukten besteht. Diese Symbole sind in den verschiedenen Kulturen jeweils unterschiedlich ausgeprägt. Schließlich gibt es noch eine dritte Gruppe von Anthropologen, die die Position vertritt, daß Verwandtschaft lediglich ein »Idiom« sei, in dem ökonomische, gesellschaftliche, politische und rituelle Beziehungen erörtert werden. Hier wird Verwandtschaft zu einer Metapher, deren eigentlicher Gehalt auf einer ganz anderen Ebene liegt. Was verwandtschaftliche Beziehungen sind, wird erst klar, wenn die Beziehungen geklärt werden, die sie eigentlich »ausdrücken« sollen.

Die erste Gruppe von Anthropologen, die Verwandtschaftsverhältnisse als gesellschaftliche Steuerung biologischer Prozesse (Sexualität und Fortpflanzung) auffassen, heben vornehmlich auf die Art und Weise ab, wie sich die Rechte und Pflichten – einschließlich der Rechte auf die natürlichen Ressourcen und den Lebensunterhalt – auf die biologisch produzierten Akteure verteilen. Aus ihrer Sicht sind verwandtschaftliche Formen oder Strukturen kulturelle Nebenerscheinungen, die dieser Verteilung dienen. Im allgemeinen ist ihr Begriff von Verwandtschaft ein vorwiegend rechtlicher: Verwandtschaftsverhältnisse sind dazu da, um den in die Gruppe hineingeborenen Menschen rechtliche Positionen zuzuweisen. Anders die Vertreter des kulturellen Symbolismus: für sie ist Verwandtschaft ein Bereich symbolischer Kategorien die mit anderen symbolischen Kategorien der betreffenden Kultur zusammenhängen. Die Funktion der verwandtschaftlichen Begriffe wird als eine moralische gesehen, nämlich als Beitrag zu der Aufgabe, Ordnung in die Gesamtheit der Symbole der Kulturträger zu bringen. In der Praxis betrachten die Symbolisten die Kleinfamilie als eine Art Warenlager für Kultursymbole und gehen davon aus, daß man bei der Erforschung der Bereiche jenseits der Familie die gleichen oder ähnlichen Begriffe zu Tage fördern werde (vgl. Schneider 1972).

Aus einer erweiterten Perspektive ergänzen sich diese beiden Positionen gegenseitig. Angesichts der Tatsache, daß Menschen – im Gegensatz zu Schnappschildkröten – nicht aus Eiern ausgebrütet und dann an einem sicheren Ort deponiert und alleingelassen werden, sondern nach ihrer Geburt mittels der Wirkungsmechanismen des Inzest-Tabus sozialisiert werden, sind Verwandtschaftsbezeichnungen und -kategorien von Anfang an Symbolkonstruktionen. Das Inzest-Tabu als Institution des menschlichen Lebens funktioniert überhaupt nur aufgrund der Unterscheidung zwischen der Menschengruppe, mit der man so etwas wie eine – durch blutsmäßige oder körperliche Gemeinsamkeiten symbolisierte – Substanz gemeinsam hat und innerhalb derer man nicht heiratet, und den anderen Menschen, mit denen man sich verheiraten kann und die im wesentlichen über eine andere Ahnensubstanz verfügen. Obwohl das Inzest-Tabu in seinen Ursprüngen noch immer nicht vollständig erklärt ist, hat es Claude Lévi-Strauss zurecht als Ausgangspunkt für seine Erforschung von Verwandtschaftsverhältnissen gewählt. So wie die ursprünglichen, durch dieses Tabu gesetzten Verwandtschaftskategorien symbolische Konstrukte sind, sind es auch alle anderen grundlegenden Verwandtschaftskategorien wie Geschlecht, absolutes und relatives Alter, Abstammung und Verschwägerung. Da die symbolischen Bedeutungsgehalte hier schon in die Bestimmungen der Gesellschaftlichkeit des Menschen übergehen, hat man diese Grundannahmen über die menschliche »Natur« allenthalben mit den Annahmen in Verbindung gebracht, die man über die Natur insgesamt und über den Bereich des Übernatürlichen entwickelt hat. (Angesichts dessen erscheint die oben skizzierte dritte Schule der Verwandtschaftsforschung, die ausschließlich die metaphorische Bedeutung von verwandtschaftlichen Symbolen gelten läßt, als unbefriedigend, insofern sie die Erforschung von Erscheinungen, mit denen sie sich nicht auseinandersetzen will, einfach ausblendet.)

Diese beiden anthropologischen Ansätze lassen sich zu einer operationellen Interpretation von Verwandtschaft kombinieren, mittels derer wir verwandtschaftliche Verhältnisse im Kontext der Politischen Ökonomie betrachten können. Verwandtschaft läßt sich dann wie folgt definieren: als eine bestimmte Art der Verpflichtung zu gesellschaftlicher Arbeit zwecks Umwandlung der Natur, die sich aus der Berufung auf direkte Abstammung und Heirat bzw. aus Bluts- und angeheiratete Verwandtschaftsbeziehungen ergibt. Oder schlicht ausgedrückt: die gesellschaftliche Arbeit wird durch die Verwandtschaftsverhältnisse in persönliche zwischenmenschliche Beziehungen »gebannt« bzw. »eingebettet«. Die Arbeit kann folglich nur mobilisiert werden durch einen Zugriff auf Menschen, der auf symbolische Weise definiert ist. In Gang gehalten wird die gesellschaftliche Arbeit durch das *Was* der Tätigkeit, während das *Wie* mit der symbolischen Bestimmung von Bluts- und angeheirateten Verwandten zu tun hat. Verwandtschaft beinhaltet mithin a) symbolische Kategorien (Abstammung/Heirat; Bluts-/angeheiratete Verwandtschaft), die b) zwischen Akteuren, die qua Geburt oder von außen in die Gruppe gekommen sind, c) dauerhafte gesellschaftliche Beziehungen stiften. Diese gesellschaftliche Beziehungen schaffen d) die Möglichkeit, auf unterschiedliche Weise den Beitrag jedes einzelnen zur gesellschaftlichen Arbeit anzufordern, um e) die notwendigen Veränderungen der Natur zu bewerkstelligen.

Nun sind Verwandtschaftsverhältnisse zwar ein bestimmtes Mittel, um Rechte auf Menschen geltend zu machen und somit den Beitrag des einzelnen zur gesellschaftlichen Arbeit in Anspruch zu nehmen; zugleich gibt es aber beträchtliche Unterschiede hinsichtlich der Art und Weise, wie diese Rechte und Ansprüche bei den verschiedenen Völkerschaften geltend gemacht werden. Die anthropologische Forschung hat die Erkenntnis erbracht, daß Verwandtschaftsverhältnisse in folgenden beiden Konstellationen auf grundsätzlich unterschiedliche Weise funktionieren. Die eine Konstellation liegt vor, wenn die natürlichen Ressourcen reichlich vorhanden und für jeden da sind, der sich ihrer bemächtigen kann; die andere Konstellation liegt vor, wenn die Ressourcen nicht frei zugänglich sind und nur aufgrund einer »verwandtschaftlichen Lizenz« in Anspruch genommen werden können. Im ersten Fall erwachsen die verwandtschaftlichen Verbindungen aus den Austauschgewohnheiten des täglichen Lebens und verknüpfen Menschen untereinander, die ohnehin gewohnheitsmäßige Beziehungen pflegen. Im zweiten Fall fungieren die Verwandtschaftsverhältnisse mittels ihrer strengen Definition von Gruppenzugehörigkeit als ein geschlossener Kreis, der sich schützend um die Ressourcen-Basis der Gruppe legt.

Dieser Gegensatz konstituiert zwei eigenständige Varianten der verwandtschaftlich strukturierten Produktionsweise, insofern gesellschaftliche Arbeit in den beiden beschriebenen Konstellationen auf unterschiedliche Weise angewendet wird. Als bestes Beispiel für die erste Variante begegnen uns in der anthropologischen Literatur die »Horden« von Nahrungsmittelsammlern. Diese Horden wandeln die Natur nicht um, sie sammeln vielmehr nur die von der Umwelt auf natürliche Weise dargebotenen Ressourcen und tragen sie zusammen, damit die Menschen sie besser nutzen können. Die natürliche Lebenswelt wird hier nicht als Mittel für einen unter der Kontrolle des Menschen vollzogenen organischen Umwandlungsprozeß in Anspruch genommen, wie z. B. beim Ackerbau oder bei der Herdenwirtschaft. Die Natur ist »Arbeitsgegenstand« und nicht »Arbeitsmittel« (vgl. Marx, MEW 23, 194 f.). Bei solchen Bedingungen leben die Menschen, die ja jeweils einen Teil der gesellschaftlichen Arbeit verkörpern, nach Maßgabe der ökologischen Zwänge und Möglichkeiten in dichteren oder lockereren Formationen zusammen. Der erreichbare Grad koordinierter Arbeit richtet sich dabei nach dem Niveau des Zusammenwirkens von Technologie und örtlicher Umwelt bzw. nach der Fähigkeit der Gruppe, ihre Konflikte durch Konsensbildung und informelle Sanktionen zu beherrschen. In solchen Verhältnissen ist Verwandtschaft in erster Linie ein Mittel, um über Heiraten und Kinderkriegen Beziehungen zwischen einzelnen Personen – sprich: Partnerbeziehungen zwischen Teilhabern an der gesellschaftlichen Arbeit – herzustellen. Solche Partnerbeziehungen entspinnen sich wie ein Netz zwischen den einzelnen Beteiligten. Da dieses Netz keine festen Grenzen hat, können neue Partner je nach Bedarf oder Notwendigkeit von den bereits Beteiligten aufgenommen oder ausgeschlossen werden.

Bei der zweiten Variante der verwandtschaftlich strukturierten Produktionsweise ist die Anwendung gesellschaftlicher Arbeit ganz anders geregelt. Wo die Natur der Umwandlung durch gesellschaftliche Arbeit unterliegt, wird die Umwelt selbst zu einem Produktionsmittel, also zu einem Instrument, für das Arbeit verausgabt wird. Hier transformiert eine Gruppe von Menschen – mit Hilfe von Werkzeugen, organisatorischen Mitteln und Ideen – einen Teilbereich der Natur mit dem Ziel, Nahrungspflanzen oder Vieh zu produzieren. In einer solchen Gesellschaft wird die gesellschaftliche Arbeit auf soziale Großgruppen verteilt, die ihre Arbeitskraft in zusammengefaßter und über mehrere Generationen verteilter Form in einen bestimmten Teilbereich ihrer Umwelt stecken, wobei sie zugleich einen generationsübergreifenden Grundstock von Ansprüchen und Gegenansprüchen auf gesellschaftliche Arbeit ansammeln. Wo die Verhältnisse zu geschlossenen ökologischen Räumen tendieren, müssen die Beziehungen zwischen diesen Großgruppen zwangsläufig enger definiert und umgrenzt sein, und die Gruppen schließen sich in der Regel rasch nach außen hin ab.

Unter solchen Verhältnissen kann das Idiom von elterlicher Abstammung und Heirat generationsübergreifende – reale oder fiktive – Ahnenreihen konstruieren helfen. Damit läßt sich eine Gruppe von Menschen abgrenzen, die dank ihrer privilegierten Mitgliedschaft Rechte auf gesellschaftliche Arbeit geltend machen kann.

Solche Gruppen berufen sich in der Regel auf einen grundlegenden Mythos, in dem jeweils kulturell herausgehobene und mit übernatürlichem Segen versehene Verwandtschaftsverbindungen festgelegt sind. Ein solcher Mythos erfüllt eine ganze Reihe von Funktionen. Erstens gestattet er der Gruppe, unter Berufung auf Verwandtschaftsbeziehungen Vorrechte in Anspruch zu nehmen. Zweitens gestattet bzw. verwehrt er den Zugriff auf wichtige Ressourcen. Drittens regelt er über die Definition der nicht blutsmäßigen verwandtschaftlichen Bande den Austausch von Personen zwischen den Abstammungsgruppen. (Eine Heirat stiftet hier also nicht nur eine Beziehung zwischen den Eheleuten und ihren direkten Verwandten, sondern auch eine politische Bündnisverpflichtung zwischen den beteiligten Gruppen.) Viertens werden bestimmten Positionen innerhalb der Abstammungsreihe durch einen solchen Mythos Leitungsfunktionen zugewiesen, die somit auf politischem und rechtlichem Gebiet ungleich verteilt werden – nach Kriterien wie: die Alten dominieren über die Jungen, die älteren Abstammungslinien über die jüngeren und die ranghöheren über die rangniedrigeren. Über diese politische Verteilungsprozedur werden die Verwandtschaftsverhältnisse auf Familien- oder Haushaltsebenen unter die verwandtschaftlichen Kategorien auf rechtlicher und politischer Ebene subsumiert und durch sie organisiert. Die interpersonalen Beziehungen unterliegen also kategorischen Ein- bzw. Ausgrenzungsvorschriften.

»Erweiterte« Verwandtschaft ist daher etwas anderes als Verwandtschaft auf der Ebene von Abstammung und Heirat; sie hat mit der Zuweisung von Rechten und Ansprüchen zu tun und insofern auch mit den politischen Beziehungen zwischen den Menschen. Auf der »engeren« Ebene stellt Verwandtschaft individualisierte Beziehungen zwischen Teilhabern der gesellschaftlichen Arbeit her; erweiterte Verwandtschaftsverhältnisse regeln dagegen die Aufteilung der Arbeit auf verschiedene Fonds von Arbeitskräften und kontrollieren den Transfer einzelner Arbeitskräfte zwischen diesen Fonds.

Die Hartnäckigkeit, mit der sich das Idiom von Verwandtschaftsverhältnissen im rechtlich-politischen Bereich am Leben hält, stellt freilich auch ein Problem dar. Die Terminologie verwandtschaftlicher Bestimmungen drückt stets einen symbolischen Prozeß aus. Im Lauf ihres Wandels von einem System interpersonaler Beziehungen zu einer politischen Ordnung wird Verwandtschaft zu einem entscheidenden ideologischen Faktor politischer Machtverteilung. Aber warum hält sich die Sprache der Verwandtschaftsverhältnisse überhaupt auf diesem fremden Schauplatz? Zu den wenigen Leuten, die sich mit dieser Frage auseinandergesetzt haben, gehört Meyer Fortes:

> »Die Frage, warum der Bildung genossenschaftlicher Gruppen ausgerechnet das Abstammungs- und nicht das Orts- oder irgendein anderes Prinzip zugrundeliegt, bedarf noch weiterer Forschungen. Erinnern wir uns, daß Radcliffe-Brown (1935) Nachfolgeregelungen mit dem Bedürfnis nach einer eindeutigen Unterscheidung zwischen Rechten *in rem* und *in personam* in Zusammenhang gebracht hat. Vielleicht hat das Prinzip der Abstammung am meisten mit der Tatsache zu tun, daß die Anrechte auf die Reproduktionskräfte der Frauen im Rahmen eines Systems von Abstammungsgruppen leichter zu regeln sind. Ich glaube allerdings, daß noch etwas Grundsätzlicheres dahintersteckt – es gibt nun einmal in einer homogenen Gesellschaft kein Prinzip, das dem einzelnen seinen Platz in der Gesellschaft so präzis und so unanfechtbar zuweisen kann wie die elterliche Abstammung.« (1935, 30)

Diese Erklärung von Meyer Fortes ist zwar nicht völlig zufriedenstellend, sie verweist aber immerhin auf zwei Machtquellen, die innerhalb der verwandtschaftlich strukturierten Produktionsweise eine wichtige Rolle spielen: die Kontrollmacht über die reproduktiven Kräfte der Frauen sowie die elterliche Abstammung. Beide funktionieren generationsübergreifend, und beide plazieren die Menschen auf jeweils besondere Weise in Macht- und Einflußpositionen. Die erste Machtquelle vergibt Anrechte auf die durch die Frauen, ihre Nachkommen und die angeheirateten Verwandten verkörperte gesellschaftliche Arbeit; die zweite definiert nicht nur die direkten Abstammungs-, sondern auch die verwandtschaftlichen Neben- und Seitenlinien –

und damit den Umkreis, in dem sich Verwandtschaft zu Bündniszwecken mobilisieren läßt. In den Kategorien von Heirat und Abstammung stecken daher Informationen über die Fähigkeit, Arbeitskräfte für bestimmte Tätigkeiten und zu Unterstützungszwecken aufzubieten – das heißt Informationen darüber, wie die gesellschaftliche Arbeit unter den rivalisierenden Gruppen jeweils verteilt ist.

Wo die symbolischen Verwandtschaftskategorien ihren Geltungsbereich derart ausgedehnt haben, weisen die Beziehungen zwischen den Trägern der gesellschaftlichen Arbeit innerhalb der Konkurrenz um die natürlichen Ressourcen eine monopolistische oder oligopolistische Struktur auf, bei gleichzeitigem Wettstreit um den Vorrang oder die Vorherrschaft unter den sozialen Gruppen. Dabei geht die Tendenz, die äußeren Gegensätze gegenüber anderen Gruppen möglichst stark zu betonen, mit einer Vermehrung der inneren Gegensätze einher. Zu diesen inneren Gegensätzen zählt erstens der Widerspruch zwischen Männern und Frauen. Ein gewisses Gleichgewicht zwischen den Geschlechtern läßt sich vielleicht noch so lange aufrechterhalten, wie in einer Konstellation mit offen zugänglichen Ressourcen »Verwandtschaft« nur eines von mehreren Ordnungselementen ist. Sobald aber das Kriterium der Abstammungsgruppe auf dem politischen Feld eine Rolle spielt, werden durch Heirat begründete Verwandtschafts-Beziehungen zu politischen – und bei diesem Prozeß büßen die Frauen im Vergleich zu den Männern an gesellschaftlichem Status ein, weil sie jetzt zu bündnispolitischen Wertmarken geworden sind. Zweitens gibt es den inneren Gegensatz zwischen den Älteren und den Jüngeren, wobei die Älteren die ihnen zustehenden Herrschaftspositionen innerhalb wie außerhalb der Gruppe besetzen. Zwar werden mit der Zeit auch einige Jüngere in die Position der Älteren nachrücken, aber andere werden es nie zu einer bedeutsamen Position bringen. Dieser Gegensatz kann sich bekanntlich zum offenen Konflikt ausweiten. In diesem Buch werden wir noch mehrfach von der Rebellion »Jugendlicher« gegen die ältere Generation erfahren, so etwa während der Expansionsphase der Pferdehaltung in den amerikanischen Great Plains (Kapitel 6) oder bei der Entstehung von Sklavenjäger-Gruppen in Angola (Kapitel 7).

Drittens führen die internen Rangabstufungen auch zu Gegensätzen zwischen den ursprünglichen Siedlern und später dazugestoßenen Mitgliedern, zwischen Abstammungslinien derselben Vorfahren, die höher oder tiefer eingestuft werden, sowie zwischen gesellschaftlich aufsteigenden und im Niedergang befindlichen Linien. Der Ausschlag des Pendels in Richtung Aufstieg oder Abstieg kann dabei entweder von einem demographischen Übergewicht bzw. Niedergang herrühren oder von einem erfolgreichen bzw. erfolglosen Umgang mit Bündnissen, Menschen und Ressourcen, aber auch von Siegen bzw. Niederlagen in Kriegen. Führer, die beim Abschluß politisch entscheidender Heiraten oder bei der geglückten Umverteilung von Versorgungs- und Luxusgütern an ihre Gefolgschaft besonderes Geschick an den Tag legen, können ihre Position auf Kosten ihrer ungeschickteren Rivalen verbessern. Solche Erfolge lassen sich im Lauf der Zeit in genealogische Ansprüche umsetzen – sie können sogar zur Umschreibung von Ahnenreihen führen, womit dann die veränderten Machtverhältnisse nach außen demonstriert werden.

Die Tatsache, daß sich Anführer auf diese Weise hocharbeiten können, erweist sich freilich als eine Archillesferse der verwandtschaftlich strukturierten Produktionsweise, als einer ihrer typischen Belastungspunkte. Wenn sich nämlich ein Häuptling oder anderer Anführer durch die Handhabung von Bündnissen und durch Umverteilungsmaßnahmen eine Gefolgschaft heranzieht, stößt er an eine Grenze, die er nur überwinden kann, indem er die Schranken der Verwandtschaftsordnung durchbricht. Zwar kann er Brautpreise manipulieren, um Frauen zu erwerben, deren Nachkommen dann vornehmlich seiner Person Loyalität schulden; er kann Außenstehende auffordern, sich auf dem Gebiet seiner Gruppe niederzulassen, und sich damit vielleicht eine persönliche Gefolgschaft heranziehen; er kann Pfand- und andere Sklaven erwerben und unter seiner persönlichen Kontrolle arbeiten lassen. Aber solange solche strategischen Maßnahmen durch seine Verwandten und deren Verbündete kontrollierbar sind, bleibt sein Aktionsradius begrenzt. Eine Methode, die einem Häuptling tatsächlich den Zugriff auf ein erweitertes Mehrprodukt eröffnet, ist der Krieg. Aber die Früchte des Krieges bleiben begrenzt: Beute macht man im allgemeinen nur sporadisch, und diese keineswegs dauerhafte Einnahme muß noch mit anderen geteilt werden. Um also die Schranken der Verwandtschaftsordung zu durchbrechen, muß ein Häuptling selbständigen Zugang zu berechenbaren, ständig erneuerbaren Ressourcen gewinnen, die allein ihm zur Verfügung stehen.

Nun hält zwar unter Bedingungen knapper und kontrollierter Ressourcen eine verwandtschaftlich strukturierte Ordnung den internen Differenzierungsprozeß in gewissen Grenzen, sie scheint aber doch eher Ungleichheiten als eine egalitäre Verteilung der individuellen Lebenschancen hervorzubringen. Geschlechtsunterschiede, das Alter sowie zugeschriebene und erworbene Machtpositionen bringen einfach Widersprüche hervor, die zu Rissen innerhalb des Verwandtschaftssystems führen müssen. Weitere Risse entstehen aufgrund von Konflikten zwischen Individuen oder Gruppen, bzw. wenn verschiedene Verwandte konfligierende Ansprüche auf Menschen oder ihre Arbeitskraft erheben oder wenn innerhalb des engeren oder weiteren

Verwandtenkreises normative verwandtschaftliche Verpflichtungen nicht erfüllt werden. Durch solche Kräfte und Faktoren wird das Weiterbestehen des Verwandtschaftssystems in Frage gestellt. Was aber verhindert dann überhaupt die Auflösung dieser Ordnung? Wie kommt es, daß verwandtschaftlich strukturierte Gruppen die ganze Zeit hindurch überhaupt ihren Zusammenhalt bewahren?

Die Fähigkeit der verwandtschaftlich strukturierten Produktionsweise zur Selbsterneuerung erklärt sich womöglich dadurch, daß es jenseits der durch verwandtschaftliche Bande geknüpften Beziehungen kein einziges Verfahren gibt, über das die gesellschaftliche Arbeitskraft zusammengefaßt oder mobilisiert werden könnte. Die oben geschilderten Gegensätze artikulieren sich in der Regel nur ganz partikular, als Zusammenstoß zwischen einem bestimmten älteren und einem bestimmten jüngeren Gruppenmitglied, innerhalb einer bestimmten *lineage*, an einem bestimmten Ort und zu einer bestimmten Zeit – und nicht etwa als allgemeiner Gegensatz zwischen Älteren und Jüngeren als zweier Klassen. Im Alltagsleben hält die verwandtschaftlich strukturierte Produktionsweise ihre inneren Widersprüche dadurch unter Kontrolle, daß sie Spannungen und Konflikte partikularisiert.

In den Mythen und Ritualen werden diese für das Alltagsleben bedrohlichen Gegensätze allerdings auf allgemeiner Ebene dramatisiert. Während im Alltag das Allgemeine im Besonderen aufgeht, lassen die Mythen und Rituale das jeweils Besondere in allgemeinen Aussagen über die Natur des Universums aufgehen. Und wenn Erklärungen geboten werden, treten sie im Gewand verallgemeinerter Wahrheiten auf. Man mag nun darüber spekulieren, inwieweit eine solche Projektion konkreter Konflikte auf die Ebene universeller mythischer Vorgänge und Bedeutungen wirklich zur Entschärfung dieser Alltagskonflikte beitragen kann. Die Wirksamkeit eines solchen Verfahrens dürfte wohl davon abhängen, bis zu welchem Ausmaß reale Konflikte wirklich partikularisiert und voneinander separiert werden können. Wenn sich ständig gleichartige und gleichgerichtete Konflikte ansammeln, dürfte das System von Mythen und Ritualen immer stärker strapaziert und in seiner Wirksamkeit beeinträchtigt werden.

Konflikte innerhalb und zwischen Verwandtschaftsverbänden mögen aber auch durch die Angst gedämpft werden, die massenhafte Mobilisierung von Unterstützung könnte zu teuer kommen. Wer sich nach Verbündeten umtut, muß auf frühere Hilfsversprechen zurückgreifen und den Verbündeten für die Zukunft seine eigene Unterstützung zusagen. Damit bringt jede Eskalation die Gefahr einer räumlichen und zeitlichen Ausdehnung des Konflikts mit sich. Wenn allerdings hinreichend wichtige Dinge auf dem Spiele stehen, kann eine Eskalation sehr wohl als wünschbar erscheinen; wobei dann zur

Festigung der Bündnisse vermehrte Geschenke und häufigerer Austausch von Frauen fällig werden. So kann man z. B. die Geschichte des nordamerikanischen Pelzhandels als schrittweisen Ausbau von Beistandsallianzen mit den »englischen Indianern« gegen die »französischen Indianer« interpretieren. Solche Bündnisse können auch durch die Fortentwicklung von Mythen und Ritualen stabilisiert und gestärkt werden. Das war etwa beim Irokesenbund der Fall, der den Versuch darstellte, durch Ablenkung der Energien auf gemeinsame äußere Feinde die internen Konflikte zu bändigen.

Dennoch stoßen Konfliktlösungsversuche im Rahmen der verwandtschaftlich strukturierten Produktionsweise an eine letzte Grenze, die in den strukturellen Problemen dieser Produktionsweise selbst liegt. Wenn sich die Konflikte aufstauen, sind die von Verwandtschaftsstrukturen getragenen Bewältigungsmechanismen häufig überfordert. In einem solchen Fall werden die Gruppen auseinanderbrechen und sich spalten. Das kommt nicht nur des öfteren vor, sondern stellt sogar einen wichtigen Ausgangspunkt von Veränderungen dar. Wir haben uns eine Wahrnehmung angewöhnt, die so tut, als existierten Gesellschaften in einer zeitlosen ethnographischen Gegenwart und in völliger gegenseitiger Isolation. Das hat uns dazu verführt, im Aufbrechen und in der Spaltung von verwandtschaftlich strukturierten Gruppen eine bloße Verdoppelung der inneren Ordnung der Ausgangsgruppe zu sehen. In der Realität freilich können sich abgespaltene Gruppen nur selten in herrenloses Terrain absetzen, wo sie auf keine Konkurrenten treffen. Sie werden also vermutlich dem Druck von anderen Gesellschaften ausgesetzt sein, die eine tributgebundene oder kapitalistische Produktionsweise repräsentieren. Insofern ist eine Verdoppelung wohl der Ausnahmefall gewesen. Wahrscheinlicher ist, daß bei den sich abspaltenden Gruppen, sobald sie in ihrer unbeschränkten Bewegungsfreiheit gehemmt wurden, ein innerer Wandlungsprozeß eingesetzt hat.

Auf Verwandtschaftsbeziehungen aufbauende gesellschaftliche Gruppen sind also keineswegs vor interner Differenzierung und vor von außen wirkendem Veränderungsdruck geschützt. Eine ungleiche Verteilung der gesellschaftlichen Arbeit kann den Aufstieg einflußreicher Führerfiguren begünstigen. Aber auch Kontakte mit anderen Gruppen können einzelnen Personen, die mit Interessenunterschieden und möglichen Konflikten besonders gut umgehen können, erhöhte Bedeutung verleihen. Diese Tendenzen zu einer ungleichen Verteilung von Funktionen werden noch erheblich verstärkt, wenn verwandtschaftlich strukturierte Gruppen mit tributgebundenen oder kapitalistischen Gesellschaften in Beziehung treten. Über solche Beziehungen können sie an Überschüsse herankommen, die ihnen innerhalb der verwandtschaftlich strukturierten Produktionsweise nicht zur Verfügung stehen. Unter Ausnutzung dieser externen Ressourcen können dann die Häuptlinge das Funktionieren der Verwandtschaftsordnung lahmlegen. Aus eben diesem Grunde haben sich Häuptlinge als notorische Kollaborateure der europäischen Pelzhändler in Amerika und der Sklavenjäger in Afrika erwiesen. Aufgrund ihrer Verbindung zu den Europäern konnten die Häuptlinge sich Waffen und wertvolle Güter, das heißt aber auch: eine neue Gefolgschaft verschaffen, die von verwandtschaftlichen Beziehungen – da außerhalb ihrer Strukturen stehend – unbelastet blieb.

Die Frage der Häuptlingsdomänen

Der Ausdruck Häuptling (*chief*) hat sich als Bezeichnung für anerkannte Anführer bzw. Oberhäupter (nach dem lateinischen *caput*) gesellschaftlich organisierter Bevölkerungsgruppen eingebürgert. In der Praxis zeichneten die Europäer mit diesem Titel alle einflußreichen einheimischen Persönlichkeiten aus, die in der Lage waren, ihre Interessen zu fördern oder zu behindern. Insofern bezieht sich der Ausdruck »Häuptling« auf Männer, deren Autorität ganz unterschiedlicher Herkunft und ganz unterschiedlichen Kalibers sein kann; mit ihm läßt sich dementsprechend analytisch kaum etwas anfangen. Ob eine solche Autoritätsperson die Fähigkeit besitzt, über gesellschaftliche Arbeit zu verfügen und die Beziehungen zwischen den Gruppen zu beeinflussen, hängt ganz von den Faktoren ab, die sie im Rahmen des Machtspiels zur Geltung bringen kann – als da sind: Anzahl und Stärke der ihr unterstehenden Leute, die Qualität der Ressourcen, die im Besitz dieser Person sind, sowie deren Bedeutung für die Außenwelt, und schließlich ihr Kriegsführungspotential, also ihre Fähigkeit, sowohl die eigenen Ressourcen zu verteidigen als auch den Angriffsoperationen ihrer Gegner zu begegnen. Ein *tais* von der Nordwestküste Nordamerikas hatte z.B. weniger potentielle Macht als ein *induna* bei den Zulus, ein *induna* wiederum weniger als ein mongolischer *khan.* Diese Unterschiede wirkten sich auch auf die Fähigkeit eines Häuptlings aus, die Schranken der verwandtschaftlich strukturierten Produktionsweise zu überwinden und zum Partner innerhalb tributgebundener oder kapitalistischer Beziehungen zu werden.

Diese Variationsbreite verschiedener Typen von Häuptlingen kann uns helfen, etwas Licht in die alte anthropologische Frage nach den »Häuptlingsdomänen« zu bringen. Im Hinblick auf das Ziel, eine evolutionäre Abfolge von Kulturen zu ermitteln, ist die Häuptlingsdomäne als ein Gesellschaftstyp definiert worden, der zwischen verwandtschaftlich strukturierten Stämmen und klassengespaltenen Staaten rangiert. In dieser Auffassung einer Häuptlingsdomäne entscheidet der jeweilige Rang innerhalb einer gemeinsamen Genealogie über die Zuweisung von Status und Macht, ohne daß daraus aber schon Unterschiede in der Verfügung über die Produktionsmittel folgen müßten. Die Aktivitäten des Häuptlings und seiner ranghohen *lineage* – als da sind: Koordinierung der einzelnen Tätigkeiten, Planung und Überwachung öffentlicher Arbeiten, Regelung der Redistribution (Umverteilung) und Leitung von Kriegsunternehmungen – stellen sich als Handlungen im Namen eines gesellschaftlichen Gesamtinteresses dar. Häuptlingsdomänen sind nach dieser Auffassung »Redistributionsgesellschaften mit einer dauerhaften Koordinationsinstanz« (Service 1962, 144). Zwar werden den einzelnen Mitgliedern durch ihren abstammungsmäßigen Rang unterschiedliche Funktionen zugewiesen, die Gesellschaft als ganze wird jedoch offenbar durch das Band gemeinsamer Interessen, gemeinsamer Abstammung und allgemeiner Redistribution zusammengehalten. Alle sind sozusagen miteinander verwandt – wenn auch einige verwandter als die anderen.

Der Begriff der Produktionsweise lenkt nun allerdings das Augenmerk von der Form und vom Idiom der wechselseitigen Beziehungen, die zwischen dem ranghohen Häuptling und den einfachen Mitgliedern innerhalb einer bestimmten Gesellschaft herrschen, auf die Frage, auf welche Weise gesellschaftliche Arbeit verausgabt wird. Aus dieser Frageperspektive lassen sich die mit dem Begriff »Häuptlingsdomänen« etikettierten Gesellschaften in zwei ziemlich unterschiedliche Typen aufteilen. Der eine beruht auf der verwandtschaftlich strukturierten Produktionsweise, d. h. der Häuptling und seine Gefolgschaft sind noch durch verwandtschaftliche Abmachungen eingebunden und festgelegt. Für den anderen Typ mögen zwar Form und Idiom verwandtschaftlicher Verhältnisse noch Gültigkeit haben, aber hier hat eine herrschende Gruppe die Rang- in Klassenunterschiede transformiert – wobei verwandtschaftliche Regelungen ihre eigenen Positionen untermauern helfen. Bei diesem zweiten Typ von Häuptlingsdomäne ist die Häuptlings-*lineage* faktisch schon eine frühe Ausprägung einer mehrprodukt-beziehenden Klasse innerhalb der tributgebundenen Produktionsweise.

Das Anwachsen einer solchen Klasse kann mit einer Reihe unterschiedlicher Prozesse zusammenhängen. So kann sich die relative Bedeutung der Häuptlingsfamilie durch schlichtes Bevölkerungswachstum verstärken. Ein solches Anwachsen der Häuptlings-*lineage* ermöglicht »zahlreiche verschiedenartige Verbindungen mit anderen *lineages*« (Service 1962, 149). Die Interessenpolitik zugunsten der eigenen *lineage* erfordert die Konzentration des durch Brautpreisleistungen erworbenen Reichtums in den eigenen Händen. Dies setzt wiederum die Kontrolle über die mit anderen *lineages* austauschbaren Frauen bzw. die Möglichkeit voraus, die Verbindung von

Frauen der Elite mit Heiratsbewerbern minderen Ranges zu unterbinden. Eine derartige Kontrolle über die Frauen kann sich bis in die unteren Ränge ausweiten, bis die Elite schließlich sämtliche Verschwägerungsprozesse unter ihrer Kontrolle hat. Solche Verwandtschaftsstrategien laufen im übrigen natürlich auch auf Erbschaftsstrategien hinaus. Wer was bekommt, darüber entscheidet die Zugehörigkeit zu der privilegierten Schicht; insofern ist es sehr wohl möglich, daß die für Brautpreisleistungen und für die Erbvermögen des Adels unentbehrlichen Güter nicht in die allgemeine Reproduktion eingehen.

Aber eine wachsende Häuptlings-*lineage* kann sich auch dadurch ausbreiten, daß sie innerhalb wie jenseits ihrer gewohnheitsmäßigen Interaktionszone neue »Familienzweige austreibt« (Service 1962, 166). Eine solche Verzweigung hochrangiger Abkömmlinge der Häuptlings-*lineage* über ein größeres Territorium kann zu einer Vielzahl von Machtzentren anstelle einer einzigen Entscheidungsspitze führen. Dann kann es dazu kommen, daß sich Mitglieder der Häuptlings-*lineage* um die Häuptlingswürde streiten oder eigene neue Herrschaftsdomänen gründen, indem sie sich von der Ursprungsgruppe abnabeln. Umgekehrt wirkt die Machtkonkurrenz auch auf den Akkumulations- und Redistributionsprozeß zurück. Machtaspiranten müssen einen ausreichenden »Machtfonds« zusammenbringen und die Mittel aus diesem Fonds gezielt zur Werbung von Anhängern einsetzen, statt diese Ressourcen in die allgemeine Redistribution fließen zu lassen. Aus dieser Sicht stellt sich also die Redistribution als ein System von Strategien zur Herausbildung von Klassen dar – und eben nicht als allgemeines Kennzeichen, das Häuptlingsdomänen als »Redistributionsgesellschaften« stets an sich haben. Dank Polanyi, der die Kategorie der Redistribution in die anthropologische Diskussion eingeführt hat, können wir uns die Austauschmechanismen vergegenwärtigen, die jenseits des Bereichs der »Reziprozität« bzw. des Austauschs »auf dem Markt« angesiedelt sind. Dabei müssen wir allerdings die Kategorie Redistribution in dreifacher Hinsicht genauer fassen. Erstens sind die verschiedenen Formen und Bereiche der Redistribution näher zu bestimmen: Redistribution durch die Abhaltung von Festgelagen ist nicht dasselbe wie die Umverteilung von Versorgungsgütern für öffentliche Arbeiten oder zum Zwecke der Kriegführung bzw. von ganz bestimmten Ressourcen, die über die Machtinstanz des Häuptlings laufen. Zweitens ist es wichtig, genau zu unterscheiden, was und wieviel und – vor allem – zu wessen Gunsten umverteilt wird. Da kann es ein Festgelage mit allgemeiner Beteiligung geben, und gleich daneben kann eine Elite die wichtigsten Güter für sich allein akkumulieren. Da können mit einem Bankett für Kriegsveteranen die militärischen Erfolge der gesamten Armee gefeiert werden, zugleich aber werden die gemachten Gefangenen und die eroberten Reichtümer unter Adligen und gemeinem Volk ungleich verteilt. Drittens kann die Redistribution dazu dienen, Verbündete zu »kaufen« und potentielle Rivalen zu befrieden, indem man ihre Ressourcen wie sie selber in das hierarchisch geregelte Abgabensystem einbezieht. Aus dieser Perspektive erscheint Redistribution nicht als Spielart eines normativen Altruismus, wie sie für einen bestimmten Gesellschaftstyp kennzeichnend ist, sondern als regelmäßig eingesetzte Strategie im Prozeß der Klassenbildung.

In den Häuptlingsdomänen des zweiten Typs erlangen Verwandtschaftsverhältnisse daher eine andere Funktion; sie sorgen nicht mehr für eine rangmäßige Zuordnung unter ähnlich organisierten Gruppen, sondern ziehen einen endgültigen Trennungsstrich zwischen der einen Schicht und der anderen. Damit entsteht eine Aristokratie, die verwandtschaftlich strukturierte Bindungen als Feldzeichen ihrer Besonderheit und ihrer Exklusivität aufpflanzt und dem »gemeinen Volk« lediglich das überläßt, was sie selbst nicht beansprucht. Die aristokratische Klasse konstituiert sich mithin über einen radikalen Funktionswandel der verwandtschaftlichen Bindungen mit dem Ziel, eine gesellschaftliche Distanz zwischen Herrschern und Beherrschten herzustellen. Die Adligen können dabei behaupten, daß sie exklusiv von den Göttern abstammen oder über besondere magische Kräfte verfügen; sie können darauf aus sein, durch Bestrafung von Ehebruch und Inzest die verwandtschaftlichen Bindungen ihrer Untertanen zu unterminieren, während sie selbst nur innerhalb ihrer eigenen Klasse heiraten, um sich als eigenständige Schicht abzusetzen. Sie können sich schließlich auf Sonderrechte hinsichtlich der Verwendung der Kriegsbeute berufen, was auch Rechte über die unterworfenen Völker, die außerhalb der durch ihre »Verfassung« definierten Verwandtschaftsbeziehungen stehen, einschließen kann.

Aristokratien dieses Typs treiben häufig Familienzweige aus, die dann fremde Bevölkerungen unterwerfen und beherrschen. Bei solchen Spaltungen und Verzweigungen hält die Aristokratie bezeichnenderweise an ihren exklusiven Verwandtschaftsverbindungen fest, die sowohl ihre Klassensolidarität fördern als auch dazu dienen, sich von der Masse der Beherrschten zu unterscheiden. All das kann durchaus auf friedliche Weise vor sich gehen, wie z. B. im Fall jener ethnischen Gruppen, die nicht zu den Alur gehörten und dennoch Mitglieder der Häuptlings-*lineage* der Alur – denen die Macht zugeschrieben wurde, Regen zu machen und Konflikte beizulegen – dazu aufforderten, sich als Herrscher auf ihrem Siedlungsgebiet niederzulassen (Southall 1953). Häufiger kommt es allerdings vor, daß kriegerische wandernde Adelsgruppen unter Berufung auf übernatürliche Rechtstitel der Bevölkerung eines eroberten Gebietes ihre Herrschaftsform aufdrücken.

Eine solche Räuber-Aristokratie waren z. B. die Tolteken, die sich von Tula bis an die Grenzen Mesoamerikas ausbreiteten, die Luba-Lunda-Eliten, die von ihrem Stammland in Zentralafrika ausschwärmten (Kapitel 7), und die vielen mongolischen, türkischen und arabischen Adelskasten, die sich zu Herrschern der im Trockengürtel der Alten Welt siedelnden Ackerbauvölker aufwarfen.

* * *

Aus unseren Erörterungen sollte klar geworden sein, daß die Anwendung gesellschaftlicher Arbeit eine ökonomische *und* eine politische Dimension aufweist. Die verwandtschaftlich strukturierte Produktionsweise hemmt die Institutionalisierung politischer Macht, da sie ihrem Wesen nach auf der Herbeiführung eines Konsenses zwischen den Gruppen der Beteiligten beruht. Außerdem setzen die Verwandtschaftsbindungen der für kollektive Zwecke mobilisierbaren gesellschaftlichen Arbeit in quantitativer Hinsicht Grenzen. Durch die zeitweilige Bündelung vieler separater Verbindungslinien läßt sich die gesellschaftliche Arbeit zwar zusammenfassen, aber sie wird auch wieder aufgesplittert, wenn neue Bedingungen eine Neuverteilung der Verpflichtungen notwendig machen. Auch führt die Ausweitung bzw. Einengung der verwandtschaftlichen Bindungen dazu, daß die Grenzen solcher Gesellschaften offen und ständig im Fluß sind.

Ein Häuptling kann zum Machtzentrum seiner Verwandtschaftsgruppe werden. Das kann dann so weit gehen, daß er die verwandtschaftliche Ordnung nachgerade verkörpert – die ihn aber auch zu ihrem Gefangenen macht. Ein Häuptling, der die Schranken des Verwandtschaftssystems durchbrechen will, muß sich ein Instrument verschaffen, das ihm selbständige Macht über bestimmte Ressourcen sichert. Er muß entweder einen Teil der von ihm beherrschten Arbeitskraft einer anderen Produktionsweise überstellen oder mit dieser anderen Produktionsweise in direkte Beziehung eintreten, indem er zu einem tributeintreibenden Herrscher oder zu einem Teilnehmer am kapitalistischen Produktionsprozeß wird. Um diesen Wandel zu vollziehen, bedarf es neuer politischer Herrschaftsmechanismen, die entweder dem Häuptling direkt unterstehen oder von anderen in seinem Namen bedient werden. Ohne diese Mechanismen können die Menschen, die der Häuptling zu mobilisieren strebt, leicht eine Rebellion oder Sezession starten – wobei er selbst zum Schluß nur noch als Häuptling »über die Kürbisse« übrigbleibt.

Im Gegensatz zur verwandtschaftlich strukturierten Produktionsweise führt sowohl die tributgebundene als auch die kapitalistische Produktionsweise zur Spaltung der beherrschten Bevölkerung in eine Klasse von Produzenten und eine Klasse von Leuten, die sich das Mehrprodukt aneignen. Beide Produktionsweisen sind auf Herrschaftsmechanismen angewiesen, damit das Mehrprodukt auch zuverlässig von der einen Klasse auf die andere übergehen kann. Diese Art der Herrschaft bedient sich womöglich einer breiten Skala von Sanktionen, die auf Furcht, Hoffnung und Almosen basieren. Aber ihre Macht ist auf keinen Fall ohne die Ausbildung eines Zwangsapparates abzusichern, der die grundlegende Klassenspaltung aufrechtzuerhalten und die aus ihr hervorgehende Struktur gegen Angriffe von außen zu verteidigen hat. Die tributgebundene wie die kapitalistische Produktionsweise sind daher gekennzeichnet durch die Entwicklung und Einrichtung eines solchen Apparates – mit anderen Worten: des Staates.

Im Fall der tributgebundenen Produktionsweise sind die Herrschaftsmechanismen, über die sich die Produzenten den Tribut durch »außerökonomischen Zwang« (Marx) aneignen, mit der Produktionsweise selbst identisch. In einem tributären Staat haben die politischen Verhältnisse ihre Auswirkungen auf Konzentration und Distribution des Tributes unter die konkurrierenden Sparten der Bezieher des Mehrprodukts, aber diese Verhältnisse selbst bleiben – unter jedweder Organisationsform des Staates – fest in der unmittelbaren Aneigungsbeziehung verankert.

Demgegenüber erscheint die kapitalistische Produktionsweise als ein ökonomischer Selbstregulierungsprozeß. Solange die Produktionsmittel den Kapitalisten gehören und den Arbeitern vorenthalten bleiben, müssen sich diese nach Ablauf eines jeden Produktionszyklus immer wieder Beschäftigung bei Kapitalisten suchen, und der Zyklus beginnt aufs neue. Der Staat spielt jedoch für die Entstehung wie für die Aufrechterhaltung dieser Produktionsweise eine ganz entscheidende Rolle. Um diese nämlich in Gang zu bringen, mußte zunächst das geldheckende Geld gehortet und in Kapital verwandelt werden, und es mußte eine Klasse von Arbeitern entstehen, die ihre Arbeitskraft als Ware zum Verkauf anbietet. In diesem doppelten Prozeß der »ursprünglichen Akkumulation« spielte der Staat eine ausschlaggebende Rolle. Als sich die Produktionsweise herausgebildet hatte, mußte der Staat seine Machtmittel weiterhin für die Aufgabe einsetzen, zu Hause wie im Ausland das Eigentum der Kapitalisten an den Produktionsmitteln aufrechtzuerhalten und zu garantieren bzw. die Arbeitsbedingungen und die Arbeitsdisziplin sicherzustellen, die diese Produktionsweise nun einmal erfordert. Darüber hinaus mußte der Staat die Infrastruktur für technische Dienstleistungen wie Transport und Kommunikation garantieren, auf die die kapitalistische Produktionsweise angewiesen ist. Und schließlich fiel dem neuen Staat auch die Aufgabe zu, Konflikte zwischen konkurrierenden

Kapitalistengruppen seines Hoheitsgebietes zu schlichten und zu regeln sowie deren Interessen auf der Ebene der zwischenstaatlichen Konkurrenz zu repräsentieren – wenn möglich mit den Mitteln der Diplomatie, wenn nötig durch Krieg.

Die hier skizzierten drei Produktionsweisen stellen weder Typen zur Klassifizierung der menschlichen Gesellschaften noch Stufen der kulturellen Evolution dar. Sie wurden als begriffliche Kategorien entwickelt, die uns einige entscheidende Beziehungen verdeutlichen können, durch die grundlegende Lebensbedingungen des Menschen geprägt sind. Die drei Produktionsweisen sollen uns helfen, über die entscheidenden Verflechtungen nachzudenken, die sich zwischen den expandierenden Europäern und den anderen Bewohnern unserer Erde entwickelt haben – damit wir die Konsequenzen dieser Verflechtungen besser begreifen mögen.

Kapitel 4

Europa – Präludium zur Expansion

Bei einem Blick auf die Welt des Jahres 800 n. Chr. wäre die europäische Halbinsel kaum aufgefallen. Das Römische Reich existierte nicht mehr, und keine ähnlich wirksame zentralisierte Macht hatte seine Nachfolge angetreten. Übriggeblieben war vielmehr ein Schwarm kleinformatiger Vasallenstaaten, die sich um die versprengten Reste des römischen Erbes rauften. Der politische und ökonomische Schwerpunkt hatte sich nach Osten verschoben; das weltpolitische Zentrum bildeten jetzt das »Neue Rom«, also das Byzantinische Reich, und die muslimischen Kalifate. 600 Jahre später, im Jahre 1400, hätte ein Beobachter ein ganz anderes Europa mit deutlich veränderten Beziehungen zu seinen Nachbarkontinenten Asien und Afrika wahrgenommen. Aus den vielen kleinen Territorialherrschaften war eine begrenzte Anzahl funktionierender Staatsgebilde hervorgegangen. Diese behaupteten sich erfolgreich gegen die konkurrierenden Nachbarreiche im Osten und Süden von Europa und standen im Begriff, großangelegte Entdeckungsfahrten über die Meere zu unternehmen. Was war in diesen 600 Jahren geschehen?

Um diese Frage zu beantworten, müssen wir uns mindestens drei miteinander verbundene Problemkreise vor Augen führen. Erstens die geographischen Verschiebungen im Fernhandel, die eine abhängige Randzone Asiens in eine Schlüsselregion der kommerziellen Entwicklung verwandelten. Von welcher Art und von welcher Qualität waren diese Verschiebungen? Zweitens die politische und militärische Konsolidierung von Königreichen, die seit der Zeit von 800 n. Chr. aus den zahlreichen kleinen, über die Landkarte verstreuten unselbständigen Fürstentümern entstanden waren. Welche Bedeutung und welche Folgen hatte dieser Konsolidierungsprozeß? Drittens schließlich das Streben nach neuen Grenzen, das einige dieser konsolidierten Reiche – unter Zusammenarbeit ihrer kriegführenden Herrscher mit der

Händlerklasse – an den Tag legten. Welche Kräfte drängten diese Reiche auf Expansionskurs? Und welchen Charakter hatte im jeweiligen Einzelfall die Zusammenarbeit zwischen Herrschern und Kaufleuten?

Strukturelle Verlagerungen im Fernhandel

Zwischen der westlichen Mittelmeerregion und den südwestlichen Gebieten Asiens hatten von alters her Beziehungen bestanden. Dabei verlagerte sich das Machtgleichgewicht periodisch immer wieder von Westen nach Osten und wieder zurück. Die archäologischen Funde lassen darauf schließen, daß die asiatische der europäischen Region in vieler Hinsicht voraus war: in der Erzeugung landwirtschaftlicher Überschüsse, in der Herausbildung von Staaten, im Städtebau und im Fernhandel. Als im zweiten Jahrtausend v. Chr. die Entwicklung Ägyptens und Mesopotamiens auf den ägäischen Raum auszustrahlen begann, kam ein wachsender Handel mit Westeuropa in Gang, der die östlichen Regionen mit wichtigen Rohstoffen versorgte und in umgekehrter Richtung den Westen mit hochwertigen Gütern belieferte. Die Nachfolger der ägäischen Händler waren die Phönizier und die Karthager. Dann begann sich das Gefälle umzukehren: mit der griechischen Expansion im 3. Jh. v. Chr. begann »ein fast ununterbrochener Wanderungsstrom, der Völker aus Südosteuropa nach Syrien, Babylonien und Persien brachte und dabei Zuwanderer aus Kleinasien und selbst Syrien mitriß« (Ghirshman 1954, 225). Die römische Expansion schlug dieselbe Richtung ein; Ägypten wurde schließlich zur Kornkammer des Römischen Reiches.

Es folgte der langsame Niedergang des Römischen Reiches. Das flache Land gewann allmählich die Oberhand über die Städte. Nach 100 n. Chr. konnten sich die verschiedenen Teile des Reiches zunehmend ökonomisch selbst versorgen. Die Nahrungsmittelproduktion reichte für die Versorgung der Städte nicht mehr aus, die städtischen Handwerkszweige verlagerten sich von der Stadt ins Hinterland. Die einzigartigen politischen und rechtlichen Strukturen des Römischen Reiches, die »ganz darauf angelegt gewesen waren, einen gigantischen Machtkomplex organisatorisch zusammenzuhalten, indem sie in einer begrenzten Lebenssphäre unerbittlich Ordnung und Gehorsam erzwungen hatten« (Deutsch 1954, 10), büßten unaufhaltsam ihre Wirksamkeit ein. In den einzelnen Provinzen wurden die Armeen nahezu autonom, die Randprovinzen des Reiches gewannen die Übermacht über das imperiale Zentrum.

Als dann der eher unbedeutende Herulerfürst Odoaker dem römischen

Heer im Westen den Todesstoß versetzte, bedeutete das den »Zusammenbruch« Roms, wenn auch nur in seinem westlichen Herrschaftsbereich. In seinen östlichen Gebieten überlebte das Reich hingegen ein weiteres Jahrtausend in Gestalt des Byzantinischen Reiches. Dieses »Neue Rom« hielt sich an die durch die griechische Expansion abgesteckten geographischen Räume; es zeichnete sich aus durch die Beibehaltung der römischen Institutionen und des Römischen Rechts, durch ein entwickeltes Stadtleben, das gemeinsame Bekenntnis zum östlichen Christentum sowie durch seine Goldmünzen, um die es bis zum 11. Jh. vom ganzen Westen beneidet wurde. Byzanz hatte zudem im 6. Jh. eine mächtige Kriegsflotte aufgebaut, die das Reich nach Westen und Süden hin abschirmte und es ihm gestattete, sich auf die Küstengebiete des Schwarzen Meeres auszudehnen, aus denen es riesige Mengen an Weizen, Holz und Sklaven herausholte. Byzanz wurde damit eigentlich mehr zu einer Schwarzmeer- denn zu einer Mittelmeermacht; den Mittelmeerraum überließ es weitgehend dem Zugriff anderer ambitionierter Mächte.

In die Beherrschung des Mittelmeeres teilten sich hauptsächlich der Islam und die westliche Christenheit. Der Islam hatte sich von seinem Ursprungszentrum in der Karawanenstadt Mekka rasch ausgebreitet und bereits im Lauf des 7. Jhs. Nordafrika überrannt. Im zweiten Jahrzehnt des 8. Jhs. nahmen dann muslimische Heere den Großteil der Iberischen Halbinsel ein, im 9. Jh. auch noch Sizilien. Als in der Mitte des 8. Jhs. die Hauptstadt des islamischen Kalifats von Damaskus nach Bagdad verlegt wurde, wanderte das Gravitationszentrum der islamischen Religion vom Mittelmeerraum in östliche Richtung, also parallel zur Ostverlagerung des Byzantinischen Reiches. Der Handel mit dem Kaukasus-Gebiet, mit Innerasien, Arabien, Indien und China gewann gegenüber den Handelsverbindungen zum westlichen Mittelmeerraum an Bedeutung. Den nunmehr marginalen Mittelmeerhandel übernahmen syrische und vor allem jüdische Kaufleute. Hier sind die Radamiten oder Al-Radhaniya zu nennen (das Wort kommt womöglich vom persischen *rah dan*, was »die den Weg kennen« bedeutet), die Verbindungen zwischen »den Ländern der Franken« und Ägypten bzw. zwischen Ägypten und China aufrechterhielten.

Die Wirtschaftsgeschichte der muslimischen Welt ist noch kaum erforscht, einige der wichtigsten Aspekte lassen sich aber doch schon umreißen. Seit dem 8. Jh. vollzog sich in den islamischen Ländern eine Agrarrevolution, die neue Gattungen und Sorten von Anbaupflanzen, neue landwirtschaftliche Methoden und eine neue Bewässerungstechnologie mit sich brachte. Ergebnis dieser Revolution war eine enorme Ausdehnung der erschlossenen oder wiedergewonnenen Anbaugebiete. Die landwirtschaftliche Produktion warf immer größere Überschüsse ab, die der Intensivierung der Landwirtschaft zugute kamen, was wiederum eine Expansion des Handels und des städtischen Lebens möglich machte. Vom 9. Jh. an erlangte die islamische Welt ein regelrechtes Monopol über das sudanesische Gold und die Reichtümer Ägyptens und Persiens. Diese Entwicklungen haben die Handelsbeziehungen wie die handwerkliche Produktion der muslimischen Welt – die den inneren Eliten wie den ausländischen Käufern ihrer Luxuserzeugnisse zugute kamen – ganz enorm ausgeweitet.

Islamische Welt und östliche Christenheit hatten also weite Teile der Küstengebiete am Mittelmeer unter sich aufgeteilt, und doch kehrten beide Reiche dem Meer den Rücken zu. Das zersplitterte Erbe des Weströmischen Reiches fiel der westlichen Christenheit zu; sie bestand zu dieser Zeit aus einem bunten Haufen kleiner Vasallenreiche unter der Führung teutonischer Stammesfürsten, die sich auf ihre persönliche Leibgarde stützten. Im westlichen Christenreich hielt sich nicht eine einzige Stadt, die Konstantinopel mit seinen mindestens 200 000 Einwohnern (Russell 1958), Bagdad mit seinen etwa 400 000 (Adams 1965, 115) oder Córdoba mit seinen 90 000 Einwohnern (Russell 1972, 178) gleichgekommen wäre. Obwohl sich städtische Handwerkszweige auf dem Lande etabliert hatten, waren die ländlichen Gebiete Europas auf das Niveau der Subsistenzwirtschaft und des örtlich begrenzten Tauschhandels abgesunken. Zwar waren europäische Kaufleute aus dem Fernhandel nicht völlig verschwunden (Vercauteren 1967), aber ihre Geschäfte standen vom 6. bis zum 8. Jh. klar im Schatten der jüdischen und syrischen Händler. Über letztere liefen die Verbindungen zwischen der Levante und der europäischen Halbinsel – einem Gebiet, das damals »zugunsten von Syrien, Alexandria und Konstantinopel ausgebeutet wurde« (Lewis 1951, 14). Sklaven und Holz waren dabei die wichtigsten Lieferprodukte Europas, das dafür eine Anzahl von Luxusgütern bezog.

Die europäischen Sklaven gelangten nicht nur auf dem Weg über das Mittelmeer in den Nahen Osten, sondern auch – zusammen mit wertvollen Pelzen und anderen Produkten – auf den Strömen Rußlands, die ins Schwarze Meer münden. Als Sklavenhändler fungierten die russischen Waräger. Sie gehörten zu den Seefahrer- und Seeräubervölkern, die von den *viks*, also den Fjorden und Buchten Skandinaviens, zu ihren Beutezügen in die europäischen Küstenzonen ausschwärmten, wo sie die Einwohner als Sklaven für die Märkte des Nahen Ostens wegschleppten. Diese Seefahrer begannen im 9. Jh. auch Gebiete in England und in der Normandie, in Sizilien, an der Ostseeküste und in Rußland zu unterwerfen und zu kolonisieren. Die europäische Halbinsel läßt sich also in diesem Stadium der geschichtlichen Entwicklung als eine von drei Seiten vom Wasser umgebene Landmasse beschreiben, die eine untergeordnete Rolle für einen Fernhandel spielte, dessen Zentren am Schwarzen Meer und in der Levante lagen.

Der Aufstieg der italienischen Hafenstädte

In diesen Handel schalteten sich im Laufe des 9. Jhs. neue Konkurrenten ein. Sie stammmten aus Hafenstädten, die sich als byzantinische Enklaven entlang der italienischen Küste gehalten hatten. Die bedeutendsten dieser Städte waren Venedig (am nördlichen Scheitelpunkt der Adria) und Amalfi (am Golf von Salerno). Die italienischen Händler waren zunächst nur als kleine Mittelsmänner in solchen Geschäftszweigen tätig, die für die Herrscher der Levante keine so große Rolle spielten. Aber beide Städte profitierten, auf dieser Grundlage aufbauend, von der allmählichen Intensivierung des Handels. Der arabische Kaufmann Ibn Hawqual schilderte Amalfi im Jahre 977 n. Chr. als »die blühendste, die vornehmste und aufgrund ihrer Lebensbedingungen glänzendste, die reichste und wohlhabendste Stadt der Lombardei« (zit. n. Lopez / Raymon 1954, 54). Sie wurde allerdings bald von räuberischen Nachbarn überwältigt. Anders Venedig, das sich unaufhaltsam in den Vordergrund schob. Hier wurden Eisen, Hölzer, Schiffsvorräte und Sklaven aus dem Westen gegen Seidenstoffe, Gewürze und Elfenbein aus dem Osten umgeschlagen; an eigenen Produkten kamen das Salz aus der Lagune und die Erzeugnisse der venezianischen Glasindustrie hinzu.

Im 10. Jh. standen zwei weitere lombardische Städte am Beginn ihrer kommerziellen und militärischen Laufbahn – Pisa und Genua, die beide am Thyrrenischen Meer liegen. Als Antwort auf die Überfälle muslimischer Piraten rüsteten sie ihre Fischerboote zu Kriegsschiffen um, mit denen sie erfolgreiche Konterattacken gegen Ziele in Korsika, in Sardinien und im nordafrikanischen Küstenstreifen führten.

Mit ihren Handels- und Kriegserfolgen begannen die italienischen Städte, das Austauschgefälle zwischen der westlichen und der östlichen Hälfte des Mittelmeerraumes wieder zugunsten des Westens zu beeinflussen. Ohne ein bedeutendes eigenes agrarisches Hinterland konnten sie nur expandieren, indem sie auf den Seehandel setzten. Hier konnten sie später zum Hauptnutznießer jener neuen konjunkturellen Blüte werden, die dem Mittelmeerraum nach der Jahrtausendwende erneut zu Macht und Einfluß verhalf. Das Byzantinische Reich hatte zu diesem Zeitpunkt bereits eine Politik eingeschlagen, die auf seine militärische Konsolidierung als Landmacht setzte, wobei es sich zur Verteidigung gegen zunehmende Angriffe von allen Seiten auf seine bewaffneten Bauernmassen stützte. Venedig wurde faktisch zum

Handelsagenten des Byzantinischen Reiches, dessen Handelsbeziehungen größtenteils in venezianische Hände übergingen.

Die Konsolidierung der politischen Strukturen

Während die italienischen Häfen im Mittelmeerraum immer größere Bedeutung gewannen, war im europäischen Binnenland südlich und nördlich der Alpen der Prozeß wirtschaftlicher und politischer Konsolidierung – unabhängig voneinander – noch in vollem Gange. Dieser Konsolidierungsprozeß spielte sich auf der lokalen wie auf der regionalen Ebene ab. Wie wir gesehen haben, hatte der Niedergang Roms im westlichen Mittelmeergebiet zur Folge, daß die rechtlichen und politischen Überbaustrukturen des Römischen Reiches zusammenbrachen und sich auflösten und daß sich gleichzeitig das städtische Handwerk aufs flache Land zurückzog. Die zunehmende »Verländlichung« und die Ausbreitung handwerklicher Techniken boten gemeinsam die technische Grundlage für die Entwicklung einer neuen politisch-ökonomischen Organisationsform, die darauf fußte, daß sich die Bauern am befestigten Sitz eines obergeordneten »Lord« niederließen (das Wort stammt vom angelsächsischen *hlafweard:* der Hüter des täglichen Brotes, d. h. einer, der seine Gefolgschaft ernährt). Die Bauern waren durch verbindlich festgelegte Abhängigkeiten an ihre Grundherren gebunden; die historischen Wurzeln und die Details dieser Bindungen waren sehr unterschiedlich und sahen verschiedenartige Möglichkeiten des Tributtransfers vom Produzenten an den Empfänger des Mehrprodukts vor. Auf diesen Regeln basierte sowohl die politische und militärische Macht jedes einzelnen Empfängers des Mehrprodukts in Relation zu den Mitgliedern seiner Klasse als auch ihre Macht als Gesamtklasse.

Nach der Jahrtausendwende nahmen die auf diese Weise produzierten Überschüsse infolge der Intensivierung und Ausweitung der Landwirtschaft ganz erheblich zu. Das gilt vor allem für die Gebiete nördlich der Alpen, wo die Einführung des Fruchtwechsels im Dreijahresrhythmus, die mit Hilfe des schweren, von Pferden gezogenen Pfluges möglich wurde, zu einer absoluten Zunahme des Mehrprodukts führte. Durch Roden der dichten Wälder, die den europäischen Kontinent bedeckten, und durch Umpflügen des europäischen Flachlandes vergrößerte sich die Anbaufläche. Beide Prozesse liefen unter Schutz und Förderung tributeinnehmender Grundherren ab, und ihre Durchführung stärkte wiederum die politische Macht der dominierenden Klasse. Das wachsende Mehrprodukt erhöhte darüber hinaus das militärische

Potential dieser Klasse, das von der Fähigkeit abhing, die hohen Kosten für die Kriegsrosse und die Rüstungen aufzubringen.

Der Prozeß der politischen Konsolidierung unter einem zentralen Königtum setzte voraus, daß zwei Dinge zusammenfielen: erstens die Fähigkeit, Abgaben zur Finanzierung von Kriegen eintreiben zu können; und zweitens die Entwicklung eines der Größe des politischen Vorhabens angemessenen Kriegsführungspotentials. Diese doppelte Aufgabe konnte im wesentlichen auf drei verschiedenen Wegen gelöst werden. Der erste bestand darin, sich nach außen, also auf Kosten feindlicher Mächte, auszudehnen und dabei den Feinden ihr Mehrprodukt abzunehmen. Zweitens konnte man neue Ressourcen auftun, die entweder aus dem eigenen Land oder aus Beutegut stammten, und diese dann an Kaufleute abtreten, um dafür die benötigten Waren oder Kredite zu beziehen. Eine dritte Methode bestand darin, den Grundbesitz des Königshauses zu vergrößern, das Gebiet also, über dessen Ressourcen der König unmittelbar und ohne zwischengeschaltete Mittelsleute verfügen konnte. Die Reiche, die sich in Europa herausbildeten, verfolgten alle drei Strategien, und zwar zu unterschiedlichen Zeiten in jeweils unterschiedlicher Mischung und mit unterschiedlichen Ergebnissen.

Kriege nach außen

Die Eroberung von Ressourcen auf fremdem Boden war die Hauptstrategie, die von den Iberischen Reichen Portugal, Léon-Kastilien und Aragon bei ihrer *Reconquista* (Wiedereroberung) des muslimischen Spanien verfolgt wurde. Einen weiteren Versuch, diese Strategie anzuwenden, unternahmen die Könige von Frankreich und von England mit den Kreuzzügen, die sie recht bald nach der anfänglichen Konsolidierung ihrer Machtpositionen organisierten. Als offizieller Beweggrund für diese Kreuzzüge wurde verkündet, das Heilige Land müsse wieder den Händen der Ungläubigen entrissen werden. Analysiert man diese Unternehmen auf einer anderen Ebene, stellen sie sich freilich als Versuche dar, die eigenen politischen Systeme gleich zu Beginn ihrer Entwicklung durch Angriffe gegen weitgehend geschwächte Feinde zu konsolidieren. Das Byzantinische Reich zog sich damals gerade auf sein geographisches Kerngebiet zurück und überließ seinen Handel den Venezianern. Das Kalifat der Abbasiden in Bagdad wurde durch Aufstände im Inneren und Nomadenüberfälle von außen zerstört; ein Grund für diesen Zusammenbruch lag vielleicht auch darin, daß gerade der erfolgreiche Fernhandel die tributpflichtigen Bauern steuerlich überlastet hatte (Anderson 1974, 509). Am Ende erwiesen sich die Kreuzzüge als ein

Fehlschlag, jedenfalls brachten sie den nordwesteuropäischen Königen keine unmittelbaren Vorteile ein.

Die eigentlichen Gewinner der Kreuzzüge waren die italienischen Hafenstädte. Sie ließen sich ihre Transportleistungen gewinnbringend honorieren, vermarkteten den größten Teil der Kriegsbeute und vermochten im Gefolge der Kreuzzüge sowohl innerhalb des Byzantinischen Reiches als auch in der muslimisch beherrschten Levante extraterritoriale Kolonien zu gründen. Nach dem Rückzug der Franzosen und Engländer konnten die italienischen Kaufleute, deren Zahl und Einfluß infolge der wachsenden Beteiligung auch der italienischen Binnenstädte weiter zunahm, ihre Handels- und Finanzoffensive auf breiter Front – »von Grönland bis Peking«, wie es Robert Lopez formuliert – in Angriff nehmen. Im Verlauf dieser Expansion schoben sich die italienischen Handelskontakte über den Alpenkamm vor und erfaßten schließlich die süddeutschen Städte sowie, über das Rheinland, auch Flandern und England.

Den Versuch, die eigene Machtbasis durch den Zugriff auf ausländische Ressourcen zu vergrößern, unternahmen auch – in wiederum anderer Form – die Kaiser des Heiligen Römischen Reiches Deutscher Nation. Da ihnen auf ihrem eigentlichen Heimatterritorium mächtige Konkurrenten im Wege standen, bot sich zur Erweiterung der Ressourcen des eigenen Hofes als einzige Strategie die Eroberung ausländischer Gebiete an. Das lief vornehmlich auf den Versuch hinaus, Italien in den Besitz der deutschen Kaiserkrone zu bringen. Der Versuch scheiterte aber im Jahre 1176 in der Schlacht von Legnano, als die Liga der lombardischen Stadtstaaten das kaiserliche Heer besiegte. Diese Niederlage setzte zugleich den Zentralisierungsbestrebungen der deutschen Könige ein Ende.

Handel

Parallel zu den anderen Methoden bildete sich eine zweite Strategie zur Aneignung von Mehrprodukt heraus: der gewinnbringende Verkauf von Erzeugnissen, die man entweder selbst angebaut oder im Krieg erobert hatte. Handel und Kriegshandwerk waren jeweils aufeinander angewiesen, zugleich aber nach völlig unterschiedlichen Prinzipien organisiert. Der Handel führte zur Bildung von Handelsgesellschaften und Kaufmannsbünden. Bei den häufigen Kriegen machte sich die Ausbildung militärischer Spezialisten bezahlt, deren Ernährung und Ausrüstung eine stabile ökonomische Basis tributpflichtiger Produzenten voraussetzte. In bestimmten Zeiten arbeiteten Kaufleute und Militärs Hand in Hand, in anderen Zeiten lagen sie sich in den Haaren. Edward W. Fox hat es so formuliert:

»Zwar lebte der Feudalismus von der landwirtschaftlichen Produktion der separaten Einzelgüter, aber er wurde doch locker zusammengehalten durch die Zirkulation von Mitteilungen und Personen, die der Wahrnehmung militärischer Schutzaufgaben dienten. Die kommerzielle Gesellschaft war hingegen auf die Zirkulation von Waren – wenn möglich als Transport auf den billigen Wasserwegen – sowie auf Mitteilungen in Gestalt von Bestellungen und Zahlungen angewiesen. Beides sind in der Tat sehr unterschiedliche Operationen, und aus vielen überlieferten Zeugnissen geht hervor, daß sie sich normalerweise nicht vermischt haben.« (1971, 57)

In gewisser Weise kann man sich das Wachstum von Staaten im europäischen Mittelalter als Auseinandersetzung zwischen politischen Blöcken vorstellen, wobei sich der eine Block auf landwirtschaftliche Kerngebiete und militärische Macht stützte, der andere auf ein Netz von Handelsverbindungen entlang den Fluß- und Seeverkehrsrouten. Das Schicksal der Handelsmessen in der Champagne bietet dafür ein lehrreiches Beispiel. Zu diesen Messeplätzen, auf denen die italienischen Händler ihre Waren aus dem Mittelmeerraum gegen Produkte aus dem Norden umschlugen, gelangte man vom Mittelmeer aus durch die von Rhône und Saône gebildete Senke. Diese Messen florierten, so lange die Champagne ein unabhängiges Territorium zwischen dem Königreich Frankreich und dem Heiligen Römischen Reich Deutscher Nation blieb. Als die Region aber 1285 an das französische Königreich fiel, war ihr Niedergang dann infolge höherer steuerlicher Belastung, häufigerer Kriege und der Importbeschränkungen für englische Wolle und flämische Tuche bald nicht mehr aufzuhalten.

In der Folgezeit verlagerte sich der Handel auf die Route entlang der Meeresküsten bzw. auf die Überlandrouten zwischen Norditalien und dem Rheintal. Entlang der Küstenrouten entstanden immer mehr nach Selbständigkeit strebende Kaufmannsvereinigungen und -ligen: die *consolats* in Katalonien, die Bruderschaft der Marismas in den Hafenstädten Kantabriens und die Handelsbruderschaften der Hanse, die sich im 13. Jh. von Köln und dem Rheinland aus in Richtung Lübeck und Hamburg ausbreiteten. Rheinaufwärts und entlang der Straßen über die Alpen entstanden Paß-Staaten wie der Schweizerische Bund und Tirol, deren Schicksal aufs engste mit dem Warentransport über die Alpen verknüpft war. An der oberen Donau und am Rhein schossen im 13. und 14. Jh. süddeutsche Kaufmannshäuser aus dem Boden; auch entstanden Zusammenschlüsse wie der Schwäbische Bund, der Rheinische Bund und die Bruderschaft der siebzehn Städte von Flandern und Brabant. Obwohl keine dieser Kaufmannsvereinigungen sich der militärischen Schutzherrschaft einer Landmacht entziehen konnte, »blieben die Städte an den Handelsrouten vom Mittelmeer zur Nord- und Ostsee über Jahrhunderte hinweg so stark, daß sie alle Versuche, sie einer Militärverwaltung zu unterstellen, vereiteln konnten« (Rokkan 1973, 576).

Vergrößerung der Besitztümer des Königs

Die dritte politische Konsolidierungs-Strategie – die Vergrößerung eines zentralen herrschaftlichen Besitzes – wurde in den Gebieten verfolgt, aus denen später Frankreich und England entstanden. Ein völlig anderer Weg wurde demgegenüber auf der Iberischen Halbinsel eingeschlagen. Portugal und Kastilien waren in erster Linie Raubstaaten, die vom natürlichen Reichtum des muslimischen Spanien zehrten. Die Embryonalform des portugiesischen Staates war der Militärorden der Ritter von Aviz, dessen Großmeister im Jahre 1384 zum ersten portugiesischen König gekrönt wurde. Das Reich von Kastilien stützte sich in ähnlicher Weise auf die religiös-militärischen Orden von Calatrava, Alcántara und Santiago, die sämtlich im 12. Jh. entstanden waren. Im Gegensatz dazu bildeten sich Frankreich und England aus den persönlichen Besitztümern ihrer Königshäuser heraus.

Kern des späteren Frankreich war der unmittelbare Besitz der Kapetinger; deren Gebiet, das Francia genannt wurde, erstreckte sich über die Täler der Seine und der Loire. Seine landwirtschaftliche Bedeutung wird durch die Tatsache deutlich, daß sich hier die frühesten urkundlichen Belege für einen Fruchtwechsel im Dreijahresrhythmus und für modernes Spanngeschirr für Zugtiere finden. Von dieser Basis aus machten sich die französischen Könige daran, mit dem Beistand der Kirche und mittels strategischer Heiraten ihren persönlichen Besitz durch Eroberungen zu vergrößern. 1328 umfaßten die königlichen Besitztümer, zusammen mit den Lehensgütern der französischen Krone, fast das gesamte Territorium Frankreichs.

England entstand aus einer »Englischen Normandie«, die sich eine Gruppe französisierter Wikinger aus der Normandie jenseits des Kanals zusammenerobert hatte (Douglas 1969, 29). Das Kernland dieser englischen Normandie wurde von Wilhelm dem Eroberer geschaffen, indem er seinen Gefolgsleuten Lehensgebiete übereignete, sich dabei aber selbst innerhalb jeder einzelnen der geschaffenen Grafschaften einen unmittelbaren Grundbesitz vorbehielt, der größer war als der Besitz jedes einzelnen Vasallen. Die englische und die französische Reichsbildung kamen sich bald gegenseitig in die Quere. Die Könige von Frankreich und England schlugen sich über Jahrhunderte hinweg um den Besitz des westlichen und südlichen Frankreich. Bis zum 13. Jh. stand der größere Teil Frankreichs unter der Herrschaft der Engländer, die erst 1453 endgültig vom Kontinent vertrieben wurden.

Jeder dieser europäischen Staaten bildete sich nur langsam und als Konglomerat aus vielen verschiedenen Segmenten und neu hinzukommenden Gebieten. Die Grenzen dieser Staaten hätten auch ganz anders verlaufen und sich zu einer europäischen Landkarte fügen können, die erheblich von dem geographischen Schnittmusterbogen abweicht, der uns heute als einzig denkbare Abgrenzung der Nationalitäten vorkommen will. Die Landkarte könnte z. B. ein auf die Meeresküsten ausgerichtetes Reich, bestehend aus Skandinavien, den nördlichen Küstengebieten Mitteleuropas und England, zeigen, oder ein Staatsgebilde, das Westfrankreich und die britischen Inseln umfaßt, oder eine Staatenunion aus Ostfrankreich und Westdeutschland; vielleicht auch einen Staat, der sich – das Rhône- mit dem Rheintal vereinigend – zwischen Deutschland und Frankreich schiebt. Vorstellbar wäre auch eine Union zwischen Deutschland und Norditalien, ein Staat aus Katalonien und Südfrankreich oder gar eine Iberische Halbinsel, die in eine nördliche Kette christlicher und eine südliche Kette muslimischer Reiche aufgeteilt ist. Jede einzelne dieser Varianten stellte tatsächlich zu einer bestimmten Zeit eine historische Möglichkeit dar. Und jede von ihnen macht uns bewußt, daß die heutigen geopolitischen Trennungslinien in Europa einer Erklärung bedürfen und sich keineswegs von selbst verstehen.

Staatenbildung und Expansion

Auswärtige Kriege, Handelsbeziehungen und innere Konsolidierungsprozesse brachten in Europa also neue Staaten hervor und kehrten die Beziehungen zwischen dem beherrschenden Osten und dem verarmten Westen, wie sie die vorangegangene Epoche gekennzeichnet hatten, wieder um. Dann aber ließ um 1300 n. Chr. das europäische Wachstumstempo offensichtlich wieder nach. Die landwirtschaftliche Produktion stagnierte, vielleicht auch, weil die verfügbare Technologie an ihre Produktivitätsgrenze gestoßen war. Die klimatischen Bedingungen verschlechterten sich ebenfalls und machten die Nahrungsmittelversorgung prekärer und unsicherer. Sehr viele durch unzureichende Ernährung schon geschwächte Menschen wurden Opfer von Krankheitsepidemien. Aber diese widrigen ökologischen Bedingungen waren offenbar nur *ein* Aspekt einer umfassenderen Krise, die man zuweilen als »Krise des Feudalismus« bezeichnet. Um Feldzüge und Expansion finanzieren zu können, preßte der militärische Adel ein immer größeres Mehrprodukt aus seinen tributpflichtigen Untertanen heraus, was wiederum eine wachsende Welle bäuerlicher Widerstands- und Aufstandsaktionen auslöste.

Der Ausweg aus dieser Krise lag in der Entdeckung neuer Gebiete. Ökonomisch formuliert war die Notwendigkeit eingetreten, zusätzliche Quellen des Mehrprodukts zu erschließen. In der Praxis bedeutete das die

Einverleibung wiederum neuer Gebiete, in denen man sowohl mehr Nahrungsmittel gewinnen als auch neue Konservierungsstoffe für Lebensmittel entdecken konnte. Es bedeutete des weiteren die Aussicht auf Luxusgüter zu günstigeren Preisen oder – alternativ – auf mehr Gold und Silber, mit denen man die Luxusgüter bezahlen konnte. Und schließlich bedeutete es auch die Hoffnung, den Abfluß der Edelmetalle nach dem Osten einzudämmen – ein Problem, das schon den Römern Kopfschmerzen bereitet und sich um 1200 n. Chr. erneut kritisch zugespitzt hatte. Die Lösung der Krise erforderte noch mehr und noch intensivere Kriegsvorbereitungen: eine verstärkte Produktion von Waffen und Schiffen, die Ausbildung von mehr Soldaten und Matrosen sowie mehr Geld für militärische Operationen und Grenzsicherungen.

Auf ökonomischer Ebene wurde die Krise des Feudalismus durch die Entdeckung, Eroberung und Verteilung neuer Reichtümer jenseits der europäischen Grenzen gelöst. Der Aufbruch in die Neue Welt, die Errichtung befestigter Plätze und Handelsstationen entlang der afrikanischen Küsten, das Vordringen in den Indischen Ozean und das Chinesische Meer, die Ausbreitung des Pelzhandels in den nördlichen Waldgürteln Amerikas und Asiens – all diese Aktivitäten waren auf die eine oder andere Weise auf die Aneigung solcher neuen Reichtümer aus. Im Austauschkreislauf tauchten neue Produkte wie Tabak, Kakao, Kartoffeln und Tulpenzwiebeln auf. Das afrikanische Gold und das amerikanische Silber gestatteten es Europa – wie Braudel es ausdrückt –, über seine Verhältnisse zu leben.

Nun war es allerdings nicht damit getan, die in Europa zirkulierenden Reichtümer einfach aufzustocken und in noch mehr Formen umzuprägen. Die »ursprüngliche Akkumulation« setzte nicht nur die Eroberung, sondern auch die Konzentration, die Organisation und die Allokation (also den gezielten Einsatz) der neuen Ressourcen voraus. Diese Operationen überstiegen aber die Möglichkeiten einzelner Handelsfirmen oder Kaufmannsgilden, bzw. begrenzter Militär- und Verwaltungseinheiten. Wo solche Operationen anstanden, gaben sie der Herausbildung übergeordneter Organisationen Auftrieb, die solche umfassenden Expansions- und Handelsunternehmungen bündeln und die Volksmassen, die das Mehrprodukt zu erzeugen hatten, für deren Ziele mobilisieren konnten.

Diese umfassenden Organisationen, die sich in der Folgezeit herausbildeten, waren Staaten mit einer stark zentralisierten Kommandogewalt, die bei einem Einzelherrscher und seiner Klientel liegen konnte wie im Falle von Portugal und Spanien oder bei einem Ausschuß der herrschenden Oligarchie wie in der Republik der Vereinigten Niederlande. Solche Staaten lassen sich am ehesten als eine politische Koalition zwischen der zentralisierenden

Exekutivgewalt und der Händlerklasse verstehen. Der Staat kaufte die Waffen und die Schiffe. Die Söldner, die Gewehre, Kanonen und Schiffe wurden über den Verkauf von Gütern finanziert, die man sich mit Waffengewalt angeeignet hatte. Die militärisch gerüsteten Kaufleute, die überseeische Gebiete ausplünderten, brauchten den Staat zum Schutz vor Konkurrenten und zum Aufbau eines Verwaltungskörpers, der imstande war, die neu gewonnenen Gebiete zu behaupten und zu konsolidieren. Der Staat brauchte aber umgekehrt auch die Kaufleute: sie streckten der Krone oder den Kapitänen der Expeditionsfahrten das nötige Geld vor, sie eigneten sich die überseeischen Produkte an, um sie anschließend zu verschiffen und zu verkaufen, und sie übernahmen auch mehr und mehr die Aufgabe, die weit verstreuten Außenposten des Reiches mit den nötigen Versorgungsgütern zu beliefern. In der Literatur heben die einen Autoren den bürokratischen Charakter des expansionistischen Staates hervor, die anderen seine Angewiesenheit auf das angeeignete Mehrprodukt der ländlichen Grundherren, wieder andere sein Bündnis mit den Kauffahrern, die mit der Ausplünderung der überseeischen Gebiete zu leichten Profiten kommen wollten. Die in Europa entstehenden Staaten vereinigten all diese grundlegenden Merkmale in sich, wenn auch jeweils in unterschiedlicher Kombination.

Die Staaten, die diese Expansion nach Übersee entscheidend vorantrieben, waren Portugal, Kastilien-Aragón, die Niederlande, Frankreich und England. Jeder einzelne von ihnen war das Produkt ganz bestimmter historischer Bedingungen und einer ganz bestimmten strategischen Antwort auf diese Bedingungen. In jedem dieser Staaten bildeten sich besondere, um die Achse des Staates zentrierte Klassenkonstellationen heraus. Jeder investierte Menschen und Geld in seine Eroberungsunternehmen und drückte einem bestimmten Teil der Welt sowie dessen Bevölkerung seinen Stempel auf. Schließlich war jeder dieser Staaten auch noch bemüht, den anderen den Zugriff auf seine eigenen heimischen und ausländischen Ressourcen zu verwehren und die Rivalen an weiteren Expansionsvorhaben zu hindern. Wir werden sehen, wie sich diese Staaten im einzelnen entwickelt haben, wie sie ihre Mittel zur Kriegführung und zur kommerziellen Expansion einsetzten und wie sie letztlich an die Grenzen einer auf merkantilem Reichtum basierenden politischen Ökonomie gestoßen sind.

Portugal

Als erster europäischer Staat entwickelte sich Portugal zum Zentrum eines auf die Eroberung von Reichtümern gerichteten Expansionsstrebens. Von allen an dieser Expansion beteiligten Ländern ist Portugal aber auch dasjenige, das uns die größten Rätsel aufgibt. Portugal war ein armes Land, das am Ende des europäischen Mittelalters höchstens eine Million Einwohner hatte. In rascher Folge erwarb es dann so entfernte Kolonien wie Brasilien in Amerika, Mozambique in Afrika und Malakka in Südostasien. Noch 1725 konnte der Erzbischof von Goa von einem portugiesischen Reich träumen, das auf Gottes »unfehlbarer Verkündigung, sich die Erde untertan zu machen«, beruhe (zit. n. Boxer 1973a, 376). Um 1800 jedoch war Portugal zu einer zweitrangigen Macht abgesunken. Um so erstaunlicher muß uns im Rückblick erscheinen, wieviel Kraft und Begeisterung die Portugiesen anfangs in eine Expansion steckten, die auf so überaus begrenzten ökologischen Ressourcen basierte.

Portugal war zunächst nur ein Grenzlehen des spanischen Königreiches Léon. Wie dieses vergrößerte es sich im Gefolge marodierender Ritter- und Siedlerhaufen, die nach und nach das Territorium des muslimischen Iberien eroberten. Aber im Gegensatz zu Spanien erlangte Portugal seine politische Identität bereits sehr früh. 1147 wurden die Moslems aus Lissabon vertrieben, 1249 ergab sich der letzte muslimische Stützpunkt Silves den portugiesischen Belagerern. Und 1385 wehrte das junge Königreich den Ansturm des kastilischen Heeres erfolgreich ab und behauptete seine territoriale Integrität unter einer von den Großmeistern des religiös-militärischen Ordens von Aviz begründeten Dynastie.

Auch wenn seine Schiffe in späteren Zeiten bis ans Ende der Welt segelten, blieb Portugal im Lauf seiner Geschichte ständig und in massiver Weise von seiner Landwirtschaft abhängig. Und dies, obwohl ein Großteil des Landes für eine landwirtschaftliche Nutzung zu bergig und zu steinig ist, die Niederschläge selten und unregelmäßig und die Ernten daher entsprechend mager ausfallen. Dennoch lebte das Gros der Bevölkerung von bäuerlicher Tätigkeit, und zwar zumeist auf der Basis von Pachtregelungen, die den Bauern gegen Natural- oder Geldabgaben (die ein Zehntel bis die Hälfte der Jahreserträge ausmachen konnten) und zwei oder drei Tage unbezahlter Arbeit pro Woche eine langfristige Nutzung der Felder sicherten.

Aufgrund dieser Abhängigkeit von der Landwirtschaft orientierte sich Portugal aufs Binnenland und nicht aufs Meer. Zwar wurde in der kühlen Meeresströmung vor der Küste Portugals und Westafrikas auch Fischfang betrieben, aber dies Gewerbe war angesichts der extremen Gezeitenunterschiede, der widrigen Winde und des Mangels an geschützten Häfen eine mühsame Sache. Trotz Portugals Seefahrerruhm fuhren nie sehr viele Portugiesen zur See; das Land hatte in keiner Phase genügend Matrosen, um die eigenen hochseetüchtigen Schiffe zu bemannen. Und man hatte auch gar nicht so viele Schiffe: Für den Schiffsbau geeignetes Holz war rar, ein großer Teil des Holzes und der Schiffsausrüstung mußten importiert werden. Selbst auf dem Höhepunkt seiner Macht verfügte Portugal über nur 300 hochseetüchtige Schiffe (Boxer 1973a, 56). Nach der Expansion des Reiches wurden die meisten portugiesischen Schiffe in den überseeischen Gebieten gebaut: in Goa aus dem Holz der Teak-Wälder an der indischen Westküste und in Bahia aus brasilianischen Harthölzern. Mangels portugiesischer Seeleute wurden für die Schiffe mehr und mehr andere Europäer, Asiaten und afrikanische Sklaven rekrutiert.

Im Mutterland schufen die Pachtabgaben und Fronleistungen der Bauern die ökonomische Grundlage für einen von Steuern befreiten und vor willkürlicher Verhaftung geschützten Militäradel und eine breite Schicht klerikaler Funktionsträger. Der Rückgang der Bevölkerungszahlen im Gefolge der Pestepidemien des 14. Jhs. drückte zwar auf dem Lande auf die Grundrente, erzeugte zugleich aber auch einen Sog in die Städte, wo höhere Löhne winkten. Wahrscheinlich hat in dieser Zeit die Verknappung der landwirtschaftlichen Arbeitskraft die adligen Rentiers auf die Idee gebracht, sich neue Arbeitskräftereserven mit militärischen Mitteln in Übersee zu erschließen.

Von den 150 000 afrikanischen Sklaven, die den Portugiesen zwischen 1450 und 1500 in die Hände fielen (Boxer 1973a, 31), wurde ein Teil nach Madeira und auf die Azoren geliefert – diese Inseln mit ihrem Zuckerrohr- und Weizenanbau hatten die Portugiesen kurz zuvor erobert – oder sie wurden in Italien und Spanien verkauft. Viele dieser Sklaven füllten aber auch in Portugal selbst das Reservoir von Zwangsarbeitern auf. Andererseits hatte der Militäradel einen Großteil seiner politischen Macht eingebüßt, seitdem im Krieg mit Kastilien von 1385 die meisten Mitglieder des »alten« Adels umgekommen oder ins Exil geschickt worden waren, weil sie sich auf die gegnerische Seite geschlagen hatten. Das ermöglichte den Aufstieg eines »neuen« Adels, der die Dynastie von Aviz unterstützte, und erhöhte zugleich die relative Bedeutung der Händlerklasse.

Gegen Ende des 14. Jhs. gewannen die Kaufleute immer größere Bedeutung, zumal in Lissabon und Oporto. Sie handelten mit landwirtschaftlichen Produkten, zunächst mit Getreide, später mit Olivenöl, Wein, Korkrinde und Farbstoffen für englische Stoffe. Aus den Salzpfannen von Setubal versorgten sie außerdem Europa mit einem Großteil des für die Konservierung von Fleisch und Fisch benötigten Salzes.

Selbst angesichts dieser Einkünfte bleiben allerdings Zweifel, ob die Ansicht einiger Autoren zutrifft, daß sich die Kaufleuteschicht allmählich aus ihrer Tributabhängigkeit befreien konnte. Zum größten aller Handelsunternehmer entwickelte sich nämlich die Krone, und zwar seit den Aktivitäten des Infanten Dom Henrique (den wir allgemein als Heinrich den Seefahrer kennen). Dom Henrique ist zwar als Förderer der Seefahrt und der Kartographie in die Geschichtsbücher eingegangen, diese Aktivitäten konnte er aber nur aus den Einnahmen finanzieren, die aus dem Handel mit Westafrika und den Inseln im Atlantik, aus den Fischereirechten vor der Algarve, aus dem Import von Farbstoffen und Zucker und aus der Kontrolle über die portugiesische Seifenherstellung stammten – alles Einnahmen, die wiederholt den Protest der portugiesischen Ständevertretung herausforderten. Auch die Eroberung der Stadt Ceuta im Jahre 1425 war das Werk dieses Dom Henrique, der damit einen der Endpunkte des Goldhandels quer durch die Sahara an sich brachte. Der Hof profitierte aber auch vom Verkauf der Sklaven, die den Portugiesen bei ihren Reisen entlang der westafrikanischen Küste in die Hände fielen. Später sicherte sich das Königshaus das Monopol über den Import von Gold, Sklaven, Gewürzen und Elfenbein sowie alle Export- und Re-Exportrechte. An all diesen Geschäften der Krone waren die Kaufleute über Konzessionen und Verträge beteiligt, aber ihre Machtbasis reichte nie aus, um die Klassenstruktur des Landes in entscheidender Hinsicht verändern zu können.

Kastilien-Aragón

Das andere Reich auf der iberischen Halbinsel war Spanien, das erst mit der Union der Königreiche von Kastilien und Aragón im Jahre 1469 seine politische Einheit erlangte. Als die römische Provinz Hispania als Verwaltungseinheit durch die Germaneneinfälle vom Norden und die muslimischen Invasionen aus dem Süden zerschlagen worden war, hatten sich im Norden einige kleine Reststaaten halten können. Aus ihrer Konsolidierung ergab sich im Laufe der Zeit das Doppelreich der Könige von Kastilien und Aragón, innerhalb dessen das Fürstentum Katalonien und das Königreich Aragón eine gewisse Autonomie genossen.

Im 14. Jh. war der Zusammenschluß von Kastilien und Aragón keineswegs eine beschlossene Sache. Im Verlauf seines hartnäckigen Anrennens gegen das muslimische Reich Al-Andalus erstarrte Kastilien zu einem Militärstaat, der die eroberten Gebiete als riesige Latifundien an die adligen Führer seiner Eroberungsheere verteilte. Das Ergebnis zeigte sich in der Struktur des Grundbesitzes: Im späten 15. Jh. waren 97 Prozent des Bodens im Besitz von zwei oder drei Prozent der Bevölkerung – und davon wieder der größte Teil in den Händen einiger weniger Familien (Elliot 1966, 111). Zum dominierenden Erwerbszweig auf kastilischem Boden entwickelte sich die Viehwirtschaft, insbesondere die Schafzucht. Sie diente der Produktion von Merino-Wolle, die in den Niederlanden zu Tuch verarbeitet wurde.

Im Gegensatz dazu wurde der Boden des Königreichs Aragón allmählich durch Siedler erschlossen, die kleine Gemeinden aufbauten, in denen das Land gleichmäßiger verteilt war als in Kastilien. Das Haus Aragón brachte aber auch die Vereinigung des kommerziell orientierten Fürstentums Katalonien mit dem vorwiegend bäuerlichen Aragón zuwege. Katalonien war im 13. und 14. Jh. ein blühender Handelsstaat mit Seehandelsbeziehungen, die weit in die Levante hineinreichten. Im 15. Jh. wurde er jedoch von der genuesischen Konkurrenz ausgestochen. Die Genuesen beschränkten sich nicht nur darauf, den katalanischen Einfluß im Mittelmeerraum zurückzudrängen; mit dem Anknüpfen kommerzieller und finanzieller Beziehungen zu Kastilien bedrohte es die Katalanenen auch an deren iberischer Rückfront. Die Koalition zwischen genuesischen Finanziers und feudalen kastilischen Wollproduzenten brachte das Wachstum des katalanischen Handels effektiv zum Erliegen und untergrub die Konkurrenz- und Exportfähigkeit der katalanischen Textilproduzenten. Im späten 14. und 15. Jh. wurde die ökonomische Basis zusätzlich erschüttert, als sich die Bauern in einer Serie erbitterter Aufstände gegen ihre Tributpflichten zur Wehr setzten und in den Städten offene Auseinandersetzungen zwischen den Handelspatriziern und den kleineren Kaufleuten und Handwerkern ausbrachen.

Die staatliche Union zwischen Kastilien und Aragón brachte zwei äußerst ungleiche Partner zusammen und sicherte Kastilien die Vorherrschaft über Aragón, das eine »Gesellschaft auf dem Rückzug« (Elliott 1966, 42) darstellte. Diese Entwicklung verschaffte den adligen Besitzern der riesigen Schafherden im neuen Iberischen Reich eine führende Rolle. Sie organisierten sich in einer mächtigen Vereinigung der Schafherdenbesitzer, der Mesta, die – als Gegenleistung für ihre Steuerzahlungen an die Krone – dem Staat ihre eigenen sozialen und politischen Interessen erfolgreich nahebringen konnte. Der Export der kastilischen Wolle über die Häfen an der iberischen Nordküste band auch dieses Randgebiet Kantabrien an die Interessen des kastilischen Militäradels.

Die entscheidende Umorientierung Kastiliens auf eine Herdenökonomie würgte nicht nur die industrielle Entwicklung im gesamten spanischen Raum ab, sie beeinträchtigte auch die Fähigkeit der anderen Klassen, die Herrschaft des von Feudalabgaben lebenden Militäradels in Frage zu stellen. Statt kommerzieller und industrieller Entwicklung wurden Krieg und Eroberung von Menschen und Naturschätzen zum beherrschenden Prinzip gesellschaftlicher Reproduktion. In der historischen Gesamtperspektive erweist sich die

Eroberung der Neuen Welt lediglich als Verlängerung der Reconquista auf der Iberischen Halbinsel. Der im 16. Jh. einsetzende Zustrom von Silber aus der Neuen Welt hat die Entwicklung der spanischen Industrie noch weiter gehemmt, insofern Preissteigerungen und Inflation die Konkurrenzfähigkeit der spanischen gegenüber den niederländischen Erzeugnissen zunichte machten.

Das Silber der Neuen Welt erhöhte freilich auch die Einnahmen des Königshauses. Dieses amerikanische Silber bildete zusammen mit den spanischen Schafherden das ökonomische Fundament für die großangelegten spanischen Militärunternehmungen in Europa und für den königlichen Verwaltungsapparat, der sich weit stärker aufblähte, als es die spanische Ökonomie eigentlich verkraften konnte. Das entsprechende Staatsdefizit wurde durch Anleihen ausländischer Finanziers ausgeglichen, die es nur allzu attraktiv fanden, sich ihr Geld aus den Silberimporten oder aus den Steuereinnahmen für die Erlöse des spanischen Wollhandels zurückzahlen zu lassen. Aber auf diese Weise konnte Spanien nie eine klare und konsequente Wirtschaftspolitik entwickeln. Der bürokratische Apparat des Reiches funktionierte schlicht als Geldschleuse, durch die immense Reichtümer in die italienischen, süddeutschen und holländischen Kassen flossen. Die spanische Landwirtschaft wurde weiter geschwächt, als 250 000 nicht bekehrungswillige Moslems zwischen 1609 und 1614 aus Südspanien vertrieben wurden; das brachte die Pachtzahlungen an die Grundherren zum Erliegen, die deshalb ihre Kredite nicht mehr abzahlen konnten. Mitte des 17. Jhs. begannen dann auch noch die spanischen Wollexporte gegenüber der englischen Konkurrenz an Boden zu verlieren. Das zog die Schiffart in Mitleidenschaft, und am Ende des 16. Jhs. konnten die spanischen Schiffsbauer nicht mehr mit dem technischen Stand der nordeuropäischen Werften konkurrieren. Das Kapital wurde mehr und mehr in Privatanleihen und Staatsobligationen angelegt, die höhere Zinsen abwarfen als direkte Investitionen in produktive Unternehmen. Das Spanien von 1600 war bereits jene gespenstische Welt des Verfalls und der Zukunftslosigkeit, die Miguel Cervantes in seinem Don Quixote so meisterhaft porträtiert hat. Die spanische Ökonomie war zur bloßen Durchgangsstation merkantilen Reichtums für andere Volkswirtschaften geworden – zur »Mutter für die Ausländer, zur Stiefmutter für die Spanier«.

Die internationalen Bewegungen der merkantilen Vermögen

In Portugal wie im Königreich Kastilien-Aragón führte die Entwicklung also dazu, daß ausländische Kaufleute die entscheidende Rolle in den ökonomischen Angelegenheiten übernahmen. Portugal erhielt die benötigten Finanzmittel und die erstrebte Handelsunterstützung von der italienischen Stadt Genua, die damals mit Venedig um die Kontrolle des Levante-Handels rivalisierte und dem portugiesischen Handel nur zu bereitwillig unter die Arme griff, um so über die Begrenzungen des Mittelmeerraums hinauszugelangen. Die ersten genuesischen Kaufleute tauchten in Portugal im 13. Jh. auf, im frühen 14. Jh. war Lissabon bereits zu einem bedeutenden Zentrum des genuesischen Handels geworden. Im 15. Jh. faßten die Genueser auch in Sevilla Fuß, wo sie die spanischen Expeditionen in die westliche Hemisphäre finanzieren halfen, die im 15. und 16. Jh. unternommen wurden. Einen wesentlichen Anteil an diesem Expansionsprozeß hatten die Familien Spinola, Centurioni, Giustiniani und Doria. Es ist also kein Zufall, daß Columbus im Jahre 1477 in Lissabon in den Diensten der Centurioni stand und seine Hochzeitsreise nach Madeira unternahm, wo er für seine Auftraggeber Zucker aufzukaufen hatte (Pike 1966, 154, Anm. 58; 206, Anm. 2). Das Geld für seine erste und zweite Amerikareise beschaffte u. a. Francisco Pinelo (italienisch: Pinelli). Den genuesischen Finanziers taten es alsbald die Fugger und Welser aus dem süddeutschen Augsburg gleich, die ihren wachsenden Reichtum seit Mitte des 15. Jhs. aus dem Handel zwischen Süddeutschland und Venedig und aus Bergwerksunternehmungen in der ganzen Alpenregion und in den Karpaten bezogen.

Die zunehmende Finanzkraft der genuesischen und der bayerischen Kaufleute trug auch vereint zum Aufstieg der in Brabant gelegenen Stadt Antwerpen bei. Noch zu Beginn des 15. Jhs. war Antwerpen ein unbedeutender Hafen an der Scheldemündung, zwischen 1437 und 1555 jedoch wuchs seine Einwohnerzahl von geschätzten 17 000 auf mehr als 100 000 an (Russell 1972, 117; Smith 1967, 396). Mit ihrem Anschluß an die Seeverkehrswege war die Stadt der Endpunkt der Überlandroute von Venedig zum Rhein sowie ein Verbindungsglied in der Kette der Hansestädte entlang der nordeuropäischen Meere. Als der Herzog von Burgund, auf dessen Territorium Antwerpen lag, als Karl V. zum Kaiser gekrönt wurde, gewann dieses Handelsnetz sogar noch Anschluß an die Seeroute der Flotten, die das Silber aus der westlichen Hemisphäre heranschafften. So wurde die Stadt in der ersten Hälfte des 16. Jhs. zum Drehpunkt eines internationalen Kredit- und Geldverkehrssystems; schon bald waren Pfandbriefe auf die amerikanische Silberflotte und auf das Steueraufkommen Kastiliens – als Sicherheit für die Kredite an die spanische Krone – in die Hände der genuesischen und bayerischen Bankiers übergegangen. Auf diese Weise floß das Silber gen Norden nach Antwerpen und in die internationalen Finanzierungskanäle.

Aber Antwerpen und seine Förderer konnten ihre Vorherrschaft nicht lange aufrechterhalten. 1500 erlebte die spanische Krone ihren ersten Bankrott. Und bald darauf brach 1566 auch schon der Aufstand der Niederlande aus: die rebellischen »Wassergeusen« riegelten Antwerpen vom Meer her ab, 1576 fielen spanische Truppen ein und erplünderten sich ihre rückständigen Soldzahlungen. 1575/76 erlebte die spanische Krone ihren zweiten Bankrott, in den sie auch die bayerischen Handelshäuser hineinriß. Die Genueser hingegen ließen sich nicht von ihrem Kurs abbringen und festigten ihren Zugriff auf die imperialen Ressourcen, die jetzt verstärkt nach Genua flossen. Folglich wurden sie von 1579 bzw. schon von 1577 an zu den »Beherrschern des internationalen Zahlungsverkehrs, damit der Geldvermögen Europas und der ganzen Welt, und zu den nicht unumstrittenen, aber fest etablierten Herren über das politische Silber Spaniens« (Braudel 1972, 393).

Aber auch Genua wurde im frühen 17. Jh. durch Amsterdam und die mit ihm verbündeten holländischen Städte aus seiner führenden Stellung verdrängt. Amsterdam wurde zum Zentrum des internationalen europäischen Finanzsystems und brachte im Austausch gegen nordeuropäische Manufakturwaren das spanische Silber und das portugiesische Gold in seinen Besitz. Eine wichtige Rolle bei diesem Aufstieg Amsterdams fiel den portugiesischen »neuen Christen« zu, d. h. den getauften oder Krypto-Juden, die nach Holland emigriert waren, um den ökonomischen und religiösen Verfolgungen auf der iberischen Halbinsel zu entgehen. Sie hatten im portugiesischen Sklaven- und Zuckerhandel in der Neuen Welt eine führende Rolle innegehabt; jetzt stellten sie ihr Kapital und ihre Kenntnisse den Holländern zur Verfügung.

Die Vereinigten Niederlande

Während sich Portugal und Spanien mit den Problemen herumschlugen, die die Herrschaft über so ausgedehnte Imperien mit sich brachten, erstand ihnen ein neuer Rivale in Gestalt der Seefahrer und Fischer der Niederlande. Die Holländer hatten im Lauf des 15. Jhs. den Seehandel zwischen der Ostsee und Westeuropa an sich gebracht. Dabei transportierten sie Holz und Getreide aus dem Ostseeraum und Metalle aus Schweden nach Westen und belieferten bei ihren Fahrten in östlicher Richtung die nordeuropäischen Küstengebiete mit Salz und mit Stoffen. Nachdem 1452 die Heringsschwärme von der Ostsee in die Nordseegewässer gewandert waren, verlegten sie sich verstärkt auf die Fischerei und machten dieses Gewerbe zu ihrer eigentlichen Goldgrube. Der Handel mit dem Ostseeraum blieb für die Holländer auch in der Folge ökonomisch stets bedeutsamer als der Handel mit Asien und den

Westindischen Inseln. Ihr Interesse am Seehandel dehnte sich in der Folgezeit aber auch auf die anderen Weltmeere aus.

Zur Finanzierung ihrer Übersee-Expeditionen griffen die Holländer anfangs auf ausländisches Kapital zurück, das ihnen vor allem italienische und süddeutsche Bankiers vorstreckten. Als Karl V. die Niederlande in sein die Ozeane überspannendes Reich eingliederte, gewährte er den holländischen Kaufleuten dieselben Privilegien, wie sie die spanischen Kaufleute in spanischen Häfen genossen. So konnten die holländischen Kaufleute sich ihren Anteil an dem Gold und Silber sichern, das über Lissabon und Sevilla hereinströmte, und mit Hilfe dieses Kapitals ihre geschäftlichen Transaktionen unabhängig von ausländischen Finanziers abwickeln.

Der Beginn der Reformation und der Übertritt der Holländer zur protestantischen Konfession führten zu einem Bruch mit dem katholischen Spanien und zu einem achtzig Jahre andauernden Krieg zwischen den niederländischen Generalstaaten und dem Iberischen Herrscherhaus. Paradoxerweise gingen die Vereinigten Niederlande aus diesem endlosen Krieg nicht nur militärisch, sondern auch finanziell gestärkt hervor. Der Aufstand festigte das Bündnis zwischen mehreren holländischen Städten, die jeweils von einer lokalen Kaufmannsoligarchie regiert wurden, wie auch das Bündnis zwischen diesen Eliten der Küstenzone und den Grundherren der Binnenprovinzen. Die neue Republik nahm bereitwillig religiöse Dissidenten aus Wallonien und Flandern sowie Juden aus Portugal und Spanien auf. Sie erweiterte damit ihr Potential an Kapital und menschlichen Fähigkeiten auf ganz enorme Weise. Im Mittelmeer waren holländische Schiffe vor 1585 nur selten aufgetaucht, danach aber ließen sie sich immer häufiger blicken. Der Direkthandel mit Brasilien nahm laufend zu; im Jahre 1621 kontrollierten die Holländer die Hälfte bis zwei Drittel des gesamten Warenhandels zwischen Brasilien und Europa. Während des ganzen Krieges mit Spanien setzten die holländischen Kaufleute aber auch ihren Handel mit dem Feind fort. Die spanischen und portugiesischen Kriegsflotten waren auf Holz und Schiffsausrüstungen angewiesen, die ihnen die Holländer aus dem Ostseegebiet lieferten; die Einnahmen, mit denen letztere ihre Kriegsausgaben bestritten, stammten hauptsächlich aus den Steuern, die holländische Kaufleute für die Lizenz zum Handel mit dem Feind abführen mußten (Boxer 1973a, 23 f.). Dank seiner weitgespannten Handelsbeziehungen wurde Amsterdam im 17. Jh. zum Zentrum des europäischen Gold- und Silberhandels und blieb es auch für die nächsten 200 Jahre.

In der zweiten Hälfte des 17. Jhs. erreichte die holländische Hegemonie ihren Gipfelpunkt, um sich dann wieder zurückzubilden. Auf den europäischen Märkten ging die Bedeutung des Getreides aus den Ostseeländern und damit auch der holländische Einfluß zurück (Glamann 1971, 42 ff.). Gleichzeitig bekamen die Niederlande die englische Konkurrenz stärker zu spüren: England hatte als Antwort auf die wirtschaftliche Flaute seine Getreideexporte verstärkt und damit begonnen, holländische Waren zu besteuern, um im eigenen Lande die Importsubstitution durch englische Industrieprodukte zu fördern. Die holländische Ökonomie wurde außerdem durch die kostspieligen Kriege belastet, die über Steuererhöhungen finanziert werden mußten.

Warum haben aber die Niederlande nicht den Weg der industriellen Entwicklung eingeschlagen? Dafür gab es mehrere Gründe. Erstens blieben Seehandel, Schiffsbau und die damit zusammenhängenden Gewerbe auch weiterhin wichtig und profitabel. Zweitens erzielten kaufmännische Unternehmungen nach wie vor hohe Gewinne, höhere jedenfalls als Investitionen in die Textilproduktion. Drittens arbeiteten die landwirtschaftlichen Betriebe in den Niederlanden bereits auf kapitalintensiver und spezialisierter Grundlage und zahlten recht hohe Löhne; folglich gab es keine verarmte Landbevölkerung, aus der die Industrie, wie in England, ihre billigen Arbeitskräfte beziehen konnte. Viertens basierte die ganze holländische Entwicklung letzten Endes auf dem profitablen Verkauf bestimmter Fähigkeiten und Dienstleistungen und nicht etwa auf massiven eigenen Ressourcen. Auch war die Einwohnerzahl der Niederlande beschränkt: Sie stieg von 1514 bis 1680 von 275 000 auf 883 000 und ging bis 1750 dann wieder auf 783 000 zurück. Selbst auf den Schiffen waren Arbeitskräfte Mangelware; im 18. Jh. wurden von holländischen Reedern immer mehr skandinavische und norddeutsche Seeleute angeheuert. Zudem gab es in den Niederlanden weder Kohle- noch Eisenerzvorkommen, über die z. B. England in reichem Maße verfügte. Und schließlich war die Republik von Beginn an ein Staatswesen, das sich aus beinahe autonomen Stadtstaaten zusammensetzte, die jeweils von ihrer einheimischen Kaufmannsoligarchie beherrscht wurden. Nur aufgrund der Vormachtstellung Amsterdams und aufgrund ihrer gemeinsamen Erfolge in der Aufstiegsphase hatte diese holländische Allianz zu einer gemeinsamen politischen Linie gefunden. In einer Periode wachsender Schwierigkeiten litt dann aber die Fähigkeit der verschiedenen Partner, eine gemeinsame Politik zu formulieren und durchzuführen, unter immer schärferen Fraktionskämpfen. Seit 1688 begann daher das holländische Kapital nach England abzufließen, wo es in der englischen *East India Company*, der *Bank of England* und in britischen Staatsobligationen angelegt, aber auch in den sich neu entwickelnden Industrien investiert wurde. Die Niederlande zahlten jetzt »den Preis für ihre unangreifbare Führungsrolle« – indem sie ihrem Hauptrivalen zur Vorherrschaft verhalfen.

Frankreich

Das französische Beispiel führt uns eine wiederum andere Antwort auf die Krise des Feudalismus vor Augen. Frankreich war das Land des klassischen politischen Feudalismus, der sich die rechtlichen Formen der Bindungen zwischen Lehensherren und Vasallen zunutze machte, um ein umfassendes Gefüge hierarchisch abgestufter Beziehungen zu errichten, an dessen Spitze der König stand. Hier war der politische Konsolidierungsdruck vor allem auf das Ziel gerichtet, die feudale Machtpyramide mit ihrer monarchischen Spitze in ein Netz von Gefolgschaftsbeziehungen zu verwandeln, das sich über das gesamte französische Territorium erstreckte und vom König durch seine Verfügung über die stärksten Machtmittel kontrolliert wurde (vgl. Koenigsberger 1971, 6). Diese Transformation vollzog sich in Frankreich über die Konzentration des inländischen agrarischen Mehrprodukts und nicht durch Ausdehnung des Reiches in überseeische Gebiete. Die französische Krone vermied es andererseits auch weitaus erfolgreicher als die Herrscher von Portugal oder Kastilien-Aragón, in die Abhängigkeit von ausländischen Finanziers und die sich daraus ergebenden internationalen Verwicklungen zu geraten.

Wir haben gesehen, wie Frankreich aus einem kleinen, aber fruchtbaren Kernland um den Mittellauf der Seine und der Loire entstanden ist. Anfangs war der König lediglich *primus inter pares* unter mehreren anderen mächtigen Lehensherren. Dann aber baute er seine Macht laufend aus, indem er seinen unmittelbaren königlichen Besitz nach allen Richtungen hin vergrößerte, bis es 1328 die Hälfte des heutigen französischen Territoriums umfaßte. Die andere Hälfte vergab die Krone als Lehen. Im Laufe dieses Expansionsprozesses schlug der französische König nicht nur die Engländer und ihre Gefolgsleute aus dem Felde, sondern behielt auch über potentielle Rivalen aus Aquitanien im Westen und aus Okzitanien im Süden die Oberhand. Damit verschaffte er der Krone die Verfügung über zusätzliche landwirtschaftliche Ressourcen und unterstellte dem politischen Zentrum in Paris auch noch die westlichen und südlichen Küstengebiete mit den Handelsstädten Nantes, Bordeaux und Toulouse. Seit dem 15. Jh. waren damit die Handelsaktivitäten der Atlantikküste durch die ökonomischen und politischen Bedürfnisse des kontinentalen Kerngebiets der französischen Monarchie bestimmt und begrenzt – was für Frankreichs Anteil an den europäischen Expansionsbestrebungen erhebliche Folgen hatte (Fox 1971).

Obwohl der König seine Herrschaft über Frankreich festigen konnte, hat er das Recht des Adels, den Bauern ein Mehrprodukt abzunehmen, nie frontal in Frage gestellt – und konnte es auch nicht. Die Bauern erwarben das

Recht, ihre Pacht in Geld- oder Naturalform zu zahlen, statt sie als Fronarbeit auf dem Hof oder der Domäne des Grundherrn abzuleisten. Die Produktion lag also auf den Schultern der Bauern, die Herren zweigten sich einen Teil der Erträge als Tribut ab, den sie auf dem Markt verkauften. In dieser Hinsicht war der König lediglich der höchststehende Adlige, der wie alle anderen von seinen eigenen Domänen lebte. Deren riesige Ausdehnung verlieh ihm zwar eine entsprechend umfassende Macht, aber das Geldvermögen der Krone blieb begrenzt, weil der Adel keine Steuern zahlen mußte. Als der König sich in gewinnbringenden Handels- und Kreditgeschäften mit den italienischen Städten versuchte, wurden seine Aussichten auf ein unabhängiges Geldeinkommen durch den Niedergang dieser Partner in Mitleidenschaft gezogen. Am Ende versuchte der König, das Problem dadurch zu lösen, daß er eine eigene Kategorie von Adligen schuf – den Kleideradel im Gegensatz zum Schwertadel –, indem er Amtspositionen und die Adelswürde an Kaufleute und gehobene bürgerliche Stände verkaufte. Zu diesem neuen Adel gehörten Steuerpächter, die dem Hof Geld vorschossen und dafür das Recht erhielten, bestimmte Steuern einzutreiben und einzubehalten. Letztlich wurden die Steuern von den Bauern und den kaufmännischen und gewerblichen Unternehmen aufgebracht. Das Steuereinkommen des Hofes war riesig – zehnmal so hoch wie das in England (Finer 1975, 128) –, aber durch ihren schieren Umfang bedeuteten diese Steuern eine schwere Last für die Landwirtschaft, und auch dem Handel und der Industrie schnürten sie die Luft ab. Für die Bauern waren sie einfach zu hoch, und selbst die Bourgeoisie hatte um ihr Überleben zu kämpfen (Wallerstein 1974, 297).

Das Geflecht der Beziehungen zwischen dem König, dem alten und dem neuen Adel sowie der Bauernschaft wurde in der Französischen Revolution von 1789 zerrissen. Diese Revolution war das Werk von aufständischen Bauern, die sich ihre adligen Rentiers vom Hals schaffen wollten, von armen Pariser Handwerkern und Handwerksgesellen und von einer Bourgeoisie, die »um ihr Überleben zu kämpfen hatte«. Die Revolution richtete sich gegen die Aristokratie, insoweit sie die Bauern von den Abgaben befreite und den Mitgliedern des Dritten Standes den Zugang zu den Staatsämtern eröffnete. Es handelte sich freilich nicht um eine Revolution, die den Weg für eine kapitalistische Entwicklung freigeräumt hätte. Die durch sie befreite Bourgeoisie war nicht etwa eine Klasse industrieller Kapitalisten, sondern lediglich eine Kleinbourgeoisie, die sich aus Handwerkern, Ladenbesitzern, kleinen Kaufleuten und Kleinunternehmern zusammensetzte. Die Entwicklung einer regelrechten Schwerindustrie ließ in Frankreich bis zur zweiten Hälfte des 19. Jhs. auf sich warten.

Die Grenzen der merkantilen Zirkulation

Wir haben gesehen, wie drei europäische Staaten – nämlich Portugal, Spanien und die Niederlande – im Anschluß an eine Phase überseeischer Handelsexpansion einen allgemeinen geschäftlichen Niedergang hinnehmen mußten. Ein vierter Staat, nämlich Frankreich, konzentrierte dagegen alle seine Kräfte auf die innere Konsolidierung, drosselte dafür aber aufgrund der Machtkonzentration in Paris die kommerziellen Initiativen in seinen Küstengebieten.

Die Allianz zwischen Staat und Kaufleuten, die den Aufstieg Portugals möglich machte, begann im frühen 15. Jh., entfaltete ihre volle Dynamik im 16. Jh., um dann im 17. Jh. wieder zu zerfallen. Der Vertrag von Methuen, der 1703 den portugiesischen Markt für englische Textilien öffnete – wofür England den Import von Portweinen zuließ –, hat diesen Zerfall nur formell besiegelt. Spanien, der von den Herrschern Kastiliens geführte Staatsverband, schuf mit seiner Expansion im 16. Jh. ein Weltreich, das von Florida bis Chile und von den Karibischen Inseln bis zu den Philippinen reichte. Aber auch Spanien war zu Beginn des 17. Jhs. im Niedergang begriffen und zehrte inmitten einer zerbröselnden Realität mit der Zeit nur noch von Traumbildern vergangener Größe. Selbst die hartnäckigen Bemühungen der Bourbonen-Könige im 18. Jh., die den Niedergang durch ein politisches Programm »angewandter Aufklärung« aufhalten wollten, erwiesen sich als vergeblich. Die Niederlande wiederum waren zwar mit ihrem Aufstand gegen die Spanier im Jahre 1566 erfolgreich und schufen sich im 16. und 17. Jh. ein Überseeimperium; im späten 17. Jh. jedoch stießen auch sie an die Grenzen ihrer Macht, als sich mehr und mehr der Druck des erfolgreichen Konkurrenten England bemerkbar machte. Frankreich schließlich versuchte im Lauf des 18. Jhs., England aus Indien und Nordamerika zu verdrängen. Mit seiner rückständigen Industrie und der unterentwickelten Schlagkraft seiner Kriegsflotte ging es an dieses Vorhaben als praktisch reine Landmacht heran, die der englischen Flotte und der englischen Industrie nichts Gleichwertiges entgegenzusetzen hatte.

Das 17. Jh. erwies sich als die für die weitere Staatsentwicklung entscheidende Ära. Staaten, die im 15. Jh. die »Krise des Feudalismus« noch erfolgreich überstanden hatten, gerieten im 17. Jh. bis über den Hals in ökonomische und politische Schwierigkeiten. Besonders deutlich wurde dies auf der Iberischen Halbinsel. Hier wurde das erwirtschaftete Mehrprodukt restlos durch die militärischen und politischen Unternehmungen des Staates und das demonstrative Luxusleben des Hofes aufgezehrt. Die ständigen Kriegs- und Beutezüge erneuerten immer wieder die Existenzgrundlage der Grundherren und stärkten gar noch ihre Machtpositionen. Die Fortsetzung der Reconquista auf amerikanischem Boden stärkte zwar die militärische und gesellschaftliche Macht des Königs und des Feudaladels, führte aber in den Städten und auf dem Lande zu ökonomischer Stagnation. Gleichzeitig verschlangen die steigenden Kriegskosten die staatlichen Mittel oder ließen sie an die Gläubiger der Krone fließen. In Frankreich konzentrierte sich das Mehrprodukt am königlichen Hof. Dort diente es dazu, die Opposition im Innern zunichte zu machen bzw. zu bestechen oder Kriege im Ausland zu finanzieren – beides zu Lasten ökonomischer und politischer Alternativen. Die Regierung in Holland war in ihren Forderungen bescheidener und tätigte nicht so viele Prestigeausgaben. Die weltweite Handelsexpansion der Niederlande ließ jedoch die Vermittlerfunktion ihrer Kaufleute noch stärker hervortreten, wiewohl sie auch der Entwicklung gewerblicher Zulieferbranchen für Handel und Schiffart, wie z. B. den Werften und den Lieferanten von Schiffsvorräten, zugute kam. Am Fall Holland zeigt sich, daß nicht etwa die enormen Kriegs- oder Hofhaltungskosten als solche für die Krise verantwortlich waren, sondern die Unfähigkeit, durch Kriege und kaufmännische Aktivitäten erzielte Gewinne in neue mehrwertproduzierende Unternehmungen umzusetzen. Voraussetzung für diese Fähigkeit ist die Verwandlung von kaufmännischem Vermögen in Kapital.

Der ökonomischen und politischen Krise des 17. Jhs. lag eine umfassendere Krise zugrunde; sie hatte ihre Ursache darin, daß der kaufmännische Reichtum außerstande war, neue Vorstellungen zu ersinnen oder aus den alten weiterzuentwickeln, wie die Arbeitskraft zur Erzeugung neuer Reichtümer eingesetzt werden könnte. Wir haben im dritten Kapitel den Unterschied zwischen Kapitalismus einerseits und dem Einsatz von Geldvermögen zur Profitgewinnung andererseits herausgearbeitet. Die Kaufleute Europas machten ja durchaus Geld und häuften damit Vermögen an. Sie handelten mit Pelzen, Gewürzen, Sklaven, Gold und Silber. Durch den Handel mit Stapelware entwickelten sie eine regionale Spezialisierung. Sie tauschten z. B. das hier angebaute Getreide gegen das dort gewonnene Salz, das am einen Ort gewebte Tuch gegen das am anderen Ort gegossene Eisen aus. Sie schufen kommerzielle Strukturen, die menschliche Arbeitskraft und Arbeitsmittel derart zu kombinieren vermochten, daß immer größere Warenmengen für einen zentral organisierten Absatz produziert werden konnten. Sie betrieben *Kommerz* in einem Sinne, wie ihn schon der Berber Ibn Khaldun, der Soziologe des 14. Jhs., beschrieben hat:

»Man muß wissen, daß der Handel das Streben nach Bereicherung durch Vermehrung des Anfangskapitals ist, wenn man die Ware billig ein- und teuer verkauft. Diese Waren mögen aus Sklaven, Getreide, Tieren oder Stoffen bestehen. Man nennt diesen Zuwachs Gewinn. Man erlangt ihn dadurch, daß man die Ware speichert und ein

Schwanken des Kurses im Sinne der Hausse abwartet, was einen Vorteil sichert. Die besagte Ware in eine andere Gegend, wo die Nachfrage danach am größten ist, zu transportieren, sichert ebenfalls einen großen Gewinn.« (Zit. in Rodinson 1971, 59)

Die europäischen Kaufleute veränderten hier und da sogar die Arbeitsorganisation und die Arbeitsbedingungen für die Menschen, die mit der Produktion einer für den Verkauf bestimmten Ware beschäftigt waren. Eines aber taten sie *nicht:* sie setzten ihr Vermögen nicht als Kapital ein, um Produktionsmittel zu erstehen oder zu transformieren und diese durch den Erwerb von Arbeitskraft, die von einer Klasse von Arbeitern zum Kauf angeboten wird, in Bewegung zu setzen.

England

Als einziges Land sollte England den Schritt von der Akkumulation und Verteilung merkantilen Reichtums zu einer grundlegenden kapitalistischen Transformation vollziehen. Das Bild, das England im Jahre 1400 bot, konnte dieses Land allerdings nicht unbedingt als aussichtsreichen Kandidaten für die spätere ökonomische Vormachtstellung erscheinen lassen. Als dem europäischen Festland vorgelagerte Insel hatte es eine periphere geographische Lage, und im Vergleich mit den Staaten des Kontinents weist sein historischer Entwicklungsgang eher exzentrische Züge auf. Die Eroberung der Insel durch französisch-sprachige Nachfahren norwegischer Wikinger im Jahre 1066 hatte England ein einheitliches Steuer- und Rechtsprechungssystem unter der Oberherrschaft eines Königs gebracht. Das Funktionieren dieses Systems beruhte nicht so sehr auf einer ausgebauten und zentralisierten Verwaltung à la Frankreich als vielmehr auf dem Zusammenwirken der örtlichen Notabeln. Das machte das Regieren im übrigen auch billiger. Aber auch die Steuerlasten waren gleichmäßiger verteilt als in Frankreich: Die englischen Adligen waren steuerpflichtig, die französischen hingegen bis zur Revolution von 1789 von Abgaben befreit. Aufgrund seiner Insellage war England durch Angriffe vom Kontinent her kaum zu gefährden, und nach der Verdrängung der englischen Könige aus Frankreich blieben dem Land die riesigen Ausgaben für Kriege zu Lande und zu Wasser erspart, die ihre späteren kontinentalen Rivalen so übermäßig belasteten.

Bis zum Ende des 14. Jhs. war England vor allem ein Agrarland, das sich nach innen orientierte und von der Seefahrt noch nicht viel wissen wollte (Graham 1970, 14). Von den Entwicklungen auf dem Kontinent unterschied sich die englische Wirtschaft jedoch in zweierlei Hinsicht. Erstens wurden während des 14. und 15. Jhs. die ständig weitervererbten Lehensverpflichtungen der Bauern gegenüber den Grundherren nach und nach durch einen Pachtzins abgelöst, der in regelmäßigen Abständen je nach der ökonomischen Lage neu festgesetzt wurde. Das ermöglichte im Lauf der Zeit die Umwandlung der »althergebrachten« Tributpflichten in variable Geldrenten. Im ausgesprochenen Gegensatz dazu konnte die Bauernschaft in Frankreich ihre Rechte auf den Grund und Boden durch eine stärkere Garantie ihrer fortlaufenden Weitervererbung verbindlicher absichern. Hier konnte der Grundherr zwar versuchen, die ihm zustehenden Abgaben zu erhöhen, aber durch die Heraufsetzung der Tributleistungen konnte er in keiner Weise entscheidend in die Belange der Verwaltung und landwirtschaftlichen Nutzung seines verpachteten Landes eingreifen. Im Vergleich mit den französischen hatten die englischen Bauern eine erstaunlich schwache Position. Insofern das Land dazu da war, einen Profit in Form einer variablen Geldrente abzuwerfen, stand es in der Macht des Grundherrn, das Land an die Pächter zu übertragen, die ihm die höchsten Profite erwirtschaften konnten. Die englischen Grundbesitzer waren daher eher als ihre französischen Klassengenossen in der Lage, den Grund und Boden als solchen in eine Ware zu verwandeln. Im Laufe des 16. Jhs. begannen die englischen Grundbesitzer denn auch, sich als »ameliorisierende Grundherren« *(improving landlords)* zu verstehen und Warenproduktion zu betreiben.

Das zweite wichtige Merkmal der englischen Ökonomie lag in der Tatsache, daß England schon früh die wohl beste Rohwolle Europas produzierte. Im 13. und 14. Jh. wurde ein Großteil dieser Wolle im Ausland abgesetzt, insbesondere zur Verarbeitung durch die Wollindustrie Flanderns. Der Wollhandel wurde bald zu einem Hauptpfeiler des Einkommens des englischen Königshauses. Der Wollexport machte England zu einer Art flämischer Kolonie, die sich Pirenne zufolge

»damit begnügte, (die Flamen) mit Rohmaterial zu versorgen. Die Engländer spielten für die flämische Tuchindustrie dieselbe Rolle wie heutzutage Argentinien und Australien für die europäische und amerikanische Stoffindustrie. Statt mit den Flamen zu konkurrieren, begnügten sie sich damit, ständig mehr Wolle zu produzieren, für die es stetige Absatzmöglichkeiten gab.« (1937, 153)

Nicht nur, daß diese Wolle für ausländische Märkte bestimmt war – auch der Transport zu den Bestimmungsorten an der gegenüberliegenden Kanalküste lag vornehmlich in ausländischen Händen und zwar vor allem in denen der Hanse. Gegen Ende des 14. Jhs. verlegten sich die Engländer dann aber vom Wollexport auf die eigene Tuchproduktion. Diese Umstellung wurde durch mehrere sich gegenseitig beeinflussende Faktoren gefördert. Je mehr Tuch produziert wurde, desto konkurrenzfähiger wurden die englischen Wollwaren auf den ausländischen Märkten. Zugleich machte die Krise des

Feudalismus im 14. Jh. die Fabrikation von Wollstoffen – zumal in landwirtschaftlichen Regionen, die sich mit der hartnäckigen Wirtschaftsflaute herumschlagen mußten – zu einer attraktiven Alternative. Diese Fabrikation ließ sich überdies von den Städten in ländliche Gebiete verlagern, wo man die Wasserkraft zum Betreiben von Walkmühlen ausnutzen und billige Arbeitskräfte auftreiben konnte, die keinen der von den städtischen Gilden aufrechterhaltenen Beschäftigungsrestriktionen unterlagen. Diese alternative Einsatzmöglichkeit für ländliche Arbeitskräfte sowie die Ausdehnung der Schafweiden auf Kosten des Ackerlandes verstärkten die Tendenz, Grund und Boden als vermarktbare Ware und als Instrument zur Warenproduktion zu nutzen.

Die Ausweitung der Tuchproduktion forderte die Unterstützung des Staates heraus. Die einheimische Industrie wurde gegen ausländische Importware geschützt. Der Staat förderte den Bau eigener Schiffe, wobei mit Hilfe neuer Werfttechnologien »rundbauchige«, mit Kanonen bestückte Segelschiffe entstanden. Um den Export von englischen Stoffen zu fördern, wurden staatlich konzessionierte Handelsorganisationen gegründet wie z. B. die London Mercer's Company im 14. oder die Company of Merchant Adventurers im 15. Jh. In rascher Folge kamen immer neue Auslandshandelsgesellschaften hinzu: 1553 die Russia Company, 1577 die Spanish Company, 1578 die Eastland Company, die für den Handel mit Skandinavien und dem Ostseeraum gegründet wurde, 1592 die Levant Company, 1600 die East India Company, 1606 die Virginia Company, sodann die English Amazon Company (sie existierte nur von 1619 bis 1623) und 1629 die Massachusetts Bay Company. Eine noch spätere Gründung waren die Royal Adventurers into Africa von 1660, die zwölf Jahre später durch die erfolgreichere Royal African Company abgelöst wurden. Diese Gesellschaften und ihre Nachfolger vergrößerten rasch das Volumen der englischen Handelsoperationen. Dies wiederum förderte die Entwicklung von Handwerks- und Manufakturzweigen, welche die neuen Handelsrouten und Umschlagplätze mit ihren Produkten versorgten.

Die politischen Umwälzungen von 1640 räumten einige Hindernisse auf diesem Expansionskurs beiseite. Die Glorreiche Revolution war die Erhebung von profitwirtschaftlichen Grundbesitzern, von Manufakturunternehmern und kommerziellen Zwischenhändlern gegen die vom Hof, vom Hochadel und von den kaufmännischen Monopolisten beanspruchten und verteidigten Privilegien. Sie beseitigte den monarchischen Absolutismus, rationalisierte und verbesserte das Regierungssystem und schuf eine neue Besteuerungsgrundlage: Die Steuer, die eine Manufaktur für ihr Herstellungsmonopol zahlen mußte, und die Abgabe zugunsten des königlichen

Hofes entfielen zugunsten einer indirekten Steuer auf allgemeine Gebrauchsgüter (*excise*) und eine direkte Steuer auf Grundbesitz (*assessment*). Die Glorreiche Revolution führte zur Aufstellung einer nationalen Armee und einer Kriegsflotte, die auf die militärische Auseinandersetzung mit den Niederlanden und Frankreich vorbereitet wurden. Sie beschleunigte die Ausdehnung der landwirtschaftlichen Warenproduktion, indem sie die Einfriedung von offenen Feldern und Gemeindeland weiter vorantrieb. Sie unterstützte auch die Entwicklung einer Heimindustrie, in der die von ihrem Land verdrängten Bauern oder landlose Arbeitskräfte Beschäftigung finden konnten.

Im Laufe der Revolution verlagerte sich die Macht von einer Klasse auf die andere. Sie ging von den Machthabern des königlichen Hofes, die sich noch immer auf tributäre Produktionsstrukturen stützten, auf Unternehmerkoalitionen in den Provinzen über. Die Revolution ließ die Verlierer aber keineswegs von der Bildfläche verschwinden – sie machte sie vielmehr zu Teilhabern (vgl. Hill 1949, 126). Viele Institutionen der tributären Vergangenheit – wie etwa die Monarchie, die Peerswürde, die Kirche, das Parlament und das System des *common law* – wurde von den Engländern beibehalten und den Anforderungen neuer Funktionen angepaßt. Auch die Ideologie und die Umgangsformen des Adels überlebten als äußerliche Form, wenn nicht gar als inhaltliche Substanz von Klassenherrschaft: Profite erwirtschaftende Grundbesitzer, Kreditgeschäfte machende Kaufleute und aufsteigende Fabrikanten – sie alle übernahmen die symbolischen Lebensformen des alten Landadels.

Das englische Beispiel stellt in vielerlei Hinsicht einen einzigartigen Fall dar. Ursprünglich war England koloniales Randgebiet vor der Küste eines Kontinents, der von mächtigeren Nachbarvölkern bewohnt wurde und über mehr Reichtümer und besser entwickelte Institutionen verfügte als die britische Insel. Aber sein Gebiet wurde bereits sehr früh unter den normannischen Königen geeinigt, die auch seine Verwaltung vereinheitlichten und Hindernisse für die Zirkulation von Gütern und Menschen aus dem Wege räumten, was viele Nachbarvölker auf dem Kontinent noch bis weit ins 19. Jh. so unselig belasten sollte. Die rechtliche Stellung der englischen Bauern erwies sich als überraschend schwach, was es leicht machte, sie von ihrem Grund und Boden zu vertreiben. Die Expansion des englischen Tuchhandels – eine Voraussetzung für die Eroberung größerer Märkte und politischer Einflußsphären – erwies sich als Erfolgsunternehmen, das von einer Reihe glücklicher Umstände begünstigt wurde. Schließlich war die englische Regierungsform – eine Mischung aus alten und neuen Elementen, die vor allem wenig Kosten verursachte – erstaunlich reibungslos in der Lage, die Verteilung der Klassenkräfte herbeizuführen und aufrechtzuerhalten, von der eine erfolgreiche kapitalistische Industrialisierung abhing. Auch England mußte später noch »den Preis für seine unangreifbare Führungsrolle« zahlen, wenn auch erst hundert Jahre, nachdem es den Durchbruch in eine neue Produktionsweise geschafft hatte.

* * *

In den Jahrhunderten seit 800 n. Chr. vollzog sich die Verwandlung Europas aus einer Randzone der Alten Welt in ein Zentrum von Reichtum und Macht. Der Vormarsch Europas wurde von zwei miteinander verbündeten Klassen vollbracht: einer Klasse militärischer Herrscher, die ihre tributabhängigen Gebiete auszuweiten trachteten, und einer Klasse von Kaufleuten, die tributäre Wertüberschüssse in Geld und Profit umzuwandeln hofften. Im Laufe der politischen und militärischen Konsolidierung entstanden Territorialstaaten, in denen die Macht von autonomen Oberherren auf eine höchste Herrscherinstanz überging. Mit dieser Entwicklung büßte die tributäre Aristokratie ihre Fähigkeit ein, über die Staatsgrenzen hinweg unabhängige Bündnisse abzuschließen; sie unterwarf sich nach und nach einem politischen Führungszentrum, wofür sie sich die politische Garantie ihrer Tributrechte einhandelte. Die Ausweitung des Handels verbesserte zugleich die Möglichkeit, tributäre Wertüberschüsse in ebenso strategisch wichtige wie prestigeträchtige Waren umzuwandeln. Die Förderung des Handels bedeutete für die neuen politischen Systeme also die Chance, die ihnen zu Gebote stehenden Ressourcen zu erweitern. Aber der Handel stellte auch eine potentielle Bedrohung dar: Austausch zu ungünstigen Bedingungen konnte den Staat schwächen, umgekehrt konnte der Staat durch vorteilhafte Austauschbedingungen gestärkt werden. Die neuen politischen Systeme mußten also auch ihre Einstellung zum Handel und zu dessen ambivalenten Erfolgschancen klären.

Auf der Iberischen Halbinsel schälten sich Portugal und Kastilien im Lauf der Kriege gegen die muslimischen Staaten als zwei erfolgreiche Herrschaftsverbände der von tributären Einnahmen lebenden Klassen heraus. In beiden Königreichen kam die Kontrolle über die Handelsbeziehungen der Macht des Königshauses zugute und verschaffte einer Elite von Tributempfängern die finanziellen Mittel, mit denen sie sich mit Gütern aus dem Ausland versorgen konnte, ohne die einheimischen tributären Strukturen antasten zu müsssen. Aber in beiden Ländern reichten diese Mittel nicht aus, um die Kriegs- und Regierungskosten abzudecken. Infolge der finanziellen Zusammenbrüche und der Verschuldung der Königshäuser ging die Kontrolle über die Staatskasse und den Handel auf ausländische Bankiers-Handelshäuser über, wodurch beide Länder letztlich zu »den indischen Gebieten der Genuesen« wurden (so Suaréz de Figueroa im Jahre 1617, zit. n. Elliott 1970, 96). Frankreich hingegen konnte dieses Schicksal vermeiden. Seine politische Zentralisierung vollzog sich, ohne daß der Staat von Auslandskrediten abhängig wurde. Frankreich gab der Produktion eigener landwirtschaftlicher Überschüsse den Vorrang vor den Handelsinteressen, was im weiteren Verlauf die Entwicklung eines »klassischen«, auf Grundbesitz basierenden tributären Feudalsystems gewährleistete. Zwar entging Frankreich auf diese Weise dem Schicksal der Auslandsverschuldung, aber zugleich beeinträchtigte es auf lange Zeit hinaus seine Fähigkeit, in Handelsgeschäften jenseits der eigenen Grenzen erfolgreich mitzumischen.

Während die iberischen Mächte also vom Handel mit dem Ausland verschlungen wurden und Frankreich sich umgekehrt aus diesem Handel heraushielt, schafften es die Niederlande und England, sich erfolgreich auf ihn einzustellen. Die Niederlande entwickelten sich als Föderation kaufmännischer Oligarchien. Da sie schon frühzeitig vom Seehandel gelebt hatten, schöpften die Holländer ihre Möglichkeiten vollständig aus – worüber sie es freilich versäumten, sich in ihrem Hinterland eine angemessene territoriale Basis zu sichern. Sie wurden zu den »Italienern des Nordens«, die sich wie die Handelsstädte Genua und Venedig vor allem um die Ausdehnung ihrer Fernhandelsbeziehungen kümmerten. Im Gegensatz dazu war England lange Zeit eine Landmacht, die bis zum 15. Jh. durch einen von tributären Abgaben lebenden Militäradel beherrscht wurde. Nach dem erzwungenen Rückzug von seinen bevorzugten Schlachtfeldern in Frankreich zerfleischte sich der englische Adel in Bürgerkriegen. So wurde der Weg frei für den Aufstieg einer neuen Aristokratie, die sich eher auf die kommerziellen Möglichkeiten der Schafzucht, der Fabrikation von Wollstoffen und des Überseehandels orientierte. Zugleich erwies sich das neue englische Königshaus als schwächer als die kontinentalen Herrscherhäuser. Die englische arbeitete zwar nicht weniger als die kontinentalen Monarchien auf eine staatliche Zentralisierung hin, aber sie wurde dabei von adligen Grundbesitzern wie Kaufmannsgruppen erfolgreich in Schach gehalten. Krone, Grundbesitzer und Kaufleute sahen sich demnach in eine Zwangspartnerschaft eingespannt und brachten flexible Koalitionen zustande, die sich letztlich für alle beteiligten Partner auszahlten.

Trotz ihrer unterschiedlichen Entwicklung hatten die Niederländischen Generalstaaten und England eines gemeinsam, was sie vor den anderen europäischen Mächten auszeichnete: die Entschlossenheit, den Handel unverhüllt als politisches Konkurrenzmittel einzusetzen. England hatte seinen

Außenhandel schon früh aus der Umklammerung der italienischen und der Hanse-Kaufleute befreit; die Holländer hatten ihre Unabhängigkeit von Spanien in einem ökonomischen und politischen Feldzug gegen ihre Feinde errungen. Vor diesem gemeinsamen Erfahrungshintergrund lernten sie, den Handel als Instrument eines »politischen Geheimkrieges« (John Hagthrope in Gent 1625) einzusetzen. In den Händen der holländischen und englischen Herrschaftsoligarchien wurden auswärtiger Handel und auswärtige Kriege zu alternativen Instrumenten ein und desselben Zwecks, nämlich zur erfolgreichen Akkumulation von Reichtum als »dem eigentlichen Leib und Blut der Könige« (Gerard Malynes 1623).

In der überseeischen Expansion der Holländer und der Engländer verschmolzen also die drei Wege zur Herausbildung und zum Ausbau staatlicher Macht, die den politischen Konsolidierungsprozeß im europäischen Raum abgesichert hatten, zu einer geschlossenen Konzeption – einer Konzeption, die den Staat in den Besitz einer möglichst großen Menge Edelmetalls bringen sollte. Um das zu schaffen, was Thomas Hobbes die »Sanguification of the Common-wealth« (die Blutbildung des allgemeinen Reichtums) nannte, mußte man den Zufluß von Edelmetallen in die staatlichen Kassen erhöhen und ihren Abfluß vermindern. Im Falle der Niederlande und Englands lief das auf den Versuch hinaus, möglichst viel Gold und Silber aus Portugal und Spanien bzw. deren amerikanischen Besitzungen herauszuholen, um damit den Orienthandel zu organisieren und zu monopolisieren. Asien hatte die von Tributleistungen lebenden Klassen Europas seit der römischen Ära mit hochwertigen Gütern beliefert und in dieser ganzen Zeit Edelmetalle aus Europa abgezogen. Eine verstärkte Eroberungs- und Handelstätigkeit in Asien versprach mithin, die Asymmetrie der Schuldner-Gläubiger-Beziehung umzukehren und den europäischen Kauffahrern ungehinderten Zugang zu den Reichtümern des Ostens zu eröffnen. Wer diesen Handel in seine Hand bringen konnte, schrieb Charles Davenant im 17. Jh., würde in der Lage sein, »der gesamten Handelswelt die Gesetze zu diktieren«.

Goldwäscher-Szene. Kupferstich von Theodor de Bry 1590 (The New York Public Library)

Teil II

Die Jagd nach den Reichtümern der Welt

Den Auftakt zur europäischen Expansion nach Übersee bildete ein eher unbedeutendes Ereignis. Im Jahre 1415 eroberten die Portugiesen den muslimischen Hafen Ceuta auf der afrikanischen Seite der Straße von Gibraltar. Eigentlich wollten die Portugiesen damit nur den »Schlüssel zum Mittelmeer« in ihren Besitz bringen, aber dieser Sprung auf die nordafrikanische Küste erwies sich später als erster Schritt zur Eroberung der atlantischen Inseln und der afrikanischen Küstengebiete. Mit dieser Öffnung der Seewege des südlichen Atlantik für europäische Schiffe betätigten sich die Portugiesen als Vorhut einer allgemeinen europäischen Offensive. Das Schrumpfen des eigenen Mehrprodukts hatte die Europäer – wie wir im vorhergehenden Kapitel gesehen haben – dazu gedrängt, jenseits der Meere nach neuen Ressourcen zu suchen; dies insbesondere, weil sie zur Entwicklung ihrer staatlichen Strukturen immer neue Finanzmittel benötigten. Diese Mittel wären in der Levante zu holen gewesen, aber der Zugang zu diesen Schätzen durch das östliche Mittelmeer war blockiert: zum einen durch Byzanz, die seldschukischen Türken und – nach 1453 – durch das Osmanische Reich, zum anderen durch die Venezianer und Genueser, die den europäischen Handel mit dem Orient in ihrer Hand hatten. Die neue Route durch den Südatlantik, die jetzt die Portugiesen aufgetan hatten, eröffnete die Aussicht, die türkische Barriere zu umgehen und auf dem Landweg zu den Schätzen Asiens zu gelangen.

Die Portugiesen ließen der Besetzung von Ceuta die Besiedlung Madeiras (1420), die Errichtung eines Forts und eines Depots auf der Insel Arguin vor der mauretanischen Küste (1448) und den Bau eines zweiten Forts in Elmina (Mina) an der Bucht von Benin (1482) folgen. 1483 erreichten sie die Kongo-Mündung, und 1487 umfuhren sie das Kap der Guten Hoffnung – der Weg nach Indien lag offen vor ihnen. 1497 brach Vasco da Gama zu seiner Fahrt auf, die ihn um das Kap herum nach Ostafrika und zur indischen Malabar-Küste brachte. 1505 errichteten die Portugiesen eine vorgeschobene Versorgungsbasis in Sofala an der ostafrikanischen Küste, vier Jahre später traten sie zur Eroberung der militärischen Schlüsselpositionen an den Küsten Südasiens an. Portugiesische Seefahrer setzten aber auch über den Atlantik, und zwar als erster Cabral, der im Jahre 1500 in Brasilien landete. Bereits 1502 erhielt ein *converso* (ein getaufter Jude) aus Lissabon die offizielle Erlaubnis, Brasilholz nach Portugal zu verschiffen. Ab etwa 1520 wurde im brasilianischen Nordosten mit dem Zuckerrohranbau begonnen, nach 1530 trafen in der neuen Kolonie die ersten afrikanischen Sklaven ein. Damit sorgte der Gewürzhandel für die Verbindung zwischen Lissabon und Asien, der Zuckerhandel verknüpfte die portugiesische Hauptstadt mit Amerika, und der Sklavenhandel schlug eine Brücke über den südlichen Atlantik.

Von diesem Zeitpunkt an gewannen alle Auseinandersetzungen um die innereuropäische Vormachtstellung globale Dimensionen, weil die europäischen Staaten alles daransetzten, die Weltmeere zu beherrschen und ihre Konkurrenten aus günstigen stragetischen Positionen in Asien, Amerika oder Afrika zu verdrängen. Und ebenso führten von jetzt an Ereignisse an einem Ende der Welt zu Rückwirkungen am anderen Ende. Die einzelnen Kontinente waren von nun an innerhalb eines weltweiten Verbindungsnetzes miteinander verflochten.

Den Portugiesen folgte auf ihrem Expansionskurs alsbald das Königreich Kastilien-Aragón. 1492 erreichte Kolumbus in den Diensten Kastiliens die Inselwelt der Karibik. Die Durchdringung des amerikanischen Festlandes kam danach zügig voran: 1513 durchquerte Balboa die Landenge von Panama und erreichte den Pazifik, 1519 begann Cortés mit der Eroberung von Mexiko, 1530 brach Pizarro von Panama aus zur Eroberung Perus auf. Eine spanische Expeditionsflotte machte sich 1564 von Mexiko auf und eroberte die Philippinen, womit sich der spanische Einfluß auf den pazifischen Raum ausweitete. 1580 wurde der spanische König zum Thronfolger in Lissabon, wodurch Portugal bis 1640 in Abhängigkeit von Spanien geriet.

Den Holländern, die damals ihren langjährigen Krieg mit Spanien ausfochten, bot dies Rechtfertigung wie Gelegenheit, die Portugiesen aus ihren Besitzungen in Asien und Amerika zu verdrängen. 1602 wurde die holländische Ostindien-Gesellschaft gegründet, um das portugiesische Monopol über den Gewürzhandel zu brechen; eine holländische Westindien-Gesellschaft entstand 1621. Zwanzig Jahre später hatten die Niederlande die meisten portugiesischen Stützpunkte entlang der afrikanischen Atlantikküste eingenommen, Curaçao und eine Reihe weiterer karibischer Inseln besetzt und in Nordamerika auf Manhattan (Neu-Amsterdam), Long Island und in Delaware ihre Siedlungen gegründet. Die Eroberung der ostindischen Gebiete erwies sich als dauerhafter Erfolg, die meisten ihrer neuen Besitzungen in der westlichen Hemisphäre hingegen konnten die Holländer nicht halten: Nach einem Aufstand wurden sie 1654 aus Brasilien vertrieben; viele ihrer afrikanischen Stützpunkte eroberten die Portugiesen zurück; und Neu-Amsterdam wurde 1664 von den Engländern eingenommen.

Die Expansion der Engländer vollzog sich zunächst im Schatten der übermächtigen Niederländer. Die englische Ostindien-Kompanie war im Jahre 1600 gegründet worden, aber bis ins 17. Jh. hinein spielte sie hinter der holländischen Gesellschaft nur die zweite Geige. Sporadisch waren die Engländer zwar schon während ihrer Auseinandersetzungen mit Spanien im 16. Jh. auf die amerikanischen Subkontinente vorgedrungen, aber erst 1624 setzten sie sich mit der Besiedlung von Barbados in der spanischen Karibik fest. 1655 folgte die Eroberung Jamaikas. An der nordamerikanischen Küste hatten sie in Virginia, Maryland und New England eine Reihe von Ansiedlungen errichtet, die sie angesichts der holländischen Konkurrenz weiter ausbauten. Im Lauf des weltweiten Konkurrenzkampfes zwischen Engländern und Holländern in der zweiten Hälfte des 17. Jhs. blühten diese englischen Besitzungen auf amerikanischem Boden um so mehr auf, je weiter der holländische Machtverfall fortschritt. Und mit Hilfe einer neuen Kompanie, die 1660 mit dem Afrika-Handel betraut wurde, konnten die Engländer den holländischen Handelspositionen weiter das Wasser abgraben.

Als die Bedrohung durch die holländische Konkurrenz nachließ, sahen sich die Engländer in Nordamerika dann jedoch mit der französischen Konkurrenz konfrontiert. Hier hatte die französische Kolonisierung schon früh, nämlich zu Beginn des 16. Jhs. eingesetzt: 1608 wurde Quebec und 1642 Montreal gegründet. Mit der Ausdehnung des Pelzhandels nach Westen entlang des St.-Lawrence-Stroms bis ins Gebiet der Großen Seen entwickelte sich ein langer, hartnäckiger Kampf, in dem die Engländer alles daransetzten, das französische Vordringen abzublocken. Diese Auseinandersetzung endete erst mit der britischen Eroberung Kanadas im Jahre 1763. Auf der anderen Seite des Globus stieß die englische Ostindien-Kompanie auf die erbitterte Konkurrenz der (1664 gegründeten) französischen Indien-Kompanie. Auch dieser Konkurrenzkampf endete mit einem englischen Sieg, als ruinöse Kriegsschulden die französische Gesellschaft 1769 in den Bankrott trieben.

Die europäischen Mächte hatten mithin keine 200 Jahre gebraucht, um ihre Handelsaktivitäten auf alle Kontinente auszudehnen und die ganze Erde zum Schlachtfeld ihrer Konkurrenzkämpfe zu machen. Der Drang nach dem amerikanischen Silber, der Pelzhandel bzw. der Handel mit Sklaven und die Jagd auf asiatische Gewürze – all diese Aktivitäten schufen für die Völker neue gegenseitige Abhängigkeiten, die sie unvorbereitet trafen und ihr Leben von Grund auf veränderten.

Kapitel 5

Die Iberer in Amerika

Als Kolumbus 1493 von seiner ersten Reise in die Karibik zurückkehrte, hegte er den Glauben – an dem er bis zu seinem Tode festhielt –, daß er die Inseln vor der Ostküste Asiens erreicht hätte. Ein Jahr später unterzeichneten die Königreiche Kastilien-Aragón und Portugal in Tordesillas einen Vertrag, in dem sie ihre Ansprüche auf die neu entdeckten Inseln gegenseitig abgrenzten. Sie einigten sich auf eine Teilungslinie, die 370 Seemeilen westlich der Kapverdischen Inseln verlief. Die Kastilier beanspruchten – im guten Glauben, nunmehr einen direkten Seeweg zum Orient zu beherrschen – alles Land westlich dieser Linie. Damit hatten sie den größten Teil der westlichen Hemisphäre erworben. Die Portugiesen waren vornehmlich darauf aus, die Spanier vom Südatlantik fernzuhalten; sie nahmen alle Gebiete östlich dieser Linie in Anspruch. Damit kamen sie in den Besitz von Brasilien. Die Portugiesen hatten damals alle Hände voll zu tun, um die Vorherrschaft über den Südatlantik und die Monsungebiete Asiens zu erringen; mit der Konsolidierung der von ihnen beanspruchten Territorien in der Neuen Welt hatten sie es daher nicht eilig. Das Königreich Kastilien-Aragón beeilte sich hingegen, die sagenhaften Schätze »Indiens« an sich zu bringen.

Zwei Jahrzehnte nach der Entdeckung Amerikas hatten die Kastilier bereits ihre Stützpunkte auf den Großen Antillen und an den Küsten der Landenge von Panama ausgebaut. Die Eroberung Mexikos durch die Truppen von Cortés war 1521 mit der Zerstörung der mexikanischen Hauptstadt Tenochtitlán abgeschlossen. 1533 nahm Pizarro die Inka-Hauptstadt Cuzco ein. 1541 gründeten die Kastilier in Chile bereits die neue Stadt Santiago. Besagtes »Indien« war persönlicher Besitz des kastilischen Königshauses und wurde von zwei direkten Repräsentanten der kastilischen Krone verwaltet.

Der eine war Vizekönig von Neu-Spanien mit Sitz in Mexiko-Stadt, der andere Vizekönig von Peru mit Sitz in Lima.

Die Siegesbeute, die diese aus der Eroberung geborenen Reiche zu bieten hatten, waren Reichtum und Ruhm – beides Güter, die nach spanischer Vorstellung von der körperlichen Arbeit der eingeborenen Bevölkerung abhingen. Deshalb war die neue Gesellschaft von Anfang an in die »Ureinwohner des Landes« (*naturales de la tierra*) und die Spanier aufgespalten. Die Ureinwohner fielen ungeachtet ihrer ausgeprägten sprachlichen und kulturellen Unterschiede gemeinsam unter den Sammelbegriff *Indianer*. Ihnen übergeordnet waren die Spanier, d. h. die Eroberer selbst, deren Nachfahren und alle späteren Ankömmlinge, die deren soziale Positionen anstrebten. Sie waren – ihrer eigenen Definition gemäß – die »vernunftbegabten Menschen« (*gente de razón*). Nun waren diese Vernunftmenschen aber durchaus nicht alle von ein und derselben Sorte. Unter den Eroberern gab es Adlige und gemeines Volk, Reiche und Arme. Nach der Eroberung zerfielen sie rasch in weitere unterschiedliche und oft verfeindete Schichten. Da gab es die Anführer mit wirklichem Reichtum und handfester Macht, dann die Mannschaften mit mehr oder weniger Einkommen, Fähigkeiten und Einfluß, weiter eine ganze Schar ausgehungerter Gefolgsleute, die darauf angewiesen waren, daß die anderen sie mit »Brot und Wasser« versorgten (daher ihr Name *paniaguados*), schließlich noch massenweise Bettlervolk, das an den Rändern der sich herausbildenden gesellschaftlichen Strukturen vegetierte. Sie alle waren sich jedoch einig in dem Interesse, gegenüber den eroberten Völkern auf ihre gemeinsame Überlegenheit als Eroberer zu pochen. Die Spanier waren das dominante Element in den Städten, welche die eroberten ländlichen Gebiete als engmaschiges Herrschaftsgeflecht überzogen, auf dem letztlich die spanische Macht beruhte. Alle diese Städte waren nach demselben gitterförmigen Grundriß angelegt, mit einem von Rathaus und Kirche beherrschten Hauptplatz, auf dem sich das regelmäßige Marktgeschehen wie auch im Ernstfall die Aushebung militärischer Truppen abspielten. Jede dieser Städte mit ihrem oligarchischen *cabildo* (Stadtrat), dem nur *vecinos* (also Vollbürger, die Zutritt zu den Sitzungen des Stadtrates hatten) angehörten, stellte für sich einen Mikrokosmos spanischer Herrschaft inmitten eines Meeres von »Indianern« dar.

Letzten Endes waren es genau diese Indianer, derer sich die Kolonisatoren zu bemächtigen hofften. Aber eine plötzliche und katastrophale Entwicklung ließ diese Einkommensquelle sogleich versiegen.

Spanien und Portugal in der Neuen Welt

Das Große Sterben

Das »Große Sterben« suchte zuerst die Inseln der Karibik heim. Danach breitete es sich an den Küsten des Festlandes und in allen tiefliegenden Gebieten Mittel- und Südamerikas aus. Zum Schluß drang es auch in die Hochlandregionen vor, welche die hochentwickelten Staatswesen der Azteken, der Chibcha und der Inka hervorgebracht hatten. Die Insel La Española (Santo Domingo) z. B. hatte 1492, als Kolumbus zum erstenmal ihren Boden betrat, etwa eine Million Einwohner. Von diesen lebten 1530 nur noch spärliche Reste (Sauer 1966, 65–69, 200–204). Dafür war in erster Linie die Ausbreitung von aus der Alten Welt eingeschleppten Krankheitserregern verantwortlich, gegen die die Völker der Neuen Welt nicht immun waren. Zur vielleicht entscheidenden Bedrohung wurden in vielen Gebieten die Pocken und die Masern, zumal sie in vielen Fällen durch Erkrankungen der Atemwege kompliziert wurden. Zwischen 1520 und 1600 erlebte Mesoamerika nicht weniger als vierzehn, die Andenregion vielleicht sogar siebzehn größere Epidemien (Gibson 1964, 448–451; Dobyns 1963, 494). Andere Krankheiten blieben in ihrer Wirkung örtlich eher begrenzt. So hatte die Malaria – die wahrscheinlich von spanischen Kaufleuten und italienischen Söldnern eingeschleppt wurde – zunächst nur in den Küstenzonen Mesoamerikas verheerende Wirkungen; erst später breitete sie sich über das ganze tropische Tiefland aus.

Das Einschleppen von Krankheitserregern allein liefert allerdings noch keine hinreichende Erklärung für das Geschehen. Zu fragen ist auch nach den gesellschaftlichen und politischen Bedingungen, die den Krankheitserregern eine derart rapide Verbreitung gestatteten. Zu diesen Bedingungen zählten auf den Inseln und in den Küstengebieten der Karibik ganz sicher die skrupellose Art und Weise, in der indianische Arbeitskräfte bei der Suche nach Gold verheizt wurden, sowie – nach 1494 – die drastisch verschärfte Sklavenjagd und Sklavenhaltung. Allein aus Nicaragua wurden in der ersten Hälfte des 16. Jhs. schätzungsweise 200 000 Bewohner von Sklavenjägern verschleppt, die ihre Beute auf den karibischen Inseln, in Panama und in Peru verkauften (Mac Leod 1973, 52). Die portugiesischen Siedlungsvorhaben in Brasilien hatten ebenfalls die Versklavung eines großen Teiles der indianischen Bevölkerung zur Folge. Um 1560 mußten allein im brasilianischen Nordosten 40 000 eingeborene Amerikaner als Sklaven schuften (Hemming 1978, 143). Im letzten Drittel des 16. Jhs. waren die sozialen Strukturen der Ureinwohner bereits derart tiefgreifend zersetzt, daß in Bahia die indianische Bevölkerung eine ungeheure chiliastische Bewegung entfachte. Die Anhänger dieser Heilslehre der *santidade* hörten auf, ihre Felder zu bearbeiten, weil sie hofften, Gott werde sie aus der Sklaverei befreien und die Europäer zu ihren Sklaven machen. Die *bandeirantes*, also die Sklavenjägerbanden von Sao Paulo, sollen in der brasilianischen Sklavereiperiode insgesamt 350 000 amerikanische Ureinwohner als Sklaven in den Nordosten des Landes geliefert haben. Da die meisten Bewohner des Tieflandes in ethnischen Formationen lebten, die nach Verwandtschaftsverbänden organisiert waren, mußten derart massive Verluste an menschlicher Arbeitskraft ihre Fähigkeit, die zum Überleben unabdingbare Ordnung ihres Zusammenlebens zu gewährleisten und zu reproduzieren, ganz erheblich beeinträchtigen.

In Mesoamerika und in den Anden hatten sich die hochentwickelten tributären Systeme wie etwa die Föderation der Azteken oder das Inkareich auf große Bevölkerungsmassen gestützt. In diesen Gebieten trug der katastrophale Bevölkerungsrückgang zur Zersplitterung der bestehenden Staatsgebilde bei. Vor der Ankunft der Spanier lebten in Mesoamerika schätzungsweise 25 Millionen Menschen; die Angaben über das Inkareich schwanken zwischen 6 Millionen (Rowe) und 30 Millionen (Dobyns). Welche Ausgangszahl wir auch immer zugrundelegen: in jedem Fall wurde die Bevölkerung dezimiert. In Mesoamerika ging sie auf 1,5 Millionen Menschen im Jahre 1650 zurück, um danach langsam wieder zuzunehmen. Die Einwohnerzahl der spanischen *audiencias* Lima und Charcas – Gerichtsbezirke im peruanischen Tief- bzw. Hochland – sank von 5 Millionen zum Zeitpunkt der spanischen Eroberung auf unter 300 000 zwischen 1780 und 1800 (Kubler 1946, 340).

In diesen Hochlandregionen hat wahrscheinlich die schlechte Ernährung zur Verbreitung der neuen Krankheiten beigetragen (vgl. Feinman 1978). Die Nahrungsmittelversorgung beruhte sowohl in Mesoamerika als auch in den Anden in erster Linie auf einem hochgradig durchorganisierten und intensiven System der Landnutzung. Jede Erschütterung dieses Systems – als Folge von Kriegen bzw. Eingriffen von außen, oder weil ein Teil der Arbeitskräfte durch Krankheiten dahingerafft wurde – mußte das Überleben der übrigen Bevölkerung gefährden. Wurden Bewässerungsanlagen zerstört oder der Austausch zwischen auf unterschiedliche Produkte spezialisierte Regionen unterbrochen, ergaben sich weitreichende und weitverzweigte Wirkungen. Beide Regionen waren auch auf ein genau austariertes System für den Umschlag von Lebensmitteln angewiesen, das im Andenhochland über die zentrale Lagerung und Neuverteilung von Tributlieferungen, in Mesoamerika über die Neuverteilung der Naturalabgaben und über Marktmechanismen lief. Waren diese Verteilungsmechanismen zerstört, konnten die vorhandenen Überschüsse die Menschen, die auf sie angewiesen waren, nicht mehr erreichen; das kostete vielen von ihnen mit Sicherheit das Leben. Diese

Ordnungsmechanismen kamen ihrerseits auch nicht ohne die politischen und ideologischen Funktionen der herrschenden Klassen aus; gerade diese Funktionen waren aber durch die Zersetzung der einheimischen Eliten und die Zwangseinführung spanischer Herrschaftsnormen ernsthaft angeschlagen.

Bald nach ihrer Ankunft begannen die Europäer überdies, sich Grundbesitz und Wasser für ihre eigenen Anwesen, Mühlen und Weiden anzueignen und die eingeborene Bevölkerung zur Arbeit heranzuziehen. In vielen Teilen Mesoamerikas begannen jetzt – wie bereits zuvor in Spanien – die Schafherden die Menschen »aufzufressen«. In der Andenzone entwickelten sich parallel zueinander eine Landwirtschaft europäischen Stils an der Küste und Bergbauunternehmen im Landesinneren, was die genau abgestimmten ökologischen Beziehungen zwischen Küstenzone, Piedmontfläche, Hochland und Puna aus dem Gleichgewicht brachte (vgl. Kapitel 2). Mit der neuen Landwirtschaft kamen zusätzlich zu den einheimischen Nutzpflanzen Mais und Kartoffeln neue, aus der Alten Welt mitgebrachte Sorten wie z. B. Weizen in Gebrauch; und mit der Weidewirtschaft wurden neue Herdentiere eingeführt, die es in Amerika vor der Eroberung nicht gegeben hatte, wie z. B. Pferde, Rinder, Schafe, Ziegen und Schweine. Aber die Methoden dieses neuen Typs der Nahrungsmittelproduktion waren selbst da, wo Dämme gebaut, Kanäle gegraben und die Felder bewässert wurden, weniger intensiv als die Bewässerungskulturen aus der Zeit vor Ankunft der Spanier. Aufgrund der weniger intensiven und weniger integrierten Anbaumethoden erforderte das neue System weniger Arbeitskräfte, wodurch der Bevölkerungsrückgang verkraftet werden konnte. Auf eine äußerst sorgsam betriebene Gartenbaukultur, die auf der Kultivierung, Bewässerung und Terrassierung kleiner Anbauflächen beruht hatte, folgte also eine europäische Landwirtschaft mit sorgfältig gepflügten Feldern und offenen Weiden.

Die Reichtümer des Spanischen Amerika

Die Jagd nach dem Silber

Vor allen anderen Dingen waren die Iberer in der Neuen Welt hinter Reichtümern her – insbesondere hinter Gold und Silber. Auf den Antillen fanden sie Flußgold, aber »ergiebige Reviere waren selten und außerdem von geringer Ausdehnung und Tiefe« (Sauer 1966, 198). Der Einsatz bei der Gewinnung dieses Goldes richtete die einheimische Bevölkerung rasch zugrunde. Und die Hoffnung auf erzförmige Goldvorkommen erwiesen sich in Mittelamerika als kurzlebiger Traum. Lediglich Kolumbien – das bald den Namen »Castilla de oro« bekam – produzierte nennenswerte Mengen Goldes. Aus Kolumbien stammte auch der größte Teil jener 185 000 Kilo Gold, die zwischen 1503 und 1660 nach Sevilla verschifft wurden – eine Menge, die damals die europäischen Goldvorräte um ein Fünftel vergrößerte (Elliott 1960, 180). Am Ende wurde allerdings die Silberproduktion zum Hauptpfeiler des spanischen Reichtums und damit auch zum wichtigsten Indikator, an dem sich Stärke und Schwäche der Macht seiner Könige ablesen ließen.

Silbervorkommen entdeckten die Spanier erstmals im Jahre 1545, als einer ihrer indianischen Prospektoren den knapp 700 Meter hohen Silberberg von San Luis Potosí im heutigen Bolivien ausfindig machte. Es folgte eine ganze Serie weiterer Silberfunde in den Gebirgsketten im Westen Mexikos: bei Zacatecas (1546), Guanajuato (1548), Taxco (1549), Pachuca (1551), bei Sombrerete und Durango (1555) sowie bei Fresnillo (1569). Insbesondere Potosí wurde zum Inbegriff unvorstellbaren Reichtums. Sein Stadtwappen pries den Berg als »Schatzkammer der Erde, König aller Berge, Traum aller Könige«. Die Stadt Potosí war 1611 zur größten und reichsten Stadt in ganz Amerika geworden und hatte eine Einwohnerzahl von 160 000 erreicht. Sie lag in über 4000 Meter Höhe in einer derart unwirtlichen Umgebung, daß alle Lebensmittel herangeschafft und die Frauen der Spanier, wenn sie Kinder aufzogen, in tiefer gelegene Täler ausweichen mußten. Zum Abbau dieses Wunderberges zogen die Minenbesitzer die eingeborene amerikanische Bevölkerung heran. 1603 gab es in Potosí 58 000 indianische Arbeiter; die meisten von ihnen, nämlich 43 200, waren freie Tagelöhner, weitere 10 500 waren *mingas,* also fest eingestellte Lohnarbeiter. Die restlichen 5100 waren *mitayos,* d. h. dienstverpflichtete Arbeiter, die zumeist mit der gefährlichen Aufgabe betraut waren, das Erz in Körben über halsbrecherische Leitern zu den Grubenausgängen zu schaffen. Eine Arbeitsdienstpflicht nach einem Rotationssystem hatte es bereits zur Zeit der Inkas gegeben, die Spanier weiteten nun diese *mita* auf den Einsatz in den Berwerken aus. Das im Jahr 1570 institutionalisierte System erlegte jedem Dorf die Pflicht auf, jährlich ein Siebtel seiner erwachsenen männlichen Bewohner für Arbeitseinsätze in Bergwerken oder an öffentlichen Bauvorhaben abzustellen. Eigentlich sollten die Männer nur alle sieben Jahre höchstens für 18 Wochen dienen, sie sollten entlohnt und ihre Arbeitsbedingungen von einem königlichen Inspektor überwacht werden. Mit den ausbezahlten Löhnen sollten die Bergarbeiter u. a. ihre Tributzahlungen bestreiten können, die unter den neuen Bestimmungen auch in Silber zahlbar wurden.

Das Ganze sah in der tatsächlichen Praxis allerdings erheblich brutaler aus als in der Theorie. Ein Beispiel: Ende des 16. Jhs. hatte die Provinz Chuicuito am Ufer des Titicaca-Sees jährlich 2200 erwachsene Männer in die Minen von Potosí zu entsenden. Da diese Zwangsarbeiter in Begleitung ihrer Familien aufbrachen, traten insgesamt 7000 Menschen die zweimonatige Reise über 480 km an, auf die sie außerdem 30 000–50 000 Lamas mitnahmen, die ihnen als Lasttiere und Wegzehrung zugleich dienten. In Potosí mußten die *mitayo* vier Monate in den Minen zubringen und weitere zwei Monate andere Zwangsdienste leisten. Falls sie die sechs Monate Schwerarbeit überlebten, kostete sie der Rückweg in die Heimatorte weitere zwei Monate. Zu Hause angelangt, waren sie dann für ihren Lebensunterhalt auf ihre Nachbarn angewiesen, bis sie die erste eigene Ernte einbringen und eine neue Lamaherde heranzüchten konnten. In ihren Dörfern waren sie auch noch zu anderen *mitas* verpflichtet, z. B. zu häuslichen Arbeiten, zu Transportleistungen, zu Post- und Schankdiensten (*tambos*) und zu Straßenarbeiten (Kubler 1946, 372 f.). Im 17. und 18. Jh. konnten Dorfbewohner zusätzlich gezwungen werden, handwerkliche Produkte herzustellen sowie Nahrungs- bzw. Futtermittel und Holz an die Städte zu liefern (Villamarín/Villamarín 1975, 73). Die fest im Dorf ansässigen Einwohner (*hatunrunas*) mußten außerdem eine Tributsumme abführen.

In der Zeit des drastischen Bevölkerungsrückgangs blieben die geforderten Arbeitsdienst- und Tributleistungen unverändert. Die örtlichen Behörden sahen sich daher gezwungen, die Männer über die gesetzlichen Grenzen hinaus zu weiteren Dienstpflichten zu pressen, höhere Tribute von den verbliebenen Dorfbewohnern einzutreiben oder als Ersatz für die abwesenden Bewohner feste Lohnarbeiter (*mingas*) einzustellen. Viele Zwangsarbeiter weigerten sich, nach Ableistung ihrer Dienstpflicht in ihre Gemeinden zurückzukehren, um auf diese Weise weiteren Tributzahlungen und *mita*-Verpflichtungen zu entgehen. Einige blieben in den Bergwerkszentren und vergrößerten damit die Zahl freier Lohnarbeiter. Andere traten als Leibeigene oder *yanaconas* in die Dienste der Spanier, so daß es schließlich fast ebenso viele Leibeigene wie tributpflichtige Dorfbewohner gab. (Villamarín/Villamarín 1975, 76; Kubler 1946, 377 f.). Andere *mitayos* wiederum wurden zu Wanderarbeitern oder *forasteros*. In den Kolonialregistern wurde zwar nicht immer zwischen Bauern, die einem Dorf angehörten, aber nach Tradition der Andenbewohner regelmäßig zwischen den verschiedenen ökologischen Zonen hin- und herwanderten, und echten Wanderarbeitern unterschieden, aber solche echten Wanderbewegungen kamen doch häufig und allenthalben vor (Rowe 1957, 180; Santamaria 1977, 255 ff.). Und schließlich gab es auch Hochlandbewohner, die sich einfach in die Tropenwaldzone absetzten (Rowe 1975, 175).

In Potosí und im peruanischen Hochland wurde die *mita* erst 1823 abgeschafft, in Mexiko hingegen stellte man in den Minen den rotierenden Arbeitseinsatz schon kurz nach Anbruch des 17. Jhs. ein. Das hatte zwei Gründe: Die rotierenden Arbeitskräfte wurden für öffentliche Arbeiten wie die Trockenlegung des mexikanischen Hochtales gebraucht; und in den Bergwerksbezirken hatte sich bis 1600 bereits eine ziemlich breite Schicht von freien Lohnarbeitern herausgebildet. Diese setzte sich aus Indianern, die rasch ihre kulturellen und linguistischen Verbindungen mit ihren Heimatorten verloren, aus armen Spaniern und aus Sklaven bzw. Freien afrikanischer Abstammung zusammen. Der Bergbau war nach dem Vorbild des landwirtschaftlichen *sharecropping*-Systems organisiert: In der Regel schloß der Mineneigentümer einen Vertrag mit einem selbständigen Minen-Prospektor (*buscón*), der entweder auf sich allein gestellt arbeitete oder für die Arbeit im Schacht eigene Leute anheuerte. Der Eigentümer stattete den

Holzbecher (kero) *aus der Region Cuzco im Stil der Periode vor der spanischen Eroberung. Die Darstellung zeigt eine Jagdszene mit berittenen Spaniern (Museum of the American Indian, Heye Foundation)*

Prospektor mit den nötigen Werkzeugen und dem Sprengpulver aus und erhielt dafür die Hälfte der abgebauten Erzmenge. Der Prospektor kam für die Schachtbeleuchtung und den Transport des Erzes zu den Stolleneingängen auf und erhielt dafür die andere Hälfte, die er entweder an den Mineneigentümer oder direkt an die Erzschmelze verkaufen konnte. Aber mit der sogenannten Amalgamation – also der Freisetzung von Silber mit Hilfe von Quecksilber, dic mit der Gefahr einer Quecksilbervergiftung bzw. einer Silikose verbunden war – wurden in der Regel Arbeitssklaven eingesetzt, und zwar anfangs Indianer und später Afrikaner. Dieses Arbeitssystem – freie Lohnarbeit im Erzabbau kombiniert mit Sklavenarbeit bei der Silbergewinnung – blieb in den mexikanischen Minen bis zum Ende des 18. Jhs. in Geltung. Zu diesem Zeitpunkt hatten die riesigen Erzminen von Guanajuato den Rückgang der Silberproduktion in Potosí bereits mehr als ausgeglichen.

Der Zufluß von Silber

Um den Silberzufluß nach Spanien zu kanalisieren, erklärte die Krone den Handel und Verkehr mit »Indien« zu einem königlichen Monopol. Als Kontrollbehörde für den Transport von Geld, Waren und Menschen über den Atlantik gründete sie das Handelshaus (*Casa de Contratación*) in Sevilla. Die Casa erteilte Schiffen und Kaufleuten Handelslizenzen, genehmigte den Transport von Passagieren und Waren und nahm die wertvolle Silberfracht aus »Indien« in Empfang. In der zweiten Hälfte des 16. Jhs. wurde ein System eingeführt, das die Fahrt über den Atlantik wirksamer gegen feindliche Angriffe absichern sollte: Die Schiffe wurden jetzt in einem festen Jahresrhythmus als Flottenverband auf die Reise geschickt. Nach 1560 stachen jedes Jahr zwei Flotten von Cadiz oder Sevilla aus in See. Zielhafen der einen, der neuspanischen Flotte, war Veracruz in Mexiko; Zielhafen der zweiten, der peruanischen Flotte, war Cartagena in Kolumbien oder Portobelo an der Landenge von Panama. Von Cartagena aus wurden die europäischen Waren mit Maultierzügen auf Saumpfaden über die Anden ins peruanische Hochland transportiert. Von Portobelo aus schleppten die Maultiere ihre Lasten zur Pazifikküste, wo sie auf Küstenschiffe nach Lima verladen wurden. Auf dem Rückweg brachten die Maultierzüge Silber und amerikanische Produkte zu den Schiffen, die bis zu ihrer Rückfahrt nach Europa in ihren amerikanischen Häfen vor Anker lagen. Die neuspanische Flotte nahm ihre Fracht in Veracruz an Bord, die peruanische Flotte in den kolumbianischen und panamesischen Häfen. Auf dem Rückweg liefen die beiden Flottenverbände noch verschiedene Antillenhäfen an und vereinigten sich dann wieder in Havanna, von wo aus sie nach Spanien zur Mündung des Guadalquivir zurücksegelten.

Zwischen 1503 und 1660 trafen in Sevilla knapp 3,5 Millionen Kilo amerikanischen Silbers ein, wodurch sich die europäischen Silbervorräte verdreifachten (Elliott 1966, 180). 40 Prozent dieses Silbers behielt die Krone ein: einen Teil zur Abgeltung der in Amerika anfallenden Steuerbeträge, den anderen Teil als jenes Fünftel, das ihr als Sonderabgabe auf die gesamte Silberproduktion zustand. Aber selbst sämtliche Silbervorräte Amerikas hätten den Bankrott der spanischen Krone angesichts der enormen Überspannung ihrer militärischen Ziele in Europa und der ganzen Welt nicht abwenden können. Bis über das Jahr 1550 hinaus bezog Kaiser Karl V. jährlich Silber im Wert von 200 000–300 000 Dukaten aus Amerika, aber pro Jahr gab er auch etwa eine Million Dukaten aus, und binnen 37 Jahren stieg seine Schuldenlast auf 39 Millionen Dukaten – vornehmlich bei ausländischen Gläubigern. Unter Philip II. stiegen in den 90er Jahren des 16. Jhs. die Einnahmen aus amerikanischem Silber auf etwa zwei Millionen Dukaten; sie kamen zu den fast 8 Millionen Dukaten hinzu, die er als Steuern aus kastilischen und kirchlichen Einnahmequellen bezog. Aber zugleich waren

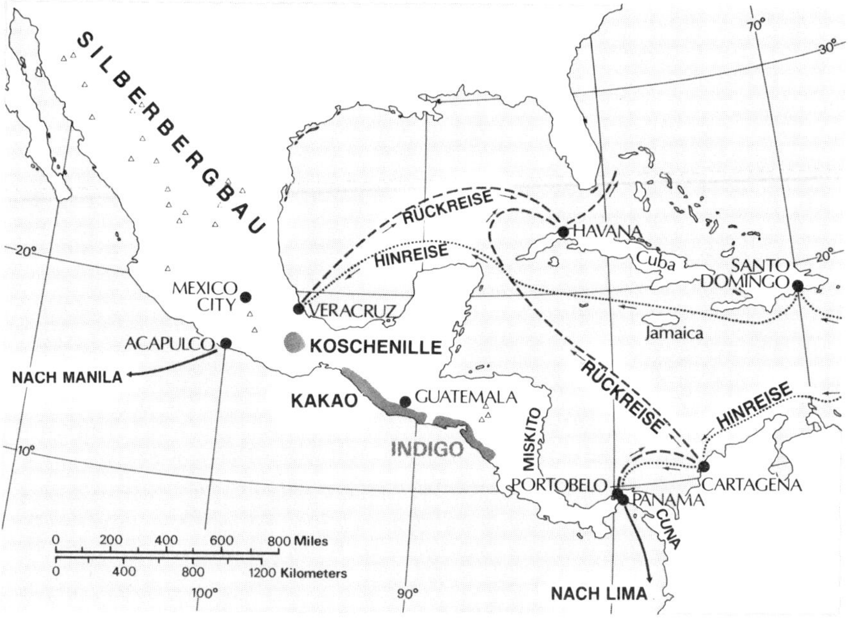

Die Seeverbindungen mit den spanischen Besitzungen in der Neuen Welt

auch seine Ausgaben auf über 21 Millionen jährlich gestiegen, obwohl er sparsamer wirtschaftete als sein Vater (Elliott 1966, 203, 282 f.). Parallel dazu trieb der Zufluß des Silbers das Preisniveau der spanischen Binnenwirtschaft in die Höhe, die bereits vorher durch mehrere Faktoren geschwächt war: durch den Rückgang der einheimischen Nahrungsmittelerzeugung, durch die gesteigerten Holzexporte, mit denen die wachsenden Importe aus dem Ausland bezahlt werden mußten – insbesondere die drastisch gesteigerten Importe ausländischer Manufakturwaren, die in Spanien wie in seinen »indischen« Besitzungen konsumiert wurden. Das amerikanische Silber hat also die finanziellen Probleme der spanischen Monarchie kaum gemildert, wohl aber erheblich dazu beigetragen, den Niedergang der spanischen Industrie zugunsten ihrer Konkurrenten zu beschleunigen.

Spanien erlebte jetzt einen massiven allgemeinen Preisanstieg, den der Hof wie das Volk zu spüren bekamen. Wirtschaftshistoriker haben – im Einklang mit zeitgenössischen Zeugen – als wichtigste Ursache dieser »Preisrevolution« die umfangreiche Zufuhr von Edelmetall herausgestellt. Nun haben die erweiterten Geldmengen sicher eine wichtige Rolle gespielt, aber dieser Faktor kann nicht für den vollen Umfang der ökonomischen Krise verantwortlich gemacht werden. Zu diesem Preisauftrieb im 16. Jh. dürfte auch die gestiegene Nachfrage nach europäischen Gütern sowohl in Amerika als auch in Spanien selbst beigetragen haben. Vielleicht machte es sich später im Mutterland auch negativ bemerkbar, daß die amerikanischen Kolonien sich mit der Zeit aus eigener Kraft mit Gütern und Dienstleistungen versorgen konnten. Wie auch immer – das Silber blieb zum größten Teil ohnehin nicht in Spanien: Ende des 16. Jhs. z. B. flossen drei Fünftel des gesamten nach Spanien gelangten Edelmetalls zur Begleichung herrschaftlicher und privater Schulden ins Ausland ab. Und überdies verschlang der Amerikahandel im Lauf seiner Expansion immer mehr Ausgaben für Schiffe, Versorgungsgüter und militärische Schutzmaßnahmen. Da Spanien lediglich die Exporterlöse für Rohprodukte wie Wolle, Wein und Olivenöl zur Bezahlung der importierten Schiffsausrüstungen sowie der Zinn-, Leinen-, Fisch- und Getreidelieferungen einsetzen konnte, geriet das Land in Zahlungsbilanz-Schwierigkeiten, die es wiederum nur mit höheren Silberexporten bereinigen konnte.

Zweitrangige Exportgüter: Farbstoffe und Kakao

Silber war zwar der Hauptexportartikel des spanischen Amerika, aber daneben erlangten auch Koschenille, Indigo und Kakao eine gewisse Bedeutung. Koschenille ist ein roter Farbstoff, der aus einer auf Kakteen lebenden

Schildlaus gewonnen wurde. Zur Produktion eines Kilos Koschenillefarbe brauchte man über 30000 dieser getrockneten Insekten. Vor allem in der mexikanischen Provinz Oaxaca konnten die *encomenderos* und die königlichen *corregidores* (letztere waren die obersten Verwaltungsbeamten eines Bezirkes, erstere von der spanischen Obrigkeit eingesetzte Tributnehmer, jedoch ohne direkte Verfügungsgewalt über bzw. Eigentumsrechte an Grund und Boden; d. Ü.) die Ureinwohner zwingen, die Insekten zu sammeln und zu Farbstoff zu verarbeiten. Dieser wurde in der zweiten Hälfte des 16. Jhs. zu einem immer wichtigeren Exportartikel, der in der Ausfuhr Neuspaniens hinter das Silber auf den zweiten Platz rückte. Auch Indigo ist ein Farbstoff. Mit ihm kann ein äußerst farbechtes natürliches Blau erzielt werden. Er wird gewonnen, indem man die Blätter eines Busches einweicht und dann die feuchte Masse zu einem festeren Kuchen sintern läßt. Indigo wurde anfangs unter Verwendung eingeborener Saisonarbeiter an der zentralamerikanischen Pazifikküste gewonnen, wo auch der erste Kakao angebaut wurde. Im 17. Jh. sorgten die steigenden Transportkosten dafür, daß die Indigoproduktion sich in dic mexikanischen Tiefebenen verlagerte; vor allem Yucatan blieb bis ins 19. Jh. eine wichtige Region der Indigo-Herstellung.

Kakao war in vorspanischer Zeit im ganzen pazifischen Küstenstreifen Zentralamerikas angebaut worden. Die Spanier zwangen die amerikanische Urbevölkerung, ihre Tribute in Kakaolieferungen zu entrichten, und auch die Kredite, die ihnen die königlichen Beamten vorstreckten, in dieser Naturalform zurückzuzahlen. Die Beamten und die *encomenderos* forderten sogar von den Bauern der Hochlandregion einen Beitrag zur Kakaoproduktion, indem sie diese zwangen, zur Küste hinunterzusteigen und dort ihren Tribut in den Kakaopflanzungen abzuarbeiten. Die hohe Sterblichkeitsrate setzte der Kakaoproduktion allerdings enge Grenzen; mit der Zeit wurde Mittelamerika als wichtigstes Anbaugebiet durch die tropischen Küstengebiete Ecuadors und Venezuelas abgelöst, wo der Kakao unter Einsatz von Sklavenarbeitern auf Plantagen produziert wurde.

Die Sogwirkung des Außenhandels

Spanien bezog aus der Neuen Welt Silber, Gold, Kakao, Koschenille und Indigo, in umgekehrter Richtung lieferte es teure Manufaktur- und Luxusprodukte. Ein großer, wenn nicht der größte Teil dieser Produkte stammte nicht aus Spanien selber, sondern vor allem aus Nordwesteuropa. In den Preisen dieser Güter waren die Steuern und Zollabgaben an den Staat ebenso einkalkuliert wie die Monopolprofite der Verkäufer. Der Austausch lag in den Händen von Kaufleuten, die am europäischen Endpunkt der Handelskette in der Kaufmannsgilde (*consulado*) von Sevilla, am amerikanischen Ende in der Doppelgilde von Neuspanien und Lima organisiert waren. Die Gilde auf europäischer Seite war aufs engste mit der königlichen *Casa de Contratación* verquickt, also jener wichtigen Regierungsbehörde, der die Aufsicht über alle Schiffe, Menschen und Güter oblag, die zwischen Spanien und seinen »indischen« Gebieten verkehrten, und die zugleich die Steuern und Zölle für die königliche Schatulle einzutreiben hatte. Der Handel wurde bewußt durch derart enge Kanäle geschleust, denn er sollte ausschließlich von Monopolagenturen betrieben werden, die spanische Schiffe und kastilische Mittelsmänner einsetzten. Dieser Handel kam nicht durch das freie Spiel von Angebot und Nachfrage zustande, er war vielmehr, nach einem Ausdruck von Carmagnani (1975, 31), ein »erzwungener Handel« – nämlich erzwungen durch die Nachfrage auf europäischer Seite.

Dieser erzwungene Handel bestand eigentlich aus zwei unterschiedlichen kommerziellen Kreisläufen: einem transatlantischen und einem inneramerikanischen. Um den transatlantischen Kreislauf in Gang zu setzen, kauften die europäischen Kaufleute Waren gegen Geld und lieferten sie an ihre Kommissionäre oder Mittelsmänner (*habilitadores*) in der Neuen Welt, wobei sie auf Bezahlung in amerikanischen Waren hofften, die sie mit einem hohen finanziellen Profit in Europa verkaufen konnten. Am Beginn des Kreislaufs stand also eine Geldinvestition in Europa, an seinem Ende eine Umwandlung von Waren in Geld und Profit, wiederum in Europa. Innerhalb Amerikas jedoch vollzog sich kein Austausch von Geld gegen Geld, sondern lediglich von Ware gegen Ware. Die amerikanischen Kommissionäre schossen den Minenbesitzern oder Koschinelle-Unternehmern europäische Waren vor, und diese hatten dann ihre offenen Rechnungen durch die Lieferung amerikanischer Waren zu begleichen. Mit den steigenden Preisen für europäische Manufakturwaren sank der Tauschwert des Silbers und der anderen amerikanischen Waren. Diese Disproportion zwang die amerikanischen Produzenten, ihre Herstellungskosten niedrig zu halten oder zu senken. Wir werden sehen, wie dieser Kreislauf dazu beitrug, daß in der Neuen Welt im Bereich von Landwirtschaft und Viehzucht bestimmte Formen der Tributherrschaft wieder erstehen konnten. Und dieser Kreislauf begünstigte innerhalb des Bevorschussungssystems, über das sich die Spanier Koschinelle und Indigo von den einheimischen Produzenten aneigneten, auch ein gehöriges Maß an Betrug und Zwang.

Neue Versorgungssysteme

In dem Maße, in dem der Silberbergbau für die Wirtschaft der kastilischen Besitzungen die ausschlaggebende Rolle spielte, begann er auch die Struktur der Verfügung über Grund und Boden im kastilischen Bereich der Neuen Welt zu prägen und umzuformen. Indem man sich auf den Bergbau verlegte, verschob sich der ökomomische Schwerpunkt des Überseereiches von den Zonen, die in vorspanischer Zeit so intensiv kultiviert und besiedelt worden waren, zu den Silberadern in der trockenen Sierra Madre Neuspaniens und zu den unwirtlichen Hochebenen des bolivianischen *altiplano*. Diese Konzentration auf den Bergbau hatte weitreichende Veränderungen der Nahrungsmittel- und Rohstoffproduktion zur Folge. Sie bewirkte einen Kurswechsel der staatlichen Politik, die ja zu Beginn darauf bedacht gewesen war, die Herrschaft der Krone über Eroberte und Eroberer sicherzustellen. Die neue Politik zielte demgegenüber vor allem darauf, den Bergbausektor möglichst stark auszubauen und seine Versorgung zu gewährleisten. Sie schuf schließlich eine völlig neue Geographie und veränderte die ökologischen, ökonomischen und politischen Lebensbedingungen der unterworfenen Ureinwohner.

Die Veränderungen in allen diesen Bereichen waren eng miteinander verknüpft. Da man die amerikanische Urbevölkerung dezimiert und die politischen Strukturen, auf denen ihre intensive Anbaukultur beruhte, zerstört hatte, bedurfte es nunmehr neuer Methoden, um die Minenzentren und die Städte mit Nahrungsmitteln und Nutztieren zu versorgen. Der Bergbau produzierte dabei einen massiven Bedarf an Nahrungsmitteln (einschließlich Getränken) für Menschen und Arbeitstiere und darüber hinaus eine immense Nachfrage nach Häuten und Fellen für die Herstellung von Seilen und Behältern, nach Talg für Kerzen und Fackeln zur Beleuchtung der Bergwerksstollen, nach Quecksilber zur Auslösung des Silbererzes, nach Sprengpulver, nach Holz zur Beschickung der Erzschmelzen und schließlich auch nach Arbeits- und Transporttieren. Die neue Agrarwirtschaft hatte zudem die spanischen Städte zu versorgen, die das Land wie ein Netz überzogen und unter Kontrolle hielten, ferner die kirchlichen Einrichtungen in den Städten und auf dem Lande sowie die Raststationen an den Verbindungsrouten zwischen den Bergwerksgebieten, den Städten und den Anlaufhäfen der Transatlantikflotten. Zu alledem sollten im Interesse der Bergbaugebiete und mit Rücksicht auf den städtischen Bedarf an Prestige-Konsumgütern die Erzeugnisse auch noch möglichst wohlfeil angeboten werden.

Die Krone half diesem neuen Versorgungssystem in mehrfacher Hinsicht auf die Beine. Da Quecksilber für die Gewinnung von Silbererz ein unentbehrliches Hilfsmittel und dazu einen wesentlichen Kostenfaktor darstellte, tat die

Krone alles, um eine billige Versorgung mit diesem Metall zu sichern. Sie machte Quecksilberproduktion und -handel zu ihrem Monopol: Die peruanischen Bergwerke wurden aus den königlichen Minen in Huancavelica beliefert, die Bergwerke Neuspaniens aus den spanischen Minen von Almadén. Die Krone sorgte auch dafür, daß die Grundversorgung der Bergbaugebiete und der Städte zu kontrollierten Preisen über die öffentlichen Getreidemagazine erfolgte. Ihre Maßnahmen bewirkten aber vor allem, daß immer mehr Grundbesitz und Arbeitskräfte in den Besitz landwirtschaftlicher Unternehmer übergingen. Damit hat sie ihre anfänglichen Versuche aufgegeben, die uneingeschränkte Herrschaft über die indianische Bevölkerung sich selbst vorzubehalten.

Anfangs war die Krone darauf bedacht gewesen, den Eroberern jeden direkten Zugriff auf Ländereien und auf indianische Hilfskräfte für die Bearbeitung dieses Bodens zu verwehren. Weil sie verhindern wollte, daß sich in ihren »indischen« Gebieten eine unabhängige Klasse tributeintreibender Grundbesitzer herausbildete, bestand sie zunächst darauf, die Indienstnahme der Ureinwohner nur unter Bedingungen zu gestatten, die sie selbst definierte. Zu diesem Zweck verlieh sie nur zeitlich begrenzte treuhänderische Besitztitel (*encomienda*). Eine *encomienda* gestattete ihrem Empfänger, Tribute und Arbeitsleistungen der Indianer bis zu einer bestimmten Grenze für die eigenen Zwecke in Anspruch zu nehmen – als Gegenleistung hatte er ihre heidnischen Seelen zum Christentum zu bekehren. Die Verleihung einer *encomienda* gewährte dem *encomendero* (also dem Treuhänder) jedoch keine Rechte auf das Land der Indianer und keine unbegrenzten Ansprüche auf ihre Dienstleistungen. Diese Rechte behielt sich die Krone vor. Sie setzte damit auf die Herausbildung einer gespaltenen Gesellschaft, mit einem den Eroberern vorbehaltenen Bereich und einem davon getrennten Bereich der indianischen Bevölkerung. In diesem Sinne war die Krone bemüht, die Spanier, die indianische Arbeitskräfte beschäftigten, durch Zwischenschaltung ihrer Beamten von den Indianern getrennt zu halten.

Seit 1542 mußten die *encomenderos,* wenn sie sich eingeborene Arbeitskräfte für bestimmte Aufgaben zuteilen lassen wollten, bei einem königlichen Beamten einen entsprechenden Antrag stellen. Dieser Beamte hatte über die Priorität der verschiedenen Anträge zu befinden, die Arbeiter nach einem Rotationsverfahren zuzuteilen und sicherzustellen, daß ihnen die vorgeschriebenen Löhne ausbezahlt wurden. Diese Zuweisungsmethode wurde offiziell als *repartiemento* bezeichnet. In Mesoamerika hielt sich für sie jedoch das aztekische Wort *cuatequitl* für die Dienstpflicht bei öffentlichen Bauvorhaben, und in den Anden blieb weiterhin der Quechua-Ausdruck *mita* im Gebrauch.

Eine weitere Maßnahme, um die Spanier von der indianischen Bevölkerung zu trennen, erfolgte im Jahre 1542 mit der Abschaffung der Sklaverei. Die Haltung von Indianersklaven wurde für gesetzwidrig erklärt – mit Ausnahme der Grenzgebiete, in denen sich rebellische Bewohner nicht der spanischen Herrschaft unterwerfen wollten. Konkret hieß das, daß etwa die Araukaner im Süden Chiles noch bis nach 1680 gefangen und als Sklaven behandelt werden konnten. Dasselbe galt für die Nordwest-Grenze Mexikos, wo bis weit ins 19. Jh. hinein Apachen, Navahos und Shoshoni zu Sklaven gemacht wurden (Bailey 1966). Im spanisch beherrschten Kernreich war die Versklavung der Indianer jedoch abgeschafft oder zumindest deutlich eingeschränkt. Dieses Verbot der Sklavenhaltung erstreckte sich freilich nicht auf Afrikaner, die man vor allem in tiefergelegenen Regionen in großer Zahl importierte, um den Rückgang der amerikanischen Urbevölkerung auszugleichen.

Die Hazienda

Die treuhänderische Überlassung von Land wurde Schritt für Schritt durch die *haciendas* verdrängt, durch Landbesitz also, den ansässige Arbeiter bestellten, die von den Grundeigentümern unmittelbar abhängig waren. Der Krone fehlten das Personal und die Mittel, um das Überhandnehmen der Haziendas zu verhindern. Zudem waren Agrarunternehmer mit voller Verfügungsgewalt über Land und Arbeitskräfte besser als die von königlichen Beamten abhängigen Treuhänder dazu in der Lage, auf die von den Städten und den Bergbaugebieten ausgehende Nachfrage zu reagieren. Aber die Entwicklung der Haziendas verlief nicht überall nach demselben Muster oder im gleichen zeitlichen Rhythmus. In unterbevölkerten Regionen, wo Viehzucht mit wenig Hilfskräften möglich war, kamen sie früher auf als in Gegenden, wo sich Indianergemeinden oder königliche *corregidores,* die selbst an der Arbeitskraft und den Tributen der Ureinwohner interessiert waren, gegen den Zugriff der Haziendas auf Land und Arbeitskräfte zur Wehr setzten. Im peruanischen Hochland z. B. sind Haziendas offenbar erst im 18. Jh. in Erscheinung getreten. In anderen Gegenden wurden *encomenderos,* die im 16. Jh. treuhänderisch eingesetzt worden waren, erst hundert Jahre später zu Hazienda-Besitzern. Auf gesetzmäßige Weise konnte die Überlassung einer *encomienda* nicht zum Besitz einer Hazienda führen, handelte es sich dabei doch um einen Schenkungsakt der Krone, mit dem weder der Rechtstitel auf Grund und Boden übertragen noch das Recht gewährt wurde, die Höhe der Dienst- und Tributverpflichtungen der eingeborenen Arbeitskräfte festzulegen. Die Haziendas dagegen beruhten klar und eindeutig auf dem Eigentum an Grund und Boden sowie auf der Fähigkeit der Eigentümer, die Bedingungen des Arbeitskontraktes direkt auszuhandeln.

Die meisten Arbeiter auf den Haziendas rekrutierten sich aus den amerikanischen Ureinwohnern. Zuweilen verschaffte sich ein Hazienda-Besitzer dadurch Arbeiter, daß er Indianersiedlungen ihr Land wegnahm. Manchmal liefen ihm auch Wanderarbeiter zu, die nicht mehr in ihre tributverschuldeten Dörfer zurückkehren wollten. Es kam auch vor, daß Hazienda-Besitzer die Tributzahlungen ihrer Arbeiter übernahmen oder ihnen in anderer Form Kredite anboten. Erst in späteren Jahrhunderten scheint sich indessen die Praxis herausgebildet zu haben, in Schuldabhängigkeit geratene Arbeiter zu regelrechten Leibeigenen zu machen, was sogar die Vererbung der Schuldenlast auf die nächste Generation einschließen konnte.

In der Regel stand dem Arbeiter ein Stück Land auf der Hazienda zur Verfügung, dafür mußte er die festgelegte Arbeitsleistung erbringen und einen Teil seiner Ernte an den Eigentümer abliefern. Dieser reservierte sich das *casco* (Zentrum) des Gutes mit den landwirtschaftlichen Geräten, der strategisch wichtigen Wasserversorgung und den Ackerflächen, die am besten zum Anbau der wichtigsten vermarktungsfähigen Produkte geeignet waren. Dadurch blieben den leibeigenen Pächtern nur die ärmeren und abgelegeneren Grundstücke der Hazienda. Das ganze System beruhte mithin auf einer doppelten Grundlage: der kommerziellen Ertragswirtschaft und dem Nießnutz des Landes durch leibeigene Pächter. Zeitlich ergab sich dabei ein Wechselspiel zwischen der direkten Bewirtschaftung durch den Eigentümer und der Erwirtschaftung eines erlösfähigen Produkts durch die leibeigenen Pächter. Eine Ausdehnung des Marktes begünstigte die Expansion der vom Eigentümer bewirtschafteten Fläche auf Kosten der Pächter, diesen wiederum kam ein schrumpfender Markt zustatten.

Haziendas konnten verschiedenen Zwecken dienen. Wenn sie den Eigentümern von Minen oder Handwerksbetrieben gehörten, belieferten sie sein Geschäft zu geringen oder Null-Kosten mit den notwendigen Produkten. Haziendas konnten aber auch für einen regionalen Markt produzieren, der von der Nachfrage nahegelegener Städte, Bergbauzentren oder Häfen lebte. In manchen Regionen spezialisierten sich die Haziendas mit der Zeit auf die Nahrungsmittelproduktion für solche Märkte. So wurde etwa im zentralen Tal von Chile der Weizen für Peru produziert, die landwirtschaftlich erschlossenen Täler von Cochabamba und Sucre versorgten das obere Peru (das heutige Bolivien), das Tal von Mexiko und die Bajío-Region belieferten Mexiko-Stadt und die mexikanischen Bergbauzentren mit Getreide. Im trockenen mexikanischen Norden wurde Vieh für die Städte und Minengebiete gezüchtet, dasselbe galt für das Einzugsgebiet des Rio de la Plata. Einige Zonen des Tieflandes waren auf die Herstellung von Zucker und Branntwein für die Binnenmärkte spezialisiert, im mexikanischen Hochland wurden Agaven angebaut und Agavenbier (*pulque*) hergestellt, und die tropischen Wälder der Andenabhänge lieferten Koka-Blätter. Im übrigen gab es auch überall Haziendas, die einer kirchlichen Einrichtung oder einem Familienclan der Oberklassen samt einem Anhang von Klienten und Gefolgsleuten gehörten. Manchmal veränderte sich auch die Funktion der Hazienda: Die eine ging von der Belieferung eines städtischen Getreidespeichers zur Versorgung einer Minenregion über, die andere begann, statt für den Markt für den eigenen Bedarf zu produzieren. Eine Hazienda konnte sich auch auf veränderte Marktverhältnisse einstellen und ihre Operationen je nach Nachfrage ausweiten oder einschränken.

Bei aller Anpassungsfähigkeit waren der poteniellen Ausdehnung der Haziendas aber Grenzen gesetzt, und zwar sowohl durch den Umfang der effektiven Nachfrage als auch durch die Transportschwierigkeiten. Am profitabelsten arbeiteten sie offenbar immer dann, wenn sie ihre Produkte auf einem zwar begrenzten, aber stabilen lokalen oder regionalen Markt absetzen konnten, auf dem ein relativ knappes Angebot das Preisniveau konstant hielt. Das galt z. B. für Haziendas, die Stapelware für Europa wie z. B. Weizen produzierten, für die es einen kleinen, aber festen europäischen Abnehmermarkt gab. Es galt ebenfalls dann, wenn der verbindliche Ankauf durch öffentliche Getreidemagazine die Preiskonkurrenz der amerikanischen Ureinwohnergemeinden ausschaltete, die oft billiger produzieren konnten.

Alles in allem waren die Haziendas keine besonders profitablen Unternehmen. Die meisten verschuldeten sich und gingen dann häufig in die Hände neuer Besitzer über – am häufigsten in die Hände kirchlicher Organisationen, die in dieser Hinsicht am erfolgreichsten operierten. David Brading hat mit seiner Charakterisierung der mexikanischen Hazienda wahrscheinlich ein für ganz Spanisch-Amerika zutreffendes Bild gezeichnet. Er beschreibt die Hazienda als

»Ausgußbecken, durch das pausenlos das in der Export-Ökonomie akkumulierte Surplus-Kapital abfließen konnte. Die im Bergbau und im Handelssektor geschaffenen Vermögen wurden in Grundbesitz investiert, nur um langsam aufgezehrt zu werden oder nach und nach in die Schatullen der Kirche zu fließen. Infolgedessen vollzog sich innerhalb der Klasse der Hazienda-Besitzer ein ständiger Auswechslungsprozeß.« (1977, 140)

Die indianischen Gemeinwesen

Um die Städte und Bergbaugebiete entstand ein Ring von Haziendas, die ihrerseits von Siedlungen der überlebenden Eingeborenenbevölkerung umgeben waren. Diese Siedlungsstruktur war auf die Minen hin ausgerichtet, und dies durchaus nicht nur im geographischen oder ökologischen Sinne. Organisierendes Prinzip dieser Struktur war die Politische Ökonomie, die sie zum Ausdruck brachte. In dieser Ökonomie lieferte jeweils die niedrigere Ebene ein Stück Mehrwert auf der nächsthöheren Ebene ab: Die Bergwerksunternehmer verkauften ihr Produkt an Kaufleute, die für ihre in Europa gefertigten Artikel hohe Preise herausschlugen. Die Minenbesitzer gaben den Druck an die Eigentümer oder Verwalter der Haziendas weiter, indem sie billige Nahrungsmittel und Rohmaterialien von ihnen bezogen. Letztere gaben ihrerseits den Druck an die Eingeborenen weiter, indem sie diese entweder zu leibeigenen Pächtern auf ihren Gütern oder zu schlecht bezahlten Saisonarbeitern machten. Innerhalb dieser sozialen Stufenleiter waren also die sich herausbildenden indianischen Gemeinwesen auf der untersten Sprosse angesiedelt.

Diese *repúblicas de indios*, wie die Spanier sie nannten, werden von den Anthropologen oft als Anschauungsmaterial für eine vorspanische Vergangenheit behandelt, als wären die 300 Jahre kastilischer Herrschaft spurlos an ihnen vorübergegangen. Aber die organisatorische Gestalt dieser Gemeinwesen verdankt sich der Kolonialbürokratie und war integraler Bestandteil des spanischen Staates und seines Wirtschaftssystems. Mit dem Aufbau dieser indianischen Gemeinwesen verfolgte die Krone ein doppeltes Ziel: die Zerschlagung des alten Machtapparates aus vorspanischer Zeit und die gegenseitige Isolierung bzw. Zertrümmerung der entsprechenden Verwaltungsbezirke. Die Zerstörung der ausgedehnten Inka-, Mexika- oder Chibcha-Reiche hatte zwar auch einige noch ältere Herrschafts- und Gefolgschaftsansprüche wieder zum Leben erweckt, aufs ganze gesehen jedoch dazu geführt, daß die Staatsgebilde aus der Zeit vor der Eroberung durch kleine abhängige Hoheitsgebiete und örtlich begrenzte Gemeinschaften abgelöst wurden.

Der höhere indianische Adel wurde formell zwar vom spanischen Adel assimiliert und in seinen Rechtsansprüchen auf Tribute, Eigentum und Kostgelder bestätigt, zugleich aber von den entscheidenden Machthebeln vollständig ferngehalten. Durch ihren Übertritt zum Christentum wurde diese Adelsschicht zudem endgültig von den ideologischen Einflüssen aus vorspanischer Zeit abgenabelt und in das kirchliche Alltagsleben eingebunden. Die niedrigeren indianischen Adligen – in Mesoamerika *principales*, in den Andengebieten *kurakas* genannt – setzte man als Aufseher über die örtlichen Gemeinden ein. Ähnlich wie die afrikanischen Häuptlinge, die 300 Jahre später von den Engländern mit der »indirekten Herrschaft« über die afrikanischen Völker betraut wurden, trat diese lokale Aristokratie letztlich als Vermittlungsinstanz zwischen die Eroberer und die unterworfene Bevölkerung. Sie repräsentierte ihr Gemeinwesen gegenüber äußeren Autoritäten und versuchte zugleich, ihre innere Herrschaftsfunktion aufrecht zuerhalten, indem sie die alten Ansprüche und Loyalitäten geltend machte.

Die Gemeinschaften, zu deren Kontrolle sie eingesetzt wurden, waren nicht mit denen identisch, die vor der Eroberung existiert hatten. Von vielen dieser alten Gemeinschaften hatte das Große Sterben kaum etwas übriggelassen. Die neuen Gemeinschaften waren aus der Summe der Überreste einzelner Bevölkerungsgruppen entstanden, die man im Interesse einer strafferen staatlichen und kirchlichen Kontrolle zusammengespannt hatte. Diese allgemeine spanische Umsiedlungs- und Konzentrationspolitik veränderte den Charakter der Ortskörperschaften nicht nur in demographischer, sondern auch in ökonomischer und administrativer Hinsicht. Jede neue Gemeinde wurde zu einer eigenständigen Rechtsperson mit einem örtlichen Gemeindeausschuß (*cabildo*) und zu einer eigenständigen kirchlichen Einheit mit einer örtlichen Kapelle oder Kirche, die einem bestimmten Schutzheiligen geweiht war. Auch ökonomisch wurde die Gemeinde zu einer neu definierten Einheit, der man das Recht auf das Land und die natürlichen Ressourcen des Dorfes, aber auch die Verpflichtung zur Abführung der Tribute übertrug. Die Tribute umfaßten die Geldabgabe an die Krone, Naturalabgaben und Arbeitsleistungen für den spanischen Treuhänder (*encomendero*), den Tribut an den anerkannten indianischen Gemeindeältesten und obligatorische Arbeitseinsätze bei staatlichen Bauvorhaben wie Dämmen oder Straßen.

Die Gesamtheit der Gemeinden bildete den indianischen Verwaltungssektor, welcher der Aufsicht königlicher Beamter, der *corregidores de indios*, unterstand. Für die Klärung rechtlicher Fragen, die von den örtlichen Indianervertretern vorgebracht wurden, gab es besondere Indianer-Gerichtshöfe. Diese Struktur war noch von der ursprünglichen Vorstellung der Krone geprägt, wonach Indianer und Spanier voneinander zu trennen waren. Aber bald erstickten die Gerichte in Klagen gegen spanische Eroberer und Unternehmer, die ständig versuchten, das Land und die Wasserläufe der Ureinwohner ihren Haziendas zuzuschlagen. Hinzu kam, daß die örtlichen indianischen Eliten, also die *principales* oder die *kurakas*, die eigentlich im Auftrag der Gemeinde für die Aufteilung der Ressourcen und die Einhaltung der Verpflichtungen zuständig waren, ihre eigene Machtbasis im Dorf vergrößerten, indem sie heimliche Absprachen mit den spanischen Machtträgern von außerhalb trafen. Diese *corregidores* wiederum hatten es ausgesprochen leicht, ihre Amtspositionen kommerziell gewinnbringend auszunutzen. So konnten sie z. B. in Peru die Tribute in Naturalien eintreiben, diese öffentlich versteigern lassen, anschließend die dem ursprünglichen Tribut entsprechende Menge zu halbem Marktwert wieder zurückkaufen, um schließlich dieselbe Ware erneut, jetzt aber zu Marktpreisen zu verkaufen (Rowe 1957, 163). Sie konnten auch bestimmte Artikel billig von städtischen Händlern erstehen und sie ihren Indianer zu teuren Preisen aufdrängen; oder sie konnten Produkte der Indianer aufkaufen und sie andernorts zu erhöhten Preisen absetzen. Sie konnten schließlich auch auf eigene Faust zu Unternehmern werden. Ein *corregidor* konnte beispielsweise an der Küste Rohbaumwolle einkaufen und die Indianerfrauen in seinem Distrikt dazu zwingen, daraus Stoffe herzustellen, die er dann mit einem stattlichen Profit an die Indianer oder an Kolonisten verkaufen konnte (vgl. MacLeod 1973, 316).

Wenn sie ihre eigenen Macht- und Profitquellen durch fremde Interessen bedroht sahen, rafften sich die Anführer der Indianer und die königlichen Beamten durchaus zum gemeinsamen Schutz der Ureinwohner-Gemeinden auf. Andererseits aber sahen sie sich vor dem Hintergrund der Dezimierung der Urbevölkerung einem wachsenden Arbeitskräftebedarf der industriellen und landwirtschaftlichen Unternehmen gegenüber – und damit ließ bei vielen der Ehrgeiz zur Verteidigung des Gemeinwohls erheblich nach. Auch die Krone fand bald heraus, daß ihr Interesse an möglichst hohen Steueraufkommen bzw. Staatseinkünften mit ihrer Rolle als Beschützerin der eingeborenen Amerikaner des öfteren in Konflikt geriet. Wenn ein Kolonist Arbeitskräfte und Ressourcen so kombinierte, daß sich die Krone davon einen Mehrwert versprechen konnte, wurden moralische und politische Erwägungen häufig beiseite geschoben. Das war vollends dann der Fall, als die Unternehmer aufhörten, Güter aufzuhäufen, die in vorspanischer Zeit als wertvoll gegolten hatten (wie z. B. Kakao, kostbare Federn und Baumwollbekleidung), und zu neuen Einsatzmöglichkeiten für Land und Arbeitskräfte übergingen, das heißt: Weizen anbauten, Silbererz förderten, Wollstoffe produzierten, Koschinelle sammelten oder Wollschafe züchteten. Kurzum – als das Geld zu seiner Sprache fand, sprach es Spanisch und nicht etwa Nahuatl oder Quechua.

Diese neuen Möglichkeiten, die Ressourcen zur Güterversorgung der Bergbaugebiete und der Städte einzusetzen, ließ schließlich auch noch neue soziale Gruppen entstehen, die außerhalb der indianischen Gemeinden verblieben. Das waren z. B. die Handwerker, Arbeiter und Bediensteten, die in den neuen Siedlungszentren oder in deren Umkreis wohnten, oder die Zwischenhändler, die für den Transport der Ware zwischen den einzelnen Ortschaften sorgten. Diese wachsenden Bevölkerungsgruppen, die sich aus Indianern und *mestizos* (also europäisch-indianischen Mischlingen) zusammensetzten, schoben sich in die Lücken zwischen den festen Gemeinden und der herkömmlichen tributären Pyramide und begannen, die ortsansässigen Menschen mit Aktivitäten und Interessen in Kontakt zu bringen, die über ihren örtlichen Horizont hinausreichten. Die häufigen Klagen der königlichen Beamten, daß indianische Gemeinden von Außenstehenden heimgesucht wurden, die damit eigene Interessen verfolgten, und daß Mitglieder der indianischen Gemeinden die ihnen zugewiesenen Wohnbezirke verließen und sich dieser nicht seßhaften *mestizo*- oder *cholo*-Bevölkerungsgruppe anschlossen, macht deutlich, daß die Gemeindegrenzen oft durchlässig und keinesfalls unüberwindliche Hindernisse waren.

Die einzelnen Gemeinden waren auch durchaus keine innerlich kompakten und einheitlichen Gebilde. So konnte sich etwa eine Gemeinschaft bei einer bestimmten Gelegenheit unter ihrem Anführer geschlossen gegen die Übergriffe spanischer Hazienda-Besitzer oder anderer Unternehmer zur Wehr setzen. Aber beim nächstenmal konnte derselbe Anführer – nachdem er gegenüber den ihm anvertrauten Indianern selbst die Rolle eines Haziendabesitzers oder Unternehmers übernommen hatte – für die Spanier Partei ergreifen oder von seinen Anhängern der falschen Parteinahme beschuldigt werden. Oder ein anderer Fall: Kaufleute oder Bauern, die es innerhalb einer Gemeinde zu Wohlstand gebracht hatten, mochten sich mit übergeordneten Autoritäten oder auch mit ihren eigenen indianischen Führern anlegen und sich als Sprecher ihrer Gemeinde gegen die Tyrannei aufspielen. Wenn dieselben Händler und Bauern dann aber als Koschinelle- oder Baumwollproduzenten ihre Marktchancen entdeckt hatten, konnten sie ihre Gemeinschaft auf einmal nach außen abschotten, um sich im Innern ihr Aufsichtsmonopol über die Arbeitskräfte zu erhalten.

In beiden Vizekönigreichen durften und sollten die einzelnen Gemeinden ihre inneren Angelegenheiten selbst regeln. Zu diesem Zweck verfügten sie über eine Hierarchie örtlicher Funktionsträger, die spanische Titel führten und sich in ihren Aufgaben an spanischen Vorbildern orientierten. Auch die Kirche etablierte (nach dem Muster der spanischen Bruderschaften) Organisationen, die für die Abwicklung der im Ablauf des katholischen Kirchenjahres vorgesehenen zeremoniellen Feste zuständig waren. In den größeren spanischen und sich hispanisierenden Siedlungen blieben ziviles und religiöses Organisationsgefüge weitgehend voneinander getrennt. In den indianischen Gemeinden hingegen verschmolzen sie in der Regel zu einer gemeinsamen zivil-religiösen Ämterhierarchie, deren Vertreter abwechselnd eine säkulare politische Funktion wahrnehmen und dann wieder ein religiöses Fest aufziehen konnten. Letzteres erforderte normalerweise enorme Ausgaben für Feuerwerkskörper, Dekorationen, Räucherwerk und Kerzen, für Musiker sowie für Speisen und Getränke, mit denen die Teilnehmer freigehalten wurden. Dies bedeutete in der Regel, daß nur bessergestellte Gemeindemitglieder zu solchen mit politischer und religiöser Autorität ausgestatteten höheren und einträglicheren Positionen aufsteigen konnten, da die damit verbundenen Auslagen eine beachtliche ökonomische Umverteilung mit sich brachten. Andererseits hatten solche Auslagen für die Haushalte, denen sie zuflossen, eine erhebliche ökonomische Bedeutung und machten diese auf ökonomischer wie auch auf politischer und religiöser Ebene von den Operationen der sakralisierten Obrigkeit abhängig. Auf diese Weise wurde mit den zivilreligiösen Hierarchien innerhalb der Gemeinden ein System von Elitenherrschaft installiert, das diesen Eliten zugleich die Repräsentanz der Gemeinde insgesamt gegenüber äußeren Machthabern und Autoritäten verschaffte.

Diese Amtspersonen inszenierten auch die Zeremonien, die den Kontakt der Gemeinde mit den übernatürlichen Kräften herstellten. Diese Zeremonien nahmen typischerweise einen teils christlichen, teils heidnischen Doppelcharakter an. Die christliche Lehre legt auf klar bestimmte Heilszeiten größeren Wert als auf präzis umrissene geheiligte Räume. Sie kennt zwar heilige Orte wie Jerusalem, Rom, Assisi oder Lourdes, aber von entscheidender Bedeutung ist für sie die zeitliche Hierarchie von Sündenfall und Erlösung, Jüngstem Gericht und Auferstehung. Im Gegensatz dazu hatte in der Struktur der vorspanischen Religionen die räumliche Dimension eine herausragende Bedeutung: Bestimmte Ausschnitte der räumlichen Umwelt standen für ganz bestimmte Zeitabschnitte, Merkmale gesellschaftlicher Gruppen, Naturerscheinungen oder ganze Scharen übernatürlicher Wesen. Die Verschmelzung des Jahresablaufs der christlichen Liturgie mit vorspanischen Andachtsformen stiftete eine Verbindung zwischen der Zeitstruktur der christlichen Heilslehre und den Bezügen der vorchristlichen Tradition auf die räumliche Umwelt. Diese von Ort zu Ort verschiedenen räumlichen Bezüge gehörten in vorspanischer Zeit zu einem umfassenden ideologischen System heiliger Räume, wie es die ausgedehnten Inka-, Mexika- oder Chibcha-Reiche organisiert und unterhalten hatten. Die spanische Eroberung zerstörte diesen umfassenden ideologischen Rahmen und setzte an seine Stelle die christliche Heilsordnung. Aber gleichzeitig ging die dominierende Glaubenslehre mit den lokalen Glaubens- und Kultformen eine Symbiose ein. Diese war das Werk von Missionaren, die die christliche Liturgie in den vorgefundenen religiösen Auffassungen zu verankern versuchten, und von

Gemeindevorstehern bzw. örtlichen Zeremonienmeistern, die darauf aus waren, den neuen Glauben zu einem Ausdrucksmedium für die lokalen Interessen zu machen. Das Ergebnis waren schließlich religiöse Strukturen, die sich von Gemeinde zu Gemeinde unterschieden und in ihrer ideologischen Ortsgebundenheit die gegenseitige politische Abschottung der Gemeinden widerspiegelten.

Die indianischen Gemeinden waren somit unselbständige Teile eines umfassenderen politischen und ökonomischen Systems, dessen Wandlungen sie mitvollzogen. Sie stellten weder »Stammesrelikte« der vorspanischen Vergangenheit dar, noch einen statischen Typ bäuerlicher Gemeinschaft, der sich durch eine Reihe unveränderlicher Kennzeichen auszeichnet. Sie entwikkelten sich im Tauziehen zwischen Eroberern und Eroberten und waren dem Wechselspiel zwischen äußeren und inneren Interessen unterworfen. Der spanische Staat gewährte ihnen zwar Rechte auf Land und eigene Einnahmen, verlangte ihnen aber im Rahmen ihrer politischen Verpflichtungen Tribute und Arbeitsleistungen ab. Häufig waren sie dem Landraub der Grundbesitzer, den Beamten und den Kirchenvertretern hilflos ausgeliefert. Die schweren Abgabenlasten trieben sie manchmal zum Aufstand, zur Aufkündigung der Zusammenarbeit oder auch in die Flucht. Mit Hilfe ihrer zivil-religiösen Amtsträger durften sich die Gemeinden selbst verwalten. Diese lokalen Beamten mochten ihre Gemeinden gegen äußere Instanzen und Konkurrenten verteidigen, aber sie konnten auch auf Kosten ihrer Mitbewohner fett werden oder deren Interessen an auswärtige Machthaber verraten.

Im Hinblick auf die gesamte spanische Kolonialordnung haben wir in den Indianergemeinden nicht etwa das zentrale Fundament, sondern eher zweitrangige Seitenpfeiler zu sehen. Im Zentrum dieser Ordnung stand der Bergbau und alles, was seiner Versorgung diente. Für ihn stellten die Indianergemeinden nur ein Arbeitskräftereservoir und eine Bezugsquelle billiger landwirtschaftlicher und handwerklicher Produkte dar. Wo die Indianer Tribute in Geldform entrichten mußten, waren sie gezwungen, ihre Arbeitskraft gegen Lohn anzubieten oder für einen Markt zu produzieren. Die andere Möglichkeit bestand darin, ihre Tributverpflichtungen in Naturalien abzugelten. Da sie überdies einer staatlichen Dienstpflicht unterlagen, konnten sie zur Arbeit an öffentlichen Projekten herangezogen werden – aber auch für private Interessen, die von den königlichen *corregidores* für öffentlich bedeutsam erklärt wurden. Ihre Armut war also der Preis, den sie dem System imperialer Ausplünderung zu entrichten hatten.

Brasilien und die Karibik

Die Spanier hatten ihr »indisches« Reich auf dem Fundament des im Hochland abgebauten Silbers errichtet, die Portugiesen dagegen legten ihre ersten Zuckerpflanzungen in den tropischen Niederungen der brasilianischen Küstenzone an. Die Landwirtschaft der spanischen Kolonien Neuspanien und Peru war auf die eigenen inneren Bedürfnisse ausgerichtet, die Portugiesen legten ihre neuen Landwirtschaftsunternehmen von vornherein auf ein Exportprodukt an. Was für Spanisch-Amerika das Silber war, sollte für Brasilien und Portugal auf lange Zeit hinaus der Zucker bedeuten. Im Lauf des 17. Jhs. breitete sich der Zuckerrohranbau jedoch auf die Karibischen Inseln aus, und so wurden die Holländer, Engländer und Franzosen zu Konkurrenten der portugiesischen Produzenten. Während die Landwirtschaft der spanischen Besitzungen Europa den Rücken zukehrte und sich auf die Städte und Bergbausiedlungen im Inneren des Kontinents orientierte, hatte der in der amerikanischen Tropenzone entstehende Plantagengürtel direkten Anschluß an die europäischen Märkte.

Als die Portugiesen auf dem schwarzen Lehmboden (*massapé*) im Nordosten Brasiliens ihre Zuckerrohrpflanzungen anlegten, wurde damit eine Agrikultur in die Neue Welt verpflanzt, die schon lange im östlichen Mittelmeer zuhause war, wo die Araber sie gegen Ende des ersten Jahrtausends n. Chr. eingeführt hatten. In den Jahrhunderten vor der Eroberung der Neuen Welt hatte sich der Zuckeranbau über die Mittelmeerinseln langsam nach Westen vorgeschoben. Im letzten Viertel des 16. Jhs. nahmen die Portugiesen den Zuckeranbau in Madeira auf und kurz darauf auch auf Sao Tomé im Golf von Guinea, wo sie Sklaven von der nahen westafrikanischen Küste einsetzten. Im Jahre 1500 bekam eine portugiesische Flotte auf ihrem vermeintlichen Kurs nach Indien zum erstenmal das »Land des Wahren Kreuzes« zu Gesicht, das nach den an seinen Küsten wachsenden Paranußbäumen (*brazil*) bald Brasilien genannt wurde. Schon ein Vierteljahrhundert später kassierte die Zollstation von Lissabon für brasilianischen Zucker Zolleinnahmen. Die portugiesischen Pläne, die Zuckerproduktion nach Afrika auszuweiten, scheiterten am Widerstand der Afrikaner. Die Portugiesen konnten sich nur in Stützpunktten an der Küste halten, und so intensivierten sie statt dessen ihre Produktion in Brasilien. 1570 gab es im ganzen Lande bereits 60 Zuckermühlen, die pro Jahr 180000 *arrobas* Zucker herstellten. Im selben Jahr zog die Jahresproduktion der brasilianischen Regionen Pernambuco, Bahia und Rio de Janeiro mit der von Madeira und Sao Tomé gleich. Nach 1570 stiegen die Zuwachsraten der brasilianischen Zuckerproduktion steil an; nach 1627 erreichte diese Produktion den

Umfang von mehr als einer Million *arrobas* (vgl. Barrett/Schwartz 1975, 541).

Produktionszentren in den brasilianischen Provinzen waren die Zuckermühlen, *enghenos* genannt. Sie verarbeiteten sowohl das auf den eigenen Ländereien als auch das auf freiem Grundbesitz von den *lavradores de cana* angebaute Zuckerrohr, wobei die zweite Kategorie vielleicht die Hälfte der Ernte ausmachte. Sklavenarbeit, zu der anfangs brasilianische Indianer, später Afrikaner herangezogen wurden, spielte eine wichtige Rolle, aber auch freie Lohnarbeiter waren maßgeblich vertreten. Die größte Mühle, die in Brasilien im 16. und 17. Jh. betrieben wurde – Sergipe do Conde in der Provinz Bahia, mit einer Mahlkapazität von ca. 180 Tonnen Zuckerrohr –, verfügte im Jahre 1600 über 259 eigene Arbeiter, beschäftigte aber darüber hinaus 270 Lohnarbeiter. Die 20 freien Bauern, die ihre Ernte ebenfalls in Sergipe anlieferten, besaßen schätzungsweise noch einmal 200 Sklaven (Barrett/Schwartz 1975, 547).

Während die Produktion in portugiesischen Händen lag, beherrschten Flamen und Holländer die Verarbeitung und Finanzierung. Von Anfang an wurde ein großer Teil des von Portugiesen produzierten Zuckers nach den Niederlanden verschifft. Antwerpen und – nach 1590 – Amsterdam wurden zu den wichtigsten Zentren der Zuckerraffinerien wie auch zu den Finanzzentren des portugiesischen Zuckerhandels. Selbst in der Periode zwischen 1580 und 1640, als das Königreich Portugal an die kastilische Krone fiel, schafften es die Holländer, ihre alten Verbindungen über portugiesische Mittelsmänner aufrechtzuerhalten. 1624/25 unternahmen die Holländer den vergeblichen Versuch, Bahia im Handstreich zu besetzen; zur gleichen Zeit wurden sie in Zentralafrika aktiv, wo sie mit Luanda eine profitable Lieferquelle für den Sklavenhandel einnehmen wollten. 1629 fielen sie in der Provinz Pernambuco ein, deren Zuckerdistrikt sie fünfzehn Jahre lang besetzt hielten. Aber 1645 erhob sich die Bevölkerung Holländisch-Brasiliens unter der Führung verschuldeter portugiesisch-stämmiger Pflanzer gegen ihre Beherrscher. Zwar fanden die Holländer unter den amerikanischen Ureinwohnern bei einigen Gruppen der Potiguar bzw. bei Gê-sprachigen Tapuia-Indianern Verbündete, andere Potiguar- wie auch die Tobajara-Indianer aus der Provinz Maranhao unterstützten jedoch die portugiesische Seite. In dem folgenden Guerillakrieg gelang es den portugiesischen Brasilianern, die ländlichen Zonen unter Kontrolle zu bekommen, und die Holländer wurden nach und nach auf die Küstenstädte zurückgedrängt. Am längsten hielten sie sich in Recife, aber auch hier wurden sie 1654 zur Kapitulation gezwungen. Den Holländern hatte sicher die gegen sie angewandte Guerillataktik stark zugesetzt. Zur gleichen Zeit waren sie auch noch in ihren ersten Handelskrieg mit England verwickelt. Aber ausschlaggebend für ihre Niederlage waren andere Faktoren: Erstens war ein Großteil der brasilianischen Zuckerindustrie zerstört worden, zweitens hatte der Versuch, eine dauerhafte holländische Zuckerkolonie in Brasilien zu etablieren, viel Geld gekostet, und drittens begannen sich die Anteilseigner der holländischen Westindien-Kompanie über die steigenden Kosten und Verluste zu beschweren.

Als die Schwierigkeiten in Brasilien überhand nahmen, verlegten die Holländer ihre Aktivitäten in die Karibik. Auf englischen Inselbesitzungen wie St. Kitts, Nevis und Barbados wurde seit der zweiten Hälfte des 17. Jhs. auf kleinflächigen Farmen Tabak angebaut. Als die europäischen Märkte 1639 mit Tabak verstopft waren, sahen sich viele der Inselbewohner nach besseren Möglichkeiten um und wanderten aus. Bald nach 1640 wurde englischen Siedlern in Barbados von Holländern aus Brasilien der Zuckerrohranbau beigebracht. Diese boten den Engländern auch Kredite, mit denen sie afrikanische Sklaven erwerben konnten und die für die Umwandlung von Zuckerrohrsaft in Zucker erforderlichen Pfannen und Kessel; außerdem erboten sich die Holländer, den Verkauf nach Europa zu übernehmen. Die ökonomische und politische Szenerie der Inseln wurde durch den Zucker rasch verändert. Die kleinen Tabakpflanzer wurden zu »armen Weißen«, die alsbald durch große, mit Hilfe afrikanischer Sklaven bewirtschaftete Plantagen verdrängt wurden und wegzogen. 1655 landeten die Engländer in Jamaica, und fünf Jahre später vertrieben sie die letzten Spanier.

In der Folgezeit gewann der Zuckerrohranbau auf den karibischen Inseln rasch an Boden und ließ die Zuckerindustrie Portugiesisch-Brasiliens bald hinter sich. Selbst angesichts eines ständig sinkenden Weltmarktpreises vermochten die karibischen Zuckerproduzenten Kapital zu akkumulieren. Soweit bekannt, schrieben die Zuckerplantagen ständig schwarze Zahlen: ihre Profitrate lag vor 1700 vielleicht sogar bei über 20 Prozent des investierten Kapitals, zwischen 1750 und 1775 mindestens noch bei 10 Prozent und um 1790 etwa bei 7,5 Prozent (Craton 1974, 139). Das Leben in Bristol und Liverpool hing in hohem Maße von den Geschäften auf Jamaica und Barbados ab; Ende des 18. Jhs. schätzte William Pitt d. J. den Anteil der westindischen Inseln am gesamten britischen Einkommen aus Übersee auf vier Fünftel. In Frankreich waren Nantes und Bordeaux ähnlich stark von der Produktivität der französischen Besitzung Saint Domingue (Haiti) abhängig. Als sich 1791 die Sklaven in Haiti gegen ihre Herren erhoben, zerstörten sie eine Kolonialstruktur, in die zwei Drittel aller französischen Außenhandelsbeteiligungen geflossen waren.

Schmuggelhandel

Die Ausbreitung des Zuckeranbaus auf die Karibischen Inseln hatte unter anderem zur Folge, daß hier – genau am Einfallstor zum kastilischen »Indien« – eine Reihe vorgeschobener Stützpunkte der europäischen Atlantikmächte entstand. Dieser Vorstoß der Holländer, Engländer und Franzosen fiel zeitlich mit dem Niedergang der spanischen Macht zusammen. Die spanischen Silberlieferungen nahmen während des ganzen 16. Jhs. stetig zu und erreichten in der letzten Dekade ihren Höhepunkt, um danach rückläufig zu werden. Obwohl die Menge des nach Spanien verfrachteten Silbers zurückging, wurde in der Neuen Welt aber keineswegs merklich weniger Silber gefördert – es blieb jetzt eben nur in Amerika oder floß über andere Kanäle ab. Ein gewisser Teil wurde für bessere Abwehrvorkehrungen gegen Übergriffe und Rivalen aus dem Ausland ausgegeben. Ein großer Teil floß freilich auch in den Schmuggelhandel mit den Feinden der spanischen Krone,

Europäer beim Bau einer Karavelle an der Karibischen Küste Panamas (Veragua). Kupferstich von Theodor de Bry, 1590 (The New York Public Library)

also der holländischen Westindien-Kompanie und den englischen Kauffahrern.

Je schwächer die spanische Machtposition wurde, desto eifriger versuchten diese Rivalen und Gegenspieler, an die Reichtümer der spanischen Gebiete in der Neuen Welt heranzukommen. Immer mehr Ausländer kauften sich in die spanische Staatsbürgerschaft ein, die ihnen die Genehmigung verschaffte, mit den »indischen« Gebieten Handel zu treiben. Die Zahl der ausländischen Schiffe, die sich an den Flottenverbänden über den Atlantik beteiligten, machte 1630 schließlich ein Drittel des gesamten Schiffsverkehrs über den Atlantik aus. Von diesem Zeitpunkt an erreichte der Schleichhandel einen Umfang wie nie zuvor. Die Besetzung Portugals und die Inbesitznahme von Setúbal durch die Spanier hatte den Holländern den Zugang zum Salz der iberischen Halbinsel verwehrt. Deshalb unternahmen sie 1594 eine Reihe von Fahrten ins Karibische Meer und brachten 1599 die Salzinsel Araya (vor der Küste Venezuelas) in ihren Besitz. Sie begannen, direkten Handelskontakt mit den spanischen Siedlern an der venezolanischen und kolumbianischen Küste aufzunehmen, und tauschten dabei nordeuropäische Waren und afrikanische Sklaven anfangs gegen Salz, später gegen Tabak und Felle und schließlich gegen ständig wachsende Mengen Kakao. Die Eroberung Jamaicas ermöglichte es auch den Engländern, mit den spanischen Besitzungen neue lukrative Handelsgeschäfte mit Sklaven und illegaler europäischer Handelsware zu eröffnen. Mit dem Ausbau der Kakao-Produktion in Venezuela begannen sie dann auch noch, Kakao gegen spanisches Silber aus Mexiko auszutauschen. Auf diese Weise konnten Holländer und Engländer einen Teil des durch die offenen Adern der Karibik fließenden Silbers abzapfen: am Ende des 17. Jhs. allein über den Jamaica-Handel pro Jahr eine geschätzte Menge im Wert von 200000 Pfund Sterling, was etwa der Hälfte des Goldes und Silbers entsprach, das von der britischen Ostindien-Kompanie jährlich in den Fernen Osten exportiert wurde (Lang 1975, 57). Auch über Brasilien gelangten nordwesteuropäische Produkte in die westliche Hemisphäre; von hier aus betrieben die Portugiesen ihre Handelsbeziehungen über Binnenrouten mit Potosí und dem peruanischen Hochland. Die gelieferten Waren bezahlten die Spanier in Silber; Schätzungen zufolge soll der brasilianische Handel im 17. Jh. sage und schreibe ein Viertel der Silberproduktion von Potosí abgezapft haben (Lang 1975, 56). Als England durch den Vertrag von Utrecht 1730 das Recht erlangte, die spanischen Kolonien mit afrikanischen Sklaven zu versorgen, schwoll mit dem Sklavenhandel auch der Strom der verbotenen Waren an, der sich in die Spanische Karibik ergoß.

Das spanische Silber gelangte jedoch nicht nur nach Europa, sondern auch in westlicher Richtung über den Pazifik. In der zweiten Hälfte des 16. Jhs.

bildete sich um die wichtigste Handelsachse, die Acapulco in Mexiko mit Manila auf den Philippinen verband, ein verzweigtes Handelsnetz, über das auch ein Gutteil des Schmuggelhandels lief. Die Spanier hatten 1564 – in Ausnutzung der schwindenden portugiesischen Machtstellung in den Meeren Südostasiens – mit der Eroberung der Philippinen begonnen. Aber portugiesische Kaufleute aus Macao an der chinesischen Küste betrieben auch nach dem Verlust dieser Inselgruppe ihre Handelsgeschäfte in Manila weiter. 1573 brachte die erste Galeone aus Manila Seide, Satin und Porzellan aus China sowie fernöstliche Gewürze nach Acapulco und kehrte mit spanischem Silber aus der Neuen Welt nach Manila zurück. In der Folgezeit wurde Manila zum Angelpunkt eines Handelsnetzes, das auch die Chinesen in die philippinische Einflußsphäre hineinzog und einen Austausch von Textilien aus China gegen Silber aus der Neuen Welt zustandebrachte. Manila wurde nicht nur eine spanische, sondern zugleich auch eine chinesische Stadt. In den letzten zwanzig Jahren des 16. Jhs. nahm die Zahl der Chinesen in Manila derartig zu, daß ein besonderes Viertel (*Parian,* was Markt bedeutet) für sie gegründet wurde. Mitte des 17. Jhs. hatte die Stadt 42 000 Einwohner und wurde von der Bevölkerung der Nachbarstädte Luzon und Pambanga mit Reis, Holz und Arbeitskräften versorgt, die diese über eingeborene *principales* als Tributleistungen abführte.

In Acapulco wurden die ankommenden Güter zum Weitertransport nach Mexiko-Stadt auf Maultiere umgeladen. Viele peruanische Kaufleute fanden ebenfalls ihren Weg nach Acapulco, wo sie ihr Silber gegen chinesische Produkte austauschen wollten. Dieser illegale peruanische Schleichhandel, der sich in der mexikanischen Hafenstadt und entlang der nicaraguanischen Küste abspielte, stellte für die spanische Krone mit der Zeit ein großes Problem dar, das sie unter Kontrolle zu bekommen versuchte. Aber trotz der offiziellen Verbote und trotz zunehmender Piratentätigkeit der Holländer in den südasiatischen Meeren lief dieser Handel weiter; im 18. Jh. verstärkte er nicht nur die über Kanton laufenden Kontakte mit chinesischen Händlern, sondern zog über Manila auch viele indische Händler an (Chaunu 1960; Bertin et al. 1966). Im Lauf des 16. Jhs. entwickelten sich dann sogar zwei chinesische Handelskreisläufe: einer in westlicher Richtung, wobei chinesischer Tee gegen indisches Opium, der andere in entgegengesetzter Richtung, wobei chinesische Textilwaren gegen amerikanisches Silber ausgetauscht wurden. Dieser chinesisch-südamerikanische Handel hielt sich bis zum Ende der spanischen Herrschaft in Südamerika (Cheong 1965).

Die Dimensionen dieses Handels waren wahrhaft enorm. 1597 – in einem Ausnahmejahr, wie wir zugeben wollen – flossen Gold und Silber im Wert von 12 Millionen Pesos von Acapulco nach Manila – eine Summe, die im gesamten transatlantischen Seehandel nie erreicht wurde. In den letzten Jahrzehnten des 16. Jhs. beliefen sich die Gold- und Silberexporte normalerweise auf 3 bis 6 Millionen Pesos, von denen wahrscheinlich zwei Drittel aus Peru stammten (Parry 1973, 119). Zwischen 1570 und 1780 wurden insgesamt schätzungsweise 4 bis 6 Tausend Tonnen Silber in den Fernen Osten exportiert (Konetzke 1970).

Piraten – »Kolonialstämme« – Maronneger

Im Gefolge von Schmuggelhandel, Sklavenjagd und Sklavenhaltung entstanden in den Grenzzonen der Karibik Bevölkerungsgruppen, die an den Rändern der etablierten Gesellschaft und sozusagen von deren Strandgut lebten. Die gebirgige und zergliederte Geographie der Karibik mit ihren vielen Inseln und Meerespassagen und ihrer dichten tropischen Vegetation bot sowohl Schmugglern als auch entlaufenen Sklaven sichere Verstecke und

Acapulco. Kupferstich von Theodor de Bry, 1590 (New York Public Library)

gleichzeitig günstige kommerzielle oder militärische Bedingungen für die (wechselnden) Verbündeten beider.

Eines dieser Bevölkerungselemente in der labilen karibischen Umwelt waren die Piraten, die *buccaneers* genannt wurden. Sie waren in ihrer Mehrzahl Franzosen, einige auch Engländer. Ursprünglich lebten sie von der Jagd auf verwildertes Vieh, das die Spanier auf Santo Domingo zurückgelassen hatten – daher auch ihr Name, der auf den Holzrost (*boucan*) anspielt, auf dem sie Fleisch zu räuchern pflegten. Diese *buccaneers* verkauften das Fleisch und die Häute ihrer Jagdbeute an die Mannschaften vorüberfahrender Schiffe. Als sie von den Spaniern vertrieben wurden, begannen sie, ihre Jagdtätigkeit durch Freibeuterei zu ergänzen. Nach Versuchen der Spanier, ihre Aktivitäten zu unterbinden, bauten sie die Piraterie noch aus, wobei sie sich abwechselnd als Bündnispartner des englischen Gouverneurs von Jamaika und des französischen Gouverneurs von Saint Domingue betätigten, und zwar anfangs gegen die Spanier und später gegen die Holländer. So überfielen sie – halb Piraten, halb Söldner – die größeren spanischen Städte und Häfen und betrieben dabei gleichzeitig Handel mit den Küstengebieten und dem Hinterland. Im letzten Viertel des 17. Jhs. wurden ihre Aktivitäten für den Ausbau des Handels in dieser Region derart bedrohlich, daß die wichtigsten europäischen Karibikmächte ernsthaft darangingen, sie aus der Region zu vertreiben. Einige dieser Piratenbanden versuchten sich daraufhin an der Küste von Britisch-Honduras als Sklavenhalter und Holzfäller; andere verlegten ihre Operationsbasis ins westafrikanische Sierra Leone und später nach Madagaskar. Dort errichteten sie die Piratenrepublik Libertalia, die einen regelrechten »Arbeitsmarkt für Freibeuter« darstellte (Toussaint 1966, 146). Als sie auch dort von einer starken französischen Flotte aufgerieben wurden, suchten sie Zuflucht im Sklavenhändlerstaat der Betsimisaraka an der Ostküste Madagaskars, wo sie ihre Piratenunternehmen im Bündnis mit der einheimischen Bevölkerung bis zum Beginn des 19. Jhs. fortsetzten.

Ein zweites Element in diesem karibischen Bevölkerungsgemisch waren die Gruppen, denen Mary Helms die Bezeichnung »Kolonialstämme« verliehen hat. Am bekanntesten sind die Miskito der Mosquitoküste in Honduras und Nicaragua sowie die Cuna, die in Panama und Kolumbien zu Hause waren. Die Miskito waren eine in Familienverbänden organisierte Gruppe amerikanischer Ureinwohner, die sehr viele entlaufene afrikanische Sklaven und *buccaneers* absorbierten. Ausgerüstet mit Schußwaffen und Munition, die ihnen die Piraten mitgebracht hatten, begannen die Miskito, ihre Nachbarn im Landesinneren mit Räuber- und Händlermethoden auszunehmen. So verschafften sie sich von den Produzenten im Inland Kakao, Gold, Tabak, Indigo, später auch Vieh, also Güter, die sie dann – zusammen mit ihren eigenen Produkten wie Kanus, Paddel, Schildkrötenpanzer, Tierhäute, Kautschuk und Hängematten – gegen Manufakturwaren an die hereindrängenden Engländer verscherbelten. Die Miskito unternahmen auch Sklavenraubzüge und wurden von den Engländern in Jamaica zur Jagd auf die aufständischen Maronneger eingesetzt (Campbell 1977, 395, 411 f.).

Die Cuna waren eine Chibcha-sprachige ethnische Gruppe, die vor dem Eindringen der Europäer auf einem technologischen und organisatorischen Niveau gelebt hatten, das weit komplexer war als das der Miskito. Die Cuna waren in tributären, nach Klassen gegliederten und von Dynastien regierten Staatswesen organisiert und zeichneten sich besonders durch ihre fortgeschrittene Metalltechnik und ihre spezielle Ausrichtung auf den Fernhandel aus. Im Gefolge der spanischen Eroberung bildeten sie ihre komplexen sozialen und politischen Organisationsstrukturen zurück, gaben ihre Metallarbeiten auf und beschränkten sich zunehmend auf das Sammeln von Nahrungsmitteln für den eigenen Lebensunterhalt. Sie wurden, mit anderen Worten, zu einem klassischen Fall von »historischer Dekulturierung« in dem von Steward und Faron definierten Sinne. Sie gewährten wie die Miskito entlaufenen Sklaven Zuflucht und verbündeten sich mit den *buccaneers*, von denen sie Feuerwaffen und Munition bezogen. Mit Hilfe dieser neuen Waffen begannen sie im 17. Jh. von Panama aus aggressiv über den Atrato hinaus nach Kolumbien vorzustoßen. Dabei brannten sie 1799 die am Sinú gelegene Stadt Montería nieder, worauf sich die Spanier gezwungen sahen, die Schiffahrt auf dem Sinú mit Hilfe einer Kanu-Flottille abzusichern (Fals Borda 1976, 18). Erst im 19. Jh. ließen sich die Cuna der Herrschaft Kolumbiens unterordnen.

Die auffällige Rolle, die entlaufene Sklaven bei den Miskito wie bei den Cuna gespielt haben, lenkt unseren Blick auf eine dritte Gruppe im karibischen Bevölkerungsstrudel, die allgemein als *maroons* (Maron- oder auch Buschneger) bezeichnet wurden. *Maroon* kommt von dem spanischen Wort *cimarró*, das ursprünglich auf verwildertes Herdenvieh der Spanier gemünzt war, dann aber auf entlaufene Indianersklaven und schließlich auch – nach 1530 – auf entlaufene afrikanische Sklaven angewandt wurde. Diese geflüchteten Sklaven blieben häufig in Gruppen zusammen, um sich verteidigen bzw. gegenseitig unterstützen zu können und um gemeinsame Raubzüge zu unternehmen. Unter günstigen äußeren Bedingungen konnten sich solche Banden zu dauerhaften Gemeinschaften entwickeln. *Marronage*, wie die Franzosen das Weglaufen von Sklaven nannten, wurde zu einer folgenreichen Dauererscheinung des Plantagensystems, die auf dessen stetiges und langsames Ausbluten hinauslief. Allenthalben schossen Gemeinschaften ehemaliger Sklaven aus dem Boden. Eine der ersten war die Rebellengemeinde, die sich in den Minen von Bursia in der Nähe der damals kolumbianischen (heute venezolanischen) Stadt Barquisimeto herausbildete. Nach 1530 entstanden weitere frühe *maroon*-Gemeinden in Kuba. Am Ende gab es viele solche Gruppen, die sich ihre entlegenen Schlupfwinkel in den Küstenzonen der Karibik und der mittelamerikanischen Landenge, an der Pazifikküste Kolumbiens und Ecuadors und in befestigten Bergstellungen einiger karibischer Inseln eingerichtet hatten. Diese Banden besserten ihre landwirtschaftliche Selbstversorgung häufig durch Schmuggel- und Piratenunternehmen auf, wobei sie oft auch die bewaffneten Angreifer unterstützten, die an der Nordostküste Südamerikas die spanischen Verteidungspositionen durchdringen wollten.

Das »Binnenmeer« der Karibik stellte sich demnach als der weiche Unterleib der spanischen Besitzungen in der Neuen Welt heraus. Die entscheidenden Transportverbindungen zwischen der spanischen Metropole und ihrem Kolonialreich liefen ausgerechnet durch eine Region, die sich als militärisch verwundbar erwies und zum Einfallstor für die Feinde der Spanier wurde. Und diese Region war auch in ökonomischer und politischer Hinsicht anfällig: Hier konnten Schmuggler, für den Export produzierende Plantagenbesitzer und freie Unternehmer in Sachen Gewalt die monopolistischen Strukturen des spanischen Reiches perforieren und im Interesse des internationalen ökonomischen Systems die Macht des spanischen Reiches nach und nach auszehren.

* * *

Zu Beginn des 16. Jhs. vollzog sich die Expansion der beiden iberischen Königreiche nach Amerika: Die Spanier eroberten ihr amerikanisches Kernreich und bekamen damit den Kontinent fest in ihren Griff; Portugal besetzte zugleich die Atlantikküste Brasiliens.

Im Hochland des spanischen Amerika begründete das kastilische Könighaus seine neue Kolonialordnung auf den Ruinen der vorspanischen tributären Staatswesen. Diese Ordnung beruhte auf der Gewinnung von Edelmetallen, und zur Versorgung der Bergbauunternehmen entstand ein neues, von Europäern betriebenes System der landwirtschaftlichen Nahrungsmittelerzeugung. Die Silberökonomie war über die Kanäle des »erzwungenen Handels« mit der Außenwelt verbunden, aber die Nahrungsmittel- und Rohstoffversorgung war nach innen, auf die Bergbaugebiete des Binnenlandes ausgerichtet. Um die amerikanischen Ureinwohner unter Kontrolle zu halten, wurden ihre Gemeinden unter der neuen Ordnung zu indirekten Herrschaftsinstitutionen, denen immer nur der Grad von Autonomie eingeräumt wurde, der für das Funktionieren des spanischen Sektors erforderlich war. Die Indianer versorgten diesen Sektor mit billigen Arbeitskräften und Waren und kauften diesem umgekehrt – oft unter Zwang – seine Güter ab. Innerhalb ihrer eigenen Gemeinden durften die Indianer ihre eigenen Amtshierarchien aufbauen, die sie nach außen repräsentierten. Diese Amtsträger regelten zugleich die inneren Angelegenheiten der Gemeinden, indem sie eine zivil-religiöse Rangordnung etablierten, ökonomische Umverteilungsprozesse organisierten und mit religiösen Symbolen hantierten, die eine Verbindung zwischen christlichen und lokalen kulturellen Formen herstellten. Innerhalb des spanischen Gesamtsystems hatte der indianische Sektor mit seiner Aufsplitterung in viele lokale Gemeinden die Funktion einer Ersatzbezugsquelle für Arbeitskräfte und Versorgungsprodukte.

Im Plantagengürtel der Tieflandregion an der Küste und auf den Inseln brachen die europäischen Pflanzer und ihre Nachkommen den Widerstand der alteingesessenen, nach Verwandtschaftsbeziehungen gegliederten und auf Tributübertragungen basierenden Gesellschaften und verdrängten sie durch Kolonnen afrikanischer Sklaven, die einem landwirtschaftlichen Produktionsregime mit organisierter Zwangsarbeit unterworfen waren. Dieses System war auf die Erzielung von Exporterlösen zugeschnitten, aber außerdem sollte es dafür sorgen, daß die Grenzen der Plantagengebiete weder von einfallenden amerikanischen Ureinwohnern aus dem Landesinneren angetastet noch von aus den Küstengebieten flüchtenden Arbeitern überschritten werden konnten. Durch die Exportproduktion war diese amerikanische Plantagenzone an die europäischen Märkte angeschlossen, zugleich aber wurde sie durch ihren laufenden Bedarf an neuen Sklaven auch zum unmittelbaren Bestandteil jener Infrastruktur des expandierenden Sklavenhandels, die sich über drei Kontinente erstreckte. So wurden an der brasilianischen Atlantikküste, auf den Inseln und in den Küstenzonen der Karibik, Kolumbiens, Ecuadors und Perus die afrikanischen Sklaven und ihre Nachkommen zur dominierenden Bevölkerungsgruppe. Und hier, auf den Plantagen und in den befestigten Lagern der entlaufenen Sklaven, bildeten sie im Verlauf einer Geschichte, deren Erforschung gerade erst begonnen hat, ihre eigenen Lebensformen zwischen Anpassung und Widerstand heraus.

Kapitel 6

Der Pelzhandel

Bis zum Ende des 16. Jhs. beherrschten die iberischen Flotten den Atlantik und behinderten damit die Expansion anderer europäischer Nationen nach Nordamerika. Mit dem Abbröckeln der iberischen Machtpositionen machte die Besiedlung der Küsten durch die Nordeuropäer dann aber rasche Fortschritte, und in ihrem Gefolge breitete sich auch der Pelzhandel in Nordamerika aus. Bei der Jagd der Europäer auf die Reichtümer der Welt standen Pelze keineswegs am höchsten im Kurs – Gold, Silber, Zucker, Gewürze und auch Sklaven waren begehrter und versprachen größere Gewinne. Dennoch hatte auch die Jagd nach Pelzen für die eingeborenen Völker Nordamerikas und ihre Lebensverhältnisse tiefgreifende Folgen und muß deshalb zu den dramatischsten Kapiteln in der Geschichte der europäischen Handelsexpansion gezählt werden.

Die Geschichte des Pelzhandels

Als sich die ersten europäischen Pelzhändler auf dem nordamerikanischen Kontinent zu betätigen begannen, hatte der Pelzhandel bereits eine lange und einträgliche Geschichte hinter sich. Das antike Römische Reich hatte seine Pelze aus Skandinavien bezogen und diese Waren aus dem Norden, wie auch die Bernstein-, Walroßzahn- und Sklavenlieferungen, mit Gold, Silber und Kleinodien bezahlt (Jones 1968, 23). Im späten 9. Jh. n. Chr. lag der Handel in den Händen von Feudalherren – zum Beispiel jenes Ottar, der an den nördlichsten Fjorden Norwegens in der Umgebung des heutigen Tromsö tätig war. Er forderte von den lappischen Jägern Tribute in Form von

Marder-, Rentier-, Bären- und Otterfellen und verkaufte diese in Norwegen, Dänemark und England (Jones 1968, 161f.). Im frühen 10. Jh. lieferten russische Wikinger Zobel-, Eichhörnchen-, Hermelin-, Fuchs-, Marder- und Biberfelle sowie Sklaven nach Bulgar im Wolgabogen. 922. n. Chr. beschrieb der arabische Reisende Ibn Fadlan anschaulich, wie die russischen Kaufleute mit Zobelpelzen und Sklavenmädchen, die für die Märkte der islamischen Levante bestimmt waren, wolgaabwärts fuhren. Nach den Wikingern zapfte die norddeutsche Hanse den Pelzhandel des Hohen Nordens an. Ihre Handelsstation in Bergen diente der bedenkenlosen Ausbeutung der Norweger: Man schoß ihnen Geldsummen vor und zwang sie dann, dafür große Mengen von Pelzen und Fischen gesäubert abzuliefern – womit sie eine Art »Internationaler Peonage für Schuldner« praktizierten (Wallerstein 1974, 121).

Auf dem Gebiet des heutigen Rußland trugen die Handelsoperationen der russischen Wikinger im 9. und 10. Jh. zur Herausbildung der Staatswesen von Kiew und Nowgorod bei. Pelze stellten für diese Staaten und alle ihre Nachfolger »von den allerersten Anfängen an bis ins 18. Jh. und darüber hinaus die wertvollste einzelne Handelsware dar« (Kerner 1942, 8). Derselbe Autor geht sogar soweit, die russische Expansion insgesamt als ein einziges Bestreben darzustellen, »über die Kontrolle der Portagen zwischen den großen Strömen eine Flußebene nach der anderen unter ihre Herrschaft zu bekommen, wobei ihr Expansionstempo davon abhing, wie rasch die Pelztierbestände in den erschlossenen Flußniederungen erschöpft waren« (Kerner 1942, 30). Nach dem Vorbild von Ottar beschafften sich die Russen ihre Pelze als Tributleistungen (*iasak*): Den eingeborenen Völkerschaften wurden kollektive Lieferkontingente auferlegt, und jeder einzelne Jäger mußte von seiner Pelzausbeute den zehnten Teil abliefern. Die so erbeuteten Pelze stellten für die Einnahmen des russischen Staates in späteren Zeiten einen bedeutenden Posten dar, der sich zwischen 1589 und 1644 von 3,8 Prozent auf 10 Prozent des gesamten Staatshaushaltes erhöhte. Erst als Zar Peter der Große die Industrialisierung Rußlands in Gang brachte, verlor dieser Pelztribut an Bedeutung. Aber selbst dann noch stellte er bis ins 19. Jh. hinein den Hauptbeitrag Sibiriens zur russischen Volkswirtschaft dar.

Der Pelzhandel war mithin nicht nur eine nordamerikanische, sondern eine internationale Erscheinung. Als Verbindungsglied zwischen der Alten und der Neuen Welt funktionierte dabei die holländische Westindien-Kompanie. Bis zur Eroberung Kanadas durch die Engländer landete ein hoher Prozentanteil der nordamerikanischen Pelze in Amsterdam, wobei Biberpelze im Rahmen des holländischen Ostseehandels zur Weiterverarbeitung nach Rußland re-exportiert wurden. Solche internationalen Re-Exportgeschäfte verhinderten oft – und vor allem während der Kriege des 17. Jhs. – eine Sättigung der europäischen Märkte und sorgten damit innerhalb des gesamten internationalen Handelssystems für stabile Preise (vgl. Rich 1955). Im 17. Jh. waren Biber nicht mehr so gefragt; an ihre Stelle traten Fischotter und Seehunde, deren Felle vornehmlich von Nordamerika nach China exportiert wurden. Auch Rußland hatte Ende des 17. Jhs. seine führende Rolle auf dem europäischen Pelzmarkt eingebüßt und versuchte, seine Pelze in China und auf anderen asiatischen Märkten abzusetzen (Mancall 1971, 12).

Für den nordamerikanischen Pelzhandel war der Biber die wichtigste Spezies, zumal sie seit Ende des 16. Jhs. in Europa seltener geworden war. Die Nachfrage nach Biber galt dabei nicht dem eigentlichen Fell, sondern der Pelzwolle, einen unmittelbar auf der Haut wachsenden weichen, gekräuselten Haarbesatz, den man vom eigentlichen Pelz und von der Schicht längerer und härterer Deckhaare abtrennen mußte. Diese Pelzwolle verarbeitete man zu Filzbesatz für Kleider und Hüte, der vor allem für die Hutmode eine große Bedeutung erlangte. Sehen wir uns das englische Beispiel an: Hier wurde die Mode, statt Wollmützen Hüte zu tragen, im frühen 16. Jh. durch spanische und holländische Emigranten populär. Seitdem konnten noch so viele Anläufe zu einer gesetzlichen Kleiderordnung den Niedergang der Mützenhersteller nicht aufhalten. Die Mütze wurde zum Kennzeichen der unteren Klassen. Für Menschen der gehobenen Stände hingegen wurde der Huttyp zum Ausweis ihrer politischen Bindungen. Die Stuarts und ihre Anhänger bevorzugten den hochgewölbten, breitkrempigen, in etwa quadratischen »spanischen Biberhut«. Die Puritaner führten dagegen den schlichten kegelförmigen Filz- oder Biberhut ein. Die Anhänger der Restauration schätzten den breitkrempigen, eher flachen und federgeschmückten Schlapphut, wie er am französischen Hof getragen wurde. Die Glorreiche Revolution führte dann die niedrige, breitkrempige »Klerikerschaufel« ein, die später vom Dreispitz abgelöst wurde. Diese Hutmode hielt sich bis zur Französischen Revolution, die den Zylinder kreierte. Der Biberhut kam erst im frühen 19. Jh. aus der Mode, um Hüten aus Seide und anderen Materialien das Feld zu überlassen.

Die europäischen Seeleute trieb anfangs freilich nicht die Pelzsuche, sondern das Interesse am Fischfang in die nordatlantischen Gewässer hinaus. Fisch war im europäischen Mittelalter einer der wichtigsten Handelsartikel. In getrockneter und gesalzener Form war er in der obligatorischen Fastenzeit und während der bitteren Wintersaison eine der Hauptproteinquellen. Im 15. und 16. Jh. gingen die Fangergebnisse für den Ostsee-Hering zurück, und die Fischer begannen die Labrador-, die Neufundland- und die Neuengland-Bänke mit ihren reichen Kabeljauvorkommen zu erkunden. Womöglich waren portugiesische Fischer in diesen Gebieten die ersten, entsprechend erhoben sie offiziell Anspruch auf diese gesamten Küstengebiete, den sie dann allerdings nicht gegen die wachsende Zahl von Konkurrenten aus der Normandie, der Bretagne und dem englischen West Country durchzusetzen vermochten. Zunächst gingen diese Seeleute nur gelegentlich an Land, in der Regel kehrten sie mit den frischen, direkt für den Markt bestimmten Fängen gleich wieder in ihre Heimathäfen zurück. Später gingen die Fischer jedoch dazu über, den Sommer in Amerika an Land zu verbringen und dort ihre Netze zu flicken bzw. ihre Fische durch Trocknen und Räuchern zu konservieren. Auf diese Weise wurden »die Strände der Neufundlandküste zu gewohnheitsmäßigen saisonalen Lagerplätzen einer kosmopolitischen Gemeinschaft von rauhbeinigen und ungebunden lebenden Fischern« (Parry 1966, 69).

Der nordamerikanische Pelzhandel war geboren, als diese Fischer begannen, von den einheimischen Algonkin-Indianern Pelze einzutauschen. Die Möglichkeit, sich die Pelze der »new-foundlands« zu sichern, sahen auch die Beauftragten der britischen Krone und die Siedler, die sich an den Küsten Nordamerikas umtaten. Aber eine wirksame Erschließung dieser Küste durch Nordeuropäer wurde erst möglich, als die iberische Vorherrschaft über den Atlantik zusammenbrach, also erst mit dem Tod Philipp II. im Jahre 1603. Danach entstanden innerhalb kurzer Zeit mehrere Siedlungsplätze: Im Jahre 1608 Jamestown, eine Gründung der englischen Virginia Company, im selben Jahr Quebec als Stützpunkt der Neufrankreich-Kompanie, 1614 Fort Nassau bei Albany und 1624 Neu-Amsterdam als Gründungen der holländischen Westindien-Kompanie, 1620 New Plymouth und 1630 Massachusetts Bay.

Unter diesen Ansiedlungen spielten Quebec und Neu-Amsterdam für das

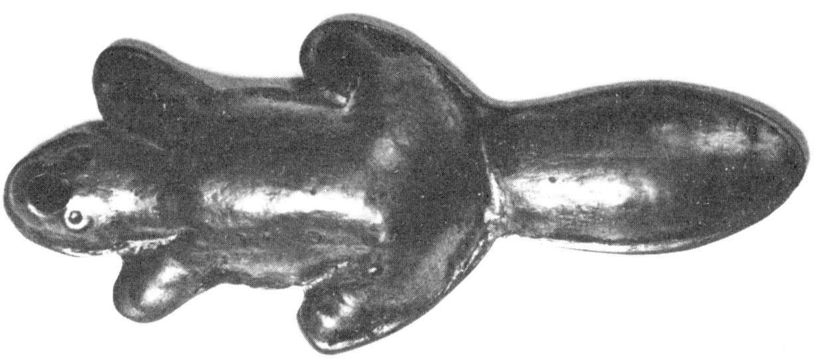

Kleine Kupferplastik in Gestalt eines Bibers aus dem Gebiet der Hudson Bay. Solche symbolischen Plastiken wurden in der Frühzeit des Pelzhandels als Zahlungsmittel benutzt und repräsentierten den Wert eines Biberfelles (Museum of the American Indian, Heye Foundation)

weitere Anwachsen des Handels eine Schlüsselrolle. Beide Städte lagen wie Sperriegel an wichtigen Verkehrsrouten, über die der Pelzreichtum des Hinterlandes erschlossen werden konnte. Quebec beherrschte den St. Lawrence-Strom, über den man flußaufwärts zur Kette der Großen Seen und den dazwischenliegenden Portagen gelangte. New Amsterdam kontrollierte die Route auf dem Hudson River nach Albany und die Route nach Westen, die in Oswego am Ontario-See endete. Die nördliche Verbindung zu den Großen Seen stand also lange unter französischer Kontrolle, während der südliche Zugangsweg zunächst von den Holländern und nach 1644 von den Engländern gehalten wurde. Damit spielte sich der Pelzhandel von Anfang an als Konkurrenz zwischen zwei Staaten ab. Die Folge dieser Rivalität bekamen nicht nur die europäischen Händler zu spüren, sondern auch die Eingeborenenvölker, von denen sie mit Pelzen versorgt wurden.

Ein auffälliges Merkmal dieses Pelzhandels besteht darin, daß er sich rasch nach Westen verlagerte, weil nämlich die Biberbestände der Reihe nach ausgerottet wurden und die Pelztierjäger auf der Suche nach noch unberührten Biber-Siedlungen immer weiter ins Landesinnere vorstoßen mußten. Das bedeutete zwangsläufig, daß die Menschen, die als erste die Auswirkungen des Pelzhandels zu spüren bekommen hatten, in seinem Windschatten zurückblieben und daß sich gleichzeitig immer neue Gruppen zur Beteiligung an dem Unternehmen anboten. Wo immer der Pelzhandel sich ausbreitete, hatte er für das Leben der Betroffenen weitreichende Folgen. Er brachte die gewohnten gesellschaftlichen Beziehungen und kulturellen Gewohnheiten durcheinander und ließ neue Verhaltensmuster entstehen – dies sowohl intern, im täglichen Leben innerhalb der verschiedenen Menschengruppen, als auch extern, also in den äußeren Beziehungen zwischen den einzelnen Gruppen. Da die Händler eine Gruppe nach der anderen um Pelze angingen und sie dafür mit europäischen Erzeugnissen bezahlten, stellte jede Gruppe ihre Lebensweise auf die europäischen Produkte um. Gleichzeitig verschärfte die europäische Nachfrage nach Pelzen die Konkurrenz zwischen den verschiedenen Gruppen der amerikanischen Ureinwohner, und zwar in doppelter Hinsicht: erstens die Konkurrenz um neue Jagdgebiete, die den steigenden europäischen Bedarf beliefern konnten; zweitens die Konkurrenz um den Erwerb der europäischen Artikel, die für die Ureinwohner rasch zu wichtigen Bestandteilen ihrer technischen Ausstattung, aber auch zu ebenso wichtigen Prestigesymbolen wurden, die ihre Statusunterschiede hervorhoben. Der Pelzhandel veränderte also den Charakter der feindlichen Auseinandersetzungen zwischen den indianischen Gruppen und ließ diese härter und umfassender werden. Er führte zur Dezimierung bzw. auch zur Vertreibung ganzer Völker aus ihren angestammten Lebensgebieten. Pelze waren durchaus auch nicht der einzige Artikel, der von den Indianern geliefert wurde. Der wachsende Handel machte zusätzliche Proviantlieferungen erforderlich; mit seinem immer weiteren Vordringen in Richtung Westen veränderte und intensivierte das Pelzgeschäft also auch die Strukturen der Erzeugung von Nahrungsmitteln für Jäger wie für Händler.

Wenn wir uns dem Pelzhandel als ganzem zuwenden, haben wir es demnach mit mehreren Dimensionen zu tun. Da sind einmal die Beziehungen zwischen Franzosen und Engländern sowie deren Beziehungen mit den verschiedenen Indianergruppen. Umgekehrt sahen sich etliche Indianervölker Amerikas gezwungen, sich auf die Europäer und auch jeweils aufeinander neu einzustellen. Und all diese Konflikte und Anpassungsprozesse drehten sich einzig um den Profit, der zu erzielen war, wenn man ein kleines, knapp eineinhalb Pfund schweres Pelztierchen in seinen Besitz bringen konnte.

Die Völker des Nordostens

Die Abenaki

Zu den ersten Gruppen der amerikanischen Urbevölkerung, mit denen die Europäer einen regelmäßigen Pelzhandel anknüpften, gehörten die Algonkin-sprachigen östlichen Abenaki im Küstengebiet von Maine. An ihrem Beispiel lassen sich zwei immer wieder auftretende Auswirkungen solcher Kontakte aufzeigen: Erstens die rasche Verminderung der einheimischen Bevölkerung und zweitens der Wandel in der Zusammensetzung ihrer ökonomischen Aktivitäten sowie die entsprechenden Veränderungen in ihren gesellschaftlichen Beziehungen. Zu Beginn des 17. Jhs. siedelten die östlichen Abenaki in mehr als zwanzig Dörfern mit jeweils einem eigenen Häuptling. Von den insgesamt 10 000 Bewohnern waren im Jahre 1611 nur noch 3000 am Leben, die anderen waren aus Europa eingeschleppten Krankheiten erlegen, gegen die sie als amerikanische Ureinwohner nicht immun waren. Die Überlebenden verlegten sich mehr und mehr auf den Biberfang, um mit den Europäern ins Tauschgeschäft zu kommen. Sie bauten zwar weiterhin etwas Mais an, aber angesichts der kurzen Anbauperiode und der häufigen Mißernten waren sie sehr darauf erpicht, sich für die Felle zusätzliche Nahrungsmittel einzuhandeln, was sie dann auch nach 1625 von der Plymouth Colony taten. Von der Küste, wo sie zuvor gefischt und Wasservögel gejagt hatten, zogen sie sich zunehmend ins Inland zurück. Dort teilten sie sich familienweise kleine Jagdreviere zu und machten das Jagen in kleinen Familiengrup-

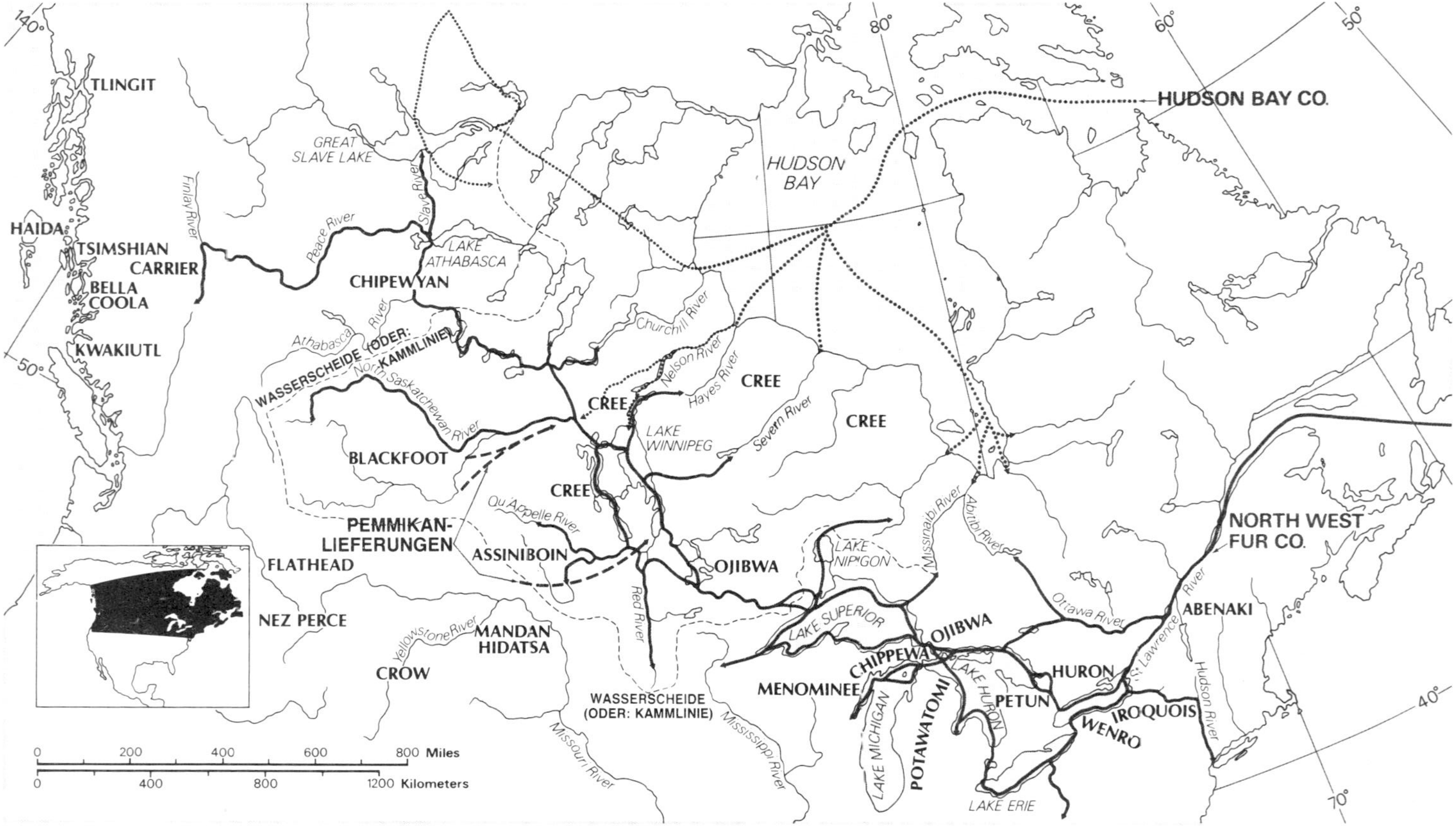

Die Pelzhandelsrouten in Nordamerika

pen zu einer Hauptstütze ihrer den neuen Verhältnissen angepaßten Lebensweise (Snow 1976).

Jagdreviere in Familienbesitz, wie sie sich bei den Abenaki herausbildeten, waren durchaus keine isolierte Erscheinung. Auch vor dem Eintreffen der Europäer mögen die amerikanischen Ureinwohner bei der winterlichen Jagd durchaus bestimmte Jagdgebiete bevorzugt haben. Aber ein festes Territorium, das exklusiv von einer kleinen Familiengruppe gehalten und gegen andere potentielle Jäger verteidigt wurde, das war eine eindeutige Folge der neuen individualisierten Tauschbeziehungen zwischen Pelztierjägern und Händlern (vgl. Leacock 1954). Diese Zersplitterung größerer Bevölkerungsgruppen sagte auch den katholischen Missionaren zu, die im Kielwasser der ersten Forschungsreisenden eintrafen, denn eine Bekehrung zum Christentum war in ihren Augen eher möglich, wenn jede Familie sich ihr eigenes Jagdrevier nahm und »nicht einfach den Spuren ihrer Nachbarn folgte« (so in den gedruckten Mitteilungen für die Indianer, 1632 von Jesuiten verfaßt, zit. in Bailey 1969, 89).

Die Huronen

Als französische Forscher den St.-Lawrence-Strom flußaufwärts zu erkunden begannen, traten sie bald mit den Irokesisch-sprachigen Huronen in Beziehung. Dieses Indianervolk, das sich selbst Wendat nannte (während der Name Huronen vom französischen Wort *hure* stammt, was brutal oder wild bedeutet), umfaßte etwa 20 000–30 000 Menschen und war in einer Konföderation zusammengefaßt, die sich vielleicht schon im 15. Jh. gebildet hatte. Ursprünglich hatten sie intensiven Gartenbau gepflegt, sich dann aber an den Ufern der Georgian Bay am Lake Huron angesiedelt und Handelsbeziehungen mit den Jägern und Sammlern aufgenommen, deren Gebiete sich weiter nördlich anschlossen. Dabei tauschten sie Mais, Tabak und Hanf gegen Pelze, aus Tierhäuten gefertigte Kleidungsstücke, Fische, Kupfer sowie Jagd- und Wanderausrüstungen. Damit waren die Huronen in einer strategisch günstigen Ausgangsposition, um auch die Bewohner der nördlichen Waldgebiete an den expandierenden Pelzhandel anzuschließen.

Mit zunehmenden Engagement im Pelzhandel schränkten die Huronen ihre landwirtschaftlichen Tätigkeiten ein, wobei sie immer mehr Mais von ihren Verbündeten bezogen, d. h. von den Petun (Tiontati), die weiter westlich siedelten bzw. von den Neutrals (bzw. Attiwandaron, was »die eine etwas andere Sprache sprechen« bedeutet), die auf der Landbrücke zwischen Lake Ontario und Lake Erie zu Hause waren. Von den Bewohnern der nördlichen Waldgebiete übernahmen sie die praktischen Kanus aus Birkenrinde, die zum bevorzugten Transportmittel für die großen Mengen von Pelzen wurden, die alljährlich zum Messeplatz Montreal flußabwärts geschafft werden mußten. Zeitweilig wurde die Sprache der Huronen zur allgemeinen Umgangssprache im Gebiet der oberen Großen Seen und des angrenzenden kanadischen Festlandrückens. Bis zu ihrer Vernichtung durch die Irokesen im Jahre 1648 waren die Huronen die wichtigsten Verbindungsleute und die Hauptprofiteure des Handels der Franzosen mit dem Binnenland und zugleich die Hauptstütze ihrer militärischen Operationen in dieser Region.

Daß die Huronen diese Rolle erfolgreich ausfüllen konnten, hatte mehrere Gründe. Sie siedelten in einer Gegend, die wie geschaffen war für den Austausch zwischen dem sich nach Süden erstreckenden Lebensbereich, der den Anbau von Mais, Bohnen, Kürbis und Tabak begünstigte, und der sich nach Norden anschließenden Zone der Jäger und Fischer. Der Austausch zwischen diesen beiden Zonen ging den ersten Kontakten mit den Europäern um mehrere Jahrhunderte voraus; den Anstoß dazu hatte vielleicht schon die Entwicklung der Gartenbaukultur um 1200 n. Chr. gegeben (McPherron 1967). Als der Pelzhandel auch dieses Gebiet vereinnahmte, fand er bereits fertig ausgebildete Einrichtungen vor, die geeignete und günstige Möglichkeiten für einen Güteraustausch boten, der sich nunmehr auch auf den Handel mit Biberpelzen und anderen Fellen erstreckte. Pater Jean de Brebeuf gibt in seinem 1636 verfaßten Bericht seinen Eindruck wieder, daß die Kreisläufe bzw. Kanäle des Tauschhandels zuweilen einzelnen Familienverbänden unterstanden und von ihren »Besitzern« – eine erbliche Rolle – »aktiviert« werden mußten.

All diese Transaktionen gingen mit dem Austausch von Geschenken einher, die als Zeichen der Freundschaft galten; auch bei Heilungszeremonien und diplomatischen Festbanketten waren solche Geschenke ein fester Brauch (vgl. Wright 1967). Großzügige Gaben gehörten vor allem auch zum »Fest der Toten«, das etwa alle zehn Jahre stattfand und bei dem die sterblichen Überreste der seit dem vorangegangenen Fest verstorbenen Mitglieder verbrannt wurden. Bei diesen Veranstaltungen wurden auch die Nachfolger der toten Häuptlinge offiziell eingesetzt und die Namen der Toten auf sie übertragen. Die Rituale dienten also dazu, die Kontinuität in der Führung der örtlichen Stammesgruppen sicherzustellen, und boten zugleich Gelegenheit, zwischen den Häuptlingen der Gruppen Geschenke auszutauschen. Sie hoben die eigenständige Identität und Besonderheit der einzelnen Stammesgruppen hervor und stifteten doch gleichzeitig gegenseitige Bündnisverpflichtungen. Anlässe dieser Art konnten zum Treffpunkt von Mitgliedern verschiedener sprachlicher und politischer Gruppen werden. Der französische Missionar Lalement beobachtete z. B. 1641 in der Georgian Bay ein Fest, zu dem die gastgebenden Nipissing 2000 Menschen eingeladen hatten, wobei das Einzugsgebiet der Gäste von Sault im Westen bis zur östlichen Siedlungsgrenze der Huronen reichte. Nach Lalements Schilderung war die Menge der ausgetauschten wertvollen Geschenke – Pelze, Kleider, Perlen und Metallwaren – ganz erstaunlich: »Allein die Geschenke der Nipissirianer an die anderen Nationen hätten in Frankreich 40000 oder gar 50000 Francs gekostet.« (Zit. nach Hickerson 1960, 91) Ein derartiger Austausch von Geschenken, in denen sich die Bündnisverpflichtungen und die »diplomatische« Anerkennung der Häuptlingswürde äußerten, wurde auch im Rahmen des Pelzhandels weitgehend üblich, als sich dieser über die Huronen weiter ins Landesinnere ausbreitete. Der Brauch wurde zuerst von den Algonkin-sprachigen Stämmen im Gebiet der Großen Seen aufgenommen, diese gaben ihn an die Cree-Indianer westlich des Lake Superior weiter, und von den Cree breitete er sich Ende des 17. Jhs. über die Great Plains hinweg weiter nach Westen aus (Nekich 1974).

Die Irokesen

Die Holländer von Neu-Amsterdam und die Engländer, die 1644 den Ort übernahmen, trafen im oberen Einzugsgebiet des Hudson River auf ein anderes Volk von Gartenbauern, das bei den Europäern unter dem Namen *Iroquois* bekannt wurde (die französische Version eines Wortes aus der Algonkin-Sprache, das »wahre Natter« bedeutet). Diese Irokesen waren als Konföderation organisiert, in der sogenannten *Ganonsyoni* (»längsstehende Hütte«). Dieser Verband bestand aus fünf »Nationen« oder Sippen von matrilinearen Verwandtschaftsgruppen, die einen gemeinsamen Namen trugen. Die fünf Mitglieder des Irokesenbundes waren die Mohawk (nach einem Algonkin-Wort für »Kannibale«), die sich selbst *Ganiengehaga,* d. h. »Feuerstein-Menschen« nannten; die Oneida, die Onondaga, die Cayuga und die Seneca (nach dem holländischen *Sinneken,* einer verkorksten Übertragung einer Mahican-Version des irokesischen Namens für die Oneida). Im frühen 18. Jh. nahmen die Oneida auch noch die Tuscarora in dies Stammesbündnis auf. Für Außenstehende wurden die Irokesen damit zu den »Sechs Nationen«, obgleich die Tuscarora nie das Recht auf einen Sitz in der konföderativen Ratsversammlung erwarben. Die verfügbaren Quellen legen den Schluß nahe, daß die Irokesen schon länger in ihrem Gebiet ansässig waren. In dem historischen überschaubaren Zeitraum kontrollierte jede der fünf Nationen ihre eigenen verstreut liegenden Siedlungen, Felder, Wälder und Jagdgründe. Trotz des Zusammenschlusses zu einer einzigen politischen Organisation bestanden zwischen ihnen kulturelle und sprachliche Unterschiede, die so groß waren, daß sich die Stammesgruppen untereinander nicht einmal verständigen konnten. Die eigentlich konföderativen Geschäfte überließ man daher den mehrsprachigen Häuptlingen.

Der Irokesenbund war wahrscheinlich im Laufe des 15. Jhs. entstanden und sollte Konflikte und kriegerische Auseinandersetzungen zwischen den einzelnen Stammesgruppen eindämmen. Der aufsteigende Pelzhandel stiftete jedoch bald ein hohes Maß konvergenter Interessen. Der Biber war im Irokesenland nicht sehr verbreitet und wurde infolge der verstärkten Bejagung rasch zu einer ausgesprochenen Rarität; die Irokesenstämme machten sich jedoch alsbald klar, daß ihre individuelle wie gemeinsame Zukunft von eben diesem Biber abhängig war. Um an mehr Pelze heranzukommen, mußten sie zunächst allerdings ihre Nachbarn als Konkurrenten schwächen oder ganz ausschalten. Mit Unterstützung der Holländer und später der Engländer brachen sie eine Serie von Vernichtungskriegen gegen ihre Rivalen vom Zaun, die ihrerseits von den Franzosen unterstützt wurden. Nachdem 1640 eine Pockenepidemie die Huronen geschwächt hatte, überfielen die Irokesen 1648 das Huronenland und löschten es als selbstständiges Gebilde aus. 1656 vernichteten sie die Neutral- und die Erie-Indianer. 1675 fielen die Mohawk über den Stammesverband der Algonkin her, der sich zum Widerstand gegen die englischen Siedler in Neu-England zusammengeschlossen hatte. Im selben Jahr setzten die Seneca im Bündnis mit den englischen Siedlern von Maryland und Virginia der Bedrohung durch die Susquehannock ein Ende, die das zentrale Tal von Pennsylvania kontrollierten. 1680 schließlich begannen die »Fünf Nationen« einen Krieg gegen die Illinois, womit sie verhindern wollten, daß die Franzosen mit diesem Indianervolk in Kontakt kamen.

Trotz dieser weitreichenden militärischen Operationen boten die Irokesen im Laufe ihrer Aktionen keine überwältigende Zahl von Kriegern auf. 1660 schätzte ein Jesuitenpater, daß die Mohawks 500 Krieger mobilisieren konnten, die Oneida kaum 100, die Onandaga 300, die Cayuga 300 und die Seneca unter 1000 (zit. nach Trelease 1960, 16). Die militärische Schlagkraft der Irokesen beruhte auf ihrer verstärkten Ausstattung mit Feuerwaffen, die ihnen vor allem die Holländer und die Engländer beschafften. 1660 hatte wahrscheinlich schon jeder Irokesenkrieger seine eigene Muskete, und diese überlegene Feuerkraft im Verein mit ihrer individuellen Beherrschung von guerilla-ähnlichen Kriegstechniken garantierte ihre militärische Überlegenheit über ihre Nachbarn (Otterbein 1964).

Die Beteiligung am Pelzhandel und ihre verstärkten Kriegsaktivitäten führten zu weiteren Veränderungen der Umweltbedingungen und der gesellschaftlichen Organisation der Irokesen. Ökonomisch gesehen hatte ihr Leben vor der Ausweitung des Pelzhandels auf Gartenbau und Jagd beruht. Der Gartenbau lag dabei weitgehend in den Händen der Frauen, wobei allerdings die Männer innerhalb des Brandrodungszyklus beim Roden halfen. Wir wissen zwar nicht, wie sich die für die Rodungen verantwortlichen Gruppen genau zusammensetzten, aber es steht fest, daß andere landwirtschaftliche Aufgaben von allen Frauen eines Dorfes gemeinsam erledigt wurden, wobei die Gesamtleitung beim weiblichen Oberhaupt der dominierenden *lineage* lag und die Oberhäupter der anderen *lineages* als ihre Stellvertreterinnen fungierten. Die Landnutzungsrechte und die für den Anbau und die Verarbeitung der Nahrungsmittel erforderlichen Werkzeuge vererbten sich über die weibliche Linie. Ähnlich war auch die Verteilung der Produkte Aufgabe der Frauen. Das Gewicht dieser ökonomischen Funktionen verschaffte ihnen eine erhebliche Autorität, denn sie konnten ihre Verfügungsrechte über Nahrungsmittel und Mokkasins als Veto gegen eine Kriegsfraktion einsetzen, mit deren Handlungen sie nicht einverstanden waren (Randle 1951, 172). Ebenfalls bei den Frauen lag die Entscheidung über die Gesten der Gastfreundschaft während der Feste – eine Aufgabe, die im Hinblick auf die Bündnisse innerhalb oder zwischen den einzelnen Stammesgruppen eine wichtige Rolle spielte (Brown 1975, 247f.; Rothenberg 1976, 112). Schließlich waren auch die Mehrfamilienhütten Eigentum der Frauen, die außerdem das Recht hatten, die Vertreter ihrer Sippe für die »längsstehende Hütte«, also den Bundesrat, zu nominieren.

Die Jagd und der Krieg waren dagegen Männersache, und je stärker sich die Irokesen am Pelzhandel beteiligten und von ihm abhängig wurden, desto wichtiger wurden diese Betätigungen. Bereits 1570 tauchten bei den Irokesen europäische Handelswaren auf, die sie vermutlich gegen Pelze eingetauscht hatten; und schon hundert Jahre später bezogen sie ihre Waffen und Metallwerkzeuge, ihr Kochgeschirr, ihre Kleidungs- und Schmuckstücke und ihren Alkohol fast nur noch über den Handel und über den Austausch diplomatischer Geschenke. 1640 war der Biber im Land der Irokesen weitgehend ausgerottet; so mußten sie sich immer tiefer in die Gebiete ihrer Nachbarn und Feinde vorwagen, um an das Zahlungsmittel heranzukommen, mit dem sie ihre europäischen Waren kaufen konnten; oder aber sie mußten immer neue Kriegsleistungen erbringen, um die erhaltenen diplomatischen Geschenke abzugelten. Mit der Ausbreitung des Pelzhandels und dem Vordringen ausländischer Interessen verschärfte sich auch die Trennung zwischen männlichen und weiblichen Rollen. Die Männer waren oft jahrelang hinter Pelzen und Feinden her, die Frauen dafür um so enger an die Gegend gebunden, wo ihre Felder und Gärten lagen. Es ist durchaus möglich (Richards 1957), daß die Irokesen seit dem frühen 17. Jh. in Reaktion auf diese fortschreitende Zweiteilung der Stammesaktivitäten mehr und mehr zu einer matrilokalen Residenzregelung übergingen (d. h., daß sich nach der Heirat der Mann und später die Kinder am Wohnsitz der Verwandtschaft der Frau niederließen).

Wahrscheinlich erscheint auch, daß die Frauen, wie Richards vermutet, nach und nach das Recht erwarben, in ihre örtlichen matrilinearen Verwandtschaftsgruppen Gefangene aufzunehmen – eine wichtige Funktion, seit die Irokesen ihre Kriegsverluste an Männern zu ersetzen versuchten. 1657 hatten die Seneca angeblich »mehr Fremde in ihren Reihen als Abkömmlinge des eigenen Landes«. 1659 bemerkte der Jesuit Lalement: »Wenn man die Zahl der reinblütigen Irokesen zu ermitteln hätte, könnte man für alle Fünf Nationen zusammen kaum mehr als 1200 auftreiben, denn größtenteils handelt es sich bei ihnen um eine bloße Ansammlung der verschiedenen Stämme, die sie sich unterworfen haben.« 1669 waren zwei Drittel der Oneida entweder Algonkin oder Huronen. Die Jesuiten klagten sogar, daß es schwierig geworden sei, den Irokesen in ihrer eigenen Sprache zu predigen (vgl. Quain 1937, 246f.).

Aus dieser Tatsache ergeben sich einige verblüffende Folgerungen. So sind möglicherweise mit der Ausbreitung des Pelzhandels und der verstärkten Kriegstätigkeit zwar die Formen der verwandtschaftlichen Zurechnung gleichgeblieben, ihre Bedeutung und Funktion aber haben einen erheblichen Wandel durchlaufen. Bei der Ankunft der Europäer war der Irokesenbund in erster Linie ein Bündnis lokaler Gruppen mit dem Ziel, deren Interessen an kultiviertem Land und anderen Ressourcen gegeneinander abzugrenzen und die Eskalation lokaler Streitigkeiten zu größeren Fehden oder gar Kriegen zu verhindern. Aber dieser Bund gewann mit der Zeit die Funktion einer Vereinigung von Pelzhändlern und Kriegshandwerkern – zuweilen völlig unterschiedlicher Abstammung – zur Regulierung der überörtlichen Anforderungen des Pelzhandels und der politischen Auseinandersetzungen zwischen rivalisierenden europäischen Staatssystemen. William Fenton hat diesen Bund als einen *kinship state* (Verwandtschaftsstaat) bezeichnet und damit zwei Vorstellungen begrifflich zusammengebracht, die oft als unvereinbar behandelt werden. Vielleicht muß man den Irokesenbund eher als eine Vereinigung kennzeichnen, die Verwandtschaftsformen zur Erfüllung verbandlicher Funktionen einzusetzen versuchte. Man könnte in ihr sogar das ur-amerikanische Gegenstück zu den europäischen Handelsgesellschaften sehen, deren Struktur ja auch ökonomische und politische Funktionen in sich vereinigte. In dieser speziellen Hinsicht liegt auch ein Vergleich der Irokesen mit den Aro nahe, die ein Gebiet am Unterlauf des Niger in Westafrika besiedelten: Auch bei ihnen wurden verwandtschaftliche Regelungen und Rituale mit dem Ziel eingesetzt, den lokalen Sklavenhandel zu organisieren und zu beherrschen (vgl. Kapitel 7). Die Irokesen bildeten – wie die Aro – keinen Staat, sondern einen auf Verwandtschaftsfiliationen beruhenden Bund, der auf überörtlichen politischen und ökonomischen Druck zustandekam.

Daß verwandtschaftliche Beziehungen weiterhin Grundlage dieses Irokesenbundes blieben, machte sowohl seine Stärke als auch seine Schwäche aus. Wie gesehen, hatten die Irokesenfrauen das Recht, männliche Mitglieder aus ihrer matrilinearen *lineage* als Ratsmitglieder für den Bundesrat in Onandaga zu nominieren. Die Sitze in diesem Gremium waren an fünfzig Titel bzw. Namen gebunden, die jeweils einer weiblichen Linie zugehörten und von ihr kontrolliert wurden. Dabei ist im Auge zu behalten, daß die Ratsmitglieder immer sehr stark die lokalen Interessen und Gefühle betonten und nicht nur in ihrem eigenen Namen sprachen, sondern im Interesse ihrer lokalen, d. h. Verwandtschaftsgruppen, die sie delegiert hatten. Der Bund war also nie ein monolithisches Instrument. Seine Hauptfunktion lag darin, innere Streitigkeiten und Fehden zwischen den Dorfsippen, die sich in ihm zusammengefunden hatten, zu verhindern; außerdem sicherte er sich eine gewisse Zuständigkeit für die Verhandlungen mit Abgesandten und Vertretern fremder Mächte. Der Rat konnte im Namen des gesamten Bundes eine Kriegserklärung aussprechen, aber die Entscheidung mußte einstimmig gefällt werden. Gab es keine Einigkeit, konnte der Fall nicht entschieden werden, eine praktische Lösung brachte dann die eigenständige Aktion der einen oder anderen Sippe. Viele Aktivitäten auf der Ebene des Bundes waren zeremonieller Natur; so z. B. die Trauerversammlungen, auf denen die verstorbenen Ratsmitglieder beklagt und ihre Nachfolger ins Amt eingeführt wurden. Mittels solcher Zeremonien wurden die Titel und die Einheit des Rates auf ideologischer Ebene am Leben gehalten, und das selbst noch in Zeiten, da der Bund in ökonomischen, sozialen, politischen und religiösen Fragen durch auseinanderstrebende Interessen gespalten war. Dabei war der Rat um so zerstrittener, je stärker die Irokesen in Kriege verwickelt waren. Dazu stellt Quain fest:

»Als der Krieg – unter dem Einfluß der Kontakte mit den Europäern – zur täglichen Routine wurde, schlachteten die Anführer ihren militärischen Ruhm zum eigenen politischen Vorteil aus und verschafften sich auch die politische Vormachtstellung. Die Machtbalance zwischen Sachems (so der Titel der Ratsmitglieder, d. Ü.) und Kriegshäuptlingen, bei der früher offenbar die Sachems ein starkes Übergewicht gehabt hatten, wurde derart verschoben, daß die kooperativen Motive der Sachem-Herrschaft ihre Bedeutung verloren hatten.« (1937, 267)

Es gab letzten Endes kein Verfahren, das eine aktuelle oder potentielle Uneinigkeit hätte beseitigen können. So herrschten z. B. zwischen den Mohawk im Osten und den Seneca im Westen oft gespannte Beziehungen; 1657 drohte zwischen den beiden Stämmen sogar ein Krieg. Die Seneca und Onandaga zeigten des öfteren eitel Freude über französische Angriffe auf die Mohawk; diese wiederum weigerten sich, den Seneca und Cayuga in ihren Kriegen mit den Susquehanna zu Hilfe zu kommen. Dörfer unterzeichneten gelegentlich gruppenweise Separatabkommen mit Vertretern der Franzosen oder der Engländer. Gemeinsame Aktionen des Irokesenbundes waren die Ausnahme, weshalb dieser auch keine einheitliche Strategie durchhalten konnte, die eine Balance zwischen Engländern und Franzosen hätte herstellen können. Nach Allen Trelease (1960, 342) lag das Problem darin, daß die Ratsmitglieder »nicht entschlossen oder nicht mächtig genug waren, die gemeinsame Strategie konsequent zu befolgen«. Dieselbe Unfähigkeit, eine gemeinsame Politik zu formulieren und durchzusetzen, war auch die Crux der Irokesen während der Amerikanischen Revolution. Die Mohawk und die Onandaga waren intern in Anhänger der amerikanischen Rebellen und probritische Loyalisten gespalten. Die Cayuga und Seneca unterstützten die Briten, während die Oneida und Tuscarora trotz offizieller Neutralitätserklärungen den Amerikanern halfen.

Man darf also die politische Einigkeit des Irokesenbundes nicht überbetonen oder ihm eine abgestimmte Strategie zur Monopolisierung des Pelzhandels zuschreiben. Die Beschaffung von Biberfellen war für die Irokesen natürlich von allergrößter Bedeutung, aber dazu mußten sie entweder die Jagdgründe ihrer Nachbarn erobern oder das Pelzwerk erbeuten, das andere angesammelt und herangeschafft hatten. Zwar gelang es ihnen, die Huroren aus ihrer Zwischenhändler-Rolle zu verdrängen, sie konnten aber nicht verhindern, daß diese Rolle an deren Nachbarn im Westen, nämlich die Ottawa, überging. Militärisch gesehen verfügten die Irokesen über ein beachtliches Machtpotential, das freilich kaum ausgereicht hätte, eine europäische Invasion abzublocken, wenn nicht die Franzosen und Engländer gemeinsam ein starkes Interesse gehabt hätten, die Irokesen den Puffer zwischen ihren beiden Einflußsphären spielen zu lassen. Indem sie die Irokesen bewaffneten, konnten die Engländer den Franzosen den Zugang zu den Ottawa und zu den Jagdgebieten der Großen Seen verlegen. Umgekehrt lag es im Interesse der Franzosen, »die Irokesen zu schwächen, aber nicht völlig besiegen zu lassen« – wie es Baron de Lahontan um das Jahr 1700 formulierte (zit. nach Trelease 1960, S. 246, Anm. 44). Die Beziehungen zwischen Franzosen und Irokesen waren insofern höchst paradox, als

»die Irokesen für Kanada zwar die größte ökonomische und militärische Bedrohung darstellten, zugleich aber auch der einzige Faktor waren, der Albany (d.h. die Engländer, d. Ü.) davon abhalten konnte, direkte Beziehungen mit den Ottawa aufzunehmen und damit den kanadischen Pelzhandel lahmzulegen« (Trelease 1960, 246).

In der Tat: wäre eine direkte Verkehrsverbindung zwischen Albany und dem Westen zustandegekommen, hätte Neu-Frankreich nicht mit New York (dem früheren Neu-Amsterdam) konkurrieren können. Die Engländer hatten mehrere Vorteile auf ihrer Seite: geringere Herstellungs- und Verschiffungskosten, niedrigere Steuern und höherwertige Handelsartikel sowie billigen Rum von den Westindischen Inseln. 1689 brauchte man in Montreal fünf Biberfelle, um ein Gewehr zu kaufen, in Albany hingegen nur eines, für eine rote oder weiße Decke in Montreal zwei Biberfelle, in Albany aber nur eines. Für den Erlös eines Felles konnte ein Indianer in Albany sechs volle Quartflaschen (knapp sechs Liter) Rum erstehen, dagegen für dasselbe Fell in Montreal nicht einmal eine Flasche Brandy (Trelease 1960, 217, Anm. 27). Die gleiche Preisdifferenz bestand im 18. Jh.; Cadwallader Colson brachte sie mit dem Satz auf den Begriff, »daß die Händler von New York ihre Artikel in den Indianergebieten vielleicht zur Hälfte des Preises verkaufen, den die Leute in Kanada fordern, dafür aber den doppelten Profit einstreichen« (Washburn 1964, 153). Obwohl sie in der Regel Feinde waren, half die Präsenz der Irokesen den Franzosen also, ihre Geschäfte mit der Westküste abzuschirmen.

Umgekehrt konnten auch die Irokesen die Franzosen und Engländer gegeneinander ausspielen. Aber dieses diplomatische Manöver spielte sich selten auf der Ebene des Irokesenbundes ab. Es war eher so, daß einige Sippen mal die Engländer, mal die Franzosen unterstützten. Nur die Mohawk standen stets auf englischer Seite. Einige Sippen der Seneca hingegen kämpften Mitte des 18. Jhs. sogar auf Seiten der Franzosen und beteiligten sich an dem von ihnen unterstützten Aufstand des Pontiac gegen die Engländer (1763–1764).

Diese unterschiedlichen Einflüsse ausländischer Elemente zogen allerdings die Einheit der Irokesen in Mitleidenschaft. Im amerikanischen Unabhängigkeitskrieg stand sogar zuweilen Sippe gegen Sippe, und selbst innerhalb einer Sippe standen sich Blutsverwandte in verfeindeten Fraktionen gegenüber. Am Ende war der Irokesenbund schwach und zerstritten. Mit dem Sieg der Amerikanischen Revolution verlor er seine wichtigsten militärischen und politischen Funktionen und bestand nur noch auf zeremonieller Ebene fort. Die pro-britischen Irokesen zogen nach Kanada, wo ihre Nachkommen heute noch siedeln.

Die zentrale Schwäche des Irokesenbundes ist im Lauf der Geschichte also klar zutagegetreten. Er war nur so lange in der Lage, Konflikte zwischen einzelnen Sippen auszugleichen, als diese keine unüberwindbaren Dimensionen annahmen. Er konnte die Interessen konkurrierender ausländischer Mächte und ihrer indianischen Verbündeten gegeneinander ausspielen, aber gegenüber einem mächtigeren Gegner konnte er keine abgestimmte Strategie entwickeln. Für seinen Zusammenhalt sorgten verwandtschaftliche und zeremonielle Bande. Indem er das Ritual der Trauerversammlungen einführte, gab er den unter den Nachbarstämmen weitverbreiteten Brauch, das Ableben der toten Häuptlinge zu zelebrieren und deren Nachfolger einzuführen, einen präzisen Sinn. Bei den Huronen diente das Totenfest genau demselben Zeck, nämlich die Teilnehmer in ein Bündnis einzubinden. Diesem Grundmuster werden wir auch noch bei den Ojibwa und ihren Verbündeten begegnen. In all diesen Fällen wurde der Zusammenhalt durch rituelle Mittel hergestellt. Rituale konnten so lange für politisch lebensfähige Bindungen sorgen, als die politischen Interessen in eine gemeinsame Richtung wirkten. Eines jedoch konnten sie nicht: nämlich den Völkern, die in die Widersprüche des Pelzhandels und der großen Politik verwickelt waren, einen Regelungsmechanismus bieten, der verbindlich einen zeitweiligen Konsens aller Beteiligten hätte herstellen können. Die Irokesen haben in ihren Ratsversammlungen und auf dem Kriegspfad beträchtliche Kunstfertigkeiten entwickelt, aber es ist ihnen nicht gelungen, einen Staat zu schaffen. Deshalb mußten sie in der Konkurrenz mit zentralisierten politischen Einheiten letztlich den kürzeren ziehen.

Die Völker im Gebiet der Großen Seen

Zwar schafften es die Irokesen nie, den Pelzhandel westlich des unteren St. Lawrence zu monopolisieren, aber die Völker in diesem Gebiet um die Großen Seen haben ihre Vormachtstellung ungeheuer stark zu spüren bekommen. Die Huronen flüchteten sich, soweit die Irokesen sie nicht umgebracht oder absorbiert hatten, weiter nach Westen. Auch die maisanbauenden Prärie-Indianer der Potawatomi, der Sauk, der Fox, der Kickapoo, der Mascouten und teilweise auch der Illinois wurden von den Irokesen von ihrem Land vertrieben. Diese Völker wurden aus dem Gebiet nördlich des Ohio-Flusses – heute der südliche Teil von Michigan und das ganze Ohio – auf das westliche Ufer des Lake Michigan abgedrängt. Dort fanden sie über Potawatomi- und Ottawa-Indianer, die als Zwischenhändler für den 1634 gegründeten französischen Handelsposten Green Bay tätig waren, ebenfalls Anschluß an den Pelzhandel. Keines dieser Völker stammte ursprünglich aus dieser Gegend, und der Hauptgrund für ihre Ansiedlung war auch nicht (wie man vermutet hat) der hier wachsende wilde Reis. Vielmehr war es der Pelzhandel, der sie wie ein Magnet nach Green Bay zog, und verantwortlich für die Vertreibung aus ihren ursprünglichen Siedlungsgebieten waren niemand anders als die Irokesen (Wilson 1956).

Die Zwischenhändler-Rolle der Huronen übernahmen allerdings hauptsächlich die Ottawa, deren Stammesname von dem Algonkin-Ausdruck *adave* herrührt. Dieser Ausdruck, der vielen Algonkin-sprachigen Indianern ganz unterschiedlicher Stämme geläufig war, diente als Sammelbegriff für ein buntes Gemisch Algonkin-sprachiger Gruppen, die ihre Subsistenzlandwirtschaft aufgegeben und sich auf den Handel verlegt hatten. Dabei waren sie nach Westen in die Pelztierjäger-Gebiete gezogen und hatten 1660 die Chequamegon Bay, also das westliche Ende des Lake Superior erreicht. 1683 gingen bereits zwei Drittel aller an die Franzosen gelieferten Pelzwaren durch die Hände der Ottawa (Peckham 1970, 6).

Andere Gruppen begannen sich auf der Suche nach Pelzen ebenfalls nach Westen zu verlagern. Bereits seit 1620 waren die Flußufer des Sault Sainte Marie, der mit seinen Stromschnellen den Lake Huron mit dem Lake Superior verbindet, zum Treffpunkt von Algonkin-sprachigen Stämmen geworden, die sich Tiernamen wie z. B. Bär oder Kranich zugelegt hatten. Die Franzosen nannten diese Stromschnellen *Sault* und die Menschen, die hier lebten, die *Saulteurs* oder *Salteaux*. Dieses Flußufer war insofern ein ideales Standquartier für die Pelzhändler, als ihnen hier mit dem Weißfisch (Seehering) eine unerschöpfliche und leicht zugängliche Nahrungsquelle zur Verfügung stand. Den *Saulteurs* schlossen sich bald auch Gruppen an, die vor den Irokesen geflüchtet waren, und andere Gruppen, die mit ganz verschiedenen Namen – wie Potawatomi, Cree, Algonkin und Winnebago – belegt wurden. Der Ausdruck *Salteurs* wurde nach und nach durch den Namen einer dieser örtlichen Gruppen – nämlich *Outchibous* oder Ojibwa – abgelöst.

Solche Beispiele von Identitätsverschmelzung bzw. Identitätswechsel stehen für eine allgemeinere Entwicklung, die der Pelzhandel mit der Eroberung der östlichen subarktischen Zone Nordamerikas in Gang brachte. Kleine örtlich begrenzte Gruppen mit lokal gefärbten Namen

»wurden bei ihrer Jagd auf die Pelze vornehmlich in westlicher Richtung verschoben, die Konflikte zwischen diesen Gruppen nahmen zu und die Gruppen selbst begannen sich zu vermischen. Mit der Zeit verloren sie ihre Identität und wurden unter weitergefaßte Gruppennamen subsumiert. Die Namen dieser größeren Gruppen scheinen ihren Ursprung zuweilen in Namen einer der früheren kleineren

Gruppen gehabt zu haben, dies gilt z. B. für die *Saulteurs* (Saulteaux) oder für die ›Outchibous‹ (Ojibwa). Zur Zeit der Franzosen hatte es keine große Volksgruppe mit dem Namen Ojibwa oder Saulteaux gegeben. Die Errichtung von Handelsposten anstelle von Missionsstationen begünstigte außerdem vielleicht die Herausbildung größerer Gruppen, die aus unterschiedlichen Ursprungsgruppen der umliegenden Regionen entstanden.« (Rogers 1969, 38)

Einer der Kristallisationspunkte für einen solchen Fusionsprozeß war das Dorf Chequamegon am Südufer des Obersees. Hier waren Ojibwa ansässig, die 1679 ein Abkommen mit den westlich des Sees von Jagd und Maisanbau lebenden Dakota schlossen, wonach die Ojibwa Handelsartikel lieferten, die sie ihrerseits von den Franzosen bezogen, und dafür Zugang zu den Jagdgebieten der Dakota erhielten. Bis 1736 wuchs Chequamegon, dessen Bewohner Mais und andere Nutzpflanzen anbauten, auf etwa 750 bis 1000 Seelen an. In diesem Jahr wurde das Abkommen mit den Dakota hinfällig, und es brach ein erbitterter Krieg zwischen den früheren Vertragspartnern aus.

Die Midewiwin

Solche Fusionen und Bündnisse zwischen Gruppen, die früher ihre eigenständige lokale Identität behauptet hatten, hatten tiefgreifende ideologische Rückwirkungen zur Folge. An die Stelle der Totenfeste traten neue religiöse Praktiken. Am bekanntesten wurde der Midewiwin-Kult, der wahrscheinlich um 1680 in Chequamegon entstand. Beim Totenfest wurde die lokale Gruppenidentität beschworen und der Amtsantritt einer neuen örtlichen Führung zelebriert. Der Midewiwin-Kult hingegen zielte eher auf die Individuen und ihre Integration in einen hierarchisch gegliederten Bund, der über den lokalen Rahmen und die einzelne Abstammungsgruppe hinausreichte.

In der Midewiwin-Zeremonie wurde über das Medium einer weißen Muschel, der *megis*, individuelle, durch direkten Kontakt mit übernatürlichen Kräften gewonnene Macht übertragen. Jedes Mitglied einer Mide-Loge besaß einen »Medizienbeutel«, der neben anderen religiösen Gegenständen eine solche Muschel enthielt. Eine Person wurde in die Loge aufgenommen, indem sie von »Strahlen«, die diese Muschel aussandte, »getroffen« wurde. Jede *megis* speicherte übernatürliche Kräfte und verkörperte innerhalb jeder Siedlung die Macht des gesamten Bundes. Der Ursprungsmythos des Bundes besagte zugleich, daß er noch vor allen Emblemen und Totems der einzelnen Abstammungsgruppen entstanden war und deshalb Vorrang vor jeder der örtlichen Abstammungsgruppen hatte. Der Bund wies eine innere Rangordnung auf, und die Mitglieder erkauften sich den Aufstieg von den unteren zu den oberen Rängen bzw. von niedrigeren zu höheren Stufen des Heiligen Wissens durch Zahlungen an die verantwortlichen Amtsträger.

Reich zu sein war also eine Vorbedingung für den Aufstieg innerhalb des Bundes; Führungspositionen waren keine angestammte Würde mehr, sondern hingen von einer erfolgreichen Kriegs- oder Pelzhandelskarriere ab. Die Gesellschaft reichte jetzt auch über den lokalen Horizont hinaus. Die Anführer und Priester des Bundes waren zugleich Träger der höchsten Form Heiligen Wissens und Aufsichtsinstanz über die sozialen und rechtlichen Beziehungen, die sich in den Siedlungen mit ihrer neuen Bevölkerungsmischung entwickelten. Sie nahmen außerdem die Kontakte mit Außenstehenden, also mit Händlern, Regierungsvertretern und Missionaren wahr. So wurden im Gefolge des Pelzhandels die symbolischen Unterscheidungsmerkmale von Abstammungsgruppen durch eine ortsübergreifende »Kirche« abgelöst. Damit war ein Werkzeug geschaffen, das über die großen neu zusammengesetzten Menschengruppen, die sich während der Wintermonate in den Siedlungen einfanden, eine soziale und ideologische Kontrolle ausüben konnte.

Expansion Richtung Westen

Bis zum letzten Drittel des 17. Jhs. erreichten die Pelze aus Nordamerika den europäischen Markt hauptsächlich über den St.-Lawrence-Strom und den Hudson River. Dann aber tat sich 1668 eine neue Handelsroute auf, die dieses Mal weiter im Norden verlief. Die Governor and Company and Adventurers of England, die in der Hudson Bay tätig geworden war, errichtete ein Fort an der Einmündung des Rupert River in die James Bay (die südliche Fortsetzung der Hudson Bay). Dieses Fort wurde als Rupert's House, die Gesellschaft als Hudson Bay Company bekannt. In rascher Folge entstanden weitere Handelsposten, die sowohl Cree- als auch Siouan-sprachige Assiniboin-Indianer anzogen. Letztere hatten mit den Cree zuvor auf Kriegsfuß gestanden, jetzt aber verbündeten sie sich mit ihnen gegen ihre eigenen Verwandten, die Yanktonai. Für diese Indianer war die Hudson Bay Company so attraktiv, weil sie Schußwaffen zu bieten hatte, von denen sie zwischen 1689 und 1694 pro Jahr mehr als 400 Stück absetzte (Ray 1974, 13). Viele dieser Waffen hatten zwar, wenn sie einmal defekt waren, nur noch Schrottwert, aber sie verschafften den Cree und den Assiniboin gegenüber ihren Konkurrenten – den Sioux vom Stamm der Dakota im Süden, den Gros

Ventre und den Blackfoot im Südwesten sowie den Athabascan-sprachigen Stämmen im Norden – einen entscheidenden Vorteil.

Aus Angst, sich schließlich durch die englischen Positionen an der Hudson Bay, in New York und Neu-England eingekreist zu finden, begannen die Franzosen einen erbitterten Krieg um die Forts entlang der Hudson Bay, wobei sie die Dakota gegen die englischen Handelsposten aufzubringen versuchten. 1713 wurde die Bucht allerdings im Vertrag von Utrecht den Engländern zugesprochen, worauf die Cree und die Assiniboin mit ihren englischen Gewehren den Druck auf die Dakota verstärkten. Die Franzosen wiederum begannen, ihre Handelsposten und Missionsstationen weiter nach Westen vorzuschieben. Damit wollten sie zum einen direkte Tuchfühlung mit indianischen Völkern in neuen Jagdgebieten aufnehmen, ebenso aber auch der vom Norden hereindrängenden Hudson Bay Company und den im Süden aus den Ansiedlungen Lousianas vorrückenden Händlern entgegentreten. Mit dieser Strategie weckten die Franzosen aber lediglich bei den Ojibwa den Verdacht, daß man sie aus ihrer Funktion als Zwischenhändler zu den Dakota verdrängen könnte. So schlossen sich die Ojibwa, und mit ihnen die Bewohner von Chequamegon, den Assiniboin und Cree in ihrem mörderischen Krieg gegen die Dakota an und vertrieben diese aus ihren Siedlungsgebieten in Minnesota und dem Norden von Wisconsin. Die Cree und Assiniboin wiederum drängten nach Norden in das Territorium der Athabascan vor und stießen erst am Churchill River auf Widerstand, als sich die Athabascan über das 1717 gegründete Fort Churchill ebenfalls mit Waffen versorgen konnten.

Bei diesen Konflikten zwischen den Dakota und den Ojibwa, den Cree und den Assiniboin handelte es sich nicht einfach um Fehden zwischen amerikanischen Eingeborenenvölkern, sondern um die nordamerikanische Äußerungsform der weltweiten Auseinandersetzung zwischen Frankreich und England. Damals führten die französische und die englische Ostindien-Kompanie in Indien einen unerklärten Krieg, bevor 1756 der Ausbruch des Siebenjährigen Krieges (der für die Amerikaner der »Franzosen- und Indianerkrieg« war) zur totalen Konfrontation zwischen den beiden Staaten und ihren Verbündeten führte. Der Vertrag von Utrecht hatte Englands Anspruch auf die Hudson Bay bestätigt, aber zwischen 1713 und 1756 hatten die Franzosen ihre Positionen ausgebaut: Sie hatten sich mit Gruppen eingeborener Amerikaner verbündet, New Orleans gegründet und damit den Mississippi für die Zufahrt von Seeschiffen geöffnet, und sie hatten Fort Duquesne im heutigen Pittsburgh gegründet, um ihren Einfluß in Ohio zu sichern. 1755 scheiterte ein Versuch der Engländer, dieses Fort zu erobern, auf klägliche Weise. In den darauffolgenden sieben Kriegsjahren wurden die

Franzosen jedoch auf drei Kontinenten entscheidend besiegt. In Indien brachte Clive den Franzosen und ihren Verbündeten 1757 bei Plassey eine vernichtende Niederlage bei. 1758 nahmen die Engländer Fort Duquesne ein und tauften es nach dem britischen Premierminister Fort Pitt. 1759 setzte die britische Flotte die Franzosen vor ihrer eigenen Küste außer Gefecht. 1760 schließlich nahmen die Engländer Quebec ein. Im Friedensvertrg von 1763 trat Frankreich seine kanadischen Besitzungen an Großbritannien und die Gebiete am unteren Missouri an Spanien ab.

Veränderungen im Pelzhandel

Im Lauf der zweiten Hälfte des 18. Jhs. drang der Pelzhandel bis ins Einzugsgebiet des Saskatchewan-Flusses vor. Das brachte eine ganze Kette von Veränderungsprozessen in Gang. Zunächst veränderte sich die Logistik dieses Handels selbst. Daraus ergaben sich innere Strukturveränderungen bei den Gruppen der am Pelzhandel beteiligten eingeborenen Amerikaner wie auch veränderte Beziehungen zwischen Händlern und Pelztierjägern. Bis dahin hatten sich die Handelsrouten stets an die natürlichen Erschließungswege gehalten, die von der Ostküste die Flüsse aufwärts oder entlang der Seenketten bzw. Binnenmeere führten. Die wichtigsten Handelsniederlassungen und Forts waren zunächst an den Endpunkten solcher Meeres- oder Flußrouten entstanden. Nun aber begannen Bestrebungen, Überlandrouten bis über die Wasserscheide zwischen Atlantik und Pazifik hinaus vorzutreiben. Die neuen Erschließungsversuche ließen jedoch die Versorgungsbasen am unteren St.-Lawrence-Strom sowie die Fischgründe und die maisproduzierenden Uferzonen der Großen Seen an Bedeutung verlieren; außerdem waren in den neuen Gebieten auch ganz neue Transportmittel erforderlich.

Zusammen mit diesen neuen, ökologisch bedingten Erfordernissen ergaben sich für den Handel auch auf organisatorischer Ebene veränderte Bedingungen. Bis Mitte des 18. Jhs. waren die Kompanien bereit gewesen, sich auf die Pelzanlieferungen von amerikanischen Zwischenhändlern zu verlassen. Diese Zusammenarbeit hatte den Bedürfnissen der Kompanien freilich nur teilweise entsprochen, denn solange diese Zwischenhändlergruppen ihre Autonomie bewahrten, hatten die Gesellschaften deren soziale und politische Beziehungen und damit auch ihre Bündnisse und Konflikte nur ganz begrenzt unter ihrer Kontrolle. Also versuchten die Kompanien, die Zwischenhändler dadurch auszuschalten, daß sie unmittelbar mit den ursprünglichen »Produzenten«, also den Pelztierjägern und den Sammlern selbst, Kontakt aufnahmen. Deshalb drangen die Händler der Kompanien mehr und mehr auf eigene Faust ins Landesinnere vor, um ihre Lieferquellen direkt anzuzapfen.

Der Aufstand des Pontiac

All diese Veränderungsprozesse, die mit dem englisch-französischen Krieg zusammenfielen, mündeten in einen größeren Aufstand amerikanischer Ureinwohner – die Revolte des Pontiac im Jahre 1763. Pontiac war Ottowa-Indianer und Mitglied der führenden Gruppe von Zwischenhändlern im Gebiet der Großen Seen. Die Ottawa waren um die Mitte des 18. Jhs. hinsichtlich ihrer weiteren Betätigung als Zwischenhändler wie ihrer Versorgung mit europäischer Handelsware in starke Abhängigkeit von den Europäern geraten. Die direkte Erschließung des Landesinneren durch europäische Pelzhändler bedrohte aber auch zugleich ihre privilegierte Position. Auch wurde zunehmend deutlich, daß die Europäer in Amerika zu bleiben gedachten – und zwar nicht mehr nur als Gäste der ursprünglichen Bewohner, sondern als Dauermieter, die auf lange Sicht die ganze Behausung für sich beanspruchten. Diese »double-bind«-Situation – von eben den Handelsagenten abhängig zu sein, die zugleich die eigenen Überlebenschancen zerstörten – erzeugte unter den amerikanischen Ureinwohnern der östlichen Waldgebiete kräftige ideologische Widerstandsbestrebungen. Deren Fürsprecher verkündeten die Notwendigkeit moralischer Reformen, verbunden mit Appellen, die immer unverschämter werdenden Kolonisten zu vertreiben. Im Aufstand des Pontiac manifestierte sich sowohl eine mystische Reaktion auf die Botschaft des »Meisters des Lebens« als auch eine militärische Reaktion auf die Ankündigung der Engländer, wonach die Ottawa fürderhin »ihre Familien durch einen ›fleißigen Lebenswandel‹ und ohne Unterstützung von außen zu ernähren« hätten (Jacobs 1972, 81; vgl. auch Peckham 1970; Wallace 1970, 120f.). Dem Aufstand schlossen sich Teile der Shawnee, der Ojibwa, der Huronen, der Miami, der Potawatomi und der Seneca an. Nach Anfangserfolgen brach die Bewegung zusammen, als die Aufständischen es nicht schafften, die wichtigsten britischen Forts in Detroit, Niagara und Pittsburgh einzunehmen. Der Aufstand mußte schließlich scheitern: Den Aufständischen mangelte es an Waffen und Munition. Sie wurden von den Franzosen im Stich gelassen, weil diese noch im selben Jahr mit den Engländern einen Separatfrieden schlossen, und sie waren ferner geschwächt durch zu viele innere Streitigkeiten und Überläufer.

Die Athabascan im Nordwesten

Während also Zwischenhändlergruppen aus ihrer strategischen Rolle im Pelzhandel herausfielen, wurden neue Bevölkerungsgruppen, die westlich der Hudson Bay lebten, direkt hineingezogen: Die Pelzhändler der Kompanien machten sich an die Athabascan-sprachigen Chepeweyan-Indianer heran, deren Siedlungsgebiete zwischen Fort Churchill und dem Great Slave Lake bzw. dem Lake Athabasca lagen. Sie bewaffneten Chipeweyan-Verbände mit Gewehren, und diese begannen, die Beaver und Slave aus der Umgebung des Lake Athabasca und des Slave River zu vertreiben und den weiter nördlich lebenden Yellowknife und Dogrib Pelze abzujagen. Mißhelligkeiten gab es auch zwischen den Chipeweyan und den weiter südlich und östlich lebenden Waldindianern vom Stamme der Cree, die als frühere Zwischenhändler jetzt ihre Position verloren. Einzelne Gruppen der Cree und der Assiniboin wichen allmählich in die Grenzzone zwischen den subarktischen Waldgebieten und der Prärie aus, wo sie dazu übergingen, Jagd auf das Bison zu machen. Nach 1730 legten sie sich Pferde zu und spezialisierten sich voll auf die Pferdezucht.

Die Pelzhändler gingen jetzt mehr und mehr dazu über, den Pelztierjägern ihre eigenen Geschäftsbedingungen aufzudrücken, statt zuzulassen, daß diese mit ihnen Geschäfte machten. Wer auf die Karibujagd und auf Fischfang aus war, konnte schwerlich zugleich auf Biberfang gehen. Deshalb versuchten die Pelzhändler »Karibufleischesser« in »Träger« zu verwandeln (wie die Chipeweyan die Alternative formulierten), indem sie bestimmten »Häuptlingen« und einzelnen Indianern Nahrungsmittel, Gewehre, Munition, Fallen, Stoffe, Decken, Alkohol und Tabak auf Vorschuß lieferten. Im Laufe des 18. Jhs. ging die selbständige Jagdtätigkeit der als Trapper beschäftigten Bevölkerung zurück, weil ihnen Grundnahrungsmittel wie Mehl, Schmalz und Tee vorgeschossen wurden. Insofern die Menschen immer weniger auf großangelegte Karibu-Treibjagden und auf gruppenweise organisierten Fischfang angewiesen waren, hatte auch »der große Mann, dem wir alle folgen« – wie der Organisator der großen Gruppenjagden genannt wurde – keine Funktion mehr. Die Pelzhändler heuerten jetzt eigene Jäger an, die ihre Forts mit Fleisch versorgten, oder sie kamen mit »Handelshäuptlingen« ins Geschäft, die sich ihre Gefolgsleute gefügig machen konnten, insofern sie es waren, denen die Handelsposten die Jagdausrüstungen und andere Handelsartikel vorschossen. Einige Sippen begannen auf eigene Faust zu jagen und Handel zu treiben, vor allem wenn der Konkurrenzwettlauf der Händler nach den Pelzen dazu führte, daß einerseits immer mehr Häuptlinge mit diesen Händlern ins Geschäft kommen wollten, andererseits auch immer mehr Konflikte zwischen diesen Häuptlingen entstanden. Auf diese Weise individualisierten sich die Beziehungen zwischen Händlern und Pelztierjägern. Das hatte zur Folge, daß sich anstelle der früher üblichen größeren Jagdverbände jetzt eher kleinere Einheiten herausbildeten, die sich im Kern auf Ehepaare aus derselben Verwandtschaftsgruppe stützten.

Neue Handelskompanien

1797 bekam es die Hudson Bay Company mit einem neuen Rivalen in Gestalt der Northwest Company zu tun. Deren Gründung ging auf Pelzhändler zurück, die man aus Albany vertrieben hatte, weil sie im amerikanischen Unabhängigkeitskrieg treu zur britischen Krone gehalten hatten. Die neue Gesellschaft machte sich die Kenntnisse und Erfahrungen der französischen Pelzhändler zunutze und beschäftigte zumeist franko-kanadische *voyageurs* und schottische Veteranen, die bei der Eroberung Kanadas durch die Briten oder im Krieg gegen die Amerikaner mitgekämpft hatten. Die neue Kompanie trieb ihre Forschungs- und Handelsaktivitäten energisch über die Seen und Portagen des heutigen Saskatchewan und Alberta bis zu den Rocky Mountains und weiter nach Westen voran. Ihre Leute waren häufig die ersten Europäer, die in den neu erschlossenen riesigen Binnenregionen des kanadischen Nordwestens auftauchten.

Die Westexpansion der beiden kanadischen Handelskompanien stachelte den Konkurrenzneid der Amerikaner an, die ihrer neu gegründeten Republik die Herrschaft über den Kontinent sichern wollten. 1803 erwarben die USA das Louisiana-Territorium (ein von Frankreich gekauftes riesiges Gebiet zwischen Mississippi und Rocky Mountains); 1804 bis 1806 erkundeten Lewis und Clark im Auftrag des amerikanischen Kongresses die weiten Gebiete im Westen. 1808 gründete John Jacob Astor mit stillschweigender Zustimmung Präsident Jeffersons die American Fur Company, die 1811 an der Mündung des Columbia River in den Pazifik (im heutigen US-Bundesstaat Washington) Ford Astor errichtete. Zwar mußte dieses Astoria zwei Jahre später den Engländern überlassen werden, aber dafür konnte die American Fur Company die älteren, von St. Louis aus operierenden französischen Kompanien verdrängen und bis zu ihrem Bankrott im Jahre 1842 erfolgreich mit den kanadischen Kompanien konkurrieren.

Die Pferdehalter der Prärie

Die Nahrungsmittelversorgung im gesamten Gebiet westlich der Großen Seen war zunehmend auf Fleisch abgestellt, das die Pelzhändler von den Büffeljägern der Prärie bezogen. Zur Büffeljagd brauchte man Pferde. Die Pferdezucht war in diesen Gebieten jüngeren Datums; letztlich ging sie auf die Spanier zurück, die im Jahre 1519 bei ihrer Eroberung Mexikos die ersten Pferde nach Amerika gebracht hatten. Die ersten berittenen amerikanischen Ureinwohner waren das Sammlervolk der Chichimeca an der Nordgrenze des Vizekönigreichs Neu-Spanien, die ihre Pferde den spanischen Außenposten wegfingen oder entwendeten. Danach gelangten Pferde nach und nach in den Besitz von weiteren Stämmen, die sie zu berittenen Überfällen auf schwächere Nachbarn einsetzten, bei denen sie Gefangene erbeuteten, die sie dann als Sklaven an die Franzosen und Spanier verkauften.

Über die Chichimeca gelangten Pferde um 1630 zu den Apachen und über diese um 1700 herum zu den Ute und den Komantschen. Die weiter östlich (im Osten von Wyoming und Montana) lebenden Schoschonen, zu denen die Snake zählten, entwickelten sich im ersten Drittel des 18. Jhs. zu Reitervölkern; die Snake wurden bald zu den dominierenden Pferdehändlern und den führenden Sklavenjägern der nördlichen Präriezone. Die Schoschonen wiederum gaben Pferde an die Blackfoot weiter. Aber das Reittier breitete sich auch in nordöstlicher Richtung aus. Um 1730 lieferten die Komantschen die ersten Pferde an ihre Nachbarn im Norden, die Kiowa, und diese waren vermutlich die wichtigsten Pferdelieferanten für die Gartenbauvölker der Pawnee, der Arikara, der Hidatsa und der Mandan.

Mit dem Erwerb von Pferden erweiterten die Indianer ihre militärischen Fähigkeiten wie auch ihre Transportmöglichkeiten für Geräte und Versorgungsmittel. Diese größere Mobilität machte es wiederum möglich, sich stärker in das expandierende Handelsnetz einzuschalten, und über den Handel kamen sie bald auch an eine weitere militärische Neuheit heran – an das Gewehr.

Die ersten amerikanischen Ureinwohner zu Pferde, die sich zusätzlich mit Gewehren bewaffneten, waren die Dakota. Wie wir uns erinnern, hatten die Dakota bis nach 1730 ohne Pferde als Ackerbauern und Jäger in den Wald- und Präriezonen westlich des Lake Superior gelebt. Dann rückten ihnen – ausgerüstet mit Gewehren der Hudson Bay Company – die Cree, die Assiniboin und die Ojibwa auf den Leib. Die Dakota bezogen ihre Gewehre von den Franzosen, die den indianischen Verbündeten der Engländer den weiteren Vormarsch verlegen wollten. Mit Hilfe ihrer Gewehre wehrten die immer noch unberittenen Dakota die Angriffe aus dem Norden ab, vertrieben andere Völker (wie die Cheyenne) und überfielen die Gartenbaudörfer am Missouri, um deren Bewohner als Sklaven an die Europäer zu verkaufen. Diese Dorfindianer waren damals bereits über die Kiowa zu Pferden gekommen und konnten den Dakota mit ihrer Reiterstreitmacht entgegentreten, bis diese sich um 1750 von den Arikara eigene Pferde verschafften. 1775 waren die nunmehr berittenen und mit Gewehren bewaffneten Dakota die unbestrittenen Herrscher über die Prärie des Nordostens. Sie nahmen direkte Handelsbeziehungen mit den europäischen Händlern in St. Louis auf und umgingen damit die Mandan, die den Handelsverkehr zwischen der Prärie und den Städten am Mississippi weitgehend an sich gebracht hatten. Die Dakota besiegten die Cheyenne, drängten sich zwischen die Kiowa und die Arikara und isolierten auch die Crow von den Mandan.

In eine ähnliche Rolle schoben sich die Blackfoot in der nordwestlichen Prärie. Dieses ursprüngliche Sammlervolk war durch die vordringenden Cree und Assiniboin aus seinem früheren Siedlungsbereich westlich der Hudson Bay verdrängt worden und hatte um 1730 die ersten Pferde, in der zweiten Hälfte des 18. Jhs. die ersten Gewehre erworben. Den Blackfoot gelang es rasch, ihre Hauptrivalen – die Snake, die Kutenai und die Flathead, die alle noch keine Gewehre hatten – nach Osten zurückzudrängen.

Der Einsatz von Pferden führte nicht nur zu veränderten Kriegsgewohnheiten und einer größeren Mobilität, er gestattete auch eine weitaus effektivere Verfolgung der Bisonherden, weil jetzt durch organisierte Treibjagden ganzer berittener Gruppen viel mehr Tiere erlegt werden konnten. Diese neue Lebensweise brachte für viele Völker so viele Vorteile, daß sie sich voll auf die Büffeljagd verlegten. Einige von ihnen – so die Gros Ventre, die Dakota, die Cheyenne und die Arapaho – gaben ihre nebenbei betriebenen landwirtschaftlichen Aktivitäten auf. In anderen Fällen machten sich abgespaltene Gruppen von ihren Ackerbau treibenden Völkern selbständig; bei den Crow handelt es sich z. B. um eine Abspaltung von den Hidatsa.

Selbst in den Dörfern der Mandan, der Arikara, der Hidatsa und der Pawnee am Missouri und am Platte River, die ganzjährig Ackerbau betrieben, machten sich diese neuen Erwerbsmöglichkeiten bemerkbar. Diese großen Dörfer lebten von der Maisproduktion. Die Felder wurden von den Frauen bestellt und waren im Besitz von matrilinear definierten Verwandtschaftsgruppen. Die Männer waren für den Krieg und die Jagd zuständig, aber die Erfordernisse und Rituale des landwirtschaftlichen Anbaus bestimmten den Jahreszyklus, in den sich auch die jährliche Bisonjagd einfügte. Innerhalb der matrilinearen Verwandtschaftsgruppen gab es eine Schichtung zwischen einer Elite und den »Gemeinen«. Dabei stellte eine bestimmte *lineage* den Dorfhäuptling, eine zweite das für Zeremonien zuständige Oberhaupt. Der erste sorgte innerhalb des Dorfes für Ordnung und hatte in Kriegsfragen das Sagen; der zweite war gemeinsam mit anderen Mitgliedern der Dorfelite als Hüter über die »heiligen Bündel« der einzelnen matrilinearen *lineages* eingesetzt, die in einer Hütte am Zentralplatz des Dorfes aufbewahrt wurden. Diese Dorfelite erhielt die Überschüsse der hochproduktiven Gartenbaukultur und außerdem die bei Zeremonien überreichten Geschenke, die Zahlungen für den Eintritt in die hierarchisch gegliederten Männerbünde und die Austauschprodukte, die sie von den benachbarten Sammlervölkern für ihre Agrarprodukte einhandelten. Verteilt wurden diese Besitztümer nach dem jeweiligen Status innerhalb der Elite. Grundsätzlich beruhte dieser Gesellschaftsaufbau offenbar auf einer durch Verwandtschaftsbeziehungen geordneten Produktionsweise. Abgaben konnten je nach dem verwandtschaftlichen Status und nach der Rolle bei den gemeinschaftlichen Zeremonien beansprucht werden. Womöglich haben sie aber nach und nach tributäre Merkmale entwickelt, als die Elite begann, die Maisüberschüsse in einen expandierenden Handel mit den Assiniboin (die Feuerwaffen und Manufakturwaren weiterverkauften, die sie von der Hudson Bay Company bezogen) und mit den europäischen Händlern zu stecken.

Die durch die Bisonjagd eröffneten neuen Chancen individueller ökonomischer Betätigung mußte die Autorität der Elite sowohl in Kriegsfragen als auch bei gemeinschaftlich organisierten Aktivitäten wie z. B. bei der Kontaktaufnahme mit überirdischen Kräften in Frage stellen. Sobald sich jugendliche Krieger oder auch Knaben auf eigene Faust im Jagen, im Handel oder in kriegerischen Aktivitäten versuchten, begannen sie bereits, die Autorität ihrer dörflichen Anführer herauszufordern. Als z. B. bei den Pawnee der »Bund der Jungen Hunde« seine Aufgabe, über das Dorf zu wachen, zum Stehlen von heiligem Fleisch ausnutzte, verteidigten seine Mitglieder ihre Verfehlung mit dem Hinweis, sie hätten das Leben im Westen kennengelernt, wo die Leute alles gleichmäßig unter sich verteilen (Holder 1970, 133). Bei den Arikara mußten »mißratene junge Männer«, die sich auf die Seite der Sioux schlugen, aus dem Stamm verstoßen werden (Holder 1970, 129).

Am wichtigsten war in diesem Zusammenhang, daß die Möglichkeit, mehr Büffel zu erlegen, einen neuen Austauschartikel für den Handel mit den Europäern bedeutete. Als der Pelzhandel in der zweiten Hälfte des 18. Jhs. ins Mackenzie-Becken vordrang, konnten die Händler von den Pferdezüchtern ein neues Nahrungsmittel beziehen, nämlich Pemmikan. Pemmikan wurde gewonnen, indem Bisonfleisch in Scheiben geschnitten, in der Sonne oder über dem Feuer getrocknet, mit einem Schlegel weichgeklopft und mit zerlassenem Fett, Knochenmark und einer Paste aus getrockneten Würg-Kirschen zusammengerührt wurde. Diese Mixtur wurde in Säcken aus

Tierbälgen abgepackt, von denen jeder etwa 40 Kilo wog. Man schätzt, daß die Pelzhändler unterwegs pro Mann und Tag knapp 700 Gramm Pemmikan brauchten, so daß ein einziger Sack einen Reisenden 60 Tage lang ernähren konnte (Merriman 1926, 5 u. 7). 1813 benötigte die Northwest Company 644 Säcke Pemmikan, um ihre 219 Kanus mit Proviant auszustatten (Ray 1974, 130 u. 132). Die Prärienomaden wurden die wichtigsten Pemmikanlieferanten für die Handelsposten im Woodland, in den Barren Grounds und am Churchill, am Columbia und am Frazer River. Darüber hinaus begannen sie, den Pelzhändlern Pferde zu liefern, die diese als Transportmittel benötigten, als sie über den Kanuhafen von Fort Edmonton hinaus weiter nach Norden vordrangen. Die Büffelherden lieferten auch noch andere Produkte. So entwickelte sich mit St. Louis ein lebhafter Handel mit Büffelzungen und Büffeltalg; und Mäntel aus Büffelfell wurden eine wichtige Pelzware, als nach 1825 der Biberpelz an Bedeutung verlor. Zwischen 1841 und 1870 wurden allein in Fort Benton im Gebiet der Blackfoot 20000 Büffelfellmäntel zusammengetragen (Lewis 1942, 29).

So bildete sich vor dem Hintergrund der expandierenden Handelsbeziehungen durch die Kombination von Pferd und Gewehr im Laufe weniger Jahre die Grundlage für die neue Existenzweise des Prärieindianers heraus. Diese Existenzweise wurde in kurzer Zeit selbst von nicht berittenen Jägern und Sammlern und von Ackerbauern übernommen. Mehr noch: trotz ihrer unterschiedlichen Herkunft wurden sich diese verschiedenen Völkergruppen mit der Zeit in gesellschaftlicher und kultureller Hinsicht immer ähnlicher. Die Gründe für diesen Konvergenzprozeß lagen zum Teil in diesen neuen Erscheinungsformen der Umweltanpassung. Die Bisonherden zerstreuten sich während des Winters in kleine Gruppen, die sich schützende Winkel in den Bergen suchten; im Frühjahr zogen die Tiere in die grasbewachsene Prärie zurück, wo sie sich während der Paarungszeit im Juli und August wieder zu riesigen Herden zusammenfanden. Diesem Rhythmus mußte sich die Bisonjagd anpassen. Im Winter teilten sich die Indianer ebenfalls in kleine Gruppen oder Sippen auf, um sich zur alljährlichen großen Sommertreibjagd wieder zu großen Jagdhorden zusammenzufinden. Auch die Lagerplätze mußten nach den Futter- und Schutzbedürfnissen der Pferdeherden ausgesucht werden.

Weitere Gründe für die konvergente Entwicklung der Präriekultur ergaben sich aus den Anforderungen an größere Gruppen, die einerseits zu Jagd- und Kriegsunternehmungen zusammengestellt und zusammengehalten werden mußten, zugleich aber auch flexibel genug zu sein hatten, um auf die wechselnden saisonalen Anforderungen reagieren zu können. Zur jährlichen Treibjagd mußten sich die zerstreuten und oft ganz ungleichartigen Gruppen

Nez Percé-Indianerin bei der Herstellung von Pemmikan. Foto von William Henry Jackson, 1871 (National Anthropological Archives, Smithsonian Institution)

auf engem Raum in gemeinsamen Lagern zusammenfinden. Eine Antwort auf diese Erfordernisse fanden die Pferdezüchter in organisatorischen Formen mit zentripetalen Funktionen, die sie von benachbarten seßhaften Gruppen wie der Gartenbaukulturen der Mandan und Pawnee entlehnten. Dazu gehörten etwa Männerbünde, die verschiedene Funktionen wahrnahmen: als Tanzgruppen, als militärische Verbände oder als »Büffelpolizei«, die für die Koordination der Bisonjagd zu sorgen hatten. Einigende Wirkung ergab sich auch aus dem Einsatz von Symbolen, die den Zusammenhalt der unterschiedlichen Gruppen stärkten. Das waren z. B. bei den Pawnee der Beutel mit dem Stammeszauber, bei den Cheyenne die heiligen Pfeile und bei den Arapaho die heilige Pfeife und das heilige Rad. Besonders einheitsstiftende Bedeutung hatte die große alljährliche Zeremonie des Sonnentanzes, die frühere Ackerbauvölker wie die Arapaho, die Cheyenne und die Dakota entwickelten. Für einzelne Elemente dieses Rituals finden sich Vorläufer oder Analogien bei den Mandan, den Arikara und den Pawnee. Aber in den von den Pferdezüchtern übernommenen Versionen wurden neben der einheitsstiftenden Funktion des Kollektivrituals regelmäßig auch die individuellen Verdienste betont. Der Sonnentanz fand in der Regel in Verbindung mit der alljährlichen Bisonjagd statt. In seinem Mittelpunkt standen individuelle Selbstfolterungsrituale, aber die Zeremonie beschwor zugleich die Aussicht auf eine Erneuerung der gesamten Welt. Sie breitete sich auf praktisch alle Stammesgruppen aus, die ihren Lebensbereich in die Prärie verlagerten.

Grund und Boden, Privilegien und Zauberbündel hatten in den Dörfern den *matrilineages* oder den Clans gehört; in der Prärie dagegen schwand der Zusammenhalt solcher körperschaftlichen Verwandtschaftseinheiten oder löste sich vollständig auf. Der Besitz von Produktionsmitteln wie z. B. von Pferden und Waffen, aber auch die Besitzrechte an den Zauberbündeln, an Gesängen, Tänzen und Namen wurden individualisiert. Verwandtschaftsbezeichnungen, die sich auf (agnatische) Abstammungslinien bezogen, wurden abgelöst durch eine kognatische Zuordnung des einzelnen, wodurch die Bindung an beide elterlichen *lineages* betont wurde. Darüber hinaus wurde der Ausdruck für *Bruder* auf Nicht-Blutsverwandte ausgedehnt und damit die egalitäre Einheit der Kriegergruppe auf Kosten der Einheit der Abstammungsgruppe gestärkt. In den Dörfern waren Führungspositionen das erbliche Privileg von Elitegeschlechtern gewesen, denen die ganze Dorfbevölkerung Gehorsam schuldete. Unter den neuen Pferdezüchtergemeinschaften der Prärie hingen dagegen Führungsansprüche in erster Linie von individuellen Verdiensten als Krieger oder Händler ab, und ein Führer stützte sich vor allem auf seine eigene Gruppe und nicht mehr auf den ganzen Stamm. Die neue Lebensweise der Prärieindianer übernahm also nicht nur zentripetale Elemente aus der alten dörflichen Kultur der Ackerbauern, sondern lockerte andererseits auch deren enge Verwandtschafts- und Autoritätsbeziehungen.

Die Dezentralisierung der Entscheidungsprozesse und die erhöhte Mobilität von Reitergruppen, die das Leben in der Prärie kennzeichneten, wurzelten aber auch in den Erfordernissen eines expandierenden Handels. Wenn die Pferdezüchter mehr Gewehre und Munition, Kessel und Metallgeräte, Wollzeug, Tabak und Alkohol beziehen wollten, mußten sie den Händlern mehr Pemmikan und Pferde anbieten können. Also stieg ihr Bedarf an Pferden, und entsprechend nahmen die Übergriffe auf fremde Herden und die Pferdediebstähle zu. Das führte zu einer erneuten Steigerung der Nachfrage, denn jetzt wurden Pferde auch gebraucht, um weitere Pferde zu rauben bzw. um Pferderäuber abzuwehren. Die Nachfrage stieg auch, weil eine immer größere Zahl von Pferden als Brautpreis gefordert wurde. Denn je mehr Pferde ein Mann sich leisten konnte, desto mehr Frauen konnte er erwerben – und mit Hilfe seines erweiterten Arbeitskräftepotentials wiederum mehr Pemmikan herstellen.

Je mehr Pemmikan ein Mann dem Handel zur Verfügung stellte, desto besser war er in der Lage, eine Kriegertruppe samt Waffen und Kriegsausrüstung zu finanzieren, und um so eher konnte er auch seine männlichen Verwandten und Gefolgsleute für kriegerische Unternehmungen freisetzen. Auf diese Weise wurden die erfolgreicheren Unternehmer und Häuptlinge – und das waren diejenigen mit Beziehungen zu den Handelsposten – auch die erfolgreichen Kriegsanführer. Das führte letzten Endes zu einer Konzentration von Pferden und anderen Werten in den Händen der Reichen und Erfolgreichen und brachte eine Differenzierung nach Reicheren und Ärmeren bzw. nach Häuptlingen und abhängiger Gefolgschaft hervor. Da eine gehobene soziale Stellung nur zu erreichen war, wenn man großzügige Gaben verteilen, die Aufwendungen für den Beitritt zu und den Aufstieg in einem Männerbund bestreiten, Zauberbündel und Rechte auf Tänze kaufen sowie Brautpreise bezahlen konnte, bedeutete der Besitz von Pferden und Waffen gleichzeitig gesellschaftlichen Erfolg und privilegierten Kontakt zu übernatürlichen Kräften. Selbst bei den Blackfoot, den Arapaho und den Gros Ventre sind die hierarchisch gegliederten Bünde wohl nicht in Anknüpfung an die alten dörflichen Stammesstrukturen entstanden. Diese Bünde bildeten sich wahrscheinlich erst später, etwa um 1830, heraus und funktionierten als »ein ideales Instrument, um die vertikale Mobilität, die sich mit zunehmendem Wohlstand entwickelte, zu artikulieren und zu kanalisieren« (Lewis 1942, 42).

Die Méti vom Roten Fluß

Die Prärieindianer blieben nicht lange die einzigen Pemmikanzulieferer für den Pelzhandel, und ihre Anpassungsleistung an neue Umweltbedingungen wurde alsbald von anderen nachvollzogen. Zu Beginn des 19. Jhs. ließen sich schottische Einwanderer in der Gegend des Red River in Manitoba nieder und begannen zur Aufbesserung ihrer mageren Ernten bald auch zu jagen. Zu diesen Siedlern stießen die sogenannten *méti* – Mischlinge europäisch-indianischer Abstammung, die vielfach durch die Rationalisierung des Pelzhandels aus ihrer Pelztierjäger- und Zwischenhändlerrolle verdrängt worden waren – und einzelne Gruppen von Cree und Ojibwa. Als die Northwest Company ihre Händlerexpeditionen im Gebiet des Saskatchewan und des Athabascan River mit Nachschub versorgen mußte, spannte sie diese Jäger und Trapper vom Roten Fluß als Pemmikanlieferanten ein. So entwickelte sich an den Ufern des Red River ein ganzer Zyklus von Lebensgewohnheiten, die in gewisser Weise an das Leben in den Missouri-Dörfern erinnerten. Die Leute am Red River lebten den größten Teil des Jahres als seßhafte Gemeinschaft in Blockhäusern in der Nähe ihrer Farmen und bezogen Vorschüsse von den Handelskompanien. Zu einer bestimmten Jahreszeit verwandelten sie sich in Nomaden und zogen mit ihren Zelten hinter den Büffelherden her. Ihre Jagdstrecke schafften sie auf zweirädrigen Karren, die über 400 Kilo Büffelfleisch transportieren konnten, zu ihren Siedlungen zurück. Ab und zu legten sie sich mit den Dakota an. 1840 erbrachte eine zwei Monate dauernde Jagd den Méti fast eine Million Zentner Büffelfleisch, das sie an die Kompanie verkauften, um ihre Schulden abzudecken und Haushaltswaren zu erstehen. Aber in jenem Jahr mußten viele Jäger ein zweites- oder drittesmal ausziehen, um sich selbst und ihre Familien mit ausreichend Büffelfleisch für den Winter einzudecken. Als die kanadische Regierung an Gruppen indianischer Ureinwohner und an Halbindianer, die sich ihnen angeschlossen hatten, Reservate abtrat, wurden die Méti nicht berücksichtigt. Ihre Verbitterung über diese Behandlung schlug sich in zwei größeren Aufständen nieder, die sie 1869 und 1885 unter ihrem Anführer Luis Riel unternahmen.

Die Nordwestküste

Im letzten Viertel des 18. Jhs. wurden an der Nordwestküste Nordamerikas neue Gebiete für den Pelzhandel erschlossen. Seine Expedition mit den beiden Schiffen *Resolution* und *Discovery* führte Kapitän Cook im Jahre 1778 in den Nootka-Sund, wo seine Leute einige Seeotterfelle erstehen konnten. Als sie diese in China verkauften, erzielten sie für die besten Felle 120 Dollar. Das sprach sich herum – und 1792 waren bereits 21 europäische Schiffe am Run auf die Seeotterfelle beteiligt. Seine höchste Blüte erlebte dieser neue Seehandelszweig zwischen 1792 und 1812. In einer frühen Phase hatten bereits Pelzhändler der Northwest Company die Pazifikküste vom Osten her über Land erreicht, 1805 wurde der erste Pelzhandelsposten westlich der Rocky Mountains gegründet. Am Ende des britisch-amerikanischen Krieges von 1812 hatte die Northwest Company die pazifische Flanke der Rocky Mountains unter ihrer alleinigen Kontrolle. Ein systematischer Pelzhandel auf den Überlandrouten wurde aber erst aufgenommen, als die Gesellschaft 1821 mit der Hudson Bay Company fusionierte. Zu ihren wichtigsten Stützpunkten machte sie Fort Simpson, das 1831 im Gebiet der Tsimshian, nahe des »großen Handelsplatzes« an der Mündung des Nass River in den Pazifik, errichtet wurde, und Fort Rupert, das 1849 weiter südlich im Gebiet der Kwakiutl entstand.

Der Sibirische Pelzhandel

Als die Europäer in die Küstengewässer des amerikanischen Nordwestens vordrangen, stießen ihre Handelsschiffe auf die Russen, die in den dreißiger Jahren des 18. Jhs. mit Erkundungsfahrten an diese Küste begonnen hatten. Am Anfang dieses Kapitels wurde vermerkt, daß die Russen bereits seit dem 10. Jh. n. Chr. auf Pelzsuche waren. Neue Stoßkraft entwickelte dieser Drang mit den russischen Siegen über die mongolisch-türkischen Khanate des Wolgabeckens in der Mitte des 16. Jhs. 1581 zog ein Kosakenheer in Diensten des Kaufmannshauses der Stroganoff über den Ural und zerstörte die sibirischen Khanate. Von dort stießen sie immer weiter nach Osten vor, bis sie 1638 die Pazifikküste erreichten. 1690 entstanden die ersten dauerhaften Siedlungen auf der Halbinsel Kamtschatka, und nach 1730 wurden die Inselgruppen der Kurilen und der Aleuten erforscht. 1797 entstand eine staatliche Handelskompanie mit dem Auftrag, die Pelztierbestände des Fernen Nordostens zu erkunden; diese russische Kompanie errichtete einen Stützpunkt auf der Insel Kodiak vor der Küste Alaskas und gründete an der amerikanischen Pazifikküste eine Reihe von Niederlassungen, die südlichste davon im heutigen Kalifornien. 1839 pachtete die Hudson Bay Company die Pazifikküste zwischen dem Mount Fairweather und dem Portland-Kanal, als Gegenleistung belieferte sie die Forts im russischen Norden mit Nachschubgütern. 1876 ging Alaska durch Kauf in den Besitz der Vereinigten Staaten über.

Im Gegensatz zum Handel in Nordamerika, bei dem Waren gegen Pelze getauscht wurden, lebte der russische Pelzhandel vor allem von Tributen – mit anderen Worten: von Zahlungen in Form von Pelzen als Ausdruck politischer Unterwerfung. Mit der Eroberung Sibiriens wurden den Bewohnern des Landes also ein jährlicher Tribut auferlegt, der in Zobel und Silberfüchsen zu entrichten war. Boris Godunow – besser bekannt als der Zar, der den russischen Bauern die Leibeigenschaft aufzwang – forderte als Tribut von jedem verheirateten Mann zehn Zobel, von jedem unverheirateten Mann fünf Zobel, und darüber hinaus den zehnten Teil aller anderen erbeuteten Pelztierarten. Der russische Ausdruck für diesen Pelztribut lautet *iasak* und stammt von einem den Mongolen wie den Türken geläufigen Wort, das »regeln« oder »festlegen« bedeutet (Grousset 1970, 586, Anm. 106) – eine Hinterlassenschaft aus der Zeit der mongolischen Staatsbildung. Die Einführung des Pelztributs vollzog sich Hand in Hand mit der russischen Expansion ins Innere Sibiriens. Die ethnographische Landkarte, die 1673 für Peter den Großen angefertigt wurde (der *Remezoff-Atlas*), zeigt die Verteilung des *iasak* auf die einzelnen Siedlungen und sozialen Gruppen (Baddeley 1919, Bd. I, CXXXVI). Anfangs wurden die Pelze von den Militärkommandanten eingezogen, später wurde diese Aufgabe »vereidigten Männern« übertragen, die statt eines Gehaltes die Konzession für eine Schnapsbrennerei und eine Schankstube erhielten und die sich des öfteren die Zeche in Pelzen bezahlen ließen. Während in dieser Anfangszeit private Händler nur eine begrenzte Rolle spielten, schoben sie sich im 18. Jh. mehr und mehr in den Vordergrund, als sie Handelsbeziehungen mit China anknüpften und Pelze gegen chinesischen Tee, Seide, Leinen und Rhabarber austauschten. Die Bestrebungen der Händler wurden von den Clan- und Stammesoberhäuptern der Burjäten, der Tungusen und der Jakuten unterstützt, die von den Russen in den Erbadel erhoben und damit in die russische Gesellschaft kooptiert wurden. Man verlieh ihnen russische Titel und Privilegien und schließlich – nach 1760 – auch das Recht, den *iasak*-Tribut selbständig einzutreiben (Watrous 1966, 75).

Wie in Nordamerika führte jedoch auch hier die Ausweitung der Pelztierjagd unter dem Druck der geforderten *iasak*-Leistungen zur pauschalen Dezimierung der Pelztierarten. Im 15. Jh. waren Zobel in westlicher Richtung bis Finnland verbreitet, 1674 traf man sie nur noch in Sibirien an, und 1750 waren sie auf den Südosten Sibiriens beschränkt. Im 18. Jh. verlagerte sich der Schwerpunkt des Pelzhandels vom Zobel auf den Seeotter, der in China, insbesondere beim Mandschu-Adel, hoch im Kurs stand. Der russische Drang zum nördlichen Pazifik wurde durch die Jagd auf den Seeotter ausgelöst.

Dieses Vordringen des russischen Handels in den pazifischen Raum erforderte einen beträchtlichen logistischen Aufwand. Als Zentrum des Handels fungierte Irkutsk, aber das Gebiet, aus dem Versorgungsgüter bezogen wurden, reichte nach Westen bis Yeniseisk. Die einheimischen Jakuten wurden nicht nur um Viehlieferungen angegangen, sondern auch um Pferde, die für den Transport von Getreide und anderen Versorgungsgütern zu den Küsten und Halbinseln gebraucht wurden. Jakutenhäuptlinge (*toions*) in der Rolle von Expeditionsausstattern organisierten große Mengen von Pferden mitsamt ihren jakutischen Führern; einzelne Jakuten konnten auch dienstverpflichtet werden. Die kleinen robusten Jakutenpferde waren als »Fischfresser« berühmt, weil sie neben Gras, Baumrinde und Weidenzweigen auch frischen Fisch gefüttert bekamen (Gibson 1969, 191). Im Winter wurde der Transport auf Hundeschlitten umgestellt, dann mußte der Fischfang vor Ort gewaltig intensiviert werden, um zusätzlich die pro Mann erforderlichen sechs Hunde versorgen zu können.

Aber die Russen waren nicht nur auf die Fischlieferungen der einheimischen Bevölkerung angewiesen, für die Seeotterjagd mußten sie auch auf deren spezielle Fertigkeiten als Küstenbewohner zurückgreifen. Am Anfang beschäftigten sie die Ureinwohner von Kamtschatka, aber bereits 1750 war der Seeotter auf dieser Halbinsel ausgerottet. Danach zogen die russischen Händler zu den Aleuten weiter, wo sie die Bewohner zur Jagd auf den Seeotter zwangen. Innerhalb von 70 Jahren war die Urbevölkerung der Aleuten auf ein Zwanzigstel ihrer ursprünglichen Zahl geschrumpft, und schon 1789 war der Seeotter auch auf dieser Inselgruppe selten geworden. Danach verlagerte sich der Seeotterhandel hauptsächlich an die Nordwestküste Nordamerikas, wurde dort aber vorwiegend von britischen und in Boston registrierten amerikanischen Schiffen abgewickelt und schloß die Russen weitgehend aus.

Die Bevölkerung der amerikanischen Nordwestküste

Mit der pazifischen Küstenregion betraten die Europäer eine Umwelt, die ganz anders ist als das boreale Nordamerika. Die Küste hat ein gemäßigtes Klima, vom Japanstrom steigen feuchtwarme Luftmassen auf und schlagen sich an den Küstengebirgen als Regen oder Nebel nieder. Die massiven Regenfälle sorgen für dichte Nadelwaldbestände mit Tannen, Fichten, Zedern, Eiben und Mammutbäumen. Die Bewohner dieser Nordwestküste lebten vorwiegend vom Fischfang, vor allem von den Lachsen und Heringen des Pazifik, die sie erbeuteten, wenn diese alljährlich zum Aufsuchen ihrer

Laichgründe flußaufwärts wanderten. Zusätzlich fischten sie in den Küstengewässern, jagten Wildenten und sammelten Schalentiere und eßbare Wurzeln. Eine Bevölkerungsgruppe, die Nootka, hatte sich auf den Walfang spezialisiert. Die Küstenzone bot reiche Nahrungsmittelressourcen, wenn auch Schlechtwetterperioden und Schwankungen in der Zahl der laichenden Fische gelegentlich zu Engpässen führen konnten.

Das erste Zusammentreffen von europäischen Seefahrern und einheimischen Küstenbewohnern wird für das Jahr 1774 bezeugt, als das spanische Schiff *Santiago* mit einer Gruppe Haida ins Geschäft kam, denen sie Kleider, Perlen und Messer gegen Otterfelle, Decken, geschnitzte Holzdosen und andere Gebrauchsgegenstände verkauften. Das war vier Jahre, bevor die Schiffe von Kapitän Cook im Nootka-Sund anlegten und dort die ersten Seeotterpelze einhandelten.

Die europäischen Neuankömmlinge erkannten alsbald, daß sie es mit den schlauesten und berechnendsten Handelspartnern zu tun hatten, die ihnen bis dahin auf ihren Reisen begegnet waren. Zwischen den Ureinwohnern dieser Gegend herrschten nämlich längst ausgedehnte Handelsbeziehungen. Die natürlichen Ressourcen an der Nordwestküste sind häufig nur lokal begrenzt, daher hatte es schon lange einen Austausch zwischen Insel- und Festlandbewohnern bzw. zwischen Küsten- und Binnenvölkern gegeben. Olachen *(candlefishes)* z. B. leben nur in ganz bestimmten Gewässern wie im Nass River und in bestimmten Flüssen und Fjorden entlang des Queen-Charlotte-Sund. Die Menschen kamen von weit her, um für andere Artikel Olachenöl einzutauschen, das die Gruppen monopolisiert hatten, die über die Rechte an den Fischgründen verfügten. In den flußaufwärts gelegenen Gemeinschaften spielte die Jagd auf Landtiere eine besonders wichtige Rolle. Die Tlingit im Norden fertigten Chilkat-Decken (benannt nach dem Fluß Chilkat im Süden Alaskas), die aus der Wolle von Bergziegen und aus Zedernrinde gewebt waren, aber da in ihrer Umwelt keine Zedern wuchsen, mußten sie Rinde und Zedernholz aus dem Süden beziehen. Kupfer wurde aus der Umgebung des Copper River zum Chilkat gebracht und von dort in Richtung Süden umgeschlagen. Die Haida und Nootka waren speziell für ihre hervorragenden Kanus berühmt, und entlang der gesamten Küste wurden die gelben, von den Nootka und den Kwakiutl hergestellten gelben Gewänder aus Zedernrinde gehandelt, ebenso die Gewänder der Salish, die aus Bergziegenwolle, Hundehaaren und dem Flaum von Wildenten gefertigt waren. Die Inselbewohner lieferten dem Festland getrocknetes Wildbret, Seehundfett, Dörrfisch, Schalentiere, Grünstein für die Herstellung von Werkzeugen, Zedernrinde und aus diesem Material gefertigte Körbe, Zedernholz für zeremonielle Gegenstände sowie Eibenholz, aus dem Bogen und Vorratskisten hergestellt wurden. Die Festlandbewohner versorgten umgekehrt die Inseln mit Häuten und Fellen, Kleidern und Stoffen, Olachen und Olachenöl, Moosbeeren, Hornlöffeln, Körben und Fichtenwurzeln und Chilkat-Decken.

Die Handelsreisen der Ureinwohner führten zwar nicht über den offenen Ozean, sondern vorwiegend dicht an der Küste entlang, aber sie gingen zuweilen über sehr große Entfernungen. Gruppen der Tlingit legten über 450 km zurück, wenn sie mit den Haida oder den Tsimshian Handel treiben wollten. An der Festlandküste entstanden auch Verbindungen mit den Atahbascan-sprachigen Stämmen im Landesinneren, wobei diesen Körbe aus Zedernrinde, Fischöl, Eisen und Muschelschmuck gebracht und gegen Häute, Mokassins, Lederriemen und Kupfer eingetauscht wurden (Drucker 1963; Ober 1973, 107f.). Die am Unterlauf des Columbia River siedelnde Gruppe der Chinook spielte eine wichtige Rolle als Vermittler von Handelskontakten entlang der Küste sowie zwischen der Küste und dem Landesinneren. Sie handelten mit Sklaven aus Kalifornien, die sie flußabwärts zur Küste brachten (vgl. French 1961, 363f.) und dort gegen Kanus der Nootka und gegen Zahnmuscheln austauschten. Ihre Sprache, in der strukturelle Eigenheiten der Chinook- und der Nootka-Sprache mit einem englischen Vokabular zusammenflossen, wurde als »Chinookjargon« zur Handelssprache der gesamten nordwestlichen Küstenregion.

Seeotterfelle – das war es, was die Europäer in allererster Linie an der Küste zu finden hofften. Zwischen 1785 und 1825 wurde diese Küste von 330 registrierten Schiffen angelaufen, fast zwei Drittel von ihnen waren an diesem Handel zwei Jahre oder länger beteiligt (Fisher 1977, 13). Anfangs tauschten sie die Seeotter für Eisen und andere Metallwaren ein, später für Stoffe, Kleider und Decken, und noch später für Rum, Tabak, Molasse und Musketen. Die eingeborenen amerikanischen Händler waren zumeist Häuptlinge, die ihre Anhänger und persönlichen Kontaktleute zur Beschaffung der Otterfelle mobilisierten und deren Macht sich mit der Entwicklung des Handels laufend vergrößerte.

Diese Häuptlinge nahmen innerhalb der Verwandtschaftsverbände des Nordwestens die höchsten Positionen ein. Nördlich des Douglas-Kanals – bei den Tlingit, den Haida und den Tsimshian – waren die Grundeinheiten dieser Verbände die matrilinearen *lineages,* südlich des Kanals hingegen – insbesondere bei den Nootka und den Kwakiutl – die kognatischen »Geschlechter«, also Familien, deren Stammbaum sich nach beiden Seiten verzweigt. Jede der *lineages* bzw. der Gruppen von Geschlechtern bildete eine lokale Einheit, die als Gesamtkörperschaft über die Nutzungsrechte für natürliche Ressourcen – wie Fischgründe, Jagdgebiete, Muschelbänke und

Waldreviere mit Beerenbeständen – sowie über zeremonielle Vorrechte verfügten. Diese Verfügungsrechte über die natürlichen Ressourcen waren an bestimmte adlige Positionen gebunden, deren Inhaber – die Häuptlinge – auf Spanisch *tais* und im Chinookjargon *tyee* hießen. Da sie die Nutzung der Kollektivressourcen organisierten, übernahmen diese Häuptlinge auch im Pelzhandel eine bestimmende Rolle. Am bekanntesten wurde der Nootkahäuptling, der den Titel Maquinna trug und dem die Europäer erstmals 1791 begegneten. Er kontrollierte ein Handelsnetz, zu dem die Völkergruppen an der Ostküste der Vancouver-Insel gehörten, und wurde rasch zum anerkannten führenden Händler für die ganze Umgebung. 1803 war er so reich, daß er bei einer Geschenkzeremonie 200 Musketen, 200 Yard Stoff, 100 Hemden, 100 Spiegel und 7 Fässer Schießpulver austeilen konnte (Jewitt 1815, zit. in Fisher 1977, 18). Und er war nicht der einzige dieses Kalibers. Diese Häuptlinge setzten nicht nur ihre eigenen Gefolgsleute verstärkt auf den Seeotter an, sie spannten auch weiter entfernt lebende Gruppen in ihr Handelsnetz ein, indem sie deren Pelze kauften und weiter exportierten.

Der Pelzhandel muß diesen Leuten ins Auge gestochen haben, denn über ihn ließen sich die verfügbaren Ressourcen ganz entscheidend erweitern. Wie Joyce Wike festgestellt hat (1957, 309), waren »in den meisten Bereichen die zugänglichen bedeutenden oder wertvollen Ressourcen offenbar schon so weitgehend in festem Besitz bzw. unter den Benutzern aufgeteilt, daß einer Gruppe wohl nur noch die Möglichkeit blieb, sich auf Kosten der anderen Gruppen auszudehnen«. Da den Indianern immer mehr europäische Waffen zur Verfügung standen, kam es immer häufiger zu kriegerischen Auseinandersetzungen, bei denen es sowohl um die Eroberung von Gebieten als auch von Sklaven gehen konnte. Gleichzeitig müssen die lokalen Häuptlinge in dem neuen Handelszweig auch die Möglichkeit gesehen haben, ihre Stellung innerhalb der eigenen Gesellschaft zu festigen. Da die Übernahme eines Amtes nicht automatisch erfolgte, sondern voraussetzte, daß sie einen Teil ihrer Mittel bei öffentlichen Zeremonien verteilten, versprach ihnen der Einstieg in den Pelzhandel die Aufstockung von Vermögenswerten, die über ihren Status entschieden.

In den matrilinearen Gemeinschaften hatte jede *lineage* eine gemeinsame Abstimmungslinie und einen gemeinsamen Bestand an zeremoniellen Vorrechten. Der Inhaber der Häuptlingswürde mußte eigentlich aus der angesehensten *lineage* stammen, aber diese Regel grenzte nur den Kreis der Kandidaten ein und bestimmte nicht schon den tatsächlichen Nachfolger. Die Wahl des neuen Häuptlings hing davon ab, ob der Kandidat seinen Anspruch durch besagte Geschenkzeremonien einlösen konnte, bei denen ausgewählte Gäste aus tatsächlich oder potentiell verwandten *lineages* Geschenke überreicht bekamen. Solche Geschenkakte wurden – nach einem Chinook-Ausdruck für »geben« – als *potlatches* bezeichnet. Sie spielten in der einen oder anderen Form bei der Vergabe jedes Titels eine Rolle; aber die entscheidende *potlatch*-Zeremonie in der nördlichen Zone war diejenige, bei der die Häuptlingswürde neu vergeben wurde (und deren Funktion mithin an das Totenfest bei den Huronen und den Algonkin im Gebiet der Großen Seen erinnert). Als Folge des Pelzhandels nahmen diese Geschenkakte sehr viel größere Dimensionen an. Vor dem ersten Kontakt mit den Europäern kamen vor allem Lebensmittel und Fellkleidung zur Verteilung. Mit dem Einsetzen des Pelzhandels bestanden diese Geschenke aus der ganzen Skala europäischer Importware sowie aus einheimischen Nahrungsmitteln und Handwerksprodukten, die man für solche Waren eingehandelt hatte.

Bei den Gruppen im Süden herrschte unter den kognatischen »Geschlech-

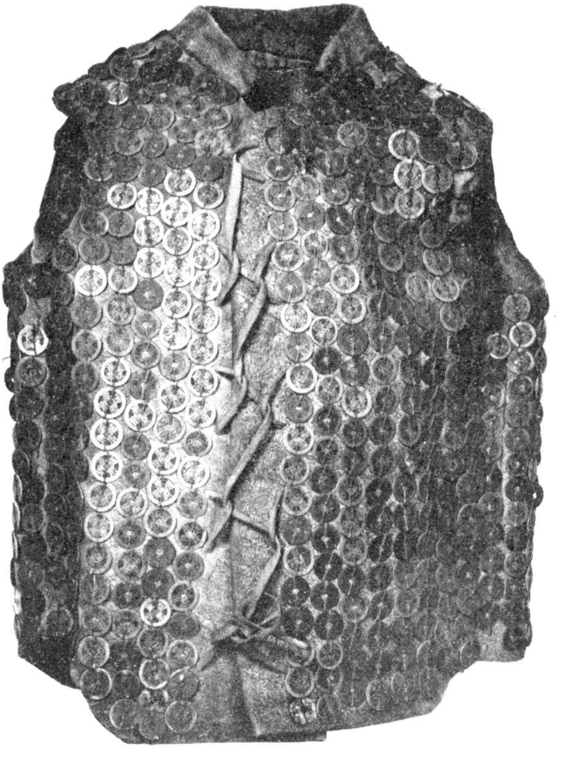

Aus Walroß-Haut gefertigter und mit chinesischen Münzen besetzter Brustpanzer der Tlingit-Indianer (Museum of the American Indian, Heye Foundation)

tern« eine festgelegte Rangfolge, aber wer einen hohen Rang beanspruchte, mußte sich von väterlicher wie von mütterlicher Seite ein gewisses »Konto« von Rechtstiteln anlegen. Eine Karriere lief in diesen Gruppen also nicht über die Erbschaftsansprüche innerhalb der ranghöchsten *lineage,* sondern über das Ansammeln von Titeln, die über mehrfache »Übergangsriten« (Arnold van Gennep) von beiden Familienzweigen erworben wurden. Die wichtigste Rolle spielte dabei der Übergangsritus der Hochzeit, der wie alle anderen mit einer Geschenkzeremonie verbunden war. Die bei der Hochzeit veranstaltete *potlatch*-Zeremonie sorgte dabei oft für den entscheidenden Grundstock des Rechtstitelkontos eines zukünftigen Häuptlings.

Die Mitglieder einer *matrilineage* oder eines kognatischen Geschlechts waren natürlich miteinander verwandt, und dennoch gab es zwischen ihnen Rangunterschiede. Im Norden bildeten die Abkömmlinge der ranghöchsten *lineage,* im Süden die »vornehmen« Amtsträger eine eigenständige Schicht von »Adligen«, die sich durch ihre Kleidung, ihr Auftreten und ihre Vorrechte bei Zeremonien von der Schicht der »Gemeinen« abhoben. Im Norden sicherte der Adel seine Sonderstellung durch Heiraten zwischen den Geschwisterkindern ab, womit die Reinheit des Stammbaums auf einen engen Kreis begrenzt und das *potlatch*-Vermögen zusammengehalten wurde. Im Süden, wo die Möglichkeiten, sich gesellschaftlich hochzuarbeiten und mit Geschenken bedacht zu werden, der Theorie nach weiteren Kreisen offenstand, sah es in der Praxis so aus, daß die wichtigsten höheren Titel von der jeweiligen Generation von Amtsinhabern für die unmittelbaren Nachkommen reserviert wurden. Wer einen Titel besaß, hatte manche Vorteile für sich: Der Adel erhielt zwischen einem Fünftel und der Hälfte der von den »Gemeinen« produzierten Nahrungsmittel (Ruyle 1973, 615), er stellte die Verwalter der Besitztümer der einzelnen *lineages* wie auch die Kriegsführer, die Handelsunternehmer und die Veranstalter der Tauschzeremonien; und natürlich stand ihm alles zur Verfügung, was zur Ausübung dieser Ämter erforderlich war.

Darüber hinaus besaßen und verkauften die Adligen auch Sklaven. Sklaven waren in erster Linie Kriegsgefangene bzw. Männer und Frauen, die beim Handelsaustausch mit dem Puget-Sund (an dem das heutige Seattle/Washington liegt) oder mit dem Norden Kaliforniens in Zahlung genommen wurden. Der Anteil der Sklaven an der Gesamtbevölkerung der verschiedenen Gruppen wird auf ein Siebtel bis ein Viertel geschätzt (Ruyle 1973, 613f.). Nach Angaben von Jewitt (1815), der drei Jahre lang als Sklave beim Maquinna diente, hielt sich der Nootkahäuptling fast 50 Sklaven. Roderick Finlayson, ein Angestellter der Hudson Bay Company, berichtet, daß zwei Tlingithäuptlinge in Fort Stikine je 90 bis 100 Sklaven besaßen, von denen sie die meisten bei den Haida gekauft hatten (Hays 1975, 45). Sklaven konnten von ihrer Verwandtschaft freigekauft werden, was vor allem dann wahrgenommen wurde, wenn die Sklavennehmer in der Nähe wohnten oder wenn die Gefangenen bedeutende Leute waren. Bei den Tlingit wurden zu Beginn des 19. Jhs. als Lösegeld vornehmlich Seeotterfelle in Zahlung genommen (Langsdorff 1817, zit. in Gunther 1972, 181). Je weiter weg von seiner Herkunftsgruppe der gefangene Sklave landete, desto geringer waren seine Aussichten auf Freikauf.

Der Sklavenstatus war vererbbar. Sklaven waren an ihre Eigentümer gebunden, im Unterschied zu den Mitgliedern einer *lineage*, die sich selbständig machen und neue Siedlungen gründen konnten. Sklaven konnten bei religiösen Zeremonien geopfert oder als Geschenke ausgetauscht werden. Man konnte sie aber auch als Arbeiter einsetzen. Oft erledigten sie die niedrigen Hausarbeiten, und mit der Intensivierung des Pelzhandels übertrug man ihnen die anstrengende Arbeit, die Felle der Seeotter zu trocknen und zu dehnen, bevor sie auf dem Markt verkauft wurden. Was ein Sklave zur Zeit der Kontaktaufnahme mit den Europäern wert war, wissen wir nicht. Die Tlingithäuptlinge im Fort Stikine verlangten für ihre Sklaven um 1840 pro Kopf zehn Dollar. Gut 30 Jahre später liehen die Tlingit des Chilkat-Tales den Weißen ihre Sklaven für neun bis zwölf Dollar pro Arbeitssaison aus (Hays 1975, 96). Alte Leute, die 1931 von Oberg befragt wurden, erinnerten sich aus ihrer Jugend (vermutlich das letzte Viertel des 19. Jhs.), daß ein Sklave für vier Chilkat-Decken oder ein Hinterladergewehr gehandelt wurde und daß man für zehn bis fünfzehn Sklaven ein großes Kanu erstehen konnte (1973, 111 f.).

Die Häuptlinge nutzten also ihre führende Rolle im Pelzhandel zur Aufstockung ihres *potlatch*-Vermögens, zum Ausbau ihrer Verwandtschaftsbeziehungen durch gezielte Heiratspolitik, zur Ausweitung ihres Handelsnetzes und zur Stärkung ihrer gesellschaftlichen Vorrechte. Einige Häuptlinge erweiterten durch den Einsatz von Sklavenarbeit die Produktion von Wertgegenständen. In den Gemeinschaften der Nordwestküste beruhte die allgemeine Anwendung gesellschaftlicher Arbeit demnach immer noch auf einer verwandtschaftlichen Produktionsweise. Der Häuptling nahm seine Führungsposition als Geschäftsführer seiner Verwandtschaftsgruppe wahr. Die Einzelhaushalte, die ihm ihre Güter zukommen ließen, damit er seine Verpflichtungen erfüllen konnte, taten dies kraft verwandtschaftlicher Bindungen – und in der Erwartung, dafür bei der Umverteilung entsprechend berücksichtigt zu werden. Die Tatsache, daß in den ethnographischen Berichten so häufig von »nichtsnutzigen Leuten« die Rede ist, spricht allerdings dafür, daß die Beiträge der Verwandten an einen Häuptling – in Form von Arbeitsleistungen oder *potlatch*-Werten – wohl nicht immer automatisch geleistet wurden. Wenn die Leute mit dem Häuptling unzufrieden waren, konnten sie sich von ihm lossagen und wegziehen, was sie tatsächlich auch machten. Und schließlich gab es sogar die Möglichkeit, den Häuptling umzubringen, wenn er mit den Reichtümern seiner Verwandtschaft Mißwirtschaft getrieben hatte.

Als sich die staatlichen Behörden von British Columbia in die Kriege der Ureinwohner einzumischen begannen, gewann die Institution des *potlatch* als Instrument der Konkurrenz und der Bündnispolitik wahrscheinlich noch stärkere Bedeutung – indem sie »Blutvergießen durch das Ausgießen von Reichtümern zu beenden« versuchte. Die wachsende Profitabilität von Sklavenarbeit brachte zeremonielle Tötungshandlungen mehr und mehr zum Verschwinden und trug gleichzeitig zur erfolgreichen ökonomischen Karriere von Emporkömmlingen bei. Aber die Häuptlinge waren nach wie vor auf das *potlatch*-System angewiesen. Wenn diese Methoden gezielter Geschenke eine Art Bankdepot darstellten, wie es der Maquinna der Nootka 1896 in einem Brief an den *Daily Colonist* ausdrückte (Hays 1975, 88), so nicht im Sinne einer Anhäufung von tributärem Vermögen oder Kapital, sondern im Sinne eines Guthabens von Verwandtschaftsbeziehungen.

1830 war der Seeotter rar geworden, und das Zentrum des Handels wanderte von den Inseln zum Festland, dessen Bewohner vor allem darauf aus waren, die Pelzlieferungen aus dem gebirgigen Hinterland in den Griff zu bekommen und im Griff zu behalten. Die Tlingit in Wrangell monopolisierten unter ihrem Häuptling Shakes den Handel mit den Athabascan, die im Quellgebiet des Stikine River lebten. Die Tlingit in Taku kontrollierten den Handel entlang des Taku River, die Tlingit in Chilkat das Chilkat-Tal. Die Anlieger des Milbanke-Sund beherrschten die Routen zwischen Fort McLoughlin und dem inneren Chilkat-Tal. Die Tsimshian, die sich in dem von der Hudson Bay Company gegründeten Fort Simpson niedergelassen hatten, monopolisierten unter ihrem Häuptling Legaic den Handel mit den Gitskan, die am oberen Skeena siedelten und ihrerseits den Handel mit den Sekani kontrollierten; die gleiche Rolle spielten die Bella Coola in Beziehung zu den Alkatcho Carrier. Als schließlich die Hudson Bay Company im Jahre 1849 Fort Rupert gründete, übernahmen die dorthin gezogenen Kwakiutl den Handel mit dem Rest der Bevölkerung.

Im Rahmen dieser Handelsbeziehungen zwischen der Küste und dem Binnenland war der Austausch zwischen den ungleichen Partnern häufig durch verwandtschaftliche Bindungen strukturiert. So integrierten die Bella Coola die Alkatcho Carrier in ihr Netz von Handelspartnern, indem sie Alkatcho-Männern ihre Töchter zur Frau gaben. Diese neuen Verwandten wurden gezielt aus den Reihen der »erfolgreichen Jäger, der geschickten und durchsetzungsfähigen Händler, der vom Glück begünstigten Spieler« rekrutiert (Goldman 1940, 344) – Schwiegersohn wurde, mit anderen Worten, wer dem Bella-Coola-Schwiegervater zu Pelzen verhelfen konnte. Als Gegenleistung erhielten sie adlige Bella-Coola-Töchter zur Frau, mitsamt den Amtstiteln und »großen Namen« der dazugehörigen *lineage*. Damit bildete sich eine Alkatcho-»Aristokratie« heraus, die fest in das *potlatch*-System der Bella Coola eingebunden war. Der bedeutendste »adlige« Alkatcho eines Dorfes wurde zum Häuptling, dem die *potlatch*-Veranstaltungen unterstanden und der das Dorf bei überörtlichen *potlatch*-Zeremonien vertrat. Allerdings hielt sich die tatsächliche Autorität dieser Figuren in Grenzen. Die beschränkte Subsistenzgrundlage der Alkatcho ließ den Austausch von Geschenken nur in kleineren Dimensionen zu: »Bei einem normalen Austausch handelte es sich vielleicht um zehn Decken« (Goldman 1940, 347). Die neuen Besitztümer wurden bei den Bella Coola vernichtet, bei den Alkatcho hingegen lediglich symbolisch »ins Feuer geworfen«. Das *potlatch*-System steigerte die Produktivität der beteiligten Familienverbände; einige Alkatcho-Unternehmer brachte das auf die Idee, sich auch bei den benachbarten Carrier und Chilcotin Pelze zu beschaffen, aber ihre produktive Basis blieb insgesamt begrenzt, damit aber auch die Möglichkeit aufwendigerer *potlatch*-Zeremonien. Die Alkatcho übernahmen auch nicht das ausgeklügelte System von Geheimbünden, das ihre reicheren Verwandten entwickelt hatten. Das war wohl u. a. auch der Schwierigkeit geschuldet, derartige Einrichtungen mit den bescheidenen Mitteln der Alkatcho-Dörfer zu finanzieren. Hingegen pflegten die Bella Coola die Zeremonien dieser Bünde und die damit verbundenen rituellen Vorrechte bewußt weiter, weil sie damit ihre Nachbarn beeindrucken konnten, die zusätzlich noch durch die Magie der Bella Coola eingeschüchtert wurden.

Die dominierenden Handelsvölker machten durchaus den Versuch, ihre Monopolstellung zu verteidigen. Als die Hudson Bay Company 1834 ein Fort am Stikine River errichten wollte, um den Pelzhandel der Tlingit mit den Russen zu unterbinden, drohten die Indianer, das Fort zu zerstören (das schließlich 1839 mit der Zustimmung der Russen gebaut wurde). 1854 entsandten die Tlingit einen Kriegertrupp über 480 km landeinwärts bis ins Yukon-Tal, mit dem Auftrag, das der Hudson Bay Company gehörende Fort Selkirk zu zerstören, von dem sie ihre Handelsbeziehungen beeinträchtigt sahen.

Solch wirkungsvolle Kontrolle über die Handelswege funktionierte zugunsten der Zwischenhändler an der Küste und auf Kosten der Bevölkerung im Landesinneren. Noch 1931 erinnerten sich ältere Tlingit-Indianer mit Genugtuung, wie sie einem europäischen Händler Feuersteingewehre für einen Stapel Pelze von der Höhe einer Gewehrlänge abgekauft hatten, um dann dasselbe Gewehrmodell für einen doppelt so hohen Pelzstapel an die Athabascan weiterzuverkaufen (Oberg 1973, 10). Auch die Sklavenraubzüge und der Sklavenhandel griffen weiter um sich. Die Völker nördlich des Puget-Sund gelangten schon früh in den Besitz von Gewehren und waren damit gegenüber den Salish der Küste im Vorteil, die immer noch mit Pfeil und Bogen kämpften. Sklavenraubzüge nahmen derart überhand, daß flußaufwärts lebende Völker bald nicht mehr wagten, bei ihren alljährlichen Wanderungen an die Pazifikküste herunterzusteigen (Collins 1950, 337). Fort Simpson entwickelte sich zusammen mit The Dalles (am Columbia River) zu einem bedeutenden Sklavenmarkt.

In Fort Simpson und Fort Rupert vollzogen sich auch unter den Tsimshian und den Kwakiutl folgenreiche politische Entwicklungen. Fort Simpson lag im Gebiet der Tsimshian. Neun der vierzehn Tsimshian-Gruppen oder -Sippen, die Lachs- und Olachenreviere am Unterlauf des Skeena und am Nass besaßen, pflegten ein gemeinsames Winterquartier am Metlakatla-Paß (in der Nähe des heutigen Prince Rupert) zu beziehen. Bei diesen Indianern hatte sich innerhalb der Sippen bereits eine Rangfolge der einzelnen *lineages* herausgebildet, wobei dem Oberhaupt der angesehensten *lineage* der höchste Rang zukam. Die Gründung einer Konföderation stellte sie jetzt vor das Problem, wie die neun Sippen einander rangmäßig zugeordnet werden sollten. Ebenfalls eine Föderation bildeten die vier Gruppen der Kwakiutl, die 1849 nach Fort Rupert zogen und unter dem Namen »Fort Ruperts« bekannt wurden. Sie wurden erstmals ausführlich von Franz Boas beschrieben, der vor allem ihr außergewöhnlich blühendes *potlatch*-System herausstellte. Dieses Merkmal hatte aber keineswegs überall und bereits vor dem Kontakt mit den Europäern existiert. Die konkurrenzhafte Form des *potlatch* ist vielmehr eine Erscheinung, »die eigentlich in das Gebiet der Akkulturationsforschung und nicht in das der Ökonomie von primitiven Gesellschaften fällt« (Ruyle 1973, 625). Nach Philip Drucker (1955, 137–140) war die *potlatch*-Konkurrenz unter den beiden erwähnten Gruppen, die sich ja dem gleichen Problem gegenübersahen, besonders stark ausgeprägt. Bei den »Fort Ruperts« stellte sie sich mangels anderer Vorbilder als die Methode heraus, mit deren Hilfe sich eine Rangordnung zwischen den Häuptlingen der vier Gruppen des neuen Bundes ermitteln ließ. Entsprechend diente bei den Tsimshian in Fort Simpson das *potlatch*-System zur Ermittlung des Ranges, den die einzelnen Sippen innerhalb des Bundes einnahmen. Das ist der Grund, warum gerade an diesen beiden Orten die *potlatch*-Konkurrenz »ihre höchste Entwicklungsstufe erreichte – oder vielleicht sollte man sagen: den Gipfel der härtesten Rivalität« (Drucker 1963, 137).

Aber diese Konkurrenzform eskalierte nicht nur die Härte des Wettbewerbs, sondern steigerte auch die verteilte Menge von Geschenken. Helen Codere berichtet, daß es sich bei fünf von zehn *potlatches,* die für die 120 Jahre vor 1849 belegbar sind, um Geschenke im Umfang von 170 bis 220 Decken handelte, und daß in dieser Zeit »keine Tendenz zu umfangreicheren Geschenken« zu verzeichnen war (1961, 443). Nach 1849 ging dagegen die Zahl der verteilten Decken sprunghaft in die Höhe. 1869 kamen bei einer *potlatch*-Zeremonie 9000 Decken, 1895 13000 Decken und bei der letzten derartigen Veranstaltung der Kwakiutl im Jahre 1921 – neben weiteren Geschenken – 30000 Decken zur Verteilung (1961, 443).

Dieser neue Reichtum stammte zum Teil aus dem Pelzhandel; dem Fort Rupert allein brachte der Pelzhandel 1850 schätzungsweise 6000 Pfund Sterling ein (Codere 1961, 457). Aber von 1858 an boten sich den Kwakiutl-Männern in der rapide aus dem Boden geschossenen Stadt Victoria (an der Südspitze der Insel Vancouver) neue Verdienstmöglichkeiten als Tagelöhner, und die Kwakiutl-Frauen begannen ihr Geld als Wäscherinnen und Prostituierte zu verdienen. Die wachsende Konservenindustrie beschäftigte die Männer als Fischer, die Frauen als Arbeiterinnen. In dieser Zeit ging die Bevölkerungszahl in katastrophalem Ausmaß zurück, was großenteils durch europäische Krankheiten wie der Syphilis und den Pocken verursacht war. Die südlichen Kwakiutl, die 1835 noch 7500 bis 8000 Mitlieder gezählt

Abzählen von Decken bei der Vorbereitung einer Potlatchfeier in Fort Rupert. Foto von Franz Boas, 1894 (American Museum of Natural History, New York)

hatten, waren 1881 auf 2300 und 1911 auf 1200 – das heißt: innerhalb von knapp 75 Jahren auf ein Sechstel geschrumpft (Codere 1961, 457). Zur selben Zeit, da das Volumen und die Zirkulation des Geldes zunahmen, konkurrierten also immer weniger Bewerber um den Häuptlingsschmuck und die anderen Amtstitel und Vorrechte. Damit standen den sozial und ökonomisch agilen Mitgliedern neue Möglichkeiten offen. So konnten »Gemeine« am Ende des 19. Jhs. das Aussterben bestimmter Geschlechter und Titelanwärter zum Erwerb von hohen Amtstiteln ausnutzen, wozu sie z. B. Gelder verwandten, die aus Prostitution und Spitzeldiensten stammten (Wike 1957, 311; vgl. Boas 1921, 1113–1117).

1858 war das Schicksal der amerikanischen Ureinwohner des Nordwestens endgültig besiegelt, als die Nachricht über Goldfunde am Fraser River Kalifornien erreichte. Innerhalb weniger Monate fielen Tausende von Goldgräbern ein. In ihrem Gefolge kamen Siedler, die entschlossen waren, sich Land anzueignen, das – wie sie behaupteten – »vernachlässigt und ohne Aussicht auf bessere Nutzung« einfach dalag (zit. in Fisher 1977, 104). Die Folgen hatte ein Ureinwohner der Insel Vancouver Island bereits 1860 klar vorausgesehen, als er meinte, daß »hier bald noch mehr King-George-Leute sein werden und unser Land, unser Feuerholz und unsere Fischgründe übernehmen werden; und daß man uns auf einen kleinen Fleck Erde setzen wird und wir alles tun müssen, was diesen King-George-Leuten gerade in den Sinn kommt« (zit. in Fisher 1977, 117).

* * *

Über drei Jahrhunderte lang blühte und expandierte der Pelzhandel in Nordamerika und zog ständig neue Gruppen der Ureinwohner in die immer weiter ausgreifenden Kreisläufe des Warenaustausches, der sich zwischen den hereinströmenden Europäern und ihren eingeborenen Handelspartnern angebahnt hatte. Dieser Handel kam zuerst mit den Sammler- und Ackerbauvölkern der Waldgebiete und der subarktischen Zone im Osten in Berührung. Mit der Vertreibung der Franzosen und der Aufteilung des Nordens zwischen dem britischen Kanada und den Vereinigten Staaten drang der Handel dann über die Großen Seen hinaus in die subarktische Zone im Westen vor, wobei zugleich in den Präriegebieten eine neue Versorgungsregion entstand. Am Ende des 18. Jhs. errichteten die Händler einen Brückenkopf an der pazifischen Nordwestküste, von wo aus schließlich über die Küstengebirge hinweg eine Verbindung mit den von Osten heranrückenden Handelsposten des Binnenlandes zustande kam. Wo immer der Pelzhandel sich ausbreitete, hatte er ansteckende Krankheiten und verstärkte Kriegstätigkeit im

Gefolge. Viele Ureinwohnergruppen wurden vernichtet und verschwanden für immer; andere wurden dezimiert, aufgesplittert oder aus ihrer ursprünglichen Lebenswelt vertrieben. Die Reste solcher Gruppen suchten bei Verbündeten Zuflucht oder schlossen sich mit anderen Gruppen zusammen, wobei sie oft neue Namen annahmen und eine neue ethnische Identität ausbildeten. Einige Völker wie die Irokesen expandierten ihr Gebiet auf Kosten ihrer Nachbarn.

Gruppen, die an strategisch wichtigen Punkten siedelten oder militärisch stark genug waren, wurden zu Hauptnutznießern des Pelzhandels. Sie kamen zu Wohlstand und entwickelten neue kulturelle Lebensweisen, in denen sich die Gebrauchsgegenstände und Gewohnheiten der Ureinwohner mit denen der Europäer verschränkten. Eine solche kulturelle Durchdringung war möglich geworden, weil anfangs die neuen und willkommenen europäischen Waren in eine einheimische Ökonomie einflossen, die sich noch selbst regulierte. Solange die Ureinwohner in der Lage waren, die im Kontext verwandtschaftlicher Beziehungen aufgebotene gesellschaftliche Arbeitskraft vornehmlich so einzusetzen, daß ihre Selbstversorgung gesichert war, stellten die Produkte, die sie für ihren Teilzeiteinsatz als Pelztierjäger erhielten, eher eine Ergänzung als einen Ersatz für ihre eigenen Produktionsmittel dar.

Bis zum Ende des 18. Jhs. waren die Ureinwohner Amerikas auch als Verbündete der rivalisierenden europäischen Mächte gefragt, die hier ihre politische und militärische Konkurrenz austrugen. Die Indianer waren damals noch unabhängige militärische und politische Akteure – in der Sprache von damals also »Nationen« –, deren Unterstützung durch die Lieferung von Waren, einschließlich Waffen, gewonnen werden mußte. Wenn damals Indianer und Europäer Güter und Dienste austauschten, so ähnelte das eher der Übergabe von Geschenken als einem Austausch von Waren, insofern diese Akte über die rein materielle Ebene hinausgehende Beziehungen ausdrückten. Wie Marcel Mauss aufgezeigt hat, bedeutete der Austausch von Geschenken entweder eine Aufforderung zu Freundschaft und Zusammenarbeit oder zur Einstellung von Fehden und Kriegen.

Wo europäische Güter und Geschenke zugänglich wurden, hat sich die Struktur der Interaktionen innerhalb wie zwischen den Gruppen rasch verändert. In verwandtschaftlich strukturierten Gemeinschaften bedeutete die Möglichkeit, leichter an solche Güter heranzukommen und sie unter Verwandte und Anhänger zu verteilen, daß sich herausragende »große Männer« oder Kriegsführer nach vorn schieben konnten oder daß sich Einfluß und Betätigungsfeld der für die Umverteilungsrituale zuständigen Häuptlinge erweiterten. Geschenke und als Geschenke ausgegebene Güter waren auch ein Mittel, um Bündnisse sowohl zwischen Indianergruppen als auch zwischen Europäern und Indianern zu schmieden. Diese Tauschhandlungen spielten bei der Bildung neuer Gruppen und bei der Entwicklung umfassenderer ethnischer Identitäten eine wichtige Rolle. Manchmal entstanden solche größeren Einheiten oder Konföderationen aus der Verschmelzung vormals eigenständiger lokaler Gruppen, die an einem europäischen Stützpunkt oder Handelsplatz siedelten. Solche Bündnisse konnten aber auch darauf gerichtet sein, die Herrschaft über neue Jagdgebiete oder über Verkehrsrouten zu erobern, die für den Anschluß an das Handelsnetz entscheidend waren. Viele der indianischen »Nationen« oder »Stämme«, die Regierungsbeauftragte oder Anthropologen später als eigenständige ethnische Einheiten ermittelten, entwickelten ihre spätere Gestalt in Reaktion auf die Ausbreitung des Pelzhandels, also auf einen Prozeß, an dem die amerikanischen Ureinwohner ebenso aktiven Anteil hatten wie die Händler, die Missionare oder die Soldaten der hereindrängenden Europäer. Die Geschichte dieser vermeintlich geschichtslosen Völker ist also in Wirklichkeit ein Teil der Geschichte eben dieser europäischen Expansion.

Um diese neuen ethnischen Einheiten zusammenzuhalten, entwickelten die amerikanischen Ureinwohner übergreifende kollektive Bräuche und Rituale. Manchmal verliehen sie traditionellen Kulturformen neue Funktionen – so etwa, wenn das Totenfest der Algonkin in ein »Handelsritual« umgewandelt wurde oder wenn sich die Institution des Schamanenwettstreits zur Midewiwin-»Kirche« weiterentwickelte oder wenn die *potlatch*-Zeremonie an der Nordwestküste die Funktion gewann, Handelspartnerschaften zu schmieden bzw. unter konkurrierenden Gruppen eine Rangordnung zu ermitteln. Es kam aber auch vor, daß sich die Ureinwohner umfassendere Solidaritätsverpflichtungen schufen, indem sie kulturelle Formen verschiedenen Ursprungs in neuartiger Weise kombinierten. Das war z. B. bei den Prärieindianern der Fall, die mit dem Sonnentanz ein Gruppenritual entwikkelten, das ihrer mobiler gewordenen Lebensweise entsprach.

Als die europäischen Händler ihre ökonomischen und politischen Positionen konsolidierten, gerieten die ausbalancierten Beziehungen zwischen ihnen und den eingeborenen Pelztierjägern aus dem Gleichgewicht. Je mehr die internationale Kriegstätigkeit nachließ, desto weniger bedachten die europäischen Autoritäten ihre amerikanischen Verbündeten mit politisch motivierten Zuwendungen. Die Ureinwohner selbst wurden mehr und mehr von den Handelsposten abhängig, und das nicht nur hinsichtlich ihrer Berufsausrüstung, sondern auch hinsichtlich ihrer eigenen Subsistenzmittel. Diese wachsende Abhängigkeit zwang die eingeborenen Pelztierjäger und Pemmikanlieferanten, einen immer größeren Teil ihrer Arbeitskraft für ihre Handelstätigkeit aufzuwenden, damit sie die ihnen von den Händlern vorgeschossenen Waren abzahlen konnten. Indem sie ihre Subsistenztätigkeiten aufgaben, wurden sie zu »Verrechnungs«-Arbeitern in einem Vorschußsystem, in dem die Unternehmer die Produktions- wie die Konsumtionsmittel in Erwartung zukünftiger Warenlieferungen verauslagten. Dieser »Verrechnungs«-Status fesselte die amerikanischen Ureinwohner innerhalb des kontinentalen und internationalen Handelsnetzes noch unerbitterlicher an ihre neue Position – und zwar als abhängige Produzenten und nicht mehr als Partner.

Kapitel 7

Der Sklavenhandel

In Südamerika hatte sich die Jagd nach Reichtümern vor allem auf Gold und Silber gerichtet. In Nordamerika war man hinter dem Biber her, den die eingeborenen Micmac »den Liebling« der Europäer nannten. Zur wichtigsten Ware Afrikas wurde das »Schwarze Elfenbein« – Menschen also, die zum Verkauf vor allem in Amerika bestimmt waren.

Der Menschenhandel war weder eine neue Erscheinung noch auf Amerika beschränkt. Lange Zeit hatte die europäische Halbinsel ebenfalls Sklaven geliefert – zunächst nach Byzanz und später in die Islamische Welt. Im Mittelmeerraum wurden bereits im 12. Jh. n. Chr. auf Zypern und Sizilien Sklaven auf Zuckerrohrpflanzungen und im Bergbau eingesetzt. Damals machte die Sklaverei ersichtlich keine Unterschiede zwischen den Hautfarben. Sklavenarbeit wurde auch von den Europäern in Asien angewendet. So holten sich im 17. Jh. die Holländer Sklaven über große Entfernungen aus Madagaskar und Mindanao (Philippinen) zum Arbeitseinsatz in ihren Ansiedlungen am Kap der Guten Hoffnung oder in den Muskatnußpflanzungen der indonesischen Banda-Inseln. Als die Holländer in Java die Stadt Batavia (heute Djakarta) gründeten, siedelten sie dort Sklaven an, die sie vom Golf von Bengalen importiert hatten (Boxer 1973 b, 268f.). Mit der vollen Entfaltung des Sklavenhandels im 15. Jh. bezog man die Sklaven jedoch zunehmend aus Afrika, und die meisten Transporte gingen im Lauf der Zeit Richtung Amerika. Die Nachfrage kam also vorwiegend aus Amerika, die angebotene Ware aus Afrika.

Überblick über den Verlauf des Sklavenhandels

Diese amerikanische Nachfrage durchlief einen mehrfachen Phasenwechsel. Im Lauf des 16. Jhs. wurde sie fortlaufend größer, was auf den Arbeitskräftebedarf in den spanischen Silberminen und Pflanzungen und in den portugiesischen Zuckerrohrplantagen und -mühlen im Nordosten Brasiliens zurückging. Zwischen 1451 und 1600 wurden um die 275 000 Sklaven nach Amerika und Europa geliefert. Im Lauf des 17. Jhs. nahm der afrikanische Sklavenexport nochmals um das Fünffache zu und erreichte eine Gesamtzahl von 1 341 000, was vor allem auf die Entwicklung des Zuckerrohranbaus auf den Karibischen Inseln zurückging (wobei die rapide wachsende Nachfrage auf den Antillen bis zu einem gewissen Grade die Wirkung der Wirtschaftsflaute im Europa des 17. Jhs. ausglich). Die Mitte des 17. Jhs. markiert einen Wendepunkt in der landwirtschaftlichen Produktion des karibischen Raumes. Vor 1650 produzierten die meisten Inseln Tabak, den vor allem europäische Siedler auf kleinflächigen Farmen anbauten. Nach 1650 stellten sich diese Inseln auf Zuckerplantagen um, die von Sklaven bewirtschaftet wurden; Tabak hingegen wurde zunehmend – und ebenfalls unter Einsatz von Sklavenarbeit – auf den großen Tabakpflanzungen des nordamerikanischen Kontinentes, insbesondere in Virginia, North- und South-Carolina angebaut.

Als das Goldene Zeitalter der Sklaverei erwies sich dann das 18. Jh.: Zwischen 1701 und 1810 wurden über sechs Millionen Afrikaner gewaltsam exportiert. Die wichtigsten Zentren der Sklavenarbeit waren die britische Besitzung Jamaika und die französische Besitzung St. Domingue (Haiti). Von den in die Karibik verfrachteten Sklaven arbeiteten zwei Drittel auf den Zuckerplantagen.

1807 schaffte Großbritannien den Sklavenhandel ab; dennoch wurden zwischen 1810 und 1870 noch weitere zwei Millionen Sklaven aus Afrika abtransportiert, von denen viele in Kuba landeten, das im 19. Jh. zum größten Zuckerproduzenten der Karibik aufstieg. Seine höchste Blüte erreichte der Sklavenhandel also eindeutig im 18. und in der ersten Hälfte des 19. Jhs. In die Zeit zwischen 1701 und 1850 fallen allein 80 Prozent aller Sklavenimporte in die Neue Welt.

Initiatoren des Handels entlang der afrikanischen Westküste waren die Portugiesen, die nach der Kolonisierung der Inseln im Atlantik weiter nach Süden vordrangen. 1402 besiedelten sie Madeira, das schon auf Karten aus dem 14. Jh. verzeichnet ist. Die Kanarischen Inseln waren bereits 1344 von Kastilien erobert worden, aber einige dieser Inseln begannen die Portugiesen erst im zweiten Viertel des 15. Jhs. zu besiedeln, wobei sie sich – wie schon ihre kastilischen Vorgänger – gegen die weißen Ureinwohner der Inseln, die Guanche, durchsetzen mußten. Diese wurden von den Portugiesen zu Sklaven gemacht und nach Madeira geschafft, wo man sie beim Bau der Bewässerungsanlagen einsetzte, die Madeira in kurzer Zeit in »ein wahres landwirtschaftliches Paradies« mit Weizen- und Zuckerrohrfeldern verwandelten (Greenfield 1977). 1431 nahmen die Portugiesen zum erstenmal die Azoren ein. Der erste portugiesische Handelsposten (*feitoria*) entstand 1445 auf der kleinen Insel Arguin direkt vor der Küste Mauretaniens. Es folgten im Jahre 1470 die Entdeckung der Inseln Sao Tomé und Principe im Golf von Guinea und 1471 die der Insel Fernando Poo östlich der Nigermündung. 1482 wurde dann schon der zweite bedeutende Küstenhandelsplatz in El Mina in der Bucht von Benin gegründet, 1503 folgte ein weiterer Posten in Axim (beide im heutigen Ghana). 1483 segelte Diego Cão den Kongo hinauf und eröffnete eine Phase »freundschaftlicher Beziehungen« zwischen dem Königreich Kongo und dem König von Portugal.

Am Anfang war der portugiesische Handel in Westafrika nicht in erster Linie auf Sklaven aus. Die frühen portugiesischen Entdeckungsreisen galten der Suche nach Gold und Gewürzen, und die Schiffe der Kauffahrer brachten Gold, Pfeffer, Elfenbein, Färbeholz, Kautschuk, Bienenwachs, Leder, Holz und eben auch Sklaven nach Hause. Unter Don Manuel I. (1496–1521) schafften die Portugiesen allein aus Elmina pro Jahr durchschnittlich 170000 *dobras,* d. h. Goldmünzen, heran (Boxer 1973 a, 29). In umgekehrter Richtung lieferten die Portugiesen nach Afrika: Textilien aus England, Irland, Frankreich und Flandern, Weizen aus Marokko, von den Atlantikinseln vor der afrikanischen Küste und aus Nordeuropa, Messingwaren und Glasperlen aus Deutschland, Flandern und Italien sowie Austernschalen von den Kanarischen Inseln. Die portugiesischen Händler exportierten also in erster Linie die von anderen Völkern produzierten Waren. Bald wurde allerdings Tabak aus Brasilien in Afrika zu einem begehrten Artikel, der den Portugiesen für die weitere Dauer ihres Afrikahandels einen kontinuierlichen Absatz garantierte.

Obwohl also die Portugiesen mit vielen verschiedenen Waren handelten, erwies sich von Beginn an auch der Sklavenhandel als eine lukrative Sache. Zwischen 1450 und 1500 dürften die Portugiesen die Riesenzahl von 150000 Sklaven erworben und viele von ihnen nach Portugal transportiert haben (Boxer 1973 a, 31). Der Sklavenhandel nahm einen zusätzlichen Aufschwung, als sich um 1500 herausstellte, daß die vormals unbewohnten Inseln Sao Tomé und Principe ideale Bedingungen für den Zuckeranbau boten. Der Zufluß afrikanischer Sklaven nahm daraufhin noch zu, zusätzlich wurden auf diesen Inseln aber auch andere Gruppen – wie z. B. aus Portugal deportierte jüdische Kinder – angesiedelt. Sao Tomé entwickelte sich zu einer treibenden Kraft des aufblühenden Zucker- und Sklavenhandels: Zwischen 1500 und 1530 steigerte es seine Zuckerproduktion um das Dreißigfache. 1520 entstanden aber auch die ersten Zuckerrohrpflanzungen in Brasilien, das bald zum größten Abnehmerland für afrikanische Sklaven wurde.

Die Portugiesen spielten also im 15. und 16. Jh. für den Sklavenhandel die Rolle des Hauptlieferanten, dann aber begann die holländische Westindien-Kompanie in die portugiesischen Reviere hineinzudrängen und den Handel zu dominieren. Das Auftauchen der Holländer an den afrikanischen Küsten ist im Zusammenhang mit ihren von 1624 bis 1654 verfolgten Bemühungen zu sehen, den Portugiesen die Herrschaft über die brasilianische Zuckerküste abzujagen. Auch bei ihrem Vordringen nach Ostafrika griffen die Holländer 1607 und 1608 portugiesische Positionen in Mozambique an; in Westafrika eroberten sie 1637 die an der Goldküste gelegenen Orte El Mina, Axim und Shama, und zwischen 1641 und 1648 hielten sie die Küste von Angola besetzt. 1654 verloren sie jedoch ihren letzten Stützpunkt in Brasilien, und seitdem ließen sie von dem Versuch ab, in Brasilien und in Afrika eine richtige territoriale Herrschaftsbasis zu erringen. Allerdings behielten sie die vor der südamerikanischen Küste liegenden Karibikinseln Curaçao und Aruba.

Anstatt selbst Rohzucker zu produzieren, gingen die Holländer dazu über, den karibischen Zuckerproduzenten Kapital und die nötigen Kenntnisse zur Verfügung zu stellen und Sklaven zu liefern. Ein Großteil des für Europa bestimmten brasilianischen Zuckers landete nach wie vor in Amsterdam, weil die Portugiesen ihren Rohzucker in holländischen Zuckermühlen verarbeiten ließen. 1660 bekamen es die Holländer dann allerdings erstmals mit einer organisierten britischen Konkurrenz zu tun, und zwar in Gestalt der sogenannten Royal Adventurers into Africa und ihres durchsetzungsfähigeren Nachfolgers, der Royal Africa Company. Seit 1664 begannen auch die Franzosen, eine Reihe von Handelskompanien mit Privilegien für die südatlantische Region auszustatten.

Wie vor ihnen die Portugiesen, wollten auch die Engländer anfangs nicht nur in den Sklavenhandel einsteigen. Ende des 17. Jhs. war Gold die wichtigste Handelsware der Royal Africa Company. Schätzungen zufolge soll die Goldküste von 1500 bis 1700 jährlich Gold im Wert von 200 000 Pfund Sterling exportiert haben. Seit Beginn des 18. Jhs. jedoch wurden Sklaven zur wichtigsten Ware im Afrikahandel, und zur führenden Macht in diesem Handelszweig wurden die Engländer. Zwischen 1701 und 1810 exportierten die Engländer aus Westafrika über zwei Millionen Sklaven, d. h. etwa zwei Drittel aller von den drei großen Sklavenhändlernationen verfrachteten Menschen. Die beiden anderen, nämlich Frankreich und Portugal, transportierten im selben Zeitraum je etwa 600 000 Sklaven ab. 1710 traten an die Stelle der Royal Africa Company, die ihren Sitz in London hatte, private Handelsunternehmen, die von Bristol aus operierten. Die Vormachtstellung Bristols ging dann an Liverpool über, das bis zur Abschaffung des Sklavenhandels im Jahre 1807 zum führenden Hafen Europas für Sklavenschiffe wurde. Liverpool hatte für seine Rolle insofern eine günstige Lage, als sein sich zunehmend industrialisierendes Hinterland Kapital wie billige Industrieprodukte lieferte, die man in Afrika den Zulieferern der Sklaven zum Tausch anbieten konnte. Der wichtigste französische Sklavenhändlerhafen war Nantes, aber nach 1763 beteiligten sich an diesem Handelszweig weitere französische Häfen, die damit den Verlust des kanadischen Pelzgeschäfts wettzumachen versuchten.

Es steht fest, daß die Zahl der nach Amerika transportierten Sklaven ständig gestiegen ist, aber umstritten bleibt, wie hoch die dabei erzielte Profitrate lag. Einzelne Händler verbuchten Gewinne von bis zu 300 Prozent (Craton 1974,120); viele gingen aber auch bankrott. Die Sklavenhändler mußten an die afrikanischen Autoritäten vor Ort Gebühren und Steuern abführen, sie mußten einheimische Arbeitskräfte anheuern und die Kosten auffangen, die durch Verzögerungen bei der Verladung entstanden, sowie Verluste an Mannschaften und Sklaven bei der Überfahrt einkalkulieren. Insgesamt aber war das Geschäft zweifellos profitabel. Der britische Merkantilist Malachy Postlethwayt, der in seinen Traktaten die Interessen der Royal Africa Company verteidigte, behauptete, daß »der Negerhandel und die daraus entspringenden natürlichen Folgen wohl zurecht als ein unerschöpflicher Fundus an Reichtum und Seemacht für diese unsere Nation gewürdigt werden« (zit. in Davis 1966, 150). Der Sklavenhandel war für diesen Autor »der Ausgangspunkt und die Grundlage für alles weitere, die Triebfeder der Mechanisierung, die alle Räder in Bewegung setzt« (zit. in Craton 1974, 120). 1700 rechnete die Royal Africa Company beim Verkauf ihrer Sklaven mit einem Erlös, der dem vierfachen Wert der für sie ausgetauschten Handelswaren entsprach – die privaten Händler rechneten sogar mit einem Gewinn im Verhältnis von sechs zu eins. Craton schätzt die Summe aller Profite im Zeitraum von 1620 bis 1807 auf etwa 12 Millionen Pfund Sterling, wobei allein die Hälfte dieser Profite zwischen 1750 und 1790 zusammenkam (1974, 117). Klingsberg schätzte die Jahresprofitrate des Handels für das 18. Jh. auf 24 Prozent (in: Davis 1966, 155, Anm. 60), nach den Berechnungen von Anstey lagen die Gewinne allerdings zwischen 1769 und 1800 niedriger, nämlich zwischen 8 und 13 Prozent (1977, 84).

Für die beteiligten Länder Europas hatte der Sklavenhandel auch indirekte ökonomische Auswirkungen. Die Waren, die man an den afrikanischen

Küsten für die Sklaven in Zahlung gab, mußten in den Heimatländern der Händler produziert oder gekauft werden. Also stieg der Wert der britischen Exporte nach Afrika zwischen 1730 und 1775 um etwa 400 Prozent. Von diesem Handel profitierten die Fabrikanten dieser Waren wie die Lebensmittellieferanten und die Seeleute der Flotten, und alle diese Gruppen haben sich auch verschiedentlich mit Petitionen für die Fortsetzung des Gewerbes eingesetzt. Profite, die zum großen Teil in die Heimatländer ihrer Besitzer zurückflossen, brachten auch die mit Sklavenarbeit betriebenen Plantagen. Die westindischen Zuckerpflanzungen machten vor 1700 pro Jahr etwa 20 Prozent Profit, zwischen 1750 und 1775 mindestens 10 Prozent und 1790 noch etwa 7,5 Prozent (Craton 1974, 139). Aus diesen Zahlen folgert Craton:

»Man kann demnach mit Fug und Recht annehmen, daß die Gewinnsumme aller westindischen Plantagen sich das ganze 18. Jahrhundert hindurch in jedem Jahr zwischen 8 und 12 Prozent des Marktwertes der Sklaven der Zuckerplantagen bewegte.« (1974, 140)

In seinem Buch *Capitalism and Slavery* vertritt Eric Williams die These, aus dem Sklavenhandel und den von ihm lebenden Geschäftszweigen sei das Kapital aufgebracht worden, das England seinen Aufbruch in die industrielle Revolution ermöglicht hat. Mit dieser These unterschätzt Williams wahrscheinlich das Wachstum des inneren Marktes, während er zugleich die Bedeutung Afrikas und Amerikas für die Aufbringung der Kapitalsummen, die das englische Wirtschaftswachstum ermöglichten, überschätzt. Der heimische Markt spielte nämlich eine große Rolle, und die englischen Exporte nach Europa lagen im 17. und 18. Jh. wertmäßig höher als die Exporte nach Afrika und nach den beiden amerikanischen Kontinenten. Aber immerhin schuf die wachsende Nachfrage der englischen Pflanzungen in der zweiten Hälfte des 17. Jhs. »einen Markt, auf dem die englischen Fabrikanten geschützt waren und kaum mit einheimischer Konkurrenz rechnen mußten und dessen Aufnahmekapazität mit dem Anwachsen der kolonialen Exporte rasch expandierte« (Davis 1954, 154). Mehr noch – die englischen Exporte nach Afrika und Amerika schossen im Lauf des 18. Jhs. ums Zehnfache in die Höhe, während gleichzeitig die Exporte nach Europa stagnierten. »Der maßgebliche dynamische Faktor für den englischen Exporthandel in den Jahrzehnten vor der Mitte des 18. Jahrhunderts war daher der Kolonialhandel« (Davis 1954, 290). Insofern sollte man die These von Williams wohl etwas abgewandelt formulieren: Der Atlantik-Handel war nicht die Hauptstütze der industriellen Entwicklung Englands, wohl aber war er für diese Entwicklung »ein maßgeblicher dynamischer Faktor«.

Im Laufe seiner Entwicklung ergaben sich für den Sklavenhandel anstelle der alten Plantagen- und Bergwerksgebiete neue Bedarfsquellen; und mit dem wechselhaften Schicksal von Sklavenhändlern und -lieferanten wechselten auch die Zonen, aus denen sich der Handel versorgte. Zu Beginn, als im 15. Jh. die Portugiesen das Geschäft eroberten, kamen die Sklaven vorwiegend aus der Region, die sich südlich des Senegal-Flusses bis Sierra Leone erstreckt. Sie war von den Kapverdischen Inseln aus leicht zu erreichen, die Portugiesen nannten sie daher *Guinea do Cap Verde* (Curtin 1969, 122). Dieses Senegambia blieb auch im 16. Jh. eine wichtige Lieferregion, in der die Portugiesen auf ihren Kriegszügen nach dem Zusammenbruch des Djolof-Staates zahlreiche Gefangene machten und als Sklaven verkauften. Aber mit dem gleichzeitigen Vordringen der Portugiesen in das Königreich der Ndongo gewann auch diese Region südlich der Kongo-Mündung an Bedeutung (Curtin 1969, 101 f.). Mitte des 17. Jhs. waren die allermeisten Sklaven, die in die iberischen Gebiete der Neuen Welt exportiert wurden, ihrer Herkunft nach »Angolaner«.

Während des 17. Jhs. gingen 42 Prozent aller aus Afrika abtransportierten Sklaven nach Brasilien und 22 Prozent nach Spanisch-Amerika; aber die britischen Gebiete in der Karibik nahmen bereits 20 Prozent, die französischen Gebiete weitere 12 Prozent der Menschenlieferungen ab. Die Engländer bezogen ihre Sklaven jedoch zunehmend aus der neuen Lieferregion Westafrika, die sich über die Getreideküste, die Elfenbeinküste, die Goldkü-

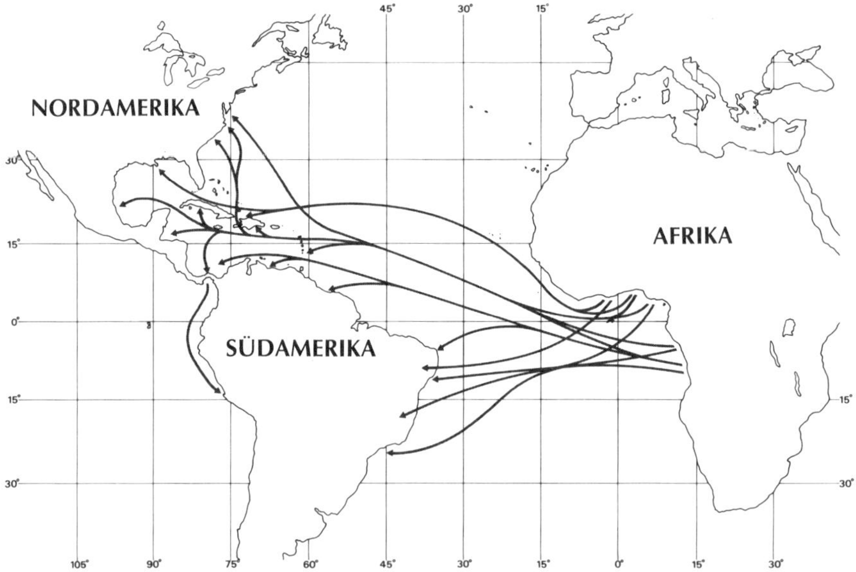

Ausgangs- und Bestimmungsregionen des Sklavenhandels über den Atlantik

ste und die Sklavenküste erstreckte (die heutigen Staaten Liberia, Elfenbeinküste, Ghana, Togo und Benin). Um 1675 stammten 64 Prozent aller von der Royal Africa Company gehandelten Sklaven aus dieser Region (Curtin 1969, 122). Diese geographische Verschiebung hatte wahrscheinlich erhebliche Auswirkungen auf die neuen afro-amerikanischen Kulturen der westlichen Hemisphäre.

Während des 18. Jhs. traten Senegambia und Sierra Leone noch mehr in den Hintergrund, und Westafrika wurde zum wichtigsten Liefergebiet. In diesem Zeitraum stammten etwa 60 Prozent der von portugiesischen, englischen und französischen Händlern exportierten Sklaven aus Westafrika (das waren 3234000 Menschen) und 40 Prozent (2228000 Menschen) aus dem zentralen und südöstlichen Afrika (Curtin 1969, 211). Die Anzahl der Sklaven, die dabei die verschiedenen Regionen innerhalb Westafrikas lieferten, schwankte den wechselnden Umständen entsprechend. Bis 1710 war die Bucht von Benin, also die Sklavenküste, für den Handel von erheblicher Bedeutung, weil hier der strategisch wichtige Hafen von Wydah lag. Zwischen 1730 und 1750 – in dieser Periode fallen Aufstieg und Konsolidierung des Aschanti-Reiches – wurde die Goldküste (das heutige Ghana) zu einer wichtigen Lieferzone. Nach 1740 und dann wieder nach 1760 kamen sehr viele Sklaven auch von der sich westwärts erstreckenden Küste, und hier vor allem aus dem Gebiet des heutigen Liberia, wo sich das Volk der Kru als Sklavenhändler und Seefahrer zu betätigen begann. Ab 1740 wurden auch große Sklavenmassen aus dem Hinterland der Biafra-Bucht, also aus dem Niger-Delta, geliefert. Bis zum Ende des 18. Jhs. exportierte dieses Gebiet in jedem Jahrzehnt mehr als 100000 Sklaven, diese Zahl erhöhte sich in den sechziger und dann wieder in den neunziger Jahren dieses Jahrhunderts sogar auf etwa 140000. Der Anstieg hängt mit dem Auftauchen von Organisationen zusammen, die das Ergreifen und die Auslieferung von Sklaven in den Gebieten, wo die Völker ursprünglich durch Verwandtschaftsbeziehungen strukturiert waren, immer erfolgreicher in den Griff bekamen. Von 1780 bis 1790 schob sich wieder die Sklavenküste mit einem Export von mehr als 120000 Sklaven in den Vordergrund; genau in diesem Zeitraum hat sich das Königreich von Oyo verstärkt am Sklavenhandel beteiligt.

Während des 18. Jhs. breitete sich das Gewerbe auch rasch in Zentralafrika aus. Zwar bezogen die Portugiesen zwischen 1710 und 1730 die meisten ihrer Sklaven aus der Bucht von Benin, aber in keinem der Jahrzehnte zwischen 1730 und dem Ende des Sklavenhandels sank die Zahl ihrer aus Zentralafrika und Mozambique exportierten Sklaven unter 120000, in dem Jahrzehnt nach 1790 stieg sie sogar auf über 180000. Auch die Engländer griffen auf diese Gebiete zurück, aus denen sie zwischen 1781 und 1810 in jedem Jahrzehnt über 100000 Sklaven bezogen. Und die Franzosen kauften in derselben Region im Zeitraum von 1780 bis 1789 130000 Menschen (Curtin 1969, 211). Diese Zahlen belegen eine gewaltige Expansion des Sklavenhandels, die für ganz Zentralafrika weitreichende sozio-politische Auswirkungen hatte.

Die Abschaffung des Sklavenhandels durch Großbritannien im Jahre 1807 setzte zwar dem Zustrom von Sklaven in die britischen Karibik-Besitzungen ein Ende und dämmte auch die Sklavenimporte in die USA sehr stark ein; aber dennoch gingen im 19. Jh. noch immer mehr als 600000 Sklaven an die spanischen Besitzungen der Neuen Welt, davon 550000 allein nach Kuba. Die französischen Karibikinseln kauften zwischen 1811 und 1870 fast 100000 Sklaven, Brasilien sogar 1145000. Die Brasilianer bezogen ihre Lieferungen vor allem aus den Gebieten am Kongo und aus Angola. Immer mehr dieser Sklaven stammten jedoch auch aus dem ostafrikanischen Mozambique, wo das Volk der Yao die östliche Endstation jener wichtigen Route bediente, die der Sklavenhandel inzwischen mitten durch Zentralafrika ausgebaut hatte.

Warum gerade Afrika?

Warum wurde gerade Afrika zum Hauptlieferanten von Sklaven für die westliche Hemisphäre? Genauer: Warum wurde Afrika zum Lieferanten von Sklaven für Europäer – und nicht Europa selbst? Die Antwort auf diese Frage liegt keineswegs auf der Hand, sondern gleicht einem komplizierten Puzzle, wobei aber wenigstens einige Stücke zunehmend deutlicher werden. Erinnern wir uns: im ersten Jahrtausend v. Chr. hatte Europa ja durchaus Sklaven an muslimische Herrscher und an das Byzantinische Reich geliefert. Im Zeitalter der Kreuzzüge hatten Christen Muslims und Muslims Christen zu Sklaven gemacht; auf der Iberischen Halbinsel hielt sich dieses Muster noch bis zum Ende des 15. Jhs. Im 13. Jh. begannen die Genuesen und die Venezianer über Tana am Schwarzen Meer türkische und mongolische Sklaven zu importieren. Im 14. Jh. waren die meisten der nach Europa verbrachten Sklaven dagegen Slawen und Griechen. Sie stellten im 14. und 15. Jh. in der Toskana und im Königreich Katalonien-Aragón einen erheblichen Bevölkerungsanteil. Der Reichtum Venedigs stammte zu einem beträchtlichen Teil aus dem Sklavenhandel. Zwar fanden in Venedig nach 1386 keine öffentlichen Sklavenauktionen mehr statt, aber über private Kaufverträge konnten Sklaven noch bis zum Ende des 16. Jhs. veräußert werden. Bis weit ins 17. Jh. hinein war auch die Piraterie großenteils auf den Sklavenhandel ausgerichtet. Sklaven in Europa waren freilich keineswegs eine exklusive

Erscheinung des Mittelmeerraumes. Noch im 17. und 18. Jh. hatten in Schottland die Bergleute in den Kohlengruben und die Arbeiter in den Salzsiedereien Sklavenstatus, zum Teil mußten sie sogar Halsbänder mit den Namen ihrer Besitzer tragen (John Millar 1781, zit. in Davis 1966, 437; Mantoux 1928, 74f.). Auch wurden schottische und irische Kriegsgefangene als verdungene, dienstverpflichtete Arbeiter (wenn auch nicht als lebenslange Sklaven) in die Neue Welt verschickt.

Zur Beschaffung von Arbeitskräften für ihre Kolonien in der Neuen Welt setzten die Engländer außerdem in massiver Form auf Schuldknechtschaftsverhältnisse (*indentured servitude*), die auf einer vertraglichen Abmachung beruhten, bei der »die Vertragspartner aufgrund gewisser Bestimmungen oder Bedingungen für eine gewisse Zeit der ausschließlichen Macht eines Menschen untertan sind« (Baynes 1641–1643, zit. in Jordan 1968, 62). In der Praxis unterschied sich diese Schuldknechtschaft kaum von der Sklaverei. Die verdungenen Diener wurden häufig noch während der Laufzeit ihrer Verträge ge- oder verkauft. Bei disziplinarischen Vergehen wurden sie hart bestraft, und viele erlebten das Ende ihrer Knechtschaft gar nicht – insofern erging es ihnen nicht viel anders als den in den karibischen Raum importierten afrikanischen Sklaven, deren kurze Lebenserwartung berüchtigt war. In den englischen Gebieten Nordamerikas erlangten zwischen 1607 und 1776 von zehn dieser Dienstverpflichteten durchschnittlich nur zwei nach Ablauf ihrer Verpflichtungszeit den Status eines unabhängigen Bauern oder Handwerkers. Die meisten von ihnen starben noch vor Auslaufen ihres Vertrages, aus dem Rest wurden Tagelöhner oder Pauper (Smith 1947, 297–300). Ihre weiteste Verbreitung fand die Schuldknechtschaft in Nordamerika am Ende des 18. Jhs. Diese Art der Zwangsarbeit mag den Dienstherren gewisse Vorteile geboten haben, denn ein verdungener Diener kostete weniger als ein Sklave. Andererseits war das Vertragsverhältnis zeitlich begrenzt und durch strikte gewohnheitsrechtliche und gesetzliche Bestimmungen eingeschränkt; im übrigen konnte man sich ihm auch relativ leicht durch Flucht entziehen.

Alles in allem sollte man die gesetzlichen und ideologischen Hemmungen hinsichtlich der Versklavung von Europäern nicht überschätzen. Die Frage, warum man Europäer nicht auch in juristisch eindeutiger Form versklavt hat, ist damit aber noch nicht beantwortet. Vielleicht hatte es etwas mit der merkantilistischen Vorstellung zu tun, wonach es die einheimische Arbeitskraft zu erhalten galt (wenn schon die Berufung auf christliche Gleichheitsvorstellungen nichts fruchtete). Innerhalb der Neuen Welt jedenfalls sorgte die Unterscheidung zwischen europäischen Dienstverpflichteten auf Zeit und afrikanischen Lebenszeitsklaven dafür, daß sich zwischen Weißen und

Schwarzen juristisch wie gesellschaftlich in vielfacher Hinsicht eine Kluft auftat.

Warum aber machten die Europäer nicht mehr amerikanische Ureinwohner zu Sklaven? Die Spanier waren – zumal während der ersten Phase ihrer Kolonisierung in der Karibik – bei der Versklavung der Indianer durch keinerlei Skrupel gehemmt. Sie gingen nicht nur auf dem zentralamerikanischen Festland auf Sklavenjagd, sondern auch an der nordamerikanischen Atlantik- und Golfküste. 1520 verschleppte Lucas Vasquez de Ayllon fünfzig Indianer vom nordamerikanischen Festland auf die westindischen Inseln (Nash 1974, 110). In Brasilien setzten die Portugiesen im 16. Jh. die ersten Eingeborenen als Arbeiter im Zuckeranbaugebiet von Bahia ein, und im Laufe des 16. und 17. Jhs. sollen nicht weniger als 350000 Indianer den von Sao Paulo aus operierenden Sklavenjägerbanden in die Hände gefallen sein (Curtin 1977, 6).

In Nordamerika – im Gebiet des heutigen South Carolina – erwarben englische Siedler von den Ureinwohnern neben Hirschfellen auch Indianersklaven, wobei sie ihre Handelspartner, die ihre Sklaven als Kriegsgefangene erbeuteten, mit europäischen Waren bezahlten. Nach einer Formulierung von Gary Nash ließen die Engländer die Indianer »Auftragskriege« führen (1977, 117). So brachten sie die Westos gegen die Indianer des Binnenlandes auf, dann die Shawnee gegen die Westos, dann die Creek gegen die Timucua, die Guale und die Apalachee (von diesen drei Gruppen wurden im Jahre 1704 10000 Menschen als Sklaven exportiert), dann die Catawba gegen die Shawnee, dann die Catawba, die Congaree und die Shwanee gegen die Cherokee; und schließlich die Cherokee gegen alle anderen. Mit dem Yamasee-Krieg von 1715 und 1717 hatte der Sklavenhandel in Carolina seine Konjunkturspitze erklommen, danach verlor er zunehmend an Bedeutung.

Zur Begründung, warum man den amerikanischen Ureinwohnern afrikanische Sklaven vorgezogen hat, wird oft darauf verwiesen, daß die Afrikaner bessere und zuverlässigere Arbeiter gewesen seien. Um 1720 erzielten Afrikaner auf den Sklavenmärkten höhere Preise als Indianer (vgl. Perdue 1979, 152, Anm. 5). Der Hauptgrund wird aber wohl gewesen sein, daß Indianersklaven ihre Herkunftsgruppen in der Nähe wußten, was sie zu Aufsässigkeit und häufig auch zur Flucht ermutigen mußte. Die englischen Kolonisten befürchteten auch, daß ihnen ihre eingeborenen amerikanischen Verbündeten in den Kriegen gegen die Spanier und Franzosen abspenstig werden könnten, wenn sie sich Indianersklaven hielten. Ein letzter Grund lag wohl darin, daß sich die amerikanischen Ureinwohner für die Aufgabe gewinnen ließen, entlaufene afrikanische Sklaven zu ihren Herren zurückzuschaffen. So verpflichteten sich z. B. die Cherokee 1730 in einem Abkommen, entlaufene Sklaven zu ergreifen und abzuliefern, wobei für jeden zurückgebrachten Sklaven ein Gewehr und ein Wollmantel als Prämie geboten wurden (Perdue 1979, 39).

Im Gegensatz zu weißen Zwangsarbeitern und indianischen Sklaven, die sich bis zu einem gewissen Grade der Hilfe ihrer eigenen Gruppe versichern konnten, hatte man die afrikanischen Sklaven solcher Unterstützung gewaltsam beraubt. Schon in Afrika wurden sie bei ihrem Verkauf oder ihrer Gefangennahme von Verwandten und Nachbarn weggerissen; und wenn sie in Amerika landeten, mischte man sie hinsichtlich ihrer ethnischen und linguistischen Herkunft bewußt durcheinander, damit keine innere Solidarität unter den Sklaven aufkommen konnte. Wenn sie dann einem Sklavenhalter zugeteilt waren, wurde ihre Trennung von den weißen verdungenen Arbeitern und den eingeborenen Amerikanern durch ihren rechtlosen Sonderstatus besiegelt und durch aufkommende rassistische Gefühle noch verstärkt. Wenn sie sich davonmachten, diente ihre Hautfarbe als Erkennungsmerkmal für jede »Patrouille«, die sich eine Belohnung verdienen wollte. Mit der Versklavung von Afrikanern konnte demnach ein Arbeitskräftepotential aufgeboten werden, das sich zu anstrengender Dauertätigkeit unter der Befehlsgewalt eines persönlichen Eigentümers einsetzen ließ und dem gegenüber die gesetzlichen und moralischen Hemmungen auf ein Minimum reduziert waren. Der Sklavenstatus schloß also alle alternativen Möglichkeiten aus, die den anderen arbeitenden Bevölkerungsgruppen in der Neuen Welt offenstanden.

Der afrikanische Hintergrund

Warum aber gerade Afrika? Zur Zeit der portugiesischen und spanischen Entdeckungsreisen über den Atlantik war im Mittelmeer ein reger Handel mit Sklaven im Gange. 1453 wurde dann aber das westliche Mittelmeer vom Sklavennachschub aus dem östlichen Mittelmeer und dem Schwarzen Meer abgeschnitten, weil die Osmanen Konstantinopel eroberten und anschließend die Handelsrouten nach Osten blockierten. Zu dieser Zeit hatten die Portugiesen bereits an der afrikanischen Westküste mit dem Sklavenhandel begonnen und spielten die Pioniere für die Holländer, die Franzosen und die Engländer, die auf den portugiesischen Spuren wandelten. Auf seiner ersten Reise im Jahre 1562 kam John Hawkins der Hinweis zu Ohren, »daß Neger in Hispaniola ein guter Handelsartikel waren« (zit. in Jordan 1968, 59).

Hawkins erhielt zwar die Auskunft, daß »man sich an der Küste von Guinea ohne weiteres eine Ladung Neger besorgen könnte«, aber in Wirklichkeit war Afrika damals nicht unbedingt eine Gegend, wo sich die Leute auf den Füßen standen. Für das Jahr 1500 wird die Bevölkerung Westafrikas, also des Gebiets von der Nordgrenze Senegals bis zur Ostgrenze des heutigen Nigeria auf etwa 11 Millionen Menschen geschätzt; das westliche Zentralafrika (heute die Republiken Kongo, Zaire und Angola) hatte damals 8 Millionen Einwohner (McEvedy/Jones 1978, 243 und 249). Die Einführung aus Amerika stammender Nutzpflanzen wie Mais und Maniok trug vermutlich dazu bei, daß die Einwohnerzahl dieser beiden Regionen bis 1800 auf etwa 20 bzw. 10 Millionen anstieg. Angesichts dieser Zahlen erscheint es überraschend, daß sich in diesem Gebiet der Menschenhandel in derartigen Dimensionen entwickeln konnte – aber ebenso überraschend ist die rasche Entwicklung eines Transportsystems, das die Verbindung zwischen der europäischen Nachfrage und dem afrikanischen Angebot herstellte. Bei der Entwicklung dieses Systems wirkten europäische Initiative und afrikanische Kollaborationsbereitschaft zusammen. Die Europäer finanzierten und organisierten das ganze Unternehmen, aber das Ergreifen und die Auslieferung der Sklaven sowie Beaufsichtigung und Unterhalt der Gefangenen bis zu ihrem Abtransport lagen weitgehend in afrikanischen Händen. Ihre Verschiffung, ihre »Akklimatisierung« – also die Gewöhnung der Gefangenen an ihre neue Umgebung – und ihr Verkauf am Ankunftsort waren dann wieder Sache der Europäer.

Der Sklavenhandel wurde Gesellschaften aufgepfropft, die sich in ihrer ökologischen Grundlage ähnlich waren: Brandrodungsanbau von Knollenfrüchten, Bananen, Hirse und Sorghum plus Viehzucht (wo diese möglich war; in einem großen Teil des Waldgürtels konnten z. B. wegen der Tsetse-Fliege keine Rinder und Pferde gehalten werden). Das Handwerk war mit der Eisenverarbeitung vertraut und produzierte Hacken und Äxte wie auch Speerspitzen und Schwerter. Über die ausgedehnten Tauschhandelsnetze und die Marktorte lief ein lebhafter Austausch zwischen Handwerksprodukten und örtlich begrenzt vorkommenden Naturschätzen wie Eisenerz, Kupfer, Salz und Produkten, die aus Palmen gewonnen wurden. Über Grund und Boden wie über die anderen Ressourcen verfügten die *lineages,* welche die korporative Kontinuität zwischen Vorfahren und Nachkommen repräsentierten. Die Angelegenheiten dieser *lineages* regelten die Ältesten, zu deren Aufgabe es auch gehörte, Bündnisse mit anderen *lineages* zustandezubringen. Solche Bündnisse kamen über den Austausch von Brautpreisen zustande, die den Kaufpreis für das Anrecht auf die Reproduktionsfähigkeit der Frauen bzw. das Anrecht auf deren Nachkommen darstellten. Unter den Lebensbedingungen dieser afrikanischen Völker war nicht der Grund und Boden, sondern die Arbeitskraft das knappe Gut; das Anrecht auf die

Arbeitskraft wurde über Verwandtschaftsregelungen festgelegt, die von den Ältesten stellvertretend für ihre *lineage* reguliert wurden.

Diese wechselseitig auf sich einwirkenden *lineages* bildeten zwar in der Regel selbständige soziale und ökonomische Systeme, aber manchmal kamen auch übergreifende Reiche unter der Oberherrschaft von »Gottkönigen« zustande, die als Personen wie qua Status ein Sinnbild übernatürlicher Kräfte darstellten. Wo ein solcher »Gottkönig« darüber hinaus noch die Verfügungsmacht über strategische Ressourcen, wie z. B. Gold, Eisenlager, Salz oder Sklaven und den Fernhandel unter Kontrolle hatte, kamen komplexere »pyramidenartige« politische Strukturen zustande. Diese Reiche führten ihre Entstehung auf einen Ursprungsmythos zurück, der ihre herrschenden *lineages* aus bedeutenden Zentren übernatürlicher Mächte entspringen sah. Die Entstehung solcher Reiche hatte freilich viel mit den wechselnden politischen Beziehungen zwischen den Völkern zu tun, die entlang der Handelsrouten zwischen der afrikanischen Waldzone und der Mittelmeerküste lebten (vgl. Kapitel 2). In dieser Region entstanden als Folge von Kriegen bzw. aus der Beteiligung am Fernhandel feste politische Konstellationen, die zur Herausbildung von Krieger- und Händlereliten führen mußten. Wenn es diesen gelang, einige örtliche *lineages* um sich zu scharen, entstanden pyramidenförmige Herrschaftssysteme. Diese »Pyramiden« ruhten auf einer relativ selbständigen landwirtschaftlichen Basis, aber eine Herrscherschicht faßte die militärischen und ökonomischen Machtmittel in den eigenen

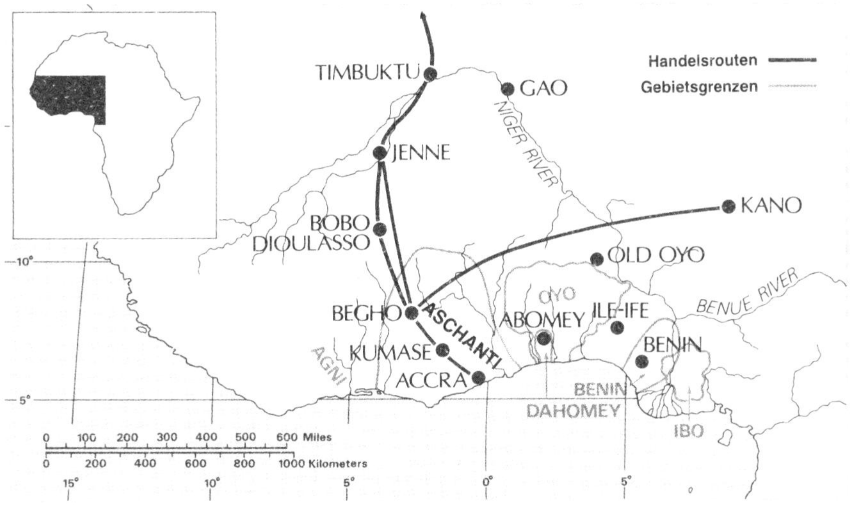

Staatenbildung und Handelsrouten in Westafrika

Händen zusammen und konzentrierte sie am königlichen Hof. Die Verfügung über Land und Arbeitskräfte lag nach wie vor weitgehend bei den *lineages,* die sich aber in Kriegs- und Handelsfragen dem königlichen Zentrum unterordneten. Angesichts dieser Machtverteilung war es möglich, daß die Interessen der »Ältesten«, die auf lokaler Ebene für die wirtschaftlichen Entscheidungen in Sachen Landnutzung und Brautpreisen zuständig waren, mit den weitergespannten Geschäften der religiösen und Händlereliten der königlichen *lineage* verschmolzen. (Diese Konvergenz der Interessen spiegelt sich wohl in der vorherrschenden Ideologie wieder, nach der Autorität nicht so sehr an eine Person delegiert, sondern von vielen wahrgenommen und geteilt wird.) Diese gesellschaftlich-politische Pyramide konnte sich durch die Bildung von Schlüsselmonopolen, intensivere Kriegstätigkeit und die Expansion des Fernhandels ausdehnen, sie konnte aber auch infolge des Eindringens fremder Mächte oder durch Sezession wieder schrumpfen. Und schließlich konnten diese pyramidenförmigen Reiche auch von außen erobert oder unterwandert werden.

Der Kontakt mit den Europäern und mit den von diesen nach Afrika gebrachten Metallen, Eisenwaren, Feuerwaffen samt Schießpulver, Textilien, Rum und Tabak betraf diese Herrschaftssysteme auf zwei Ebenen: erstens hinsichtlich des Kreislaufs der Prestigewaren, die für die Heiratsbündnisse und damit für die Aufteilung der Nachkommenschaft auf die einzelnen *lineages* entscheidend waren; zweitens hinsichtlich des Konsums der Eliten – also an der Spitze der Pyramide, wo sich auch die Beziehungen mit dem Fernhandel festmachten. Man könnte daher sagen, daß die europäische Expansion die vorhandenen afrikanischen Tauschhandelskreisläufe harmonisch ergänzte, insofern sie deren Grundstruktur nicht veränderte, sondern lediglich zusätzliche Güter in die Zirkulation einfließen ließ. Das Zusammentreffen von Europa und Afrika hatte allerdings einen weiteren Aspekt, und der wirkte sich bald nicht nur auf der reinen Zirkulationsebene aus, sondern auch auf den Einsatz der Arbeitskräfte. Solange die Europäer nur hinter Gold oder Pfeffer oder Alaun her waren, blieb das Thema Sklaverei im Hintergrund; als dann aber Menschen als Tauschobjekte gegen Importprodukte nachgefragt wurden, war der innerste Bereich der Produktionsbeziehungen betroffen.

Der aufblühende Sklavenhandel hatte unvermeidlich politische Rückwirkungen auf die Liefergebiete – vor allem, weil sich die Europäer nur in den allerseltensten Fällen eigenhändig als Sklavenhändler betätigen. Sie stützten sich statt dessen, wie der französische Handelsagent Jean Barbot gegen Ende des 17. Jhs. schrieb, auf afrikanische »Könige, wohlhabende Männer und Einkäufer« (zit. in Davidson 1966, 213). Durch diese afrikanische Kollaboration wurden wiederum die bestehenden Staaten gestärkt und die Staatsbildung auch in Gegenden gefördert, in denen vor dem Eintreffen der Europäer noch keine staatsähnlichen Gemeinwesen existiert hatten.

Zwei Gebiete, die für den Sklavenhandel Bedeutung gewinnen sollten, waren schon vor dem Auftreten der Europäer von afrikanischen Staaten beherrscht. Da war zunächst das Königreich Kongo, dessen Gründung auf die zweite Hälfte des 14. Jhs. datiert wird, als sich mehrere hierarchisch organisierte Verwandtschaftsgruppen, die ursprünglich nördlich des Kongo siedelten, als Herrscher über die Völker südlich des Flusses etablierten. Das zweite Gebiet war Benin im südlichen Nigeria. Die Herrscher von Benin sahen sich – wie die Herrscher der später in derselben Gegend entstandenen Staaten von Oyo und Dahomey – als Abkömmlinge der heiligen Yoruba-Stadt Ile-Ife, die nach Osten und Süden Verbindungen mit dem Einzugsgebiet des Niger unterhalten haben dürfte.

In zwei weiteren Gebieten entstanden Staaten erst nach dem ersten Kontakt mit den Europäern. Der erste dieser Staaten lag östlich des Kongo-Reiches, sein Zentrum war die Gegend um den Kisale-See am Oberlauf des Kongo. Von hier nahm die Expansion der Luba-Lunda zu Anfang des 17. Jhs. ihren Ausgang, zu der wahrscheinlich »die ökonomischen Impulse aufgrund der portugiesischen Erschließung der Atlantikküste« den Anstoß gaben (Oliver/Fage 1962, 129). Das zweite Gebiet, in dem sich nach dem Eintreffen der Europäer ein Staat herausbildete, war die Goldküste; dort mußten im späten 17. Jh. einige kleinere Reiche der wachsenden Macht der Aschanti weichen.

Methoden der Versklavung

Was für Menschen waren die Sklaven, und mit welchen Mitteln wurden sie der Sklaverei unterworfen? Vor dem Eintreffen der Europäer gab es drei gängige Methoden, um einen freien Menschen zu einem potentiellen Sklaven zu machen: erstens die Institution der Verpfändung, zweitens die Verstoßung einer Person aus seiner schützenden *lineage* durch einen Richterspruch, drittens die Menschenjagd in Gestalt von Kriegen.

Die erste Methode mittels Verpfändung war weit verbreitet. Zur Begleichung einer Schuld wurde anstelle einer Zahlung eine Person dem Gläubiger als Besitz übertragen. Für die Dauer des Pfandverhältnisses lagen damit alle Verfügungsrechte über die Arbeitskraft, die reproduktiven Tätigkeiten und die Nachkommen des »Pfandsklaven« bei dessen Empfänger. Verpfändungen kamen aber auch im Fall einer Hungersnot vor: Im Austausch gegen die

Verfügungsrechte über die eigene Person oder über Verwandte konnte man sich Nahrungsmittel verschaffen.

Die zweite einschlägige Methode lief über Rechtsprechungsverfahren. Kurz gesagt galt ein Verstoß gegen die Verwandtschaftsordnung und die Regeln des *lineage*-Systems nicht nur als Vergehen an der lebenden Generation, sondern auch an den Ahnen und folglich als Verletzung religiöser Prinzipien. Wenn ein Vergehen durch den Verstoß einer Person aus ihrer *lineage* bestraft wurde, ging diese damit nicht nur die Unterstützung ihrer Verwandtschaft verlustig, man stempelte sie zugleich auch zum Frevler gegenüber der religiösen Ordnung. Wenn man so will, schützte sich die Verwandtschaftsordnung dadurch, daß sie Personen, die diese Ordnung nicht respektierten, einfach ausgrenzte. Einem solchen Sklaven wurden womöglich auch fremde Vergehen angehängt, wenn die *lineage* seines Besitzers oder seine eigenen Verwandten mächtig genug waren, sich selbst der Anklage zu entziehen (Balandier 1970, 338f.).

Eine dritte gängige Methode bestand darin, Kriegsgefangene zu machen. Wie die beiden anderen Methoden lief auch diese darauf hinaus, daß das Opfer aus seiner ursprünglichen *lineage* herausgerissen und der verwandtschaftlichen Unterstützung beraubt wurde. Potentielle Sklaven wurden also ganz allgemein dadurch produziert, daß man – ob es sich um ein Pfandobjekt, einen Rechtsbrecher oder einen Kriegsgefangenen handelte – ihre Bindungen zur eigenen Verwandtschaft kappte und sie der Verwandtschaftsgruppe des neuen Besitzers überstellte.

Zum Verständnis dieser innerafrikanischen Versklavung muß man sich klarmachen, daß ein Pfandsklave bzw. ein Sklave durchaus zum funktionierenden Mitglied seiner neuen Gruppe werden konnte, und dies selbst, wenn ihm eine verwandtschaftliche Bindung an die *lineage* seines Besitzers verwehrt wurde. Verpfändung und Sklaverei konnten daher relativ positive Auswirkungen zeitigen und hatten jedenfalls keine Merkmale der Leibeigenschaft an sich, welche die Sklaverei dann in der westlichen Hemisphäre kennzeichneten. Aber natürlich waren weder Pfandsklaven noch Sklaven gleichberechtigte *lineage*-Mitglieder und konnten deshalb von ihren Besitzern zu allerlei Machenschaften herangezogen werden. Mary Douglas hat dargelegt, daß diese Möglichkeit, Pfandsklaven zu manipulativen Zwecken einzusetzen, vor allem in matrilenaren gesellschaftlichen Zusammenhängen eine große Bedeutung erlangte:

»Eine verpfändete Frau produziert *lineage*-Glieder anderer Klans, von denen der Besitzer dieser Frau erwarten darf, daß sie in seinem Dorf wohnen bleiben und seiner Kontrolle unterstehen. Er kann ihre Töchter an die jungen Männer seines Klans verheiraten und damit innerhalb seines Klans eine eigene lokale Untergruppe aufbauen. Ihre Söhne, die ebenfalls zu seinen Pfandsklaven werden, kann er dazu bringen, in seinem Dorf zu bleiben. Indem er ihnen Frauen seines eigenen Klans anbietet, kann er der Neigung der Männer entgegenwirken, sich den Haushalten der Brüder ihrer Mutter anzuschließen. Auch kann ein Besitzer zwischen Pfandsklaven, die aus unterschiedlichen Klans stammen, kunstvolle Bündnisse einfädeln.« (1964, 303)

Wo Polygamie (»Vielweiberei«) herrschte, konnte die Pfandsklaverei innerhalb der *lineage* den Ältesten, die über die Verteilung der Frauen und der Brautpreise befanden, zusätzliche Macht verschaffen (vgl. Douglas 1964, 310).

Die drei geschilderten Methoden wirkten sich auf unterschiedliche Weise aus, je nachdem, ob sie sich auf der Ebene der Ackerbauernhaushalte oder auf der Ebene der »geschäftsführenden« Eliten abspielten. Pfandsklaven, Rechtsbrecher und Gefangene im Besitz von Häuptlingen und Herrschern wurden nicht in einen Haushalt aufgenommen, sondern als Arbeiter auf den Feldern des Häuptlings, in den Goldminen der Herrscher oder beim Transport von Fernhandelsgütern beschäftigt. Auch Kaufleute setzten Sklaven ein, die ihre Karawanenstationen entlang der Handelsrouten mit Feldfrüchten versorgten oder als Träger zum Einsatz kamen. Für die militärischen, die richterlichen und die Händlereliten stammte also ein erheblicher Teil des Mehrwerts, der ihren Lebensunterhalt ausmachte, aus Sklavenarbeit; und Sklavenarbeit sorgte auch für die Güter und Dienstleistungen, die sie statusmäßig aus der übrigen Gesellschaft heraushoben. Daher wirkten Krieger- und Richtermacht vereint darauf hin, die Klasse, deren Arbeit die Elite ihre Privilegien verdankte, immer größer zu machen (Terray 1975).

Auch der Handel wurde mit Hilfe dieser drei gängigen Methoden mit Sklaven versorgt. Auf diese Weise wirkten sich bereits bestehende Institutionen zugunsten der europäischen Handelsexpansion aus. Afrikanische Gesellschaften spezialisierten sich darauf, den europäischen Händlern Sklaven zu liefern und die wechselseitigen Verknüpfungen herzustellen, die der Sklavenhandel mit sich brachte. Um diesen Handel in all seinen Verästelungen und Auswirkungen auf die örtliche Bevölkerung zu untersuchen, werden wir uns auf die beiden Gebiete konzentrieren, aus denen das Gros der in die westliche Hemisphäre exportierten Sklaven stammte. Das waren Westafrika (insbesondere die Goldküste, die Sklavenküste und das Niger-Delta) und Zentralafrika, also das Herkunftsgebiet derjenigen Schwarzen, die in den Sklavenregistern als »Angolaner« und »Kongolesen« geführt wurden.

Die Liefergebiete: Westafrika

Die Goldküste

Der Sklavenhandel löste an der Goldküste sogleich eine Serie politischer Umwälzungen aus. Während der zweiten Hälfte des 16. Jhs. entstand entlang des Tropenwaldgürtels – in Reaktion auf die neuen kommerziellen Aussichten – eine Anzahl kleinerer Staaten. Einige dieser Staaten gruppierten sich um »große Männer«, die so mächtig waren, daß sie es sich sogar leisten konnten, je nach eigener Interessenlage mal die eine, mal die andere Gruppe europäischer Händler zu unterstützen. Musterexemplare solcher »großen Männer« waren die Brüder Akrosan, die Mitte des 17. Jhs. in Fetu an der Macht waren. Nach dem Tod des älteren Bruders im Jahre 1656 wurde der jüngere Bruder – die Europäer nannten ihn John Claessen – zum »mächtigsten Mann an der gesamten Guinea-Küste« (Daaku 1970, 109). Seine Macht beruhte u. a. auf einer Flotte von Kriegskanus und auf 2000 mit Musketen bewaffneten Soldaten. Er lavierte derart geschickt zwischen den Holländern in El Mina und der schwedischen Handelskompanie, daß er sogar die Bestechungsversuche beider Seiten zurückweisen konnte. Die angebotene Königswürde von Fetu lehnte er ab, weil die rituelle Vorschrift, wonach der König keinen Kontakt mit dem Meer haben durfte, ihn an Verhandlungen mit den Europäern gehindert hätte. Ein anderer »großer Mann« war Akomani von Akwamu, der dank seiner Kanonen mit Leichtigkeit die Festung Christiansborg einnehmen und verteidigen konnte.

Die berühmteste dieser Unternehmerpersönlichkeiten der Küstenzone war jedoch Johnny Kabes aus Komenda. Er wurde um 1640 oder 1650 geboren und starb 1722. Johnny Kabes wurde zu einem der wichtigsten Mittelsleute zwischen den Engländern und den Aschanti, bewahrte sich aber gegenüber beiden seine Unabhängigkeit. Seiner Kontrolle unterstanden Salzgruben und Maispflanzungen – eine wichtige Versorgungsquelle für die Sklavenhändler, wenn sie ihre Fahrt über den Atlantik antraten. Er lieferte Arbeitskräfte und Baustoffe für die Errichtung von Forts und Handelsposten, und er vermietete seine Kanu-Flotten. Obwohl er den Herrscher von Egufo als oberste Autorität anerkannte, hielt er sich seine eigene Armee. Ein Zeitgenosse von Johnny Kabes war Johnny Konny aus Pokoso in Ahanta. Auch er betätigte sich als Mittelsmann zu den Aschanti, und zwar vornehmlich im Handel mit Gold. Er war gegen die Holländer und für die Brandenburgische Handelskompanie eingestellt. Die Holländer schlossen sich sogar mit den Engländern zu einem Bündnis gegen ihn zusammen, konnten ihn aber letztlich nicht ausschalten (vgl. Daaku 1970, Henige 1977).

Daß diese frühen Unternehmer eine eigene Militärmacht unterhielten, verweist auf einen neu ins Spiel gekommenen politischen Faktor: Feuerwaffen. Nun darf man freilich die Wirkung von Gewehren als solchen nicht überbewerten, denn unter den äußeren Bedingungen der tropischen Waldzone waren die frühen Schießwerkzeuge oft nur von begrenzter Wirkung. Diese neuen Waffen entfalteten ihre volle Durchschlagskraft erst, als sie in die Hände von Organisationen gelangten, die wirksam mit ihnen umgehen konnten. Der Staat von Benin war im Gebiet der Goldküste schon vor der Einführung europäischer Waffen entstanden; die in diesem Waldgebiet herrschende Dynastie gab es bereits seit dem frühen 14. Jh., also der Zeit vor den Portugiesen (Bradbury 1964, 149; Kea 1971, 185f.).

Es waren aber nicht nur die Europäer, die den Umgang mit Feuerwaffen und die damit verbundenen militärischen Fertigkeiten nach Westafrika importierten. Im Savannengürtel nördlich der Waldzone war der Einsatz von Gewehren und Schießpulver eher durch Vorbilder aus dem Nahen Osten inspiriert. Die ersten aus Metall gegossenen Geschütze wurden im frühen 14. Jh. in Westeuropa und in Skandinavien eingesetzt, und am Ende dieses Jahrhunderts hatte sich die Kanone über den Balkan bis ins Osmanische Reich ausgebreitet. Handfeuerwaffen kamen auf breiter Front erst im frühen 15. Jh. auf. Um die Mitte dieses Jahrhunderts hatten die Kanone und die Hakenbüchse dann die Kriegstechnik der Osmanen revolutioniert. 1590 zerstörten marokkanische Truppen, die sich aus mit Hakenbüchsen bewaffneten spanischen Muslims sowie portugiesischen und spanischen Kriegsgefangenen zusammensetzten, das Songhai-Reich; und am Ende des 16. Jh. ließ der Herrscher von Bornu eine Abteilung Musketiere von türkischen Instrukteuren aus Tripolis ausbilden (Goody 1971, 52; Davidson 1966, 139). Schußwaffen waren also im nördlichen Randgebiet der Waldzone zur Zeit der Kontaktaufnahme mit Europäern bereits bekannt.

Es versteht sich allerdings, daß erst die massenhafte Verbreitung von Schußwaffen unter den Waldbewohnern dazu geführt hat, das politische Gleichgewicht entscheidend zu verändern und die Bildung neuer Staatswesen zu beschleunigen. Um ihre Forts zu schützen, verteilten die Portugiesen Feuerwaffen an »befreundete Eingeborene« um Elmina, und 1610 begannen auch die Engländer, Waffen zu verkaufen. 1660 war bereits ein florierender Waffenhandel mit den Händlern der Akan im Gange. Die Zahl der Schußwaffen in dem ganzen Gebiet ging nach der Jahrhundertwende steil in die Höhe, denn jetzt begann die englische East India Company völlig unbeschränkt Waffen anzubieten. Allein zwischen 1658 und 1661 verkaufte die Kompanie an der Goldküste 5531 Musketen und das entsprechende Schießpulver. Im Jahre 1700 schrieb der Holländer William Bosman aus Elmina:

»Die wichtigsten militärischen Waffen sind Musketen oder Karabiner, mit denen die Afrikaner bewundernswert geschickt umgehen... Wir verkaufen ihnen sehr große Mengen, und wir liefern ihnen damit ein Messer an die Hand, mit dem sie uns die eigenen Kehlen durchschneiden können. Aber wir sind dazu einfach gezwungen. Denn wenn wir es nicht täten, würden sie mit Leichtigkeit genügend Musketen von den Engländern oder den Dänen oder den Preußen beziehen. Und selbst wenn wir Gouverneure untereinander vereinbaren würden, den Verkauf von Feuerwaffen einzustellen, würden die privaten Händler von englischer oder dänischer Seite mit dem Verkauf weitermachen.« (Zit. in Davidson 1966, 217)

Um 1730 war die Zahl der jährlich nach Westafrika importierten Waffen auf 180000 gestiegen; zwischen 1750 und 1807 bewegten sich die Verkaufszahlen zwischen 183000 und 394000 pro Jahr (Inikori 1977, Richards 1980). Dieser massive Waffenbedarf wurde vor allem durch das Steinschloßgewehr gedeckt. Dieser Gewehrtyp verschaffte seinem Besitzer eine größere militärische Durchschlagkraft und lieferte Organisationen, die ihn wirksam einzusetzen vermochten, das nötige Machtinstrument an die Hand.

Die neuen Perspektiven, die sich damit für den Handel und das Kriegshandwerk auftaten, führten zur Entstehung kleiner Staatswesen, die nach der Feststellung von Kea (1971, 201) sämtliche »auf Feuerwaffen« basierten. Einer der frühesten Staaten war Denkyira am Oda-Fluß. Denkyira bezog seine Feuerwaffen von den Holländern in Elmina und war deshalb stark genug, die Oberherrschaft Adanses abzuschütteln und sich unabhängig zu machen. Weiter östlich verschaffte sich die Akwamu-Föderation, deren Gebiet sich entlang des Birim-Flusses erstreckte, im Jahre 1677 einen Zugang zur Küste, unterwarf die Städte der Ga, insbesondere Groß-Accra, und verschaffte sich direkten Kontakt zu den Engländern, Holländern und Dänen. Mit Unterstützung dieser Europäer dehnten sich die Akwamu weiter aus und schluckten das Fante-Reich von Agona im Westen und die ganze östliche Goldküste bis Wydah (1702). 1729–1730 wurde das Akwamu-Reich jedoch von seinen nördlichen Nachbarn, den Akyem, zerstört, das reiche Goldminen besaß und den kurzlebigen Staat von Akyem Abuakwa organisierte.

Die Machtkämpfe zwischen all diesen Gruppen wurde durch die rasche Expansion der Aschanti beendet, die im 18. und 19. Jh. an der Goldküste dominierten. Die Aschanti bildeten sich erst gegen Ende des 17. Jhs. zu einer eigenständigen politischen Einheit heraus. In den ersten Jahrzehnten dieses Jahrhunderts hatten einige Twi-sprachige matrilineare Verwandtschaftsgruppen begonnen, aus der Adanse-Region wegzuziehen. Einige dieser Gruppen – insbesondere die Ekuono und die Oyoko *mmusua* – gewannen um 1650 politisch die Oberhand, was vermutlich daher rührte, daß sie über den Küstenhandel Feuerwaffen erworben hatten (Wilks 1975, 110). In den sechziger und siebziger Jahren kämpften dann diese *lineages* um die Herrschaft über das Gebiet der Kwaman mitsamt dem alten Goldhandelszentrum Tafo. Zuerst gerieten sie dabei in Abhängigkeit von dem Reich der Denkyira, dem sie Gold und Sklaven abliefern mußten, damit dieses sich Gewehre und andere Güter in El Mina kaufen konnte. Aber 1699 erhoben sie sich gegen die Denkyira, vernichteten zwei Jahre später deren Machtbasis und traten ihre Nachfolge als Handelspartner der Europäer an.

Die Macht des königlichen Stuhles, der zum Symbol der Aschanti-Könige wurde, beruhte offenbar schlicht auf der Fähigkeit des *Asantehene*, also des Herrschers, sich europäische Gewehre zu verschaffen und den Handel zu kontrollieren – mit anderen Worten: auf der Zentralisierung der militärischen und kommerziellen Funktionen. Der goldene Stuhl der Aschanti war auch ein Symbol rechtlicher Souveränität und der gemeinsamen Teilhabe aller Aschanti an einer übernatürlichen Ordnung. Dabei blieben aber die *matrilineages* unter ihren Häuptlingen ziemlich autonom, und dies selbst auf dem Gebiet der militärischen Organisation. Der Aschanti-Staat war also eher ein Bündnis von *lineages* als ein zentralisiertes politisches Gemeinwesen.

Die Aschanti-Herrscher hatten ihre Residenz im Distrikt Kumasi. Dieser Distrikt war zugleich das am dichtesten besiedelte Gebiet, mit einer richtigen

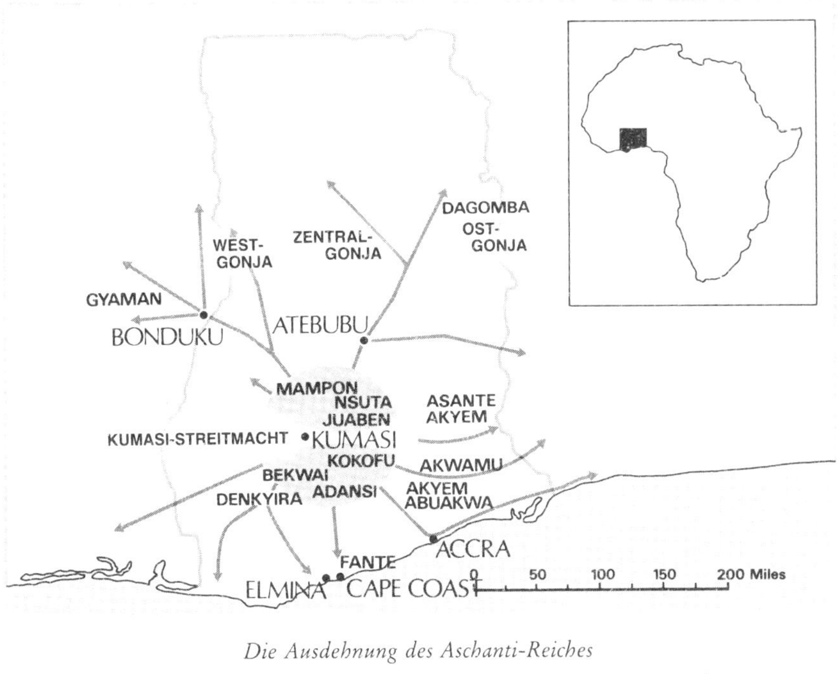

Die Ausdehnung des Aschanti-Reiches

Stadt (die 1817 12000–15000 Einwohner hatte) und einer sehr großen Bauernbevölkerung, die die Häuptlinge und ihre Familien mit Nahrungsmitteln versorgte. Der Distrikt stellte innerhalb der Aschanti-Armee auch die mächtigste militärische Einheit. Kumasi konnte 1817 60000 Soldaten aufbieten, gegenüber 35000 des zweitgrößten Distriktes Dwaben und je 15000 der übrigen drei Distrikte. Solange der Sklavenhandel florierte, waren alle territorialen Untereinheiten des Aschanti-Reiches gemeinsam an der Ausweitung der Aschanti-Herrschaft interessiert, denn diese erschloß ihnen den Zugang zu neuen Handelsrouten und Sklavengebieten.

Die Aschanti breiteten sich – bewaffnet mit ihren ursprünglich von den Holländern gelieferten Musketen – in alle Richtungen aus. Sie überrannten West-Gonja (1722–1723), Ost-Gonja (1732–1733), Accra (1742), Akyem Abuakwa (1744) und Mamprussi (1744–1745). Anfangs des 19. Jhs. sprengten sie das Bündnis zwischen dem Küstenvolk der Fante und den Engländern. Die Bilanz ihrer militärischen Erfolge in der ersten Hälfte des 18. Jhs. spiegelt sich in der riesigen Zahl von Sklaven, die in diesem Zeitraum von der Goldküste exportiert wurden. Mit jedem ihrer Siege fielen den Aschanti Sklaven in die Hände, entweder als Kriegsgefangene oder als Tributleistungen. 1751 erkannte der König von Kpembe die Aschanti als Oberherren an und verpflichtete sich zu einem jährlichen Tribut von 1000 Sklaven. Als die Aschanti 1772 den Herrscher von Dagomba zu ihrem Gefangenen machten, kaufte ihn dessen Sohn für ein Lösegeld von 1000 Sklaven wieder frei (Wilks 1975, 22). Allem Anschein nach prägte sich die militärische Orientierung des Aschanti-Staates unter den Bedingungen eines florierenden Sklavenhandels immer stärker aus. Die Kaufleute blieben unter der Kontrolle dieses Staates, der nicht zuließ, daß sich eine unabhängige Händlerklasse herausbildete.

Der Niedergang des Sklavenhandels im 19. Jh. schwächte entsprechend den Einfluß der militärischen Führer und brachte eine neue politische Koalition hervor. Dabei handelte es sich um ein Bündnis der kommerziellen Unternehmer (*asikafo*) mit der niedrigeren Klasse (*ahiafo*), die sich aus (zumeist aus dem Norden stammenden) Sklaven, aus Pfandsklaven der Aschanti und aus entlassenen Beamten zusammensetzte. Zusammengeschweißt wurde diese Koalition vor allem durch die Frage der militärischen Dienstpflicht (Wilks 1975, 701–720).

Oyo und Dahomey

Das Reich der Aschanti hatte sich von seinem Kern in der Waldzone nach Süden bis an die Küste und nach Norden in die Savannen des Binnenlandes ausgedehnt. Ein zweites Reich – das der Yoruba-Könige um die Hauptstadt Oyo – breitete sich von seinem Zentrum in der offenen Graslandschaft ebenfalls nach Norden und Süden aus; im Norden unterwarf es die am Niger siedelnden Nupe und machte sie tributpflichtig, im Süden knüpfte es in den neuen Hafenstädten Verbindungen mit den Europäern an. Zwischen das Waldgebiet der Aschanti im Westen und die Waldzone, die sich nach Osten bis zum Niger hinüberzieht, schiebt sich ein breites Band offener Savannenfläche bis an die Küste nach Süden vor. In diesem Gelände konnte der Oyo-Staat seine Reitertruppen ganz anders zur Geltung bringen als in den Waldgebieten. Nach dem Erwerb der ersten Pferde von den Haussa im Norden starteten die Herrscher von Oyo um 1550 eine militärische und politische Expansion, an deren Ende sie den ganzen Savannenkorridor bis zur Küste beherrschten.

Diese Herrscher von Oyo mit dem Titel *alafin* gehörten einer Yoruba-sprachigen Dynastie an, die ihren Stammbaum auf Odua zurückführte, den sie als Schöpfer der Erde und als ersten König der heiligen Stadt Ile-Ife verehrten. Auch heute noch glauben die meisten Untergruppen der Yoruba an diesen Gründungsmythos ihres Königsgeschlechtes, und die Rangfolge unter den Königen bestimmt sich nach den genealogischen Verbindungen mit den sechzehn Söhnen des Odua (vgl. Bascom 1969, 9–12). Nun konnten sich zwar die *alafin* auf eine göttliche Abstammung berufen – aber im irdischen Leben sahen sie sich mit der Macht der Adligen konfrontiert, die alle über berittene Truppen geboten. Die Könige versuchten diese Adligen dadurch in Schach zu halten, daß sie ihren Hofstaat aus früheren Sklaven rekrutierten. Daß sich das Oyo-Reich auf Pferde stützte, war seine Stärke und zugleich auch seine Schwäche. Im eigenen Gebiet, das von der Tsetse-Fliege heimgesucht war, konnten sie keine Pferde züchten; diese mußten also mitsamt den Pferdepflegern ständig aus dem Norden eingeführt werden. Um diese Pferde bezahlen zu können, mußten die *alafin* für einen kontinuierlichen Güterfluß in Richtung Norden sorgen. Zu den begehrtesten Handelsartikeln wurden mit der Ankunft der Europäer deren überseeische Importwaren, für die im Austausch Sklaven geliefert werden mußten. Das Oyo-Reich wurde damit zu einem wichtigen Sklavenaufkäufer. Der Rückgang des Sklavenhandels im 19. Jh. ließ diese Austauschstruktur am Ende zusammenbrechen und setzte endemische Konflikte zwischen Adligen und Königen in Gang.

Das Oyo-Reich deckte seinen Sklavenbedarf aber nicht nur aus eigenen Quellen; Sklaven bezog man, neben anderen Handelsgütern, auch als Tribut von unterworfenen Staaten. Einer dieser Staaten war Dahomey, den der Alladaxonu-Klan in der zweiten Hälfte des 17. Jhs. im Gebiet der Fon errichtet hatte. Die Alladaxonu beriefen sich wie die *alafin* von Oyo auf ihre Abstammung von Odua. Und wie andere Zweige der Odua-Nachkommenschaft hatten sie sich ebenfalls einheimische Völker unterworfen und sich auf dem Plateau von Abomey (daher der Name Dahomey) im Savannenstreifen zwischen den beiden Waldzonen als Herrscher etabliert.

Das Dahomey-Reich unter den *Onidada* – das heißt: Könige der Fon - wird häufig als ein völlig autonomes Staatswesen dargestellt, das sich auf eigene Rechnung an der Sklavenjagd und am Sklavenhandel beteiligt habe. In Wirklichkeit mußte Dahomey dem Oyo-Reich Tribute abführen, seit es 1712 von ihm besiegt worden war. Die Herrscher von Oyo unterstrichen diesen Anspruch, indem sie mit ihren Reitertruppen zwischen 1724 und 1730 mindestens fünfmal die Hauptstadt Abomey heimsuchten. Der jährliche Tribut (*agban*) floß fast ohne Unterbrechung über hundert Jahre lang; zu den geforderten Lieferungen gehörten auch gut 1700 Gewehre pro Jahr. Aber diese Angriffe auf Abomey sollten nicht nur den Tributforderungen des Oyo-Reichs Nachdruck verleihen, sondern den Fon auch die Kontrolle über die Küste verwehren. 1725 hatten die Fon das Königreich Ardrah angegriffen, das damals der Oberherrschaft von Oyo unterstand und eine Reihe von Küstenorten beherrschte. Die Fon nahmen einige dieser Häfen ein, darunter Wydah (1727), Savi (1728) und Jakin (1732), mußten aber bald die Kontrolle über Ardrah und Jakin (das heutige Porto Novo, die Hauptstadt des Staates Benin) an Oyo abtreten. Was Wydah betrifft, so stimmten die Fon – nachdem sie versucht hatten, den Engländern die Übernahme des Hafens als exklusiven Dauerstützpunkt schmackhaft zu machen (vgl. Polanyi 1966, 29f.) – nachträglich einem bereits 1704 zwischen dem Herrscher von Savi und den Europäern vereinbarten Abkommen zu, wonach der Hafen allen künftigen Ankömmlingen offenstehen sollte. Die Eroberung von Wydah erlaubte es den Fon, nunmehr systematisch in den Sklavenhandel einzusteigen. Bis 1772 mußten sie sich allerdings mit zahllosen lokalen Aufständen herumschlagen, die entweder aus Oyo oder von verschiedenen ausländischen Handelsagenten und -kompanien unterstützt wurden. Wydah wurde mithin für Dahomey keineswegs zu einem Aktivposten, sondern zu »einer offenen Wunde an seinem Staatskörper« (Polanyi 1966, 33).

Trotz seiner Schwierigkeiten nach außen, die sich bis zur Auflösung des Oyo-Reiches anfangs des 19. Jhs. hinzogen, war der Staat Dahomey nach innen ein hochzentralisiertes Gebilde von großem Zusammenhalt. Grundeinheiten des Staates waren die von Ältesten geleiteten *patrilineages*, die auch im Besitz von Grund und Boden waren. Eine Anzahl solcher *patrilineages* bildeten ein Dorf, das eine eigene Organisation für die Durchführung kommunaler Arbeiten (*dokpwe*) unterhielt. Das Amt des Dorfoberhauptes mußte durch den König bestätigt werden. Aber der neue Staat war nicht nur ein Verband, in dem eine königliche *patrilineage* über die anderen *patrilineages* herrschte. Er verfügte über ein mit Musketen bewaffnetes stehendes Heer, zu dem auch eine königliche Leibwache von 2500 weiblichen Soldaten gehörte. Darüber hinaus galt für den Kriegsfall eine allgemeine Wehrpflicht. Dieser Staat unterhielt auch ein wirksames Besteuerungssystem: Er erhob eine für jedes einzelne Dorf festgesetzte Grundsteuer in Naturalform, dazu Steuern auf Vieh, Salz und handwerkliche Produkte sowie Abgaben für die auf den Märkten angebotenen Güter. Es gab einen Einwohner- und einen Produktionszensus, der mit raffinierten Methoden erhoben und überprüft wurde. Das Königshaus gebot auch über starke rechtliche Kontrollmittel. Verübte ein Häuptling ein Verbrechen, so wurde sein Anwesen zerstört, sein Besitz eingezogen, die weiblichen Mitglieder seines Haushalts als Sklaven verkauft und seine männlichen Abkömmlinge in die Armee gepreßt. Geheimbünde – im westafrikanischen Waldgürtel eine normale Erscheinung – waren in Dahomey verboten, damit sich keine starke Gegenmacht herausbilden konnte. Statt dessen gab es einen Staatskult, der von Priestern ausgeübt wurde, die auch für die Initiationsriten zuständig waren. Um den Staat gegen weitere Gefährdungen abzusichern, durften Mitglieder der königlichen *patrilineage* keine öffentlichen Ämter bekleiden, und zum Nachfolger des Königs konnten nur diejenigen seiner Söhne werden, die nicht-adlige Frauen zur Mutter hatten. Staatsbeamte waren in der Regel »Gemeine«, die man durch Geschenke und durch die Erlaubnis, weibliche Mitglieder des königlichen Klans zu ehelichen, in den Staatsdienst gelockt hatte. Diese Beamten hatten keinerlei Möglichkeiten, eine eigene solide Macht aufzubauen; sie waren nämlich an die Weisungen des Königs gebunden, ihre Positionen waren nicht vererbbar, und in ihrer Arbeit standen sie unter der strengen Aufsicht einer Frau aus dem königlichen Klan, die der Beamte mit »Mutter« anredete.

Auch der Außenhandel unterlag der strikten Aufsicht des Staates. Jedes in Wydah anlegende Schiff wurde vom Repräsentanten des Königs begrüßt, seine Fracht wurde von ihm zugeteilten einheimischen Trägern in die Magazine der Stadt gebracht. Für die Dauer ihrer Geschäfte wohnten die Europäer in der Stadt und bekamen Diener und Begleiter gestellt. Der Handel stand unter der Leitung eines königlichen Beamten. Die Preise für die Güter und die Sklaven setzte der König fest. Die Europäer durften Wydah nur mit Erlaubnis des Königs verlassen. Umgekehrt durften auch Sklavenhändler aus dem Norden die Stadt nicht betreten und direkt mit den Europäern verhandeln, sondern mußten ihre Gefangenen an einheimische Zwischenagenten verkaufen. Schußwaffen oder Munition durften nicht über Dahomey hinaus in die Staaten des Nordens gelangen.

Der Besitz von Sklaven hing ab von einer öffentlichen Bewilligung des Königs, niemand durfte unabhängig vom Staat Sklaven besitzen oder mit Sklaven handeln. Einige Beamte konnten freilich mit ihren eigenen Truppen auf Sklavenjagd gehen, und sie durften die von ihren Soldaten gefangenen Sklaven auch behalten, wenn sie dafür eine Steuer an den Staat abführten. Ebenfalls gegen eine Steuer konnte ein Offizier, unter dessen Führung in einem Krieg eine Stadt erobert wurde, das Monopol auf den Handel dieser Stadt beanspruchen. Nur verlangte man von ihm, sich dabei eines offiziell bestellten, vom Militär unabhängigen Handelsfunktionärs zu bedienen.

Benin

Bevor die Europäer ihre Herrschaft antraten, existierte im Küstengebiet Westafrikas wohl nur ein einziger Staat – das im östlichen Guinea gelegene Benin. Die Herrscher von Benin, die *oba*, führten ihre Herkunft – wie die *alafin* von Oyo und die *onidada* von Abomey – auf Odua aus der heiligen Yoruba-Stadt Ile-Ife zurück. Diese Dynastie hatte um das Jahr 1400 die Herrschaft über die Edo-sprachige Bevölkerung des Benin-Gebietes errungen, was womöglich mit der Entwicklung des Handels auf dem Niger zu tun hatte. Im Gegensatz zum Oyo-Reich, wo der *alafin* sich mit einem erblichen Adel herumschlagen mußte, zeichnete sich der Staat von Benin durch eine Unmenge bündischer Vereinigungen aus, die Nicht-Adligen soziale Aufstiegsmöglichkeiten eröffneten. Diese Bünde waren Korporationen von Amtspersonen und Händlern, wie man sie in ähnlicher Form auch weiter östlich am Niger antreffen konnte. In der wirtschaftlichen Aufschwungperiode dienten sie als ein Instrument, um die Unterstützungsbasis für das Königshaus auch in der einheimischen Bevölkerung zu verbreitern.

Nachdem Benin den Portugiesen anfangs Pfeffer und später Sklaven verkauft hatte, kam es als erste Macht der Sklavenküste in den Besitz von Feuerwaffen. Mit Hilfe ihrer Musketen weiteten die Herrscher das Reich bis nach Bonny im Osten und nach Eko (heute Lagos) im Westen aus. Im Lauf des 17. Jhs. wurde Benin zu einem bedeutenden Sklavenlieferanten. Am Ende des Jahrhunderts jedoch drückte die erstarkende Konkurrenz der anderen Yoruba-Städte die Preise der von Benin exportierten Sklaven in die Höhe, und die Europäer begannen sich nach billigeren Sklaven in Wydah und Calabar umzusehen. Mit dem fortschreitenden ökonomischen Niedergang nahmen auch die inneren Konflikte zu. Zwar konnten die *oba* ihre heilige Position im Zentrum des Staates behaupten, aber um sie herum tobten die Auseinandersetzungen zwischen Mitgliedern des Erbadels, Funktionsträgern der verschiedenen Bünde von höfischen Gefolgsleuten, Vertretern der Gemeinen bei den rituellen Feiern und Mitgliedern der Handelsvereinigungen, die die Routen zwischen der Sklavenküste und den Märkten des Binnenlandes in ihrer Hand hatten. Solche auseinandertreibenden Interessen führten zu inneren Aufständen – mit dem Ergebnis, daß Benin am Ende des 18. Jhs. einen Großteil seiner ehemaligen Macht eingebüßt hatte.

Das Niger-Delta

Die Staaten der Goldküste und der Sklavenküste – also das Aschanti-Reich sowie Oyo, Dahomey und Benin – hatten ihre territoriale Basis im Binnenland und breiteten sich dann in Richtung Küste aus, um die Orte in die Hand zu bekommen, die den Umschlag von Sklaven und Importgütern abwickelten. Anders im Niger-Delta, westlich von Benin: hier entwickelten sich die Zentren des Sklavenhandels an der Küste und entlang der Wasserwege, und so entstanden große Häfen wie Bonny, New Calabar und Old Calabar, über die europäische Güter wie europäischer Einfluß importiert und Sklaven aus dem Hinterland verschifft wurden. Im Gegensatz zur Gold- und zur Sklavenküste, wo der Handel mit Sklaven von tributären Staaten betrieben wurde, faßte dieses Gewerbe im Niger-Delta in einer gesellschaftlichen Struktur Fuß, in der Verwandtschaftsverbände die dominierende Rolle spielten.

Das Niger-Delta war bereits vom Benin-Reich erkundet worden, das Kolonisten unter der Führung von Verwandten oder Anhängern der *oba* in dieses benachbarte Gebiet entsandt hatte. Diese Kolonisten hatten kleine Satellitenstaaten gegründet, deren Beziehungen mit Benin sich wechselhaft entwickelten. Einer dieser Ableger war das Königreich von Aboh. Diese Stadt lag an einem strategisch günstigen Punkt, wo der Niger sich, bevor er ins Meer mündet, in drei Arme verzweigt. Ein weiterer Ableger von Benin war die Stadt Idah, die weiter nördlich auf dem Gebiet des Königsreichs der Igala lag. Von Idah sandten die Igala-Herrscher (*ata*) adlige Häuptlinge aus, die noch weiter landeinwärts neue Kolonien gründen sollten. Über Tributzahlungen wurden aus dieser Region Sklaven, Elfenbein und andere Erzeugnisse herausgezogen, die von den Igala flußabwärts nach Aboh geschafft und dort gegen Salz und europäische Manufakturwaren eingetauscht wurden.

Die Mangrovensümpfe des Deltas unterhalb von Aboh waren von Ijawsprachigen Menschen besiedelt. Sie lebten in Großfamilien-»Haushalten« (*wari*), von denen mehrere ein autonomes Dorf bildeten. Die Ijaw gingen auf Fischfang und sammelten Salz. Für diese Produkte handelten sie sich Feldfrüchte, Geflügel und Vieh ein, das die Ableger-Reiche im Norden lieferten. Das Salz und die Fische der Ijaw gelangten über Händler nigeraufwärts und wurden gegen Yamswurzeln, Palmprodukte, Vieh, Kamholz, Elfenbein und Pottasche eingetauscht.

Als die Europäer mit dieser Küste in Berührung kamen, befanden sich die Ijaw in einer strategisch günstigen Position; sie konnten sich die Verkehrswege zunutze machen, die von den neuen Häfen über die Wasserläufe und Flußarme des Deltas zu den nigeraufwärts liegenden Städten führten. Im frühen 16. Jh. begannen die Königreiche im Norden mit den Ijaw-Dörfern ins Geschäft zu kommen, indem sie ihnen – im Austausch gegen Salz – Sklaven, Bodenprodukte und Vieh lieferten, wofür die Ijaw wiederum von den Europäern Kupferarmbänder bezogen. Bis zum Ende des 17. Jhs. hatten sich die Ijaw-Gemeinden von Kalabari, Andoni, Bonny, Okrika und Brass (Nembe) zu bedeutenden Zentren des Austauschs von Sklaven gegen europäische Manufakturwaren entwickelt. Als im 18. Jh. Feuerwaffen allgemein erhältlich wurden, bestückten die Kriegshäuptlinge der Ijaw ihre 50-Mann-

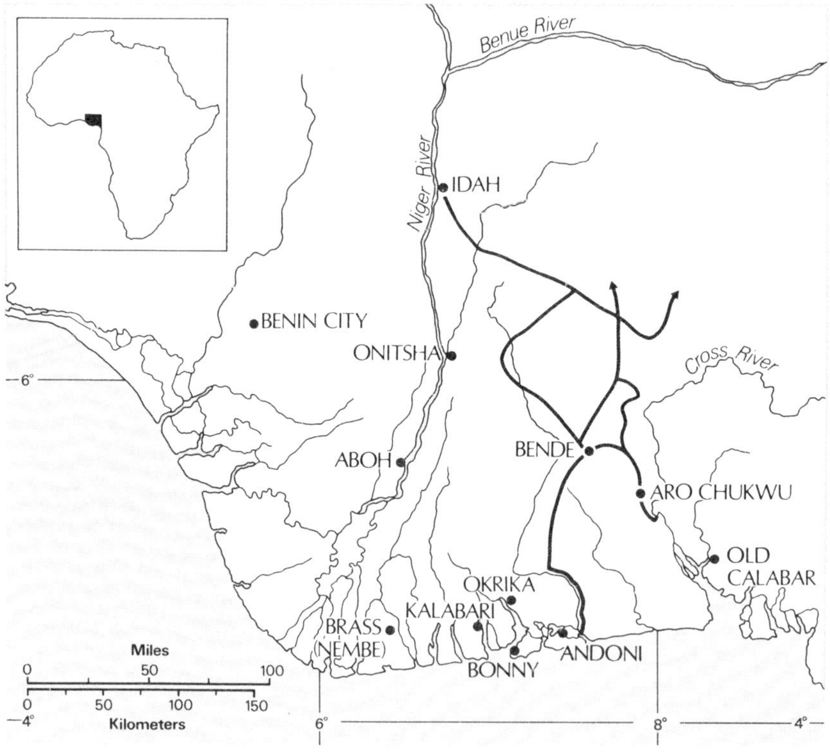

Die Handelsrouten der Aro im Niger-Delta (nach Ottenberg, 1958)

Kanus mit Kanonen und versuchten, sich einen Anteil an dem wachsenden Handel zu erobern. Im Verlauf ihrer Handels- und Kampftätigkeit wurden die Großfamilien-Haushalte der Ijaw allmählich zu »Kanu-Haushalten« – also zu Verbänden, die sich aus Familienmitgliedern und assimilierten Sklaven zusammensetzten und sich voll auf Handels- und Kriegsunternehmungen zwecks Erbeutung von Sklaven verlegten.

Auch in Aboh waren Anfang des 18. Jhs. Kanu-Haushalte entstanden, die über eine große Anzahl kanonenbestückter Kanus verfügten. Aboh wurde für das gesamte Deltagebiet sogar zum wichtigsten Lieferanten dieser Kanus. Nach Aboh wurden die meisten Sklaven von den weiter nördlich ansässigen Igala aus Idah angeliefert. Letztere bezogen aus der Region am Zusammenfluß von Niger und Benue Sklaven und Elfenbein, die sie im Austausch gegen Salz und europäische Produkte nach Süden weiterleiteten. Die Sklavenhändlertätigkeit führte bei der Bevölkerung dieses Gebietes zu einer Polarisierung zwischen *olu* und *igbo* – also zwischen den an den Flüssen lebenden und von Königen angeführten Sklavenjägervölkern (*olu*) und den Bewohnern der höhergelegenen Gebiete, denen die Überfälle galten (*igbo*). Der Ausdruck *igbo* bezeichnete also ursprünglich die Opfer des Sklavenhandels und wurde erst allmählich zu einer ethnischen Bezeichnung für das heutige Volk der Ibo (vgl. Henderson 1972, 40f). Als Ergebnis all dieser Kämpfe stiegen Brass, Kalabar und Bonny zu den wichtigsten Zentren des östlichen Niger-Deltas auf.

Ein weiteres Zentrum des Sklavenhandels entwickelte sich in Old Calabar am Cross River, inmitten der Ibibio-sprachigen Küstenbevölkerung. Auch hier lebten die Bewohner hauptsächlich vom Fischfang, von der Salzgewinnung und vom Austausch ihrer Erzeugnisse gegen Yamswurzeln aus den Ibo-Gebieten weiter im Norden. Gegen Ende des 16. Jhs. verließ eine Gruppe Ibibio-sprachiger Fischer und Händler ihr Heimatdorf und zog an einen Ort, der später als Creek Town (Etunko) bekannt wurde. Ein Teil von ihnen machte sich wiederum zu Beginn des 17. Jhs. von Creek Town auf, um Old Town (Obutong) zu gründen; weitere zwanzig oder dreißig Jahre später entstand aus der Abspaltung einer *lineage* aus Old Town die Siedlung Duke Town (Atakpa). Diese verschiedenen Städte bildeten zusammen Old Calabar. Der Sklavenhandel begann in dieser Gegend in der Mitte des 17. Jhs. Zwischen 1650 und 1841 (in diesem Jahr fand der externe Sklavenhandel sein Ende) wurden von hier schätzungsweise 250 000 Sklaven exportiert (Latham 1973, 22f). An europäischen Waren wurden dafür anfangs Eisen, Kupfer, Metallwaren und Stoffe, ab 1713 dann auch Feuerwaffen bezogen.

In Old Calabar entwickelte sich das Sklavengeschäft bald zu einem »big business«. Wie bei den Ijaw, wo der Sklavenhandel die Großfamilienhaushalte in »Kanuhaushalte« verwandelt hatte, bewirkte er auch bei den Ibibio-sprechenden Efik, daß die *patrilineages* und die aus den Oberhäuptern dieser *lineages* gebildeten Häuptlingsräte zerfielen. An die Stelle der *patrilineages* traten sieben Sektionen; jede von ihnen umfaßte mehrere Großfamilien und *lineage*-Segmente, die sich um einen bedeutenden Händler und seine Sklavengefolgschaft gruppierten. Einige dieser Sektionen vergrößerten ihren Umfang und ihren Wohlstand auf Kosten der anderen. Nach A. J. H. Latham waren es gerade

»diese im Handel erfolgreichsten Sektionen, die auch am raschesten expandierten, weil sich bei ihnen die meisten Vorschußzahlungen ansammelten. Bestimmte Sektionen wuchsen schneller als die anderen, weil die Europäer beim Handel und bei der Kreditvergabe diejenigen bevorzugten, die ihre Schulden prompt und zuverlässig zurückzahlten. Im Lauf der Zeit büßten schlechte Schuldner ihre Kreditquellen ein, und nur noch die kreditwürdigen fanden Unterstützung. Je mehr Vertrauen sie genossen, desto größer wurden ihre Organisationen und ihre finanziellen Reserven, und desto leichter fiel es ihnen, ihre weitergehenden Kreditwünsche zu begründen.« (1973, 51)

Eine englische Reisegruppe mit ihrer Eskorte auf der Fahrt nach Aboh. Zeichnung von William Allen, der in den Jahren 1832/33 im Auftrag der britischen Admiralität den Lauf des Niger zu vermessen hatte; aus seinem Buch: Picturesque Views of the River Niger, *1840 (The New York Public Library)*

Im Gegensatz zu den Ijaw nahmen die Efik keine Sklaven in ihre Großfamilien und *lineages* auf. Sie fühlten sich als eine Oberschicht, die ihren inneren Zusammenhalt pflegte und festigte, wozu u. a. die gemeinsame Verehrung eines Schutzgottes namens *Ndem Efik* diente. Unternehmer, die keinen Efik-Stammbaum hatten, konnten aber durchaus in ihre Reihen aufgenommen werden. Ihnen war nämlich gestattet, der geheimen, nach einem Waldgeist benannten Ekpe-Bruderschaft beizutreten. Diese Ekpe-Bruderschaft (die Europäer nannten sie Egbo), die im 18. Jh. ans Ruder kam, stand freien Männern und auch Sklaven offen. Die Mitgliedschaft mußte man sich erkaufen. Die Bruderschaft war in Ränge aufgegliedert, wobei die obersten vier Rangstufen theoretisch nur von freien Männern erlangt werden konnten (einmal soll es allerdings auch ein als Sklave Geborener zum Vizepräsidenten gebracht haben). Jede Rangstufe hatte einen Vorsitzenden (*obong*), an der Spitze des Gesamt-Ekpe standen ein Präsident (*eyamba*) und ein Vizepräsident (*ebunko*). Die Positionen der Vorsitzenden, des Präsidenten und des Vizepräsidenten gingen in der Regel an Mitglieder der mächtigsten Sektionen; die Mitglieder der höchsten Rangstufe bildeten zugleich den beschlußfassenden Rat, während die zweite Rangstufe die Beschlüsse ausführte.

Diese Bruderschaft nahm verschiedene Funktionen wahr. Zum einen war sie ein gesellschaftlicher Klub, in dem die Männer der wichtigsten Sektionen sich zum Gespräch oder zum gemeinsamen Feiern trafen. Zum zweiten stellte sie die rechtliche Autorität dar, d. h. sie machte die Gesetze und setzte sie durch. Sie konnte Leute zu Bußen verurteilen oder festnehmen oder unter Hausarrest stellen lassen; Gesetzesbrecher konnte sie sogar hinrichten. Sie konnte einen Boykott verhängen, den Besitz eines Mannes beschlagnahmen oder zerstören bzw. die Nutzung des Besitzes mit einem Tabu belegen. Drittens und vor allem hatte die Bruderschaft eine ökonomische Funktion. In ihrer Macht lag es, die Rückzahlung von Schulden zu erzwingen.

»Genau diese Macht, für die Rückzahlung von Krediten zu sorgen, war der eigentliche Grund für die Ausbreitung von Ekpe-Gesellschaften bei den anderen Völkern, die weiter landeinwärts am Oberlauf des Cross River lebten. Denn indem sie eigene Ekpe-Gesellschaften aufzogen, machten sie sich in den Augen der Efik kreditwürdig, konnten also auch Kredite der Efik in Anspruch nehmen.« (Latham 1973, 39).

Aus genau diesem Grund traten auch einige europäische Händler einer Ekpe-Bruderschaft bei.

Die Efik hatten den Sklavenhandel zwar an dem Ort in der Hand, wo die Ware verschifft wurde, aber sie bezogen ihre Sklaven von einer Gruppe aus dem Inland, die sich Aro nannte. Bei diesen Aro handelte es sich um eine bunte Bevölkerungsmischung, die Söldner der Okoyong aus Akankpa in der Nähe von Creek Town um sich versammelt hatten. Söldner für Handels- oder Kriegszwecke anzuwerben war eine durchaus übliche Sache, mit den Aro nahm es aber eine besondere Entwicklung. Sie ließen sich zunächst in der Nähe des Cross River knapp östlich des wichtigen Sklavenmarktes von Bende nieder. Ihr Siedlungsgebiet umfaßte neun Hauptdörfer, die jeweils von einer der ursprünglichen *patrilineages* bewohnt wurden, und zehn Nebendörfer, in denen Teilgruppen dieser *lineages* lebten. Das Oberhaupt der wichtigsten *patrilineage* im Dorf Otusi war zugleich Obehaupt der *lineage*, die den Häuptling der Aro stellte. Die Oberhäupter der neun *patrilineages* bildeten zusammen mit Vertretern der Nebendörfer den Aro-Rat. Nach einer unter den Ibo-Völkern weit verbreiteten Übung richteten sie in Aro Chukwu ein Orakel und ein Pilgerzentrum ein (das bei den Briten später als Big Juju bekannt wurde).

Ausgehend von ihrem religiösen Zentrum in Aro Chukwu begannen die Aro, unter den anderen Völkern Kolonien zu gründen – von kleinen Posten an einer ihrer Handelsrouten bis hin zu großen Siedlungen, die einen Marktort oder eine ganze Gruppe von Dörfern beherrschten. Diese Ableger von Aro Chukwu beherbergten häufig ein örtliches Orakel, dem die Leute ihre Streitfälle vorlegen konnten, wie z. B. Auseinandersetzungen über Grundbesitz- und Erbrechte oder Fehden, Fälle von Zauberei und Hexerei oder gar von Mord. Streitfragen, die nicht auf dieser lokalen Ebene gelöst werden konnten, wurden an das Hauptorakel nach Aro Chukwu verwiesen. Jedes einzelne Aro-Mitglied konnte andere Leute an ein Aro-Orakel vermitteln. Bei dieser Gelegenheit fielen in der Regel Informationen ab, die dem Orakel-richter für seine Urteilsfindung dienlich waren. Wer von einem Orakel für schuldig befunden wurde, konnte mit einer Buße belegt, getötet oder als Sklave verkauft werden.

Die Aro schossen auch Kredite an Personen vor, die nicht zu ihrem Volk gehörten. Damit gewannen sie entweder einen dankbaren Klienten oder aber – bei Zahlungsunfähigkeit – eine Gelegenheit, den Schuldner oder ein Mitglied seiner Familie als Sklaven zu verkaufen. Aber die Aro kamen auch auf andere Weise zu Sklaven: Sie konnten auf den örtlichen Sklavenmärkten einkaufen oder sich Söldner anheuern, die ihnen die Sklaven einfingen. Als Rückgrat all dieser rechtlichen, religiösen und ökonomischen Funktionen verfügten die Aro über Feuerwaffen, die sie in großen Mengen über ihre Handelsverbindungen aus Calabar bezogen.

Die Aro schufen keinen Staat im eigentlichen Sinne des Wortes. In keiner Phase entwickelten sie eine zentralisierte Befehlshierarchie, auch waren sie nicht unbedingt an politischer Herrschaftsausübung interessiert. Und dennoch übten sie einige der Funktionen aus, die wir normalerweise Staaten zuschreiben, wobei sie ihre Rolle als eine Art ökonomischer Mafia mit einer Aura religiöser Legitimität ausschmückten. In dieser Rolle ähnelten die Aro eher dem Irokesenbund oder den warägischen Russen, die im 9. Jh. mit ihrer Fracht von Sklaven und Bernstein wolgaabwärts gefahren waren, als den zentralisierten westafrikanischen Staaten der Aschanti bzw. von Dahomey und Benin.

Die Liefergebiete: Zentralafrika

Das Königreich Kongo

Als die Portugiesen 1483 den Kongo hinauffuhren, kamen sie in direkte Berührung mit einem der größten afrikanischen Reiche – dem Königreich der Bakongo mit der Haupstadt Mbanzakongo (später San Salvador, heute Mbanza-Ngungu). Unter den Staatswesen, die damals am unteren Kongo und an seinen beiden Nebenflüssen Kasai und Sankuru entstanden waren, hatte dieses Königreich die bedeutendste Stellung erlangt. Alle diese Staaten führten ihr Ursprünge offenbar auf ein Ur-Königreich nördlich des Stanley Pool (an dem das heutige Kinshasa liegt) zurück. Ein zweites Gebiet, in dem sich Staaten herausbildeten, liegt im Einzugsgebiet des oberen Kongo und seiner Nebenflüsse – also jenseits der für Schiffe unüberwindbaren Stanley-Fälle. Aus dieser Region um den Kisale-See stammten die Luba- und Songye-Eliten, die bei dieser Staatenbildung eine zunehmend aktive Rolle spielten, als die Einflüssse des Sklavenhandels Richtung Osten bis zu den Ufern des Lualaba-Flusses vordrangen (vgl. Vansina/Mauny/Thomas 1964, 96f).

Mit seiner Fläche von mehr als 150 000 km^2 war das Königreich Kongo ein großer Staat, der sich vom Kongo südwärts bis zum Dande (im heutigen Angola) und von der Atlantikküste ostwärts bis zum Kwango erstreckte. Auf seinem Gebiet lebten zur Zeit der ersten Kontakte mit den Europäern schätzungsweise 2,5 Millionen Menschen. Die gesellschaftliche Organisation dieses Reiches basierte auf matrilinearer Verwandtschaftszuordnung, kombiniert mit einer avunkulokalen Residenzregelung (d. h.: die Frau zieht mit ihrem Mann in das Dorf seines Mutterbruders). Gesellschaftliche Grundeinheiten waren die *matrilineages*, die aber rangmäßig abgestuft waren, mit einer königlichen *matrilineage* an der Spitze. Dabei verheiratete jede *matrilineage* ihre Frauen an die nächsthöhere *lineage*, wofür sie eine Ausgleichszahlung in Form eines Brautpreises und Geschenke erhielt. Zusätzlich gestand ihr die *lineage*, der sie eine Frau abgetreten hatte, alle aus dieser Heirat hervorgehenden Söhne zu. Diese Söhne zogen zu der *lineage* ihrer Mütter zurück, und zwar in den Haushalt der Brüder ihrer Mütter. Bei diesem Prozeß des Frauenaustausches spielte die königliche als die ranghöchste *lineage* nur eine Empfängerrolle. Die Frauen dieser *lineage* konnten auch Nichtadelige und Sklaven heiraten, verblieben aber mitsamt ihrer Nachkommen innerhalb der königlichen *lineage*. Dieses System brachte es zwangsläufig mit sich, daß die Kette von Brautpreisen und Geschenken, die nach unten an die jeweils rangniedrigere *lineage* weitergegeben wurden, von der königlichen *lineage* ihren Ausgang nahmen (Ekholm 1977). Da letztere keine Geschenke erhielt, sondern nur welche verteilte, hing das Funktionieren dieses ganzen Austauschsystems entscheidend davon ab, daß die königliche *lineage* über Mittel verfügte, an die alle anderen Gruppen nicht herankamen.

In der Zeit vor den Europäern bestanden diese Zahlungsmittel aus Kupfer, Salz und *nzimbu*-Muscheln aus dem königlichen Fischereirevier der Luanda-Insel. Dieses Revier hat Pigafetta als »Geldmine« bezeichnet, die »vom König des Kongo und von der Bevölkerung der benachbarten Region in Anspruch genommen wurde« (zit. in Balandier 1968, 130). Für dieses Muschelgeld gab es standardisierte Währungseinheiten: Ein *kofo* (20 000 große Muscheln) entsprach wertmäßig zwei *lufuku* (10 000 große Muscheln), ein *lufuku*

Mbanza oder Salvador, Hauptstadt des Königreichs Kongo. Kupferstich, 1676 veröffentlicht von Olfert Dapper (The New York Public Library)

entsprach wiederum zehn *funda*. Der größte Teil der vor-europäischen Tributzahlungen wurde in *nzimbu*-Muscheln beglichen, diese stellten also das allgemeine Zahlungsmittel des Reiches und das wichtigste öffentliche Finanzierungsinstrument dar. Bei privaten Transaktionen waren als Zahlungsmittel standardisierte Tuchmengen üblich; gegen Ende des 17. Jhs. entsprachen 100 serviettengroße *mpusu* dem Wert von 4000 portugiesischen *reis* bzw. von einem Sklaven (Balandier 1968, 129–132). Demnach liegt es wohl auf der Hand, daß die königlichen Herrscher im Interesse ihres heimischen machtpolitischen Kontos den Zufluß neuer Mittel von außen nur begrüßen konnten.

Die Portugiesen wurden daher von dem *mani kongo*, dem Herrscher des Kongo, mit Freuden empfangen. Für ihre Güter forderten die Portugiesen allerdings Sklaven und Elfenbein. Deshalb mußte jeder von den Portugiesen bezogene Artikel zugleich die Sklavenjagd ankurbeln und die bereits vorhandenen Formen der Sklaverei noch intensivieren. Eine Zeitlang war das Königreich Kongo regelrecht mit den Portugiesen verbündet. Diese entsandten Missionare, um am Hof der Bakongo die christliche Lehre zu verkünden und die Mitglieder des Hofes zu taufen. König Nzinga Nvemba (1506–1543) ließ sich taufen und nannte sich danach Dom Afonso I., wobei er mit seinem alten Glauben zugleich seinen Gottkönig-Anspruch aufgab, wie er dem Verständnis der Bakongo entsprochen hatte. Die Portugiesen boten ihren Verbündeten »technische Hilfe« (wie wir es heute nennen würden) – vielleicht weil sie nur in begrenzten Mengen Manufakturware liefern konnten. Von Lissabon wurden Facharbeiter, Künstler, ja sogar Berater in Fragen der Hauswirtschaft nach Mbanzakongo geschickt, die den Bakongo ihre Kenntnisse vermitteln sollten. Einige junge Bakongo sandte man auch zum Auslandsstudium nach Portugal.

All diese Bemühungen wurden allerdings zunehmend durch den sich ausbreitenden Sklavenhandel zunichte gemacht. 1530 schätzte man den jährlichen Sklavenexport aus dem Kongo auf 4000 bis 5000 *pecas de Indias*, wobei ein *peca* (d. h. Stück) dem Wert eines kräftig gebauten jungen Mannes entsprach; Frauen bzw. männliche Sklaven anderer Altersgruppen waren weniger wert als ein *peca*. Anfangs bezog man die Sklaven aus Regionen jenseits des Bakongo-Reiches, und zwar entweder über den Tauschhandel mit den Teke und den Mpumbu im Nordosten oder als Kriegsbeute bzw. Handelsware von den Mbundu im Süden. Im Lauf der Zeit hatten es die Portugiesen allerdings zunehmend auf das Kongo-Reich selbst abgesehen. Portugiesische Handwerker, Kaufleute, Priester, Schiffsoffiziere und Matrosen, ja selbst königliche Beamte drängten sich auf eigene Faust in den Sklavenhandel. Diese portugiesische Generaloffensive hatte außerdem zur

Folge, daß die europäischen Waren und Waffen nicht mehr nur durch die Hände der königlichen *lineage* flossen, sondern auch bei solchen örtlichen Häuptlingen oder »starken Männern« landeten, die den Portugiesen Sklaven liefern konnten. Auf diese Weise brach das Königreich Kongo als gesellschaftspolitische Organisation zusammen – zugleich auch das hierarchische Gefüge von *matrilineages* und der Austausch von Frauen bzw. ausgleichenden Abgaben innerhalb dieses Gefüges. Dieser Zusammenbruch bedeutete aber auch das Ende der königlichen Macht. Da außerdem die örtlichen Häuptlinge selbst in die Sklavenjagd einstiegen, trat an die Stelle der *matrilinearen* Zuordnung die *patrilineare* Sippe. Denn jetzt begannen die Häuptlinge, die ja für die Sklavenjagd eine männliche Streitmacht benötigten, auch die mit ihren Sklavenfrauen gezeugten Kinder für sich zu reklamieren.

Um ihr Fanggebiet zu vergrößern, dehnten die Portugiesen den Sklavenhandel auch auf das Mbundu-Königreich der Ndongo aus, das sich südlich des Dande-Flusses anschloß. Zu diesem Zweck setzten sie Kongo-Häuptlinge als Oberherren über die Anführer der Mbundu ein und ließen sich von diesen Sklaven anliefern. Diese Geschäftspraktiken hatten private Sklavenhändler aus Sao Tomé erfunden, die ihre Exporte an der Mündung des

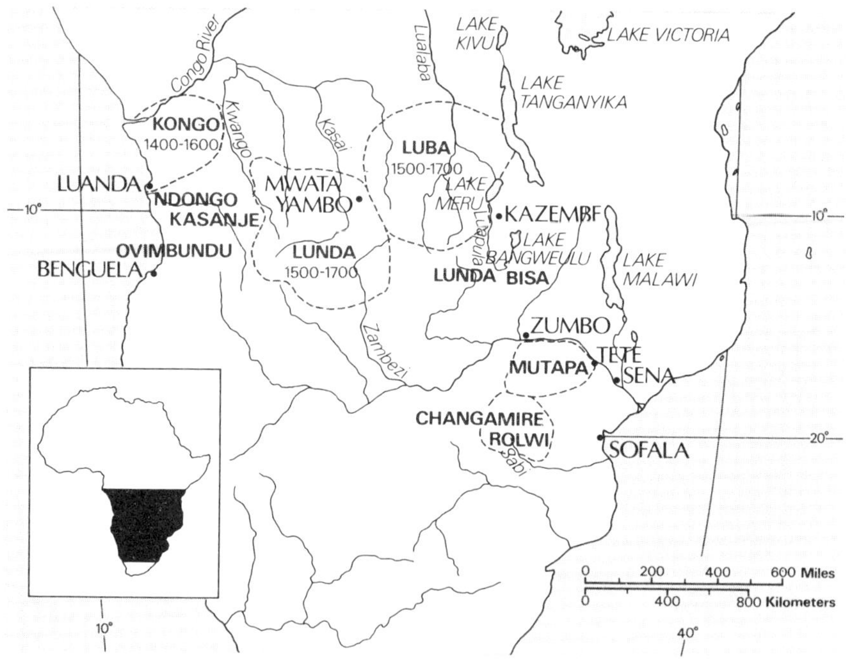

Staatenbildung in Zentralafrika

Kwanza-Flusses abwickelten, obwohl die portugiesische Krone versuchte, alle Sklaventransporte über den kongolesischen Hafen Mpinda zu lenken. Nach 1550 ging das Interesse Lissabons jedoch immer mehr dahin, den Staat der Ndongo stärker unter Kontrolle zu bekommen und ganz im Osten des Gebietes fremde Eindringlinge zurückzudrängen, die sich unter Ausnutzung der Schwäche des Kongo-Reiches auf eigene Rechnung als Sklavenjäger betätigten. Gegen Ende des 16. Jhs. rückten königliche Truppen der Portugiesen nach Angola ein, um dort planmäßig Sklaven zu machen. Das heißt: sie nahmen entweder selber Sklaven gefangen, trieben sie als Tribut von den Mbundu-Häuptlingen ein oder ließen sie sich von euro-afrikanischen Sklavenhändlern, sogenannten *pombeiros*, auf den Märkten des Hinterlandes beschaffen. *Pombo* war ursprünglich der Name eines der wichtigsten dieser Märkte, der bei den Hum am Stanley Pool abgehalten wurde. Dieser Ausdruck wurde nach und nach auf alle afrikanischen Führer von Sklavenaufkäuferexpeditionen ausgeweitet. Die gängige Währung für den Sklavenhandel war Wein und Brandy aus Portugal, Rum und Tabak aus Brasilien, Stoffe aus Europa und Indien, aber auch leichte afrikanische Palmfaserstoffe, die man bei den Waldbewohnern an der nördlichen Grenze des Kongo-Reiches gegen Salz und Muscheln eingehandelt hatte. Der Sklavenhandel weitete sich derart aus, daß Mitte des 17. Jhs. bereits 13 000–16 000 Sklaven (pro Jahr) aus Angola verschifft wurden. Den Niedergang des eigentlichen Königreiches demonstrierten die Portugiesen dann in aller Schärfe, als sie Mitte des 17. Jhs. die *nzimbu*-Reviere besetzten. Mit diesem Akt hatten sie praktisch die königliche Schatzkammer des Kongo-Reiches an König Joao von Portugal ausgeliefert.

Während der Sklavenhandel – und der damit verbundene Warenhandel – in seiner Anfangsphase die afrikanische Bevölkerung an die Küste gelockt hatte, bewirkten nunmehr seine verheerenden Wirkungen, daß sich die Menschen von der Küste nach Osten zurückzogen. Mit diesem Rückzug wollten sie zum einen den Sklavenjägern entgehen. Aber zum anderen äußert sich in diesem Rückzug auch die erfolgreiche Taktik der Sklavenjäger-Häuptlinge, die den Handel weiter im Landesinneren für sich monopolisieren und damit ihre Position gegenüber den Portugiesen verbessern wollten.

Die Imbangala

Der Niedergang des Kongo-Reiches und die Ausweitung des Sklavenhandels ins Innere Afrikas lösten selbst noch in weit entfernten Regionen, jenseits unmittelbarer portugiesischer Einflüsse, eine Kette wichtiger Ereignisse aus.

Das gilt z. B. für das Savannengebiet zwischen dem Oberlauf des Lualaba und dem Kasai, wo sich nach 1500 wichtige politische Veränderungen vollzogen. Diese hatten anfangs vielleicht nicht sehr viel mit Einflüssen von außen zu tun, verknäulten sich aber alsbald unentwirrbar mit anderen Entwicklungen, deren Ursachen im Sklavenhandel lagen. Innerhalb des portugiesischen Einflußbereiches wurden diese Umwälzungen erstmals spürbar, als an den Ostgrenzen des Kongo- und des Ndongo-Reiches Sklavenjäger auftauchten. In Ausnutzung der zunehmend wirren politischen Verhältnisse im Kongo-Gebiet, wo sich Häuptlinge und Unterhäuptlinge um die Königswürde stritten, überrannten bewaffnete Gruppen aus dem Inneren Afrikas die tributabhängigen Filialstaaten der größeren Königreiche und organisierten deren Bevölkerung in eigenständigen Sklavenhändler-Reichen. Die Herrscher dieser Reiche spielten für die Portugiesen in den darauffolgenden 200 Jahren als Sklavenjäger und -händler eine wichtige Rolle; sie verhinderten aber gleichzeitig auch, daß die Europäer weiter ins Innere des Kontinents vordringen konnten. Diese unabhängigen Herrscher werden in der Regel unter dem Namen Imbangola oder Imbangala geführt, aber einige ihrer Untergruppen sind auch als Jaga in die Geschichte eingegangen. In einigen portugiesischen Schauermärchen werden diese Jaga als Kannibalen geschildert, die ihre eigenen Kinder umbrachten, wenn sie ihnen im Wege waren (Miller 1973). Das Auftauchen der Imbangala an den Ostgrenzen des Kongo- und des Ndongo-Reiches wurde vielleicht auch durch die Expansion der noch weiter östlich lebenden Luba- und Lunda-Völker ausgelöst, aber ein weiterer Auslöser war zweifellos die Aussicht auf potentielle neue Sklavenreviere. So installierten die Imbangala eine ganze Kette von Staaten am Kwango, im Gebiet der Ambaka, um Kasanje und im Benguela-Hochland. Kasanje wurde rasch zum wichtigsten Sklavenmarkt für das ganze Küstengebiet (Vansina 1968, 145 und 202). Weiter nördlich terrorisierte das Yaka-Königreich die Bevölkerung des mittleren Kwango-Kasai-Beckens. Das wichtigste Yaka-Handelszentrum war Matamba, wo ortsansässige Ambaka zusammen mit anderen Afrikanern und Portugiesen die Geschäfte unter Kontrolle hatten. Die von den Imbangala unter den Ovimbundu im Benguela-Hochland gegründeten Königreiche begannen ebenfalls, auf der Jagd nach Sklaven, ins Innere Afrikas vorzudringen; ihre Beute verkauften sie an Händler aus dem Ndongo-Reich. Alle diese Reiche hatten im 18. Jh. einen maßgeblichen Anteil am Sklavenhandel errungen (Vansina 1968, 199).

Die Luba-Lunda

Das Auftauchen der Imbangala an den Grenzen des Kongo- und des Ndongo-Reiches ging womöglich auf umfassendere politische Entwicklungen zurück, deren Wurzeln weiter im Osten, in der Umgebung des Kisale-Sees, lagen. Gemeint ist die strahlenförmige Ausbreitung von politisch-militärischen Adelsgruppen, als deren Resultat die Königreiche der Luba und der Lunda entstanden.

Die Luba traten anfangs als ein Bündel von *patrilineages* in Erscheinung, die viele örtliche Gruppen unter ihre Herrschaft brachten. So warfen sie sich zu einer Herrscherschicht von Invasoren auf, die sich als *balopwe* bezeichneten. Diese Elite stellte den König, der – so die Vorstellung – seine Herrschaft kraft seiner *bulopwe* ausübte: einer über die männliche Abstammungslinie vererbten übernatürlichen Macht. Aus dieser Elite stammten auch die Häuptlinge, die als Herrscher über die eroberten Gruppen eingesetzt wurden. Aber die eingeborenen Häuptlinge wurden nicht etwa abgeschafft, man definierte sie vielmehr als »rituelle Grundeigentümer«. Die Luba dehnten ihren Herrschaftsbereich immer weiter aus, indem sie unter der Führung von Häuptlingen ganze Siedlerkolonien in die Nachbargebiete entsandten, die dabei dem Zentrum des Reiches verantwortlich blieben. Die Oberherrschaft der Lunda über diese Kolonien war allerdings begrenzter Natur, insofern die *balopwe*-Eliten und die »Grundeigentümer« strikt getrennte Gruppen blieben. Letztere gingen also nicht in die Luba-Herrscherschicht auf. Sie hatten lediglich die Tribute einzutreiben, weshalb von ihnen häufig auch örtliche Abspaltungsversuche ausgingen. Für die Königsmacht stellten aber auch die Machtpositionen der *balopwe-patrilineages* eine Herausforderung dar. Denn diese stellten der königlichen *lineage* die Frauen und konnten deshalb ihr Gewicht in den Konkurrenzkämpfen um die Nachfolge des Königs zur Geltung bringen. Die geschilderten Machtstrukturen kennzeichneten das zentrale Luba-Königreich zwischen den Flüssen Lwembe und Lualaba, aber auch die kleineren Luba-Reiche von Kikonja im Osten und von Kalundwe und Kaniok im Westen.

Einige *balopwe-lineages* der Luba ließen sich im Nkalaany-Tal nieder und legten damit den Grundstein zum Königreich der Lunda. Im Gegensatz zu den Luba, bei denen die *balopwe-lineages* sich immer von den eingeborenen Gruppen separiert hielten, entwickelten die Lunda ein politisches Modell, das die verwandtschaftlichen Bindungen innerhalb der Lunda-Elite beibehielt, zugleich aber über fiktive verwandtschaftliche Konstruktionen auch die Aufnahme von Mitgliedern anderer Gruppen möglich machte. Dieses Modell beruhte auf dem Doppelprinzip der Amtsnachfolge und der durchgängig fortgeschriebenen Verwandtschaft. Das bedeutete konkret: ein Amtsinhaber erbte nicht nur den Posten, sondern auch das Vermögen und die soziale Identität seines Vorgängers, einschließlich seines Namens und seiner verwandtschaftlichen Bindungen. Demnach konnten z. B. zwei Männer, die nur sehr weitläufig miteinander verwandt waren, aber über Generationen hinweg von einem einzigen Brüderpaar abstammten, mit diesen weit zurückliegenden Vorfahren identifiziert und ebenfalls als Brüder wahrgenommen werden. Die einzelnen Amtsinhaber übernahmen der Reihe nach die Identität des allerersten Vorfahren aus der Gründungszeit des Königreiches. Zugleich konnten auch lokale Führer, die nicht von den Lunda abstammten, assimiliert werden, in dem man sie zum Dorfvorsteher ernannte und ihnen damit innerhalb des Schemas fortgeschriebener Verwandtschaftsbeziehungen eine feste gesellschaftliche Identität zuwies.

Das Lunda-Modell sah vor, daß die Dörfer von Vorstehern regiert wurden, deren Position über die weibliche Linie vererbbar war und die den notwendigen Rückhalt bei einem Ältestenrat fanden. Die Vorsteher der fünfzehn ältesten Dörfer bekleideten rituelle Positionen am Königshof. Die Dörfer gruppierten sich gemäß der Verwandtschaftsbeziehungen, die ihren Vorstehern innerhalb der unendlichen Ahnenreihe zuerkannt wurden. Eine Gruppe von Dörfern bildete einen Distrikt, der zwar jeweils der Aufsicht des Zentrums unterstand, aber von einem durch die Dorfvorsteher nominierten Häuptling regiert wurde. Die wichtigste Aufgabe dieser Häuptlinge war das Einziehen der Tributleistungen.

Im Zentrum dieser Hierarchie stand der König mit dem Titel *Mwaant Yaav*. Um ihn herum gruppierten sich die religiösen Amtsträger, darunter auch die Vorsteher der ältesten Dörfer sowie Hofbeamte, die sich »Väter« nannten und deren »Söhne« die von den Dorfhäuptlingen abzuführenden Tribute einsammelten, und ferner die Repräsentanten der Nicht-Lunda-Gruppen aus der Umgebung, die als »Kinder« des Königs galten. Im Randgebiet des Königsreichs wurden »Reisehäuptlinge« eingesetzt, die bei den anderen Völkern Tribute einzutreiben und Anweisungen durchzusetzen hatten.

Das Lunda-Königreich war kein strikt umgrenztes Staatswesen, sondern eine Geltungsphäre von Macht, die sich im Zentrum am stärksten verdichtete und außerhalb der Hauptstadt immer weiter verflüchtigte. Diese Hauptstadt Mussamba lebte von Tributen und vom Handel. Die Tribute flossen in Form von Salz, Kupfer, Nahrungsmitteln und Sklaven. Der wichtigste Handelspartner war vom 17. Jh. an das Imbangala-Königreich von Kasanje im Westen, das mit dem *Mwaant Yaav* verwandtschaftliche und religiöse Bindungen unterhielt. Bei diesem Austausch flossen Sklaven und Elfenbein von Mussamba nach Kasanje und von dort an die Küste, in der Gegenrichtung wurden Gewehre und Stoffe geliefert. Auf derselben Route breiteten sich auch Nutzpflanzen amerikanischer Herkunft ins Innere Afrikas aus: Der erste Mais war in der zweiten Hälfte des 16. Jhs. an der Küste eingetroffen, die Maniokwurzel wurde um 1600 eingeführt (Vansina 1968, 21). Diese neuen Nutzpflanzen dürften zur Festigung der Machtpositionen der Lunda beigetragen haben. In Mussamba wurde der Maisanbau mit Hilfe von Sklaven betrieben, was wohl die produktive Basis des Königsreiches gestärkt hat. Das ganze Machtgefüge der Lunda beruhte offensichtlich auf dem Erwerb von Sklaven und der Fähigkeit des Kriegeradels, dem Herrschaftszentrum die nötigen Sklaven zu liefern (Vellut 1972, 77 und 83f).

Die Kriegereliten der Lunda transportierten dieses politische Modell auch nach Süden und nach Osten. Zu denen, die nach Süden ins Quellgebiet des Sambesi zogen, gehörte ein Kriegerhäuptling namens Kanongesha. Er verteilte das neu gewonnene Land unter seinen Verwandten und seiner Gefolgschaft, wofür er Tribute kassierte, die er zum Teil an den *Mwaant Yaav* weiterleitete. Mit der Zeit machten sich die Häuptlinge der neuen Gebiete mehr und mehr selbständig, später stießen weitere Neuankömmlinge mit ihrem Gefolge dazu. Mit diesen Kolonisierungsmethoden – also über den Export der Eliten – brachten die Lunda auch ein Volk unter ihre Herrschaft, das in der Anthropologie durch die Arbeiten von Victor Turner bekannt wurde: die Ndembu. Obwohl sich die Bindungen zwischen den Herrschern der Ndembu und dem Lunda-Zentrum Mussamba mit der Zeit immer mehr gelockert hatten, identifizierten sich diese gegenüber Turner noch in den fünfziger Jahren unseres Jahrhunderts als »Volk des *Mwaant Yaav*« (Turner 1967, 3).

Andere Lunda-Häuptlinge zogen nach Osten ins Gebiet zwischen den Flüssen Lualaba und Luapula. In diesem Fall erfolgte die Ausweitung des Lunda-Machtbereiches – gestützt auf Gewehre – sehr zügig. Auch hier blieben rituelle Bindungen an den *Mwaant Yaav* erhalten, wenn auch die Häuptlinge des neuen Gebietes mit der Zeit immer unabhängiger wurden. Gegen Ende des 18. Jhs. stieg einer dieser Lunda-Häuptlinge, die den Titel *Kazembe* führten, selbst zum Oberherrscher auf und unterwarf in einem weiten Gebiet bis über den Mweru-See hinaus die Häuptlingsreiche seiner Tributherrschaft. Er baute außerdem auf eigene Rechnung den Handelsverkehr mit den Portugiesen in Tete aus; auf der Handelsroute zum Njassa-See und weiter bis Kilwa (an der afrikanischen Ostküste) machten die Händler regelmäßig in seiner Hauptstadt Station. Und doch stellten die *Kazembe* ihre Handelsbeziehungen mit dem *Mwaant Yaav* niemals ein; sie lieferten nach wie vor Sklaven nach Mussamba und erhielten dafür feine Wollstoffe,

Kaurischalen, Halsbänder aus blauen Perlen, *velorio*-Perlen, Spiegel und Teegeschirr (Cunnison 1961, 65). Auf derselben Route gelangten auch der Mais, die Maniokwurzel und die Raffiapalme nach Ostafrika (Vansina 1969, 173).

So war also die Atlantikküste am Ende des 18. Jhs. mit der Küstenzone des Indischen Ozeans durch eine ausgebaute Handelsroute verbunden, auf der die Imbangala von Kasanje im Westen und die Bisa im Osten als Zwischenhändler operierten. Die Bisa – sie stammten aus dem Gebiet zwischen dem Bangweulu-See und dem Bemba-Plateau – waren von Lunda-Häuptlingen, die ihrerseits die Oberherrschaft des *Kazembe* anerkannten, unter ihre Fittiche genommen worden und galten als hervorragende Fernhändler. In der Hauptstadt des *Kazembe* am Luapula traf ein portugiesischer Besucher 1806 ein Bisa-Mitglied, das sich sogar in Angola auskannte (Cunnison 1961, 65).

Elfenbein und Sklaverei in Ostafrika

Im späten 18. und frühen 19. Jh. machte sich an den östlichen Grenzen des Einflußbereichs des *Kazembe* die wachsende Nachfrage nach Elfenbein und nach Sklaven bemerkbar. Ostafrika hatte schon seit langem die asiatischen Märkte mit den Stoßzähnen von Elefanten versorgt; jetzt aber, im 18. Jh., lernten die Europäer Kostproben chinesischer und indischer Kunst kennen und begeisterten sich ebenfalls für Schnitzereien, Einlegearbeiten, Fächer, Billardkugeln und Klaviertasten aus Elfenbein. Gleichzeitig erfuhr die Nachfrage von Sklaven einen neuen Auftrieb: Die Franzosen waren auf Sklaven für ihre neuen Plantagen auf den Inseln Réunion und Mauritius im Indischen Ozean aus, die sie in wachsender Zahl von den Sklavenjägerreichen auf Madagaskar und den Sklavenhändlern der muslimischen Häfen an der ostafrikanischen Küste kauften. Auch die brasilianischen und kubanischen Sklavenhändler begannen, sich ihre Sklaven jetzt aus Ostafrika zu beschaffen, nachdem die Briten nach der Abschaffung der Sklaverei im eigenen Lande (1807) gegen ihre früheren westafrikanischen Lieferquellen eingeschritten waren. Und auch die aus Oman stammenden Araber, die zur selben Zeit in Sansibar die ersten Plantagen für Gewürznelken anlegten, versorgten ihre neuen Unternehmungen mit Sklaven von der nahen afrikanischen Küste.

Auf diese doppelte Nachfrage nach Elfenbein und nach Sklaven reagierten einige Völker aus dem Inneren Ostafrikas, die bereits seit 1700 die Küstengebiete mit Elfenbein beliefert hatten. Eine bedeutende Rolle spielten vor allem die Bisa, die für die Verbindung zwischen der Hauptstadt des *Kazembe* am Luapula und der Hafenstadt Kilwa sorgten, aber auch mit den Yao als den wichtigsten Elfenbeinlieferanten der Portugiesen Handel trieben. Die Yao, die das Gebiet östlich des Malawi-Sees (des früheren Njassa-Sees) besiedelten, begannen jetzt ihr Handelsnetz nach Norden bis Kilwa und Sansibar, aber auch nach Süden zu den portugiesischen Ansiedlungen am Sambesi auszuweiten. Als der *Kazembe* und die Bisa ihre frühere Vormachtstellung einbüßten, stiegen dic Yao noch stärker ins Sklavengeschäft ein; und ihrem Vorbild folgten die Chikunda, die ihre Raubzüge in westlicher Richtung am Sambesi entlang unternahmen. Die Chikunda waren in ethnischer Hinsicht ein Mischvolk, wuchsen jedoch mit zunehmender Beteiligung am Sklavenhandel immer mehr zu einem »neuen« Stamm mit eigenständiger Sprache und ethnischer Identität zusammen. Nördlich des Malawi-Sees wurden Sklavenjagd und -handel von den Nyamwezi betrieben. Die eigenständigen Gruppen, in denen sich dieses Volk organisierte, standen unter der Führung von *ntemi-* (d.h. Beschlußfassungs-)Häuptlingen, die über ihre rituellen und rechtlichen Funktionen hinaus auch unternehmerische Aufgaben im Karawanenhandel zwischen Innerafrika und der Küste wahrnahmen.

Die neuen kommerziellen Möglichkeiten zogen aber nicht nur Gruppen aus dem Inneren Afrikas in den Elfenbein- und Sklavenhandel hinein, sondern auch Oman-Araber aus Sansibar und muslimische Suaheli-Händler der ostafrikanischen Küstengebiete. Diese Neulinge organisierten Karawanen mit bewaffnetem Geleit und errichteten Forts und Handelsstationen im Inneren des Kontinents. Dank ihrer fortschreitenden Ausrüstung mit Schußwaffen konnten sie sich – manchmal im Bündnis, dann wieder im offenen Konflikt mit afrikanischen Häuptlingen – zu örtlichen Machthabern aufwerfen. Diese zunehmende politische Konkurrenz, die mit der immer weiteren Expansion des Sklavenhandels einherging, führte zu einer wachsenden Welle bewaffneter Konflikte. Auf den Niedergang der einen Reiche folgte der Aufstieg von anderen Staatswesen, die bei der militärischen Eskalation besser mithalten konnten. Eine dieser aufsteigenden Gruppen waren die sogenannten Bemba.

Die Bemba

Für die Bemba ergibt sich ihre Identität aus der gemeinsamen Anerkennung einer Ahnenreihe von Häuptlingen, die auf den Krokodil-Klan zurückgeht und seit ewigen Zeiten den Titel *chitimukulu* führt. Sie verstehen sich als die Nachfahren der Anhänger der ersten Luba-Elite (*balopwe*), die das Königreich Lunda gegründet hatten (*chitimuka* – also Chiti der Große – lautet der Ehrentitel dieses ersten Luba, der Chiti Maluba, also Chiti der Luba hieß).

Die Bemba gelangten Mitte des 18. Jhs. an den Oberlauf des Lualaba: bei ihrem Vordringen unterwarfen sie nach dem Vorbild der Lunda die einheimischen Völker der Herrschaft eines Häuptlings aus ihren eigenen Reihen. Seit dem Ende des 18. Jhs. forderten sie von diesen Völkern Tribute in Form von Elfenbein und gingen selbst auf Elefantenjagd. Im Laufe des ersten Drittels des 19. Jhs. wurden die Bisa Schritt für Schritt unterworfen. In ihrer neuen strategisch günstigen Position zwischen dem Njassa-See und dem Ort Kilwa am Mweru-See waren die Bemba imstande, den wachsenden Elfenbein- und Sklavenhandel mit der Suaheli-Küste zu kontrollieren.

Um 1840 usurpierte ein regionaler Bemba-Häuptling, der als Elfenbeinhändler mittels seiner Herrschaft über Bisa-Zwischenhändler zu Reichtum gekommen war, die Königswürde und machte sich zum Alleinherrscher über die Bemba. Er organisierte ein stehendes Heer und machte den Elfenbeinhandel zu einem Monopol des Königs. Mit Hilfe von Schußwaffen, die er sich gegen Elfenbein verschaffte, brachte er den Elfenbeinhandel mehr und mehr unter seine Kontrolle und begann, unter seinen Nachbarvölkern auf Sklavenjagd zu gehen. Dieser Oberherrscher der Bemba verbündete sich mit den eingedrungenen Arabern und konnte eine Zeitlang alle Konkurrenten – darunter selbst die Ngoni – in Schach halten. Auf diesen Herrscher geht der Ruf der Bemba als ein Volk mit überragenden militärischen Fähigkeiten zurück, der sich bis heute gehalten hat. Auch im Falle der Bemba haben wir es also mit einem militaristischen Raubstaat zu tun, der sich im Zusammenhang mit dem über Afrika hinausgreifenden Handel mit Sklaven, Elfenbein und Gewehren zügig herausgebildet hat. Als die Briten den Sklavenhandel abschafften und der Elefantenjagd ein Ende setzten, mußten sich die Bemba auf eine neue Erwerbsgrundlage umstellen; sie begannen, auf ihren kargen Böden Fruchtwechsel-Anbau zu betreiben, oder wanderten als Arbeiter in die Bergwerke des Kupfergürtels ab (vgl. Stevenson 1968, 114).

* * *

500 Jahre lang schaffte der Sklavenhandel – vom westafrikanischen Senegambia bis zur Suaheli-sprachigen Küste Ostafrikas – Millionen von Menschen in die Küstenorte, von wo sie übers Meer und vor allem in die Neue Welt abtransportiert wurden. Mit der Sklaverei setzte sich eine bestimmte Arbeitsteilung durch: Die Aufgabe, die Sklaven zu ergreifen, zu versorgen und innerhalb Afrikas zu transportieren, lag in afrikanischen Händen; die Europäer hingegen sorgten anschließend dafür, daß sie nach Übersee verfrachtet, dort akklimatisiert bzw. »gebrochen« und abschließend an die Sklavenhalter verkauft wurden. Um die amerikanische Nachfrage befriedigen

zu können, war der Sklavenhandel darauf angewiesen, daß Menschenaufkäufer und Menschenlieferanten aktiv zusammenarbeiteten und daß diese Aktivitäten von beiden Seiten subtil aufeinander abgestimmt waren.

Auf diesen grundlegenden Punkt muß mit besonderem Nachdruck verwiesen werden, weil die afrikanische Vergangenheit lange Zeit durch eine Geschichtsschreibung aus der Perspektive der am Sklavenhandel beteiligten und verdienenden Kreise entstellt worden ist. Diese Geschichtsschreibung hat die Afrikaner als Wilde dargestellt, denen erst die Europäer zu den Segnungen der Zivilisation verholfen hätten; sie hat außerdem sowohl die Existenz einer komplexen politischen Ökonomie vor der Ankunft der Europäer in Afrika geleugnet, als auch die Augen vor der Tatsache verschlossen, daß die Afrikaner beim Betreiben des Sklavenhandels bestimmte organisatorische Fähigkeiten zur Geltung gebracht haben. Unter umgekehrten Vorzeichen hat sich in der jüngeren Vergangenheit eine andere Betrachtungsweise der afrikanischen Geschichte artikuliert, die eine Beteiligung afrikanischer Militär- und Handelseliten an der Versklavung ihrer Landsleute pauschal bestreitet. Aber eine realistische Darstellung der afrikanischen Völker sollte nicht dazu dienen, die eine Sichtweise auf Kosten der anderen zu rechtfertigen. Sie sollte vielmehr die Kräfte ermitteln, die die Europäer und Afrikaner (sowie andere) beim Aufbau unserer Welt miteinander in Verbindung gebracht haben. Wiewohl die menschlichen Kosten des Sklavenhandels unkalkulierbar bleiben, lassen sich die ökonomischen und politischen Ursachen und Folgen, die dieses Gewerbe für alle Beteiligten gehabt hat, inzwischen sehr wohl ermitteln.

In Westafrika hat der Sklavenhandel einige bereits existierende Staaten – wie z. B. Benin – gefestigt; andere Staaten wie z. B. das Aschanti-Reich und die Reiche von Oyo und Dahomey erhielten durch ihn erst ihren Gründungsanstoß. Im Niger-Delta sorgte der Sklavenhandel dafür, daß sich die *patrilineages* in Kampf- und Handelsorganisationen unter der Leitung von Unternehmerfiguren verwandelten. An den Ufern des Niger erweiterte der Handel die Macht der örtlichen, tributeintreibenden Herrscher, die sich auf den Sklavenhandel verlegten; im Hinterland führte er dagegen zur Entstehung einer Föderation von Aro-*lineages*, die von der Sklavenjagd lebten. Im Kongo-Gebiet schwächte der Sklavenhandel vorher bestehende staatliche Strukturen und löste in ganz Zentralafrika die Ausbreitung von tributeinnehmenden Militär- und Handelseliten aus, die mit ihren Aktivitäten immer weiter nach Osten ausgriffen.

Diese kommerziellen und militärischen Operationen hinterließen Gewinner und Verlierer, wobei letztere häufig versklavt oder in Randgebiete abgedrängt wurden, in denen sie z. T. bis zum heutigen Tage überlebt haben.

Das gilt etwa für die LoDagaa, die »Grunshi«, die Tallensi und die Komba, die im Grenzgebiet zwischen Obervolta und Ghana leben. Die als anthropologisches Fallbeispiel berühmt gewordenen Tallensi entstanden aus der Verschmelzung von Ureinwohnern mit Einwanderern, deren Anführer einer Häuptlingshierarchie angehörten, die Tribute in Form von Sklaven an die Aschanti abführten. Und auch den mittleren Landstreifen Nigerias hat der Sklavenhandel in eine ethnische Trümmerlandschaft verwandelt: Hier lag ein bevorzugtes Jagdrevier sowohl für die islamischen Emirate im Norden wie für die Sklavenhändler der Küste, die unter den verwandtschaftlich gegliederten Völkern dieses Landstreifens ihre Beute machten. Weiter südöstlich schloß sich das Land der Igbo an. Erst das gemeinsame Schicksal, ständig von Sklavenjägern der Küstenzone überfallen zu werden, verlieh hier den örtlich isolierten, durch verwandtschaftliche Strukturen zusammengehaltenen Völkergruppen, aus denen die heutigen Ibo entstanden, ein erstes Gefühl »ethnischer« Zusammengehörigkeit. Auch das Grenzgebiet zwischen dem heutigen Angola, Zaire und Zambia wurde von den Sklavenjägern bevorzugt heimgesucht. Hier lebten die südlichen Lunda, von denen in der anthropologischen Literatur die Ndembu am bekanntesten geworden sind. In diesen Gebieten erlebten späte Nachkommen der Lunda-Elite einen erneuten ökonomischen und politischen Aufschwung, als sie sich im Auftrag von Ovimbundu-Sklavenhändlern auf die Menschenjagd verlegten.

Wie wir aus dem 1. Kapitel wissen, war Afrika über einen langen Zeitraum hinweg ein integraler Teil des politischen und ökonomischen Systems der Alten Welt gewesen, aber erst die sich nach 1400 vollziehende europäische Expansion zog den Kontinent in weltweitem Maßstab in den Handelsverkehr hinein. Der Bedarf an Sklaven veränderte die politische Ökonomie des gesamten afrikanischen Kontinentes. Dieser Bedarf ließ – in einem einzigen umfassenden Prozeß – neue tributeinnehmende Staaten und auf die Sklavenjagd spezialisierte Organisationen entstehen; und er ließ Gesellschaften, die von den Anthropologen als »akephal (also herrschaftsfrei), segmentiert und auf *lineages* basierend« gekennzeichnet werden, zu bevorzugten Zielgruppen von Sklavenhändlern werden. Daher kann man diese verschiedenen ethnischen Gebilde nicht als Staaten oder »Stämme« geschichtsloser Menschen auffassen, die typologisch säuberlich auseinanderzuhalten wären. Vielmehr sind sie verschieden ausgeprägte Produkte eines einheitlichen historischen Prozesses. Aber auch Europa läßt sich nicht begreifen ohne ein Verständnis der Rolle, die Afrika bei seiner Entwicklung und seiner Expansion gespielt hat. Am Hineinwachsen Europas in seine historische Dimension hatten nicht nur die europäischen Kaufleute und die anderen Profiteure des Sklavenhandels ihren maßgeblichen Anteil, sondern auch diejenigen Afrikaner, die als Organisatoren, als Agenten und als Opfer an diesem Handel beteiligt waren.

Kapitel 8

Handel und Eroberungspolitik im Orient

Die Entdeckungsreisen europäischer Forscher und Kauffahrer nach Amerika und Afrika entsprangen der Suche nach Zugangswegen nach Asien, dem legendären Schatzhaus voller unermeßlicher Reichtümer. Genau im Jahre 1291, als Marco Polo nach Venedig zurückkehrte und von seinen Reisen in den Orient berichtete, machten sich die Gebrüder Vivaldi von Genua auf, um eine westliche Seeroute nach Indien zu erkunden. Von diesen beiden hat man nie wieder gehört, aber Versuche, Asien über den westlichen Ozean zu erreichen, hat es seitdem immer wieder gegeben. Kolumbus hatte sich mit der Vorstellung auf den Weg gemacht, daß er Marco Polos Cibangu (Japan) erreichen würde. Der Venezianer Giovanni Caboto (John Cabot) glaubte, Cipangu von Norden her ansteuern zu können, wenn er auf einem Breitengrad hoch im Norden – wo die Entfernungen auf dem Globus kürzer ausfallen – in Richtung Westen segelte. Und noch 1638 kleidete sich der Pelzhändler Jean Nicolet bei seinem ersten Kontakt mit den Winnebago-Indianern am Westufer des Lake Michigan in ein chinesisches Gewand, das er in Erwartung eines Zusammentreffens mit dem Großen Khan von China eingepackt hatte.

Die Landrouten nach China waren den Europäern seit den Zeiten von Marco Polos Reisen bekannt. Im frühen 14. Jh. verfaßte der Toscaner Pegolotti in seinem Buch *La Practica della Mercatura* (»Handel in der Praxis«) detaillierte Verhaltensmaßregeln für Reisende, die von Asow nach Cathay gelangen wollten. Von der Möglichkeit einer Seeroute ostwärts nach Asien – die der Aussage von Ptolemäus widersprach, wonach der Indische Ozean von Landmassen eingeschlossen war – ging bereits eine Karte des Venezianers Fra Mauro von 1459 aus, von der dem portugiesischen Prinzen Heinrich dem Seefahrer eine Kopie in die Hände geriet. Aus der angedeuteten

Möglichkeit machten portugiesische Kapitäne rasch eine Realität. Sie segelten die afrikanische Küste entlang, wobei sie nicht nur hinter dem Gold von Guinea her waren, sondern auch Prester John aufzuspüren hofften, einen legendären Herrscher, der irgendwo im sagenhaften Indien residieren sollte. 1487 widerlegte Bartholomeu Diaz das Ptolemäische Weltbild, indem er das Kap der Guten Hoffnung umsegelte. Zehn Jahre später wurde dieses Kap von Vasco da Gama umrundet, der sich in Malindi einen erfahrenen arabischen Navigator an Bord holte und mit seiner Hilfe Calicut an der Südwestküste Indiens erreichte. Die östliche Route nach dem Orient war damit erschlossen.

Als die europäischen Kauffahrer im 16. Jh. ihren Handelshorizont nach Asien auszuweiten begannen, war die asiatische Landmasse im Besitz großer und mächtiger, auf Tributeinnahmen gestützter Reiche, die größer, dichter besiedelt und oft auch produktiver waren als die damaligen europäischen Staaten. Die Seewege um diesen Kontinent luden allerdings zu feindlichen Einfällen ein, vorausgesetzt, die Eindringlinge konnten ausreichend starke militärische und organisatorische Mittel aufbieten, um sich die türkische Küstenflotte vom Hals zu halten und in den Indischen Ozean vorzudringen. Als erste schafften das die Portugiesen, die sich im Dienst ihres Königs und ihrer eigenen Interessen auf den Weg gemacht hatten. In ihrem Kielwasser folgte die holländische Ostindien-Kompanie, die den Portugiesen die Vorherrschaft in den südlichen Gewässern streitig machen wollte. Danach kamen die Engländer. Die von der englischen Krone lizenzierte East India Company wollte ihren Vorläufern die Kontrolle über die Seewege und den Handel verwehren. Diese europäischen Mächte waren freilich in den ganzen darauffolgenden 300 Jahren nur selten in der Lage, sich die asiatischen Territorialstaaten völlig gefügig zu machen. Sie gründeten »Faktoreien« – punktuelle Siedlungen und Handelsniederlassungen – in den Küstenstreifen des Kontinents und beschränkten sich damit »im größten Teil Asiens auf unsichere Stützpunkte am Meeressaum« (Murphey 1977, 13). Erst im späten 18. Jh. machte sich England daran, mit dem Staatswesen der Moguln ein Landreich einzunehmen und sich neben den Handelsprofiten auch Steuereinnahmen anzueignen.

Mit Hilfe ihrer überlegenen Seemacht und Handelsorganisation konnten die Europäer die Seewege in Beschlag nehmen, womit sie den Handelsverkehr nach Übersee dominierten und sich auch in den ausgedehnten und lukrativen Transporthandel hineindrängten, der von Kaufleuten aus Arabien, aus dem indischen Gujarat, aus Malakka und China zwischen den Küsten und Inseln des Indischen Ozeans und des Chinesischen Meeres betrieben wurde. Aber die Europäer waren nicht imstande, Produktion und Handel so maßgeblich zu beherrschen, wie sie es in Nord- und Südamerika und über den Sklavenhandel auch in Afrika geschafft hatten. Die verschiedenen europäischen Handelskompanien blieben lange Zeit auf den guten Willen der jeweiligen örtlichen Machthaber angewiesen und von unstabilen politischen Bündnissen abhängig. Dabei kämpften sie untereinander um den Zugriff auf Flottenstützpunkte und Märkte, aber gegenüber den größeren Reichen konnten sie ihre Vorherrschaft nicht eindeutig durchsetzen. Zu alledem fanden sie sich dabei auch noch in Auseinandersetzungen mit Vertretern eines anderen Kulturkreises verwickelt – nämlich der islamischen Kultur Asiens, die eine frühere muslimische Expansionsphase hier hinterlassen hatte.

Der Islam in Südasien

Seit dem 9. Jh. n. Chr. hatten Schiffe aus dem Persischen Golf die Küste Ostafrikas abgefahren und das Hinterland dieses Landes »Zenj« über zumeist auf küstennahen Inseln errichtete Handelsposten angezapft. Die muslimischen Händler importierten dabei Stoffe, Tonwaren und Glas und exportier-

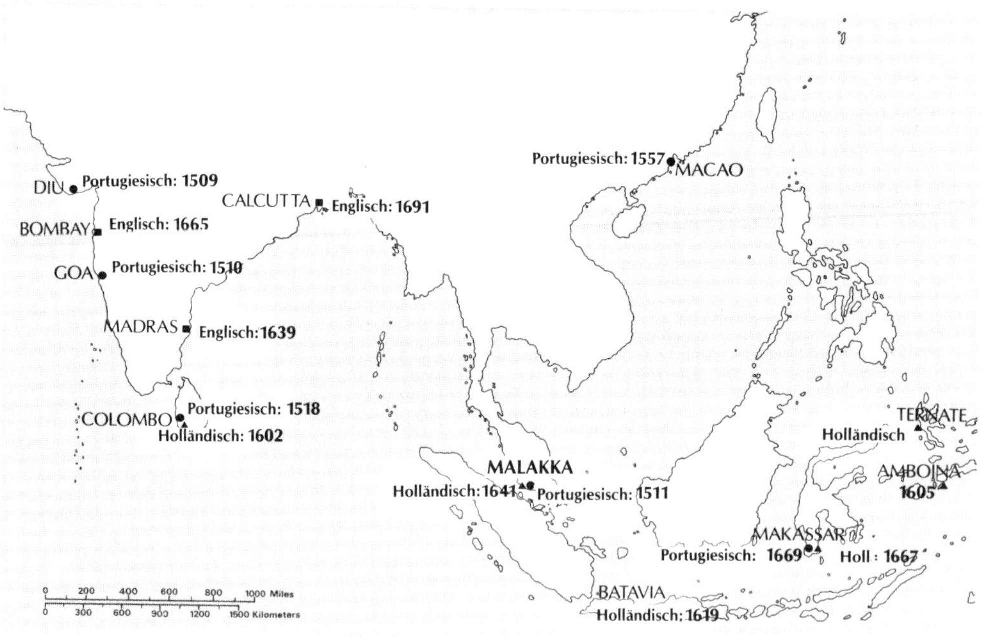

Portugiesische, holländische und englische Stützpunkte in Asien von 1500 bis 1700

ten dafür Elfenbein, Ambra, Leopardenfelle, Schildpatt, Gold und Sklaven. Geht man von den Dimensionen aus, die die Sklavenaufstände im Irak während des 9. Jhs. erreicht hatten, so müssen große Mengen von Afrikanern in die Sklaverei geführt worden sein. Von den Luxusgütern wurden viele nach China weiterexportiert, wo schon im 7. Jh. oder noch früher arabische Handelskolonien entstanden waren.

Gegen Ende des 11. Jhs. wurden in Nordindien die ersten stabilen muslimischen Reiche gegründet. Nach 1200 befanden sich Bengalen und Gujarat – beides Gebiete mit bedeutenden, nach den südlichen Gewässern orientierten Häfen – in den Händen von Muslims. Im späten 13. Jh. geriet auch das Gebiet entlang der Malakkastraße – eine Schlüsselzone für den Südost-Handel – unter muslimische Herrschaft. Mit der Stadt Malakka entstand am nördlichen Ufer dieser Meerespassage ein wichtiger Handelsplatz und Militärstützpunkt. Zu Beginn des 14. Jhs. war Indien mit Ausnahme des Hindu-Königreiches von Vijayanagar im äußersten Süden unter muslimischer Kontrolle. In Indonesien fielen nach der Malakkastraße bald auch die übrigen Häfen und Hafenfürstentümer der Inselwelt in die Hände der Muslims. Mit ihrem Übertritt zum Islam übernahmen diese Gebiete ein kulturelles Modell, das der überkommenen Unterteilung nach Rang und Kaste eine religiöse Gleichheitsvorstellung entgegensetzte; zugleich bot sich der Islam auch deshalb an, weil er Handelsverbindungen in alle Welt vermitteln konnte. Anfang des 16. Jhs. wurde die islamische Religion auch von den Herrschern im Innern Javas angenommen – womöglich deshalb, um die Kontrolle über die Bauernschaft, unter der sich der neue Glaube auszubreiten begann, nicht zu verlieren (Wertheim 1973, 13). Nur das etwas abseits der Handelsrouten gelegene Bali hielt beharrlich am Hinduismus fest. In den Gewässern Asiens ging die Ausbreitung des Islams und des Handels also Hand in Hand. Daher drangen die Europäer nicht nur in diese Gewässer, sondern zugleich auch in eine islamisch beherrschte Domäne ein.

Die Portugiesen in Asien

Als die Portugiesen an der ostafrikanischen Suaheli-Küste Fuß faßten, kamen sie in unmittelbare Berührung mit dem muslimischen Handelsnetz, das sich immer weiter über das südliche Asien ausgedehnt hatte. Der portugiesische Admiral Alfonso de Albuquerque hat den Charakter dieses Handelsnetzes damals schnell erfaßt und dessen strategisch empfindliche Punkte ausgemacht. So eroberten die Portugiesen in rascher Folge die wichtigsten muslimischen Stützpunkte entlang der asiatischen Küsten: zuerst (1510) Goa an der indischen Konka-Küste im Königreich Bijapur; dann (1515) Hormus, einen als Umschlagplatz für den Seeverkehr zwischen Indien und Persien reich gewordenen Ort auf einem Eiland an der Einfahrt zum Persischen Golf; schließlich (1519) Malakka, eine wohlhabende Stadt von 50 000 Einwohnern und Zentrum des Gewürzhandels mit den Molukken. Nachdem sie diese Schlüsselstützpunkte eingenommen hatten, errichteten die Portugiesen ihre *feitorias*, also Forts und Handelsposten, entlang der ganzen Küsten zwischen Sofala in Südostafrika und Ternate auf den Molukken. Und schließlich gründeten sie portugiesische Siedlungen, auch in von anderen Mächten beherrschten Zonen, so z. B. São Tomé de Meliapor an der Koromandel-Küste, Hughli in Bengalen und Macão an der Küste Chinas.

Das entscheidende Hilfsmittel, das den Portugiesen und den anderen europäischen Mächten ihre Expansion nach Asien ermöglichte, waren kanonenbestückte Segelschiffe. Um 1400 n. Chr. hatten die europäischen Schiffsbauer begonnen, die trapezförmigen Rahsegel ihrer traditionellen Schiffstypen mit den Lateinsegeln der Araber zu kombinieren. Die Rahsegel am Fockmast brachten dem Schiff Vorteile, wenn es hart am Wind segelte; vor dem Wind sorgten dann die nach arabischem Vorbild am Großmast und am Kreuzmast gesetzten Segel für ein anständiges Tempo. Eine weitere Errungenschaft war die Ausrüstung der Schiffe mit Kanonen. Im Lauf des 14. Jhs. hatten sich Kanonen in Europa wie in Asien allgemein durchgesetzt, ab dem 15. Jh. überflügelten die europäischen Waffenschmiede ihre asiatischen Konkurrenten dann aber in qualitativer wie quantitativer Hinsicht. Hinzu kam, daß die Europäer ihre Kanonen nach 1500 regelmäßig nicht nur auf dem Oberdeck und den Aufbauten, sondern auch auf dem Hauptdeck installier-

Marktplatz und Kaufmannshäuser in der portugiesischen Besitzung Goa. Kupferstich von Theodor de Bry, 1598 (The New York Public Library)

ten; zu diesem Zweck wurden die Schiffskörper an den Flanken mit Geschützluken versehen. Am Ende dieser Entwicklung stand – halb Kriegs- und halb Kauffahrtei-Schiff – die Galeone: ein mächtiges, mit Kanonen bestücktes Segelschiff. In einer Seeschlacht gehörte der Sieg jetzt nicht mehr dem Kapitän, der es schaffte, einen feindlichen Segler zu rammen oder zu entern, sondern dem Schiffskanonier, der seine Galeone in die richtige Position zu manövrieren und dann eine volle Breitseite zu plazieren verstand. Wie jener Admiral Albuquerque, der 1509 vor Diu (am Golf von Cambay) die vereinigte Flotte der ägyptischen Mamelucken und der Herrscher von Gujarat vernichtete und damit dem portugiesischen Expansionsdrang die Seewege in die südlichen Gewässer freischoß.

Die Portugiesen waren hauptsächlich hinter Gewürzen her – vor allem hinter dem Pfeffer, der dem portugiesischen Vizekönig 1587 in einem Schreiben aus Lissabon als die eigentliche »Substanz Ostindiens« ans Herz gelegt wurde. Die Nachfrage nach Pfeffer ergab sich in Europa aus dem Bedarf nach Gewürzen jeglicher Art, die als Konservierungsmittel für Fleisch und Fisch benötigt wurden. Das lag zum Teil daran, daß das Vieh bei den langen Wintern nicht mit Stallfutter durchgebracht werden konnte und das Fleisch von den Herbstschlachtungen zwecks Konservierung gesalzen und gepökelt werden mußte. Mit im Spiel war aber auch der Einfluß der orientalischen Küche, die Europa mit vielen ungewohnten Gewürzen bekannt machte. Zum wichtigsten Gewürz wurde dabei Pfeffer, dicht gefolgt von Ingwer. Einen erheblichen Teil der europäischen Nachfrage nach Pfeffer deckten die portugiesischen Malaguette-Lieferungen (Amommes melegueta) aus Westafrika. Von diesem Produkt wurden zwar große Mengen umgeschlagen, aber die größeren Gewinne brachte der Pfeffer aus Süd- und Südostasien. In einigen Gebieten Europas wurde das Gewürz sogar als Geldwährung benutzt. Pfeffer war ebenso dauerhaft und in kleine Einheiten zerlegbar wie Gold und wurde häufig als Zahlungsmittel für Steuern vorgeschrieben.

Die Geschichte des Gewürzhandels von Asien in Richtung Europa reicht bis in klassische Zeiten zurück. Als die Portugiesen nach Asien vordrangen, befanden sich die östlichen Ausgangsstationen dieses Handelszweiges in den Händen von Chinesen, die sich von den Inseln Südostasiens Gewürznelken, Muskatnüsse und Muskatnußblüten verschafften und nach Malakka brachten. Dort wurde die Ware von muslimischen Kaufleuten übernommen, die sie – zusammen mit Zimt aus Ceylon und Pfeffer aus Indien – in den Häfen an der Malabarküste ablieferten. Hier wiederum wurde sie von den Aufkäufern der muslimischen Händler aus Ostafrika, Arabien oder Ägypten übernommen und zu den Häfen am Roten Meer und am Persischen Golf transportiert. Von dort gelangten die Gewürze auf dem Landweg in die Hafenstädte des östlichen Mittelmeeres. In Alexandria und an der syrischen Küste erstanden venezianische Händler die Ware für teures Geld, um sie in ganz Europa weiterzuverkaufen. Die Portugiesen schafften es, diesem Handel das Wasser abzugraben und eine Zeitlang den Gewürzmarkt durch billige Pfefferlieferungen zu beherrschen. Ein vollständiges Monopol über diesen Handel konnten sie indessen in keiner Phase erringen. Stattdessen verlegten sie sich darauf, die Schiffahrt in den asiatischen Gewässern in den Griff zu bekommen: sie sorgten dafür, daß die Kapitäne für ihre Schiffe portugiesische Lizenzen (*cartaz*) einholen und bei den portugiesischen Stützpunkten Zollabgaben entrichten mußten. Insgesamt war also »die portugiesische Schiffahrt in dieser Region nur einer von vielen Fäden im Gewebe der Handelsbeziehungen zwischen den Häfen des malayisch-indonesischen Raumes« (Boxer 1973a, 49). Als die Portugiesen 1521 den Versuch machten, ihren Brückenkopf in China mit militärischem Einsatz auszubauen, wurden sie von der Küstenschutz-Flotte der Chinesen entscheidend geschlagen. Seitdem diente ihr Stützpunkt in Macao nur noch dazu, den Portugiesen einen Anteil am Chinahandel zu sichern – freilich nur zu den vom chinesischen Kaiser diktierten Bedingungen.

Die Macht der Portugiesen hatte also ihre Grenzen. Zwar hatten sie sich gegen politisch und militärisch zerstrittene Seefahrerreiche und Kaufmannskolonien durchgesetzt, weil sie die konsequente politische Strategie verfolgten, ihren Freunden und Handelsagenten ökonomische Entfaltungsmöglichkeiten zu eröffnen und gleichzeitig ihren Feinden diese Möglichkeiten zu versperren. So beherrschten sie die wichtigsten Seeverkehrswege und konnten sich auch ans Wegenetz des asiatischen Transporthandels anschließen, aber sie konnten nie und nirgends die Herrschaft über eine kontinentale Binnenregion erlangen. Wohl bauten sie für ihre Frachtschiffe Häfen aus und schalteten sich damit stärker in den innerasiatischen Küstenhandel ein, und solange sie den Indischen Ozean unbestritten kontrollierten, profitierten sie von ihrem Zugang zu Pfeffer und anderen Gewürzen. Aber nach 1630 stellte sich dann deutlich heraus, daß ihre Kräfte nicht ausreichten, um den Persischen Golf gegen Konkurrenten abzuriegeln, die ebenfalls Gewürze über die Golfregion verschiffen wollten und zu deren Schutzmacht sich jetzt im übrigen die immer mächtiger werdenden Türken aufgeschwungen hatten. Aufgrund dieser Entwicklungen begriffen die portugiesischen Siedlungen im Osten mit der Zeit, daß ihre Überlebensaussichten nicht von ihren Beziehungen zum Mutterland abhingen, sondern in Asien selbst abgesichert werden mußten, indem sie sich – in den Worten von Godinho (1969, 783) – »fest in die Welt des Orients hineinverpflanzten«.

Die Holländer in Asien

Seit 1600 bekamen die Portugiesen die Konkurrenz der Holländer zu spüren. Am Ausgang des 16. Jh. waren die holländischen Bemühungen, in Ostindien Fuß zu fassen, zunächst nur von separaten und rivalisierenden Handelsgesellschaften getragen worden. 1602 gründeten die niederländischen Generalstaaten dann aber die Vereenigte Oost-Indische Compagnie (VOC), die holländische Ostindien-Kompanie. Sie unterschied sich deutlich von ihrem portugiesischen Gegenstück. In Portugal behielt sich der König das Monopol über den Gewürzhandel vor, aber ansonsten konnten auch Privatleute in den Handel investieren. Parallel zum Gewürzhandel entwickelte sich also ein Privathandelssektor mit nicht monopolisierten Waren, der auch auf asiatische Händler zurückgriff. Anders in Holland: hier erhielt die Ostindien-Kompanie das ungeteilte Monopol über den gesamten holländischen Handel. Sie hatte das Recht, Kriege gegen lokale Herrscher zu führen und auch Frieden zu schließen, sie konnte Forts errichten und eine örtliche Verwaltung aufbauen. Ihre holländische Zentrale wurde von einem 17-köpfigen Direktorium (*De Heeren Zeventien*) geleitet, aber dem Generalgouverneur, der die Kompanie im Osten repräsentierte, blieb bei der Festlegung seines taktischen Vorgehens und der Ausführung der Beschlüsse vor Ort ein erheblicher Spielraum. Das Hauptziel der Organisation bestand darin, die Produktion und Distribution von Gewürzen so umgehend und vollständig wie möglich in holländische Hände zu bekommen.

Als erste portugiesische Stützpunkte am Rande der asiatischen Gewässer griffen die Holländer die Molukken-Inseln Tidore (heute Soasion) und Amboyna an, die sie im Jahre 1605 einnahmen. Als sie merkten, daß diese Forts vom Zentrum des Handels zu weit entfernt lagen, versuchte die holländische Kompanie 1606, Malakka zu erobern. Als das mißlang, nahmen sie statt dessen dem Sultan von Bantam den kleinen javanischen Hafen Djakarta ab. Hier errichteten sie ihren Hauptstützpunkt Batavia, den sie 1628 und 1629 erfolgreich gegen Angriffe des javanischen Staates Mataram verteidigten. 1638 eröffneten sie ihren Feldzug gegen die Portugiesen in Ceylon, und 1658 hatten sie auch diese Insel samt ihrer Zimtproduktion unter Kontrolle. 1641 vertrieben sie die Portugiesen aus Malakka und 1662 auch noch die Spanier, die den Portugiesen zu Hilfe gekommen waren. Mit der Eroberung von Malakka hatten die Holländer zugleich das Königreich Mataram (auf der Insel Lombok), das die malayische Halbinsel mit Reis belieferte, unter ihre Fuchtel bekommen. Dieser Staat war 1677 endgültig besiegt, 1684 eroberten die Holländer dann auch noch Bantam auf Java. Da die Portugiesen bereits 1622 Hormuz an die Perser verloren hatten, blieben jetzt nur noch Goa und Macao in portugiesischen Händen.

Zu den wertvollsten Besitztümern in den südlichen Meeren gehörten die Molukken, die als Lieferquellen für Nelken, Muskatnüsse und Muskatblüten dienten. Der wichtigste Nelkenlieferant war die Insel Amboyna; Muskatnuß und Muskatblüten stammten von der Insel Banda. Formell lag die Herrschaft über diese Inseln beim Sultan von Ternate. Er trat der holländischen Kompanie die alleinige Kontrolle über den Gewürzhandel ab, als Gegenleistung versprachen ihm die Holländer ihren Schutz gegen die Spanier auf den nahegelegenen Philippinen. Die Holländer schlossen zusätzlich noch formelle Verträge mit lokalen Anführern in Amboyna und Banda – den sogenannten *orang kaya* (wörtlich: »reiche Männer«), die ihnen eine exklusive Belieferung mit Gewürzen zusicherten.

Aber weder die formelle Garantie des Sultans noch die Verträge mit den örtlichen Anführern konnten verhindern, daß andere Kaufleute – Asiaten wie Europäer – die gleichen Gewürze kauften und von den Eingeborenen geliefert bekamen. Um auf Nummer Sicher zu gehen, fingen die Holländer daher an, die Konkurrenz rücksichtslos einzudämmen. 1621 wurde die Bevölkerung von Banda umgebracht oder nach Batavia deportiert und durch holländische Kolonisten (*perkenier*) ersetzt. Diesen überließ man je ein Stück Land mit Muskatnußbäumen und stellte ihnen die Arbeitskraft von Sklaven, die Eigentum der Kompanie waren, zur Bearbeitung der Pflanzungen zur Verfügung. Die Nelkenproduktion brachten die Holländer unter ihre Kontrolle, indem sie sämtliche Pflanzungen zerstörten und nur die Nelkenbäume auf Amboyna und einigen ihrer Nachbarinseln stehen ließen. Der Sultan von Ternate wurde für seine Einkommensverluste durch eine Abfindung entschädigt, die in den Büchern der Kompanie unter dem Titel »Ausrottungsgeld« verbucht wurde. Seit 1625 suchten bewaffnete Expeditionstrupps mit Auslegerbooten in regelmäßigen Abständen die mit einem Anbauverbot belegten Gebiete heim, um nicht genehmigte Nelkenbäume zu fällen. Im Jahre 1651 versorgte die Zwangsumsiedlung von 12 000 Menschen aus West-Ceram die Insel Amboyna mit noch mehr Arbeitskräften. Als 1669 Makassar endgültig eingenommen wurde, machten die Holländer allen illegalen Gewürztransaktionen ein Ende. Mit Makassar kontrollierten sie jetzt auch einen Hafen, der verbitterten muslimischen Kaufleuten aus anderen Gegenden als Zufluchtsort gedient hatte.

Für die Überlegenheit der Holländer über die Portugiesen in diesem Konkurrenzkampf um Ostindien sind verschiedene Faktoren verantwortlich. Da war erstens das Schiffsmaterial. Die Vereinigten Niederlande verfügten über sehr viel mehr Schiffe als die Portugiesen, die auch noch leichter, besser gebaut, manövrierfähiger und mit besseren weittragenden Geschützen bestückt waren. Und da die Holländer Inselstützpunkte besaßen, konnten ihre Schiffe länger im Einsatz bleiben und auch eher örtlich initiativ werden als die portugiesischen Schiffe, die ihren einzigen Stützpunkt auf dem indischen Subkontinent in Goa hatten. Der zweite Faktor war das Personal: Die Holländer hatten keine Schwierigkeiten, für ihre Unternehmungen Seeleute und Soldaten aufzutreiben, denn sie konnten außer auf Holländer auch auf französische, deutsche, skandinavische und (vor 1652) auf englische Söldner zurückgreifen. Die Portugiesen litten an ihrer beschränkten Zahl hochseeerfahrener Seeleute, und bei der Rekrutierung von Soldaten für den Dienst in Ostindien gab es so große Probleme, daß sie sogar auf Sträflinge aus portugiesischen Gefängnissen zurückgreifen mußten. Drittens hatten die Holländer militärstrategische Vorteile: Ihre Schiffskommandeure verfügten hinsichtlich der Taktik des Seekrieges über bessere Fähigkeiten, ihre Soldaten waren besser ausgebildet, und sie hatten im Vergleich mit ihren portugiesischen Gegenspielern beim Einsatz ihrer umfassenden militärischen Mittel auch noch einen größeren Spielraum. Die Portugiesen bestritten ihre Seeschlachten immer noch mit der überholten Nahkampfstrategie (längsseits beidrehen und entern); zu Lande rückten sie noch immer unter dem Schlachtruf »*Santiago e a elles!*« (etwa: »Heiliger Jakob – auf sie!«) zum Angriff vor; und bei allen ihren Operationen herrschte noch eine ineffektive und zentralisierte Befehlsstruktur. Zu alledem hing die portugiesische Einsatzbereitschaft stark mit ihrer religiösen Motivation zusammen. Die Holländer dagegen hatten begriffen, daß es in erster Linie um ihre Handelsinteressen ging und machten »nicht den Fehler, (diese Interessen) durch die Verkündung religiöser Bekenntnisse zu gefährden« (Meilink-Roelofz 1962, 181). Der wichtigste Faktor aber war zweifellos die Tatsache, daß die Niederlande reich waren, die Portugiesen hingegen immer ärmer wurden. Der unterschiedliche Reichtum beider Länder war aber seinerseits nur das Resultat der weit ausgreifenden Handelsunternehmungen einer Händlerelite auf holländischer Seite, während auf der anderen Seite den Portugiesen ihre kümmerliche einheimische Wirtschaftsbasis und die dadurch notwendigen Importe von Getreide, Stoffen und Manufakturwaren zum Verhängnis wurden. In diesem Wettstreit zwischen Holländern und Portugiesen behielt also eine Handelsbourgeoisie die Oberhand über eine aristokratische Elite, die sich auf dem Seehandel verlegt hatte.

Aber trotz ihrer Erfolge über die Portugiesen erwies sich der Sieg der Holländer im Osten als nichtig. Die Ostindien-Kompanie machte Profite, die sie aber – vor allem was die Kriegskosten betraf – sehr teuer zu stehen kamen. Und ausgerechnet als die Höllånder den Gewürzhandel fest im Griff hatten, begann die Marktnachfrage nach Gewürzen nachzulassen. In ihrem Bemühen, ihr Monopol um jeden Preis aufrechtzuerhalten, würgte die holländische Kompanie die Aktivitäten der asiatischen Kaufleute ab und brachte den Handel der lokalen Königreiche und Hafenfürstentümer durcheinander. Malakka stieg nie wieder zu seiner früheren Vormachtstellung auf. Mataram auf Java, das Malakka mit Reis beliefert hatte, schied in der Folgezeit aus dem Handelsnetz der Inselwelt aus. Die Handelsströme von Bantam im Nordosten Javas, das zuvor ein bedeutendes Handelszentrum gewesen war und die Gewürzinseln wie auch die Hafenstädte von Malaya und Java mit Reis und Sklaven beliefert hatte, orientierten sich nach Batavia um. Die Hafenfürstentümer verfielen, und die reisproduzierenden Königreiche wurden zu bloßen Satelliten der holländischen Gesellschaft. Die Einwohner der Inseln, auf denen die Holländer die Nelkenbäume ausgerottet hatten, bauten jetzt als Hauptnahrungsmittel Sago an. Auf diese Weise hob die holländische Ostindien-Kompanie mit ihren Unternehmungen die Handelsbeziehungen in den südlichen Gewässern aus den Angeln – und das alles nur aufgrund ihres engstirnigen Ehrgeizes, für einen weit entfernt liegenden Markt ein paar gewinnbringende Waren zu produzieren.

Die Engländer in Indien

Wie die Portugiesen, so waren anfangs auch die Engländer gegenüber den Holländern im Nachteil; sie vermochten es freilich bald, diesen Nachteil in einen Vorteil zu verwandeln. Die englische East India Company war nicht so strikt zentralisiert wie die holländische VOC. Ihre Monopolstellung war stets weniger ausgeprägt als die der Holländer und ließ viele unabhängige britische »Provinzkaufleute« an ihrer Seite zum Zuge kommen. Die Engländer verfügten auch über weniger Kapital und flüssige Barmittel als die Holländer: allein das Startkapital der VOC war achtmal größer als das der englischen Company. Die Engländer mußten sich häufig Geld von indischen Herrschern und Adligen ausborgen (Meilink-Roelofz 1962, 194). Zu Beginn des 17. Jhs. besaßen die Holländer auch fast die doppelte Anzahl an Schiffen.

Die Engländer gaben es schon bald auf, den Holländern ihre beherrschende Rolle im Gewürzhandel streitig machen zu wollen – zumal nachdem 1619 ihr Versuch einer gewaltsamen Eroberung von Banda gescheitert war. Ihre Handelsposten, die sie 1612 und 1613 in Siam bzw. in Japan errichtet hatten, gaben sie im Jahre 1623 selbst wieder auf. Die Hinrichtung englischer Kaufleute auf Amboyna durch die Holländer hat den englischen Rückzug aus unhaltbar weit vorgeschobenen Positionen dann weiter beschleunigt. Der Indonesienhandel behielt zwar bis zum letzten Drittel des 17. Jhs. für die

Engländer seine Bedeutung, aber ihre Aufmerksamkeit verlagerte sich doch allmählich von Indonesien nach Indien.

Auf dem indischen Subkontinent traten die Engländer weder als religiöse Kreuzfahrer auf wie die Portugiesen, noch mit dem ehrgeizigen Drang nach unmittelbarer politischer Macht wie die Holländer. Sie hatten es weder auf moralische noch auf politische, sondern auf rein ökonomische Ziele abgesehen. Um neue Forts zu bauen und Kriegsschiffe zu bemannen, mangelte es ihnen an organisatorischen Voraussetzungen wie an Kapital. Und natürlich machten sie sich auch keine Illusionen über die holländische Überlegenheit auf See. So machten sie denn aus der Not eine Tugend und akzeptierten die Souveränität der örtlichen Machthaber. Sie bemühten sich, bei diesen Machthabern Handelsvorteile herauszuhandeln und ließen sich häufig auch von den Regierungen ihrer Gaststaaten gegen ihre portugiesischen und holländischen Rivalen beschützen. Im Rahmen dieser Politik gründeten sie 1611 die Faktorei von Masulipatam in Golconda und 1612 eine zweite in Surat an der Westgrenze des Mogul-Reiches. 1639 erwarben die Engländer von einem untergeordneten Hindufürsten die Stadt Madras und verwalteten sie stellvertretend für die indischen Herrscher. Bombay wurde erst 1665 zu einer englischen Kolonie, und zwar als Teil der Mitgift der portugiesischen Prinzessin Katharina von Braganza für König Charles II. Charles überließ die Kolonie wiederum der East India Company, wofür er von dieser eine Anleihe erhielt. 1690 gründete die Company eine bescheidene Ansiedlung in Kalkutta.

Noch im 17. Jh. waren die englischen Händler zumeist vom guten Willen der Mogulherrscher abhängig. Ihre frühen Ansiedlungen in Surat, in Madras und anderen Küstenorten mußten sich an die dort vorherrschenden Bedingungen anpassen. Die Engländer mochten sich bemühen, diese Bedingungen durch ökonomische oder gesellschaftliche Eingriffe zu verändern, aber dabei konnten sie keine Gewaltmittel einsetzen. Mit Surat stand ihnen für ihren Handel der wichtigste Hafen des Mogul-Reiches zur Verfügung, über den sie vor allem Textilien und Indigo ausführten, die in dem weiträumigen Hinterland hergestellt wurden. Surat war zugleich der Haupthafen für die Pilgerfahrten nach Mekka (*haj*). Der Schiffsverkehr lag in der Hand von Muslims, die Handelsverbindungen mit den arabischen Häfen am Roten Meer unterhielten; den Zwischenhandel, den Einzelhandel und das Geldverleihgeschäft beherrschten hingegen mächtige *lineages* von Hindukaufleuten. Die Zwischenhändler unterhielten ihrerseits Kontakt zu den Dorfoberhäuptern in den Herstellungsregionen der Produkte. Jeder Zwischenhändler bezog seine Ware aus »seinem« Liefergebiet. Diese straffe Kontrolle über die Warenströme ließ den Engländern so gut wie keinen eigenen Spielraum. Erst als im

18. Jh. die Macht der Mogule dahinschwand und die kriegerischen Marathen einen Großteil des Hinterlandes von Surat eroberten, suchten einige der lokalen Händlerfamilien die Protektion der britischen Company. Zu diesem Zeitpunkt begannen Aufstände und politische Wirren die Handelsverbindungen von Surat nach dem Westen zu beeinträchtigen, und die Engländer zogen sich mit ihren parsischen Handelspartnern im Gefolge nach Bombay zurück.

Gleichzeitig mit dem Niedergang des Hafens von Surat und des Handels mit dem Westen gewann der Handel mit dem Osten – d. h. mit China, den Philippinen und Indonesien – an Bedeutung. Besonders willkommen waren die englischen Händler an der Koromandelküste im Südosten. An dieser außerhalb der Einflußsphäre der Mogul-Dynastie gelegenen Küste standen ihnen nicht wie in Surat einflußreiche Händlerklans im Wege; hier konnten sie mit vielen kleinen Kaufleuten zusammenarbeiten und mit ihrer Hilfe die blühende Textilproduktion des Hinterlandes anzapfen. In einem für beide Seiten nützlichen Abkommen hatten die Engländer außerdem durchgesetzt, daß ihre Schiffsoffiziere auch auf indischen Schiffen Dienst tun konnten, während indische Heueragenten und Frachtmeister auch für die Briten arbeiten durften.

Die Stadt Madras, die zum wichtigsten Stützpunkt der Engländer wurde, bietet uns einen Einblick in die Struktur der Beziehungen, wie sie sich damals zwischen den ausländischen Kaufleuten und der örtlichen Bevölkerung herausbildeten. Die Stadt, über der sich die von den Engländern erbaute St.-George-Festung erhob, bestand aus einer »weißen« und einer »schwarzen« Stadt. In der weißen Stadt wohnten 50 europäische Angestellte der East India Company, 25 frei tätige europäische Kaufleute und 60 europäische Seekapitäne, und an ihrer Seite 9 armenische und 6 jüdische Haushalte sowie 3 bis 4 eurasische Oberschichtenhaushalte und ein versprengter indischer Händler. Die Garnison der weißen Stadt setzte sich aus 200 einfachen Soldaten europäischer Herkunft und 400 nicht-europäischen Infanteristen und Artilleristen zusammen. In der schwarzen Stadt wohnten die über 10 000 einheimischen Bewohner. Im Hafen von Madras lieferten europäische Schiffe Silber- und Korallen-Schmuck an, der von jüdischen Juwelieren im italienischen Livorno speziell für den Handel mit dem Osten angefertigt wurde; auf dem Rückweg bestand ihre Fracht aus chinesischem Tee, indonesischem Pfeffer, spanischen Silberdollars von den Philippinen und Textilien von der Koromandelküste. Am Ende des 17. Jhs. trat dann aber Kalkutta mit seinem wachsenden Exporthandel nach China die Nachfolge von Madras an.

Das Reich der Mogul-Dynastie

In Kalkutta sahen sich die Engländer wieder mit der Mogul-Dynastie konfrontiert. Als deren Reich sich auf dem Höhepunkt seiner Macht befand, hatten sich die Engländer der Mogul-Herrschaft unterworfen, und nun waren sie den Wechselfällen seines Niedergangs ausgeliefert. Es hat sich eingebürgert, vom Indien der Moguln als dem »traditionellen« Indien zu sprechen, wobei man vergißt, daß auch das Mogul-Reich eine politische Erscheinung jüngeren Datums war. Gegründet wurde es von timuridischen Türken aus Turkestan, die seit Anfang des 16. Jhs. in Indien eingefallen waren und 1527 ihren Anführer Babur zum ersten Mogul-Kaiser erhoben hatten. Unter Baburs Enkel Akbar kristallisierte sich das Reich dann als ein türkisch-zentralasiatisch geprägtes Herrschaftssystem heraus, das seine entscheidenden Machtpositionen an Soldaten vergab, deren Rangfolge sich nach dem Umfang der von ihnen befehligten Truppen richtete. Diese militärische Elite,

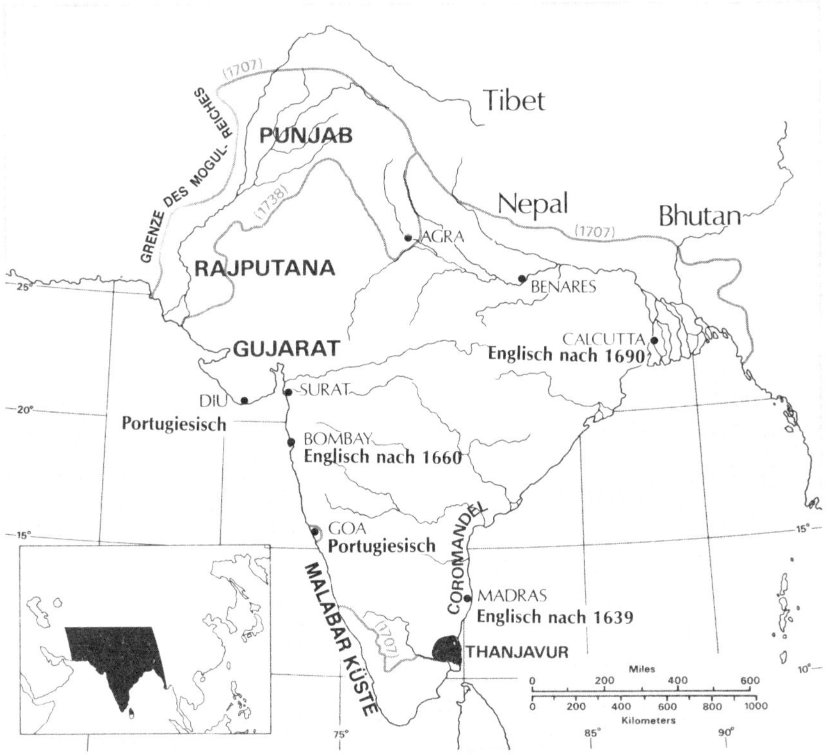

Indien zur Zeit der Mogul-Dynastie

die *mansabdars*, stellten auch die Spitzenbeamten. Zur Zeit des Akbar rekrutierten sich diese militärischen Amtsträger zu etwa einem Drittel aus der ursprünglichen Truppe, die noch von Turkestan nach Indien aufgebrochen war; ein weiteres Drittel bestand aus persischen, mongolischen und usbekischen Muslims, das letzte Drittel aus Anführern örtlicher Hindu- (insbesondere Rajputen) und Muslimvölker. Der Anteil dieser örtlichen Anführer wurde im Lauf der Zeit immer geringer.

Diese *mansabdars* entwickelten sich allmählich zu einer kosmopolitischen Elite und schufen eine kosmopolitische Hofkultur, die sich in verfeinerten Rüstungen und Waffen, in kostbaren Kleidern und Teppichen sowie in Palästen mit luxuriösen Gärten und Inneneinrichtungen niederschlug. Ihre künstlerischen Neigungen, ihr Kleidungsstil (Hosen, Hemd und eine Jacke, die schon die moderne »Nehru-Jacke« vorwegnahm), ihre Vorliebe für die Poesie, für schöne Handschriften und Miniaturen, sowie ihre Beherrschung der persischen Sprache und einer persifizierten Hindi-Sprache (des Urdu), wurden innerhalb des Reiches zum Vorbild für die unteren Ränge der Machthaber. Das Leben am Hof und in den Palästen brachte seinerseits neue künstlerische und handwerkliche Leistungen in der städtischen Umgebung der Paläste und in ganzen Regionen hervor, die sich auf bestimmte Handwerkszweige spezialisierten. Da die Mitglieder der Elite ihr Einkommen in Geld bezogen, förderten sie auch den Handel mit Gütern des täglichen Bedarfs wie mit Luxusprodukten. Dies führte wiederum zum Aufstieg einer Klasse von Kaufleuten, die der Elite das zur Finanzierung ihres aufwendigen Lebensstils nötige Geld ausleihen konnten.

Die Mitglieder dieser *mansabdar*-Elite bekamen Rechtstitel auf das Tributaufkommen einer bestimmten Region verliehen (sogenannte *jagirs*) Diese Rechtstitel galten für die Lebenszeit des Titelhalters (*jagirdar*), der also seinen Anspruch nicht vererben konnte. Das entsprach dem System der türkischen *iqta* und der spanischen *encomienda*. Das Gebiet, aus dem der *jagirdar* seine Revenue bezog, konnte im Lauf seines Lebens aber auch wechseln, wenn seine Pflichten als *mansabdar* ihn in verschiedene Teile des Reiches führten.

Zwischen der *mansabdar*-Elite und der breiten Bevölkerung standen die *zamindars*. Sie waren in der Regel die Oberhäupter einer führenden *lineage*, die einen erblichen Rechtsanspruch auf Tribute eines bestimmten Gebietes hatten. Die *lineages*, denen die *zamindars* entstammten, gehörten jeweils zur herrschenden Kaste der betreffenden Region. Als Oberhäupter der bedeutendsten *lineage* bezogen sie Tribute von anderen *lineage*-Mitgliedern und gaben einen Teil des erhaltenen Mehrprodukts in Form von Geldzahlungen an die Mogul-Regierung weiter. Als Mittelsleute zwischen der Zentralgewalt und ihren eigenen *lineages* hing der Einfluß dieser *zamindars* davon ab, wie stark oder schwach die Bindung zwischen dem Staat und den *lineages* ausgeprägt war. War sie nur schwach, so erlangte das Oberhaupt der Haupt*lineage*, das ja eine zahlreiche Verwandtschaft hinter sich hatte, mehr Macht und auch mehr Einfluß auf die staatliche Bürokratie. War der Staat aber stark, so konnte er seine Macht, Tribute zu fordern, ausbauen und seine Einnahmen an der zentralen *lineage* vorbei direkt von den örtlichen *lineage*-Gruppen eintreiben; oder er konnte einfach neue Ansiedlungen schaffen, indem er Segmente von *lineages* aus verschiedenen *lineage*-Systemen zusammenwürfelte. Auf diese Weise hatte er dann die Machtstrukturen aufgeweicht. Überdies konnte ein *zamindar* seine Rechte durch einen Verkaufsakt veräußern (Habib 1964, 43). Und ein *jagirdar* konnte seinen *jagir* auch in einen *zamindar*-Rechtstitel umwandeln, wenn der Zentralstaat zu schwach war, um dies zu verhindern. Umgekehrt konnte ein starker Staat einen *zamindar*-Titel zwangsweise in einen *jagir* umwandeln. Hier lag also ein Konfliktpotential zwischen dem Staat und den *zamindar*, das in der Gesamtkonstruktion des Mogul-Reiches einen wesentlichen Schwachpunkt darstellte.

Eine weitere Schwäche dieses Reiches lag aber in seinen inneren religiösen Gegensätzen. Opposition gegen die Muslimherrschaft hielt sich u. a. im Hindu-Königreich von Vijayanagar, das im 14. Jh. von Flüchtlingen aus dem Dekkan gegründet worden war, die sich im Süden Indiens vor den Einfällen der Muslims in Sicherheit gebracht hatten. Dieses Königreich bestand bis ins 17. Jh. fort. Opposition ging auch von verschiedenen eklektischen Glaubensrichtungen aus, die an den Hindu-Mystizismus und den islamischen Sufismus anknüpften.

Sie waren Anhänger des *bhakti*-Kults, also der rückhaltlosen Hingabe des einzelnen Menschen an einen Gott, und wandten sich gegen religiöse Riten und Kasten. Die Lehrer dieses Kultes teilten sich ihren Anhängern in deren eigener Sprache mit. Viele ihrer Führer waren Handwerker oder Angehörige einer niedrigen Kaste; Kabir (1440–1518), der berühmteste von ihnen, war z. B. ein Weber. Nanak (1469–1539), der Begründer der Sikh-Religion, verkündete im Panjab unter den bäuerlichen Kasten der Jats die Vereinigung der Religionen und die Aufhebung sozialer Unterschiede. Eine andere Sekte, die Satnami, gewann Anhänger unter Bauern, Handwerkern und Kleinhändlern.

Die Herrscher der Mogul-Dynastie nahmen diese religiösen Unterschiede anfangs in Kauf – ein toter Ungläubiger zahlte schließlich keine Steuern. Im Laufe der Zeit wurden sie allerdings zunehmend unduldsamer. Aurangzeb, der 1658 den Thron bestiegen hatte, war ein religiöser Fanatiker, der Hindutempel zerstören ließ und den Nicht-Muslims Sondersteuern auferlegte. Seine religiösen Verfolgungsmaßnahmen trieben viele *zamindars* und ihre bäuerlichen Gefolgsleute in offene Rebellion, die mit zunehmender Schwächung des Regimes immer schärfere Formen annahm. 1647 begannen die Marathi-sprachigen Völker des westlichen Dekkan unter ihrem Anführer Sivaji einen Aufstand gegen die Mogul-Herrschaft, der dem von der muslimischen Obrigkeit unterdrückten Hindu-Glauben wieder zur Geltung verhelfen sollte. Diese im Maratha-Bund zusammengefaßten Völker wurden im ganzen Dekkan zur dominierenden Kraft. Auf ähnliche Weise verloren die Moguln ihren Rückhalt bei den Hindu-*lineages* in der zentralen Gangesebene (im Gebiet des heutigen Uttar Pradesh). Mit dem Dahinschwinden der Mogul-Herrschaft begannen die Beamten des Regimes in den abgelegenen Regionen ihre eigene Hausmacht auszubauen und mit den hereindrängenden Europäern auf eigene Faust ins Geschäft zu kommen. Am Ende des 17. Jhs. waren somit die Bedingungen für den entscheidenden Auftritt der Engländer auf der politischen Bühne Indiens herangereift.

Etappen der englischen Herrschaft

Mit ihrer Ansiedlung in Kalkutta (1690) entschieden sich die Engländer für einen Ort, dessen strategisch günstige Lage dazu angetan war, vom Verfall der Mogul-Dynastie zu profitieren. Für die Provinz Bengalen, die von den Kriegen und Krisen, die die anderen Gebiete Indiens heimsuchten, relativ wenig berührt war, begann jetzt eine kommerzielle Blütezeit; zusätzlich zu kostbaren feinen Seiden- und Baumwollstoffen exportierte sie nun auch noch Zucker, Reis, Salpeter, Indigo und Opium. Trotz der Konkurrenz der Franzosen und Holländer, die in Bengalen ebenfalls Handelsposten unterhielten, konnte die englische East India Company ihre Geschäfte bald über mehr als 150 »Faktoreien« abwickeln. Über die Mittlerdienste mächtiger indischer Händler-Bankiers, die als Steuerpächter für den *nawab* (den halbunabhängigen Provinzgouverneur der Moguln, der auf Englisch verballhornt »nabob« genannt wurde) fungierten und den Engländern häufig riesige Kreditsummen vorstreckten, konnte die Company ihre Lieferabkommen mit den Webern, die Textilien für den englischen Handel produzierten, ständig weiter ausbauen. In Bengalen entwickelten sich jetzt immer schärfere Auseinandersetzungen zwischen dem *nawab* und den *zamindars*, von denen sich viele neue Ländereien erschlossen, ohne die üblichen Abgaben an die Obrigkeit abzuführen. Die Engländer unterstützten in diesem Konflikt die *zamindars* gegen den *nawab*. Gestützt auf die Händler-Bankiers und eine geheime Allianz mit vielen *zamindars* konnte die East India Company es sich leisten, den *nawab* zum offenen Krieg zu provozieren. Mit den von den führenden Bankiers Bengalens vorgeschossenen finanziellen Mitteln im Rücken, errang sie 1757 bei Plassey einen entscheidenden Sieg über die Truppen des *nawab*.

Im Anschluß an diesen Sieg plünderte die Company den bengalischen Staatsschatz um die phantastische Summe von über fünf Millionen Pfund Sterling. Außerdem sicherte sie sich das Monopol über den Export- und Importhandel. Durch gezielte, für sie selbst vorteilhafte Preisfestsetzungen drängte sie die örtliche Kaufmannsklasse aus dem Geschäft; damit machte sie zwischen 1775 und 1780 Profite von weiteren fünf Millionen Pfund. Über indische Mittelsmänner, die sich häufig bei der Company in ihre Positionen einkauften, verschafften sie sich die direkte Kontrolle über 10 000 bengalische Weber, die vertraglich verpflichtet wurden, ihre Geschäfte ausschließlich mit den Engländern abzuwickeln. 1765 war der Company auch die offizielle Zivilverwaltung (*diwan*) von Bengalen übertragen worden. Unverzüglich machte sie daraufhin das Besteuerungssystem effizienter und erhöhte ihre Direkteinnahmen aus der Grundrente zwischen 1765 und 1776/77 von knapp 15 Millionen auf 30 Millionen Rupien. Diese höhere Steuerlast erwies sich für eine große Zahl der bengalischen Bauern und Handwerker als ruinös. 1770 und 1783 brach in Bengalen eine große Hungersnot aus.

Nachdem sie einmal in Bengalen Fuß gefaßt hatte, gelang es der East India Company – auch unter Ausnutzung der verschärften politischen Auseinandersetzungen in ganz Indien –, ihren territorialen Herrschaftsbereich zügig und wirkungsvoll auszubauen. Die ständigen Kriege zwangen die Company, ihre Armee zu einem wirksameren Instrument auszubauen; und die ständigen »Eingriffe« in die zivilen Angelegenheiten der territorialen Herrscher führten in einzelnen Landesteilen zum Aufbau einer eigenen Verwaltung durch die Company. Diese unterstellte also einige Gebiete Indiens ihrer direkten Herrschaft, während andere Gebiete der Verwaltung lokaler, auf die Engländer gestützter Herrscher überlassen blieben. Insofern verwandelte sich die Company nach 1765 aus einer offiziell zugelassenen Handelsorganisation, die sich an die Vorschriften einer fremden Regierung zu halten hatte, zum militärischen und bürokratischen Instrument der britischen Regierung.

Dieser grundlegend gewandelte Charakter der Company – und der entsprechende Wandel der englischen Herrschaft in Indien – wirkte sich auch tiefgreifend auf das Trachten und Streben der einzelnen Engländer aus. Vor dem Sieg bei Plassey war der typische Engländer in Indien ein Kaufmann, der sich aufgrund seiner Lebensführung in seiner »Faktorei« und seinen Handelsunternehmungen im Hinterland gegenüber den Mitgliedern der indischen Elite, mit denen er zu tun hatte, als gesellschaftlich ebenbürtig empfand. So lebte der englische Kaufmann bzw. der kaufmännische Repräsentant der

Company häufig wie ein Inder gehobenen Standes: er hatte eine indische Geliebte (*zenana*), umgab sich mit parsischen oder muslimischen Bediensteten und mit Köchen aus Portugal oder Goa, und er hielt sich als Butler Sklaven von der Malabarküste oder aus Malaga. Spear hat auf einen paradoxen Umstand aufmerksam gemacht:

»Die Zeiten, als die Beamten der Company korrupt waren, auf betrügerische Weise zu ihren Vermögen kamen, *ryots* (Bauern) unterdrückten, und *zenanas* und verbotene sexuelle Verbindungen unterhielten, waren gleichzeitig auch die Zeiten, da sich die Engländer für die indische Kultur interessierten, Verse in persischer Sprache verfaßten und mit der Familie Pandit oder Maulwi oder Nawab auf gleicher gesellschaftlicher Ebene verkehrten bzw. mit ihnen persönliche Freundschaften pflegten.« (1963, 145)

Während die englischen Kaufleute vor dem Sieg von Plassey ihre indischen Kollegen in Geschäftsdingen als ebenbürtig behandelten, begannen sie danach, ihre indischen Konkurrenten mittels ihrer neu gewonnenen politischen Macht kurz zu halten wie die Händler anderer europäischer Kompanien. Vor Plassey hatten die Engländer die Dienste von einheimischen Mittelsleuten in Anspruch genommen, die an der Koromandel- und Malabar-Küste *dubash* oder *modeliar* und in Bengalen *dadni* genannt wurden. Das Wort *dadni* (im Singular: *dadan*) bezeichnet eigentlich die verzinslichen Vorschüsse, die Händlern im Hinterland gewährt wurden, die ihrerseits den örtlichen Bauern oder Handwerkern Geld für die zu liefernde Ware vorschossen. Solche Mittelsleute erfüllten nicht nur eine finanzielle und organisatorische Funktion; sie führten vor Ort auch die Verhandlungen mit politischen Autoritäten und Handwerksorganisationen, waren demnach also gleichzeitig »Höflinge, Unterhändler, Übersetzer, Vertragsaufsetzer ... und dienten auch noch als Bürgen und Expertengutachter« (Dermigny 1964, Bd. I, 783). Dieser Vermittlerfiguren wurden jetzt durch bezahlte Angestellte (*gomasta*) ersetzt, die durch die Vergabe von Handelslizenzen das Geschäft der Company betrieben. Das alles machte aber – wie wir noch sehen werden – die Engländer vom indischen Kapital beileibe nicht unabhängig. Mit ihren Aktivitäten verfolgten sowohl die Company als auch die privaten englischen Unternehmer das Ziel, die indischen Ressourcen und Arbeitskräfte für die Herstellung von Gütern für den Chinahandel einzuspannen. Ein Großteil der Gelder, die diesen wachsenden Handel finanzierten, stammte von indischen Bankiers und Geldverleihern.

Die Rolle der englischen Kaufleute erfuhr also einen grundlegenden Wandel: Für die Inder waren sie jetzt nicht mehr Handelspartner, sondern gesellschaftlich entrückte Vorgesetzte. Dem entsprach ein Wandel im Bereich des politischen Regimes. Hier schob sich mit der Durchsetzung eines Systems öffentlicher Ordnung und der Verstetigung der Verwaltung die Figur des

»Verwaltungssoldaten« in den Vordergrund, der »den weichen bengalischen Typ« zu verachten pflegte und mit dem Gefühl moralischer Überlegenheit von seiner europäischen Warte auf die Inder herabblickte, die er durch das englische Vorbild domestizieren und von ihren unenglischen Sitten und Gebräuchen abbringen wollte.

Der englische Sieg von Plassey war Auftakt für die Unterwerfung der indischen Halbinsel. Die Etappen der Durchsetzung englischer Herrschaft folgten aber keinem ausgearbeiteten Gesamtplan, sondern ergaben sich Schritt für Schritt als Reaktion auf jeweils regionale Krisen und Kriege. Das Mogul-Reich löste sich in eine Anzahl kriegerischer Nachfolgestaaten auf – als da waren: die Maratha-Föderation im westlichen Dekkan, Haiderabad im Hochland zwischen den Flüssen Krishna und Godavari sowie Maisur, das sich über das Binnenhochland und die Küstenzone nördlich von Kerala erstreckte. Diese neuen Staatswesen stellten für die englische Präsenz in Bombay, Madras und Kalkutta eine reale Bedrohung dar. Sie gewannen für ihre wechselnden Allianzen den Beistand der Franzosen und der Afghanen, neigten also dazu, regionale Kriege zu internationalen Konflikten zu eskalieren. Ihre innere Uneinigkeit und Unfähigkeit, feste Bündnisse zustandezubringen, machten es den Engländern aber auch leicht, sie auseinanderzudividieren und dann einzeln zu besiegen. So wurden nacheinander Haiderabad im Jahre 1789, Maisur 1799 und die Maratha-Föderation zwischen 1816 und 1818 besiegt.

Diese Vielfrontenkriege um die Herrschaft über Indien verzehrten außerordentliche Mengen an Geldern und Ressourcen. Um die finanziellen Mittel für ihre pausenlosen politischen und militärischen Auseinandersetzungen aufzubringen, verlegten sich alle beteiligten Parteien ein halbes Jahrhundert lang auf Steuererhöhungen und Raubfeldzüge. Der englische Kriegserfolg verschaffte der East India Company und ihren Vertretern am Ende dann aber die Möglichkeit, die indischen Ressourcen für die Kapitalakkumulation im eigenen Lande nutzbar zu machen. So wurden riesige zusammengeplünderte Privatvermögen nach England transferiert und dort investiert. Tributleistungen, aus denen früher die örtlichen Herrscher ihre Ausgaben bestritten hatten, konnten jetzt »vermittels unbezahlter Exportlieferungen auf die Konten von Anteilseignern in Europa geschafft werden« (Fieldhouse 1967, 159). Mit dem Erringen der politischen Herrschaft waren die Engländer auch in der Lage, die indischen Grundbesitzstrukturen und die Grundsteuer derart umzuorganisieren, daß die Kriegskosten und die Kosten der fortlaufenden englischen Besetzung den Indern selbst aufgebürdet wurden. Schließlich ließ sich mit Hilfe der Land- und Steuerreform auch noch die indische Landwirtschaft auf die Erzeugung profitabler Waren umstellen, die – wie Rohbaumwolle und Opium – den Ausbau des englischen Chinahandels entscheidend voranbringen konnten.

Neue Strukturen des Grundeigentums und der Besteuerung

Das Mogul-Reich hatte seinem Wesen nach auf der tributären Produktionsweise beruht: *jagirdars* und *zamindars* durften aus der bäuerlichen Bevölkerung, über die sie entweder qua Person oder kraft ihres Amtes herrschten, ein Mehrprodukt herausziehen. Der entscheidende Unterschied zum späteren englischen System lag darin, daß sie nicht im eigentlichen Sinne über Eigentumsrechte auf Grund und Boden, sondern nur über Rechtsansprüche auf die Arbeit der Menschen und auf die Produkte ihrer Arbeit verfügten. Mit dem 1793 eingeführten *Permanent Settlement* (also einer »dauerhaften Grundsteuerveranlagung«) machten die Engländer in Bengalen die *zamindars* jedoch zu unmittelbaren Grundeigentümern, die neun Zehntel des von den Bauern erhaltenen Tributs an die britische Obrigkeit abführen mußten und das restliche Zehntel für sich einbehalten durften. Auf einen Schlag schufen die Engländer damit eine Klasse von 3000 indischen Grundbesitzern, denen dieselben Rechte wie den englischen Grundbesitzern zustanden – also auch das Recht, ihren Landbesitz zu verkaufen, mit Hypotheken zu belasten und weiterzuvererben.

Die Arbeiten von Bernard S. Cohn haben uns eine Fülle von Kenntnissen über die Auswirkungen verschafft, die das neue Bodenrecht und die Grundsteuerveranlagung der Engländer in der durch das *Permanent Settlement* betroffenen Region Benares gehabt haben. Die Arbeiten von Cohn liefern den historischen Hintergrund für die Fallstudien, die amerikanische Anthropologen schon vor dreißig und vierzig Jahren über den Bezirk Jaunpur (der in früheren Zeiten zum Reich des Radscha von Benares gehörte) angefertigt haben. In dieser Region lagen im 18. Jh. die Verfügungsrechte über persönliche Dienste und Tribute jeweils bei einer korporativen *lineage* zumeist rajputischer Abstammung, bei Duodezfürsten oder Radschas (*rajas*) oder schließlich bei *jagirs*, die über Rechtstitel auf Dienstleistungen verfügten. Alle diese örtlichen Tributnehmer hatten Verpflichtungen gegenüber dem Radscha von Benares; dieser war seinerseits dem Nawab von Oudh und der wiederum dem Mogul-Herrscher untertanenpflichtig. Wer über einen Rechtstitel auf Dienstleistungen verfügte, bezog einen Tribut, zahlte aber selbst keine Steuern. Alle anderen waren gegenüber ihren verschiedenen Oberherren tributpflichtig, wenn auch die tatsächlich abgeführten Tribute sich jeweils nach der politischen und militärischen Potenz der Geber und der

Empfänger richteten. In finanziellen Angelegenheiten kam es zwischen den verschiedenen Gruppen und Autoritäten zu zahlreichen Konflikten, die gewaltsam gelöst oder über Schlichtungsverfahren und anschließende Kompromisse beigelegt wurden.

Die englische Herrschaft verwandelte alle diese Ansprüche auf persönliche Dienste und Tributleistungen, die an Gruppen und einen bestimmten Status gebunden waren, in private Eigentumsrechte. Grund und Boden wurden zum Eigentum von amtlich registrierten Tributzahlern, die sich verpflichteten, als Gegenleistung für ihre persönlichen Eigentümer-, Erb- und Verfügungsrechte die festgelegten Steuern abzuführen. Da der Steuerbetrag ein für allemal veranlagt wurde, blieb er von Schwankungen der Bodenpreise oder der Ernteerlöse unbeeinflußt. Unterbewertete Güter waren als besonders gewinnträchtige Investitionsobjekte geschätzt. Die praktische Aufgabe, die Steuersummen festzusetzen und einzuziehen, wurde an ein Gremium indischer Beamter delegiert. Aufgrund ihrer Position konnten diese Beamten in die eigene Tasche wirtschaften, indem sie eine steuerliche Veranlagung manipulierten oder von Zwangsverkäufen der Güter profitierten, die ihren Steuerpflichten nicht nachgekommen waren. Einige dieser Beamten betätigten sich zusätzlich als Geldverleiher, Händler oder Bankiers, oder sie unterhielten Beziehungen mit Notabeln, die solche Geldgeschäfte betrieben.

Darüber hinaus versilberten diese Beamten auch ihre Kenntnisse des englischen Rechtswesens. Das englische Recht verdrängte die alten Rechtspraktiken der Inder, die sich grundsätzlich am »Status« orientiert hatten – also jener Kategorie, die Sir Henry Maine dem Prinzip des »Vertrages« gegenübergestellt hat (vgl. Kapitel 1). Die indische Rechtsauffassung nahm die an einem Rechtsstreit beteiligten Parteien nicht als getrennte Individuen wahr, sondern stellte sie in den Zusammenhang komplexer gesellschaftlicher, politischer und ritueller Bindungen zu anderen Menschen. Das indische Recht ging von der Existenz korporativer *lineages* und Kasten aus, die in gesellschaftlicher, politischer und ritueller Hinsicht ungleich sind, und verstand Konfliktfälle als vorübergehende Phase innerhalb fortlaufender Beziehungen zwischen diesen Gruppen. Nach englischem Recht wurden die Mitglieder korporativer *lineages* dagegen als Individuen behandelt. Englisches Recht definierte Kläger und Beklagte konsequent als gleiche und individuelle Vertragspartner und beschränkte sich strikt auf den konkreten Einzelfall, nahm also keinerlei Bezug auf dessen gesellschaftliche Entstehungsbedingungen. Die indische Rechtspraxis hatte endgültige Entscheidungen und Lösungen vermieden und vornehmlich auf zeitlich unbegrenzte Verhandlungen gesetzt. Demgegenüber mußte im englischen Rechtsverfahren der anhängige Fall vom Gericht durch ein eindeutiges Urteil entschieden werden. Das führte in Indien dazu, daß Kläger und Beklagte heimliche Absprachen trafen, um den britischen Prozeß richterlicher Wahrheitsfindung mit ausgeklügelten Methoden zu vereiteln – was in den Augen des Gerichts rechtswidrig, für die beiden Prozeßgegner dagegen ein bloßer Akt der Selbstverteidigung war. Cohn (1959, 60) hält es für »wahrscheinlich, daß die meisten der vor Gericht gebrachten Fälle auf erfundenen Sachverhalten beruhten, die den eigentlichen Streit verdunkeln sollten«. Die Verfügung neuer, vermeintlich gerechter und fairer Gesetzesbestimmungen begünstigte somit nur diejenigen, die das Gesetz am besten für sich auszunutzen vermochten.

Infolge der besitz- und prozeßrechtlichen Neuerungen und des neuen Steuerveranlagungssystems kam in der Region Benares eine neue Klasse von Grundbesitzern nach oben, die vorwiegend den Kreisen indischer Beamter, Bankiers und Kaufleute entstammten. Diese neuen Grundeigentümer wohnten häufig gar nicht auf ihrem Besitz; ihre Güter ließen sie vielmehr durch Mittelsmänner verwalten – anders als früher, als sich Rechtstitel auf persönliche Dienste und Tribute bezogen hatten. Mitte des 19. Jhs. hatte diese Klasse fast die Hälfte des Grundbesitzes der ganzen Region in ihre Hände gebracht, während zugleich viele erfolglose *zamindars* auf den Status von Bauern abgesunken waren.

In anderen Gebieten, etwa in Teilen Nord- und Westindiens, wurde 1833 eine Landreform durchgesetzt. Sie entmachtete die als Steuereinnehmer fungierenden Oberherren und übereignete das Land – in dem Glauben, daß indische Dörfer egalitäre Gemeinwesen von gleichberechtigten Anteilseignern eines korporativen Verbandes seien – an geschlossene Dorfgruppen, die sogenannten *»cultivating brotherhoods«*.

In ganz Indien wurden alle diese neuen Grundbesitzer verstärkt angehalten, marktfähige Produkte wie Zucker, Tabak, Gewürze, Baumwolle, Jute oder Indigo anzubauen. Zwar entstanden unter europäischer Leitung auch einige monokulturelle Plantagen, aber für den größten Teil der landwirtschaftlichen Erzeugung sorgte eine Art agrarisches Bevorschussungssystem, worin das Produkt über eine Kette von Zwischenhändlern vom Produzenten bis zum Endverbraucher wanderte (Moore 1974). Die Geldverleiher, die sich auf dem flachen Lande bereits fest etabliert hatten, vergrößerten allenthalben Umfang und Reichweite ihrer Aktivitäten, indem sie Geld zu hohen Zinsen vorstreckten, damit die Bauern eine Ernte erzielen und dem Bedarf an Revenue nachkommen konnten. Im übrigen schlossen sich überall verarmte *zamindars*, die nicht mehr mit den reicheren konkurrieren konnten, mit örtlichen Notabeln, deren Einnahmequellen versiegt waren, und Würdenträgern, die sich gegen die englischen Übergriffe zur Wehr gesetzt hatten, zu Cliquen verbitterter Kritiker der neuen Ordnung zusammen – einer Ordnung, die sie ihrer Mittel und Vorrechte beraubt und sie zu sozialem Abstieg verurteilt hatte. Auch die Zahl der landlosen Arbeiter nahm zu – vor allem, seitdem von 1814 an englische, maschinell produzierte Baumwolle den indischen Markt überschwemmte und das qualitativ hochstehende Textilgewerbe in den indischen Städten und dessen Rohstofflieferanten auf dem Lande nachhaltig ruinierte.

Die neue Situation begünstigte hingegen die Stellung einer Schicht ländlicher Machtträger, die dem radikalen und zerstörerischen Wandel, der sich unter den Engländern vollzogen hatte, standhalten und sogar Vorteile abgewinnen konnten. Diese Leute waren die »starken Männer« (Thorner/Thorner 1962, 16f.; Thorner 1964, 64ff.), die sich mittels der Machtmechanismen der örtlichen *lineages* oder Kasten solche Landarbeiter und Pächter, die um des puren Überlebens willen für einen Hungerlohn arbeiten mußten, gefügig halten oder noch straffer unterwerfen konnten. Diese Machtträger ließen auch ihre örtlichen Verwandtschaftsbeziehungen spielen, um die Macht abwesender *zamindars* und Staatsbeamter zu unterlaufen. Gegen solche Leute ließen sich Rechtsansprüche nicht wirkungsvoll durchsetzen, und selbst mächtige *zamindars* und Kaufleute mußten sich mit ihnen auf Verhandlungen einlassen, um zu ihrer Revenue und zu ihren Lieferungen zu kommen. Solche »starken Männer« mit ihrer Hausmacht innerhalb lokaler *lineage*-Gruppen hielten das Heft in der Hand, weil sie anderen Dorfbewohnern Geld, Saatgut und Lebensmittel vorschossen und innerhalb des Dorfes für die Beilegung von Konflikten unentbehrlich waren. In letzter Instanz beruhte ihre Macht aber auf der Verfügung über die auf Dorfebene vorhandenen Gewaltmittel – von der körperlichen Bedrohung ihrer Gegner bis zur Vernichtung von deren Ernte oder der Weigerung, ihnen dörflichen Grundbesitz oder ein Haus zu überlassen (Srinivas 1959, 15; Cohn 1971, 85). Das Ergebnis dieser Entwicklung war eine ländliche, mit Hilfe von Verwandtschafts- und Kastenabhängigkeiten zustandegekommene Oligarchie. Die Vertreter dieser Oligarchie hielten in ihrer dörflichen Umgebung an den tributären Beziehungen fest, während sie auf den Markt bezogen durchaus eine Unternehmerrolle wahrnehmen konnten.

Armee und Bürokratie

Die englische Herrschaft hatte für die unterworfene Bevölkerung zwei weitere Konsequenzen. Erstens entstand eine Armee unter britischer Hoheitsgewalt, in der die Engländer die Offiziere und indische Brahmanen,

Rajputen und Muslims die Mannschaften stellten – die sogenannten *sepoy*, die als Söldner angeheuert und von der britischen Regierung bezahlt wurden. Das bedeutete faktisch das Ende der unter den Moguln herrschenden Übung, wonach die tributnehmenden Notabeln zugleich das Recht hatten, Truppen zu unterhalten, die sie dem Mogul zur Verfügung stellen mußten. Jetzt waren also die Gewaltinstrumente in die Hände der neuen europäischen Herrscher übergegangen. Die zweite Konsequenz lag in der Schaffung eines Beamtenkörpers, der auf höchster Ebene ausschließlich mit Europäern besetzt war, auf der untergeordneten Ebene aber aus einer ständig sich vergrößernden Armee von kleinen Verwaltungsangestellten bestand.

Diese untergeordneten Funktionsträger rekrutierten die Engländer vorwiegend aus Bengalen, und hier unter den zahlreichen Übersetzern, Mittelsmännern, kleinen Händlern und Verwaltern oder Landbesitzern – unter Leuten also, die schon für die East India Company oder für englische Kaufleute die Rolle des Juniorpartners gespielt hatten (Mukherjee 1970, 48). Viele von ihnen hatten vorher in Diensten der Mogul-Dynastie gestanden. Jetzt polten sie also ihre Loyalität auf die neue Obrigkeit um und stiegen auf die neuen politischen und ökonomischen Karrieremöglichkeiten ein. Die meisten von ihnen entstammten den gehobenen Kasten der Brahmanen, der Baidya und der Kayastha; und sie benutzten ihre Ernennung dazu, ihre Position als Kulturträger mit elitärem Vorbildanspruch zu festigen, wobei sie freilich auch die Rekrutierung von Leuten aus niedrigeren Kasten zuließen.

Diese neue Berufsgruppe gab sich selbst den Namen *bhadralok* (»angesehene Menschen«); die alten, in Kasten-Begriffen definierten Identitäten ersetzten sie durch neue Kriterien wie z. B. eine Ausbildung in englischer Sprache, die Beherrschung einer indischen literarischen Tradition oder die Beschäftigung mit geistigen und religiösen Dingen. Insofern waren sie nicht einfach nur Exponenten der »Verwestlichung«, sondern auch einer neuen, eigenständig ausgeprägten kulturellen Richtung. Sie vereinten in sich die von den Europäern verlangten Fähigkeiten und ein starkes eigenes Sendungsbewußtsein. Als Ideal schwebte ihnen eine – von ihnen selbst angeführte – Rückwendung zur großen bengalischen Vergangenheit vor, in der die brahmanischen Tugenden noch nicht durch den Buddhismus und den emotionalen Hinduismus der *bhakti*-Bewegung verdorben waren (vgl. Broomfield 1966, 63f.). Ähnliche regionale Eliten bildeten sich in Madras im Südosten und in Maharashtra im Westen des Landes; aus ihnen holten die Engländer ihr Verwaltungspersonal für die neuen Gebiete, die sie im Inneren Indiens unter ihre Herrschaft brachten. Aber diese Stützen des englischen Regimes zogen zwangsläufig die Feindschaft der früheren Eliten auf sich. Mit der Verbreitung der englischen Sprache und der zunehmenden

Alphabetisierung anderer Bevölkerungsgruppen wie der Muslims und der Hindus aus niedrigen Kasten gerieten die *bhadralok* sogar in ihren Heimatregionen immer mehr in Bedrängnis.

In Südindien war – wie in Madras im Jahre 1812 – die Figur des *zamindar* unbekannt, hier wurde ein anderes Modell verwirklicht. In der Hoffnung, eine starke, aus eigenen Kräften lebensfähige Bauernschaft schaffen zu können, übertrugen die Engländer den Grund und Boden als *ryotwari*-Besitz an die einzelnen bäuerlichen Pächter, die dafür eine direkte Abgabe an die Staatskasse zahlen mußten. Welche Veränderungen diese neuen Besitz- und Abgabenregelungen nach sich zogen, veranschaulicht die Studie von Kathleen Gough (1978) über den Bezirk Thanjavur (auf englisch: Tanjore) südlich von Madras, der heute zum indischen Teilstaat Tamil Nadu gehört. Vor der britischen Zeit wurde jedes Thanjavur-Dorf von einer herrschsüchtigen Brahmanen- oder Vellala-Kaste dominiert. Eine solche Kaste nahm kollektiv die Aufgabe wahr, die festgesetzten Anteile an der Getreideernte an die Bauern des Dorfes, die *share-cropping*-Pächter und die Bediensteten zu verteilen, außerdem war sie kollektiv für die Abführung der Steuern an den Staat verantwortlich. Die neue englische Verwaltung machte die Haushalte jeweils individuell für ihre das Land bearbeitenden Pächter wie auch für die Bezahlung der Abgaben verantwortlich; nach 1850 stellte sie auch individuelle Besitzurkunden für Anteile am dörflichen Grundbesitz aus. Da die Bauern ihre Steuern in bar abzuführen hatten, verschuldeten sie sich immer mehr an die Geldverleiher, die nunmehr auch Grundbesitz beschlagnahmen konnten, nachdem sie früher als Sicherheit für ihre verliehenen Summen nur auf Häuser, Agrarerzeugnisse und Schmuck hatten zurückgreifen dürfen. Infolgedessen büßten viele Leute ihr Stück Land ein, während einige ihren Grundbesitz vergrößern konnten. Auch die landwirtschaftliche Produktion wurde umgestellt. Sie war nicht mehr in erster Linie auf die Bedürfnisse der Haushalte zugeschnitten, sondern auf den Export von Reis für die Versorgung von Plantagen in Südostasien. Im Laufe dieser Umstellung wurde aus erblichen *share-cropping*-Pächtern (die also die Pacht mit einem Teil ihrer Ernte bezahlten) immer häufiger existenzgefährdete Bauern, die auf der Basis von Jahrespachtverträgen wirtschafteten. Auf diese Weise entwickelte sich der Bezirk Thanjavur zu einer der wichtigsten Lieferzonen von Leibbediensteten, die eine Anstellung im Ausland suchten (vgl. Kapitel 7).

Die Rebellion der Inder

Gegen 1850 erfaßten die Auswirkungen der englischen Politik immer weitere geographische Gebiete. Die verschiedenen Grundbesitzregelungen und Steuerreformen veränderten das ökonomische und politische Machtgefüge von Grund auf. Textilwaren – bis zum Ende des 18. Jhs. ein wichtiger indischer Exportposten – wurden von den britischen Märkten verbannt, wohingegen Indien zollfreie Importe von englischen Manufakturgütern ins Land lassen mußte. Das führte zu einer raschen Vernichtung seiner spezialisierten handwerklichen Textilproduktion. Die Verbreitung maschinell gefertigter Waren ruinierte das dörfliche Handwerk: Immer weniger Handwerker konnten ihren Lebensunterhalt mit der Herstellung von Töpferwaren, gegerbten Tierhäuten, gefärbten Stoffen und von Öl oder Schmuck bestreiten. Der um die Mitte des 19. Jhs. florierende Schiffs- und Eisenbahnbau gab in den ländlichen Gebieten der Produktion von agrarischen Handelsprodukten einen Schub: Aus dem Pandschab wurde Weizen, aus Bombay Baumwolle und aus Bengalen Jute exportiert; die Landwirtschaft stellte sich von der Erzeugung von Nahrungsmitteln auf industriell verwertbare Produkte wie Baumwolle, Erdnüsse, Zuckerrohr und Tabak um. Kreditgeschäfte zu hohen Zinssätzen griffen immer mehr um sich, denn die Bauern begannen ihre Nahrungsmittel auf dem Markt zu kaufen, sie brauchten Geld, um die Produktion marktfähiger Agrarprodukte auszuweiten, und außerdem stiegen nach der Jahrhundertmitte die Preise für Grund und Boden. Die Unzufriedenheit wuchs und wurde zusätzlich von früheren Machtinhabern und ihrer Gefolgschaft geschürt, die immer mehr an den Rand gedrängt und durch die englischen Land- und Steuerreformen in ihrer Existenz bedroht wurden. Diese Unzufriedenheit entlud sich in einem Ausbruch gewalttätiger Widerstandsaktionen, der von englischer Seite als »Großer Aufstand« von 1857 apostrophiert wird.

Vorgebliche Ursache für diesen Ausbruch war die Anweisung, die Patronen für das neue Lee-Enfield-Gewehr der Armee seien intensiv mit einem aus Rinder- und Schweinefett hergestellten Schmierfett zu präparieren. Diese Patronen mußten beim Laden am einen Ende aufgebissen werden, um das Pulver freizusetzen. Nun war für Hindus das Töten von Kühen eine schwere Sünde und außerdem für Moslems jeder Kontakt mit Schweinefleischprodukten völlig tabu. Die *sepoy* begannen im Mai 1857 eine Meuterei, die in weiten Gebieten einen bewaffneten Aufstand auslöste. Die Meuterei war dabei nur der Funke, der das Pulverfaß der allgemeinen Unzufriedenheit zur Explosion brachte. Frühere Würdenträger, die sich an den Rand gedrängt sahen, örtliche Notabeln, die auf die Restauration der Macht der Moguln oder der Marathen setzten, ökonomisch und politisch unterdrückte Dorfbewohner und Anhänger religiöser Lehren, die sich gegen das Vordringen des Christentums wandten – all diese und noch mehr Menschen schlossen sich der Aufstandsbewegung an. Die Niederschlagung der Rebellion kostete viele Menschenleben. Bei den Engländern führte die plötzliche Erkenntnis, daß Indien ihrer Kontrolle entgleiten könnte, zu einer veränderten Einstellung gegenüber ihren Untertanen. Nach dem Aufstand gab das englische Herrschaftspersonal die Vorstellung auf, Indien durch die Anwendung liberalen englischen Ideengutes reformieren zu wollen. Statt dessen bemühten sie sich jetzt um die Stärkung der als indisch angesehenen Traditionen. Es vollzog sich die Geburt des Mythos vom »wahren Indien«, wie ihn Hutchins beschrieben hat:

»Dieses ›wahre Indien‹ bestand aus dem alten Indien der ländlichen Gebiete, aus dem Gefolge und den Anhängseln britischer Macht, aus Prinzen, Bauern und Minderheitsgruppen. Die Inder in den Städten, die in gewerblichen und geistigen Berufen tätig waren und die nicht von der Gunst der Engländer abhingen und kein Interesse an durch die britische Macht abgesicherten privilegierten Positionen hatten, wurden als ›unrepräsentativ‹ abgetan.« (1967, 156)

Die Engländer betonten jetzt wieder die kastenmäßigen Unterscheidungen: Sie separierten Regimente entlang der religiösen und Kastengrenzen und förderten die Privilegien der *kshatryia*-Gruppen (also der alten Kriegerkaste). Hier war zweifellos das Bestreben am Werke, eine »teile-und-herrsche«-Politik durchzuführen und die Zwänge des Kasten- und Privilegienwesens zu verstärken, um der Mobilität und dem selbstbewußten Auftreten der »neuen« Menschen als Einzel- wie als Gruppenwesen entgegenzuwirken.

Die Mitglieder der englischen Kolonialgemeinde formierten sich zu einer neuen herrschenden Quasi-Kaste, die sich von der einheimischen Bevölkerung separierte und absetzte. Sie entwickelte auch zunehmend die Neigung, die Inder als »Nigger« zu bezeichnen (Hutchins 1967, 108) und darüber hinaus die unteren Klassen im heimischen England und die Inder als gleichermaßen minderwertig anzusehen. Dazu kam die wachsende Tendenz, sich beharrlich einem Ideal zu verschreiben, das sich an harter Arbeit, an Männlichkeit und autoritärem Verhalten orientierte und körperliche Askese und Sport als Methode zur Entwicklung moralischer Qualitäten betrachtete – bei einer gleichzeitigen Tendenz, die gegenteiligen Charaktereigenschaften auf die Inder zu projezieren, in diesen also faule, schwächliche, feige, verweichlichte, verschlagene, luxurierende und unmoralische Menschen zu sehen (Hutchins 1967, 29–78). Ihre neue Rolle als Herrscher – oder (nach Woodruff) als Vormund – legitimierte für sie auch einen Lebensstil, dessen elitärer Zuschnitt weit über ihrem von England her gewohnten Standard lag.

»Die Funktion Indiens bestand darin, normale Engländer in ›Instant-Aristokraten‹ zu verwandeln« (Hutchins 1967, 107f.), wobei sich der einzelne Engländer um so hartnäckiger an die neuen Lebensgewohnheiten klammerte, je weniger sie seiner tatsächlichen gesellschaftlichen Stellung in der Heimat entsprachen.

Von Indien nach China

Der politische und ökonomische Konsolidierungsprozeß in Indien ging Hand in Hand mit der Ausweitung des englischen Chinahandels. Man erschloß sich also die Ressourcen Indiens, um sich Zutritt zur Schatzkammer des Ostens zu verschaffen. »Das Ganze verlief so, als hätten sie sich die indische Halbinsel unterworfen, um sie auf China hin auszurichten« – so hat Louis Dermigny die Politik der Engländer gekennzeichnet (1964, Bd. I, 781).

Was den Zugang zu den chinesischen Märkten betrifft, so sahen sich die Engländer allerdings einem gewaltigen Hindernis gegenüber – der Weigerung des chinesischen Staates, sich auf Handelsbeziehungen mit den »rothaarigen Barbaren« einzulassen. Seitdem die tungusischen Mandschu-Herrscher 1644 als Ch'ing-Dynastie in Peking die Macht übernommen hatten, wurden die kaiserlichen Beschränkungen des Außenhandels wieder straffer gehandhabt. Damit sollten sowohl die Machtpositionen von Parteigängern der vorangegangenen Ming-Dynastie liquidiert, als auch ausländische Einwirkungen auf die chinesischen Küstengebiete eingedämmt werden. Im Süden war der bedeutendste Anhänger der Ming-Dynastie ein gewisser Cheng Ch'eng-Kung (Koxinga), der die Herrschaft über die Provinz Fukien eroberte und 1658 beinahe Nanking eingenommen hätte. Er unterhielt ausgedehnte Kontakte mit den Europäern, denn er hatte schon in Macao und Manila für die Portugiesen bzw. die Spanier und in Taiwan für die Holländer gearbeitet; auch war er schon in Japan tätig gewesen, wo er sich verheiratet hatte. Als er vom Festland vertrieben wurde, floh er nach Taiwan; das dort begründete und von seinem Sohn fortgeführte Reich mußte 1683 vor den Ch'ing-Truppen kapitulieren. Koxinga war der bekannteste und mächtigste, aber durchaus nicht der einzige Opponent, der die Mandschu-Herrschaft herausforderte (Dermigny 1964, 97 und 132). Auf Rat eines früheren Stellvertreters von Koxinga ließ der Mandschu-Kaiser alle Küstenbewohner umsiedeln; mit der Schaffung eines Niemandslandes hoffte er, die unkontrollierten Kontakte zwischen der Bevölkerung des Binnenlandes und fremden Seefahrern zu erschweren.

Als die Herrschaft des Kaiserhauses wieder uneingeschränkt durchgesetzt war, hieß man in chinesischen Häfen auch wieder ausländische Kaufleute willkommen. Diese neuerlichen Möglichkeiten kamen vor allem der englischen East India Company zugute. Von 1685 bis 1760 durften die Engländer einige Häfen in den Provinzen Fukien und Chekiang anlaufen. Ihre Han-

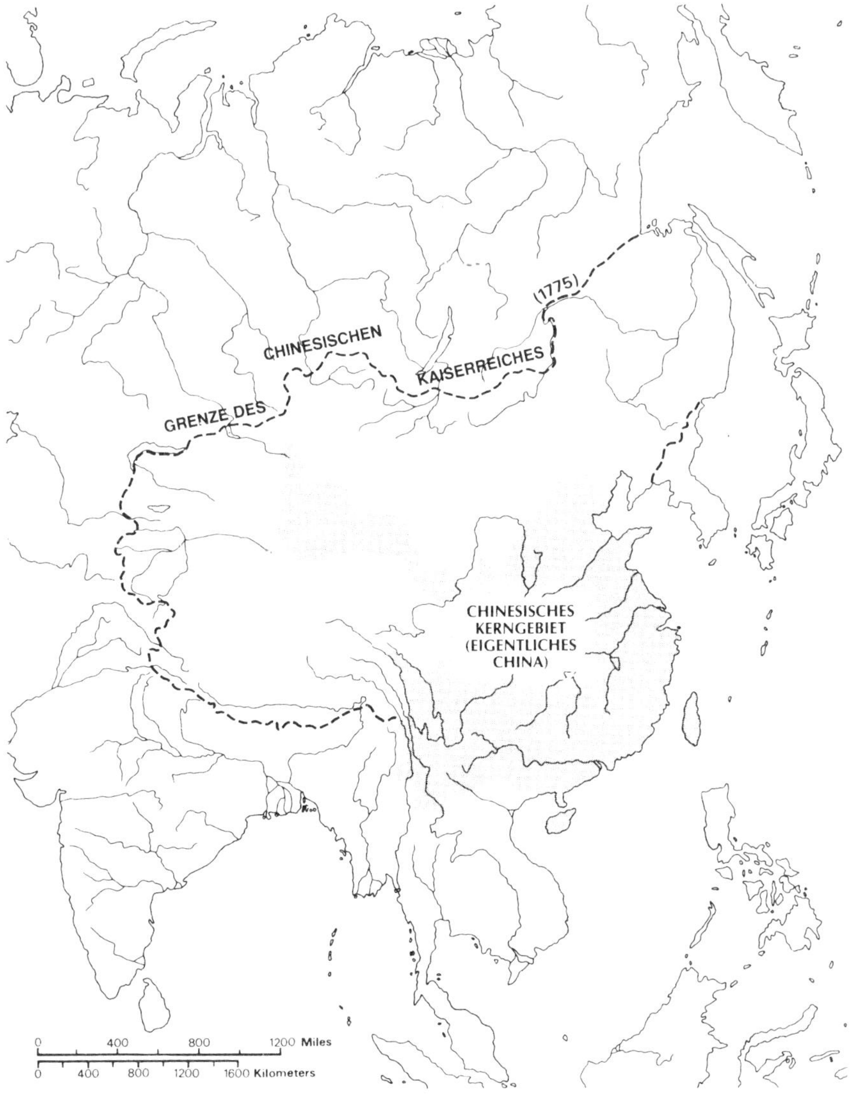

China zur Zeit der Ch'ing-Dynastie

delsaktivitäten verlagerten sich allerdings mehr und mehr nach Kanton. Dort waren die Beamten des Seezollamtes (die *Hoppo*) unabhängig vom örtlichen Adel als direkte Repräsentanten des Kaisers tätig. In Kanton waren ab 1745 auch einige chinesische Kaufleute als Handelspartner für Ausländer zugelassen (sie schlossen sich 1760 zu einer Gilde, der *co-hong*, zusammen), die so begütert waren, daß sie große Warenposten auf Vorrat einlagern konnten. Als der Kaiser den Handel mit dem Ausland 1760 wieder beschränkte, blieb Kanton als einziger Hafen für den Außenhandel geöffnet.

In den ersten Jahren ihres Handels mit China kauften die Engländer Seidenstoffe, Arzneimittel und Porzellan. Diese Waren versuchten sie mit englischen Wollprodukten zu begleichen, fanden dafür aber keine chinesischen Abnehmer. So verkauften sie lediglich etwas englisches Blei, das zu Beschlägen für Truhen verarbeitet wurde, etwas Zinn, Spanisches Rohr aus dem Gebiet der Malakka-Straße sowie Pfeffer, Salpeter und Reis aus Java und den Philippinen. Aber diese Geschäfte blieben ebenso unbedeutend wie zeitlich begrenzt, denn 1793 teilte der chinesische Kaiser dem englischen König Georg III. mit: »Es gibt nichts, was uns fehlen würde..., und an den Manufakturgütern Ihres Landes haben wir ebenfalls keinen Bedarf...« (Zit. nach Teng/Fairbank 1961, 19). Die Engländer mußten ihre gekauften Waren schließlich in Silber bezahlen, was einen ständigen Schwund ihrer Edelmetall-

Hauptniederlassung der europäischen Händler in Kanton, Ansicht von der Hafenseite. Ölgemälde von George Chinnery (1774–1852). (New York Historical Society, New York City)

Vorräte bedeutete. Dieses Zahlungsbilanzdefizit wurde im Laufe des 18. Jhs. noch größer, als die East India Company ein weiteres Produkt auf ihre Warenwunschliste setzte: die gezackten Blätter des Teestrauches.

Opium gegen Tee

Der Teegenuß war in Europa von den Holländern eingeführt worden. In England begann man damit im Jahre 1664, als genau zwei Pfund und zwei Unzen – also kaum mehr als ein Kilo – Tee importiert wurden. 1783 verkaufte allein die East India Company über 2,5 Millionen Kilo, zwei Jahre später fast 7 Millionen (Greenberg 1951, 3). Zusätzlich wurde etwa noch einmal dieselbe Menge von privaten Händlern, die um die Teesteuer herumkommen wollten, nach England geschmuggelt. (Als dann die englische Krone in Europa keine Teesteuer eintreiben konnte, versuchte sie es damit in Bosten – was die Amerikaner auf die Barrikaden und gleichzeitig ins Lager der Kaffeetrinker trieb.) Diese ganzen Teemengen waren in Silber zu bezahlen, der entsprechende Abfluß von Silber in Richtung Osten kam einer »chronischen Ausblutung« gleich (Dermigny 1964, Bd. I, 724). China bezog Silber aus Japan und aus Manila. Der Zustrom aus Japan machte im Jahre 1600 etwa 200 000 Kilo aus, der aus Manila um dieselbe Zeit etwa 8 Millionen Kilo (Rawski 1972, 76). China wurde so zum »Friedhof des amerikanischen Reichtums«. Dermigny schätzte die zwischen 1719 und 1833 nach China gelangten Silbermengen auf 306 bis 330 Millionen Piaster, also ein Fünftel der im selben Zeitraum in Mexiko produzierten Silbermenge bzw. bis zu 20 Prozent der gesamten europäischen Silbervorräte (1964, Bd. I, 740).

Mit diesem Aderlaß an Edelmetallen erbten die Engländer ein uraltes Problem. Schon zur Zeit der alten Römer hatte Südindien Gewürze, Baumwollstoffe und Edelsteine in die Mittelmeerregion geliefert und dafür römisches Gold erhalten. In den Münzschätzen Indiens fanden sich große Mengen von römischen *aurei* und *denarii* (Wheeler 1955, 164ff.). Der Umfang dieser aus dem Mittelmeergebiet abfließenden Gold- und Silberschätze war ganz erheblich. Plinius berichtete, daß »Indien in keinem Jahr weniger als 50 Millionen Sesterzen verschlingt« (zit. in Wheeler 1955, 167). Und das hatte mit dem Fall des Römischen Reiches beileibe kein Ende. Im Mittelalter wanderten ständig Gold und Silber über Italien ins Byzantinische Reich und in die muslimische Welt und von dort weiter nach Indien (Lopez/Miskimin/Udovitch 1970). Über die frühe Neuzeit schreibt Braudel:

> »Die gesamte Mittelmeerwelt funktioniert wie eine Maschine zur Akkumulation von Edelmetallen, von denen sie nun einmal nie genug haben konnte. Das Edelmetall

wurde nur gehortet, um es wieder an Indien, China und die ostindische Welt abzugeben. Die großen Entdeckungen haben wohl eine Revolution der Handelswege und der Preise gebracht, aber an dieser grundlegenden Situation haben sie nichts geändert.« (1972, Bd. I, 464)

Im 17. Jh. sah sich Nordwesteuropa vor dasselbe Problem gestellt.

Aus diesen ganzen Handelsaktivitäten ergaben sich natürlich Rückwirkungen auf China selbst. In den südchinesischen Küstengebieten hatte der expandierende portugiesische und spanische Handel im 16. Jh. dazu geführt, daß Zucker, Textilien, Porzellan und Metallwaren eigens für den Überseemarkt produziert wurden. Die iberischen Kaufleute boten dafür Produkte aus der Neuen Welt, also Tabak, Süßkartoffeln und Erdnüsse an. Diese neuen Nutzpflanzen wurden von den chinesischen Bauern eifrig übernommen und haben anscheinend auch zu dem raschen chinesischen Bevölkerungswachstum beigetragen (Ho 1965). Tabak wurde im Lauf des 17. Jh. zu einem wichtigen marktfähigen Agrarerzeugnis (*cash crop*), dessen Anbau sich von der Küste ins Inland nach Yünnan, nach dem Nordwesten Chinas und ins untere Yangtse-Tal ausbreitete. Rawski (1972) hat die Kettenreaktion herausgearbeitet, die durch diese Kommerzialisierung der Landwirtschaft ausgelöst wurde: Wertsteigerung von Grund und Boden, sich verschärfende Konkur-

Der Chinesische Teehandel. Ölgemälde, chinesische Schule um 1800. Die Teeblätter werden an den Berghängen angebaut (links oben), getrocknet, geröstet, gestampft, verpackt und abgewogen. Ausländische Händler kaufen den Tee (unten links) und lassen ihn auf ihre Schiffe bringen (ganz rechts). (Berry-Hill Galleries, New York)

renz um Grundstücke, größere Investitionen in Meliorationen, steigende Produktivität und am Ende höhere Grundrenten und Zinsraten. Die steigende Teenachfrage mußte den Ablauf dieser Kausalkette noch beschleunigen: die East India Company zahlte Geldvorschüsse an die *co-hong*-Kaufleute und dieses Geld floß weiter zu den Teegroßhändlern in den Provinzen Fukien, Chekiang, Kiangsi und Anhui. Die Teegroßhändler streckten das Geld den Familienbetrieben der Teeanbauer im Hügelland vor, die ihre Teekulturen nach und nach von einem Neben- zu einem Vollerwerbszweig ausbauten.

Dieser Tee kostete Geld, und die East India Company sah sich einem ständig anwachsenden Zahlungsbilanzdefizit gegenüber. Sie stand schon bei der englischen Krone tief in der Kreide, die ihr im Laufe der Eroberung Indiens mit Krediten unter die Arme gegriffen hatte. Um ihren Verpflichtungen nachzukommen, borgte die Company Geld von reichen parsischen Bankiers wie Jagath Seth, und ihre Beamten – die häufig nebenbei Privatgeschäfte betrieben – verschuldeten sich bei indischen Geldverleihern. All diese Gelder dienten dazu, in Indien Baumwolle anzubauen, die dann nach China verschifft wurde. Auf diese Weise entstand ein komplizierter Dreieckshandel: Private Handelsfirmen von »Provinzkaufleuten« – zumeist im Besitz von parsischen oder schottischen Händlern – schafften die indische Baumwolle nach Kanton und verkauften sie dort gegen Silber. Mit diesem Silber kauften sie Kreditbriefe der East India Company, die in London eingelöst werden konnten. Die Company wiederum zahlte mit dem Silber, das sie für ihre Kreditbriefe erhalten hatte, ihre chinesischen Teelieferungen. Aus diesen geschäftlichen Transaktionen stammte für viele der englischen Provinzkaufleute und jene Company-Vertreter, die auf eigene Faust Geschäfte machten, der Grundstock ihrer beträchtlichen Privatvermögen, die sie dann im Mutterland in Macht- und politische Repräsentationsposten umzumünzen vermochten. Der parlamentarische Einfluß dieser Leute in der geballten Form der »Bengalentruppe« – wie William Pitt sie apostrophierte – hatte bald mehr Gewicht als die westindische Lobby.

Aber obwohl die Engländer zwischen 1785 und 1833 pro Jahr im Durchschnitt fast 250000 Zentner indischer Rohbaumwolle verkauften, erzielten sie damit nicht genügend Erlöse, um die volle Teemenge kaufen zu können, die sie nach England importieren wollten. Die East India Company mußte also zusätzliches Hartgeld aus den spanischen Besitzungen in der Neuen Welt einführen. 1776 wurde England aber durch die amerikanische Revolution von den mexikanischen Silberlieferungen abgeschnitten. Seit dieser Zeit wurden auch noch die chinesischen Textilproduzenten mit Baumwolle aus Nordchina beliefert, die billiger war als die indische. Den

Ausweg aus dieser finanziellen Kalamität fand die Company mit Hilfe des indischen Opiums.

Der Verkauf von Opium hatte bereits für die Moguln eine wichtige Einnahmequelle dargestellt. 1773 hatte sich die East India Company das Monopol über den Opiumhandel gesichert, das sie 1797 auch auf die Produktion von Opium ausweitete. Die Hersteller in Patna und Ghazipur (in der Nähe von Benares) gaben ihrem Opium ihre Ortsnamen – also Patna und Benares. Später wurde Opium auch noch im Fürstentum Malwa an der indischen Westküste produziert. Patna- und Benares-Opium wurde – verpackt in Kisten, die 65 Kilo und damit den Ernteertrag von fünf bis sechs Hektar enthielten – auf dem Tank Square in Kalkutta an Händlerfirmen versteigert. Das Malwa-Opium brachten parsische Kaufleute aus Bombay nach Kanton. Auch die Amerikaner stiegen in den Handel ein und transportierten immer größere Opiummengen aus der Türkei nach New York und von dort nach China.

Der Opiumhandel war ein geheimes und illegales – und ein ungeheuer profitables – Geschäft. Die Handelsagenturen setzten bald Mengen um, die viermal so viel wert waren wie das gesamte Warenvolumen, das die Company mit ihren eigenen Schiffen nach Kanton exportierte. Ganze Armeen von Glücksrittern und korrupten Beamten schafften das Opium ins Innere Chinas weiter. Man nimmt an, daß am Ende des 19. Jhs. jeder zehnte Chinese opiumsüchtig geworden war. Aber die Europäer hatten jetzt endlich etwas, was sie den Chinesen verkaufen konnten. Im ersten Jahrzehnt des 19. Jhs. hatte China noch einen Handelsüberschuß von 26 Millionen Silberdollar. Im dritten Jahrzehnt waren schon 34 Millionen Dollar für Opiumkäufe aus China herausgeholt (Wakeman 1975, 126). Die Folgen dieses Schwindens der chinesischen Silberguthaben hatte bald das gesamte Land zu tragen. Die Regierung legte die Steuersätze in Silber fest, die Bauern zahlten mit Kupfergeld. Als Silber immer knapper und teurer wurde, brauchten die Bauern immer mehr Kupfergeld, um ihre Steuersummen aufzubringen. Das Opium ruinierte also nicht nur die Gesundheit der Chinesen, es begann auch, die ländlichen Gesellschaftsstrukturen zu zersetzen.

Der Handel in der Pazifischen Region

Von den nach China importierten Produkten war Opium das weitaus wichtigste, aber die Europäer bemühten sich auch, andere für die Chinesen interessante Ressourcen zu erschließen – z. B. Sandelholz, aus dem Öl gewonnen wird, das die Chinesen für die Herstellung von Weihrauch benötigten. In der Frühphase dieses Handels konnte ein Schiff aus Sidney in Australien mit einer Fracht Sandelholz einen Gewinn von 25 Prozent einfahren (Furnas 1947, 221). Die Sandelholzhändler beuteten verschiedene Pazifikinseln aus, was häufig auf einen Kahlschlag hinauslief. So wurden zwischen den Jahren 1804 und 1810 die Fidschi-Inseln abgeholzt, zwischen 1804 und 1818 die Marquesas-Inseln und zwischen 1811 und 1830 Hawaii. Die Könige von Hawaii verkauften jährlich für 300 000 Dollar Sandelholz und bezogen dafür Eisenwaren, Stoffe, Kleider, Rum, Feuerwaffen und sogar eine in Salem (Massachusetts) gebaute amerikanische Luxusjacht. 1826 waren die Häuptlinge mit ihren Lieferungen jedoch in Rückstand geraten; dafür wurde ihnen von amerikanischen Händlern ein Abkommen aufgezwungen, nach dem jeder männliche Bewohner von Hawaii zwecks Schuldenausgleich ein *picul* (etwa 63 Kilo) Sandelholz im Wert von je vier spanischen Dollar als Abgabe zahlen mußte (Furnas 1947, 120).

Mitte des 19. Jhs. wurden in Neu-Kaledonien und auf den Neuen Hebriden zum Schlagen von Sandelholz einheimische Kontraktarbeiter herangezogen. Vollends üblich wurde der Einsatz eingeborener Arbeitskräfte nach 1850, als der australische Goldrausch das Angebot an europäischen Arbeitskräften austrocknete. Entlohnt wurden die Eingeborenen mit Eisenwerkzeugen und Metallwaren, mit Stoffen, Tabak und Pfeifen, wie auch mit Musketen und Schießpulver. Die Händler zahlten sie aber auch in einheimischen Produkten von anderen Inseln aus, was den Handelsaustausch zwischen den einzelnen Inseln intensivierte. Beispielsweise belieferten die Fidschi-Inseln, Lifou (eine der Loyalty-Inseln bei Neu-Kaledonien) und Tana (eine Insel der Neuen Hebriden) die anderen Inseln mit Schweinen. Tana verlangte für seine Schweine von den Salomon-Inseln Schildplatt; die Insel Eromanga (Neue Hebriden) hatte es auf *nunpuri*-Muscheln aus Neu-Kaledonien abgesehen; Espiritu Santo und Eromanga tauschten ihr Sandelholz gegen Schweine, Muscheln, Schildplatt und See-Elefantenzähne (Shineberg 1966).

Auf dem chinesischen Markt waren auch Seewalzen stark gefragt (auch als Trepang, *bêche-de-mer* oder Seegurke bekannt). Die Chinesen schätzten diese Seewalzen als Speise wie als Aphrodisiakum; sie hatten sich lange Zeit von indonesischen und philippinischen Seeleuten beliefern lassen, bis die europäischen Händler das Geschäft selbst in die Hand nahmen. Die Beschaffung und Verarbeitung von Seewalzen erforderte sehr viel Arbeit. In einem mittleren Verarbeitungsbetrieb waren vielleicht 300 Leute mit der Reinigung und dem Beschaffen von Feuerholz beschäftigt, das für das Trocknen des Produkts benötigt wurde. Dazu wurden einheimische Arbeiter eingestellt, die zunächst unter ihren eigenen Anführern, später dann unter europäischer

Aufsicht arbeiteten. Für die Lieferung von Seewalzen erhielten die Händler im Austausch wohl sogar noch mehr Handelswaren als für Sandelholz. In Kanton wurden pro *picul* bis zu neunzig Dollar gezahlt (Furnas 1947, 212).

Der Handel mit Sandelholz und Seewalzen, und dazu noch die verstärkten Walfangaktivitäten, trugen wesentlich zur Ausbreitung von Feuerwaffen in den südlichen Ozeanen bei. Wenn sich lokale Häuptlinge diese neuen Waffen verschaffen konnten, hatten sie damit ihr militärisches Potential entscheidend erweitert. Der europäische Handel förderte auf diese Weise auf einer Reihe von Inseln den Aufstieg kleiner Staaten unter Führung von mächtigen Häuptlingen, die über ein europäisches Waffenarsenal verfügten.

Auf Hawaii konnte sich Kamehameha, ein Neffe des Oberherrschers der Insel, dank seiner Kontrolle günstig gelegener Strände schon kurz vor 1800 einen Waffenvorrat anlegen. Mit diesen Waffen eroberte er zunächst die Gebiete einiger rivalisierender Häuptlinge, um anschließend den rechtmäßigen Nachfolger des obersten Herrschers abzusetzen. 1804 verfügte Kamehameha schon über 600 Musketen, 14 kleine Kanonen, 40 Drehbassen (kleine drehbare Geschütze) und 20 Segelschiffe (Furnas 1947, 12). Sein Sohn und Erbe schaffte zur weiteren Festigung des Reiches sämtliche traditionellen religiösen Taburegeln ab, mit deren Hilfe die Priester die sich herausbildende Machtkonzentration hätten in Frage stellen können (Webb 1965, Davenport 1969).

In Tahiti kam der junge Häuptling Tu mit Hilfe europäischer Waffen, die er gegen Lieferung von Schweinen an die Sträflingskolonien im australischen New South Wales erworben hatte, als König Pomare an die Macht. Sein Sohn, Pomare II., festigte das neue Königreich durch sein Bündnis mit englischen Missionaren und die Zwangsbekehrung seines Volkes zum Christentum.

Auf den Fidschi-Inseln wurden zwischen 1828 und 1835 5000 Gewehre eingeführt und zwischen 1842 und 1850, im Gefolge des florierenden Seewalzen-Handels, wahrscheinlich noch einmal so viel. Dieser reichliche Zustrom von Waffen verhalf auch dem Staat von Bau zum Aufstieg, wo ein Häuptling namens Cakobau es schaffte, sich das Importmonopol für Feuerwaffen zu sichern (Ward 1972, 110f.). Ähnliche Kriegsanführer kamen auch auf den Salomon-Inseln und auf den Neuen Hebriden an die Macht (Docker 1970, 23–42).

* * *

Als erste hatten die Portugiesen die Seewege nach den asiatischen Gewässern erkundet, ihren Spuren folgten alsbald holländische, englische und französische Handelsgesellschaften und private Händler. Da die Landmasse Asiens nicht direkt zu erschließen war, konsolidierten die Europäer zunächst einige Anlaufpunkte entlang der asiatischen Küsten und begannen anschließend, die Küstenzone des Kontinents in ihr Netz von Fernverkehrs- und Handelsbeziehungen einzuspannen. Um den aufblühenden Handel mit Waren zu versorgen, begannen verschiedene, an den Seerouten gelegene Regionen, sich auf die Produktion von Waren zu spezialisieren, die für den Austausch mit anderen Waren bestimmt waren. Einige dieser Produkte – vor allem chinesischer Tee – riefen eine besonders starke Nachfrage hervor. Als Zahlungsausgleich für diese Teemengen begann sich ein ins Gigantische anschwellender Warenstrom in die chinesischen Märkte zu ergießen: Otternfelle von der nordamerikanischen Nordwestküste, Seewalzen und Sandelholz aus dem pazifischen Raum, Silber aus Amerika und Rohbaumwolle und Opium aus Indien. Zugleich wirkte sich die Zunahme des Seehandels auch auf die weiter landeinwärts gelegenen Regionen aus. Im Binnenland schrumpfte der Karawanenhandel, die Handelszentren an den Karawanenstraßen büßten an Bedeutung ein, und es verlagerte sich das Machtgleichgewicht zwischen nomadischen und seßhaften Völkern.

In den meisten Gebieten Asiens hielt sich die Handelstätigkeit der Europäer stets in engem Kontakt mit ihrem Transportmedium, also dem Meer. Nur die East India Company verfolgte als einzige Handelskompanie eine andere Strategie. Sie trat das politische und ökonomische Erbe der Landmacht der Mogul-Dynastie an, wechselte also aus der Rolle einer Handelsgesellschaft in die des politischen Souveräns, die sie später an die englische Krone abtrat. Für die indische Gesellschaft hatte diese englische Herrschaft tiefgehende Konsequenzen. Land- und Steuerreformen beseitigten das hierarchische Gerüst tributeinnehmender Autoritäten, das die frühere Ordnung des Mogul-Reiches getragen hatte. An seine Stelle traten rangmäßig gestaffelte Grundbesitzerschichten. Die obersten Ränge der lokalen und regional herrschenden Kasten verwandelten sich in landwirtschaftliche Unternehmer, die zur Aufbringung der Steuersummen verpflichtet und zugleich genötigt waren, zu diesem Zweck agrarische Produkte für den Markt (*cash crops*) zu produzieren. Das veränderte wiederum den Charakter der Beziehungen zwischen Grundbesitzern, dörflichem Dienstpersonal und abhängigen Arbeitern. Zwar haben sich die kulturellen Formen von Zwang und Abhängigkeit innerhalb des Kastenwesens erhalten und sogar noch verstärkt, aber diese Beziehungen dienten jetzt mehr und mehr dazu, Arbeitskräfte für die landwirtschaftliche Warenproduktion einzuspannen.

Innerhalb des Gesamtsystems des British Empire kam Indien letztlich eine entscheidende Rolle zu. Vom Anfang bis zum Ende der britischen Herrschaft hatte das Land eine Kolonialabgabe zu bezahlen, die nicht nur die englischen Ausgaben während der Eroberung und der Niederschlagung des großen Aufstandes zu decken hatte, sondern auch die laufenden englischen Regierungskosten. Die großen englischen Vermögen waren ursprünglich der Kriegsbeute der Feldzüge und Seekriege des 18. Jhs. entsprungen. Der Umfang der in Bengalen erzielten Einnahmen reichte aus, um den expandierenden Orienthandel zu finanzieren, was es den Engländern ersparte, regelmäßig Edelmetallvorräte aus dem Mutterland zu transferieren. Das indische Opium erwirkte die Öffnung Chinas für den Auslandshandel und sorgte für den Rückfluß der von Europa nach Asien abgeflossenen Geldmittel. Und indem die Engländer feine indische Textilwaren in Europa, Afrika und Indonesien verkauften, förderten sie die Akkumulation von geldheckendem Geld im eigenen Mutterland.

Mit der Entstehung der kapitalistischen Produktionsweise in England (vgl. Kapitel 9) begann die Vorherrschaft des industriellen Kapitals über den Handelsreichtum, womit auch Indien in den expandierenden Herrschaftsbereich des Kapitalismus hineingezogen wurde. Englische maschinengefertigte Textilwaren drangen auf Kosten der indischen handwerklichen Produkte auf den indischen Binnenmarkt. Mitte des 19. Jhs. bot der Aufbau des indischen Eisenbahnnetzes dem englischen Kapital ein bedeutendes Betätigungsfeld, insofern er die Eisen- und Stahlproduktion in England belebte und sich auf dem Subkontinent ein Absatzmarkt für die englische Kohle auftat. In der darauffolgenden Periode trug der Export indischer Agrarprodukte auf internationale Märkte dazu bei, die englischen Handelsdefizite mit den sich industrialisierenden Nationen Europas und den Vereinigten Staaten auszugleichen. Dank der indischen Überschüsse war England in der Lage, ein weltweites Freihandelssystem zu schaffen und aufrechtzuerhalten. Wäre England damals gezwungen gewesen, Importe aus den USA und aus Deutschland zu untersagen und auf den Auslandsmärkten mit den Produkten dieser Länder zu konkurrieren, hätte sich auch die Industrialisierung der USA und Deutschlands deutlich langsamer vollzogen. Insofern spielten »Asien im allgemeinen, und Indien und China im besonderen, für die Entwicklung der internationalen Wirtschaft der damaligen Zeit nicht etwa eine periphere, sondern eine fürwahr entscheidende Rolle« (Latham 1978, 70). Indien unter englischer Herrschaft wurde zu einem Eckstein des entstehenden weltumfassenden kapitalistischen Imperiums.

Dampfkraftgetriebene Webstühle in einer Baumwollfabrik in Manchester. Stich von T. Allom, J. Carter und J. Tingle, ca. 1835 (The Granger Collection, New York)

Teil III

Kapitalismus

Seit dem 15. Jh. haben europäische Soldaten und Seeleute die Flaggen ihrer Herrscherhäuser in alle vier Winde getragen, und zwischen Veracruz und Nagasaki sind die Magazine europäischer Kaufleute aus dem Boden gewachsen. Als Herrscher über die Seewege rund um den Globus haben sich diese Kaufleute in die vorhandenen regionalen Tauschhandelsnetze hineingedrängt und diese untereinander verknüpft. Im Dienste von »Gott und Profit« haben sie die Bezugsquellen von Produkten für die europäischen Märkte ausfindig gemacht und Zwangssysteme entwickelt, um sich den Zugriff auf diese Produkte zu sichern. In Reaktion auf diese Entwicklung begannen Handwerksunternehmen – einzeln oder schon zu Manufakturen zusammengelegt – mit der Produktion von Versorgungsgütern für die ehrgeizigen Militär- und Flottenexpeditionen und von Waren für die Lieferanten in Übersee; von diesen bezogen sie dafür Güter, die wiederum als Waren auf den heimischen Märkten abgesetzt wurden. So entstand ein Handelsnetz von globaler Reichweite.

Während der 350 Jahre dauernden Periode europäischer Expansion blieb der südamerikanische Kontinent zwischen Spanien und Portugal aufgeteilt. England und Frankreich hielten die Antillen besetzt und überzogen die Inseln mit ihren Zuckerrohrplantagen. Diese beiden Länder konkurrierten auch um die Herrschaft über die Ostküste Nordamerikas, wo sie sich gegenseitig die Zugangsrouten zu den Großen Seen und den weiter westlich gelegenen Gebieten streitig machten. In der Alten Welt hingegen rückten die Europäer nur selten ins Landesinnere vor; Ausnahmen waren etwa das Vordringen der Portugiesen in Angola und die britische Machtübernahme auf dem indischen Subkontinent. In den meisten Fällen beschränkten sich die europäischen Kaufleute in Asien und Afrika lieber darauf, die entscheidenden Seeverbindungen zu erobern und zu behaupten sowie durch die Einnahme wichtiger Häfen die Reichtümer dieser Kontinente zu erschließen.

Aber dieser wachsende europäische Handel stieß auch bald an seine eigenen Grenzen und inneren Widersprüchen. Bei ihren Bemühungen, sich die Herrschaft über billige Versorgungsquellen zu sichern, bedienten sich die Kaufleute einer Vielzahl von Monopolen und Handelsbeschränkungen. Unterstützt wurden sie darin von ihren Herrschern, die ihre eigenen Staatseinnahmen aufzubessern und gleichzeitig die ihrer Gegner zu beschneiden hofften. Die derart unter staatlicher Protektion gedeihende Handelstätigkeit ließ zwar den Warenfluß erheblich anschwellen, lief aber weitgehend in festgelegten und durch ein schützendes System von Privilegien und Prärogativen eingeengten Bahnen. Selbst wo Kaufleute begonnen hatten, Handwerker bzw. Heimarbeiter über Aufkaufverträge oder das Verlagssystem in die Produktion für einen Markt einzuspannen, blieben direkt von den Eigentümern geführte Betriebe die Ausnahme. Die Kaufleute zogen es vor, die Gewinne aus der Warenzirkulation einzustreichen und das Produktionsrisiko dabei den direkten Produzenten zuzuschieben. Für diese Zeit gilt, was Dobb festgestellt hat: »Wirtschaftliche Abhängigkeitsverhältnisse zwischen einzelnen Produzenten oder zwischen Produzent und Kaufmann ergaben sich nicht unmittelbar aus den Notwendigkeiten der Produktionshandlung selbst, sondern aus äußeren Umständen...« (1970, 260).

Die Dominanz kapitalistischer Beziehungen innerhalb der industriellen Produktion setzte eine Folge von Veränderungen voraus, die das neue System zu seiner Absicherung brauchte. Der Staat mußte von einer tributgebundenen zu einer Struktur transformiert werden, die dem kapitalistischen Unternehmen förderlich war. Tributäre Beziehungen in Form vielgestaltiger Monopole beschnitten die Reproduktionsfähigkeit des Kapitals und mußten beseitigt werden. Das Personal des Staatsapparates mußte auf die Bedürfnisse der Kapitalakkumulation eingestimmt werden; zu diesem Zweck mußten die staatlichen Kontrollen über die produktiven Ressourcen abgeschafft und der Einfluß eines tributbeziehenden Landadels auf die Staatsmaschinerie eingeschränkt werden. Zugleich mußten die staatlichen Investitionen in eine neue Richtung, d.h. in den Aufbau einer Infrastruktur von Transport- und Kommunikationseinrichtungen gelenkt werden, die dem Kapital zugutekamen, ohne es finanziell zu stark zu belasten. Weiter waren neue gesetzliche Regelungen nötig, die einerseits dem Schutz von Privatbesitz und privater Akkumulation dienten und andererseits neue arbeitsrechtliche Formen durchsetzten. Mit Hilfe staatlicher Intervention mußten auch die zwischenstaatlichen Barrieren beseitigt werden, die der freien Bewegung von Kapital, Maschinen, Rohstoffen und Arbeitskräften im Wege standen. Schließlich bedurfte es häufig auch staatlicher Eingriffe und Subventionen, um die entstehenden Industriezweige gegen die Konkurrenz von außen zu schützen oder um neue ausländische Märkte zu erschließen.

Der historische Durchbruch, mit dem die Vorherrschaft der Kaufleute durch die kapitalistische Produktionsweise abgelöst wurde, vollzog sich in England in der zweiten Hälfte des 18. Jhs. Angetrieben durch kapitalistische Investitionen setzte sich die Vorherrschaft der Maschinenproduktion über eine Serie zusammenhängender Erfindungen durch, und zwar zunächst in der Textilindustrie und dann im Eisenbahnbau. Dem englischen Vorbild folgten alsbald weitere Länder in Europa und Amerika. Die wachsende Industrieproduktion erforderte Rohstoffe und Nahrungsmittel für die »neuen Werkstätten der Welt«. Während die industrielle Produktion unter kapitalistischem Vorzeichen die sich industrialisierenden Regionen umwandelte, lösten ebenso mächtige Kräfte im Leben derjenigen Menschen, die die Lieferzonen der Erde bevölkerten, parallele Veränderungen aus. Die Ausbreitung der kapitalistischen Produktionsweise setzte nicht nur neue Warenströme, sondern auch riesige Menschenmassen in Richtung auf die industriellen Entwicklungszentren in Bewegung. Überall in der Welt entwickelten sich Arbeiterklassen, die je nach Ort und Zeitpunkt ihres Eintritts in den Akkumulationsprozeß ganz unterschiedliche Merkmale ausprägten. Angetrieben durch seine einheitliche Entwicklungsdynamik brachte der Kapitalismus dennoch eine ihm eigentümliche breite Palette empirischer Erscheinungsformen hervor.

Kapitel 9

Die industrielle Revolution

Der Übergang zur kapitalistischen Produktionsweise war ein Vorgang, der sich hauptsächlich über das Medium der Textilindustrie vollzog, die im England des 18. Jhs. entstanden ist. In der Tuchproduktion verwandelte sich Kaufmannsvermögen sichtbar in Kapital, insofern es in doppelter Funktion eingesetzt wurde: nämlich einerseits zur Anschaffung von Maschinen und Rohstoffen und andererseits zum Ankauf menschlicher Energie zum Betreiben der Maschinen. Damit beruhte die Anhäufung von Reichtum nicht mehr auf dem Eintreiben von Mehrprodukt mit Hilfe »außerökonomischer Mittel« bzw. auf der Vermarktung dieses Mehrprodukts durch Kaufleute. Indem Geldvermögen in Kapitalform sich der Technologie bemächtigte, machte es sich zugleich auch den materiellen Apparat zur Transformation der Natur zu eigen. Und indem das Kapital Arbeitskraft kaufte, verschaffte es sich das Kommando über die gesellschaftliche Arbeit und setzte diese nach seinen eigenen Bedingungen zur Umwandlung der Natur ein. Auch vor Entstehung der kapitalistischen Produktionsweise hatte es Menschen gegeben, die für ihre Arbeit entlohnt wurden; jetzt aber wurde die Lohnarbeit zur zentralen Form der Arbeitsrekrutierung und die Existenz einer auf Löhne angewiesenen Klasse von Arbeitern zum entscheidenden Faktor, der die Mobilisierung und Anwendung gesellschaftlicher Arbeit bestimmte. Technologie und Arbeitskraft waren damit dem Kalkül der Mehrwerterzeugung unterworfen. Daraus ergaben sich eine Beschleunigung des technologischen Wandels und eine rasche Anpassung der Arbeitskraft an die Erfordernisse der Technologie. Nach Polanyi war »bis zum Ende des 18. Jhs. ... die gewerbliche Wirtschaft in Westeuropa bloß ein Anhängsel zum Handel« gewesen (1978, 110). Jetzt hingegen wurde der Handel, um mit Marx zu sprechen, zum »Diener der industriellen Produktion« (MEW 25, 349).

Warum vollzog sich diese Transformation gerade in Europa? Zuweilen findet man diese Frage mit dem Hinweis beantwortet, Europa habe eben »das Privileg der Rückständigkeit genosssen«. Vor dem Jahre 1000 n. Chr. war Europa eine Grenzregion am Rande des Mittelmeeres, des islamischen Nahen Ostens und der zentralisierten Staaten im Orient. Die politische Macht war zersplittert, ihre Träger waren schwache Figuren. Die Beziehungen zwischen militärisch-politischen Herrschern und Kaufleuten waren häufig ambivalent und antagonistisch. Es kam vor, daß die Obrigkeit die Kaufleute ausplünderte, ihnen die politische Selbständigkeit beschränkte oder Investitionen in Grundbesitz untersagte. Aber da dieselbe Obrigkeit sich für ihre Einnahmen aus dem Mehrprodukt strategisch wichtige Waren einhandeln mußte, hatte sie die Kaufleute auch nötiger als die großen zentralisierten Staaten, die sich die ganze Palette unentbehrlicher Versorgungsgüter qua Naturalsteuer beschaffen konnten. Und dadurch, daß die europäischen Herrscher die Kaufleute am Erwerb von Grundbesitz und an der Übernahme politischer Machtpositionen hinderten, zwangen sie diese paradoxerweise dazu, ihr Vermögen erneut in den Handel zu investieren, d. h. in kommerziellen Unternehmungen aufs Spiel zu setzen, statt sie in sicherem Grundbesitz anzulegen. So konnten die Kaufleute also in den Fugen brüchiger Machtdomänen und in den Lücken zwischen den verschiedenen Reichen kommerzielle Kontakte etablieren, die über weite geographische Zonen Überschüsse in Waren und Waren in Geld verwandeln konnten.

Die bloße Existenz von Handelsbeziehungen führt freilich nicht von allein zur Entstehung der kapitalistischen Produktionsweise. Im Nahen Osten, in Indien und in China gab es ebenfalls einen weitgespannten Handel zwischen den einzelnen Regionen, und in all diesen Gebieten gab es sogar eine von Kaufleuten aufgezogene Produktion, die in Werkstätten konzentriert oder auf einzelne Häuser verteilt war. Dennoch blieben die Kaufleute in diesen zentralisierten Tributreichen durch die politischen Herrscher stark eingeengt und auf deren Wohlwollen angewiesen. Man könnte hier vielleicht von den »Knospen des Kapitalismus« reden, wie es chinesische Wissenschaftler getan haben, nicht aber von einer kapitalistischen Produktionsweise. Die Besonderheit des englischen Falles liegt also durchaus nicht darin, daß Kaufleute sich als Warenhändler betätigten. Sie liegt vielmehr darin, daß sie – und zwar zügig und unaufhaltsam – in den Bereich der Produktion hineingezogen wurden.

Die Transformation in England

Wie und warum hat sich das so abgespielt und warum gerade in England? Trotz einer Fülle von Forschungsarbeiten gibt es auf diese Fragen offenbar noch immer keine umfassende Antwort. Aber eine Anzahl möglicher Ursachen für diese ungewöhnliche Entwicklung läßt sich dennoch aufzeigen. England war im 15. Jh. dazu übergegangen, die durch Schafzucht gewonnene Wolle nicht mehr ins Ausland zu verkaufen, sondern eine eigene Wollwarenproduktion aufzuziehen. Die Produktion von Wollstoffen wurde jetzt also zum Hauptzweig der englischen Manufakturindustrie. Die Provinzstädte wurden von Kaufleuten und Geldanlegern überschwemmt, die den eigentlichen Produzenten ihre Wolle abkauften, diese unter ihrer Aufsicht verarbeiten ließen und dann das fertige Produkt auf den Markt warfen. Der Tuchhandel ermöglichte mithin die Entstehung einer ganzen Hierarchie festgefügter kommerzieller Interessen, über die sich feste Beziehungen zwischen London und seinem Hinterland entspannen.

Daraus ergaben sich vier miteinander zusammenhängende Entwicklungen. Erstens verwandelten die Grundbesitzer die Landwirtschaft immer mehr in einen kommerziellen Betrieb, indem sie ihr Land in Schafweiden umwandelten, aber auch mit Hilfe neuer, vom Kontinent importierter Methoden den Anbau intensivierten. Nach Twaney hatten die Grundbesitzer »viel zu gewinnen, wenn sie ihre Landwirtschaft auf die neuen Handelsbedingungen ausrichteten. Hingegen hatten sie viel zu verlieren, wenn sie zu konservativ waren, um sich von den alten Methoden zu trennen« (1967, 195).

Zweitens ließ die Verflechtung zwischen London und dem Hinterland nicht nur eine Vielzahl verschiedener Kaufmannsgruppen entstehen, sondern führte auch zu intensiven und auf Gegenseitigkeit beruhenden Beziehungen zwischen Handelsagenten und herrschaftlichen Tributbeziehern bzw. zwischen Kaufleuten und adligen Grundbesitzern. In vielen Teilen Europas konnte sich der Landadel nicht im Handel betätigen, und Kaufleute konnten keinen Grundbesitz erwerben. In England hingegen entwickelten sich zwischen Kaufleuten und adligen Grundbesitzern ungewöhnlich intensive verwandtschaftliche und geschäftliche Beziehungen.

Drittens konnte dieses Bündnis von Kaufleuten und Grundbesitzern den eigentümlichen Status der englischen Bauern zu seinem Vorteil ausnutzen. Dieser Status war Resultat einer Entwicklung, die ein für England typisches Paradoxon enthielt: Seit Mitte des 15. Jhs. hatten sich die Bauern Schritt für Schritt von ihren Tributleistungen an den Grundherren befreit, damit aber noch keine selbständige Verfügungsberechtigung über das Land erworben. Bis Mitte des 15. Jhs. hatten die englischen Bauern die vollständige Beendigung der Leibeigenschaft erzwungen und damit auch Fronleistungen und willkürlichen Abgaben ein Ende gesetzt. Die Grundrente war per Gewohnheitsrecht festgelegt, und ihr realer Wert verminderte sich im Gleichklang mit der zunehmenden Geldinflation. Die Grundherren, die auf diese Entwertung ihrer Pachteinnahmen nicht nach feudalherrschaftlicher Manier reagierten, d. h. die Leibeigenschaft wiederherstellen und verschärfen konnten, begannen daraufhin, die landwirtschaftliche Produktion unter Einsatz finanzieller Mittel zu rationalisieren. Sie verwandelten Land, das die Bauern gewohnheitsrechtlich in Besitz hatten, in Pachtgüter und vergaben diese bevorzugt an reiche Pächter, die wegen ihrer großen Flächen einen profitableren Ackerbau betreiben konnten. Darüber hinaus erlegten die Grundherren jetzt den Bauern Abstandszahlungen auf, wenn sie das Land an die nächste Generation vererben und ihren Besitztitel bestätigt haben wollten. Auf diese Weise wurde in Gegenden, wo noch gewinnbringender Getreideanbau möglich war, der bäuerliche Besitz durch eine »besser genutzte« kommerzielle Landwirtschaft verdrängt. In armen landwirtschaftlichen Regionen mit vorwiegender Viehwirtschaft – vor allem im Hochland im Norden und Westen – suchten die Bauern eine neue Beschäftigung im ländlichen Handwerk und in Nebenerwerbstätigkeiten. In einigen Gegenden, wo die Bauern ihr Einkommen anfangs durch die Herstellung von Wolltuch und später durch Weben aufbesserten, konnte so die Anzahl der Bauern, die die gewohnheitsrechtliche Bodenrente abführten, im Lauf des 16. und 17. Jhs. noch steigen, wobei allerdings ihre bebauten Flächen schrumpften (Thirsk 1974). Daß man auf diese Weise Landwirtschaft bzw. Viehhaltung mit handwerklicher Produktion – und später mit Lohnarbeit – kombinieren konnte, bedeutete u. a., daß Paare jetzt früher als zuvor heiraten und Nachkommen zeugen konnten. Aber dieser Bevölkerungszuwachs hat wahrscheinlich wiederum den Landbesitz noch weiter zersplittert (vgl. Tilly 1975, 404f.). Und auch der Anteil der völlig landlosen Bevölkerung nahm zu. Gegen Ende des 17. Jhs. verfügten die Grundbesitzer über 70 bis 75 Prozent des nutzbaren Ackerlandes (Brenner 1976, 63); nach 1790 kontrollierten die Großgrundbesitzer und der Landadel sogar 80 bis 85 Prozent des Landes (Mingay 1973, 25). E. L. Jones schätzt, daß am Ende des 17. Jhs. 40 Prozent der englischen Bevölkerung aus der Landwirtschaft ausgeschieden waren; viele von ihnen landeten in einer industriellen Beschäftigung (zit. in Brenner 1976, 66). So legten die Grundbesitzer und ihre Pächter mit ihrer »besseren Nutzung« des Landes die Basis für eine kapitalintensive Landwirtschaft; der Industrie wurde dadurch zugleich ein Potential mobiler »freier« Lohnarbeiter erschlossen.

Viertens büßte im Lauf der fortgesetzten politischen Auseinandersetzungen die Gruppe führender Adliger und Kaufleute, die hinter dem König stand, an Macht ein, was den unteren Rängen der Grundeigentümer und Handelsagenten auf Provinzebene größere Freiheiten verschaffte. Damit war der Weg frei für innovatives Handeln auf lokaler Ebene.

Infolge der Transformation der Landwirtschaft und der Herausbildung einer ländlichen Bevölkerung, die auf Halbtags- oder Ganztagsbeschäftigung angewiesen war, konnten die Kaufleute ihre Unternehmungen über weite Teile des flachen Landes ausdehnen. Das gelang ihnen zum einen dadurch, daß sie Auftragsarbeiten bei Handwerksmeistern in Provinzstädten bestellten, die dann in ihren kleinen Werkstätten die gewünschten Artikel herstellten, wozu sie mitarbeitende Familienmitglieder oder bezahlte Hilfskräfte heranzogen. Eine andere Methode war der Einstieg ins Verlagssystem: Die Kaufleute gaben Rohmaterial an Arbeiter aus, und diese verarbeiteten es in ihren eigenen Hütten in den Dörfern, oft unter Einsatz einfacher Maschinen, die der »Verleger« an sie vermietete. Diese beiden Systeme zur Aufbietung von Arbeitskraft waren häufig ineinander verflochten: Handwerksmeister, die für eine Arbeitsphase zuständig waren, organisierten zugleich für eine andere Phase den Einsatz der häuslichen Produzenten. Am Ende sammelten die Kaufleute und ihre Beauftragten die fertigen Produkte ein und brachten sie auf den Markt.

Die holländische und indische Konkurrenz

Der unter der Ägide der kaufmännischen Vermögen betriebene Textilhandel bekam es bald mit einer scheinbar erdrückenden doppelten Konkurrenz zu tun – mit den holländischen Rivalen und mit den handwerklichen Produzenten Indiens.

Die Konkurrenz der Holländer war eine ernste Bedrohung. Sie waren nämlich im Färben und Appretieren von Stoffen den Engländern technisch überlegen. Um der holländischen Konkurrenz zu begegnen, verlegten sich die Engländer auf ein billigeres Erzeugnis. Von den ungefärbten und ungeschorenen, nur aus Wolle gefertigten »alten Stoffen« stellten sie sich jetzt auf die Produktion »neuer Stoffe« um (auf Wollstoffe mit Beimischungen von Seide, Leinen oder Baumwolle) sowie auf die leichteren Wollstoffqualitäten, bei denen Kett- und Schußfaden aus Kammgarn bestanden. Die Herstellung dieser Stoffe kam sie billiger als den Holländern, und zwar anfangs dank der Verlagerung der Produktion aus den Städten aufs Land und später dank der Mechanisierung der Textilindustrie. Die Holländer konnten da nicht mithalten; zum einen, weil bei ihnen in der Industrie wie in der Landwirtschaft ein hohes Lohnniveau herrschte (de Vries 1975, 56), zum anderen, weil bei ihnen der Handel viel höhere Gewinne abwarf als die Textilindustrie (vgl. Smit

1975, 62). Damals war die Arbeitskraft in Holland also teuer, in England auf dem Lande dagegen billig.

Von einem ähnlichen Kostenvorteil konnte beim Konkurrenzkampf der englischen mit der indischen Textilindustrie nicht die Rede sein. Die indischen Textilwaren waren sowohl billiger als auch technisch besser gefertigt als alle europäischen Konkurrenzprodukte. Auf indische Baumwoll- oder Kattunstoffe (englisch: *calico*, nach der Stadt Kalikut an der südindischen Malibor-Küste) war man in ganz Europa versessen. Deshalb begannen die holländische wie die britische Ostindien-Kompanie bei indischen Webern Kattunstoffe europäischer Geschmacksrichtung in Auftrag zu geben; zusätzlich importierte man diese Baumwollstoffe nach Europa, um sie hier mit europäischen Mustern zu bedrucken. Auch indische Seiden- und Musselinstoffe wurden in Europa populär, weshalb sie dann auch von beiden Kompanien – zusammen mit indischen Baumwollstoffen – vor allem aus Bengalen importiert wurden. Als die Dinge so weit gediehen waren, griff die englische Heimindustrie auf politische Mittel zurück, um das Einströmen indischer Textilwaren zu unterbinden. Der englischen East India Company wurde verboten, Kattun einzuführen oder bedrucken zu lassen. Außerdem

Bedrucken von Kattun auf einer hölzernen Kattundruck-Maschine. Stich von J. Carter, um 1835 (The Granger Collection, New York)

begann die englische Industrie jetzt selbst mit der Herstellung von Nachahmungsartikeln – vor allem von Barchent, einem Mischprodukt aus Leinen und Baumwolle, das sich immer weniger von dem indischen Erzeugnis unterscheiden ließ. Diese Konkurrenz trieb wiederum die Mechanisierung der englischen Industrie voran, die ihre asiatische Konkurrenz schließlich durch die Produktion billiger, maschinengewebter Stoffe aus dem Feld schlagen konnte. Ihr erfolgreicher Einsatz maschineller Produktionsmethoden, mit der die »Importsubstitution« der asiatischen Produkte gelang, ermöglichte es den Engländern dann gegen Ende des 18. Jhs. zusätzlich die deutsche und die französische Konkurrenz niederzuhalten.

Die neuen Unternehmer

Noch 1760 waren die in der britischen Baumwollindustrie eingesetzten Maschinen »fast so einfach wie die indischen« (E. Baines 1835, zit. in Rostow 1975, 126). Das Verlagssystem, bei dem in unzähligen Dorfhaushalten Baumwolle gesponnen und gewebt wurde, »entwickelte sich als organisatorische Neuerung ohne einschneidende technische Veränderung« (Coleman 1973, 14). Zwanzig Jahre später war der technologische und organisatorische Wandel in vollem Gange. Was waren das nun für Leute, die diesen Wandel in Gang gebracht haben?

Es waren nicht die bedeutenden Kaufleute von Blackwell Hall, dem Stoffhandelszentrum von London, sondern die Kaufleute aus der Provinz und ihre Agenten und Kommissionäre, die ihre Geschäfte über das Verlagssystem betätigten. Diese Kaufleute und Kommissionäre brachten schnell auch die abschließenden Phasen der Tuchproduktion unter ihre Kontrolle, also die Arbeitsgänge des Bleichens, des Färbens und des Stoffdrucks; sie wollten damit eine gleichmäßige Qualität der Produkte sicherstellen, um es mit der Qualität der ausländischen Stoffe aufnehmen zu können. Als sie die Endproduktion unter ihrer Kontrolle hatten, gingen sie dazu über, bessere Garne herzustellen; dazu verlegten sie sich entweder selbst auf die Garnproduktion, oder sie veranlaßten die Besitzer der Werkstätten, sich neue Maschinen anzuschaffen. Wir haben schon darauf hingewiesen, daß beide Rollen manchmal ineinander übergehen konnten: Die Besitzer solcher Werkstätten konnten sich zusätzlich als Kommissionäre für Verleger-Kaufleute auf dem flachen Lande betätigen. Wie Chapman (1973) in seiner Analyse der Vermögensanlage von tausend Textilunternehmern zwischen 1730 und 1750 ermittelt hat, steckten diese ihr Geld häufig auch noch ins Malz- und Brauereigewerbe, in Gasthäuser, in den Einzelhandel und in die Landwirtschaft oder auch in Häuser und Grundstücke. Dieser Besitzstand verhalf ihnen zu einigem Vermögen und besserte ihren gesellschaftlichen Status auf, diente zugleich aber auch als Absicherung gegen einen Geschäftsrückgang auf dem Textilmarkt. Gebäude, Wirtshäuser und Gasthöfe ließen sich leicht in Werkstätten und Wohnunterkünfte für Weber umwandeln oder auch mit Hypotheken für Investitionskredite belasten. Die Kapitalsumme, die man in der Anfangsphase für die frühe Maschinengeneration und für die entsprechende Arbeitskraft aufbringen mußte, hielt sich in Grenzen – nötig waren zwischen 3000 und 5000 Pfund Sterling; erst nach 1830 trieb die automatische Mulemaschine von Roberts die Investitionskosten ums Zehnfache in die Höhe (Chapman 1972, 26 und 30). Wie wir noch sehen werden, mußte nach der Mechanisierung des Spinnvorgangs auch die Webtechnik weiterentwikkelt werden, um mit der erhöhten Garnproduktion Schritt zu halten. Hatte aber der Kapitaleinsatz für Maschinen, Rohmaterialien und Arbeitskräfte erst einmal begonnen, entwickelte er seine eigene Funktionslogik, und die war darauf gerichtet, den Mehrwert mittels einer »rationalen« Koppelung der Produktionsfaktoren zu maximieren. Allein schon der bloße Vorgang des Zusammenspannens von Mensch und Maschine hatte den Aufstieg des kapitalistischen Unternehmers zur Folge, der »die Funktionen des Kapitalisten, des Finanziers, des Betriebsleiters, des Kaufmanns und des Handlungsreisenden« in einer einzigen Person vereinigte (Wilson 1957, 103). Gesellschaftlich gesehen handelte es sich dabei um eine Klasse »neuer« Männer, die sich aus den unteren Schichten der provinziellen Mittelklasse rekrutierte – um Männer also, die nach einer zeitgenössischen Definition den »Status zwischen Edelleuten und Häuslern oder Bauern« repräsentierten (zit. in Dobb 1970, 133, Anm. 259). Aus dieser Schicht und diesem Milieu stammten auch die »Ingenieure« und »Erfinder«, die sich die neuen Maschinen ausdachten und sie – ebenso wie Wasserräder, Dampfmaschinen und landwirtschaftliche Geräte – verbesserten und produzierten.

Das Kapital, das am Anfang in die Industrie floß, stammte weitgehend aus dem unmittelbaren, lokalen Einflußbereich, wurde folglich über die Kanäle verwandtschaftlicher, angeheirateter oder freundschaftlicher Bindungen oder über örtliche Bekanntschaftsbeziehungen aufgebracht. Das Geld kam also »nicht aus institutionellen Quellen« (Perkin 1969, 80). Solche finanziellen Transaktionen wurden allerdings durch ein Instrument zur Beschaffung kurzfristiger Kredite gefördert – durch den Wechsel. Der Wechsel ist eine dem Schuldner zugestellte Urkunde über die Geldbeträge, die er für Güter und Dienstleistungen schuldig geblieben ist. Diesen Wechsel zeichnet der Schuldner ab, womit er seine Schuld anerkannt hat, und sendet ihn dem Gläubiger zurück. Dieser zeichnet den Wechsel gegen und kann ihn dann zum Ausgleich seiner eigenen finanziellen Verpflichtungen verwenden. Gegen Ende des 18. Jhs. traten auch noch Zwischenträger auf – man nannte sie Wechselhändler oder Wechselmakler –, wodurch die Transaktionen weiter erleichtert und beschleunigt wurden. Diese wickelten ihre Geschäfte in der Regel über die neu gegründeten ländlichen Banken ab, denen sie zwecks Finanzierung industrieller Unternehmungen Wechsel aus London einreichten.

Mechanisierungsprozesse

Für die Finanzierung der neuen Maschinen sorgte das Investitionskapital, doch bei der Anwendung dieser Maschinerie zu möglichst niedrigen und konkurrenzfähigen Kosten ergab sich als Hauptproblem die mangelnde Synchronisation zwischen den Arbeitsprozessen des Spinnens und des Webens. Spinnen mittels Spinnrad war ein langsamer, Weben hingegen ein vergleichsweise schneller Vorgang. Durch den 1733 eingeführten manuell betätigten *flying shuttle* (»Schnellschütze«) – eine Erfindung von Kay – hatte sich die Arbeitsleistung eines Webers verdoppelt, weil jetzt der Schlußfaden wesentlich schneller durch den Kettfaden geschossen werden konnte. Das führte in der Folge zu Engpässen bei der Belieferung der Webstühle mit Garnen. So konzentrierten sich die Erfinder jetzt vor allem darauf, wie sich der Spinnvorgang effizienter und produktiver machen ließ.

1770 erfand James Hargreaves die *spinning jenny*, mit der eine Arbeitskraft mehrere Fäden feines Garn gleichzeitig spinnen konnte. 1769 meldete Arkwright den Drosselstuhl (*water frame*) zum Patent an, der die lose verzwirbelten Fasern auf Rollen zog und sie dann innerhalb eines durchgehenden Arbeitsgangs auf senkrechtstehende Spindeln spulte. 1779 führte Crompton seine *Mule* ein, die Eigenschaften des Drosselstuhls und der Jenny kombinierte und ab 1790 auch mit Dampfkraft betrieben wurde. Ergebnis dieser Erfindungen war eine verblüffende Produktivitätssteigerung. Ein indischer Handspinner des 18. Jhs. hatte zur Verarbeitung von 100 (englischen) Pfund (1 lb = 453,59 g) Baumwolle über 50 000 Stunden gebraucht; durch Cromptons Mulemaschine wurde diese Zeit auf 2000 Stunden, durch eine mit Dampfkraft betriebene Mulemaschine des Jahrgangs 1795 auf nur 300 Stunden verkürzt. In diesem Bereich lag auch das Leistungsniveau von Arkwrights Drosselstuhl, der in den meisten Fällen von ungelernten und schlecht bezahlten Frauen und Kindern bedient wurde. Die Produktivität dieser Maschine wurde erst von Roberts' automatischer Mulemaschine übertroffen, die sich um 1825 durchsetzte und die Verarbeitungszeit für 100 Pfund

Baumwolle auf 135 Stunden reduzierte. Hier ging die Produktivitätssteigerung auch noch mit einer Qualitätsverbesserung des produzierten Garns einher. Der Feinheitsgrad von Baumwollgarn ergibt sich aus der Anzahl der aus einem Pfund Faden gesponnenen Stränge. Sie erhöhte sich von den 16 bis 20 Strängen, die mit dem Handspinnrad erzielt wurden, auf über 300 Stränge, die Cromptons Mulemaschine am Ende des 18. Jhs. erreichte. Auf diese Weise erhöhte sich die Zahl der Spindeln durch die neuen Maschinen zwischen 1788 und 1811 von etwa 50 000 auf 4,6 Millionen (Chapman 1972, 21f.).

Die Mechanisierung wirkte sich aber auch auf die für den Spinnvorgang erforderlichen vorbereitenden Arbeitsschritte aus. Die aus dem Ballen gelöste Rohbaumwolle mußte nämlich zunächst zerfasert und gereinigt werden. Dann mußte man sie durch Schlagen bearbeiten, um die Fasern freizulegen, sodann noch kämmen oder bürsten, um sie zu entflechten, und schließlich der Länge nach herausziehen, um die Baumwollfasern parallel auszulegen. Als diese einzelnen Arbeitsschritte mechanisch beherrschbar wurden, war die Ausgangsbasis gewonnen, um die verschiedenen für den Spinnprozeß erforderlichen Verrichtungen in einem kontinuierlichen Operationsablauf zusammenzufassen. Bei allen geschilderten Maschinen vollzog sich der Übergang vom manuellen zum maschinellen Antrieb über die Anwendung der Wattschen Dampfmaschine, die 1764 erfunden wurde.

Die neuen Maschinen wirkten sich auch auf die Arbeitsqualifikationen aus, die für ihre Betätigung erforderlich waren. Wir haben bereits gesehen, daß Arkwrights Drosselstuhl von Frauen und Kindern bedient werden konnte, weswegen er noch bis zur Jahrhundertwende – in einigen Randgebieten sogar noch länger – der Konkurrenz produktiverer Maschinen standhalten konnte. Mit Sicherheit erhöhten die neuen Maschinen die Anzahl der Spindeln, die von einer Person gehandhabt werden konnte. Als in den dreißiger Jahren des 19. Jhs. die automatische Mulemaschine von Roberts eingeführt wurde, konnte ein Maschinenspinner, dem zwei oder drei Jungen zur Hand gingen, die erstaunliche Zahl von 1600 Spindeln bedienen. Spinnarbeit an der Mulemaschine wurde also zu einem hochqualifizierten und gutbezahlten Beruf, der bald eine eigene Gewerkschaft hervorbrachte. Deren Mitglieder trafen sich in den Gasthäusern immer in der besten Räumlichkeit – hinter einer Tür mit dem Reservierungsschild »Mule Spinners Only«.

Paradoxerweise blieb – ganz entgegen der Mechanisierung des Spinnvorgangs – die Entwicklung auf dem Gebiet der Weberei über lange Zeit technologisch blockiert. Der Maschinenwebstuhl von Cartwright wurde 1786 als Patent angemeldet, begann sich aber erst vierzig bis fünfzig Jahre später auf breiter Front durchzusetzen. Zwischen 1820 und 1833 erhöhte sich die Zahl der eingesetzten Maschinen von 12 150 auf 85 000. Aber auch die Zahl der Weber an Handwebstühlen erhöhte sich von 75 000 im Jahre 1795 auf 250 000 im Jahre 1833 (Chapman 1972, 60). Diese Zahlen lassen auf eine Reihe von Veränderungen schließen. Erstens drückte der Konkurrenzkampf mit dem Maschinenwebstuhl die Löhne und Einkommen der Handweber, die rasch ihre Selbständigkeit verloren und zusehends verarmten und verelendeten (Thompson 1966, 8. Kap.).

Aufgrund der sinkenden Löhne der Handweber durfte sich mithin sogar die Einführung des Maschinenwebstuhls verzögert haben. Zweitens traf dieser Lohn- und Statusverlust Menschen, die in ihren ländlichen Haushalten weit verstreut lebten und ihrem Schicksal gerade wegen dieser Zersplitterung um so hilfloser ausgeliefert waren. Freilich hat sich gerade deshalb die Fabrikarbeit in der Baumwollindustrie erst im Laufe der dreißiger Jahre allgemein durchgesetzt. Zu Beginn jenes Jahrzehnts lag die Zahl der am Handwebstuhl beschäftigten Arbeiter noch immer über der Zahl der erwachsenen männlichen und weiblichen Arbeiter, die in *allen* mechanischen Spinnereien und Webereien – und zwar Baumwoll-, Woll- und Seidenverarbeitung zusammengerechnet – beschäftigt waren. Und drittens waren die neuen Arbeitskräfte an den Maschinenwebstühlen vorwiegend Frauen und Jugendliche. Von den Fabrikarbeitern in der Textilindustrie waren im Jahre 1838 nur 23 Prozent erwachsene Männer (Hobsbawm 1969).

Die Fabrik

Zwangsläufig mußte die zersplitterte Organisationsform der Arbeit durch die Herausbildung einer neuen Form von Produktionsunternehmen abgelöst werden – nämlich durch die Fabrik. Daß man viele, mit unterschiedlichen technischen Verrichtungen betraute Arbeiter an einem Ort oder gar in einem ganzen Gebäudekomplex konzentrieren konnte, war durchaus keine neue Idee. Das Neue lag vielmehr darin, diese Arbeitsorganisation einer einheitlichen technischen Leitung zu unterstellen, die für die zeitliche Koordination der Produktionsprozesse und für Produktionsumstellungen nach Maßgabe der sich wandelnden Marktverhältnisse zu sorgen hatte. Das Verlagssystem mit seinen Werkstätten und seiner Hausindustrie hatte sich »in einer teilweise starren Umwelt« abgespielt, auf einer »ziemlich statischen Technologie« beruht und sich »eines faktischen oder gesetzlichen Monopols bzw. umfangreicher Aufträge nicht-kommerzieller Käufer wie königlicher Höfe oder staatlicher Armeen erfreut« (Pollard 1965, 7).

Die Fabrik war die logische Antwort auf die Grenzen, an die das Verlagssystem stoßen mußte (vgl. Landes 1973, 64–68; Pollard 1965, 30–35; Schlumbohm 1977, 274–276). Dieses System, bei dem ein Kaufmanns-Verleger die Rohmaterialien lieferte und sie in vielen kleinen häuslichen Produktionsstätten verarbeiten ließ, konnte nur unter großen Schwierigkeiten den Umfang und die Reichweite seiner Operationen aufrechthalten und ausweiten. Deshalb setzte das Verlagssystem einer möglichen Kapitalakkumulation eindeutige Grenzen. Das galt zum einen hinsichtlich der Arbeitsintensität und der Arbeitszeit von Produzenten, die in verstreuten und nicht zu beaufsichtigenden ökonomischen Einheiten arbeiteten – zumal, solange die industrielle Tätigkeit lediglich eine Ergänzung der Arbeit in der Landwirtschaft darstellte, die Felder also Vorrang vor dem Spinnrad oder dem Webstuhl beanspruchten. Entsprechend konnten auch religiöse Aktivitäten, Familienereignisse und Entspannungsbedürfnisse die Intensität und die Abläufe der Arbeit beeinträchtigen und taten es auch. Auch konnten die Kaufleute kaum etwas gegen Diebstahl und Unterschlagung von Rohmaterialien durch die verstreut lebenden Arbeiter ausrichten und auch keine hinreichende Kontrolle über die Qualität des Endprodukts ausüben – zwei Probleme, die sich im 18. Jh. als immer gravierender herausstellten. Die mangelnde Synchronisierung zwischen den verschiedenen Etappen des Produktionsablaufs trieb die Transportkosten zusätzlich in die Höhe; denn wenn das Spinnen zu langsam ging, mußte sich der Kaufmann in seiner Eigenschaft als Koordinator um zusätzliche Spinnkräfte kümmern, damit die Webstühle ausgelastet wurden; hatte sich dann der Spinnvorgang infolge technischer Neuerungen beschleunigt, mußten sich die Kaufleute wiederum nach Webern umtun. Bei der Verarbeitung und Auslieferung kam es zu Verzögerungen, wodurch sich die Umschlaggeschwindigkeit des Kapitals verringerte und auch die Kunden unzufrieden wurden.

Die ständige Ausdehnung des Handels mit Massenware geriet also an die Grenzen eines Fertigungssystems, das in unzählige kleine Einheiten zerfiel, die »einer Aufsicht weder unterlagen noch unterliegen konnten« (Pollard 1965, 31). Die Auflösung dieses Widerspruchs war die kapitalistische Fabrik.

Diese neue Methode der Arbeitsorganisation führte zu einer Reihe von Veränderungen, die miteinander zusammenhingen. Erstens wurden damit »unter einem einzigen Dach« so viele Arbeitsphasen zusammengebracht, wie es machbar und profitabel erschien. Diese Konzentration minderte die im Verlagssystem angefallenen Aufsichts- und Transportkosten. Zugleich verstärkte sie die Kontrolle über die Arbeiter, insofern sie die Organisatoren der Produktion in die Lage versetzte, »die eigensinnigen Gemüter der Arbeitsleute, die noch an ungeregelte Ausbrüche des Arbeitsfleißes gewohnt waren, zu zähmen« – wie der klassische Apologet des Fabriksystems Andrew Ure es 1835 formulierte (1967, 16). Zweitens wurde der Arbeitsprozeß »in seine wesentlichen Bestandteile« aufgeteilt, wodurch »das System der stufenmäßigen Teilung nach dem Rang der Geschicklichkeit« abgelöst wurde, das noch die Arbeitsteilung bei den Handwerksberufen bestimmt hatte (Ure 1967, 20). Drittens wurden diese verschiedenen Arbeitsphasen je nach der erforderten Ausbildung bzw. Fähigkeit eingeordnet und entsprechend unterschiedlich entlohnt. Das gestattete eine wirksamere Synchronisierung der einzelnen Aufgaben und verstärkte zugleich die Kontrolle über die Arbeit durch eine Aufteilung der Arbeitskräfte auf einzelne Teams, die von unterschiedlichen Interessen motiviert waren. Viertens wurde durch diese Synchronisierung der Arbeitsprozeß verstetigt und damit der herausgezogene Mehrwert maximiert. Für den Fabrikbetrieb wurde die Verstetigung der Arbeit, als später immer größere Kapitalsummen in Maschinen angelegt wurden, sogar zu einem entscheidenden Gebot. Der ein Verlagssystem betreibende Kaufmann konnte bei sinkender Nachfrage den Herstellungsprozeß schlichtweg anhalten. Unter kapitalistischen Produktionsverhältnissen war eine stillgelegte, ständigem Wertverlust unterliegende Maschinenausstattung freilich gleichbedeutend mit Kapitalverlust. Und wenn sie nicht in Betrieb gesetzt werden konnte, solange sie neu war, konnte sogar der Fall eintreten, daß sie noch vor Einspielung ihrer Kosten veraltete. Der Unternehmer war also zum »Gefangenen seiner Investitionen« (Landes 1973, 53) geworden.

Die ersten britischen Textilfabriken standen nun aber vor folgendem Problem: Die potentielle arbeitende Klasse wollte sich im allgemeinen gar nicht auf eine Beschäftigung in der Fabrik einlassen. Vor allem widersetzte sie sich den rigorosen Arbeits- und Disziplinanforderungen der Fabriken, mit denen die gewohnten Verhaltensweisen und die alten Geselligkeitsformen einer autonomen Arbeitsweise in Konflikt geraten mußten. Viele der frühen Fabriken waren nach dem Vorbild der Arbeitshäuser und Gefängnisse organisiert, und ihre Belegschaften bestanden tatsächlich auch aus zwangsrekrutierten pauperisierten Lehrburschen. Die Gleichsetzung von Fabrik- und Zuchthausarbeit bedeutete auch, daß sich ehemalige Handwerker oder Arbeiter aus der Hausindustrie gesellschaftlich degradiert fühlten, wenn sie sich nach den relativ selbstbestimmten Bedingungen in der Hausindustrie in den Knechtschaftsverhältnissen der Fabrikarbeit wiederfanden. In der Tat: »Solange zwischen Hausindustrie und Fabrik noch eine gewisse Wahlfreiheit bestand, zog der Arbeiter die Hausindustrie vor« (Pollard 1965, 162). Ein freies Fabrikproletariat entstand also nur langsam und gegen einigen Widerstand. Zu einem nicht unerheblichen Teil nährte der Haß auf das Fabriksystem auch die fast bürgerkriegsähnlichen Zustände, die in Großbritannien im ersten Teil des 19. Jhs. zwischen der »ehrbaren Gesellschaft« und den »einfachen Leuten« herrschten. Dieser Gegensatz baute sich erst nach der Jahrhundertmitte allmählich wieder ab, als nämlich die zunehmende Stabilisierung der Fabrikarbeit eine status- und besoldungsmäßige Differenzierung der verschiedenen Berufspositionen mit sich brachte und sich innerhalb der neuen Arbeiterklasse ein Arbeits- und Gehorsamsethos ausbreitete, das zur Festigung der Fabrikdisziplin beitrug.

Die Ausdehnung der Baumwollfabriken führte auch zur Ausdehnung der großen Zentren der englischen Textilindustrie. Große städtische Ballungszentren hatte es schon vorher gegeben, aber mit dem Aufstieg der englischen Industriestädte erlebte die Welt einen in diesen Dimensionen und in diesem Tempo noch nie erlebten Veränderungsprozeß. Die Großstadt London, die 1660 schon eine Einwohnerzahl von einer halben Million erreicht hatte, war damals keine Industriestadt, sondern »das bedeutendste Zentrum für Handels- und Verteilungsgeschäfte: also für qualifizierte Handwerker des Metall- und des Druckgewerbes, für die Kleider-, die Möbel- und die Modebranche, für alle Tätigkeiten in Verbindung mit der Schiffahrt und dem Marktgeschehen« (Williams 1973, 147). Die neuen Industriestädte dagegen, die sich jetzt an der Spitze der industriellen Revolution setzten, »waren um ihre wichtigsten – in der Regel nur zu einer Branche gehörigen – Arbeitsstätten herum angeordnet« (Williams 1973, 154). Das Wesen all dieser Städte verkörperte und symbolisierte die Stadt Manchester. 1773 hatten hier ganze 24 000 Menschen gewohnt; 1851 hingegen – in diesem Jahr lebte die Mehrheit der Menschen auf der britischen Insel schon in den Städten – war die Bevölkerungszahl von Manchester um das Zehnfache auf über 250 000 Menschen gestiegen. Zwei von drei Einwohnern Manchesters sowie neun von zehn Bewohnern der umliegenden Satellitenstädte waren Arbeiter. Um 1850 waren aber auch mehr als zwei Drittel der Einwohner der Stadt über 20 Jahren bereits auswärts geboren. Von ihnen stammten 130 000 aus den umliegenden Landkreisen und ungefähr 40 000 aus Irland. Manchen Beobachtern erschien Manchester »so grandios wie die Niagarafälle« (Carlyle), andere sahen in der Stadt »einen neuen Hades« (de Tocqueville) oder »den Wirklichkeit gewordenen Eingang zur Hölle« (Napier). Für Friedrich Engels war Manchester einer von mehreren Geburtsorten des englischen Proletariats. Die Menschen zogen in diese Stadt »aus freiem Willen« – wobei sie die Freiheit, ihre Arbeitskraft zu verkaufen, der Auflösung einer Produktionsweise verdankten, die sie früher an den Ort gebunden hatte. Jetzt aber waren sie den Zwängen der kapitalistischen Produktionsweise ausgesetzt, die den Arbeiter als Verkäufer seiner Arbeitskraft auf den Arbeitsmarkt warf, um dann das, was er produzierte, in das Instrument umzuwandeln, mit dem die

Kapitalisten wiederum seine Arbeitskraft kaufen konnten. Auf diese Weise wurden die großen Industriestädte zu einem einzigen riesigen Arbeitsmarkt, um dessen Beschäftigungsangebot alle möglichen Gruppen und Arten von Arbeitern konkurrierten: Leute, die ein Spinnrad, und andere, die eine Mulemaschine bedienten, Arbeiter am Hand- und Arbeiter am Maschinenwebstuhl, Männer und Frauen und Kinder, ehemalige Handwerker und frisch eingewanderte Iren. Dieser Arbeitsmarkt brachte von sich aus wiederum chronische Gegensätze hervor: den Gegensatz zwischen Handwerkern, die von den Maschinen verdrängt zu werden drohten, und den Arbeitern an diesen Maschinen; zwischen Produktionsaufsehern und Produktionsarbeitern; zwischen Männern, deren Arbeitskraft teuer war, und Frauen und Kindern, die sich zu billigeren Löhnen verkauften; den Gegensatz zwischen Beschäftigten und Arbeitslosen, der vor allem während der zyklischen Krisen zwischen 1826 und 1850 in den Vordergrund trat; und schließlich den Gegensatz zwischen den englischen Arbeitern und den irischen Einwanderern.

Der Konflikt zwischen englischen und irischen Arbeitern spitzte sich mit der fortschreitenden Industrialisierung noch weiter zu. Die Zuwanderung von Iren in die englischen Städte nahm nach 1800 gewaltige Dimensionen an. In den dreißiger Jahren waren dann schon »in sämtlichen niedrigsten Sparten der Handarbeit« Iren anzutreffen (*Report on the State of the Irish Poor in Great Britain*, zit. in Thompson 1966, 435). Marx schrieb im Jahre 1870:

»Alle industriellen und kommerziellen Zentren Englands besitzen jetzt eine Arbeiterklasse, die in zwei *feindliche* Lager *gespalten* ist, englische proletarians und irische proletarians. Der gewöhnliche englische Arbeiter haßt den irischen Arbeiter als einen Konkurrenten, welcher den standard of life herabdrückt. Er fühlt sich ihm gegenüber als Glied der *herrschenden Nation* und macht sich eben deswegen zum Werkzeug seiner Aristokraten und Kapitalisten *gegen* Irland, befestigt damit deren Herrschaft *über sich selbst*. Er hegt religiöse, soziale und nationale Vorurteile gegen ihn. Er verhält sich ungefähr zu ihm wie die poor whites zu den niggers in den ehemaligen Sklavenstaaten der amerikanischen Union. Der Irländer pays him back with interest in his own money. Er sieht zugleich in dem englischen Arbeiter den Mitschuldigen und das stupide Werkzeug der *englischen Herrschaft in Irland... Dieser Antagonismus ist das Geheimnis der Ohnmacht der englischen Arbeiterklasse*, trotz ihrer Organisation.« (MEW 32, 668f.)

In der ersten Hälfte des 19. Jhs. flackerten die Konflikte zwischen Engländern und Iren nur gelegentlich auf, in der zweiten Hälfte griffen sie dagegen erheblich weiter um sich. Diese Verschärfung hängt mit einer allgemeinen Veränderung in der politischen Haltung der Arbeiterklasse zusammen: In der ersten Jahrhunderthälfte hatte die Chartistenbewegung noch eine gemeinsame Frontstellung gegen die Herrschenden artikuliert; in der zweiten Hälfte waren die Arbeiter viel eher bereit, sich mit der kapitalistischen Vorherrschaft abzufinden. Die entstehende Gewerkschaftsbewegung sorgte zwar für die Organisation der Arbeiter, aber sie institutionalisierte auch die unterschiedliche Bewertung beruflicher Fähigkeiten, sie stärkte die Hierarchie am Arbeitsplatz bis hin zur Beaufsichtigung weiblicher Arbeitskräfte durch ihre männlichen Kollegen, und sie war bestrebt, durch Anpassung an die erzieherischen und moralischen Normen der Oberklasse stabilere Beschäftigungs- und Arbeitsbedingungen zu erreichen (vgl. Foster 1974). Dabei verschärften sich aber die Konflikte zwischen englischen und irischen Arbeitern; sie wurden auch noch angeheizt durch die anti-katholische Agitation der englischen Hochkirche, die den irischen Katholiken ihre politischen Ansprüche zu bestreiten bemüht war (vgl. Hechter 1975, 269, Anm.).

Die Baumwollexporte

Die Herstellung von Baumwolltextilien wurde in England zur bedeutendsten »Trägerbranche« der industriellen Revolution unter kapitalistischer Ägide. Laut Eric Hobsbawm bestand

> »im großen und ganzen ... in den Jahrzehnten nach Napoleon etwa *die Hälfte* des Wertes *aller* britischen Exporte aus Baumwollerzeugnissen, und in der Mitte der 1830er Jahre machte Rohbaumwolle zwanzig Prozent der gesamten Nettoimporte aus. Die britische Zahlungsbilanz, die Schiffahrt und der Überseehandel hingen wirklich von den Geschicken dieser einen Industrie ab. Zudem trug sie beträchtlich, jedenfalls mehr als andere Industrien, zur Akkumulation des Kapitals bei.« (1969, 68f.)

Wo landeten alle diese Baumwollprodukte? Aus englischer Sicht war Lateinamerika einer der großen noch unerschlossenen Märkte. 1840 nahm er bereits 35 Prozent der englischen Textilexporte auf (Hobsbawm 1969, 149). Dieser Handelszuwachs ging mit der Ausbreitung englischer Handelsfirmen in Lateinamerika einher. Um 1815 operierten in Lateinamerika schon mehr als 150 Handelshäuser, die meisten davon in Brasilien und Argentinien. Aber der lateinamerikanische Importmarkt stieß an seine inneren Grenzen, als die örtliche Inlandsproduktion trotz ständig sinkender Importpreise sich als konkurrenzfähig gegenüber den britischen Produkten erwies. Um ihre Position auf dem lateinamerikanischen Markt zu behaupten, eröffnete die britische Regierung mit staatlichen Geldern einen Kreditspielraum, den die lateinamerikanischen Regierungen in ihren Geschäftsabschlüssen mit in Lateinamerika operierenden britischen Firmen nutzen konnten; mit dieser

Maßnahme ließ sich aber nur der Geschäftsrückgang in Brasilien und Argentinien aufhalten. Um ihre Verluste in Lateinamerika zu kompensieren, erweiterten die britischen Textilexporteure ihren Absatz in Asien. Indien und China, die bei Ende der napoleonischen Kriege nur 6 Prozent der englischen Baumwollexporte abgenommen hatten, bezogen 1840 schon 22 Prozent, 1850 31 Prozent und nach 1873 60 Prozent. So wurde Indien nach 1873 zum Hauptadressaten des englischen Handels mit Asien (Hobsbawm 1969, 149).

Die Lieferregionen: die amerikanischen Südstaaten

Anders als Wolle – Englands erste Trumpfkarte beim Eintritt in den Überseehandel und ein Produkt des eigenen Landes – mußte Baumwolle importiert werden. 1787 stammte mehr als die Hälfte der Rohbaumwollimporte aus den europäischen Besitzungen auf den Westindischen Inseln. Aus dem Osmanischen Reich und insbesondere aus Smyrna (heute Izmir) kam ein weiteres Viertel. Aber schon 1807 stammten über 60 Prozent der in London, Liverpool und Glasgow ausgeladenen Baumwolle aus Englands ehemaliger Kolonie, den Vereinigten Staaten (North 1961, 41), die auch weiterhin die Hauptbezugsquelle der Engländer für Baumwolle blieben. Umgekehrt wurde Baumwolle nach 1815 auch für die US-amerikanische Volkswirtschaft zur »wichtigsten unmittelbaren Ursache der ökonomischen

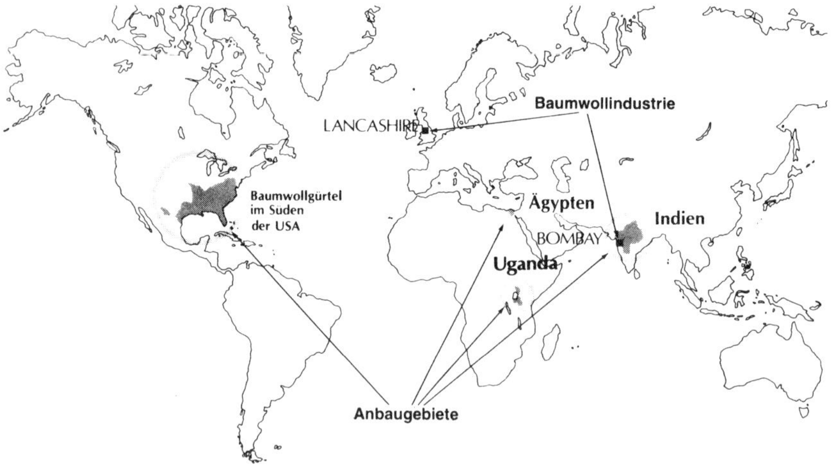

Die Baumwollindustrie im Zeitalter der Industriellen Revolution: Baumwollanbaugebiete und Zentren der Textilindustrie

Expansion« (North 1961, 68). Im Zeitraum zwischen 1815 und 1860 machte sie mehr als die Hälfte des Gesamtwerts der amerikanischen Exporte aus.

So wie in England den Spinnerei- und Webereibetrieben die technologische Koppelung der Dampfmaschine mit mechanischen Spinnmaschinen bzw. Webstühlen zugutegekommen war, wurde im Süden der Vereinigten Staaten die Produktion von Baumwolle durch eine Maschine möglich gemacht – die von Eli Whitney erfundene Entkörnungsmaschine. Zu Beginn richtete sich die Nachfrage aus Großbritannien auf die Sea-Island-Baumwolle, die man 1786 von den Bahamas auf den der Küste Georgias und South Carolinas vorgelagerten Inseln eingeführt hatte. Bei dieser Baumwollsorte ließen sich die Fasern leicht von den Samenkörnern trennen, indem man sie durch Walzen hindurchpreßte; aber die klimatische Empfindlichkeit dieser Sorte ließ keine großen Erträge zu. Der größte Teil der amerikanischen Baumwollernte bestand daher aus zweitklassiger »middling-Upland«-Qualität. Whitneys Entkörnungsmaschine, mit dessen Hilfe die Samenkörner sich leicht aus den verklebten Fasern herauslösen ließen, sorgte rasch dafür, daß eine Arbeitskraft fünfzig Pfund Upland-Baumwolle in derselben Zeit reinigen konnte, die sie früher für nur ein Pfund gebraucht hatte.

Auf Sklavenarbeit basierende Baumwollplantagen waren hochorganisierte und arbeitsintensive Produktionseinheiten. Je weiter sich die Pflanzungen nach Westen verlagerten, desto häufiger wurde statt Tabak und Getreide Baumwolle angebaut. Im Lauf dieser Umstellung wurden auch die Anbauflächen größer, und mit ihnen wuchs entsprechend die Zahl der benötigten Sklaven. Bei dieser Entwicklung konnte nur eine Minderheit der Sklavenhändler mithalten; denn ein auf Baumwolle spezialisierter Plantagenbetrieb benötigte jetzt meistens dreißig und mehr Sklaven. In den zehn Jahren vor dem amerikanischen Sezessionskrieg erforderte eine profitabel wirtschaftende Plantage im Schwarzerdegebiet von Alabama und Texas rund fünfzig und im Schwemmland des Mississippi-Deltas bereits mehr als zweihundert Sklaven. Die Betriebe erzielten eine hohe Arbeitsintensität, indem sie die einzelnen, im Lauf des Anbauzyklus anfallenden speziellen Aufgaben jeweils einem Team zuwiesen – und zwar in einem Rhythmus, der an die industrielle Produktion erinnerte. Letztes Mittel zur Erzwingung der für diesen Arbeitsablauf erforderlichen Disziplin war selbstredend der Einsatz von Gewalt, die von den Sklavenantreibern und -aufsehern ausgeübt wurde. Ohne Gewalt kam das System nicht aus; nach Fogel/Engermann »beweist das vorliegende Material, daß die Anwendung von Gewaltmitteln es ermöglichte, die Arbeitsleistung der Sklaven für weniger als die Hälfte des Preises zu beziehen, den man ihnen für ihre Arbeit ohne Anwendung von Gewalt hätte bieten müssen« (1974, 238).

Die Produktion von Baumwolle per Sklavenarbeit war eine profitable Angelegenheit. Die Gewinne der Sklavenhalter beliefen sich auf durchschnittlich etwa zehn Prozent des Marktpreises ihrer Sklaven und lagen damit höher als die Gewinne, die um die Mitte des 19. Jhs. von den erfolgreichsten Textilbetrieben in den Neu-England-Staaten der USA erzielt werden konnten (Fogel/Engerman 1974, 70). Dabei ist aber auch zu bedenken, daß es in den Südstaaten viele weiße Familien gab, die überhaupt keine Sklaven besaßen, und daß fast jeder zweite Sklavenhändler über weniger als fünf Sklaven gleichzeitig verfügte (Bruchey 1967, 165).

Der Baumwollanbau hatte zwar bei der Einführung der Sklaverei in Nordamerika keine ursächliche Rolle gespielt, aber für den Fortbestand der Sklavenarbeit bis weit ins 19. Jh. hinein erwies er sich dann doch als ein wichtiger Faktor. Dieser Fortbestand der Sklavenarbeit ging auf die stetige Nachfrage nach Baumwolle – vor allem aus England — zurück. Die gesamte amerikanische Baumwollernte belief sich im Jahre 1790 auf 3000 Ballen, 1810 bereits auf 178 000, 1830 auf 732 000 und 1860 schließlich auf 4 500 000 Ballen (Fogel/Engerman 1974, 44). Dieser Produktionszuwachs ging mit einer geographischen Ausbreitung des Baumwollanbaus einher, der sich von den Küstengebieten am Atlantik nach Westen verlagerte – in jenen Klimagürtel des »Tiefen Südens«, der mindestens 200 frostfreie Tage und die für den Baumwollanbau erforderliche Regenmenge gewährleistete. Beschleunigt wurde die Verbreitung des Baumwollanbaus durch den Ausbau der Transportmöglichkeiten per Dampfschiff und Eisenbahn, die auch für abgelegenere Gegenden eine Verbindung zu den bedeutenden Exporthäfen herstellten. Diese Expansion hatte eine massive Bevölkerungsumsiedlung zur Folge: Zwischen 1790 und 1860 wurden 836 000 Sklaven in Bewegung gesetzt, vor allem von Maryland, Virginia und North und South Carolina nach Alabama, Mississippi, Louisiana und Texas. Mehr als zwei Drittel dieser Sklaven machten sich zwischen 1830 und 1860 auf den Weg – eine der größten erzwungenen Wanderungsbewegungen aller Zeiten.

Im Gegensatz zu den Sklaven der Westindischen Inseln reproduzierte sich die Sklavenbevölkerung Nordamerikas weitgehend durch eigene Nachkommen. Sie hatte schon 1680 mehrheitlich aus Schwarzen bestanden, die bereits in den amerikanischen Kolonien geboren waren. Am Ende des amerikanischen Unabhängigkeitskrieges kamen auf einen in Afrika geborenen Sklaven vier gebürtige Amerikaner. 1860 waren 99 Prozent aller Sklaven im Lande geboren, und viele von ihnen stammten schon in der dritten oder vierten Generation von gebürtigen Amerikanern ab. Das steht in deutlichem Kontrast zu den Westindischen Inseln und zu Brasilien, wo die Sklavenbevölkerung immer wieder durch Importe aufgefüllt werden mußte. Nach Eugene

Genovese wies »von allen Sklavengesellschaften der Neuen Welt nur der Alte Süden (der USA) eine sich selbst reproduzierende Bevölkerung auf« (1972, 5). Die Gründe für diese Erscheinung sind nicht eindeutig geklärt. Daß man systematisch Sklaven für den Verkauf gezüchtet hätte, diese These wird durch die Auswertung von Geschäftsunterlagen der Plantagen in Zweifel gezogen (vgl. Fogel/Engerman 1974, 78–86). Eine andere Annahme geht dahin, daß in den tropischen Gebieten Westindiens viele Sklaven dem Gelbfieber zum Opfer fielen, was im gesünderen Klima des Kontinents nicht der Fall war; aber diese These wäre überzeugender, wenn man die beiden Gebiete nach ihrer Anfälligkeit für sämtliche Krankheitsepidemien vergleichen würde. Gutman (1976, 341ff.) hat die Jahrzehnte nach 1720 als den entscheidenden Zeitraum ermittelt, in dem die Verhältnisse auf dem Kontinent sich gegenüber den westindischen Sterblichkeitsziffern deutlich verbessert und eine sich selbst fortzeugende Reproduktion der Sklavenbevölkerung ermöglicht haben. Er erklärt dies damit, daß für die weitere Zunahme der amerikanischen Sklavenbevölkerung die Entstehung von Familien und die Herausbildung von verwandtschaftlichen Verflechtungen eine wichtige Rolle gespielt haben.

Aber egal, welche Ursachen wir für die fortlaufende Reproduktion der Sklaven in den Vereinigten Staaten annehmen, die Folge war jedenfalls, daß die Bevölkerungsgruppe ihren eigenen Fundus von Erfahrungen und Selbstbehauptungsstrategien entwickelt und von Generation zu Generation weitergegeben hat. In neueren Arbeiten (vgl. insbesondere Gutman 1976) wurde gezeigt, wie sich bei den Sklaven verwandtschaftliche Verflechtungen und fiktive Verwandtschaftsbeziehungen herausgebildet und funktioniert haben und auf welche Weise sie dazu dienten, Kenntnisse und Überzeugungen weiterzugeben und weiterzuentwickeln, die auf der Erfahrung des Sklavendaseins und nicht auf den Anforderungen der Sklavenhalter beruhten.

Daß es solche Verflechtungen gibt, die über Raum und Zeit hinweg einen Zusammenhang zwischen Generationen von Verwandten und quasi-Verwandten stiften, stellt auch die stereotype Wahrnehmung in Frage, wonach »der Sklave« im Sinne der patriarchalischen Ideologie seines Herrn perfekt sozialisiert wurde. Zwar lernten die Sklaven mit ihren Herren auszukommen, aber es gibt keinerlei Beweis dafür, daß sie die Befehle ihrer Besitzer in passiver Weise auch noch als psychologische Belohnung für sich selbst internalisiert hätten. Unwahrscheinlich erscheint auch, daß im Rahmen des Systems der Sklavenarbeit Gewaltmittel jemals »optimal« eingesetzt werden konnten, um ein möglichst gutes Produktionsergebnis zu möglichst geringen Kosten herauszuholen (wovon Fogel/Engerman, 1974, 232 ausgehen). Im Kern ging es nämlich zwischen Herren und Sklaven nicht um die sorgsam dosierte »Behandlung« des Sklaven zur Erzielung eines »optimalen Gehorsams«, sondern um eine komplexe und wandelbare Beziehung zwischen zwei Klassen, die einerseits durch Befehl und Arbeit zusammengespannt, andererseits aber auch nach klassenmäßiger Organisation und nach Interesse geschieden waren. Gutman hat in diesem Zusammenhang sogar die Vermutung geäußert: »Die Tatsache, daß im gesamten Süden in den vierziger und fünfziger Jahren des 19. Jhs. innerhalb der Sklavengemeinschaften verwandtschaftliche und quasi-verwandtschaftliche Verflechtungen existierten, ist eine wichtige Ursache dafür, daß die Sklaven einem so strengen Zwangssystem unterworfen blieben« (1976, 325). Aber innerhalb der Zwänge dieses Systems mußten die alltäglichen Beziehungen ständig neu ausgehandelt werden. So hebt z. B. George Rawick hervor: »Die Beziehung war eine äußerst prekäre und erforderte die ständig neue Herstellung alltäglicher Umgangsformen, um damit zur Humanisierung gesellschaftlicher Beziehungen beizutragen, die hierarchischer Natur waren und auf nackter Gewalt beruhten« (1972, 62).

Innerhalb der klassischen Plantage des amerikanischen Südens lagen also zwei Ebenen von Beziehungen übereinander: zum einen die hierarchischen Beziehungen zwischen dem Plantagenbesitzer und seinen Sklaven; zum anderen die horizontalen, über die Plantage hinausreichenden Bindungen innerhalb der Gemeinschaft der Schwarzen. Die Plantage als Produktionseinheit bestand normalerweise aus einem Aufseher – in der Regel ein Weißer –, aus Sklavenantreibern – in der Regel Schwarze –, aus einer großen Anzahl oft hochqualifizierter Sklaven-Handwerker sowie aus Landarbeitern. Außerdem gab es Sklaven als Hauspersonal, wobei die Grenze zwischen dem Hauspersonal und den Landarbeitern meistens keine absolute Schranke, sondern eher eine altersmäßige Abgrenzung darstellte: als Hauspersonal dienten Jugendliche und Alte, die Landarbeiter rekrutierten sich hingegen aus den körperlich besonders leistungsfähigen Männern jungen und mittleren Alters. Daneben gab es auch freie Schwarze; sie zählten 1860 etwa eine halbe Million und konzentrierten sich vor allem in Maryland, Virginia, North und South Carolina und in Louisiana. Manchmal arbeiteten sie als Handwerker und Arbeiter, was vornehmlich in Louisiana der Fall war, während sie in anderen Gegenden von den Plantagenbesitzern mit gemischten Gefühlen betrachtet wurden. In den Städten kam es ferner auch häufig vor, daß Sklaven für einen Arbeitsauftrag an einen anderen Ort vermietet wurden.

Zwischenhändler und Marktbeziehungen

Die Sklaven, die Antreiber, die Aufseher und die Eigentümer der Plantagen waren nur Einzelglieder in einer Kette, zu der auch die Zwischenhändler gehörten, die die Baumwollernte an ihre Bestimmungsorte lieferten, bzw. die Kaufleute, die sie überhaupt erst auf den Weg brachten. Für die Baumwollsendungen, die aus den Südstaaten hinausgingen, flossen Kredite und auf Kredit gekaufte Waren nach Süden zurück. Die wichtigsten Vermittlungsagenten, die diese doppelte Transaktion gegen Zahlung einer Verkaufsprovision abwickelten, waren die Kommissionäre. Sie saßen z. T. in den Küstenhäfen wie Savannah (Georgia) und Charleston (South Carolina), zum Teil im Binnenland in Städten wie Fayetteville, Columbia, Augusta, Macon, Atlanta, Montgomery, Nashville, Memphis und Shreveport. Diese Kommissionäre des Binnenlandes wickelten ihre Geschäfte in direktem Kontakt mit den großen Plantagenbesitzern ab, während sie die kleineren Baumwollpflanzer über Lageristen im Hinterland erreichten, die Kredite als Vorschüsse gewährten und dafür die Baumwolle übernahmen. Bei den Transaktionsgeschäften spielten auch Banken mit, die die von Kommissionären eingereichten Schuldscheine der Pflanzer diskontierten. Der Zufluß von Krediten glich also den Abfluß von Baumwolle aus. Die Lageristen oder Plantagenbesitzer lieferten ihre Baumwolle an die Kommissionäre des Binnenlandes, die wiederum ihr Geschäft mit den Kommissionären an der Küste abschlossen,

Sklaven beim Verladen von Baumwolle unter Fackelbeleuchtung auf dem Alabama River. Stich von W. Floyd, 1842 (The New York Historical Society, New York City)

die ihrerseits den Umschlag nach Europa besorgten. Bis zum Ende der napoleonischen Kriege im Jahre 1815 wurde der größte Teil der Baumwolle von Savannah und Charleston aus nach Liverpool verschifft. Danach wurden Baltimore und vor allem New York zu den wichtigsten Umschlaghäfen des Transatlantikhandels.

New York verdankte seinen beherrschenden Einfluß auf den Baumwollhandel der Südstaaten einer ganzen Reihe von Gründen. 1816 wurde von einer Unternehmergruppe – vornehmlich Quäker, die über Heiratsbeziehungen miteinander verwandt waren – die Black Ball Line gegründet, die bald einen regelmäßigen Postschiffdienst nach Europa und entlang der amerikanischen Küste aufnahm. Diese Reederei transportierte jetzt Baumwolle von den Häfen der Südstaaten und von New York nach Liverpool, und sie brachte auf der Rückfahrt englische Fertigwaren und europäische Einwanderer nach New York. Von hier aus wurden wiederum Fertigwaren aus Europa und den Nordstaaten der USA in die Südstaaten transportiert (Albion 1939). Die zentrale strategische Rolle New Yorks innerhalb dieses Dreieckshandels verstärkte sich noch, als nach Fertigstellung des Erie-Kanals Weizen, Fleisch und Holz aus den westlichen Bundesstaaten in Richtung Ostküste flossen und Fertigwaren amerikanischer und ausländischer Herkunft Richtung Westen befördert wurden. Die Vorrangstellung von New York festigte sich zusätzlich durch die Einführung der Vorschrift, daß bei Verkaufsaktionen die angebotenen Warenposten auch dann nicht zurückgezogen werden durften, wenn nur niedrige Gebote vorlagen. Infolgedessen zog die Stadt immer mehr Einkäufer an, die auf vorteilhafte Geschäfte scharf waren. Diese mannigfaltigen kommerziellen Transaktionen wurden durch die Entwicklung gewinnträchtiger Bankinstitutionen zusätzlich beflügelt. Und schließlich spielte auch noch eine Rolle, daß viele der in den Südstaaten operierenden Baumwollkommissionäre selbst New Yorker bzw. Vertreter New Yorker Firmen waren. Ein Großteil der an die Pflanzer der Südstaaten vorgestreckten Kredite stammten aus New York; ihre Dimensionen überstiegen die finanziellen Möglichkeiten, die einheimische Geschäftsunternehmen in den Südstaaten bieten konnten (Foner 1941, 12).

Auch die meisten der im Süden benutzten Fertigwaren – und zwar amerikanische Inlands- wie ausländische Importprodukte – wurden aus dem amerikanischen Nordosten angeliefert. Nach Beendigung der napoleonischen Kriege begann der Nordosten zudem, einen Teil der Baumwolle aus den Südstaaten in seiner eigenen expandierenden Textilindustrie zu verarbeiten. Zwischen 1815 und 1831 hat sich in dieser Region die Zahl der Spindeln verdreifacht, bis 1860 nahm sie noch einmal in derselben Proportion zu (North 1961, 160). Der Süden deckte seinen immer größer werdenden

Nahrungsmittelbedarf aus dem expandierenden Westen; das gilt zumal für die Zeit nach 1816, als auf dem Mississippi die Dampfschiffahrt begann. Als später in den zwanziger und dreißiger Jahren der Ohio-, der Erie- und der Pennsylvania-Kanal eröffnet wurden, flossen Nahrungsmittellieferungen aus dem Westen in zunehmendem Maße auch nach dem Nordosten. Mit dem Bau der Ost-West-Eisenbahnlinien, der in den fünfziger Jahren folgte und weitgehend mit britischem Geld finanziert wurde, entwickelte sich Chicago zum Getreidesilo und zum »Schlachthaus« der Vereinigten Staaten. So wurden die Regionen, die damals die USA bildeten, nach und nach zu zunehmend spezialisierten Gebieten, die sich in ihrer Spezialisierung gegenseitig ergänzten. Freilich war innerhalb dieses Netzes gegenseitiger Abhängigkeiten der Süden eindeutig im Nachteil. Denn kaum hatten sich die Profite in den Händen der Plantagenbesitzer angesammelt, floß der neu erworbene Reichtum auch schon nach außen ab, weil die Nahrungsmittellieferungen für die unterversorgten Besitzungen und die Fertigwarenimporte – die Kleider und einfachen Eisenwaren für die Sklaven und die Luxusgüter für deren Besitzer – bezahlt sein wollten.

Die Vertreibung der Indianer

Die Expansion in Richtung Westen erschien wie die Verwirklichung des »amerikanischen Traums«. Offenbar wartete das Land in der nordamerikanischen Wildnis nur darauf, in Besitz genommen zu werden. Verfechter eines demokratisch verteilten Grundbesitzes wie Jefferson sahen für die Zukunft schon eine Nation von kernigen Bauern voraus, die – da Besitzer ihres Landes – niemandes Diener waren. Aber natürlich lag da vor ihnen keineswegs »ein Land ohne Menschen für ein Volk ohne Land«. Dieses Land bewohnte und bebaute die einheimische amerikanische Bevölkerung; wollte man Bauern schaffen, mußte man diese Einheimischen zuvor von ihrem Besitz vertreiben. Für die neuen Siedler bemaß sich der Wert von Landbesitz nicht nur nach der Ernte und dem Vieh, die auf ihm gedeihen konnten. Land war »in den ersten fünfzig Jahren der Republik die begehrteste Ware der Nation« (Rohrbough 1968, XII) und stellte eine »große Investitionsgelegenheit« dar (Rogin 1975, 81).

Die indianische Bevölkerung des Südwestens gehörte zu einer Reihe von größeren politischen Stammesverbänden; da waren die Cherokee im heutigen Alabama, Georgia, North Carolina und Tennessee, dann die Creek im heutigen Alabama und Georgia sowie die Choctaw im heutigen Mississippi. Im Norden von Mississippi lebten noch die weniger zahlreichen Chickasaw, und im Süden Floridas die Seminolen. All diese Gruppen lebten vom Gartenbau (wobei die landwirtschaftliche Tätigkeit von den Frauen ausgeübt wurde) und von der Jagd. Sie waren auf ihrem Land und in ihren Jagdgebieten fest verwurzelt und keinesfalls bereit, ihr Gebiet an Neuankömmlinge abzutreten. Grundeinheit war das Dorf, das bei den Cherokee aus 350 bis 600, bei den Creek aus 100 bis 1000 Bewohnern bestand. Die Dörfer waren autonom, also jedes für sich ein Gefüge von matrilinearen Klans, einem Rat der Ältesten, der sich aus je einem Mitglied der verschiedenen *matrilineages* zusammensetzte, und einem Dorfhäuptling, der in der Regel einer bestimmten *matrilineage* entstammte. Da die Klans nicht an einem Wohnsitz konzentriert, sondern quer durch alle Dörfer vertreten waren, verfügten sie über einen Mechanismus zum Abschluß von Bündnissen. Bei den Cherokee wie bei den Creek schlossen sich seit Beginn des 18. Jhs. die Dörfer zu Verbänden zusammen. Als Reaktion auf den Druck der Europäer, der oft über die indianischen Verbündeten der Franzosen, Engländer oder Spanier weitergegeben wurde, entwickelten sich diese Verbände mehr und mehr zu zentralisierten Gebilden. Zentralisierend wirkte dabei vor allem die Notwendigkeit, sich gegen die expansionistischen Siedler von Carolina verteidigen zu müssen, die weiträumige Sklavenjagden veranstalteten. Die Beziehungen mit Europäern führten freilich auch dazu, daß die Indianer viele europäische Errungenschaften übernahmen, darunter bestimmte Nutzpflanzen und Nutztiere, aber auch Feuerwaffen. Einige herausragende Häuptlinge wurden mit der Zeit auch zu Eigentümern von Baumwollpflanzungen, die häufig unter Einsatz afrikanischer, von den Europäern gekaufter Sklaven bearbeitet wurden. Im späten 18. und frühen 19. Jh. bildete sich eine Eingeborenen-Elite heraus. Ihre Mitglieder heirateten in europäische Einwandererkreise ein und nahmen häufig den christlichen Glauben an. Im Falle der Cherokee lernte diese Elite auch das Lesen und Schreiben; die Schriftsprache der Cherokee wurde zu Beginn des 19. Jhs. von Sequoya entwickelt, der das Konzept einer Schriftsprache übernahm, ohne selbst Englisch lesen und schreiben zu können (Kroeber 1948, 369).

Diese Stämme – und insbesondere die Creek und die Choctaw – standen den immer weiter ausgreifenden Grenzern und deren Hauptinteresse, nämlich der Gewinnung von Land für den Baumwollanbau, im Wege. Mit dem Krieg gegen die Creek in den Jahren 1813–1814 wurde die erste Bresche geschlagen, durch die weiße Pflanzer nach Alabama einströmten – im Sog der Baumwollpreise, die seit Beendigung des Krieges von 1812 zwischen England und den Vereinigten Staaten in die Höhe gegangen waren. Der 1817–1818 unter Führung von Andrew Jackson unternommene Feldzug gegen die Seminolen – eine von den Creek abstammende Gruppe, die in die Halbinsel

Florida eingesickert war – bedeutete nicht nur den Anschluß von Florida an die Vereinigten Staaten, sondern auch die Abriegelung einer Region, in der viele entlaufene schwarze Sklaven unter den eingeborenen Amerikanern Zuflucht gefunden hatten.

1817 hatte sich die auch schon von Jefferson vertretene Idee durchgesetzt, daß man alle Indianer in die Gebiete westlich des Mississippi abdrängen müßte. Auf Betreiben Jacksons stellte man die Indianer vor die Wahl, sich entweder mit der Aufteilung ihres Landes in individuelle und als Privatbesitz veräußerbare Parzellen abzufinden oder aber gemeinsam wegzuziehen. Die Verdrängungskampagne war begleitet von einer Serie gesetzwidriger Übergriffe auf indianischen Grundbesitz, die in der Regel mit verdecker offizieller Unterstützung abliefen. Den Indianern wurden ihr Land, ihr Vieh und ihre landwirtschaftlichen Geräte weggenommen; das Wild wurde abgeschlachtet, und sie selbst wurden angegriffen, wenn sie innerhalb des staatlichen Hoheitsgebietes bei der Jagd angetroffen wurden. Einzelnen Indianern bot man Bestechungsgelder, damit sie ihr Land verkauften, oder man nahm ihnen mit betrügerischen Methoden ihre Besitztitel ab. Innerhalb ihrer Gebiete schikanierte man sie unter Berufung auf staatliche Gesetze. Man plazierte außerdem Agenten der Regierung in ihrer Mitte, die für den Wegzug plädierten; gleichzeitig wurden Indianerhäuptlinge mit Geschenken und Leibrenten für diese politische Linie geködert. Missionare und andere unter den Indianern lebende Weiße, die der Vertreibungskampagne entgegentraten, wurden ausgewiesen.

Die Vertreibung selbst wurde im Jahre 1830 gesetzlich beschlossen. Wo die Indianergruppen nicht freiwillig abzogen, schritt die Armee ein, um den Ausweisungsbefehl durchzusetzen. Zwischen 1820 und 1840 wurden drei Viertel der 125 000 östlich des Mississippi lebenden Indianer vom Ausweisungsprogramm der Regierung erfaßt. Im gleichen Zeitraum verlor jeder vierte Südstaaten-Indianer sein Leben. 1844 waren in den östlichen Gebieten der USA weniger als 30 000 Indianer übrig geblieben, die meisten von ihnen wohnten in der Umgebung des Lake Superior. Der ganze Prozeß dieser erzwungenen Abwanderung war von begeisterten Lobeshymnen auf den Sieg der Zivilisation über die Barbarei begleitet. Der erfolgreiche Abschluß der Operation ließ die Hoffnung Jacksons in Erfüllung gehen, das Land der Indianer könnte damit alsbald »dem Markt« einverleibt werden.

Die Lieferregionen: Ägypten

Die englische Textilindustrie importierte ihre Baumwolle nicht nur aus den Südstaaten der USA, sondern auch aus dem östlichen Mittelmeer. In der Levante hatte man schon seit langem Baumwolle angebaut, die dann in Europa verkauft wurde; Ägypten wurde im 19. Jh. zu einem bedeutenden Produzenten von Baumwollfasern für den europäischen Markt. Die ägyptische Entwicklung ist in doppelter Hinsicht aufschlußreich, denn erstens war Ägypten eine der ersten Regionen innerhalb des Osmanischen Reiches, die sich auf kommerzielle Verbindungen mit dem Westen einließen, und zweitens wurde Ägypten – indem es dies tat – zum ersten nicht-europäischen Staat, der mit der Industrialisierung und Kommerzialisierung Europas »Schritt zu halten« versuchte.

Dieses doppelte Unterfangen setzte erst einmal eine komplette Umwälzung der früheren politischen und ökonomischen Beziehungen voraus. Während des 18. Jhs. hatte die Macht in Ägypten bei den *mamluk* (Mamelukken) gelegen, einer türkisch-tscherkessischen Elite von Militärsklaven und Tributeintreibern, die sich von der obersten Staatsgewalt der Osmanen das Recht erkauft hatten, die Tributabgaben aus der bäuerlichen Bevölkerung herauszuziehen. Ägypten hatte mit Europa einen lebhaften Handel mit Kaffee aus dem Yemen betrieben, der aber gegen Ende des 18. Jhs. stark zurückgegangen war. Diese Einbuße hatte eine entsprechende Steigerung der Tributverpflichtungen zur Folge, die der jahrhundertelang ausgepreßten Bauernschaft auferlegt waren. Zusätzlich wurden diese Lasten noch durch den Konkurrenzkampf in die Höhe getrieben, der sich unter den militärischen Tributeintreibern um den Zugang zur Macht und zu den ökonomischen Ressourcen abspielte. Aber die Bauerndörfer waren immerhin noch in der Lage, ihre autonome Verfügungsmacht über das Gemeindeland und ihre Zuständigkeit für die Veräußerung von Grund und Boden zu verteidigen; und sie konnten nach Belieben über ihre Anbauprodukte entscheiden, solange sie an die Mamelucken über das Dorfoberhaupt den festgelegten Tribut abführten.

Diese politischen und ökonomischen Kräfteverhältnisse änderten sich drastisch, als 1803 Muhammad Ali, Neffe eines osmanischen Vize-Gouverneurs von Albanien, an die Macht kam. Er war in Mazedonien aufgewachsen und dort im Tabakhandel zu Reichtum gekommen, später hatte er als Führer eines osmanischen Truppenkontingents bei der Vertreibung der Franzosen aus Ägypten eine wichtige Rolle gespielt. Muhammad Ali sicherte dem Land nicht nur seine Autonomie gegenüber dem Osmanischen Reich, sondern brach auch die Macht der Mamelucken, indem er sie ausnahmslos abschlachtete. Obwohl er in Ägypten eher einen privaten Familienbesitz als ein ihm anvertrautes öffentliches Eigentum erblickte, wurde ihm bald klar, daß das Land politischer und ökonomischer Veränderungen bedurfte, wenn es der ausländischen Konkurrenz standhalten wollte. So initiierte er denn in den zwanziger Jahren ein Programm zur Einschränkung der Getreideproduktion für den Inlandsbedarf und zur Produktionsausweitung des einzigen exportfähigen Agrarartikels, nämlich der langstapeligen Baumwolle. Außerdem startete er den Versuch zum Aufbau einer Industrie, die insbesondere seine militärische Kapazität stärken sollte, und ersetzte seine unzuverlässigen albanischen Kontingente durch eine Armee von wehrpflichtigen Bauern. Bei diesen Bemühungen standen ihm mit den französischen utopischen Sozialisten aus der Schule Saint-Simons die ersten europäischen »Technokraten« als Helfer zur Seite. Zu ihrer Hilfe gehörte auch der Bau des Suezkanals, der von dem Saint-Simonisten de Lesseps geleitet und 1869 vollendet wurde. Außerdem ließ er die Bauern in riesigen Massen zum Bau von Bewässerungsanlagen und Kanälen einziehen, um die für den Baumwollanbau erforderliche hydraulische Infrastruktur zu errichten.

Unter Muhammad Ali und seinen Nachfolgern wurde die autonome Disposition der Bauern über ihre landwirtschaftliche Produktion für den eigenen Lebensbedarf drastisch beschnitten; statt dessen mußten sie verbindlich festgesetzte Mengen Baumwolle abliefern und unbezahlte Zwangsarbeit leisten; zudem wurde Bauernland an Großgrundbesitzer übereignet, die dann die Baumwollproduktion weiter erhöhten. Zu diesen Großgrundbesitzern gehörte selbstredend auch die königliche Familie. Zwischen 1818 und 1844 reduzierte sich der Anteil des bäuerlichen Grundbesitzes an der landwirtschaftlich genutzten Gesamtfläche von 85 bis 90 auf 56 Prozent. Da das auf Entwicklung setzende Regime ausländische Anleihen aufnahm, forderte der Staat immer höhere Tributzahlungen, was wiederum zu einer weiteren Forcierung der Baumwollerzeugung führte; wobei dies Exportprodukt nicht nur von den Arbeitern auf den großen Gütern erwirtschaftet wurde, sondern auch von den *sharecroppers* und den kleinen Grundeigentümern, die ihre Steuern nur mit großer Mühe aufbringen konnten. Im Laufe dieser Entwicklung verstärkten auch die Dorfoberhäupter ihre Machtpositionen, die sie als Mittelmänner zwischen Bauern und Staat wie auch als Geldverleiher innehatten, was sich u. a. in der Vergrößerung ihres Grundbesitzes ausdrückte. Schließlich führten innere Unruhen und Revolten – aber auch die wachsende Unfähigkeit des Staates zur Rückzahlung seiner Auslandsschulden – zur Intervention ausländischer Mächte, die eine auslandsfeindliche Militärrebellion niederschlagen mußten. 1882 übernahmen dann die Engländer in Ägypten das Kommando. Sie förderten noch verstärkt den systematischen Anbau von Baumwolle auf großen Gütern – und stärkten damit die grundlegenden Ursachen für die Probleme, unter denen Ägypten im 20. Jh. zu leiden hatte.

Die indische Textilindustrie

In den asiatischen Teilen des British Empire war die industrielle Produktion von Textilwaren seit der zweiten Hälfte des 19. Jhs. in Gang gekommen. Dabei handelte es sich allerdings nicht um eine organische Fortführung der hochentwickelten Zweige des indischen Textilhandwerks, die schon in der Frühphase der europäischen Expansion nach Asien in höchster Blüte gestanden hatten. Diese handwerkliche Fertigung war durch englische Importe maschinell hergestellter Stoffe und Garne nach Indien weitgehend vernichtet worden; der Leiter einer großen in Indien engagierten Handelsfirma konnte daher im Jahre 1840 von den *bandannas*, d.h. handbedruckten Seidentaschentüchern, als den »letzten der aussterbenden handwerklichen Erzeugnisse Indiens« sprechen (zi. in Thorner/Thorner 1962, 71). Aber auch die indische Rohbaumwolle war auf dem englischen Markt nicht gerade gefragt, es sei denn, die Lieferung amerikanischer Baumwolle war vorübergehend unterbrochen. Es handelte sich um eine kurzstapelige Sorte, die schwerer zu reinigen war und eine sorgfältigere Bearbeitung – mithin also höhere Arbeitskosten – erforderte als die langstapeligen Sorten aus Amerika. Aber dieselbe indische Rohbaumwolle war einer der englischen Hauptexportartikel nach China. Die Baumwollanbaufläche in Indien vergrößerte sich daher bis 1850 auf über 32 000 km^2. Diese Fläche lag etwa zur Hälfte im westlichen Indien, im Einzugsgebiet der expandierenden Stadt Bombay (Guha 1972, 1973). Die Baumwollfaktoreien und -händler von Bombay streckten über ihre Mittelsmänner den Grundbesitzern in den Provinzen das Geld für den Anbau vor und speicherten die Ernte für die lokale Verarbeitung oder für den Export. Die für diese Baumwollmengen erforderliche Transportkapazität führte zu einer »Ochsenkarren-Revolution« (Guha 1972, 21): Die nunmehr mit zwei Ochsen bespannten Karren konnten mehr als sechsmal so viel Lasten transportieren wie vorher, als sie nur von einem Ochsen gezogen wurden. Mit dem weiteren Ausbau des indischen Eisenbahnnetzes konnte sich die Baumwollproduktion dann im letzten Jahrzehnt vor 1900 auf eine Fläche von nahezu 70 000 km^2 ausdehnen (Guha 1973).

Wie diese Expansion der Baumwollanbaufläche auf dem indischen Subkontinent, so sind auch die Anfänge des Wachstums der maschinellen

Textilindustrie nur im Hinblick auf die Rolle Indien's als einer wichtigen Basis des englischen Chinahandels zu verstehen. Baumwollgarn und Baumwollerzeugnisse lagen bei den Exportartikeln für China hinter Opium an zweiter Stelle, und nach dem Rückgang des Opiumhandels rückten sie an die Spitze (Latham 1978, 88ff.). Aus der Beteiligung von indischen Kaufleuten am Opium- und Baumwollhandel stammten die indischen Vermögen, die in die Entwicklung der Textilindustrie investiert wurden – die einzige Industrie Indiens, »die ihre Geburt und ihre Entwicklung der Initiative des einheimischen Kapitals und der einheimischen Unternehmerschaft verdankte« (Saini 1971, 98). Diese autonome Entwicklung war möglich, weil Indien beim Herausziehen des Mehrprodukts aus China als Relaisstation funktionierte. Die indische Textilindustrie konnte solange expandieren, bis ihr Ende des 19. Jhs. auf dem chinesischen Markt die japanische Konkurrenz entgegentrat. Aber selbst danach lieferte sie noch einen erheblichen Teil der Garne, die von japanischen Fabriken verarbeitet wurden.

Bombay

Zentrum dieser neuen Textilindustrie war Bombay. Die Stadt war ursprünglich nur eine kleine Ansiedlung auf einer von sieben Inseln, die nach einer Göttin der örtlichen Fischer benannt war, und kam 1665 in den Besitz der britischen Krone. Bei seinem Versuch, neue Bewohner für die Stadt zu gewinnen, hielt sich der englische Gouverneur an die in Indien gängige Methode, Verträge zwischen dem Herrscher und den untersten dienenden Kasten auszuhandeln. Bombay stand als Handelshafen anfangs zwar im Schatten von Surat und Broach, wo die Handelsrouten von der Levante endeten, aber seine kommerzielle Bedeutung wurde von der Ansiedlung von Kaufleuten aus Diu und Surat und dem Aufbau einer Kolonie von Parsen rasch aufgewertet. Die Parsen waren aus dem Iran stammende Handwerker, Kaufleute und Schiffbauer, hingen der von Zarathustra verkündeten Lehre an und bauten bald ihren Anteil an dem einträglichen Handel mit Ostasien aus. Die Einwohnerzahl von Bombay stieg von zunächst 10 000 Menschen auf 160 000-180 000 im zweiten Jahrzehnt des 19. Jhs. (Morris 1965; Rowe 1973).

Um 1800 war Bombay bereits zum wichtigsten Hafen Westindiens geworden; über ihn wurden Opium und Rohbaumwolle nach China exportiert sowie Zucker und Metallwaren importiert. Bis 1850 entwickelte er sich zur wichtigsten Drehscheibe für den Umschlag britischer Fertigwaren nach Asien und zum Hauptlagerplatz für die Verschiffung kurzstapeliger Rohbaumwolle nach Europa. Nach 1850 sorgte der Bau von Eisenbahnlinien dafür, daß Bombay auch noch zum Zentrum des Versands der Baumwolle aus den Regionen Gujarat und Nagpur aufgewertet wurde. Logischerweise erlebten die indischen Baumwollexporte ihren Boom während des amerikanischen Bürgerkrieges, als die Lieferungen aus den USA nach Europa abgeschnitten waren.

Ebenfalls um die Jahrhundertmitte wurde die Stadt zum Zentrum der indischen Textilindustrie. Die erste Baumwollspinnerei, die mit englischer Technologie ausgestattet, aber mit indischem – das heißt vorwiegend parsischem – Kapital finanziert war, nahm 1856 die Produktion auf. Die Zahl der Textilbetriebe – sie hatten sich über die Garnproduktion hinaus bald auch Webereiabteilungen zugelegt – war im Jahre 1900 schon auf 86 gestiegen. Entsprechend erhöhte sich die Zahl der Arbeiter zwischen 1865 und 1900 von 6600 auf 80 000; zwischen einem Viertel und einem Fünftel der Beschäftigten waren dabei Frauen.

An der Gründung dieser Fabriken war indisches Kapital maßgeblich beteiligt, aber ihre Leitung lag in der Hand von *management agencies*, deren Repräsentanten in der Regel als Händler begonnen hatten. Sie hielten die entscheidenden Anteile am Firmenkapital und dazu noch untereinander verschachtelte Leitungspositionen in mehreren verschiedenen Industrieunternehmen. Sie waren an der Entwicklung derjenigen Ressourcen, mit denen Indien seine Importe aus dem Ausland abzuzahlen pflegte, entscheidend beteiligt – oft auch in der Rolle als Spekulanten. Dabei war die Baumwollindustrie nur eines von mehreren begehrten Anlageobjekten, und gerade sie mußte des öfteren als »Milchkuh« herhalten, die zugunsten anderer, von ihren Leitern gemanagten Unternehmen »gemolken« wurde (Morris 1965, 34).

Am Anfang setzte sich das Verwaltungs- und das technische Personal all dieser Textilbetriebe aus Engländern zusammen, aber bald wurden dafür auch Inder rekrutiert. Die Schlüsselfigur in der betrieblichen Organisation war der *jobber*, eine Art Vorarbeiter, der die Aufgabe hatte, die ungelernten Arbeitskräfte anzuheuern und zu beaufsichtigen. Diese Figur verfügte über enorme Macht. Bei der Auswahl neuer Arbeiter aus den Massen von Bewerbern, die sich vor dem Werkstor drängten, konnte er Verwandte und Kastenmitglieder aus seinem Dorf oder seiner Region bevorzugen – es sei denn, andere Bewerber boten ihm eine kleine Extravergütung oder traten ihm einen Teil ihres späteren Lohnes ab. Da er für die Arbeitsdisziplin verantwortlich war, stellte sein Einfluß auf die Entlassungspolitik eine weitere Einnahmequelle dar – die häufig zu einer beschleunigten Zirkulation der Beschäftigten beitrug. Er verlieh den Arbeitern auch Geld gegen Zinsen und verkaufte ihnen Waren, die er für interessierte Händler in Kommission genommen hatte. Der *jobber* nahm zwar im technischen Sinne nicht selber die Arbeiter unter Vertrag, aber faktisch spielte er aufgrund der persönlichen Bindungen zu seiner Gefolgschaft bei der Organisation des Arbeitsmarktes eine wichtige Rolle. Es ist zu vermuten, daß die Mitglieder seiner *lineage* oder seiner Kaste bei der Einstellung häufig bevorzugt wurden.

Im allgemeinen gab es innerhalb der Textilfabriken keine Aufteilung der einzelnen Tätigkeiten nach Kastenzugehörigkeit. Die einzige große Ausnahme waren die Unberührbaren, die weniger als zehn Prozent der Belegschaften ausmachten. Sie waren generell dazu verurteilt, die niedrigen Arbeiten zu übernehmen. Ganz ausgeschlossen waren sie von der Arbeit in der Weberei, also in jener Abteilung, die innerhalb der Betriebe am raschesten expandierte und die höchsten Löhne zahlte. Als Vorwand diente das Argument, die Unberührbaren würden, wenn sie beim Auswechseln der Schlußfadenspulen das Garn in das Schiffchen einzusaugen hatten, durch ihren Speichel ihre höherwertigen Arbeitskollegen verunreinigen (Morris 1965, 79).

Im 19. Jh. stammten die meisten Textilarbeiter Bombays aus 150 bis 300 km entfernt gelegenen Orten, von der Konkan-Küste südlich und vom Dekkan-Plateau östlich von Bombay. Im 20. Jh. gab es eine merklich verstärkte Zuwanderung von Arbeitern aus der Region Uttar Pradesh im Norden Indiens, die über 1200 Kilometer von Bombay entfernt lag. William Rowe, der in den fünfziger Jahren eine Studie über diese Zuwanderer aus dem Norden gemacht hat, vermutet, daß sie sich anfangs aus muslimischen Kasten von Baumwollkratzern und Webern rekrutierten (1973, 222). In Bombay ließen sie sich in nach Herkunftsort und Kaste abgegrenzten Vierteln nieder. Mitte der fünfziger Jahre setzten sich solche zusammenhängenden Siedlergruppen vornehmlich aus Blutsverwandten, aber auch aus angeheirateten Verwandten aus derselben Kaste zusammen. Durch fiktive Verwandtschaftsbeziehungen, die sich z. B. den Ausdruck »Dorfbruder« (*goan bhai*) zunutze machten, wurde der Zusammenhalt der Siedlungsgruppe noch weiter gefestigt. Diese Gruppen verfügten auch über Anführer, die mit der Stadt vertraut waren und als Autoritäten innerhalb der Gruppe bzw. als Repräsentanten gegenüber Außengruppen fungierten. Nachbarschaftsgruppen von höherem kastenmäßigen Status unterhielten aber auch ausgedehntere Verwandtschaftsverbindungen, die sie bei der Suche nach besseren und besser bezahlten Arbeitsmöglichkeiten ausnutzten.

Die indische Textilproduktion mit ihren vor allem in Asien gelegenen Märkten steht für den Fall eines frühen industriellen Wachstums an der »Peripherie« des sich ausdehnenden industriekapitalistischen Systems. Obwohl die Textilbranche durch englische Importzölle, durch Warensteuern und Kapitalexporte in ihrer Entfaltung behindert war, stellte sie doch den einzigen ökonomischen Sektor dar, der vom einheimischen Kapital beherrscht wurde. Zwar konnte die Textilproduktion zunächst expandieren, sie entwickelte sich dann aber mit schwankenden Zuwachsraten, die sich nach 1890 auf niedrigem Niveau stabilisierten. Zwischen dem höchsten Punkt am Ende des 19. und den zwanziger Jahren des 20. Jhs. fielen dann freilich die hauptsächlich aus Garnen bestehenden indischen Textilexporte wertmäßig um fast die Hälfte. Der Grund für diese rückläufige Exportentwicklung war die ausländische Konkurrenz: Indien verlor sowohl den japanischen als auch den chinesischen Markt an die Japaner, die seit der Restauration des japanischen Kaisertums im Jahre 1869 mit dem Aufbau einer eigenen Textilindustrie begonnen hatten. Die indische Industrie verlegte sich daraufhin auf die Produktion von Stoffen für den Inlandsmarkt, wobei sie seit Ende des Ersten Weltkrieges sogar japanische Garne importierte (Saini 1971).

Innerhalb Indiens hatte die Entwicklung der Textilindustrie die entsprechenden Rückwirkungen auf ihre Standortregionen. Die Entstehung einer indischen Klasse von Textilarbeitern haben wir bereits behandelt. Die industrielle Entwicklung hat aber auch den Anstoß zur Ausweitung der Baumwollanbaufläche gegeben. Dies gilt vor allem für die Regionen Bombay-Sind, Berar und Haiderabad (im Dekkan), wobei die Bombayer Agenturfirmen Kredite vorstreckten, die durch die Baumwollernte abbezahlt wurden (Guha 1973). Als die Anbauflächen immer noch nicht ausreichten, bezog man auch große Mengen Baumwolle aus anderen britischen Besitzungen, insbesondere aus Uganda. In Uganda wurde durch die Konvention von 1900 der Grund und Boden, über den die *lineages* und Klans verfügten, in vererbbares freies Eigentum umgewandelt. Die Folge war, daß ein Großteil des Landes zum Monopol einer Klasse von etwa 1000 Häuptlingen und Notabeln wurde. Diese vergaben dann das Land an Pächter ihres eigenen Klans, die dafür einen Teil ihrer Baumwollernte an sie abtreten mußten (Mair 1934, Apter 1961, 122f.).

Nach einer frühen Periode, in der ein Großteil der vom Weberhandwerk lebenden Bevölkerung politisch und ökonomisch ruiniert wurde, führte die Ausdehnung des British Empire und seiner Handelsbeziehungen – insbesondere in Richtung Ostasien – zum abgeleiteten Wachstum einer mechanisierten indischen Textilindustrie sowie einer eigenen Rohstoff- und Arbeitskräftebasis. Dieses industrielle Wachstum war zwar nicht von Dauer, stellte aber dennoch einen frühen Fall kapitalistischer Industrialisierung an der Peripherie dar – eines Prozesses also, der sich dann im 20. Jh. erheblich beschleunigt hat.

Krise und neuerliche Expansion

England war das Land, in dem die Kapitalisten erstmals »den wirklich revolutionierenden Weg« der Transformation der Produktionsmittel einschlugen, und zwar im Bereich der Produktion von Textilien aus Baumwolle. Wir haben uns bereits die Entwicklung dieser »Trägerindustrie« und ihre Auswirkungen auf außereuropäische Liefergebiete – insbesondere in den amerikanischen Südstaaten und in Ägypten – vor Augen geführt. Aber wir müssen dabei im Kopf behalten, daß dieser erste Anlauf, so wichtig er auch als Impuls für die englische Wirtschaft und als Omen zukünftiger Entwicklungen gewesen sein mochte, doch in ziemlich bescheidenen Dimensionen verlief. Die Textilindustrie war nur eine von vielen Industriebranchen, und das für den Bau und den Betrieb der neuen Fabriken erforderliche Kapital ließ sich auch von Unternehmen aufbringen, die nur über recht bescheidene Mittel verfügten. Außerdem war sie großenteils eine Konsumgüterindustrie, die allerdings auch eine gewisse Nachfrage nach neuen Maschinen erzeugte. Ihre Anfangserfolge beruhten auf steigenden Profiten, die aufgrund der relativ billigen, in handwerklicher Arbeit hergestellten Maschinen und dank der sinkenden Arbeitskosten erzielt werden konnten.

Nachdem die englische Textilindustrie eine scheinbar glatte Karriere begonnen hatte, traf sie plötzlich im zweiten Viertel des 19. Jhs. ein Rückschlag – eine der ersten großen »Strukturkrisen« der kapitalistischen Produktionsweise. Das dürfte zum Teil an den steigenden Kosten der Maschinenausstattung gelegen haben, die zu einer Abflachung der Profitrate führten. Zum anderen Teil kann es sich auch um eine »Realisierungskrise« gehandelt haben, da die niedrigen Löhne im Inland den Binnenabsatz schrumpfen ließen und gleichzeitig die Auslandsmärkte gesättigt zu sein schienen. Was immer die Gründe waren – die Periode zwischen 1826 und 1847/48 erwies sich als eine Periode der ökonomischen Kontraktion. In England brachte sie große politische Umwälzungen mit sich, als eine wachsende Welle der Unzufriedenheit sich in radikalen sozialen Erschütterungen entlud. Im gleichen Zeitraum wuchs auch die Zahl der Auswanderer von den britischen Inseln, die in Überseegebieten eine neue Heimat und neue Beschäftigungsmöglichkeiten suchten (vgl. Kapitel 12).

Der Eisenbahnbau

Um den Mechanismus des Geldmachens wieder in Gang zu bringen, bedurfte es neuer Kapitalinfusionen und der Entwicklung einer neuen Industrie, die in der Lage war, die alten Akkumulationsraten zu erreichen und neue Märkte zu erschließen. Eine solche Industriebranche war der Eisenbahnbau mit seinen beiden Ablegern, der Stahlproduktion und dem Kohlebergbau. Der Bau von Eisenbahnen hatte, wie Dobb bemerkt, »für den Kapitalismus den unschätzbaren Vorteil, daß sie außerordentlich kapitalabsorbierend sind. In dieser Hinsicht werden sie nur noch von der modernen Kriegsrüstung übertroffen, vom modernen Städtebau aber wohl nicht erreicht« (1970, 295).

Diese Industrie nahm ebenfalls von England ihren Ausgang: Seit 1825 verband die erste Eisenbahnlinie die Kohlegebiete von Durham mit der Küste. Die neue Erfindung breitete sich aber auch rasch in anderen Ländern aus. 1827 erhielt die Baltimore and Ohio Company die Genehmigung für den Betrieb einer Eisenbahnlinie, die fünf Jahre später auf etwa 110 Kilometer ausgebaut war. Der Start und der rasche Ausbau des Verkehrswesens in den Vereinigten Staaten profitierten in starkem Maße vom Zufluß englischen Kapitals. Das spektakulärste Ergebnis war in dieser Hinsicht der Bau des Erie-Kanals, der 1817 begonnen und 1825 vollendet wurde. Er verband New York mit Buffalo und über Buffalo mit dem Westen, und er machte New York City zur Endstation und zum Transithafen für den Handel mit dem amerikanischen Westen. Die amerikanischen Eisenbahnlinien waren eine direkte Konsequenz aus diesem erfolgreichen Kanalbau-Unternehmen. Um sich nicht ausstechen zu lassen, bemühten sich auch andere US-Bundesstaaten um englisches Kapital zur Finanzierung von Kanalbauten und Eisenbahnstrecken. 1836 besaßen englische Investoren amerikanische Staatspapiere im Wert von mindestens 200 Millionen Dollar; im selben Jahre endete freilich der Boom in einem finanziellen Fiasko, dessen Ausmaße so total waren, »daß das Handelsvolumen dreier Kontinente um die Hälfte schrumpfte« (Jenks 1973, 98). Die Unfähigkeit der amerikanischen Republik, die Zinsen für die geliehenen Gelder abzuzahlen, »ließ die amerikanischen Staatspapiere ins Ghetto der internationalen Finanzwelt absinken, wo sie sich in der Gesellschaft portugiesischer, mexikanischer und griechischer Staatspapiere wiederfanden« (Jenks 1973, 99).

Aber inzwischen hatte der Eisenbahnbau alternative Investitionsmöglichkeiten in Großbritannien selbst aufgetan. Als die Wirkungen des amerikanischen Bankrotts England ereilten, stellte sich heraus, daß hier die von Provinzkapitalisten in den dreißiger Jahren eingerichteten Eisenbahnlinien rentabel arbeiteten und in den vierziger Jahren Dividenden abwarfen. Der nun einsetzende Eisenbahnboom absorbierte rasch über 60 Millionen Pfund anlagesuchendes Kapital. Zwischen 1844 und 1849 erhöhte sich die Kapitalausstattung des einheimischen Eisenbahnwesens um mehr als das Dreifache; auch die Länge des Streckennetzes vergrößerte sich um nahezu das

Dreifache. Entsprechend nahm der Umfang der Stahlproduktion zu. Und als dann noch »Männer und Frauen, die an ihrem Lebensabend über ein kleines Vermögen verfügten, alle möglichen Händler, Pensionäre, Staatsbedienstete, Freiberufler, Kaufleute und Eigentümer von Landgütern« (Thomas Tooke, zit. in Jenks 1973, 132), ihre ganzen Ersparnisse in den Eisenbahnbau fließen ließen, ging auch das ferne Donnergrollen der sozialen Revolte im erneuten wirtschaftlichen Aufschwung unter.

Die zweite Phase der industriellen Revolution stützte sich also auf den Eisenbahnbau, und die Produktion verlagerte ihren Schwerpunkt entsprechend von der Baumwollindustrie auf die Eisen- und Stahlbranche. Wir verbinden den Begriff Industrie aus Gewohnheit so eng mit der »Schwerindustrie«, daß uns Fernand Braudels Mitteilung befremdet, wonach bis zum Beginn des 19. Jhs. das Eisen »ein armer Verwandter« gewesen sei (1985, 403 ff.). Vor dieser Zeit spielte die metallverarbeitende Industrie in der ersten Linie für Kriegsunternehmungen eine wichtige Rolle; sie blühte entsprechend in Kriegszeiten, während sie in Friedenszeiten darniederlag. Im 16. Jh. hatte England mit seiner Eisenproduktion hinter Regionen wie dem Baskenland, der Steiermark, der Umgebung von Lüttich, Frankreich, Deutschland und Schweden zurückgelegen. 1539 produzierte England lediglich 6000 Tonnen Eisen. Am Vorabend des englischen Bürgerkrieges im Jahre 1640 hatte sich die Erzeugung auf 75 000 Tonnen erhöht, war 1788 aber wieder auf 68 000 Tonnen zurückgegangen.

Im 19. Jh. kam dann der große Sprung nach vorn. Einige Voraussetzungen für diesen enormen Produktionszuwachs lagen auf dem technologischen Sektor. Die erhöhte Produktion erforderte Brennstoffe und Kraftumwandlungsmaschinen, um Wärme in Energie zu verwandeln. Da England über zu wenig Holz zur Herstellung von Holzkohle verfügte, begann man, Kohle als Brennstoff zu verwenden. Die englischen Erze waren außerdem von minderer Qualität und mußten – unter Einsatz von Energie – durch Schmelzen, Puddeln und Walzen von Verunreinigungen befreit werden. Zur Gewinnung der dafür erforderlichen Energie wurden Pumpen, die bei Wassereinbrüchen in den Bergwerkstollen eingesetzt wurden, durch gezielte Neuerungen weiterentwickelt. Als dies geschafft war, entwickelte sich England dank der Verwendung von Kohle und Eisen zur »Werkstatt der ganzen Welt«.

Die treibende Kraft bei diesem Transformationsprozeß war die Eisenbahn. 1840 gab es weltweit etwa 7200 Kilometer Eisenbahnstrecke, davon rund 2700 in Europa und 4500 in Nordamerika; vierzig Jahre später waren es mehr als 365 000 Kilometer (Hobsbawm 1980, 74). Ein Großteil dieser Eisenbahnbauten wurde in Angriff genommen, weil es

»Unternehmen an Arbeit, Eisenhütten an Aufträgen, Bankleuten und Geschäftsunternehmern an Projekten fehlte. Und der Bau von Eisenbahnlinien wurde zu einer Unternehmung, die Großbritannien auch ins Ausland verlagern konnte, wenn die finanziellen und baulichen Kapazitäten im Inland nicht ausgelastet werden konnten.« (Jenks 1973, 133 f.)

Die britische Eisenerzeugung stieg bis Mitte des 19. Jhs. auf 2,5 Millionen Tonnen. Die britischen Exporte von Eisen und Stahl für Eisenbahnschienen erhöhten sich zwischen 1845 und 1875 um mehr als das Dreifache, die Exporte von Maschinen sogar um fast das Zehnfache (Hobsbawm 1977, 56). Die von »Eisenbahnkönigen« finanzierten und von Unternehmern organisierten »Stoßtrupps der Industrialisierung« (Hobsbawm 1977, 75) schwärmten in alle Kontinente aus, um von Argentinien bis zum Pandschab Eisenbahnstrecken zu bauen. Zuweilen handelte es sich dabei um reine »Renommier«-Projekte, oft sorgten sie aber auch für eine verkehrsmäßige Infrastruktur, die eine gewaltige Ausweitung der Überlandtransporte von den Produktionsstätten zu den Umschlaghäfen an der Küste möglich machten. Ein weiterer wichtiger Aspekt dieser Steigerung des Transportaufkommens betraf die Frachtraten im Überlandverkehr, die sich allein im letzten Viertel des 19. Jhs. um über 90 Prozent verbilligten (Bairoch 1975, 115–119).

Die Schiffahrt

Auch die Frachtraten der Ozeanschiffe sanken im Lauf des Jahrhunderts dramatisch und fast so stark wie die Transportkosten zu Lande. Möglich wurde dies dank technologisch verbesserter Segelschifftypen, und hier insbesondere durch die Entwicklung des Klipper mit seinem spitzen Bug und seinem schlanken Rumpf. Diesen Schnellseglern – dem Baltimore-Klipper, dem Opium-Klipper und dem Tee-Klipper – verdankte die amerikanische Handelsschiffahrt zum guten Teil ihre Vormachtstellung in der ersten Hälfte des 19. Jhs. Nach 1850 zogen dann aber wieder die Engländer in Front, und zwar mit einem Klippermodell, das besser als das amerikanische Vorbild auf den Transport der unterschiedlichsten Frachtgüter ausgelegt war. Diese neuen Klipper wurden erstmals 1853 mit einem Eisen- und ab 1864 mit einem Stahlrumpf gebaut. Solche Segelschiffe mit Metallrumpf hatten eine Ladekapazität von 1500 bis 2000 Tonnen, womit sie eine Zeitlang mit den teureren Dampfschiffen konkurrieren konnten.

Aufgrund seiner größeren Tonnage und Geschwindigkeit behielt aber am Schluß dann doch das Dampfschiff die Oberhand. Der entscheidende Schritt zu diesem Sieg über das Segelschiff war die Einführung von Dampfkesseln aus Stahl, die einen höheren Dampfdruck und damit eine größere Antriebskraft ermöglichten. Ein normaler Klipper mit ca. 1000 Tonnen Frachtkapazität hatte für die Fahrt von der Südostküste Chinas nach London bis zu 130 Tagen gebraucht; die 1865 in Dienst gestellten Dampfer der Blue Funnel Line mit ihren 3000 Tonnen schafften dieselbe Strecke in 77 Tagen (Hyde 1973, 22). Das ursprünglich im Transatlantikverkehr eingesetzte Dampfschiff trat auf dieser Route seine unbestrittene Herrschaft bereits in den vierziger und fünfziger Jahren an. Die Eröffnung des Suez-Kanals im Jahre 1869 förderte dann entscheidend seinen Siegeszug auch in den asiatischen Gewässern, allerdings hielten sich hier die Klipper noch bis ins letzte Viertel des 19. Jhs. Den engültigen Sieg des Dampfantriebs über das Segel brachte erst die Periode der Großen Depression von 1873–1894, als die Schiffahrt aufgrund ihrer Tonnage-Überkapazität in eine Überproduktionskrise geriet (A. Lacroix, zit. in Toussaint 1966, 212).

Durch den Bau des Suez-Kanals wurde die Reisezeit von England nach Ostasien dann schließlich um die Hälfte verkürzt. 1851 hatte man mit dem Bau einer Eisenbahn durch die Landenge von Suez begonnen; 1854 erteilte Ägypten einem französischen Konsortium die Konzession für den Bau des Kanals (siehe S. 399). Frankreich zeichnete ein Drittel der Kosten, der ägyptische Herrscher (der *Khedive*) ein weiteres Drittel, die restlichen Anteile wollte man in anderen Ländern absetzen. Aber dieses letzte Drittel fand keine Käufer, weshalb eine Neufinanzierung des Projekts durch private europäische Finanziers organisiert werden mußte. 1869 waren die Arbeiten, bei denen u. a. 20 000 zwangsverpflichtete ägyptische Fellachen eingesetzt wurden, beendet. Aber die wachsenden Kosten des Kanals und weiterer Entwicklungsprojekte – die auf Anraten von Finanzexperten vorgenommenen Umschuldungsmanöver hatten zu immer höheren Anleihen mit immer höheren Zinssätzen geführt (vgl. Jenks 1973, Kap. 10) – trieben schließllich den ägyptischen Staatshaushalt in den Bankrott. 1874 erwarb die britische Regierung über ein Arrangement mit der Rothschild-Bank, die das erforderliche Geld vorstreckte, die Aktienmehrheit der Suez Canal Company. Ägypten wurde aufgrund seiner erdrückenden Schuldenlast der finanziellen Konkursverwaltung durch eine anglo-französische Schuldenkommission unterstellt und zu jährlichen Zinsrückzahlungen verpflichtet. Die Staatsschuld wurde also letztlich von den ägyptischen Fellachen abbezahlt. Und wenn einmal eine Fraktion des ägyptischen Militärs mit Unterstützung von Dorfoberhäuptern gegen die Herrscher revoltierte, die das Land in eine derart hermetische Abhängigkeit von ausländischem Kapital gestürzt hatten, intervenierten die Engländer und herrschten dem Land eine einseitige Zwangslösung auf.

Zehn Jahre nach Fertigstellung des Suez-Kanals wurde in der westlichen

Hemisphäre das Gegenstück in Angriff genommen: 1879 entwickelte wieder eine französische Gesellschaft unter Leitung desselben Herrn de Lesseps den Plan für einen Kanal durch die Landenge von Panama. Die Arbeiten begannen 1881, wobei hauptsächlich Arbeitskräfte aus Jamaica zum Einsatz kamen. Aber wegen technischer Schwierigkeiten mußte das Unternehmen 1888 eingestellt werden. Erst 1903 wurde es wieder fortgeführt, als die USA Panama zur Separation von Kolumbien anstifteten und der neue Staat ihnen gegen eine Anzahlung in Gold und weitere Jahresraten »in gleicher Münze« einen fünfzehn Kilometer breiten Landstreifen quer durch den Isthmus abtrat. 1904 kauften die USA der französischen Firma die Rechte auf den Kanalbau ab; zehn Jahre später wurde der Panama-Kanal für Ozean-Schiffe freigegeben.

* * *

Der Aufstieg der englischen Textilindustrie leitete den Aufstieg einer gesellschaftlichen Ordnung ein, die auf einer neuen Produktionsweise beruhte. Die Grundbedingungen dieser Produktionsweise sahen so aus: Die Kapitalisten kauften Maschinen und stellten zu deren Betätigung Arbeiter ein; diese neue Arbeitergeneration unterwarf sich der Fabrikdisziplin und bezog dafür Lohn. Dank ihrer Verfügung über die Produktionsmittel konnte das Kapital die jeweils erforderlichen Maschinen und Arbeitskräfte heranziehen und sie im Sinne einer erhöhten Profitabilität ein- und umsetzen. In Regionen mit niedriger Gewinnspanne konnte das Kapital die Maschinen auch stoppen und die Arbeitskräfte entlassen und dann die Produktion in anderen, höhere Gewinne versprechenden Regionen wieder aufnehmen. Unter den Bedingungen der neuen Produktionsweise konnte das Kapital eine ständige Wanderungsbewegung innerhalb der Länder und über die Ländergrenzen hinweg in Gang setzen, indem es unaufhörlich neue Gruppen von Menschen in den Bannkreis der neuen Produktionsweise hineinzog und überall und immer wieder deren Grundbedingungen reproduzierte.

Beim Zusammentreffen von Kapital und lohnabhängiger Arbeit in den geschilderten Dimensionen handelt es sich um eine so außergewöhnliche historische Konstellation, daß sich die Frage aufdrängt, wie denn diese »freie« Arbeitskraft überhaupt entstehen konnte. Warum also freie statt der einen oder anderen Erscheinungsform erzwungener Arbeit? Die Engländer waren ja, wie andere Europäer auch, mit diversen Formen von Zwangsarbeit vertraut: mit Arbeit im Zuchthaus, mit der Zwangsbeschäftigung von Landstreichern, mit elend bezahlter Lehrlingstätigkeit, mit dem Arbeitszwang in den Arbeitshäusern und mit der Figur des Leibbediensteten. Man hätte also jede einzelne dieser oder auch sämtlicher Zwangsformen zusammen bei der Rekrutierung von Arbeitern für die ersten Fabriken in Anspruch nehmen können. Statt dessen sahen sich die ersten Fabrikherren einem Angebot unbeschäftigter Arbeitskräfte gegenüber, dem historischen Produkt der Einhegung und der Auflassung von Ackerland sowie der wachsenden Zahl im Verlagssystem eingespannter Häuslerfamilien. Dank dieses ungewöhnlichen Zusammentreffens historischer Umstände konnte die englische Textilindustrie auf freie Lohnarbeiter zurückgreifen, um die holländische und indische Konkurrenz aus dem Felde zu schlagen.

Aber die neuen Industrien brauchten nicht nur Arbeitskräfte und Maschinen, sondern auch Rohmaterialien, und um an diese heranzukommen, wurden weite Regionen der Erde gesellschaftlich umstrukturiert. Dieser Drang nach Rohmaterialien brachte neue Systeme des Arbeitseinsatzes bzw. eine gewaltige Steigerung der Anforderungen an die Arbeitskräfte der vorhandenen Systeme hervor. Um die Fabriken von Lancashire mit Baumwolle zu beliefern, verdrängten die von Sklaven bestellten Plantagen in den amerikanischen Südstaaten die einheimische Bevölkerung; aber auch die Sklaven wurden wegen der steigenden Nachfrage immer stärker belastet und ausgebeutet. In Ägypten mußte die bäuerliche Landwirtschaft den Baumwolle produzierenden Großgütern Platz machen. Im Westen Indiens wurden riesige Flächen, die vorher Nahrungsmittel erzeugt hatten, mit Baumwolle bepflanzt, um die Fabriken in Bombay mit Nachschub zu versorgen.

Als das Kapital dann aus der Textilindustrie in den Eisenbahnbau abzuwandern begann, wurden wiederum neue Gebiete erschlossen, deren Rohstoffvorkommen die neuen, in der Eisenbahn-Ära entstehenden Mensch-Maschine-Komplexe füttern sollten. Der Bau von Eisenbahnlinien trug dann seinerseits, zusammen mit der Entwicklung der Schiffahrt, zur Erschließung weiterer Gebiete bei, die Rohstoffe liefern und für den Warenhandel erschlossen werden konnten. Damit zog die kapitalistische Produktionsweise ständig neue Völker direkt oder indirekt in ihr immer weiträumiger gespanntes Netzwerk hinein – und herrschte ihnen damit zugleich den eigenen Rhythmus – mit samt seinen Beschleunigungs- und Verlangsamungsphasen, seinen Vorstößen und seinen Rückschlägen – auf. Die Bedingungen dieser neuen Produktionsweise bedeuteten für alle Beteiligten unweigerlich Spezialisierung – und Spezialisierung bedeutet Abhängigkeit von ökonomischen und politischen Krisen weltweiten Ausmaßes.

Kapitel 10

Krise und Differenzierung im Kapitalismus

Mit der Mechanisierung der Textilindustrie unter kapitalistischem Vorzeichen schlug England den »wirklich revolutionierenden Weg« ein, auf dem sich dann die kapitalistische Produktionsweise durchsetzen sollte. Von England ausgehend hat diese Produktionsweise im Lauf des 19. Jhs. die ganze Welt unter ihre Herrschaft gebracht. Dabei hat sie einige Gebiete wie Nordamerika und – nach 1868 – Japan direkt erobert, in anderen Gebieten hat sie kapitalistische Enklaven eingerichtet, die mit einem nicht-kapitalistischen Hinterland koexistierten; hier hat sie also andere Produktionsweisen umklammert und durchsetzt.

Dieser Prozeß, durch den sich strategische Stützpunkte der kapitalistischen Produktionsweise herausbildeten und zugleich das Umland zu abhängigen Zulieferregionen wurde, vollzog sich sowohl in den kapitalistischen Stammländern als auch in den überseeischen Gebieten. Ich lege auf diesen Punkt besonderen Nachdruck, weil er oft durch eine unkritische Verwendung von Begriffen wie *Zentrum* und *Peripherie* vernebelt wird. Die kapitalistische Entwicklung hat auch innerhalb ihres eigentlichen Zentrums durchaus Peripherien hervorgebracht. Die Entstehung des Industriekapitalismus in England, die auf der Mechanisierung des Webens und Spinnens beruhte, hat zu einem umfassenden Zusammenbruch des häuslichen, durch das merkantile Verlagssystem organisierten Handwerks geführt. In Großbritannien wurden Regionen, die sich rasch auf die neue Entwicklung einstellen konnten – z. B. West Riding und Ulster –, zu bedeutenden Industriezentren, während andere Regionen – z. B. das West Countrey, East Anglia und das südliche Irland – ihren wirtschaftlichen Niedergang erlebten. Als sich mit Aufhebung der Kontinentalsperre Napoleons die europäischen Märkte wieder für englische Textilien öffneten, erlagen in Europa ganze Regionen mit vormals lebensfähiger handwerklicher Produktion der Konkurrenz der billigeren Importprodukte. Und andere Gebiete Europas, die ihre Textilien für überseeische Märkte und hier insbesondere für Lateinamerika produziert hatten, mußten auf diesen Märkten der englischen Konkurrenz weichen. Irland, Flandern und Brabant, Westfrankreich, Südspanien, Süditalien sowie Süd- und Ostdeutschland wurden von diesem Niedergang besonders hart betroffen. Sie sanken zu ökonomisch subsidiären und abhängigen Zulieferregionen herab, aus denen die industriellen Kerngebiete ihre billigen Nahrungsmittel, ihre Rohmaterialien und ihre Arbeitskräfte bezogen.

Der Kapitalismus – Produktionsweise oder Marktprinzip?

Am Ende dieser Entwicklung hatte sich ein komplexes hierarchisches System gebildet, das von der kapitalistischen Produktionsweise beherrscht war, zugleich aber auch eine weitgefächerte Reihe subsidiärer Regionen umfaßte, die sich durch eine jeweils spezifische Kombination der kapitalistischen mit anderen Produktionsweisen auszeichneten. Mit anderen Worten: die Trägerindustrien der kapitalistischen Produktionsweise dominierten das System, aber diese Industrien ruhten auf wankenden und sich verschiebenden Stützpfeilern, die oft in anderen Produktionsweisen verankert waren. Ernest Mandel (1972b, 46) hat dieses System und seine komplexen Beziehungen definiert als »ein gegliedertes System kapitalistischer, halbkapitalistischer und vorkapitalistischer Produktionsverhältnisse, durch kapitalistische Austauschverhältnisse miteinander verbunden und durch den kapitalistischen Weltmarkt beherrscht«. Diese Definition leistet zumindest dreierlei. Erstens unterscheidet sie zwischen der kapitalistischen Produktionsweise und dem »kapitalistischen Weltmarkt». Die kapitalistische Produktionsweise kann innerhalb des Systems der kapitalistischen Marktbeziehungen dominieren, sie verwandelt aber nicht schon alle Völker der Welt in industrielle Produzenten von Mehrwert. Zweitens verweist Mandels Definition auf die Frage nach den Beziehungen der kapitalistischen zu anderen Produktionsweisen. Und drittens verweist sie uns auf die Heterogenität der verschiedenen Gesellschaften und Untergesellschaften, die das Gesamtsystem ausmachen, anstatt diese Heterogenität auf polare Dichotomien wie »Zentrum – Peripherie« oder »Metropole – Satellit« zu verrechnen und damit verschwinden zu lassen.

Man sollte auch deutlich betonen, daß die Definition Mandels in eine andere Richtung weist als die Modelle des kapitalistischen Systems, die André Gunder Frank und Immanuel Wallerstein entwickelt haben. Nach diesen

Modellen ist Kapitalismus – implizit bei Frank und explizit bei Wallerstein – ein System der Produktion für den Markt, das in Bewegung gehalten wird vom Drang nach Profiten, die nichtproduzierende Unternehmer realisieren, indem sie das Mehrprodukt der unmittelbaren Produzenten einsacken. Beide Autoren legen das Schwergewicht also auf den Prozeß der Übertragung des Mehrprodukts und nicht auf die Produktionsweise, unter der ein Mehrprodukt erzeugt wird. Vor allem für Wallerstein ist die Art der Anwendung gesellschaftlicher Arbeit bei der Erzeugung des Mehrprodukts eine zweitrangige Frage, sind für ihn doch alle unter kapitalistische Austauschbedingungen subsumierten Produzenten des Mehrprodukts »Proletarier« und alle Aneigner des Mehrprodukts »Kapitalisten«. Bei solchen Modellen wird die theoretische Konzeption der kapitalistischen Produktion von der theoretischen Konzeption des kapitalistischen Weltmarkts verschluckt und zum Verschwinden gebracht. Mit ihrer Definition von Kapitalismus als Produktion für einen Markt zum Zweck des Profitmachens wird überdies die europäische Expansion seit dem 15. Jh. mit dem Aufstieg des Kapitalismus insgesamt gleichgesetzt. Damit defininieren Frank und Wallerstein nicht nur den Drang nach Reichtum vom 16. bis zum 18. Jh. schlicht und einfach als Kapitalismus; für sie ist auch die Welt in ihrer Gesamtheit und mit ihren sämtlichen Teilregionen seit dieser Zeitperiode gleichermaßen kapitalistisch geworden.

Kapitalismus als eine Produktionsweise ist nicht lediglich – wie Max Weber gemeint hat – ökonomisches Handeln, das »auf Erwartung von Gewinn durch Ausnützung von Tausch-Chancen ruht: auf (formell) friedlichen Erwerbschancen also«; ist also nicht identisch mit dem »(letzlich) an Tauschgewinn-Chancen orientierten Handeln« oder mit dem »Streben nach Gewinn: im kontinuierlichen, rationalen, kapitalistischen Betrieb; nach immer erneutem Gewinn: nach ›Rentabilität‹« (1969, 12 und 13). Max Webers Kapitalismus-Definition stellt lediglich eine neuzeitliche Version des von Ibn Khaldun konstatierten »Strebens nach Bereicherung« bzw. der bei Adam Smith unterstellten »Neigung der menschlichen Natur zu Tausch und Tauschhandel« dar. Dabei wird niemand leugnen wollen, daß Kaufleute auf Gewinn aus sind. Francesco di Marco Datini, ein im 14. Jh. in Prato lebender Kaufmann, stellte seinen Geschäftsbüchern das Motto voran: »Im Namen Gottes und des Profits« (Origo 1957). Über einen Punkt müssen wir uns allerdings im klaren sein: über die analytische Unterscheidung zwischen dem Einsatz von Reichtümern zwecks Erwerbs weiterer Reichtümer – und Kapitalismus als einer qualitativ anderen Methode der Verwendung gesellschaftlicher Arbeit zur Umwandlung der Natur.

Damit stoßen wir zugleich auf den Unterschied zwischen Max Weber und Karl Marx. Für Marx war Kapital nicht bloß ein Vermögensbestand, sondern ein entscheidender Finanzierungsfaktor im Hinblick auf die Kombination mit den anderen Faktoren, nämlich Maschinen, Rohmaterialien und Arbeitskraft. Nach Marx geht diese Kombination nicht auf eine allgemeine Neigung der menschlichen Natur oder auf die ewige menschliche Habgier zurück. Sie ist keine universelle, sondern eine zeitlich und örtlich konkret bestimmte Erscheinung. Sie setzt die historische Herausbildung ganz bestimmter notwendiger Faktoren ebenso voraus wie deren zeitliches Zusammenfallen. Diese Faktoren treten allerdings in Form von Geldvermögen, menschlicher Energie und Arbeitsmitteln auf. Aber Reichtum wird eben genau erst dann zum Kapital, wenn eine bestimmte Vermögenssumme imstande ist, menschliche Energie zu kaufen und diese mit Hilfe von Arbeitsmitteln zur Erzeugung von noch mehr Vermögen heranzuziehen, mit dem man wiederum noch mehr menschliche Energie und noch mehr Arbeitsmittel kaufen kann. Geldvermögen, menschliche Energie und Arbeitsmittel wirken nur als solche Faktoren, insofern sie untereinander in eine bestimmte Beziehung treten, d. h. zu einem System kombiniert werden, in dem jeder Faktor mit allen anderen Faktoren zusammenwirkt. »Reichtum« wird also nur dann zu »Kapital«, wenn – erstens – das Geldvermögen mit menschlicher Energie in Beziehung treten kann, indem es lebendige Energie als »Arbeitskraft« kauft, die von Menschen, die ihre Arbeitskraft nicht auf andere Weise zur Sicherung ihres Lebensunterhalts einsetzen können, zum Verkauf angeboten wird; und wenn sie – zweitens – die gekaufte Arbeitskraft mit ebenfalls gekauften Maschinen in Beziehung setzen kann, in denen sich wiederum nur frühere Akte der Transformation der Natur mittels Verausgabung menschlicher Energie verkörpern.

Im Gegensatz zu Frank und Wallerstein behaupte ich daher, daß die kapitalistische Produktionsweise nicht vor der zweiten Hälfte des 18. Jhs. entstanden ist. Davor hatte die europäische Expansion schon ein weitgespanntes Netz merkantiler Beziehungen geknüpft, das in nicht-kapitalistischen Produktionsweisen verankert war. Wenn damals Waren um die halbe Welt transportiert wurden, brachte dieser Vorgang zwar durchaus Preise und geldheckendes Geld hervor, aber weder die Produktionsmittel noch die Arbeitskraft waren schon unter das Kapital subsumiert. Erst die Verwandlung von Produktionsmitteln und Arbeitskraft in auf dem Markt angebotene und nachgefragte Faktoren schuf dann den allumfassenden, »sich selbst regulierenden« Markt, den die Ökonomen so gerne feiern. Erst von da an galt, daß sich »die Organisierung der Arbeit den Entwicklungen des Marktsystems anpassen mußte« (Polanyi 1978, 111).

Die kapitalistische Produktionsweise erzeugte also gleichzeitig sowohl eine neue Form der Anwendung gesellschaftlicher Arbeit als auch die

Umwandlung des merkantilen in den kapitalistischen Markt. Die kapitalistischen Austauschbeziehungen bauten mithin auf der Entwicklung der kapitalistischen Produktionsweise auf, und nicht etwa umgekehrt. Der enorme Ausbau dieser Austauschbeziehungen zu einem kapitalistischen Weltmarkt wurde durch die Dynamik dieser neu entstandenen Produktionsweise angeheizt.

Die Ausbreitung des Kapitalismus

Aber woraus entspringt die Tendenz des Kapitalismus, fortwährend über seine eigenen Grenzen hinauszudrängen? Die Antwort von Marx lautete: Die unablässige Kapitalakkumulation bringt – im Verein mit dem dank technologischer Investitionen ständig steigenden Produktivitätsniveau – eigenartige und widersprüchliche Resultate hervor. Das Kapital kauft im Prozeß der kapitalistischen Produktion zwei Faktoren, nämlich Produktionsmittel und Arbeitskraft. Mit steigendem technologischem Aufwand steigt der Anteil des in Produktionsmittel investierten Kapitals, wie umgekehrt der Anteil des in Arbeitskraft investierten Kapitals sinkt. »Mehrwert« unter kapitalistischen Bedingungen ist die Wertmenge, die durch die Arbeiter bei der Betätigung der Produktionsmittel in derjenigen Zeitspanne produziert wird, die über die für den Lohnerwerb notwendige Arbeitszeit hinausgeht. Insofern wird – selbst bei Zunahme der absoluten Mehrwertmenge – die *Rate* der Mehrwertproduktion, damit aber auch die *Rate* der erzielten Profite sinken (vgl. Sweezy 1959,75). In diesem Mißverhältnis lag für Marx der entscheidende Widerspruch der kapitalistischen Produktionsweise. Konkurrenz zwingt zu ständigen Investitionen zugunsten des Wachstums der Produktionsmittel, aber gerade aufgrund dieses Wachstums der Produktionsmittel droht ein Absinken der Profitrate. Wenn aber die Profitrate unter einen bestimmten kritischen Punkt fällt, entsteht eine Krise.

Was geschieht dann? Eine der von Marx hervorgehobenen Folgen besteht darin, daß das Kapital unproduktiv wird und sogar der Zerstörung anheimfällt. Das heißt: Fabriken machen dicht, das Kreditwesen, das ja auf der Erwartung zukünftiger Produktion beruht, bricht zusammen, Kapital wird entwertet. Gleichzeitig drückt die wachsende Arbeitslosigkeit die Löhne. Aber diese doppelte Bewegung läßt nun den Zyklus von neuem beginnen. Das in den Produktionsmitteln angelegte Kapital hat im Verlauf der Krise an Wert verloren; zugleich aber kann die Arbeitskraft billiger eingekauft werden. Deshalb ist jetzt das Verhältnis des in die Produktionsmittel investierten Kapitals zu dem in Arbeitskraft investierten Kapital genau umgekehrt wie vor der Krise. Vor der Krise hat der erhöhte Quotient aus Betriebsanlagen und Arbeit ein Fallen der Profitrate bedingt; in der Krise bedingt der nunmehr erhöhte Quotient aus Arbeit und Betriebsanlagen einen neuerlichen Anstieg der Profitrate – womit ein neues Stadium der Expansion beginnt. Dieses Modell ist nicht als Beschreibung des tatsächlichen Ablaufs einer konkreten Krise aufzufassen, es ist vielmehr der Versuch, ein der kapitalistischen Produktionsweise innewohnendes strukturelles Ungleichgewicht darzustellen, das grundsätzlich deren Stabilität verhindert.

Marx selbst hat auf eine weitere Krisenursache aufmerksam gemacht, ohne sie genauer herauszuarbeiten: auf das Problem der Realisierung des Mehrwerts. Dieses Problem tritt dann auf, wenn zu viel produziert worden ist, die Marktpreise der Produkte unter ihren Wert fallen und infolgedessen der Profit begrenzt oder völlig aufgezehrt wird. Die »Realisierungskrise« entspringt nicht der dem Kapitalismus innewohnenden Tendenz zu einer fallenden Profitrate. Sie geht vielmehr darauf zurück, daß die Kapitalisten keine Gewinne mehr erzielen, weil die Konsumenten die Menge der produzierten Waren nicht absorbieren können (vgl. Sweezey 1959, Kap. X). Eine solche Krise mag auf zwei Ursachen zurückzuführen sein: entweder auf den innerkapitalistischen Wettbewerb, der dazu führt, daß mehr produziert wird, als tatsächlich verkauft werden kann; oder auf eine unzureichende Kaufkraft der Konsumenten.

Im Gefolge von Marx haben verschiedene Autoren auf den einen oder anderen Aspekt seines Krisenmodells zurückgegriffen, um die Tendenz des Kapitalismus zur Expansion über die Grenzen eines einzigen politischen Systems hinaus zu erklären. Marx selbst hat sich mit diesem Problem nur beiläufig auseinandergesetzt. Er hat sich nicht über den Imperialismus ausgelassen, sondern über den Außenhandel. Ja, das Wort Imperialismus taucht in seinen Schriften überhaupt nicht auf, obwohl es seit den fünfziger Jahren des letzten Jahrhunderts im Gebrauch war. Sein Hauptinteresse galt dem englischen Beispiel als empirischer Grundlage für ein abstraktes Modell, mit dessen Hilfe er das »Bewegungsgesetz« des Kapitalismus ermitteln konnte. Auf die Erklärung des Imperialismus war jedoch das Hauptinteresse einiger seiner Nachfolger, insbesondere Lenins und Rosa Luxemburgs, gerichtet. Lenins *Der Imperialismus als höchstes Stadium des Kapitalismus* wurde 1916 verfaßt, Rosa Luxemburgs *Die Akkumulation des Kapitals* erschien 1913.

Lenin stützte sich auf die Arbeiten des englischen liberalen Ökonomen John Hobson, dessen Buch *Imperialism: A Study* 1902 publiziert wurde. Hobson versuchte, die Entwicklung des Imperialismus aus folgenden Überlegungen zu erklären: Während das Kapital zur Akkumulation in den Händen der Kapitalisten tendierte, entwickelte sich für den Absatz der produzierten Waren kein ausreichender einheimischer Markt; deshalb strebte das Kapital neue Investitionsmöglichkeiten im Ausland an. Hinter der politischen und militärischen Konkurrenz der Nationalstaaten stand nach Hobson die ökonomische Konkurrenz der Kapitalisten, die auf neue Perspektiven für den Warenexpeort und die Kapitalinvestitionen aus waren. Während nun aber Hobsons Buch für die Verstärkung der Kaufkraft im Inland plädierte und auf Märkte setzte, die sich durch die Erhöhung der einheimischen Kaufkraft beleben würden, trieb Lenin Hobsons Analyse zu einer anderen Konsequenz. Er wollte zeigen, daß es sich beim Imperialismus nicht etwa um eine ohne weiteres umkehrbare Variante, sondern um ein unvermeidliches weiteres Stadium der kapitalistischen Entwicklung handelte. Nach Lenin hatte der Kapitalismus den Zustand der Konkurrenz zwischen einzelnen Firmen hinter sich gelassen und ein Stadium erreicht, in dem »gigantische Monopolverbände« von kombiniertem Finanz- und Industriekapital die Produktion und die Kapitalakkumulation in den Händen einer das gesamte Wirtschaftsleben beherrschenden Finanzoligarchie konzentrierten. Diese gigantischen Monopolverbände verfügten über riesige Kapitalmengen, die gar nicht vollständig in die einheimische Produktion fließen konnten, weshalb sie Anlagemöglichkeiten im Ausland suchen mußten. Investitionen auf fremdem Gebiet erforderten aber eine entsprechende Ausdehnung des politischen Machtbereichs – folglich machten sich die Monopolverbände daran, die Welt in Einflußsphären aufzuteilen. Als diese Aufteilung abgeschlossen war, trieben sie die Nationalstaaten in kriegerische Auseinandersetzungen. In Lenins Argumentation werden also der Monopolkapitalismus, der Zwang zum Kapitalexport, die politische Eroberung von Kolonien und das Faktum von Kriegen zwischen rivalisierenden kapitalistischen Mächten zu einer einzigen, kumulativen Kausalkette zusammengezogen.

Seit Lenins Schrift haben sich freilich einige Glieder dieser Kausalkette als lediglich zufällige Attribute bestimmter historischer Verhältnisse und nicht etwa als unausweichlich aufeinander folgende Entwicklungsetappen erwiesen. Zum ersten hat Lenin wohl die Rolle der Monopole im damaligen Kapitalismus überschätzt. In Großbritannien gab es um 1900 nur wenige sehr einflußreiche Kapital-Industrie-Zusammenschlüsse. In Deutschland hatten die Banken recht früh die Kontrollmacht über die Industrie erobert, aber die großen Trusts entstanden auch hier erst nach der Jahrhundertwende. In den USA führten die Firmenzusammenschlüsse in den ersten Jahren des 20. Jhs. wohl zu mehr und nicht zu weniger Konkurrenz

(Kolko 1963). Gigantische Monopolverbände entstanden nicht überall zur selben Zeit und auf dieselbe Weise, und das Anwachsen solcher Monopole brachte keineswegs immer dieselben Ergebnisse hervor.

Zweitens ging die Masse der britischen Kapitalexporte weniger in die Kolonien als vielmehr in andere kapitalistische Länder wie die Vereinigten Staaten, Argentinien und die britischen Dominions Kanada, Australien und Südafrika. Etwa ein Fünftel des exportierten Kapitals wurde in Indien angelegt. Bei den afrikanischen Kapitalgesellschaften stammte das Aktienkapital hauptsächlich von kleinen Anlegern und nicht von den großen Bankhäusern (Cairncross 1953). Selbst zu Zeiten Lenins ließ der Kapitalismus eher die Tendenz erkennen, in bereits etablierte Akkumulationszentren zu investieren, als mit seinen Investitionen Neuland zu erschließen.

Drittens funktionierte das Zusammenspiel zwischen Geschäft und Nationalflagge in vielen Teilen der Welt weniger direkt, als es Lenin in seinen Analysen vorsah. Nun trifft sicher zu, daß für das imperiale System Großbritanniens die Verknüpfung mit Indien ein ganz entscheidendes Element war und daß England 1882 in Ägypten intervenierte, um die durch den Suezkanal führende Lebensader nach Asien zu sichern. Aber die Gründe für das Eingreifen der Engländer in Afrika und Malaysia entsprangen doch häufiger internen Konflikten unter den in den überseeischen Besitzungen residierenden Kaufleuten oder Rivalitäten zwischen lokalen Machthabern. Solche Konflikte vor Ort wurden dann zusätzlich durch die stets gegebene Gefahr kompliziert, daß konkurrierende europäische Mächte die Situation zu ihren Gunsten ausnutzen konnten. Was Lateinamerika betrifft, so haben die Engländer ganz selten auch nur versucht, eine Kolonialherrschaft zu errichten; die Besetzung von Belize (Britisch-Honduras) war ein Sonderfall, und der Plan, Buenos Aires einzunehmen, wurde rasch wieder zu den Akten gelegt. Und doch waren Interventionen und Eroberungen häufig die Reaktion auf bestimmte lokale Schachzüge im innerkapitalistischen Machtspiel. Ronald Robinson hat hervorgehoben, welch große Schwierigkeiten es bereitet hat, die kapitalistischen und nichtkapitalistischen Gesellschaftskonstellationen miteinander zu verzahnen. Eine gelungene gegenseitige Abstimmung der Systeme setzt nämlich voraus, daß sich eine Schicht von Vermittlern und Kollaborateuren gesellschaftlich durchsetzen kann. Wenn diese Schicht in den eigenen Reihen gespalten oder aber nicht in der Lage ist, die notwendigen Vermittlungsfunktionen allein auf sich zu vereinigen, ist es für die Träger der kapitalistischen Produktionsweise nicht einfach, ihre Geschäfte abzuwickeln. Robinson führt entsprechend die Fälle von direkter imperialer Eroberung darauf zurück, daß »im nicht-europäischen machtpolitischen Bereich die kollektiven Mechanismen zusammengebrochen sind, die den Europäern zuvor angemessene Betätigungsmöglichkeiten und ausreichend Schutz geboten hatten« (1972, 132).

Dabei dürfen wir freilich nicht vergessen, daß die gesellschaftlichen Konstellationen in Europa ebenfalls – wenn auch vielleicht auf andere Weise – labil waren. So sah z. B. Joseph Schumpeter die Ursache der großen Kriege nicht im Kapitalismus als solchem, sondern in der Verschmelzung der monopolistischen Industrie mit anachronistischen Staatsapparaten, die noch tief in überholten kriegerischen Traditionen steckten. Zwar dürfte er sich damit, was die pazifistische Natur des Kapitalismus betrifft, im Irrtum befunden haben, aber zugleich verweist er doch auf einen richtigen Punkt: auf die Möglichkeit nämlich, daß eine von Tributen lebende Adelsklasse mit alten Bindungen an eine überlebte nicht-kapitalistische Produktionsweise auch unter dem Kapitalismus weiterbestehen kann, indem sie militärische Ränge oder Posten in der Kolonialverwaltung besetzt. Eine solche für Kriegsunternehmungen und Kolonialherrschaft eintretende Klasse konnte in ganz unterschiedlichen Lagern Verbündete gewinnen: unter den Industriekapitänen wie unter den Industriearbeitern – wobei sich beide Gruppen etwas von einem Rüstungswettlauf oder vom Zugang zu billigeren Rohstoffquellen versprachen – und auch unter den europäischen Siedlern in den Kolonien sowie unter den Kaufleuten, die an einer direkten Machtübernahme aktiv interessiert waren. Im äußersten Fall konnten sie auch noch auf einen »Sozialimperialismus« zurückgreifen, der das Volk im Mutterland dadurch zu einigen suchte, daß er interne Konflikte auf einen äußeren Feind projezierte, wobei er den Angehörigen der »Herrenrasse« handfeste Vorteile von der Herrschaft über die Massen der *wogs* (Kolonial-Jargon für Inder) versprach. Der Vormarsch des Imperialismus und die Ausbreitung nackter Kolonialherrschaft resultierten also offenbar aus einem komplexeren Zusammenspiel gesellschaftlicher Konstellationen, als sie in Lenins Erklärungen vorgesehen waren.

Rosa Luxemburgs Analyse ist aus anderen Gründen von Bedeutung. Für sie lag die eigentliche Ursache für die kapitalistische Krise weder im tendenziellen Fall der Profitrate noch in der Akkumulation von Kapital, das keine Investitionsmöglichkeiten mehr sieht. Die Ursache lag für sie in der Tendenz des Systems, mehr Waren zu produzieren als es von seiner Kaufkraft her absorbieren konnte. Daraus folgerte sie, daß der Kapitalismus nur expandieren könne, wenn er seine Märkte ausweitet und seine Waren an neue Kunden verkauft. Neue Kunden waren ihrer Ansicht nach nur in nicht-kapitalistischen Volkswirtschaften zu finden.

Rosa Luxemburgs ökonomische Diagnose war wahrscheinlich falsch. Sie vernachlässigte z. B. die Tatsache, daß die Expansion der kapitalistischen Produktion darauf beruht, daß die Produktion tendenziell auch die eigenen

Produkte konsumiert, das heißt: immer mehr Produktionsmittel werden nur erzeugt, um die Produktion immer weiter auszuweiten. Rosa Luxemburg vergaß also, daß der Produktionszuwachs sich nicht unbedingt in immer größeren Mengen Gebrauchswerten für den menschlichen Konsum niederschlägt. Sie ging überdies davon aus, daß die Einkommen der Arbeiter unter dem Kapitalismus nicht steigen könnten; in Wirklichkeit aber steigert die kapitalistische Expansion die Kapitalinvestitionen nicht nur in der Produktionsmittelindustrie, sondern auch im Konsumgütersektor, was letztlich den realen Wert des Arbeitslohnes erhöht. Und schließlich blieb sie die Erklärung dafür schuldig, woher denn die prospektiven Konsumenten in den nichtkapitalistischen Volkswirtschaften ihre Kaufkraft beziehen sollten, um die von der kapitalistischen Industrie produzierten Waren zu erstehen.

Dennoch: Rosa Luxemburg hat herausgearbeitet, daß die kapitalistische Produktionsweise aufgrund ihres Drangs nach neuen Rohstoffquellen und nach billigen Arbeitskräften, die diese Rohstoffe verarbeiten können, auf Expansion angelegt ist. In ihrer empirischen Darstellung zeigt sie im übrigen anhand einer Fülle von Beispielen auf, daß die Herrschaft über diese Rohstoffvorkommen und Arbeitskräfte immer wieder mit gewaltsamen Mitteln errungen wurde und daß die arbeitenden Bevölkerungsgruppen ebenfalls mit Gewalt dazu gebracht wurden, anderswo produzierte Waren zu kaufen. Klarer als irgend jemand vor ihr hat sie damit aufgezeigt, daß die Ausbreitung der kapitalistischen Produktionsweise häufig auf die Durchsetzung von Mechanismen zur Herrschaft über die nichtkapitalistischen Produktionsweisen angewiesen war. Sie hat damit jene theoretischen Ansätze vorweggenommen, die sich nicht auf den Nationalstaat als isolierte Erscheinung fixieren, sondern die Beziehungen zwischen dem kapitalistischen Zentrum und der beherrschten Peripherie in den Mittelpunkt ihrer Analysen stellen.

Differenzierung innerhalb der kapitalistischen Produktionsweise

Insofern Marx also ein Modell der kapitalistischen Produktionsweise in ihrer reinen Form entworfen hat, kann man sich darüber streiten, ob er jemals davon ausging, daß sich diese Produktionsweise überall in derselben Form durchsetzen werde. Im dritten Band des *Kapital* schrieb er, daß dieselbe ökonomische Basis »durch zahllos verschiedene empirische Umstände, Naturbedingungen, Racenverhältnisse, von außen wirkende geschichtliche

Einflüsse usw. unendliche Variationen und Abstufungen in der Erscheinung zeigen kann« (MEW 25, 800). An anderer Stelle hat Marx festgestellt, daß die Existenz einer zahlreichen Kleinbauernschaft den »Fortschritt der kapitalistischen Produktion« aufhalten könne (MEW 25, 206; vgl. auch seine *Resultate des unmittelbaren Produktionsprozesses*, zit. in Mandel 1972b, 43, Anm. 3). 1881 wies er in einem Brief an Vera Sassulitsch darauf hin, daß seine Analyse der historischen Unvermeidlichkeit der kapitalistischen Entwicklung »ausdrücklich auf die Länder Westeuropas beschränkt« sei (MEW 35, 166; vgl. insbes. auch die Entwürfe dieses Briefes in: MEW 19, 384–406). Marx schrieb diesen Brief – und das ist wichtig zu wissen – zu einem Zeitpunkt, da er sich intensiv mit ethnologischer und agrarhistorischer Literatur befaßte.

Lenin und Rosa Luxemburg haben versucht, das reine Marxsche Modell für die Analyse der weltweiten Ausbreitung bzw. der Auswirkungen der kapitalistischen Produktionsweise zwischen dem Ausbruch der Großen Depression von 1873–1894 und dem Ersten Weltkrieg nutzbar zu machen. Dabei standen für Lenin der Zwang zum Kapitalexport und für Rosa Luxemburg die Beschränkungen des Binnenmarktes im Mittelpunkt. Das Interesse beider galt aber in erster Linie der Definition des »Bewegungsgesetzes«, das die kapitalistische Produktionsweise dazu trieb, sich über ihren Ausgangspunkt hinaus in die anderen Weltregionen auszubreiten. Ihr Hauptaugenmerk galt dem kapitalistischen Spiralnebel, der Kapital und Waren aus sich herausschleuderte und – so ihre Vorstellung – allenthalben wesensähnliche Auswirkungen hervorbrachte, indem er die ganze Welt in ein homogenes Kraftfeld hineinzog.

Mit dem Ausbruch der Russischen Revolution von 1917 (und dem Scheitern der Revolution in Deutschland kurze Zeit später) ist klar geworden, daß die »unendlichen Variationen und Abstufungen in der Erscheinung«, auf die Marx hingewiesen hatte, ganz entscheidenden Einfluß darauf hatten, wie das vom Modell vorgesehene System in einer konkreten historischen Situation funktionierte. Lenin hat Rußland als »das schwächste Glied« in der Kette der kapitalistischen Herrschaft gekennzeichnet und damit implizit die Frage aufgeworfen, worauf denn nun die Stärke der einen und die Schwäche der anderen Glieder zurückzuführen seien. Trotzkis Antwort auf diese Frage verwies auf die Verschiedenartigkeit der Kettenglieder als Resultat einer »ungleichen und kombinierten Entwicklung«. Und zwar »ungleich« deshalb, weil der Kapitalismus auf außerordentlich unterschiedliche Verhältnisse stoße, die auf eine ungleiche Entwicklung in der Vergangenheit zurückgehen; und »kombiniert« deshalb, weil der Kapitalismus sich, indem er diese Verhältnisse durchdringe, auf gesellschaftliche Kombinationen einzulassen habe. Mit dieser Antwort hat Trotzki den vorkapitalistischen Produktionsweisen einen gewissen Einfluß zugesprochen und anerkannt, daß von diesem Einfluß die konkrete Funktionsweise des Kapitalismus abhing. Freilich definierte er den Kapitalismus immer noch als gleichförmiges Produkt eines einheitlichen »Bewegungsgesetzes« mit entsprechend gleichförmigen Wirkungen. Wie aber, wenn sich die Vielfalt und Differenziertheit der kapitalistischen Produktionsweise nicht nur als Resultat ihrer Kombination mit anderen Produktionsweisen herausstellen, sondern zusätzlich auch aus dem konkreten Ablauf ihrer eigenen Operationen *selbst* ergeben würden?

Für die vielfältige Differenzierung läßt sich eine ganze Reihe von Ursachen unterscheiden. Einige von ihnen erwachsen in der Tat aus der Produktionsweise selbst. Jeder Kapitalist weiß, daß der Drang nach höheren Profiten unaufhörliche Investitionen in neue Technologien zwecks Verbesserung der Produktionsmittel erfordert. Aber nicht jeder Kapitalist kann diesem Erfordernis gleichermaßen entsprechen. Auf jedem beliebigem Punkt der ansteigenden Kurve der Kapitalakkumulation legen einige Kapitaleinheiten an Umfang zu, während andere zurückbleiben. Bestimmte Kapitaleigner setzen sich an die Spitze, andere halten ihre Positionen und wieder andere werden aus dem Rennen geworfen oder steigen von selber aus. Die Gewinner kassieren die Einsätze der Verlierer ab. Nach Mandel

»entsteht das Profitgefälle durch die Konkurrenz der Kapitalien und die unerbittliche Verurteilung all jener Firmen, Branchen und Reviere,die in diesem Wettlauf nicht in der Spitzengruppe bleiben und die einen Teil des ›eigenen‹ Mehrwerts an die Spitzenreiter abgeben müssen. Was ist dieser Prozeß denn anderes als die dauernde Produktion von unterentwickelten Firmen, Branchen, Revieren und Gebieten?« (1972b, 79)

Die kapitalistische Produktionsweise erzeugt also in ihrer Entwicklung laufend Unterschiede zwischen denjenigen Kapitaleinheiten, die ein günstiges Verhältnis zwischen dem in Produktionsmitteln und dem in Arbeitskraft angelegten Kapitalanteil (kürzer formuliert: eine höhere organische Zusammensetzung des Kapitals) aufweisen, und den anderen, die in dieser Hinsicht ein ungünstigeres Verhältnis (oder: eine niedrigere organische Zusammensetzung des Kapitals) aufweisen. Dieser Unterschied hat wiederum Konsequenzen für die Möglichkeiten der jeweiligen Kapitaleinheit hinsichtlich anderer Finanzierungsquellen, technologischer Entwicklüngen, Märkte und auch der Methoden, mit denen sie sich Arbeitskräfte organisieren und politischen Einfluß – zu Hause wie im Ausland – verschaffen können.

Eine weitere Ursache für besagte Unterschiede liegt in der Tendenz der kapitalistischen Produktionsweise, immer wieder zwischen zunehmender bzw. abnehmender ökonomischer Aktivität zu schwanken, d. h. die Kapitalakkumulation abwechselnd zu beschleunigen und zu verlangsamen. Nach dem Marxschen Modell gehen diese Schwankungen unmittelbar auf die Widersprüche der Produktionsweise selbst zurück. In seinem Buch *Der Spätkapitalismus* (1972b) verweist Ernest Mandel in der Entwicklung der kapitalistischen Produktionsweise vom letzten Jahrzehnt des 18. Jhs. bis zur Zeit des Vietnamkrieges auf sieben »lange Wellen«. Jede dieser Wellen zeichnet sich gegenüber ihren Verläufern durch eine veränderte Profitrate aus, die ihrerseits auf eine Veränderung der organischen Zusammensetzung des Kapitals zurückgeht. Jedesmal, wenn Kapital in neue Technologien investiert wurde, führte die höhere organische Zusammensetzung des Kapitals zu einer Erhöhung der Profitrate. Das galt für die erste Phase der Industrialisierung (1793–1825), die durch die Ablösung handwerklicher Tätigkeiten durch handwerklich hergestellte Maschinen gekennzeichnet war. Es galt ebenso für die Periode von 1848–1873, in der maschinell hergestellte Maschinen eingeführt wurden und der Eisenbahnbau seine Blütezeit erlebte; es galt für die Periode 1894–1913, in der elektrische Maschinen und der Verbrennungsmotor in Gebrauch kamen; und es galt auch für die letzte Periode vom Beginn des Zweiten Weltkrieges bis 1966, als gewaltige Kapitalmengen in die Kriegsindustrie investiert wurden, deren Dynamik sich dann bis in die elektronischen Industriezweige der Nachkriegszeit fortsetzte.

Auf jede dieser Phasen steigender folgte eine Phase fallender Profitraten. So folgte auf den Aufschwung der industriellen Revolution die Depressionsperiode 1826–1847, die mit einer aus dem schrumpfenden Absatz industrieller Erzeugnisse herrührenden »Realisierungskrise« zusammenhing. Auf die Schönwetterperiode der maschinengefertigten Maschinen und des massiven Eisenbahnbaus (1848–1873) folgte die Große Depression von 1873–1894. Kennzeichen dieses Konjunkturabschwungs waren der verstärkte Kapitalexport und die Bemühungen um eine Senkung der Rohstoffkosten. Politisch manifestierte er sich im verschärften Konkurrenzkampf der rivalisierenden europäischen Mächte um politische Einflußsphären bzw. den Zugang zu Rohstoffvorkommen im Ausland. In der kurzen Konjunkturblüte 1894–1913 wurden die Früchte der vorangegangenen Kapitalexportperiode geerntet, und zugleich wurde die Rohstoffproduktion erhöht; die Einführung neuer Technologien führte darüber hinaus zu einer drastischen Verbesserung der Arbeitsproduktivität. Dieser Boom mündete jedoch in den Ersten Weltkrieg und die darauffolgende ökonomische und politische Zerrüttung (1914–1939). Erst der Zweite Weltkrieg und die anschließende technologische Revolution zogen das System aus der Depression heraus und setzten eine neue Phase steigender Profitraten in Gang.

An dieser Periodisierung der kapitalistischen Entwicklung erweist sich, daß die kapitalistische Produktionsweise nicht in allen Entwicklungsphasen die selben Wirkungen zeitigt. Sie bringt je nach Zeitpunkt ganz unterschiedliche Erfordernisse mit sich, und entsprechend unterschiedliche Anforderungen stellt sie an die verschiedenen Weltregionen.

Eine weitere Ursache dieser Differenzierung liegt in der Tatsache, daß Strukturen von merkantilem Reichtum manchmal auch noch unter kapitalistischen Verhältnissen weiterbestehen. Historisch und entwicklungsgeschichtlich gesehen wurde geldheckendes Geld in dem Augenblick zu Kapital, da es die Funktion von Produktionskapital übernahm. In diesem Sinne ist Kapital der Sproß des angehäuften merkantilen Reichtums. Aber durch seinen Funktionswandel hat das Geldkapital eine Fähigkeit erworben, die das geldheckende Geld nie erlangen konnte – die Fähigkeit, die in Waren ausgedrückte gesellschaftliche Arbeit qualitativ wie quantitativ zu beeinflussen und zu lenken.

Kaufmännische Tätigkeit erzielt den Gewinn durch billiges Einkaufen und teures Verkaufen, man bezeichnet dies allgemein auch als nicht-äquivalenten oder ungleichen Tausch. In diesem Sinne haben sich Kaufleute ihre Handelsartikel mit ganz unterschiedlichen Methoden verschafft. Im Pelzhandel schossen die Händler, um Pelze zu erhalten, begehrte Bedarfsgüter wie Gewehre und Decken vor. Im Gewürzhandel bot die holländische Ostindien-Kompanie europäische Produkte oder in Indien gefertigte kostbare Stoffe für Gewürze, die eingeborene Herrscher als Tributleistungen bezogen. Den mit Sklavenarbeit betriebenen Zuckerplantagen streckten die Kaufleute Produktionsmittel in Form von Sklaven und Verarbeitungsanlagen wie auch europäische Waren vor, die von den Plantagenbesitzern dann mit Zucker abbezahlt wurden. In sämtlichen Fällen verschafften sich die Kaufleute mit Hilfe von Geld und für Geld gekauften Gütern zwar das Pfandrecht auf das Produktionsergebnis, aber sie verblieben dabei außerhalb des eigentlichen Produktionsprozesses. Sie drängten sich also mit ihrem Tauschhandel in Gesellschaften mit anderen Systemen der gesellschaftlichen Arbeitsorganisation hinein, wobei sie durch eine Mischung aus Gewalt und Verkaufsanreizen auf Kollaborationsbereitschaft und Willfährigkeit drängten, die aber ständig gefährdet war. So mußten sie z. B. die Bedingungen der Zusammenarbeit neu aushandeln, wenn die örtlichen Verbündeten ihre Forderungen in die Höhe schraubten, mit einem Konkurrenten ins Geschäft kamen oder sich überhaupt verweigerten. Um seinen Ansprüchen Nachdruck zu verleihen, war der Kaufmann dann stets auf die Macht seines eigenen Staates verwiesen. Aber damit der ungleiche Tausch weitergehen konnte, mußte er zugleich seine Handelspartner bei Laune halten.

Mit der Entstehung der kapitalistischen Produktionsweise in England und den angrenzenden Ländern errang das Industriekapital die Herrschaft über die heimische Warenproduktion und verklammerte damit den inländischen Pol der Zirkulation mit einer neuen produktiven Basis. Als die kapitalistische Produktionsweise dann auch auf außerenglische Regionen übergriff, hatte dies wiederum Auswirkungen für den ausländischen Pol der kaufmännischen Verbindungslinien – dies um so mehr, als die Entwicklung neuer Maschinen immer größere und berechenbarere Warenlieferungen aus den ausländischen Regionen erforderlich machte. Im Lauf des 19. Jhs. beschnitt dann das industrielle Kapital den Kaufleuten immer mehr ihre Autonomie und verwandelte die ursprünglich eigenständigen Akteure in Agenten des Kapitals. Aber dieser Prozeß lief in den verschiedenen Phasen der kapitalistischen Expansion und in den verschiedenen Weltregionen ganz ungleichmäßig ab. So versuchten etwa Kaufleute im ersten Viertel des 19. Jhs. noch im Auftrag der expandierenden Textilindustrie neue Märkte in Lateinamerika zu erschließen, während sie im folgenden ökonomischen Abschwung gezwungen waren, sich nach neuen Absatzmöglichkeiten in Afrika und Asien umzutun. In der Epoche des Eisenbahnbaus wurden die Kaufleute wiederum aktiver, aber in der folgenden Depressionsphase standen sie erneut unter starkem Druck. Der gewaltige Rohstoffbedarf dieser Epoche führte in einigen Weltregionen zur Gründung kapitalistisch betriebener Plantagen und Bergbaubetriebe. In diesen Regionen wurden die Kaufleute entweder in den neuen Sektoren der industriellen Landwirtschaft bzw. des Bergbaus an den Rand gedrängt oder aber gezwungen, ihre Finanzmittel zu großen, in Handel *und* Industrie engagierten Kartellen zusammenzulegen; ein Beispiel dafür waren die in Westafrika operierenden englischen und französischen Kompanien.

Die Tätigkeit und die Akkumulationsleistung von Kaufleuten spielten allerdings in den vielen Regionen der Erde auch weiterhin eine Rolle, die zwar den Vormarsch der kapitalistischen Produktionsweise zu spüren bekamen, dabei aber noch nicht unmittelbar von der maschinellen Fabrikation erfaßt wurden. Die Rede ist von den »Fabrik-auf-dem-freien-Felde«-Regionen, die sich entlang der vordersten Randzonen bzw. zwischen den vorgeschobenen Bastionen der industriellen Expansion entwickelten. Als Beispiele nenne ich: die weniger erschlossenen Gebiete des British Empire, die nicht zu den »weißen« Kolonien oder zu den wichtigen Rohstofflieferzonen gehörten; oder das Innere Lateinamerikas jenseits des Plantagengürtels der Küstenzonen; oder die Randgebiete der USA und Kanadas, die als Vorfeld der vorrückenden Zivilisation über den nordamerikanischen Kontinent hinweg immer weiter nach Westen wanderten; oder die Inseln im Pazifischen Ozean. Indem die Kaufleute in diese Gebiete vorrückten, erschlossen sie den Waren- wie den Arbeitskräftemärkten Neuland. Denn sie brachten diesen Regionen

Erzeugnisse aus den Industriezentren, die sie gegen einheimische Produkte eintauschten oder als Vorauszahlungen an die Kontraktarbeiter verteilten, die sie für Plantagen oder Bergwerke anheuerten.

In diesen Regionen versetzte die merkantile Durchdringung einheimische Bevölkerungsgruppen häufig in die Lage, noch während des gesamten 19. oder gar bis in die Anfänge des 20. Jhs. hinein an der verwandtschaftlich strukturierten oder tributgebundenen Produktionsweise festzuhalten. Sporadischer Austausch konnte einer Gruppe durchaus helfen, sich innerhalb ihrer Umwelt besser zu behaupten und gegen das Vordringen von Eindringlingen zu verteidigen. Wurde der Austausch aber intensiver, ging das allmählich auf Kosten der Selbständigkeit dieser lokalen Gruppe. Solange die Austauschbeziehungen auf einen bestimmten Bereich begrenzt blieben, konnten die einheimischen Handelspartner und die auswärtigen Kaufleute sich von gleich zu gleich gegenübertreten, denn beide Seiten hatten Güter anzubieten, die der jeweils andere erwerben wollte. Mit der Ausweitung der Austauschsphäre verwandelten sich die einheimischen Produzenten jedoch mehr und mehr von gleichwertigen Partnern der europäischen Händler zu deren Klienten. In dem Maße, in dem sich ihre Abhängigkeit von den Kaufleuten verstärkte – und zwar sowohl im Hinblick auf Arbeitsmittel wie Gewehre, Munition, Stahlfallen und Metallwerkzeuge als auch bei Konsumartikeln wie Fertigwaren oder gar Nahrungsmitteln –, waren sie zunehmend auf den erweiterten kapitalistischen Markt angewiesen. Sie mußten also erleben, wie sie immer weniger in der Lage waren, frei über ihre Produktionsmittel zu verfügen – zumal durch die sich ausweitenden Austauschsphären ihre Fähigkeit untergraben wurde, diese Produktionsmittel durch Rückgriff auf traditionelle Verwandtschafts- oder Machtstrukturen zu reproduzieren. Entsprechend sahen sich die tributbeziehenden Eliten, die in Abhängigkeit von kapitalistisch produzierten Gütern geraten waren, dem Zwang ausgesetzt, höhere tributäre Arbeitsleistungen zu fordern und diese Leistungen in die Produktion von kommerziellen Gütern umzulenken. Auch durch die Rekrutierung von Arbeitern, bei der sich Geld oder Waren gegen Arbeitskraft austauschten, wurde ein Wandel der traditionellen Bindungen der Arbeitenden an ihre Verwandtschaft oder an ihre Oberherren in Gang gebracht. Es entstanden Bedingungen, unter denen sich die am Ort verfügbaren Ressourcen und Dienstleistungen tendenziell in Waren verwandelten, welche zunehmend von Transaktionen abhingen, die sich jenseits der zuvor existierenden Produktionsweisen abspielten.

Die vorgeschobenen Grenzregionen wurden auf diese Weise allmählich in den kapitalistischen Markt hineingezogen und indirekt an die industrielle Basis der kapitalistischen Produktionsweise angeschlossen. In diesem Prozeß gerieten die Kaufleute in einen Widerspruch. Als Marktvorreiter, die sich auf Neuland gewagt hatten, verfügten sie über eine gewisse Autonomie, die sie häufig in lokale oder regionale Vorherrschaft ummünzen konnten. Aber mit zunehmender Verdichtung der Marktbeziehungen fesselte ihr wachsender Kapital- und Warenbedarf sie immer enger an die Produktions- und Distributionszentren der Metropolen. Zugleich ließ der stärkere Konkurrenzdruck ihr zeitweiliges lokales Monopol in vielen Fällen dahinschwinden.

Bestimmte Grenzregionen, die lediglich als Bezugsquelle für Gelegenheitsarbeiter gedient hatten, verwandelten sich mit der Zeit in dauerhafte Reservoirs abrufbarer Arbeitskräfte. Das gilt z. B. für diejenigen Regionen Indiens und Chinas, die während des 19. Jhs. als Sammelbecken für Kontraktarbeiter fungierten; es gilt für die gegen Ende des 19. Jhs. in Afrika errichteten »Eingeborenenreservate« und für die Gebiete des Mittelmeerraums, die im 20. Jh. Arbeitsemigranten stellten. Historisch gesehen gehörten diese Regionen zu Staaten, die entweder militärisch besiegt worden oder im Lauf der europäischen Expansion aufs Abstellgleis geraten waren. Diese Regionen bekamen jetzt die Aufgabe zugewiesen, Arbeitskräfte aufzuziehen und zu ernähren, bis sie gebraucht wurden, und später – nach ihrer produktiven Lebenszeit – zu versorgen. Zum Teil wurden diese Menschen zur Lohnarbeit außerhalb der Reservoir-Zonen herangezogen, während ihre Familien und Verwandten in diesen Zonen zurückblieben und ihren Lebensunterhalt mit einer Kombination aus häuslicher Subsistenzwirtschaft und Herstellung von Verkaufsartikeln bestritten. Die von außen hereinkommenden Löhne und Geldüberweisungen sorgten im übrigen – zusammen mit den intern produzierten Waren – für das Aufkommen von Zwischenhändlern, die als Nabelschnur zwischen den Arbeitskräftereserven und dem kapitalistischen Mutterorganismus funktionierten.

Differenzierung nach Formen und Funktionen des Staates

Die Differenzierung innerhalb der kapitalistischen Produktionsweise geht noch auf eine weitere wesentliche Ursache zurück. Die kapitalistische Entwicklung wird nämlich von politisch eigenständigen und höchst unterschiedlichen Staaten getragen. Um diesen Aspekt der Produktionsweise zu verstehen, müssen wir zunächst der von Ber Borochov formulierten Frage nachgehen,

»warum das kapitalistische System auf der einen Seite sich als international darstellt, alle Grenzen zwischen den Stämmen und Völkern beseitigt und alle

Traditionen auslöscht, auf der anderen Seite aber selbst zur Intensivierung der internationalen Machtkämpfe und zur Stärkung des Nationalgefühls beiträgt« (1937, 160).

Am Ende von Kapitel 3 haben wir den Staat in der kapitalistischen Produktionsweise als einen Apparat definiert, der die für die kapitalistische Organisation der gesellschaftlichen Arbeit entscheidenden Beziehungen aufrechtzuerhalten und zu fördern habe. Der kapitalistische Staat ist dazu da, die Herrschaft einer Klasse über eine andere zu sichern. Aber diese Funktion wird von jedem Staat auf unterschiedliche Weise und mit unterschiedlichem Resultat wahrgenommen.

Dafür gibt es historische Gründe. Die kapitalistische Produktionsweise hat sich nicht auf einen Schlag durchgesetzt. Sie wurde innerhalb älterer, tributgebundener Strukturen ausgebrütet und hat sich dann nur sprunghaft und allmählich ein umfassenderes gesellschaftliches Terrain erschlossen. Jede neue Kapitalistengruppe traf dabei auf andere, bereits existierende Klassen, die in ganz verschiedenartigen tributgebundenen Strukturen verwurzelt waren. Und in jeder der sich entfaltenden kapitalistischen Gesellschaften herrschten auch ganz unterschiedliche historische Voraussetzungen für die Arbeiterklasse bzw. für Entwicklungstempo und -intensität einer solchen Arbeiterklasse. Diese Vielfalt der »Klassenmischung« fächerte sich noch weiter auf, insofern die Kapitalistenklasse auf ganz unterschiedlichen Wegen die Herrschaft erlangte. Die englischen Industriellen z. B. sind bei ihrem Aufstieg zur Macht ein Bündnis mit den die landwirtschaftliche Nutzung »verbessernden Grundbesitzern« eingegangen. In Deutschland haben sich die Industrieführer im Lauf der Industrialisierung mit den Junkern, also den ostelbischen Gutsbesitzern, zusammengetan und ihre Macht auf das Bündnis zwischen »Eisen und Brot« gegründet. In den Vereinigten Staaten führte die offene Frage, wer die Herrschaft im Staat ausüben sollte, schließlich sogar zum Bürgerkrieg zwischen der Union (den nördlichen Staaten) und der Konföderation (den Südstaaten), der mit der Niederlage der durch die Südstaaten repräsentierten Klassenkräfte endete.

Nach der Austragung solcher internen Kriege verlagerte sich das Problem der Klassenherrschaft auf die Ebene innenpolitischer Auseinandersetzungen, wo dann die Frage »wer wann was bekommt« im Rahmen der etablierten Klassenherrschaft beantwortet wurde. Aber auch diese innenpolitischen Machtkämpfe stellen sich von Staat zu Staat ganz verschieden dar. Politische Auseinandersetzungen im Kapitalismus haben zunächst einmal mit Konflikten zwischen den einzelnen Abteilungen der Kapitalistenklasse selbst zu tun. Zwar ist allen Kapitalisten das Interesse an ihrer Klassenherrschaft gemeinsam, aber die einzelnen Gruppen geraten sich – von auseinandergehenen

Interessen getrieben – durchaus des öfteren in die Haare. Diese Konflikte können sich bis zu dem Punkt zuspitzen, wo sie den Staat insgesamt gefährden. Zudem lassen sich verschiedene Abteilungen der Kapitalistenklasse immer wieder auch auf Bündnisse mit Abteilungen anderer Klassen ein – auch mit Abteilungen der aufsteigenden Arbeiterklasse. Da alle diese Klassen in den einzelnen Staaten unterschiedliche Merkmale aufweisen, werden diese Unterschiede auch auf die Erscheinungsformen der Konflikte bzw. der Bündnisse innerhalb wie zwischen den Klassen abfärben. Und auf die Dauer werden diese unterschiedlichen Erscheinungsformen die Formen und Funktionen des Staatsapparates kommulativ prägen.

Eine weitere Ursache für diese Differenzierungen innerhalb der kapitalistischen Staaten liegt in der Vorgehensweise, die jede einzelne kapitalistische Gruppe bei der Akkumulation von Kapital jenseits der eigenen Grenzen eingeschlagen hat. Im Frühstadium der Expansion der europäischen Kaufleute war in verschiedenen Regionen der Erde ein Geflecht kommerzieller Interessen- und Machtbeziehungen entstanden. Einzelne Gruppen erfolgreich expandierender Kapitalisten konnten sich diese Handelsbeziehungen zunutze machen und sie zugunsten ihrer eigenen Akkumulation instrumentalisieren. Dazu kam: wann immer ein kapitalistischer Staat in einer bestimmten Region seine Herrschaft etablierte, veränderte er damit die Zugangsbedingungen für die später anrückenden Rivalen. Beispielsweise konnte England dadurch, daß ihm als erstem Staat der Durchbruch zur kapitalistischen Produktionsweise gelang, aus dem von englischen Kaufleuten geknüpften Handelsnetz Nutzen ziehen, denn es konnte bei der Erschließung von Märkten und Rohstoffen strategische Vorteile erringen und zugleich den verspäteten Rivalen – vor allem Frankreich und Deutschland – diese Vorteile verweigern.

Die englischen Erfolge wirkten sich denn auch auf die politische Entwicklung der europäischen Konkurrenten aus. Die hegemoniale Expansion Englands und seiner Kapitalistenklasse trieb sämtliche Konkurrenten zur Konsolidierung ihrer Nationalstaaten an, und Konsolidierung meinte damals: eine wirksamere Kontrolle jeder einzelnen kapitalistischen Gesellschaft über ihre eigenen »Produktionsbedingungen« durch Stärkung der staatlichen Machtbefugnisse. Damit setzte sich allenthalben eine Politik durch, die der kapitalistischen Expansion samt einer Reihe von Einzelzielen dienen sollte: dem Schutz der jungen Industrien gegen die englische Konkurrenz, der Entwicklung einer den nationalen Bedürfnissen entsprechenden Infrastruktur des Transport- und Kommunikationswesens, dem Aufbau zentralisierter Mechanismen für Investitions- und Bankgeschäfte, der Durchsetzung eines nationalen Systems der Arbeitskräftequalifikation, der Einrichtung eines öffentlichen Erziehungswesens und schließlich dem Ausbau eines Kriegsführungspotentials. Während die kapitalistische Entwicklung im Fall England von einem »billigen« Staat betrieben wurde, der noch viele Herrschaftsfunktionen an örtliche Machthaber delegieren konnte, mußten die Nachzügler im kapitalistischen Konkurrenzkampf, um im Rennen zu bleiben, ein starkes und teures Staatswesen aufbauen.

Aber der Staat braucht – ob billig oder teuer – ausreichend Geld, um die staatlichen Leistungen bezahlen zu können. Diese Mittel bringt er normalerweise durch Steuern oder über öffentliche Anleihen auf, die dann aus den Steuereinnahmen abbezahlt werden. Diese Einnahmen verschafft sich der Staat entweder durch Abzüge bei den Löhnen oder durch Übertragung eines Teiles des Mehrwertes von den Kapitalisten auf den Staat. Solche Abzüge oder Mehrwerttransfers werden von den einzelnen Staaten unterschiedlich gehandhabt und wirken sich auf deren Bürger entsprechend unterschiedlich aus. In jedem Falle fließen sie aber in einen Fonds »indirekten Mehrwerts« (O'Connor 1974, 39–42), der vom Staatsapparat verwaltet wird. Aus diesem Fonds kann der Staat besondere industrielle Entwicklungen fördern, insbesondere in militärisch wichtigen Industriezweigen, was einer bestimmten Abteilung der Kapitalistenklasse Vorteile gegenüber den anderen verschafft; aus demselben Fonds können aber auch Sozialleistungen oder Preissubventionen verschiedenster Art finanziert werden, die dann bestimmten Klassen oder Klassenabteilungen zugutekommen. Auch auf dieser Ebene setzt sich die Frage der Klassenherrschaft in politischen Maßnahmen um. Die unterschiedlichen Antworten auf diese kontroverse Frage, »wer wann was bekommt«, tragen also ebenfalls zur Differenzierung zwischen den kapitalistischen Staaten bei.

Obwohl hier die ganze Zeit von den Anfängen der Entwicklung des internationalen Staatensystems unter den Bedingungen des 19. Jhs. die Rede war, sollte der Hinweis nicht fehlen, daß diese auf der Akkumulation von indirektem Mehrwert basierenden Staatsfunktionen dann im 20. Jh. – und hier vor allem nach 1930 – unter dem Eindruck der wirtschaftlichen Depression, der gesellschaftlichen Erschütterungen und Kriege noch ungeheuer ausgeweitet wurden.

Kapitel 11

Warenströme

In der zweiten Hälfte des 19. Jhs. machte die Produktion unter kapitalistischen Bedingungen einen mächtigen Schritt nach vorn, was die Nachfrage nach Rohstoffen und Nahrungsmitteln erhöhte und einen stark erweiterten Markt von weltweiten Dimensionen entstehen ließ. Ganze Regionen spezialisierten sich auf die Produktion einiger weniger Rohstoffe oder landwirtschaftlich erzeugter Nahrungs- und Genußmittel. Eine solche regionale Spezialisierung hatte sich zum Teil schon unter der Ägide des Handels entwickelt – ein Beispiel ist die Zuckerproduktion in der karibischen Region. In anderen Fällen – das gilt z. B für die Baumwollanbauregionen der Vereinigten Staaten, Ägyptens und Indiens – war die Spezialisierung die Antwort auf die Anfänge der kapitalistischen Entwicklung. In wieder anderen Fällen war sie eine völlig neue Erscheinung. Die regionale Konzentration auf ein einziges Nahrungsmittel- oder Rohstofferzeugnis machte es andererseits auch erforderlich, daß andere Regionen die Nutzpflanzen anbauten bzw. die Arbeitskräfte lieferten, die in den neuen Plantagen, Farmen, Bergwerken, Verarbeitungsanlagen und im Transportwesen gebraucht wurden. Infolge der unablässigen Ausbreitung der Warenproduktion schlugen die Veränderungen auf Weltmarktebene auf die mannigfachen anderen Ebenen der Haushalte und der Verwandtschaftsgruppen, der lokalen Gemeinschaften, der Regionen und der Klassen durch.

Um zu verstehen, wie die Menschen in diesen Markt hineingezwungen oder hineingezogen wurden, müssen wir im Markt nicht nur ein Medium für den Austausch von Gütern und Dienstleistungen sehen, sondern auch einen Satz von »Instrumenten der gesellschaftlichen Artikulation« (Mintz 1959a, 20). Für den Markt produzierte Güter und Dienstleistungen sind Waren, und als solche können sie einander gegenübergestellt und ausgetauscht werden, ohne daß dabei ihre gesellschaftlichen Entstehungsbedingungen ins Gewicht fallen. Warenaustausch gab es, wie gesagt, schon lange vor dem Aufstieg der kapitalistischen Produktionsweise, nämlich seitdem unter tributgebundenen oder verwandtschaftlich strukturierten Produktionsverhältnissen erzeugte Waren von Kaufleuten in den Tauschhandel einbezogen wurden. Jede Ware verkörpert einen Bruchteil der gesellschaftlichen Arbeit, die zur Umwandlung der Natur zum Nutzen des Menschen verausgabt wird, wobei diese gesellschaftliche Arbeit gemäß den herrschenden Bedingungen einer bestimmten Produktionsweise aufgeboten wird. Mit der Entfaltung des Kapitalismus gelangten immer größere Mengen solcher Waren auf einen Markt, auf dem sie sich konkurrierenden Waren gegenübersahen, die unter einer anderen Produktionsweise entstanden waren. D. h.: Mit der weltweit sich ausbreitenden Vorherrschaft des Kapitalismus verwandelte sich der Markt in eine Arena, in der sich die widerstreitenden Produktionsweisen – auf der Ebene des Austauschs ihrer verschiedenartigen Waren – aufeinander beziehen und miteinander in Konkurrenz treten konnten. Der Kapitalismus hat dabei die anderen Produktionsweisen nicht immer liquidiert, aber er hat – häufig auf direktem Wege, ebenso häufig aber auch über Fernwirkungen – das Leben anderer Völker beeinflußt und umgekrempelt.

Die Entwicklung des Industriekapitalismus verlief keineswegs in einer gleichmäßig ansteigenden Kurve. Auf Aufschwungphasen der Kapitalakkumulation folgten Flauten; Perioden erwartungsfroher Expansion wurden abgelöst von Perioden der Unsicherheit und pessimistischer Erwartungen. Jede Aufschwungphase erschloß neue Operationsgebiete und Lieferzonen. Und jeder Rückschlag stellte die gerade gültige Strategie der Kapitalinvestitionen in Frage und ließ – wie in Lateinamerika nach 1825 – das Gespenst der schrumpfenden Märkte erstehen. Jede Aufschwungphase wie auch jeder Versuch, sich der drohenden Depression entgegenzustemmen, hatten Auswirkungen auf die im Netz der kapitalistischen Verflechtungen verfangenen Menschen. Manchmal waren diese Wirkungen direkter Art, reagierten also unmittelbar darauf, ob und wieviel Kapital in den verschiedenen Weltregionen bei industriellen Anlagen, Rohstoffvorkommen oder Produktionsstätten von Lebensmitteln angelegt oder abgezogen wurde. Manchmal wurden diese Wirkungen aber auch über Marktmechanismen weitergegeben, wobei die Einflüsse der kapitalistischen Produktionsweise auf andere Produktionsweisen verstärkt oder abgeschwächt werden konnten. Jeder Aufschwung wirkte sich überdies auch auf die Organisationsformen der gesellschaftlichen Arbeit aus. Aber wenn danach ein wirtschaftlicher Rückschlag erfolgte, gab es keinen Weg mehr zurück zu den früheren Überlebensstrategien. Bei vielen der von Anthropologen untersuchten Völker vollzog sich im letzten Viertel des 19. Jhs. ein besonders teifgreifender Wandel der gesellschaftlichen Organisation der Arbeit.

Die Große Depression

Ganze fünf Jahre nach Eröffnung des Suez-Kanals, der eine enorme Ausweitung des Handels zwischen Europa und Asien versprach, erlitt die kapitalistische Expansion einen weiteren großen Rückschlag. Der Eisenbahnbau hatte den Kapitalismus aus dem Konjunkturtal der Jahre 1826–1847 herausgezogen und der erneuten industriellen Entwicklung der Jahre 1848–1873 durch einen mächtigen Aufschwung der Eisen-, Stahl- und Kohleindustrie zum Durchbruch verholfen. Dieser Expansion folgte dann 1873 wieder ein Konjunkturrückgang, dessen Folgen man als die »Große Depression« bezeichnet. Die Wirtschaftshistoriker sind sich angesichts der Tatsache, daß diese Depression nicht gleichermaßen verbreitet und tiefgehend war, nicht einig, ob sie als eine allgemeine Erscheinung zu werten sei. Einige Autoren haben sogar bestritten, daß es sie überhaupt gegeben habe. Wie auch immer – Tempo und Charakter der kapitalistischen Akkumulation haben sich damals erheblich verändert, und zwar so sehr, daß diese Veränderungen bis in die heutige Zeit nachwirken. Die Große Depression mündete in eine neue Phase der Konfrontation zwischen dem Kapitalismus und der übrigen Welt. In dieser ganzen Phase drängte sich ein militanter Kapitalismus mit ständig wachsender Intensität in gesellschaftliche Ordnungssysteme hinein, die auf einer tributgebundenen oder verwandtschaftlich strukturierten Produktionsweise basierten. Dabei zog er Ressourcen und Arbeitskräfte (mit unterschiedlichen Organisationsstrukturen) in ein umfassenderes, von den kapitalistischen Produktionsbeziehungen beherrschtes und durchtränktes System hinein. Im Rahmen dieses Systems wurden die subsidiären Sektoren mittels Zwang oder Anreizen dazu gebracht, ganz bestimmte spezialisierte Waren zu produzieren, die nach Maßgabe des zentralen Prozesses der Kapitalakkumulation erzeugt und vermarktet wurden.

Für diese neue Gangart der kapitalistischen Entwicklung waren mehrere Faktoren verantwortlich. Mit dem Ansteigen der Löhne in Europa und der Rohstoffpreise in anderen Teilen der Welt sank die Profitrate. Kapitalinvestitionen für eine neue Generation von Produktionsmitteln zwecks Reduzierung dieser steigenden Kosten wurden nur langsam getätigt. Möglicherweise standen damals auch keine ausreichenden Kapitalsummen zur Verfügung, um die rasche Umstellung von der Dampfmaschine auf eine neue Technologie zu finanzieren, die auf dem Verbrennungsmotor und der mit Öl bzw. elektrischer Energie betriebenen Turbine basierte. Und auch die neue chemische Industrie steckte zu diesem Zeitpunkt noch in den Kinderschuhen.

Der Rückgang der industriellen Konjunktur hatte eine geopolitische Dimension: zur gleichen Zeit, da die mit Dampfkraft arbeitende englische Industrie zurückfiel, bauten die USA und Deutschland ihre Industrien auf der Basis der neuen technologischen Errungenschaften aus. Großbritannien büßte seine führende Rolle als Werkstatt der Welt ein. 1870 erzeugte es höchstens ein Viertel der Dampfkraft und weniger als die Hälfte der weltweit produzierten Stahlmengen (Hobsbawm 1969, 136f.). Bei der Stahlproduktion wurde Großbritannien zwischen 1880 und 1890 von den USA und im Lauf des darauffolgenden Jahrzehnts auch von Deutschland überholt (Barratt Brown 1970, 82). Zwar glühten nach wie vor in Birmingham und Sheffield die britischen *satanic mills* (»Teufelsfabriken«), zwar war die Bank von England – »The Old Lady of Threadneedle Street« – noch immer das Zentrum der weltweiten Finanzgeschäfte, zwar war auch »Britannia« noch (wie es das alte imperiale Lied postulierte) »Herrscherin über die Meere«. Aber das Land war nicht mehr die führende Industriemacht der Welt, sondern nur mehr eines von mehreren Ländern, die auf die Entwicklung der Industrie setzten.

Die Große Depression war also eine Krise der kapitalistischen Akkumulation, weil sie das Land betraf, das den Akkumulationsprozeß angekurbelt hatte, und die Beziehung dieses Landes zur übrigen Welt veränderte – mit anderen Worten: weil sie eine Krise der britischen Hegemonie einleitete. Fortan beruhte der immer noch beträchtliche Einfluß Großbritanniens weniger auf seiner eigenen industriellen Kapazität, als vielmehr auf den Erlösen, die aus den Errungenschaften der glorreichen Vergangenheit resultierten. Allein aufgrund seiner Herrschaft über Indien konnte England in der internationalen Konkurrenz noch mithalten. Das Mehrprodukt, mit dem es sein imperiales System finanzierte, stammte aus indischer Baumwolle und indischen Textilien, die in wachsenden Mengen an die USA, die europäischen Kontinentalländer und Japan verkauft wurden. Der Handelsumsatz in indischer Baumwolle und Textilien stieg in der zweiten Hälfte des 19. Jhs. von 4 Millionen auf 50 Millionen Pfund. Noch wichtiger waren die *home charges*, also die Indien auferlegte Kolonialabgabe, die sowohl die Kosten der britischen Verwaltung als auch die Zinszahlung abdecken mußte, die für die von der britischen Kolonialregierung gemachten Schulden anfielen und sich im letzten Viertel des Jahrhunderts von 70 Millionen auf 225 Millionen Pfund erhöhten (Barratt Brown 1970, 85). Dank dieses Geldzuflusses blieb Großbritannien das bedeutendste Finanzzentrum, aber die Rolle der internationalen Führungsmacht wurde von anderen übernommen.

Im selben Zeitraum vollzog sich in Europa ein großer Wandel in der landwirtschaftlichen Produktion. Die europäische Landwirtschaft sah sich plötzlich durch massive Importe von amerikanischem und russischem Weizen bedroht, die einen steilen Sturz der Agrarpreise auslösten. Die Expansion der amerikanischen Anbauflächen in den Ebenen des mittleren Westens und die landwirtschaftliche Erschließung der Steppenzonen im Südosten Rußlands vergrößerten das Weizenangebot; zugleich ließen die verbesserten Transportmöglichkeiten – aufgrund des Baus von Eisenbahnlinien und der wachsenden Anzahl von Dampf- und Segelschiffen auf der Atlantikroute – die Transportkosten rapide absinken. Im Zeitraum 1869–1879 kostete der Transport eines *quarter* Weizens (entspricht 291 Litern) von Chicago nach Liverpool durchschnittlich elf Schilling, 1902 nur noch weniger als drei Schilling (Bagwell/Mingay 1970, 75). Diese Entwicklungen erschütterten die Fundamente der europäischen Landwirtschaft und ließen den Auswandererstrom von Europa nach Nord- und Südamerika anschwellen (s. unten, S. 502 ff.).

All dies führte letztlich dazu, daß sich die einzelnen kapitalistischen Nationalstaaten Europas daranmachten, in einer Periode sich erschöpfender Möglichkeiten angestrengt nach neuen Investitionsobjekten und Märkten zu suchen. Sie gerieten somit in einen heftigen Konkurrenzkampf um die Kontrolle über Regionen, die ihnen billige Rohstoffe und Arbeitskräfte liefern konnten. In den Vereinigten Staaten und in Rußland setzten aus denselben Gründen Expansions-, Kolonisierungs- und Konsolidierungsbestrebungen ein, die sich jeweils auf den ganzen eigenen Kontinent erstreckten. Die wachsende innere Unzufriedenheit und der verschärfte äußere Wettbewerb führten zu einer Reihe expansiver Vorstöße mit politischen Mitteln – zur Politik des Imperialismus. Diese Politik sollte die unzufriedenen und antagonistischen Klassen in der eigenen Gesellschaft durch den gemeinsamen Kampf um Kolonien und Einflußgebiete im Ausland einigen sowie gleichzeitig dem »Mutterland« exklusiven Zugang zu Märkten und Ressourcen erschließen. Die Große Depression drängte die Europäer also zur Ausweitung ihrer Souveränitätssphäre außerhalb Europas; in ihrem Gefolge wurden Afrika aufgeteilt, neue Kolonien in Asien gegründet, die pazifische Region kolonisiert. In dieser Periode ökonomischer Stagnation haben die europäischen Mächte ihre territorialen Erwerbungen in Übersee um das Dreifache ausgedehnt. Auf diese Weise kam die kapitalistische Akkumulation, wenn auch nur stockend, wieder in Gang. Unter Ausnutzung der im letzten Viertel des 19. Jhs. verfügbaren neuen Transportmittel begann das Kapital, »tropische« Agrarerzeugnisse und Rohstoffe für die europäischen Märkte zu erschließen.

Regionale Spezialisierung

Das Aufkommen neuer Nutzpflanzen und neuer Produkte wirkte sich nachdrücklich auf die Beziehungen zwischen verschiedenen Regionen ein und desselben Kontinentes bzw. zwischen den Kontinenten insgesamt aus. Die einen Gebiete spezialisierten sich auf die Erzeugung von Nahrungsmitteln oder Rohstoffen für die Industrie, die anderen verarbeiteten die Rohstoffe, konsumierten Brotgetreide oder Fleisch und exportierten die Fertigwaren in die anderen Regionen zurück. Wir haben bereits das Beispiel betrachtet, wie Großbritannien auf die Baumwolle der USA und später Ägyptens und Indiens angewiesen war. Diese Baumwollanbaugebiete waren schließlich so eng auf die Erzeugung ihrer maßgeblichen agrarischen Exportprodukte ausgerichtet, daß sie mit Nahrungsmitteln und Fertigwaren von außerhalb versorgt werden mußten. England war noch im 18. Jh. in der Lage gewesen, sich selbst zu ernähren und sogar landwirtschaftliche Überschüsse zu produzieren; am Ende des 19. Jhs. mußte es dagegen vier Fünftel seines Weizen- und zwei Fünftel seines Fleischbedarfs aus dem Ausland beziehen (Woodruff 1971, 12). Und der Baumwoll-Gürtel im amerikanischen Süden wurde mit der Zeit fast völlig von den Fertigwaren aus den nördlichen und den Weizenlieferungen aus den westlichen Staaten der USA abhängig.

Die regionale Spezialisierung war nun nicht etwa auf Brotgetreide, Fleisch und Baumwolle beschränkt. Vielmehr wurden ganze Weltregionen in Zukker-, Tee-, Kautschuk- oder Kaffeeplantagen verwandelt, damit diese tropischen Produkte als Massenware auf den Markt kommen konnten. Da sich die Plantagenwirtschaft massiv auf ein oder zwei marktfähige Produkte konzentrierte, mußten ihre Arbeitskräfte von anderen Produzenten mit Nahrungsmitteln und anderen Bedarfsgütern versorgt werden. In Asien z. B. waren die Plantagen für den Unterhalt ihrer Arbeiter auf Reis und nicht auf Weizen angewiesen; hier entwickelte sich folglich parallel zur Ausbreitung der Plantagenwirtschaft ein expandierender Reisanbau, der die reislosen Gebiete mitzuversorgen hatte. In anderen Regionen spezialisierte man sich weder auf landwirtschaftliche Produkte noch auf industrielle Tätigkeiten, sondern auf die Produktion von Arbeitskräften für die Landwirtschaft und die Industrie. Auf diese Weise sorgte der Industriekapitalismus zwar für gewisse Kontaktflächen zwischen diesen Regionen, aber in der Realität wurden sie bloß zu Reibungsflächen, die zu Divergenzen führten – und dazu, daß die gesellschaftlichen Beziehungen und die kulturellen Verhaltensmuster sich auch innerhalb der einzelnen Gebiete ständig veränderten.

Als sich Adam Smith und David Ricardo ihre Zukunftsvision einer ständig wachsenden weltweiten Arbeitsteilung ausmalten, gingen sie im Grunde davon aus, daß sich jedes Land frei für die Ware entscheiden würde, für deren Produktion es die besten Voraussetzungen besaß, und daß dann jedes Land seine eigene »optimale« Ware gegen die optimalen Waren der anderen Länder austauschen würde. Ricardo nannte als Beispiel, daß Großbritannien den Portugiesen Textilien liefern und im Gegenzug dann dem portugiesischen Wein zusprechen würde. Was in dieser Vision des freien Warenaustausches allerdings fehlte, waren die materiellen Zwänge, die über die Auswahl bestimmter Waren entscheiden, sowie die politischen und militärischen Sanktionen, die zur dauerhaften Absicherung der Tauschbeziehungen eingesetzt wurden. Und diese Beziehungen waren durchaus asymmetrischer Art, denn sie kamen dem einen Beteiligten zugute, gingen dem anderen dafür aber an die Substanz.

Innerhalb dieses sich ausweitenden Systems wechselseitiger Verflechtung gab es selten eine freie Entscheidung. Die wurde in den meisten Fällen mit Gewaltmitteln oder aufgrund von Zwängen durchgesetzt, die aus der marktbeherrschenden Stellung der mächtigeren Beteiligten herrührten. Gewalt oder Zwang – als nackte politische Eroberung einer Kolonie oder allein in Form ökonomischer Vorherrschaft – machten das Wesen des ganzen Prozesses aus und waren keineswegs nur Randerscheinungen. Mehr noch: war eine Region einmal in die Kreisläufe des Kapitals einbezogen, bewirkten die Erfordernisse der Akkumulation, daß sie ihre Produktionsfaktoren im Sinne eines verstärkten Kapitalwachstums umzustellen hatte – andernfalls geriet die ganze Region unter die Räder des Fortschritts. In der kapitalistischen Landwirtschaft hatte dies zur Folge, daß entweder hochkapitalisiserte »Fabriken auf freiem Felde« aus dem Boden schossen oder sich kleine spezialisierte Produzenten entwickelten, die dem Diktat der Nachfragemärkte unterworfen waren. Zugleich schnitt derselbe Akkumulationsprozeß anderen Gebieten den Zugang zu den Produktionsmitteln ab und »befreite« sie damit für die Funktion, ihre Arbeitskraft an Dritte zu verkaufen.

In diesem Kapitel werden wir untersuchen, wie es dazu kam, daß bestimmte agrar- und viehwirtschaftliche Erzeugnisse von Plantagen bzw. von kleinen Bauernwirtschaften produziert wurden; wir werden weiterhin illustrieren, auf welche Weise sich diese neuen Produktionsformen auf die beteiligten Bevölkerungsgruppen auswirkten. Im nächsten Kapitel werden wir uns dann eingehender vor Augen führen, wie sich in aller Welt Arbeiterklassen entwickelt haben und in den neuen Industrie- und Agrarbetrieben, die das akkumulierende Kapital im Laufe seiner sich ständig intensivierenden Reproduktion aus dem Boden stampfte, Beschäftigung fanden.

Kommerzielle Landwirtschaft: die Plantagen

Auf dem Agrarsektor waren die wichtigsten Vehikel der kapitalistischen Expansion im 19. Jh. die Plantagen und die kleineren Farmbetriebe, die sich auf die Produktion von sog. *cash-crops* (d. h. für überregionale Märkte produzierte landwirtschaftliche Erzeugnisse) spezialisiert hatten. Eine Plantage ist – formell definiert – eine Kapital beanspruchende Einheit, die unter strenger Aufsicht durch ein Management viele Arbeiter beschäftigt, um ein Agrarerzeugnis für den Verkauf zu produzieren. Die Arbeiter werden in der Regel in Gruppen aufgeteilt, führen repetitive und körperlich anstrengende Arbeiten durch und unterstehen dabei wachsamen Aufsehern, die für die erforderliche Abfolge und Koordination der einzelnen Arbeiten sorgen. Die Plantagenlandwirtschaft hat daher etwas von der Ordnung und dem Drill einer Armee an sich, weshalb Edgar T. Thompson (1975) sie als »millitärische Landwirtschaft« kennzeichnet. Ihr Betriebsziel besteht darin, ein oder zwei Erzeugnisse für den Markt anzubauen. Diese Spezialisierung auf *cash-crops* macht ihre Stärke wie auch ihre Schwäche aus. Die Organisationsform Plantage kann sich rasch auf eine steigende Marktnachfrage einstellen, aber sie reagiert auch äußerst anfällig auf ökonomische Rückschläge.

Plantagen sind tendenziell große Einheiten, die ihre Betriebsgröße ökonomisch ausnutzen, indem sie möglichst umfassende Ressourcen auf den Anbau eines einzigen Agrarprodukts verwenden. Produktion in großem Maßstab erfordert aber auch Verarbeitung in großem Maßstab. Das Rohprodukt muß von den Feldern zu einem großen Verarbeitungszentrum geschafft werden; das aufbereitete Produkt muß gespeichert werden, bis es auf den Markt gebracht werden kann. Die Funktionen der Aufsicht über den organisatorischen Ablauf, der Verarbeitung und der Lagerung sind in der Plantagenzentrale zusamengefaßt, die zu einem von den umliegenden Feldern und den Unterkünften der Arbeiter isolierten Kommandoposten wird. Wo Plantagen mit ihren neuartigen organisatorischen Formen und Funktionen inmitten einer bereits besiedelten Gegend entstehen, erscheinen sie als »Enklaven«, die sich einer fremden Umwelt aufdrängen. Wo sie hingegen am äußersten Rand älterer Siedlungsgebiete entstehen, stellen sie expandierendes »Neuland« dar. In dem Fall dienen sie faktisch als Außenposten einer Produktionsweise, der sich mitten ins Territorium anderer Produktionsweisen vorgeschoben hat. Zwischen den Plantagen und den in diesen anderen Produktionsweisen gründenden Formen von Arbeitstätigkeit herrscht normalerweise eine antagonistische Beziehung. Die Plantage ist ein Eindringling, ihre erfolgreiche Expansion das Ergebnis einer erfolgreichen Invasion.

Bis zum Ende des 18. Jhs. waren Plantagen hauptsächlich in Nord- und

Südamerika und auf ein paar Inseln im Indischen Ozean gegründet worden. Sie wurden vor allem mit Hilfe aus Afrika importierter Sklaven betrieben, von denen diese Plantagen große Mengen konsumierten. 1807 schaffte dann aber Großbritannien den Sklavenhandel ab, und diesem Beispiel folgten bald auch die USA, Frankreich und die Niederlande. 1833 ging England einen Schritt weiter und erklärte jede Sklavenarbeit in seinen vielen Besitzungen rund um den Globus für illegal.

Die Frage, warum der Handel mit und das Halten von Sklaven in den ersten Jahrzehnten des 19. Jhs. abgeschafft wurden, ist gar nicht leicht zu beantworten. Tatsache ist, daß die Sklavenhaltung immer weniger profitabel wurde (vgl. Craton 1974, 113). Und offenkundig ist auch, daß die Klasse der Plantagenbesitzer auf den britischen Zuckerinseln in der Karibik – einstmals Gravitationszentrum für die Gelder des expandierenden British Empire – im letzten Viertel des 18. Jhs. ernsthaft geschwächt war. Die von der Ausbeutung der Sklavenarbeit in Saint Domingue (Haiti) lebenden französischen Konkurrenten hatten, im Verein mit den vermehrten Zuckerimporten aus Bengalen, die Preise gedrückt. Die Kriege mit den USA und dann mit Frankreich hatten die Beziehungen mit den nordamerikanischen Kolonien zunichte gemacht und den Karibischen Inseln Hunger und Inflation gebracht. Auf einigen Inseln erreichte die Zuckerproduktion offenbar die Grenzen ihrer Produktivität. Überdies begann man in Europa während der napoleonischen Kriege mit der Herstellung von Rübenzucker, der sich für den Rohzucker bald als eine ungeheuer starke Konkurrenz erwies. Die britischen Plantagenbesitzer gerieten immer tiefer in Schulden, und die britischen Inseln in der Karibik erlebten eine echte »Krise der Klasse der Plantagenbesitzer« (vgl. Ragatz 1928).

Daß innerhalb des britischen Herrschaftsbereiches die Sklavenarbeit durch andere Formen der Verfügung über Arbeit abgelöst wurde, muß nicht nur vor dem Hintergrund der innerbritischen Entwicklung gesehen werden, sondern auch im Zusammenhang mit den Veränderungen, die sich im internationalen System vollzogen. Die wachsende Vorherrschaft des Industriekapitalismus brachte es mit sich, daß der Einsatz freier Arbeitskräfte immer eindeutiger der Sklavenarbeit vorgezogen wurde. Dabei ist allerdings zu beachten, daß die Sklaverei in den USA weiterbestand und daß sie in Brasilien und Kuba im Laufe des 19. Jhs. sogar noch an Boden gewann. Brasilien hat die Sklavenhaltung erst 1871 abgeschafft und Kuba – dessen wachsende Zuckerproduktion von Fabriken stammte, die auf freiem Felde aus dem Boden wuchsen – sogar erst 1886. Damals verließen in Jamaica die ehemaligen Sklaven ihre Plantagen und begannen, auf eigenen Feldern Subsistenzlandwirtschaft zu betreiben. Aber Brasilien importierte von 1811 bis 1870 immer noch 1 900 000 Sklaven und Kuba noch einmal 550 000. Das Ende des Sklavenhandels bzw. der Sklavenarbeit in der einen Region führte zu ihrer Fortsetzung und sogar Intensivierung in anderen Regionen. Zu den Gegenden mit fortbestehender Sklavenhaltung gehörten der Baumwollgürtel in den amerikanischen Südstaaten, der inzwischen zum wichtigsten Produzenten des für den expandierenden englischen Kapitalismus entscheidenden Rohstoffes aufgestiegen war. Die Entfaltung des Industriekapitalismus beruhte also auf der Aufrechterhaltung der Sklaverei in einem anderen Teil der Welt – auch wenn diese Sklavenwirtschaft nicht mehr auf die Fortsetzung des Sklavenhandels angewiesen war.

Die Ablösung der Sklaverei innerhalb des britischen Machtbereichs hat noch einen weiteren Aspekt: Die napoleonischen Kriege hatten England am Ende – über die Karibik hinaus – die Herrschaft über einen Großteil der tropischen Zone eingebracht. Vor den Kriegen hatte Großbritannien einen beträchtlichen Teil seines Reichtums aus der Karibik bezogen; seit Kriegsende hingegen konnten sich die britischen Fabrikanten erwartungsfroh auf ein »neues« Empire einstellen. Diese neue Reich sollte sich nicht auf die Zwangsarbeit auf ein paar Inseln stützen, sondern auf den Export von Fertigwaren nach und dem Import von tropischen Produkten aus Asien und Afrika. Neue Methoden des Seetransports sollten die Waren über die Meere befördern, die zugleich von der britischen Kriegsmarine vom Sklavenhandel freigehalten wurden. Infolgedessen wurde die Sklaverei auf den britischen Zuckerinseln der florierenden Plantagenwirtschaft und der *cash-crop*-Produktion kleinerer landwirtschaftlicher Betriebe in anderen Teilen der Welt geopfert. Infolge dieser Umorientierung der britischen Interessen sank die relative Bedeutung des Zuckers aus der britischen Karibik für die Finanzierung der Kapitalakkumulation; entsprechend stieg die Bedeutung anderer *cash-crop*-Produkte, die in anderen Teilen der Welt angebaut wurden.

Im Lauf des 19. Jhs. vollzog sich in der Plantagenwirtschaft ein bedeutsamer Wandel. Zunehmend verschwanden die Güter, für die das Kapital aus den finanziellen Mitteln der Besitzerfamilien und der Kaufleute stammte, wobei letztere einen Vorschuß auf die Ernte in Form einschlägiger Waren gegeben hatten. Dafür entstanden immer mehr hochkapitalisierte korporative »Fabriken auf freiem Felde«, bei denen sich alle Produktionsfaktoren, also auch die Arbeitskraft, nach Angebot und Nachfrage auf den sich ständig ausdehnenden kapitalistischen Märkten richteten. Der »Niedergang der Klasse der Plantagenbesitzer« war keine auf die Karibik beschränkte, sondern eine weltweite Erscheinung (Beckford 1972, 102–110). Die besondere Beziehung zwischen Plantagenbesitzern und Händlern hatte dem Prinzip der freien Fahrt für flüssiges Kapital zu weichen. Um möglichst viel Kapital zu akkumulieren und möglichst wenig für die Arbeitskraft zu bezahlen, mußte man dem Kapital den freien Zugang zu solchen Organisationsformen und Zweigen der Landwirtschaft eröffnen, die die Produktion noch weiter intensivieren und ausdehnen konnten. Das bedeutete aber zugleich den Rückzug des Kapitals aus den eher herkömmlichen Zweigen der Landwirtschaft, die mit einer veralteten Technologie, einem zu engen organisatorischen Korsett und einem immobilen Stamm von Arbeitskräften belastet waren.

Die Klasse der Plantagenbesitzer, die nur begrenzten Zugang zu Kapitalquellen hatte und an ihren veralteten Produktionsstrukturen klebte, konnte die Umstellung nicht mitmachen. Eine Plantage nach der anderen wurde von Kapitalgesellschaften aus den Metropolen übernommen; das Kapital für die Umwälzung der technischen Ausstattung und Organisation unter der Regie dieser Unternehmen wurde aus London, Paris, New York oder Hamburg hereingepumpt. Gigantische Produktions- und Distributionsunternehmen – wie die United Africa Company, United Fruit, Harrisons and Crosfields, Brooke Bond, die Compagnie Francaise de l'Afrique Occidentale und die Société Commerciale de l'Ouest Africain – hatten am Ende ganze Wirtschaftsbranchen und ganze Länder unter ihrer Kontrolle. Auf diese Weise gerieten sowohl die Plantagenwirtschaft als auch die Produktion der kleinen *cash-crop*-Betriebe unter die finanzielle und kommerzielle Herrschaft weit entfernter Entscheidungszentren.

Kommerzielle Landwirtschaft: Kleinbetriebe mit cash-crop-*Produktion*

Ebenfalls im 19. Jh. entwickelte und erhöhte sich – in Europa wie in anderen Teilen der Welt – die Produktion von *cash-crops* auf kleineren landwirtschaftlichen Anwesen. Ganz allgemein formuliert: die Bauern wurden zu Landwirten. In Europa vollzog sich diese Entwicklung auf zweierlei Weise. Erstens über die ökonomische und politische Befreiung der Bauernschaft von ihren Tributverpflichtungen gegenüber einer Klasse von Grundherren, wodurch es den Bauern möglich wurde, ihr Land und ihre Arbeitskraft als marktmäßige Produktionsfaktoren zur Geltung zu bringen. Dieser Prozeß kam nur allmählich und über einzelne Phasen und Stadien voran, und zwar von Westen nach Osten: Er begann 1789 in Frankreich, erreichte nach 1848 die Gebiete der österreichisch-ungarischen Doppelmonarchie und wurde 1861 mit der russischen »Verordnung über die von der Leibeigenschaft befreiten Bauern« erfolgreich abgeschlossen. Der zweite Weg, auf dem die Bauern zu einer gezielten *cash-crop*-Produktion übergingen, führte über die Auflösung der Verknüpfung zwischen Subsistenzlandwirtschaft und handwerklicher Heimindustrie, wie sie noch unter dem Verlagssystem bestanden hatte. Als diese von Kaufleuten organisierte handwerkliche Produktion der kapitalistischen Industrie weichen mußte, sahen sich die ärmeren Bauern-Handwerker gezwungen, den landwirtschaftlichen Anbau aufzugeben und in die industriellen Beschäftigungszentren abzuwandern, woraufhin ihre glücklicheren bzw. reicheren Nachbarn ihren Landbesitz vergrößern und für den Anbau spezialisierter marktfähiger Agrarprodukte nutzen konnten. Selbstredend war dies kein gleichförmiger Prozeß, der sich überall gleichzeitig abspielte. Aber am Ende waren die tributgebundenen Produktions- und die mit ihnen einhergehenden Betätigungsweisen kaufmännischen Reichtums abgeschafft, und ein neuer Typ des landwirtschaftlichen Produzenten war in die Lage versetzt, auf die Marktimpulse zu reagieren.

Wie wir sehen werden, vollzog sich die entsprechende Entwicklung auch in außereuropäischen Gebieten, und hier insbesondere in Westafrika und Südasien. Die kapitalistische Expansion wurde sowohl von kleinen Grundbesitzern als auch durch die Plantagenwirtschaft vorangetrieben; aber beide waren sozusagen nur die vor Ort tätigen Agenten der Kapitaleigentümer, die weit weg in den Kapitalgesellschaften oder Kommissionsfirmen saßen. Die Ausbreitung der kommerziellen Landwirtschaft bedeutete die Herausbildung eines vielschichtigen Zusammenwirkens von einströmendem Kapital, örtlicher Produktion und örtlichem Verkauf sowie abfließendem Kapital. Wir werden im folgenden die Karriere und die Ausbreitung einiger Anbauprodukte verfolgen und an einigen Beispielen skizzieren, wie sich dadurch das Leben der Bevölkerung »vor Ort« verändert hat. Diese Entwicklungen und ihre Auswirkungen waren allerdings nur lokale Episoden eines gigantischen, sich im Weltmaßstab vollziehenden Prozesses der Kapitalakkumulation.

Warenproduktion: landwirtschaftlich erzeugte Nahrungsmittel

Eine herausragende Rolle im Prozeß der weltweiten landwirtschaftlichen Spezialisierung spielten die Getreidearten – in Europa und Amerika vor allem der Weizen und in Asien der Reis –, die spezialisierte Viehzucht und die auf Plantagen angebauten pflanzlichen Nahrungsmittel wie z. B. Bananen.

Weizen

Wir haben bereits gesehen, daß Großbritannien als »Werkstatt der Welt« bei seiner Verköstigung stark von Getreideimporten abhängig war. Spezielle Anbauzonen von Exportweizen waren in dieser Periode vor allem drei Gebiete: erstens die Great Plains im amerikanischen Mittleren Westen und Westen, wo der Getreideanbau sich dank des Tiefpflugs und der mechanischen Mähmaschine in die rauhe Präriegraslandschaft hineinfraß. 1838 traf die erste Weizenlieferung in Richtung Osten in Chicago ein, aber der enorme Ausbau der Weizenproduktion datiert erst seit dem Ende des inneramerikanischen Sezessionskrieges, als dann aufgrund der neu gebauten Eisenbahnlinien und der Einführung der Frachtschiffe die Übersee-Exporte zunehmend profitabel wurden.

Das Vordringen der Eisenbahn führte anfangs zur Gründung riesiger »Bonanza«-Farmen, auf denen Glücksritter mit Hilfe von Wanderarbeitern Weizen anzubauen versuchten. Diese Unternehmen erlitten Schiffbruch und wurden in den achtziger Jahren durch Farmen abgelöst, die als Familienunternehmen – allerdings mit landwirtschaftlichen Maschinen ausgestattet – betrieben wurden. Die ersten Dampfkraft-Dreschmaschinen tauchten bereits in den dreißiger Jahren auf, mechanische Mähmaschinen in den fünfziger und Mähdrescher *(combines)* dann in den achtziger Jahren. Mit diesem Maschinenpark konnte sich ein Zwei-Mann-Haushalt (etwa ein Vater-Sohn-Team) auf einer Weizenfarm von 200 *acres* (knapp 80 Hektar) erfolgreich behaupten. Diese Leute waren aber keine Bauern, die Landwirtschaft für ihren Lebensunterhalt betrieben, sondern Warenproduzenten, die ihre Produktionsmittel auf dem Markt kauften und ihre Produkte auch wieder auf dem Markt verkauften (Friedman 1978).

Der amerikanische Weizen, der in Europa billiger als der einheimische Weizen verkauft wurde, stürzte die bäuerliche Landwirtschaft Europas in eine Krise und löste einen Auswandererstrom ruinierter Bauern aus, die in den »aufbrechenden« amerikanischen Subkontinenten eine neue Lebensgrundlage zu finden hofften. Ironischerweise traten viele dieser Auswanderer die Reise nach Westen auf denselben Schiffen an, die den Weizen, der ihren Ruin besiegelt hatte, nach Europa geschafft hatten.

Die ostdeutschen Junker reagierten auf die Weizenkrise damit, daß sie ihre alten Pächter-Arbeiter durch Wanderarbeiter ersetzten. Diese Pächter hatten als Gegenleistung für ihre Arbeit auf den Gütern der Junker das Recht auf eine Kate, auf ein Stück selbstbewirtschaftetes Land, auf eine Weide für die eigenen Kühe und auf einen Teil der Ernte. Jetzt büßten sie diese Rechte ein und wanderten massenweise aus (Walker 1964, 184–190). Als Ersatz holten sich die Junker polnische Saisonarbeiter heran, denen sie niedrige Löhne zahlen konnten. Diese Löhne wurden bewußt durch eine von den Junkern unterstützte staatliche Politik gedrückt, die darauf abzielte, die Zunahme unabhängiger Bauernwirtschaften in polnischem Besitz zu behindern (Weber 1924; Gerschenkron 1943).

In den achtziger Jahren rückte Argentinien allmählich in die Reihe der großen Weizenproduzenten der Welt auf: 1870 hatte das Land noch Weizen importiert, aber am Ende des Jahrhunderts war es zu einem der Hauptexporteure geworden. Eingewanderte europäische Siedler, Pachtfarmer und Erntearbeiter schoben das Weizenanbaugebiet immer weiter in Richtung Westen vor, bis die Grenze der erforderlichen Mindestregenmenge erreicht war.

Westeuropa bezog sein Getreide aus einem dritten Weizenanbaugebiet, nämlich aus Südrußland. Hier hatte sich die auf dem Steppenboden gewonnene Weizenernte zwischen 1831 und 1860 verdreifacht. 90 Prozent davon wurden über den Hafen von Odessa exportiert, wo die Weltmarktpreise mit der Zeit zum Maßstab für den Weizen aus allen russischen Anbaugebieten wurden (Lyashchenko 1949, 367). Im Gegensatz zum übrigen europäischen Rußland bildeten sich außerdem in den russischen Steppengebieten Strukturen landwirtschaftlicher Lohnarbeit heraus, die auf Gütern mit ständig verstärktem Maschineneinsatz die Formen der Leibeigenschaft ablösten.

Reis

Zum entscheidenden landwirtschaftlichen Exportprodukt in Süd- und Südostasien wurde der Reis. 1855 besetzte Großbritannien Nieder-Birma, also die Deltaregion des Irrawaddy-Flusses mit ihren 400 000 Hektar Reisanbaufläche. Diese Fläche vergrößerte sich von 1855 bis 1881 noch um das Neunfache. Die unmittelbaren Produzenten waren Bauern, unter ihnen viele Einwanderer aus den regenarmen Landstrichen Ober-Birmas. Der Reisanbau wurde von den großen Reismühlen in Rangun und Bassein über ein Netz von Geldverleihern in den Dörfern finanziert. Die meisten dieser Geldverleiher gehörten der Chettiar-Kaste aus Madras an, die die birmesischen Geldverleiher verdrängte. Die Verschuldung der Bauern, die im übrigen die Reisproduktion immer weiter ankurbelte, wurde noch durch Anleihen bei den birmesischen und chinesischen Ladenbesitzern verschärft, wobei das ausgeliehene Geld für Konsumgüter, Familienfeiern und Theateraufführungen *(pwe)* ausgegeben wurde. Etwa die Hälfte der birmesischen Reisexporte ging nach Indien, ein weiteres Viertel versorgte die Plantagen von Ceylon und Malaya, die sich immer mehr auf die Produktion von Tee und Kautschuk spezialisierten, das letzte Viertel diente dem Unterhalt der Zuckerkolonien auf Mauritius und den Westindischen Inseln. Ein Großteil dieses birmesischen Reises wurde dabei von indischen Kontraktarbeitern konsumiert, die auf landwirtschaftlichen Gütern im Ausland arbeiteten, wobei die Schiffe, die diese Arbeiter an ihren Bestimmungsort transportierten, auch den Reis geladen hatten, von dem sie sich dann ernährten.

Auch Thailand begann Reis für den Export zu produzieren, wenn auch im kleineren Maßstab als Birma. Hier waren die Reismühlen in chinesischen Händen; und Chinesen waren es auch, die sich zunehmend als Zwischenhändler und Geldverleiher in den ländlichen Gebieten betätigten. Der Reisanbau breitete sich vor allem in der Zentralebene von Thailand aus. In dieser Ebene liegt – nordöstlich von Bangkok – die um die Mitte des 19. Jhs. gegründete Siedlung Bang Chan, über die hundert Jahre später Lauriston Sharp und das Thailand-Projekt der Cornell University eine Studie angefertigt haben (Sharp et al. 1953; Sharp/Hanks 1978; Hanks 1972). Diese Siedlung entstand im Anschluß an den Bau des Saen-Saeb-Kanals, der 55 km lang ist und für den östlichen Teil der Ebene eine Verbindung mit dem durch Bangkok fließenden Chao-Phraya-Fluß herstellt. Obwohl ursprünglich in militärischer Absicht erbaut, erschloß er die Region für den Markt von Bangkok. Die Menschen, die sich in Bang Chan ansiedelten, setzen sich

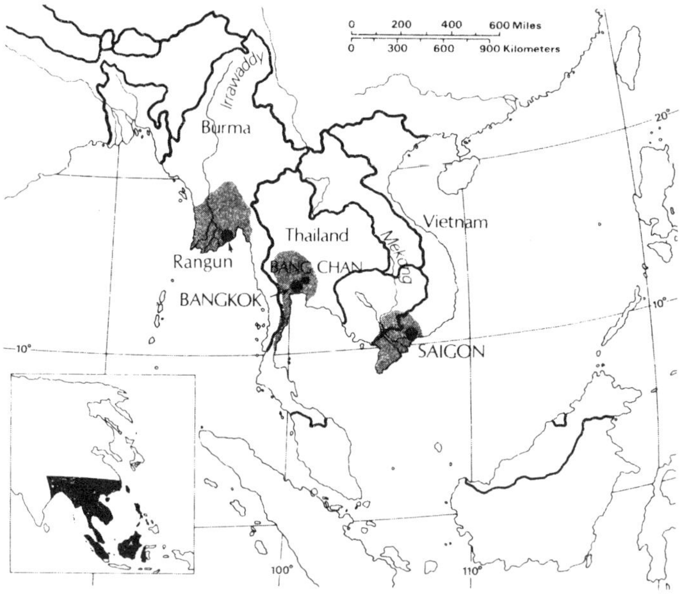

Reisanbau für den Export in Südostasien

zusammen aus Chinesen, die von der südchinesischen Insel Hainan stammten und sich durch Heiraten mit der Thai-Bevölkerung vermischt hatten, aus malayischen muslimischen Kriegsgefangenen aus dem Süden, aus laotischen Kriegsgefangenen aus dem Nordosten und aus befreiten Sklaven aus Bangkok. Den örtlichen buddhistischen Tempel, der dieser verstreut liegenden Siedlung ihre Identität verleiht, hatte um 1891 ein Flußhändler chinesischer Abkunft errichten lassen. Der Reisanbau für den Markt verstärkte sich vor allem im dritten Viertel des Jahrhunderts, bis er beim Ausbruch des Ersten Weltkrieges die Region vollständig dominierte.

Bang Chan hat in der anthropologischen Literatur als charakteristisches Beispiel für ein »lose strukturiertes Gesellschaftssystem« Bedeutung erlangt – ein Begriff, der erstmals von John Embree (1950) zur Kennzeichnung der Thai-Gesellschaft entwickelt wurde. Die Studie über Bang Chan kam zu dem Schluß, daß »der außergewöhnlich amorphe, relativ unstrukturierte Charakter der Thai-Gesellschaft als ganzer sich in der undifferenzierten sozialen Organisation von Bang Chan deutlich wiederspiegelt« (Sharp et al. 1953, 26). Dieses Fazit hat eine Menge Kontroversen über Strukturmodelle der Thai-Gesellschaft ausgelöst. Jack Potter (1976) hat daraufhin ein alternatives Modell zur Diskussion gestellt, demzufolge die ländlichen Thai-Gemeinden von einer Reihe von »Strukturelementen ... hervorgebracht« werden. Aber die Merkmale, die Bang Chan als »locker strukturiert« charakterisieren, haben wir – genau wie die Merkmale anderer Thai-Dörfer, die auf andere Weise in die Reis-Ökonomie eingespannt sind – nicht nur als einen spezifischen gesellschaftlichen Strukturtypus aufzufassen, sondern auch als Resultat der Expansion der Warenproduktion.

Die dritte Region Asiens, die Reis für Exportmärkte produzierte, war Kochinchina, also die Deltaregion im Süden Vietnams, die 1861 die Franzosen eingenommen hatten. Diese Region ist weitgehend ein Produkt der von den Franzosen errichteten wasserbautechnischen Anlagen, die der Produktion großer Reismengen für den Export dienen sollten. Dieser Reis wurde hauptsächlich auf großen, von Pächtern bestellten Besitzungen angebaut. Die Fläche dieser Reisfelder hat sich zwischen 1880 und 1890 verdoppelt; in derselben Zeit stiegen dagegen die Reisexporte (die über Saigon abgewickelt wurden) fast um das Dreifache. Ein Großteil der Reisernte wurde über Hongkong nach China verschifft, wobei der Handel weitgehend in den Händen von Chinesen lag.

Fleischprodukte

Mit Beginn der industriellen Revolution ging der zuvor relativ hohe Fleischverbrauch in Europa merklich zurück. Dann aber führten die mit der Eisenbahn und der Dampfschiffahrt geschaffenen Transportmöglichkeiten zur Erschließung von »Neuland für die Viehzucht«. Schon 1860 stammte das Fleisch auf den Tellern der Europäer und Amerikaner aus ganz neuen Liefergebieten.

Von diesen neu erschlossenen Regionen ist der amerikanische »Wilde Westen« am bekanntesten geworden; er wurde nach Beendigung des inneramerikanischen Sezessionskrieges zu einem der »Viehzüchter-Königreiche« der Welt. Vor dem Krieg waren riesige Herden halbwilder und ungebrannter Rinder auf den offenen Weideflächen in Süd-Texas umhergezogen. Das Ende des Konflikts zwischen Nord- und Südstaaten löste einen plötzlichen Anstieg der Fleischnachfrage aus – die bis dahin nutzlosen weiten Grasebenen wurden zur marktfähigen Ware. Diese neue Entwicklung führte zu den großen Rindertrecks, auf denen die Herden von *cowboys* zu den Bahnstationen getrieben wurden, wo man die Tiere in Güterzügen auf ihren Weg in die Schlachthäuser im Osten der USA verfrachtete. Die Cowboys waren Lohnarbeiter zu Pferde, in der Regel Anglo-Amerikaner, Mexikaner oder amerikanische Schwarze, die nach Aufhebung der Sklaverei in den Westen gezogen waren. Die Techniken des Viehzuchtgeschäfts sind dabei aus den Techniken der mexikanischen Herdenwirtschaft hervorgegangen.

Die große Zeit der Cowboys, die ja in Amerika in der volkstümlichen Mythologie bis heute weiterlebt, dauerte freilich nur 25 Jahre, und der Westen lieferte auch nie mehr als ein Drittel aller in den USA gezogenen Rinder. Das freie Weiden halbwilder Rinderherden im offenen Grasland blieb innerhalb der Entwicklung der Herdenindustrie nur eine Episode. Die Rinderzüchter schlossen mit den vordringenden Ackerbaufarmern bald ihren Frieden, indem sie dazu übergingen, auf sorgsam eingezäunten Viehfarmen zahme Rasserinder zu züchten.

Die nordamerikanische Viehzucht entwickelte sich als Zulieferindustrie der Konservenfabriken von Chicago, St. Louis und Kansas City; nach diesem Vorbild entstand auch die Viehzucht in der argentinischen *pampa* als Zulieferungsindustrie für die Konservenfabriken von Buenos Aires. Auf der argentinischen Grassteppe war das verwilderte Vieh zunächst nur der Häute wegen gejagt worden, später dann auch zur Gewinnung von Pökelfleisch für die Sklavenplantagen in Brasilien. Im industriellen Maßstab entwickelte sich die Rinderzucht in Argentinien jedoch erst im letzten Viertel des 19. Jhs., als es möglich geworden war, Fleisch einzufrieren und zu günstigen Frachtkosten auf die Märkte Europas und insbesondere Großbritanniens zu bringen. Britisches Kapital war es auch, mit dem die argentinischen Eisenbahnstrecken gebaut und betrieben sowie die Zuchtrinder angeschafft, die Rinderfarmen mit Stacheldraht umzäunt und die Anlagen zum Einfrieren des Frischfleisches errichtet wurden; und mit britischem Kapital wurden ebenso die Kühlschiffe finanziert, die das Gefrierfleisch über den Atlantik transportierten. »Am Ende des 19. Jahrhunderts«, schreibt George Pendle (1963, 141), »hatte man die *pampa* gezähmt, durchorganisiert und buchstäblich für die Volkswirtschaft Großbritanniens eingespannt.«

Die Expansion der argentinischen Rinderindustrie wurde in drei miteinander verzahnten Phasen bewerkstelligt. In der ersten Phase wurden die Araukaner, ein berittenes Indianervolk der Graslandzone, besiegt und militärisch vernichtet. In der zweiten Phase wurden die halbselbständigen Viehjäger der Pampa, die *gauchos*, ihrer Autonomie beraubt. Aufgrund der Einführung von Drahtzäunen brauchte eine Ranch nicht mehr so viele berittene Männer, um ihre Viehherden innerhalb der eigenen Grenzen zu halten. So wurde der Gaucho zum Farmarbeiter. In der dritten Phase wurde die Produktion der Rinderfarmen und der landwirtschaftlichen Güter aufeinander abgestimmt. Die nunmehr an spanische und italienische Einwanderer verpachteten Güter produzierten abwechselnd Weizen für den Export und Luzerne (Futterpflanzen) für die Rinderfarmen.

Die industrielle Viehzucht entwickelte sich auch noch in einer dritten Region: in Australien. Hier waren auf Weideland, das man den Ureinwohnern, den Aborigines, abgenommen hatte, seit dem ersten Viertel des 19. Jhs.

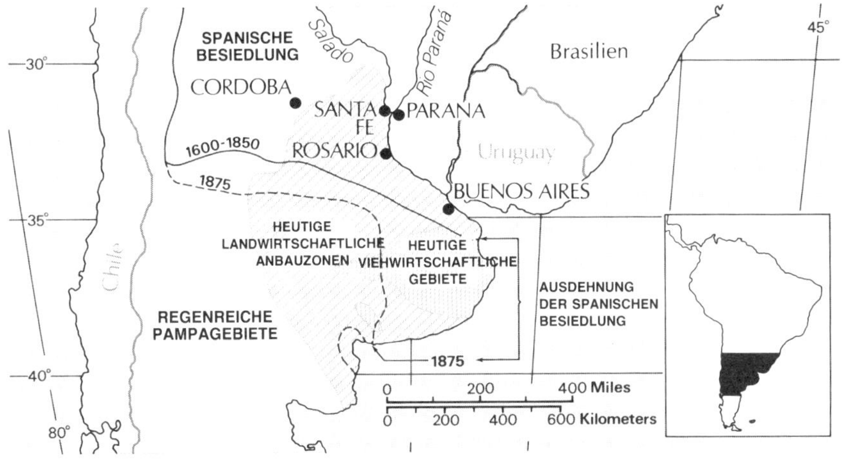

Das Viehzucht-Gebiet Argentiniens

Schafe gezüchtet worden, deren Wolle für den Export bestimmt war. Als Mitte des Jahrhunderts der Goldrausch die Arbeitskräfte von den Schafweiden abzog, rationalisierten die großen Schafherdenbesitzer ihre Produktion, indem sie berittene Grenzreiter einsetzten und aus der Neuen Welt die Technik des Einzäunens und andere neue Errungenschaften übernahmen. Die australischen Schafweiden kamen jedoch nicht – wie die nordamerikanischen – mit dem landwirtschaftlichen Ackerbau ins Gehege, weil dieser sich nur an den Küstenrändern des Kontinents entwickelte. Die Zahl der Schafe stieg zwischen der Mitte und dem Ende des 19. Jhs. von 8 Millionen auf 70 Millionen Stück.

Im letzten Viertel des Jahrhunderts breitete sich dann auch die Rinderzucht ins Innere des fünften Kontinentes aus. Jetzt entzündete sich eine immer stärkere Konkurrenz um pflanzliche Nahrungsmittel und Wasserquellen zwischen den Schaf-, den Rinderherden und den Aborigines mit ihren verwandtschaftlich strukturierten Lebensformen. Der Konflikt mit den Europäern war nicht mehr zu umgehen. Einige Gruppen wie die Ngadidji und die Aranda wurden von den Viehzüchtern glatt überrollt. Andere wie die Walbiri, die außerhalb der Weideregionen lebten, bewahrten sich noch eine Zeitlang ihre Autonomie. Dann aber begannen die jüngeren Männer, Lohnarbeit bei den Ranchern aufzunehmen, und zogen die anderen bald nach. Nach den Beobachtungen von Mervyn Meggit nutzten die Walbiri ab Mitte der fünfziger Jahre dieses Jahrhunderts ihre erweiterte Freizeit – die Aufnahme der Lohnarbeit befreite sie nämlich von den rigiden Anforderungen des Nahrungsmittelsammelns – zu verstärkten gemeinschaftlichen und zeremoniellen Aktivitäten (1962, 333).

Bananen

Bananen haben als landwirtschaftliches Massenprodukt nicht dieselbe Bedeutung wie Getreide und Fleisch; dennoch hatte die durch den kommerziellen Aufschwung des 19. Jhs. angeregte Anlage von Bananenplantagen in weiten Gebieten vor allem Zentralamerikas erhebliche Auswirkungen. Die Bananenstaude war ursprünglich von den Spaniern in den ersten Jahren ihrer Eroberung von den Kanarischen Inseln mitgebracht worden. Als Hauptanbauprodukt hat die Banane in den tropischen Niederungen sowohl bei der »primitiven« als auch bei der bäuerlichen Bevölkerung große Verbreitung gefunden. In den siebziger Jahren wurde sie dann zu einem Plantagenprodukt. 1871 begann ein im Eisenbahnbau in Costa Rica engagierter Unternehmer aus den USA mit den ersten Versuchen eines kommerziellen Bananenanbaus, wovon er sich ein gewisses Frachtaufkommen für seine Bahnlinie versprach. Aus diesen Versuchen entwickelte sich die United Fruit Company, die 1889 ins Handelsregister eingetragen wurde.

Im Laufe von 35 Jahren produzierte die United Fruit dann annähernd zwei Milliarden Bund Bananen, und zwar auf eigenen ausgedehnten Besitzungen in Costa Rica, Panama, Honduras, Kolumbien und Ecuador. Die geographische Streuung versetzte die United Fruit in die Lage, in jedem einzelnen der Gastgeberländer eventuelle politische Pressionen auszutarieren. Sie erlaubte ihr auch, in den verschiedenen Anbauregionen die jeweils günstigsten Umweltbedingungen auszunutzen und so die Gefahr eines Ernteausfalls durch Überflutungen, Hurrikane, Bodenauslaugung und Pflanzenkrankheiten jeweils so gering wie möglich zu halten. Um diese Risiken weiter einzuschränken, erwarb das Unternehmen sehr viel mehr Grund und Boden, als es gleichzeitig nutzen konnte – sozusagen eine Zukunftsreserve für alle Fälle. In einigen Gegenden knüpfte sie Beziehungen mit den örtlichen Bauern an, die auch Bananen anbauten und an die United Fruit verkauften.

Das war beispielsweise auch an der Nordostküste Kolumbiens der Fall, im Schwemmland am Fuß der Sierre Nevada de Santa Marta (vgl. Partridge 1979). Dieses Gebiet – das schon in vorspanischen Zeiten die Tairona trockengelegt, bewässert und intensiv bebaut hatten (vgl. Kapitel 2) – war nach der Dezimierung der eingeborenen Bevölkerung durch die spanische Eroberung nur spärlich besiedelt gewesen. Bis zum letzten Viertel des 19. Jhs. gehörte das Land entweder zum ausgedehnten Besitz von Viehzüchtern, oder es wurde von extensive Brandrodung betreibenden Ackerbauern genutzt, die verstreut in kleinen Dörfern wohnten und Feldfrüchte zum eigenen Lebensunterhalt oder zum gelegentlichen Verkauf auf den Markt anbauten. Das Leben dieser Siedler ist der Hintergrund für den Roman *Hundert Jahre Einsamkeit,* worin der Kolumbianer Gabriel García Márquez die Geschichte mehrerer Ansiedlungen zu seinem Porträt der imaginären Stadt Macondo verschmelzen läßt. In den siebziger Jahren des 19. Jhs. wurde diese Region von kolumbianischen Unternehmern durch den Bau einer Eisenbahn, eines Entwässerungskanals und eines Systems von Bewässerungsgräben erschlossen. Alsbald begannen kolumbianische Pflanzer mit dem Anbau von Bananen, die sie in New York auf den Markt brachten. 1896 kaufte die United Fruit Company die Eisenbahnlinie und erwarb die südlich an die kolumbianischen Anwesen angrenzenden Ländereien, um hier einen eigenen Bewässerungsdistrikt aufzuziehen. Da das Unternehmen die Land- und Seetransportwege und die Vermarktung kontrollierte, wurden die kolumbianischen Pflanzer bald von ihm abhängig, was bedeutete, daß sie ihren eigenen Produktionsprozeß mit dem der United-Fruit-Plantagen synchronisieren und ihre Bananenernte über das Monopolunternehmen verkaufen mußten. Die Plantagenarbeiter wurden durch professionelle Arbeitsvermittler rekrutiert, die auch den eigentlichen Arbeitsprozeß beaufsichtigten. Die Arbeiter bezogen einen geringen Tageslohn in bar und Berechtigungsscheine für Einkäufe im Magazin der Plantage. Mit bitterem Sarkasmus beschreibt García Márquez in seinem Roman einige der Veränderungen, welche die Lohnarbeit dem Leben der örtlichen Bevölkerung aufgeprägt hat und wie die Entwicklung dann in dem blutigen Streik von 1928 kulminierte.

Auf den kolumbianischen Bananenpflanzungen wurden die meisten Arbeiter vor Ort rekrutiert, in Zentralamerika jedoch zog die United Fruit Arbeiter von den englisch-sprachigen Karibikinseln und insbesondere aus Jamaica vor. Das Unternehmen hatte Schwierigkeiten, Leute aus den benachbarten Hochlandregionen für die Arbeit in den tropischen Niederungen zu gewinnen. Die englisch-sprachigen westindischen Arbeiter konnten sich erstens mit dem nordamerikanischen Leitungspersonal der Plantagen verständigen, und zweitens – und vor allem – waren sie während ihrer Auslandsbeschäftigung auch völlig von dem Unternehmen abhängig, insofern auch leichter zur Raison zu bringen als die einheimischen Arbeiter. Auch konnten die Inselbewohner, wenn die United Fruit den Bananenanbau in der einen Gegend zugunsten einer anderen aufgab, einfach entlassen werden. Der Anteil der westindischen Arbeiter auf den Plantagen der United Fruit verringerte sich aber in dem Maße, in dem die Regierungen der Gastgeberländer sich gegen den Import von ausländischen Arbeitern zur Wehr setzten und die einheimische Bevölkerung sich zur Lohnarbeit in der Küstenregion heranziehen ließ.

Zu den zentralamerikanischen Bevölkerungsgruppen, die auf den United-Fruit-Plantagen in Panama arbeiteten, gehörten auch die Guaymí. Dieses Chibcha-sprachige Volk hatte sich vor der spanischen Eroberung in die wilde Bergwelt im Westen von Panama in Sicherheit gebracht und dort auch ihren kollektiven, auf Verwandtschaftsbeziehungen beruhenden Gruppen-Grundbesitz beibehalten. In den dreißiger Jahren dieses Jahrhunderts begannen immer mehr Guaymí, sich zusätzlich zu ihrem Fruchtwechsel-Anbau in ihrer Heimatregion für bestimmte Arbeitsperioden bei der United Fruit als Lohnarbeiter engagieren zu lassen. Nachdem sie von den Löhnen und den in den Läden gekauften Waren immer abhängiger geworden waren, traf es sie in den sechziger Jahren besonders hart, als das Unternehmen seine Betriebe zu mechanisieren und Menschen durch Maschinen zu ersetzen begann. Philip Young (1971) erblickt in diesem Verlust von Arbeit und Einkommen den Hauptgrund für die nativistisch-chiliastische Mama-Chi-Bewegung, die um diese Zeit unter den Guaymí entstanden ist.

Pflanzliche Produkte für gewerbliche Zwecke

Kautschuk in Amerika

Im 19. Jh. gewann ein aus Bäumen gewonnenes, gewerblich nutzbares Produkt immer mehr an Bedeutung, nämlich Kautschuk. Zu einem wichtigen industriellen Grundstoff wurde Kautschuk erst nach der Erfindung der Vulkanisiertechnik im Jahre 1839, wobei er zunächst zur Herstellung von Regenmänteln, Schuhen, Fahrradreifen, Präservativen und anderen Bedarfsartikeln diente. Später wurde Kautschuk im Bereich des Eisenbahn- und Maschinenbaus sowie als Isoliermaterial in den neuen Branchen der Elektroindustrie verwendet. Gegen Ende des Jahrhunderts wurde er schließlich zu einem wichtigen Rohmaterial für die Automobilindustrie.

Bis 1900 war Brasilien der einzige Kautschukproduzent; das Land steigerte seine Jahresproduktion zwischen 1827 und dem letzten Jahrzehnt des 19. Jhs. von ganzen 27 auf durchschnittlich 20 000 Tonnen (Poppino 1968, 140 f.). Unmittelbare Produzenten waren anfangs Indianer aus dem Amazonasgebiet und am Amazonas siedelnde Landwirte portugiesischer Abstammung. Später wurden Kontraktarbeiter aus dem Nordosten Brasiliens (die sogenannten *flagelados*) zum Kautschuksammeln angeworben. Sie sahen sich gezwungen, nach einem neuen Lebensunterhalt in den tropischen Wäldern zu suchen, weil die Zuckerindustrie im Nordosten, dem ehemaligen Kernland der brasilianischen Wirtschaft, einen ökonomischen Niedergang erlebte. In unmittelbare Not stürzte sie dann auch noch die große Dürre, die diese Region zwischen 1877 und 1880 heimsuchte und die den Hungertod von etwa 200 000 Menschen verursacht haben dürfte. In derselben Größenordnung lag die Zahl der Menschen, die in den letzten Jahrzehnten des Jahrhunderts ins Amazonasgebiet umsiedelten (Furtado 1963, 143 f.). Auf die Ankunft solcher Umsiedler aus dem Nordosten im Jahre 1880 geht auch die Gründung der Stadt zurück, die Charles Wagley (1953) unter dem Namen Itá beschrieben hat.

Kautschuksammler: die Mundurucú

Wie die Amazonas-Indianer auf die Einführung des Kautschukhandels reagierten, läßt sich am Beispiel der Menschen studieren, die sich selbst *Weidyénye* (»unsere Leute«) nannten, aber eher unter dem Namen bekanntgeworden sind, den ihnen ihre Feinde – die Parintintín – verliehen haben: nämlich als Mundurucú (nach einer Spezies von Ameisen). Die Brasilianer portugiesischer Abstammung stießen auf dieses Indianervolk erst im späten 18. Jh., und zwar auf ihren Raubzügen, die sich gegen andere weiße Siedler und Indianer am unteren Amazonas richteten. Dabei ergab sich ein Bündnis zwischen den Eindringlingen aus dem Nordosten und den Mundurucú, in dessen Rahmen allerdings die männlichen und die weiblichen Mitglieder unterschiedliche Rollen übernahmen. Die Frauen begannen Maniok für die Grenzsiedler anzubauen. Die Männer, die anfangs auf die Weißen feindlich reagiert hatten, schlossen sich ihren neuen Verbündeten als Söldner im Krieg gegen die Mura-Indianer (die im Gebiet zwischen Amazonas und Rio Negro lebten) und gegen die Cawahíwa am Oberlauf des Tapajós an. Dabei hatten die Mundurucú die Aufgabe, unter diesen Völkern Sklaven zu fangen, lokal begrenzte Aufstände zu unterdrücken und allgemein aufrührerische Bewegungen niederzuschlagen, so z. B. die Revolution der Cabanas im Jahre 1835, einen Aufstand der ortsansässigen Weißen, der Brasilianer afrikanischer Abstammung sowie der Mura und anderer Indianervölker.

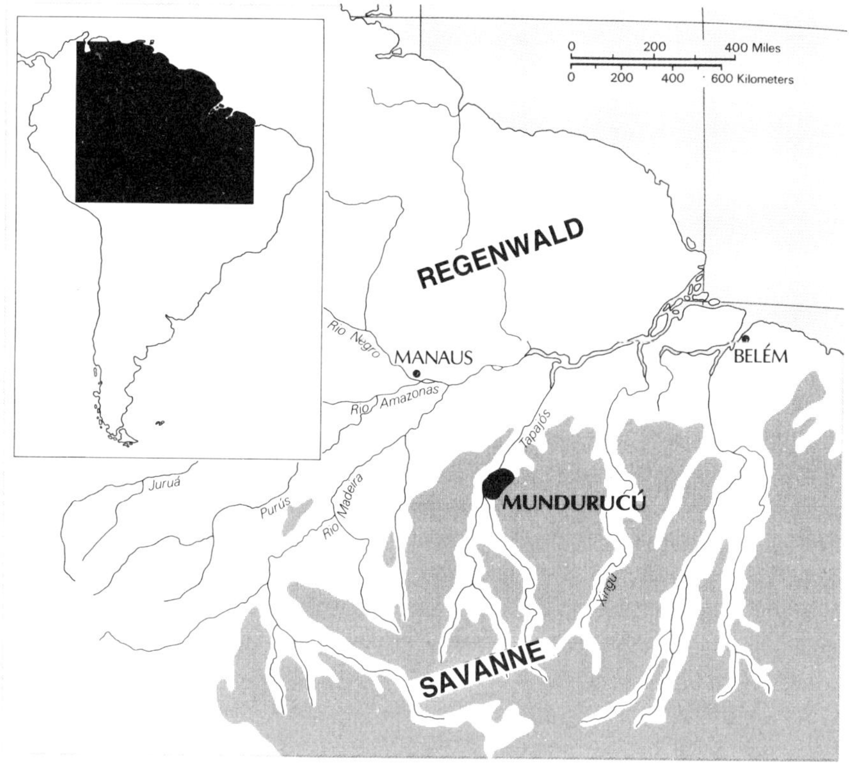

Das Siedlungsgebiet der Mundurucú

Die Tatsache, daß die Frauen immer mehr Maniok produzierten und die Männer immer häufiger und über weite Distanzen kriegerische Feldzüge bestritten, ließ nicht nur eine striktere Arbeitsteilung zwischen den Geschlechtern aufkommen, sondern beeinflußte auch die bei den Mundurucú ehemals üblichen Residenz- und Deszendenz- (Abstammungs-)Regelungen. Vor fast dreißig Jahren fiel Robert Murphy bei seinen anthropologischen Forschungen über die Mundurucú eine ethnographische Anomalie ins Auge: eine Kombination von patrilinearer Deszendenz-Zurechnung und matrilokaler Residenzregelung. Kroeber (1952, 213) hatte bereits zuvor festgestellt, daß ihm »eine derartige Gesellschaft noch nicht vorgekommen ist und daß sie wohl auch nur selten anzutreffen« sei. Murphy fand nun aber heraus, daß die Mundurucú diese selten anzutreffende Kombination aus vormals patrilinear-patrilokalen Strukturen entwickelt hatten – eine Umstellung, die einigen Anthropologen wegen der »so gut wie unüberwindlichen Hindernisse« als eine äußerst unwahrscheinliche Sache erschien (Murdock 1949, 217). Murphy (1958) aber konnte aufzeigen, wie die Mundurucú diese Umstellung vollzogen hatten.

Bis ins frühe 19. Jh. hinein hatten die Mundurucú in Dörfern gelebt, die sich jeweils um eine einzige *patrilineage* gruppierten. Deren Mitglieder heirateten Frauen aus anderen patrilinearen Dörfern, die dann nach der patrilokalen Residenzregelung zu ihnen zogen. Symbol für die Einheit jeder *patrilineage* war der Besitz und der rituelle Einsatz heiliger Trompeten, die Ahnengeister verkörperten und in einem »Männerhaus« aufbewahrt wurden. Als dann aber der Maniokhandel Einzug hielt, der ja auf der Arbeit der Frauen beruhte, setzte sich die matrilokale Residenzregelung durch, was die vorteilhafte Folge hatte, daß die um die Frauen zentrierten dörflichen Arbeitsgruppen erhalten blieben. Es zogen also nicht mehr die Frauen in das Dorf ihrer Männer, sondern die Männer an den Wohnort ihrer Frauen. Damit stammten die männlichen Bewohner jedes einzelnen Dorfes aus mehreren verschiedenen *patrilineages*, die folglich auch nicht mehr an einem bestimmten Ort verankert waren. Fortan diente das Männerhaus im Dorf auch nicht mehr nur einer einzigen *patrilineage*, sondern wurde zum gemeinsamen Männerklubhaus und zur »Kaserne«. Und die heiligen Trompeten waren nicht mehr Symbol für die Besonderheit der einzelnen *patrilineages*, sondern repräsentierten die Einheit des Männerhauses und betonten ganz ausdrücklich dessen überörtliches Militärpotential.

Aber die Kautschukgewinnung verwandelte die gesellschaftliche Organisation der Mundurucú auch noch in anderer Hinsicht. Vorher hatten sie ihre Dörfer in der Regel in erhöhtem Gelände mit Savannencharakter angelegt. In der alljährlichen Trockenzeit waren die Dorfbewohner zum Fischen an die

Flüsse hinuntergezogen. Mit steigender Nachfrage nach Kautschuk begannen sie dann jedoch, die wild wachsenden Kautschukbäume in den Galeriewäldern entlang der Flüsse anzuzapfen und den so gewonnenen Baumsaft gegen Metallwaren, Kleidungsstücke und sogar Nahrungsmittel einzutauschen. Nach und nach gründeten die einzelnen Wohngruppen an den Flußufern ihre eigenen Dauersiedlungen, in deren Umgebung sie bestimmte Waldgebiete exklusiv für sich beanspruchten.

Da sie immer mehr dazu übergingen, die Kautschukmasse beim Handelsposten gegen Waren einzutauschen, gaben sie ihre handwerklichen Tätigkeiten auf und wurden zunehmend von den Artikeln abhängig, die ihnen die Händler als Vorschuß überließen. Die Mundurucú-Dörfer – vormals Krieger- und Maniokanbau-Gemeinden – lösten sich damit in zahlreiche kleine Haushalte auf, die jeder für sich über ein ganzes Netz von Austauschbeziehungen und wachsenden Schulden an den Handelsposten gekettet waren. So wurde der Händler anstelle des Mundurucú-Häuptlings zum Drehpunkt der örtlichen Produktions- und Austauschbeziehungen. Der Kautschukhändler vor Ort war wiederum von den flußabwärts gelegenen Handelshäusern abhängig, die ihm seine Lieferungen gegen die benötigten Waren eintauschten, wobei diese Handelshäuser ihrerseits für ihre Warenlieferungen und den Kautschukabsatz auf Export-Import-Firmen angewiesen waren. Auf diese Weise waren alle – die Mundurucú, die Händler, die Kaufleute und die Export-Import-Firmen – untereinander durch ein ausgedehntes Produktions- und Zirkulationsnetz verbunden.

Kautschuk in Asien

Der brasilianische, von wildwachsenden Bäumen gezapfte Kautschuk hielt auf dem Weltmarkt den größten Teil des 19. Jhs. hindurch eine Monopolstellung. 1876 jedoch schmuggelte Sir Robert Wickham Kautschuksamen aus dem Amazonasgebiet nach England, wo die Pflanzen im Königlichen Botanischen Garten von London für den Anbau in Malaya akklimatisiert und gezüchtet wurden. Nach 1900 breitete sich der Kautschukanbau in Asien und vor allem in Malaya zügig aus. Von 1900 bis 1913 vergrößerte sich die Fläche der Kautschukplantagen in Malaya von 2000 auf 600 000 Hektar. Die ursprüngliche Pflanzer-Klasse mit ihrem bescheidenen Anfangskapital wurde bald durch Manager ersetzt – Beauftragte der Agenturfirmen, die in London Kautschuk-Anleihen unter die Leute brachten (Jackson 1968). Die Arbeiter wurden zumeist aus Südindien importiert. Es handelte sich dabei um Tamilen, die in ihren Heimatdörfern per Kontrakt von Arbeitsvermittlern

Bilder aus dem Mundurucú-Dorf Cabrua: Frauen trocknen Maniok-Mehl über dem Feuer (oben); Männer rasten im Männerhaus (unten). Fotos von Robert F. Murphy.

angeheuert worden waren, von denen sie auch bei ihrem Arbeitseinsatz in Gruppen auf den Plantagen beaufsichtigt wurden (Jain 1970).

Ein weiteres Kautschuk-Anbaugebiet im südlichen Asien entstand an der Ostküste Sumatras, in der Umgebung von Deli. Hier hatten die Holländer lange Zeit Tabakplantagen unterhalten, die sich in Symbiose mit dem Brandrodungs-Anbau entwickelten, wie er von den örtlichen Malayen- und Batak-Dörfern betrieben wurde. Dabei besorgte die Plantage das Abbrennen der Deckvegetation und pflanzte als erste Kultur Tabak an. Wenn dann im zweiten Jahr die Produktivität des Bodens nachließ, legte die Plantage ein neues Tabakfeld an und überließ den Dorfbewohnern das alte für den Anbau ihrer eigenen Nahrungsmittel. Als 1906 Kautschuk eingeführt wurde, hatte es mit dieser symbiotischen Beziehung ein Ende. Der Kautschukbaum war eine dauerhafte Nutzpflanze und erlaubte keinen Wechsel mit anderen, einjährigen Feldfrüchten. Schlimmer noch: der mit aus Java und China importierten Arbeitskräften betriebene Kautschukanbau fraß sich nunmehr in die Felder hinein, von denen sich die einheimische Bevölkerung ernährte. Die Dörfer der Einheimischen verschwanden und statt dessen entstanden städtische Siedlungen der Plantagengesellschaften.

Die Plantagen blieben aber weder in Indonesien noch in Malaya die einzigen Kautschuklieferanten. In Indonesien begannen die kleinen Grundei-

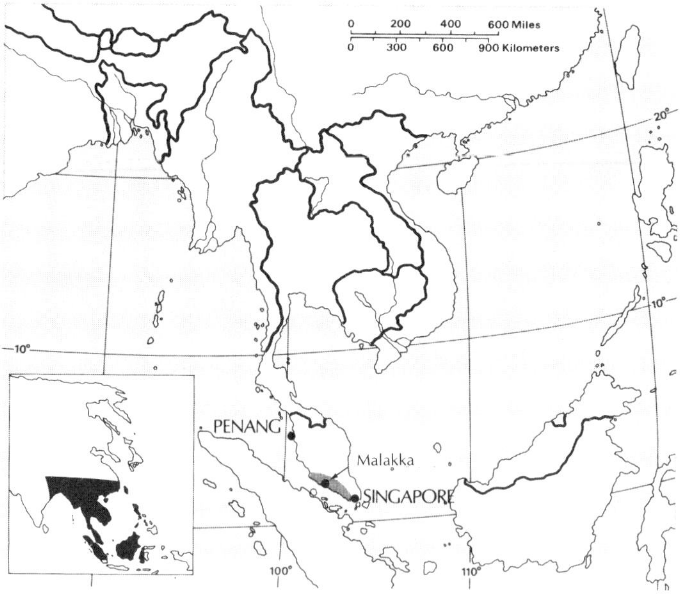

Kautschukplantagen in Malaya

gentümer auf Sumatra und Borneo ebenfalls Kautschuk anzupflanzen. Und zwar zuerst noch ergänzend zur Nahrungsmittelproduktion auf brandgerodeten Feldern, wobei sie dann aber allmählich – nach Maßgabe der Marktbedingungen und der Preise – von der *cash-crop*-Produktion abhängig wurden. Ganz ähnlich gerieten auch die Bauern in Malaya in Abhängigkeit von der Einkommensquelle der Kautschukgewinnung. In einem Bauerndorf in Kelantan (eine nördliche Provinz im heutigen Malaya), über das Downs in den späteren fünfziger Jahren eine Studie vorgelegt hat (1967, 162–166), bezogen beispielsweise fast drei Viertel der erwachsenen Dorfbewohner ihr Bareinkommen aus ihrer Tätigkeit als Kautschukzapfer. Diese Tätigkeit lief dem bewässerten Reisanbau – obwohl Reis als Nahrungsmittel in Malaya hoch im Kurs steht – immer stärker den Rang ab.

Palmöl

Im Laufe des 19. Jhs. sollte auch noch ein zweites, aus Bäumen gewonnenes Produkt an Bedeutung gewinnen, nämlich Palmöl. Es wurde schon zu Zeiten des Sklavenhandels exportiert und nach dessen Abschaffung zum wichtigsten Exportgut des westafrikanischen Waldgürtels. 1810 hatte Westafrika nur 1000 Tonnen Palmöl ausgeführt, zwischen 1860 und 1900 wurde hingegen ein jährlicher Durchschnitt von 50 000 Tonnen erreicht. Palmöl wurde zur Herstellung von Seife verwendet, wo es tierischen Talg ersetzte, und es gewann als Ausgangsstoff für Maschinenschmierfette immer größere Bedeutung. Im späten 19. Jh. wurde aus den Palmkernen dann auch noch Öl für die Herstellung von Margarine und Viehfutter gewonnen.

Die alten Zentren des Sklavenhandels stellten sich auf die Nachfrage nach dem neuen Produkt ein. Aber der neue Handelszweig löste auch größere Umwälzungen der inneren und äußeren Beziehungen aus. Als unmittelbare Folge entstand eine »Krise der Aristokratie«, d. h. der Kriegereliten und der staatlichen Gebilde, die durch den Sklavenhandel reich und mächtig geworden waren. Für ein Staatswesen wie Dahomey, das sich völlig auf Sklavenjagd und Sklavenhandel spezialisiert hatte, war die Umstellung auf eine neue Ware besonders schwierig. Immer häufiger kam es zwischen den Staaten zu kriegerischen Auseinandersetzungen um leicht zugängliche Plünderungsobjekte und bequeme Tributquellen. Die Herrscher von Dahomey und die Yoruba-Häuptlinge versuchten darüber hinaus, Ölpalmen unter Einsatz von Sklavenarbeit plantagenmäßig anzubauen. Der Aschanti-Staat verstärkte Produktion und Verkauf von Kolanüssen an die Haussa im Norden, um damit den Niedergang des Sklavenhandels auszugleichen; aber die Aschanti büßten dafür auch die Herrschaft über das Zwischenhändlervolk der Fante in der Küstenregion ein, denn diese produzierten nunmehr selbst Palmöl für den neuen Markt. Die alten Eliten sahen ihre Einkommensquellen bedroht. Die »Kanuhaushalte« im Niger-Delta (vgl. S. 307) lösten sich auf; ehemalige Sklaven setzten ihre Unabhängigkeit durch, um sich am neuen Handel zu beteiligen; Unruhen entstanden auch innerhalb der Sklavenbevölkerung. Die Herstellung von Palmöl war außerdem ein Geschäft, in das auch kleine Produzenten einsteigen konnten, wenn es ihnen gelang, sich Nutzungsrechte an den Ölpalmen im Gebiet ihrer Abstammungsgruppe oder in ihrem Heimatbezirk zu verschaffen und die Arbeitskräfte ihrer Haushalte zu mobilisieren (vgl. Uchendu 1965).

Im Gegensatz zum Sklavenhandel, bei dem afrikanische Zwischenhändler die Sklaven an die Küste geliefert hatten, gab das Palmölgeschäft den europäischen Großhändlern Gelegenheit, direkten Kontakt mit den Produzenten oder ihren Vertretern im afrikanischen Hinterland aufzunehmen. Der Importhandel wiederum, den vorher die Sklavenhändler in der Hand hatten, wurde von einer neuen kommerziellen Elite von Afrikanern übernommen, der viele in europäischen Missionsstationen erzogene ehemalige Sklaven angehörten. Diese doppelte Erscheinung – das Aufkommen von europäischen Palmölhändlern und von afrikanischen Importeuren – wurde auch durch die Ausbreitung europäischen Geldes gefördert, das für alle Geschäfte zu verwenden war und die vorher gebräuchlichen Währungen aus Eisen,

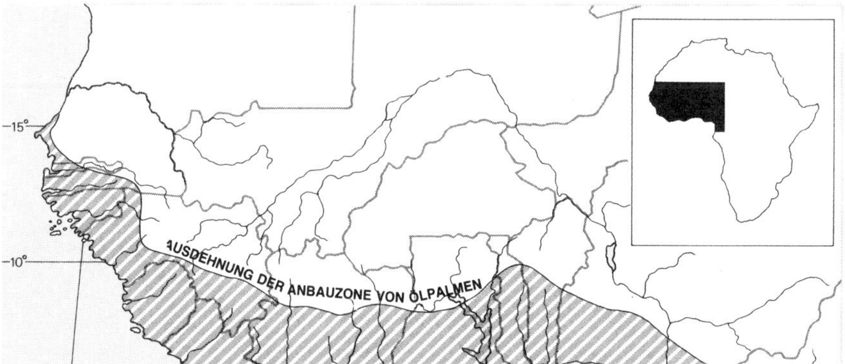

Palmöl-Produktion in Westafrika

Kupfer und Kauri-Muscheln ablöste. Das ließ den Austausch von europäischen Gütern gegen Sklaven und afrikanische Produkte schrumpfen und führte dazu, daß der Palmölexport und der Warenimport auf Barzahlungsbasis abgewickelt wurden.

Dieses Wechselspiel widerstreitender Kräfte wurde durch die Große Depression von 1873 tiefgreifend beeinflußt. Die Preise für Palmölprodukte sanken, die Profitspannen schrumpften. Die früheren Aristokraten des Sklavenhandels, die neuen afrikanischen Zwischenhändler, die europäischen Großhändler und die afrikanischen Produzenten – sie alle sahen ihre geschäftlichen Möglichkeiten beschnitten und verschärften daher die gegenseitige Konkurrenz um die knappen Ressourcen. »Es kann nicht überraschen«, so A. G. Hopkins (1973, 154), »daß im späten 19. Jahrhundert erbitterte Auseinandersetzungen herrschten, da jede Partei den lokalen Markt zu kontrollieren und den Konkurrenten die Bedingungen zu diktieren versuchte.« Die europäischen Händler riefen nach »law and order« und fanden dabei häufig die Unterstützung von Kolonialbeamten, deren berufliches Ansehen sich nach der Ausdehnung des europäischen Handels bemaß. Die Europäer wollten Handel und Transportwesen durch den Ausbau von Bahnstrecken ins Innere Afrikas weiter rationalisieren; die vormals herrschende Klasse sah darin jedoch zurecht den Todesstoß, den man ihrer absterbenden Macht versetzen würde. Um die Verhältnisse vollends unübersichtlich zu machen, konkurrierten auch noch die verschiedenen europäischen Mächte untereinander, wobei jede von einer Händlerclique unterstützt wurde, die sich von ihrer Schutzmacht privilegierten Zugang zu einem kontrollierten Markt versprach.

Am Ende stand der Einmarsch europäischer Truppen, die Eroberung des Aschanti-Reiches und der Reiche von Dahomey, von Oyo und von Benin, die Vernichtung der Aro und ihres Großen Orakels und die Etablierung der europäischen Herrschaft. In Westafrika wurde diese Expansion des imperialen Regimes von imperialen Beamten besorgt, die sich vielleicht gar nicht voll bewußt waren, daß sie mit ihren Handlungen irgendwelche ökonomischen Imperative durchsetzten. Insgesamt war also eine komplexe Dialektik verschiedener Kräfte am Werk, und das daraus entspringende politische Chaos mußte politische und militärische Interventionen herausfordern. Aber die grundlegenden Ursachen dieses Durcheinanders waren ökonomischer Natur – wie die von diesen Interventionen produzierten Folgen.

Genußmittel

In dem ganzen Kranz von Produkten, die für den Konsum in den Industrialisierungsgebieten bestimmt waren, sind auch solche vertreten, die eindeutig keine Massennahrungsmittel und keine gewerblichen Produkte, sondern Genußmittel darstellen. Obwohl sie bereits in der Anfangsphase der europäischen Expansion nach Übersee eine Rolle gespielt hatten, tauchten Waren wie Tee, Kaffee, Kakao, Zucker, Tabak oder gar Opium im späteren 19. Jh. dann regelmäßig und häufig in den Import- und Exportstatistiken auf.

Die weite Verbreitung dieser Genußmittel läßt sich nicht so leicht erklären. Einige von ihnen sind, pharmakologisch gesehen, Suchtmittel, die ihre Wirkung aufgrund bestimmter biochemischer Reaktionsweisen des menschlichen Körpers erzielen. In diesem Sinne stehen sie nicht allein, sondern gehören zu einer breiteren Palette von Anregungsmitteln, die von den Menschen in aller Welt verbraucht werden – wie z. B. die Kolanuß in Westafrika, die Betelnuß in Süd- und Südostasien, der Mate-Tee in Argentinien und die Kokablätter in den Andenregionen. Diese Produkte waren aber stets nur von regionalem Interesse und wanderten nicht in den weltweiten Handelskreislauf. Anders die Produkte, die im Laufe der industriellen Revolution allgemeine Verbreitung fanden.

Diese Verbreitung müssen wir uns im Zusammenhang mit einer allgemeinen Umorientierung des Konsumverhaltens ansehen. Im 18. und 19. Jh. hatten sich die Ernährungsgewohnheiten erheblich verändert, und zwar großenteils zum Schlechteren (Braudel 1985, 201 ff.; Hobsbawm 1967, Kap. 5 und 7). Mit dem Niedergang der kleinen Landwirte, die den örtlichen Markt versorgt hatten, verschlechterte sich die Versorgung mit bäuerlichen Erzeugnissen und vor allem mit Fleisch. Dafür erhöhte sich der Bedarf an einigen Massenprodukten für die wachsenden Bevölkerungszusammenballungen in den Städten und Industriezentren. Es entwickelten sich aber auch neue Geselligkeits- und Kommunikationsformen, wie sie z. B. die Cafés und Teestuben boten. So entstanden neue, klassenbedingte Normen, die sich auf das Wo, das Wann und das Wie des Essens bezogen und wiederum neue Maßstäbe für kulturellen Aufstieg etablierten – und das in Gesellschaften, die ohnehin einen raschen gesellschaftlichen und kulturellen Wandel durchmachten. Über diese neuen Verhaltensmuster breitete sich der Konsum von Alkaloiden, Theobromiden, Zucker und sogar von »Beruhigungsmitteln« zügig in allen gesellschaftlichen Klassen aus. Die neuen Artikel wiederum trugen dazu bei, daß »die europäischen Unternehmer dank der Versorgung der europäischen Arbeiterklassen mit billigen Nahrungsmitteln und Ersatzstoffen erhebliche Summen einsparen« konnten (Mintz 1979b, 61).

Zucker

Unter diesen Genußmitteln nahm Zucker immer noch den ersten Rang ein – als unentbehrliche Zutat zu Kompotten und Backwerk wie als Süßmittel für Tee, Kaffee und Kakao. Zwar war die Vormachtstellung des Zuckerrohrs als Zuckerlieferant wiederholt in Gefahr geraten – und zwar zuerst durch die Rebellion der Sklaven im französischen St. Domingue (Haiti) bzw. die Abschaffung der Sklavenhaltung im britischen Jamaica, später durch die Verbreitung der Zuckerrübe in den gemäßigten Zonen Europas –, aber das Zuckerrohr war der Konkurrenz nie vollständig erlegen, und seine Anbaufläche hatte sich seit dem dritten Jahrzehnt des 19. Jhs. wieder vergrößert.

Innerhalb des britischen Herrschaftsbereichs vollzog sich dieser erneute Aufschwung auch dank neu erschlossener Arbeitskraftreserven, nämlich der Kontraktarbeiter aus Vorder- und Hinterindien. Als erste britische Kolonie profitierte die 1815 von den Franzosen übernommene Insel Mauritius im Indischen Ozean vom Einsatz dieser erstmals rekrutierten Arbeitskräfte. Mauritius rückte unter den neuen Zuckerproduzenten denn auch an die erste Stelle, gefolgt von Trinidad, das die Briten den Spaniern, und Britisch-Guayana, das sie den Holländern abgenommen hatten. In der zweiten Hälfte des Jahrhunderts begannen indische Kontraktarbeiter dann auch auf den Zuckerrohrfeldern der Fidschi-Inseln (1850) und der Provinz Natal in Südafrika (1860) zu arbeiten, während Melanesier, die vor allem auf den Neuen Hebriden gewaltsam oder als Freiwillige angeworben wurden, als Kontraktarbeiter in der australischen Provinz Queensland (1863) und ebenfalls auf den Fidschi-Inseln (1864) zum Einsatz kamen.

Von der gewaltsamen Rekrutierung in Melanesien – auch *blackbirding* genannt – wurden viele Menschen erfaßt. Zwischen 1863 und 1907 wurden 61 000 Melanesier allein nach Queensland geschafft; von ihnen kehrten weniger als 45 000 wieder auf ihre Insel zurück (Docker 1970, 274). Auf vielen Inseln machten mit *blackbirding* auch örtliche Arbeitskräftevermittler bzw. Menschenjäger Karriere. Ein Beispiel ist ein gewisser Kwaisulia auf der Insel Sulu Vou. Dieser war selbst als Kontraktarbeiter in Queensland gewesen und in den achtziger Jahren nach Hause zurückgekehrt. Unter Ausnutzung seiner heimischen Beziehungen belieferte er die *blackbirders* mit Arbeitskräften, für die er Waffen und Munition, Dynamit, Kerosin, Arzneimittel, Metallwaren und Baumaterialien bezog (Docker 1970, 130–138). Mit Hilfe dieser Reichtümer konnter Kwaisulia seine Geschäfte noch ausweiten. In anderen Gebieten war die Beschaffungsseite des Menschenhandels nicht von Monopolisten beherrscht. *Blackbirding* bedeutete aber regelmäßig die Einführung von Schußwaffen, was dann zu vermehrten

Raubzügen und Kämpfen, also auch zur Dezimierung der örtlichen Bevölkerung führte.

Seit 1830 verlegten sich auch die Holländer auf einen Ausbau ihrer Zuckerproduktion – und zwar in Indonesien und hier vor allem in Java im Rahmen eines sogenannten Bewirtschaftungssystems (holländisch: *Cultuurstelsel,* was »Anbausystem« bedeutet; vgl. Geertz 1963). Nach diesem Bewirtschaftungssystem hatten die Dorfbewohner ihre Regierungssteuern nicht in Geld, sondern in Agrarprodukten abzuzahlen. Zwar sollte damit die Erzeugung *aller* tropischen Produkte angeregt und verstärkt werden, aber das System wirkte am erfolgreichsten bei Zucker und Kaffee, die sich zu den beiden wichtigsten landwirtschaftlichen Exportprodukten von Holländisch-Ostindien entwickelten. Als einjährige Pflanze konnte Zuckerrohr auf denselben Flächen angebaut werden wie der Wasserreis der javanischen Dorfbewohner. Mit ihrer Anordnung, auf einem Fünftel des dörflichen Grundbesitzes Zuckerrohr anzubauen, gewannen die holländischen Zuckerplantagen auf einen Schlag sowohl geeignete Anbauflächen als auch Arbeitskräfte, die in ihren eigenen Dörfern wohnten und als Saisonarbeiter für die Zuckerrohrernte zur Verfügung standen.

Der selbständigen Zuckerrohrproduktion der kleinen Grundbesitzer von Java wirkte man entgegen, die traditionellen Funktionen des javanischen Dorfes wurden hingegen gefördert. Auf diese Weise funktionierten die Dörfer, in denen sich die Arbeitskräfte über den laufend intensivierten bewässerten Reisanbau reproduzierten, als Arbeitskräftereservoir für ein effizient betriebenes Zuckergeschäft.

1870 wurde die Verantwortung für das Funktionieren dieses Systems durch ein neues Gesetz von der Regierung auf Privatunternehmen übertragen. Das Gesetz hielt auch weiterhin an der Unantastbarkeit des Dorfes fest, indem es das dörfliche Grundeigentum schützte; aber die Zuckerrohrfelder wurden jetzt an private Inhaber vergeben. Diese neu geschaffenen Pflanzer-Existenzen erlitten allerdings bald finanziellen Schiffbruch, und ihre Rechte gingen auf Plantagengesellschaften mit Sitz in Holland über, die dann die Zuckerrohrplantagen erfolgreich mit großen, kapitalintensiven Verarbeitungsbetrieben zusammenspannten. Ihre Arbeitskräfte bezogen sie dabei weiterhin von den Wasserreis anbauenden Dörfern, aber die Verwaltung sämtlicher neuen Zuckermühlen und der dazugehörigen Anbauflächen ging vollständig auf europäisches Personal über.

Der Aufstieg der kapitalintensiven Plantage

Die beschriebene Transformation der ostindischen Zuckerplantage – von einem vornehmlich auf massivem Arbeitskräfteeinsatz beruhenden zu einem um eine kapitalintensive Zuckermühle organisierten Unternehmen – ist ein anschauliches Beispiel für den weltweit zu verzeichnenden »Niedergang der Klasse der Plantagenbesitzer«. Dem durchschnittlichen Pflanzer, der Kaufmannskapital in Anspruch nahm und mit seinen Ernteprodukten zurückzahlte, fehlten die nötigen finanziellen und technischen Mittel, um die Transportorganisation, die Arbeitsprozesse und die Verarbeitung auf das höhere Niveau anzuheben, das bei der ständig zunehmenden Kapitalakkumulation erforderlich gewesen wäre. Diese zusätzlichen Erfordernisse bei der Zuckerproduktion beinhalteten gewaltige Neuaufwendungen für Ländereien, für Verarbeitungsgeräte und für eine Transport-Infrastruktur, die auf die Gründung von »Fabriken auf freiem Felde« hinausliefen. Gleichzeitig ging die Kontrolle des ganzen Unternehmens von den Kaufmannshäusern auf Gesellschaftskapital oder Gesellschaften mit beschränkter Haftung über, im weiteren Verlauf dann sogar auf größere Kapitalgesellschaften.

Dieser Wandel vollzog sich nicht nur in Indonesien, sondern auch in der Karibik und hier besonders massiv in Kuba, wo die Zuckerproduktion in der zweiten Hälfte des 19. Jhs. zunahm und wiederum zu einer verschärften Auspressung von Sklavenarbeit führte. Wie in Puerto Rico führte auch in Kuba die Einmischung der USA in die Bemühungen der Inselbevölkerung, sich von Spanien loszusagen, zu Verhältnissen, die eine Ablösung des Kapitals der Plantagenbesitzer durch aus den Vereinigten Staaten stammendes Gesellschaftskapital begünstigten.

Sidney Mintz (1974, Kap. 4) hat den Wandlungsprozeß einer solchen Plantage an der Südküste von Puerto Rico detailliert erforscht. Die von ihm untersuchte Hacienda Vieja hatte vor der Abschaffung der Sklaverei im Jahre 1873 ihren Arbeitskräftebedarf nicht nur mit Sklaven, sondern auch mit landlosen Nicht-Sklaven gedeckt, die gesetzlich zur Zwangsarbeit verpflichtet waren. Die Plantage war ein relativ kleiner Familienbesitz in der Größenordnung zwischen 40 und 160 Hektar. Das Land wurde zu einem Viertel mit Zuckerrohr bebaut, der Rest war Weidefläche oder wurde zum Anbau von Produkten für die Verpflegung der Arbeiter genutzt. Die Felder wurden mit dem Hakenpflug bearbeitet; als Düngemittel kannte man nur Tiermist; eine Bewässerung, wie sie die Landwirtschaft an dieser trockenen Küste erfordert, war nur in Grenzen möglich. Die Verarbeitungsmaschinen waren veraltet und produzierten eine grobe Zuckerqualität. Nach Abschaffung der Sklaverei ging die Plantage zum Einsatz freier Arbeitskräfte über, denen sie

Löhne auszahlte und Felder für den Anbau von Produkten des eigenen Bedarfs zur Verfügung stellte. Das Kapital, über das diese Plantage verfügte, reichte aber nicht aus, um den Übergang zu einer moderneren Agrar- und Verarbeitungstechnologie zu ermöglichen.

Dieser Übergang vollzog sich erst 25 Jahre später mit der Okkupation Puerto Ricos durch die Nordamerikaner. Die Plantage wurde an eine US-Gesellschaft verkauft, die jetzt die älteren Betriebe zu einem großen Komplex von »Zulieferfarmen« zusammenfaßte, die alle auf eine gigantische Zuckerverarbeitungsanlage ausgerichtet waren. Der Anbau von Zuckerrohr schluckte die selbstbestellten Felder der Arbeiter wie auch das Weideland und verwandelte die ganze Gegend in einen geschlossenen Zuckerrohrgürtel. Man erweiterte auch die Bewässerungsanlagen, intensivierte die Maßnahmen zur Trockenlegung von Sumpfgelände und führte chemische Düngemittel ein.

Die Felder, auf denen die Arbeiter ihren Eigenbedarf angebaut hatten, verschwanden; für ihre – nunmehr in Akkordform geleistete – Arbeit wurden sie in Form von Gutscheinen entlohnt, die sie in einem Magazin der Gesellschaft gegen Waren eintauschen konnten. Innerhalb kurzer Zeit verwandelten sich die Arbeitskräfte der Gegend aus einer weitgehend in

Beim Schneiden und Abtransportieren von Zuckerrohr in Las Canas (in der zweiten Hälfte des 19. Jahrhunderts eine der technologisch modernsten Zuckerrohr-Plantagen). Zeichnung von Walter Yeager, 1880. (The New York Historical Society, New York City)

Naturallöhnen bezahlten Arbeiterschaft in ein hundertprozentiges Landproletariat.

Kaffee

Die Sitte des Kaffeetrinkens hat über den Kontakt mit dem Nahen Osten in Europa Eingang gefunden. Der Kaffee stammte ursprünglich aus Äthiopien. Seit dem Ende des 15. Jhs. trank man ihn in Aden, und trotz wiederholter Verbote wurde er im Laufe des 16. Jhs. im ganzen Osmanischen Reich zu einem beliebten Getränk. Mit der Institution des Kaffeehauses breitete sich dann der Kaffee im späten 17. Jh. über Europa aus. Einziges Liefergebiet der Kaffeebohne war anfangs das Hinterland der Stadt Al Mukhá (Mocha) in Yemen, bis die Holländer im Jahre 1712 die ersten Kaffesträucher in Java anpflanzten. 1833 gab es in Java schon mehr als eine Million, Mitte des 19. Jhs. dann 300 Millionen Kaffeesträucher (Geertz 1963, 66). So wurde Kaffee – produziert auf Plantagen, die Holländern oder kleineren indonesischen Grundbesitzern gehörten – rasch zum wichtigsten landwirtschaftlichen Exportprodukt Holländisch-Ostindiens.

Zwischen 1880 und 1890, als der durch einen Pilz verursachte Kaffeebrand die Anbauflächen heimsuchte, ging dann allerdings die Produktion erheblich zurück. Als sich später der Kaffeeanbau – nach einer Umstellung von der Sorte *arabica* auf die Sorte *robusta* – auf den großen Plantagen wie auf den Brandrodungsfeldern der Bauern auf den entfernter gelegenen Inseln wieder erholte, war bereits Zucker zum ersten agrarischen Exportprodukt geworden. Der zehnjährige Ausfall der Ernte auf Java hatte außerdem Brasilien die Möglichkeit verschafft, seine Kaffeeproduktion auszuweiten.

In Brasilien war Kaffee schon seit dem frühen 18. Jh. angebaut worden, wenn auch zunächst rein für den heimischen Gebrauch. Die Sklavenrebellion in der französischen Besitzung St. Domingue (Haiti) ließ dann die Kaffeepreise steigen, was wiederum zu einem Anstieg der brasilianischen Kaffee-Exporte führte. Der auf den Sklavenplantagen produzierte Kaffee wurde schnell – und trotz wieder fallender Preise – zum führenden landwirtschaftlichen Exportprodukt. Durch die Beschäftigung unbezahlter Sklaven wurden die fallenden Erlöse faktisch wieder aufgefangen. Bei der weiteren Expansion des Kaffeeanbaus sah sich Brasilien jedoch vor ein ernstes Arbeitskräfteproblem gestellt (vgl. Furtado 1963, Kap. 21 und 22). Der afrikanische Sklavenhandel war inzwischen gestoppt, während die einheimische Sklavenbevölkerung sich von selber nicht reproduzierte. Und 1888 wurde die Sklavenhaltung dann auch noch – aus einer Reihe verschiedener Gründe – endgültig abgeschafft. Die Abwanderung von Arbeitskräften aus dem anfälligen, auf Brandrodung basierenden Subsistenz-Sektor in die Plantagenwirtschaft hätte die Nahrungsmittelversorgung gefährdet, ohne zu gewährleisten, daß wirklich mehr Arbeitskräfte verfürbar wären. In Brasilien begann man schon, den Import von Asiaten ins Auge zu fassen; aber dann setzten die kritische Entwicklung der Landwirtschaft und der Niedergang der Textilindustrie in Süditalien einen Strom europäischer Einwanderer nach Brasilien in Gang. Zwischen 1880 und 1890 nahm das Land eineinhalb Millionen europäischer Emigranten, zumeist Italiener, auf, von denen viele als Arbeiter auf den rasch expandierenden Kaffee-*fazendas* von São Paulo anfingen. Am Ende des Jahrhunderts kamen drei Viertel der Welt-Kaffeeproduktion aus Brasilien.

Trotz der dominierenden Stellung Brasiliens verlegten sich auch noch andere Regionen auf die Kaffeeproduktion – z. B. Zentralamerika, und hier besonders der südlichste mexikanische Staat Chiapas sowie Guatemala. Hier wurde die Ausweitung des kommerziellen Kaffeeanbaus auch materiell durch gesetzgeberische Maßnahmen gefördert (in Mexiko 1856, in Guatemala 1877), die den Gemeinden die Verfügung über den Grundbesitz wegnahmen. Diese Gesetzgebung beseitigte den juristischen Schutzzaun, der den kollektiven Gemeinschaften der amerikanischen Ureinwohner das Überleben ebenso ermöglicht hatte wie die dauerhafte Selbstbehauptung gegen wiederholte Versuche, ihre natürlichen Ressourcen in Beschlag zu nehmen und ihr Arbeitskräftepotential anzuzapfen (vgl. Kapitel 5). Nach den neuen Gesetzen mußten nun Grund und Boden zu Privatbesitz werden und damit auch gekauft, verkauft und verpfändet werden können. Damit konnten auch Nicht-Indianer namentlich nicht registriertes Land aufkaufen und sich den verpfändeten Grundbesitz indianischer Schuldner aneignen. Mitte des 19. Jhs. hatte man in Chiapas den Tzeltal- und Tzotzil-sprachigen Gemeinschaften um San Cristóbal Las Casas schon über die Hälfte ihres Territoriums abgenommen; nur ein kleiner Rest ihres überbeanspruchten Gemeindelandes war ihnen geblieben. Die Tzeltal rebellierten denn auch 1869 gegen diese auf äußeren Druck zurückgehende Minderung ihrer natürlichen Ressourcen. In den siebziger Jahren nahmen dann allerdings auch Plantagen in ausländischem Besitz den Kaffeeanbau auf, was viele Indianer in die neuen Kaffeegebiete lockte. Nach dem Ersten Weltkrieg verstärkten die Plantagenbesitzer noch ihre Bemühungen um Arbeitskräfte, indem sie mit Hilfe von Bargeldvorschüssen Saisonarbeiter aus den Ureinwohner-Gemeinschaften der Gebirgsgegend anwarben. Durch dieses Vorschußsystem wurde Lohnarbeit zur Haupteinkommensquelle vieler Gebirgsbewohner, die zwischen einzelnen Arbeitsperioden in ihre Gemeinden zurückkehrten, um dort auf kleinen Feldern ihre Subsistenzwirtschaft zu betreiben (vgl. Kapitel 5). Hier beobachten wir also erneut, wie sich ein System herausbildet, in dem *cash-crop*-produzierende Plantagen und subsistenz-orientierte »Arbeitskraftreserven« nebeneinander existieren konnten.

In jüngerer Zeit, während des Zweiten Weltkrieges, haben mexikanische Grundbesitzer in den Niederungen des Grijalva-Beckens die Produktion von Nahrungsmitteln und vor allem von Getreide ausgeweitet, womit sie auf die günstigen Preise in der Hauptstadt Mexico City reagierten. Dabei verpachteten sie brachliegendes oder noch unangetastetes Land an Zinacantekische Pächter, die es roden und landwirtschaftlich nutzen durften; auf diese Weise behielten sie die Eigentumsrechte an Grund und Boden und hatten zugleich willige Arbeitskräfte gewonnen. Um ihre Erträge zu maximieren, stellten die erfolgreicheren Zinacantekischen Pächter Chamula-Lohnarbeiter ein, oder sie beauftragten andere Mitglieder ihrer Gemeinden mit der Anwerbung und Organisation von Arbeitsteams.

Seit den vierziger Jahren sind die Zinacantekas, die Chamula und auch andere Tzeltal- und Tzotzil- sprachige Gemeinschaften, die im Bergland von Chiapas in der Umgebung von San Cristóbal Las Casas leben, intensiv von

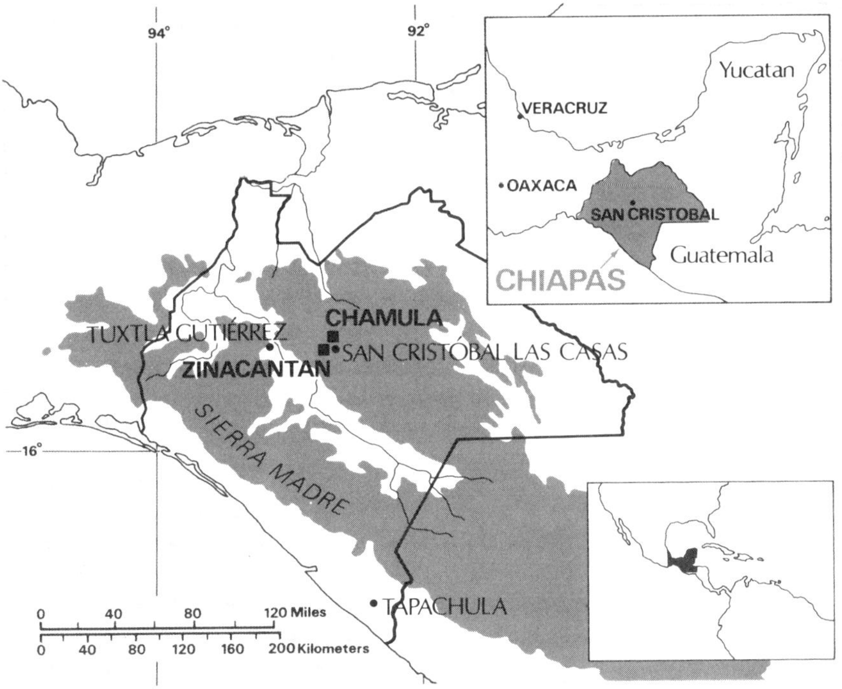

Der mexikanische Staat Chiapas

amerikanischen Anthropologen studiert worden. In den meisten dieser Studien wurden sie dabei entweder als »überlebende Stämme« der alten Mayas behandelt, die sich von allen Kontakten nach außen relativ ferngehalten haben, oder aber als Bestandteile einer spanischen Kolonialgesellschaft, die sich in verkapselter Form innerhalb einer sich modernisierenden mexikanischen Gesellschaft erhalten hat. Nun wurden die Tzeltal und die Tzotzil allerdings – zusammen mit anderen Ureinwohnern Zentralamerikas – schon früh in das Netz der merkantilen Expansion hineingezogen (vgl. McLeod 1973). Und außerdem haben sie sich seit dem 19. Jh. durchaus aktiv an der kommerziellen Kaffee- und Getreidewirtschaft ihrer Region und an den politischen Auseinandersetzungen innerhalb des mexikanischen Staatswesens beteiligt. Diese Beteiligung hat sich wiederum auf ihre landwirtschaftlichen Überlebensstrategien ausgewirkt, ihre Klassenstrukturen verändert und ihre politischen und zeremoniellen Organisationsformen beeinflußt. Ihre fortdauernde Identität als »indianische« Gemeinden ist also keineswegs gleichbedeutend mit einem Grundbestand unveränderter Traditionen, die sie ganz ungebrochen seit uralten Zeiten durchgehalten hätten. Sie ist vielmehr das Ergebnis einer Vielzahl aufeinander bezogener und oft antagonistischer Prozesse, die durch die kapitalistische Entwicklung in Gang gesetzt wurden.

Tee

Zum weltweiten Hauptkonkurrenten des Kaffees auf dem Felde der alkaloiden Anregungsmittel wurde natürlich der Tee. Den ersten historisch verläßlichen Hinweis auf Tee finden wir in einer chinesischen Quelle aus dem 4. Jh. n. Chr.; aber erst im 8. Jh. bekam Tee dann auch ein eigenes Schriftzeichen, nämlich *ch'a*, und wurde auch ein ökonomisch so bedeutender Faktor, daß er vom Staat besteuert wurde. Der erste Bericht von Europäern über den Tee stammt wohl von portugiesischen Missionaren; nach Europa eingeführt wurde Tee dann von holländischen Kauffahrern. Schon Mitte des 17. Jhs. war er in den Niederlanden und in Frankreich zu einem beliebten Getränk aufgestiegen, im letzten Drittel desselben Jahrhunderts am englischen Hofe sogar zum Lieblingsgetränk geworden. Damals kamen noch sämtliche Teeimporte aus China. Für die britischen Schiffe, die mit der chinesischen Küstenregion Handel betrieben, löste der Tee im ersten Viertel des 18. Jhs. die Seide als wichtigstes importiertes Frachtgut ab. Binnen kurzem wurde Tee auch in den britischen Kolonien in Nordamerika getrunken, wo er zum drittwichtigsten Importartikel hinter Textilien und Eisenwaren wurde – bis Sam Adams Rebellenhaufen den Startschuß zum amerikanischen Unabhängigkeitskrieg gaben, als sie, nur notdürftig als Indianer verkleidet, im Bostoner Hafen ein englisches Schiff enterten und die »Bostoner Tea Party« veranstalteten, indem sie eine frisch angekommene Teeladung an die Fische verfütterten.

Seit 1840 begann man Tee auch in Assam, wo die Teesträucher wild wuchsen, und in verschiedenen Regionen Indiens, wo sie angepflanzt wurden, in größeren Mengen anzubauen. Vor Eröffnung des Suez-Kanals machten die indischen Teesorten allerdings nur einen Bruchteil der global verbrauchten Teemengen aus. Nach Eröffnung des Kanals wurden die Segelklipper als Teetransporter von den Dampfschiffen ausgestochen, und die »schwarzen« Teesorten aus Indien setzten sich auf dem Markt gegen die grünen Sorten aus China durch.

In Ceylon breiteten sich die Teeplantagen seit etwa 1870 in erstaunlichem Tempo über das gesamte zentrale Bergland aus – und zwar weitgehend auf Kosten der singhalesischen Bauern in der Umgebung der alten Hauptstadt Kandy. Hier wurden große Teile kollektiven Gemeindelandes in Eigentum der britischen Krone verwandelt und dann an Pflanzer verkauft. 1848 hatten noch 367 Plantagen auf ca. 24 000 Hektar Kaffee angebaut, aber nachdem 1868 der Kaffeebrand ausgebrochen war, stellten die Pflanzer auf Teeanbau um. 1903 waren bereits mehr als 160 000 Hektar Fläche mit Teesträuchern bepflanzt (Royal Kandyan Peasantry Commission, zit. in Yalman 1971, 20, Anm. 10). Die Folge war, daß die singhalesischen Bauern auf ihre engen Dorfgrenzen mit ihren bewässerten Reisfeldern zurückgedrängt wurden und nur noch beschränkt auf die Landreserven des Umlandes zurückgreifen konnten, wo sie durch Brandrodung immer zusätzliche Felder gewonnen hatten.

Der Teeanbau erfordert einen ungeheuer großen Arbeitseinsatz. Für jeden mit 7500 bis 12 000 Teesträuchern bepflanzten Hektar (wobei jeder Busch zwischen 140 und 225 Gramm Tee abwirft) braucht man pro Tag 50 bis 100 Erntearbeiter. Die Plantagenbesitzer importierten die erforderlichen Arbeitskräfte aus den Tamil-sprachigen Gebieten Südindiens. Diese »indischen Tamilen«, die sich von den viel älteren an der Nord- und Ostküste Ceylons lebenden »Ceylon-« oder »Jaffna«-Tamilen unterscheiden, zählen im heutigen Sri Lanka eine knappe Million Menschen, denen im Bergland von Kandy etwa zwei Millionen Singhalesen gegenüberstehen. Der sozio-ökonomische Gegensatz zwischen den indischen Tamilen und den singhalesischen Bauern, unter denen sie leben, wird durch sprachliche und religiöse Unterschiede noch zusätzlich verschärft. Die Singhalesen sprechen eine indo-europäische Sprache, die Tamilen hingegen Drawidisch; die Singhalesen sind Buddhisten, die Tamilen Hindus. Diese Unterschiede haben ihrerseits die offenen Auseinandersetzungen zwischen den singhalesischen Bauern und dem tamilischen Plantagenproletariat angeheizt.

Kakao

Der Kakao stammt ursprünglich aus Mesoamerika. Im Lauf des 17. Jhs. machten ihn die Holländer auch auf Sao Tomé, einer Insel im Golf von Guinea vor der Küste Westafrikas, heimisch. 1879 verpflanzte ein geschäftstüchtiges Mitglied des Ga-Volkes den Kakaobaum von der benachbarten Insel Fernando Po in das Hügelland von Akwapim, das sich unweit der Stadt Akkra an der Goldküste (der heutigen Hauptstadt Ghanas) nach Norden erstreckt. Hier trat in den neunziger Jahren der Kakao die Nachfolge der Palmprodukte an, die nach 1885 im Preis gefallen waren. Die Aufnahme des Kakaoanbaus war ohne große Probleme möglich: man brauchte keine neuen Arbeitsmittel, Trocknen und Rotten (ein Gärungsvorgang) der Kakaobohnen waren einfache Prozesse, ein großer Arbeitsaufwand fiel nur zur Erntezeit an. Die zur Produktion und Vermarktung des neuen Anbauprodukts erforderlichen finanztechnischen Fähigkeiten waren ebenfalls schon entwickelt. Wir erinnern uns (Kapitel 7), daß die Westafrikaner, was Handelsgeschäfte betrifft, eine Menge Kenntnisse und großes Geschick erworben hatten. Die Bauern, die sich auf den Kakaoanbau verlegten, waren mit den Mechanismen von Geld und Kredit bereits vertraut. Einige von ihnen hatten sich früher selber im Handel betätigt, andere hatten Erfahrungen mit dem Sammeln und Verkaufen von Rohkautschuk.

Um sich das nötige Land zu verschaffen, handelten die neuen Kakaopflanzer mit den Häuptlingen, die in der angrenzenden Region Akim Abuakwa über das überschüssige Land zu befinden hatten, Landverkäufe aus. Beim Erwerb dieses Grundbesitzes kombinierten die neuen Eigentümer die neuen Methoden des Landerwerbs geschickt mit den älteren Organisationsstrukturen ihrer jeweiligen Gruppen. Patrilineare Volksgruppen wie die Krobo gründeten »Gesellschaften« auf nicht-verwandtschaftlicher Grundlage – also Vereine zum Erwerb von Grundbesitz, die ihren Mitgliedern einzelne Streifen des gekauften Landes überließen. Die matrilinearen Gruppen der Aburi und Akropong kauften das Land für ihre *matrilineages (abusua)* und überließen es zum Nießbrauch den einzelnen *lineage*-Mitglieder. In der Regel hielten die ersten Siedler an den Bindungen an die Kerngruppe, aus der sie hervorgegangen waren, und damit auch an der politischen Unterordnung unter einen örtlichen Dorfhäuptling fest.

Die neuen Produzenten begannen mit dem Kakaoanbau zunächst in der

Nähe ihrer Heimatdörfer, indem sie die Bäume bis zur Fruchtreife aufzogen. Mit den Erlösen dieses anfänglichen Baumbestandes erschlossen sie dann angrenzende neue Anbaugebiete, wo sie neue Baumbestände von Pächtern und deren Familien aufziehen und abernten ließen, die dafür im allgemeinen (nach dem *share-cropping*-System) ein Drittel der Ernte für sich behielten. Außerdem wurden Arbeiter angeheuert – meistens Angehörige der Ewe und anderer Gruppen, die östlich des Volta-Flusses siedelten –, um das Land zwischen den Ernten von Unkraut befreien zu lassen. Mit der Zeit kauften dann Leute, die Kapital akkumuliert hatten, immer größere Anteile der »vorrückenden« Anbaugebiete und verhalfen auch anderen zum Kauf neuer Kakaobaumbestände in den Randlagen, oder sie übernahmen Grundstücke, die konkurrenzunfähige Bauern hatten aufgeben müssen.

1911 war Ghana der Welt größter Produzent von Kakao – einer Ware also, die jedem Liebhaber von Schokoladenartikeln wert und teuer war. Diese ausgeweitete Produktion verschaffte den Besitzern großer Anbauflächen, bei deren Bearbeitung *share-cropper* (also Pächter) und Saisonarbeiter eingesetzt wurden, einen Vorteil gegenüber den bäuerlichen Haushalten, die nur über

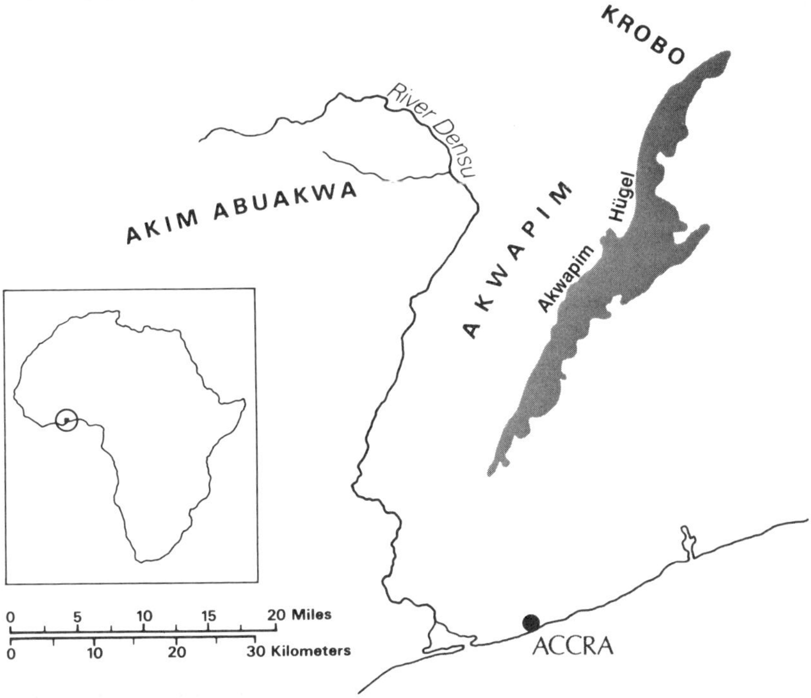

Kakao-Anbau und ethnische Zugehörigkeit in Ghana und Elfenbeinküste

die Arbeitskraft der eigenen Familie verfügten. Der Ausbau der Kakaokulturen führte also im Lauf der Zeit dazu, daß sich die Bevölkerung klassenmäßig in Farmer und Arbeiter ausdifferenzierte (Hill 1963).

Der Kakaoanbau breitete sich rasch in ganz Westafrika aus: im Norden bei den Aschanti, im Osten bei den Yoruba in Nigeria und im Westen bis zur Elfenbeinküste. An der Elfenbeinküste wurde Kakao nicht von afrikanischen Bauern, sondern von der französischen Kolonialregierung eingeführt, die sich davon eine neue Quelle kommerziellen Reichtums und staatlicher Steuereinnahmen versprach. Die Leute, die man hier zum Kakaoanbau veranlaßte, waren nicht wie im Falle von Ghana landwirtschaftliche Pioniere in neu besiedeltem Land, sondern Mitglieder hierarchisch organisierter afrikanischer Staaten unter französischer Kolonialherrschaft. Diese Staaten waren von den Agni, einem mit den Aschanti verwandten Kriegervolk, gegründet worden. Diese Agni waren im 17. Jh. in das Gebiet vorgedrungen, das heute die südwestliche Region der Republik Elfenbeinküste ausmacht, und hatten zwei Staaten gegründet: Ndenié im Norden und Sanwi im Süden. An der Spitze dieser beiden Staaten stand jeweils ein König, der die Macht an die Häuptlinge der Dörfer und der *matrilineages* delegierte. Die Bevölkerung war in Tributempfänger und Tributproduzenten gespalten. Zu ersteren gehörten die königliche Familie (die in weiblicher Linie von den ersten Agni-Häuptlingen abstammte) und eine mehrschichtige Häuptlingshierarchie, die auch zu Häuptlingen ernannte Krieger sowie Anführer von Einwanderer- und Splittergruppen umfaßte. Die Produzenten des Tributs – der in Form von Arbeit oder in Naturalien geleistet werden konnte – waren entweder freie Mitglieder von Agni-*matrilineages* oder Sklaven, die in der Regel von unterworfenen Gruppen abstammten. Das Recht auf die Nutzung von Grund und Boden wurde in der weiblichen Linie weitervererbt, während das Recht auf Nießbrauch jeweils vom Bruder der Mutter auf deren Sohn überging.

Die Einführung des Kakaoanbaus an der Elfenbeinküste setzte dieses System einigen Belastungen aus. Erstens gingen die mit Verfügungsrechten über das Land ausgestatteten *lineage*-Oberhäupter dazu über, ihre eigenen Leute auf den Status von Arbeitern zu drücken und die mit dem neuen Anbauprodukt erzielten Profite für sich zu monopolisieren. Das führte zu Spaltungserscheinungen innerhalb der *lineages.* Zum zweiten geriet die Übertragung von Rechten auf der weiblichen Abstammungslinie mit der gewohnten Übung in Konflikt, den Kakaoanbau in patrilokalen Arbeitsgruppen zu betreiben. Hatte also jemand Land geerbt, befand er sich häufig im Konflikt mit den Leuten, die dieses Land – sei es als *share-cropper (abusan),* sei es als Akkordarbeiter – tatsächlich bearbeiteten. Die matrilineare Weitergabe von Rechten bedeutete, daß ein Sohn das Land, in das er Arbeit hineingesteckt hatte, nicht erben konnte und daß gleichzeitig keine Garantie bestand, daß ihm sein Onkel ein vergleichbares Stück Land hinterlassen würde. Drittens gerieten auswärtige Bewerber um die Nutzungsrechte an Grundbesitz, der einer Agni-*lineage* gehörte – bei ihnen konnte es sich um Angehörige der Diula, der Baoulé oder der Mossi handeln –, mit den für die Vergabe dieser Rechte zuständigen Agni-Häuptlingen aneinander. Diese Neusiedler wollten ihren neu aufgebauten Pachtbesitz an ihre eigenen Söhne weitergeben, sahen ihre Ansprüche aber durch die Forderungen der matrilinear organisierten Grundeigentümer blockiert. Über ihre oft sehr erfolgreichen Kakaoanbau-Unternehmungen hinaus strebten sie nach gleichberechtigtem Status mit den Agni, die sich als siegreiches Kriegervolk allen auswärtigen Zuwanderern überlegen fühlten. Viertens und letztens gab der wachsende Geld- und Kapitalbedarf den wohlhabenden Kaufleuten, den Geldverleihern und Kakaopflanzern erhebliche Macht in die Hand. Die Folge war, daß der Besitz von materiellen Werten die verwandtschaftlichen Bindungen und Statusunterschiede, die auf der Zugehörigkeit bzw. Nicht-Zugehörigkeit zu den Agni beruhten, aus den Angeln hob. Zudem entwickelten die Mitglieder dieser neureichen Elite – die den Agni angehören konnten oder auch nicht – Beziehungen mit Außenstehenden, über die das Agni-Reich an die Kapitalkreisläufe der Hauptstadt Abidjan und darüber hinaus Anschluß gewann. Diese Außenstehenden waren in der Regel Diula- oder libanesische Kaufleute. So wurde der Agni-Gesellschaft ein völlig anderes System gesellschaftlicher Beziehungen aufgepfropft, was zu Konflikten zwischen den einzelnen Klassen und ethnischen Gruppen führen mußte.

Opium

Zu den Anbauprodukten, die im 19. Jh. zunehmend an Bedeutung gewannen, gehörte auch das Opium. Wir erinnern uns, daß Opium im englischen Handel mit China eine bedeutende Rolle spielte. Der chinesische Staat hatte sich vergebens der wachsenden Opiumproduktion innerhalb seiner eigenen Grenzen und dem Import des »ausländischen Schmutzes« entgegengestemmt. Das Rauchen von Opium war 1729 verboten worden. Ein weiterer Erlaß von 1800 untersagte nicht nur das Rauchen, sondern auch den Anbau und Import von Opium. Das erwies sich aber nur als Anreiz für den Schmuggel und für die örtliche Opiumherstellung in den chinesischen Provinzen Szetschuan und Yünnan. Durch ihre Niederlage im Opiumkrieg gegen die Briten (1839–1842) wurden die Chinesen schließlich gezwungen, den unbegrenzten Import von indischem Opium zuzulassen. 1858 mußte die chinesische Regierung ihre Unfähigkeit eingestehen, den von Großbritannien aufgezogenen Handel zu kontrollieren, indem sie ein Abkommen unterzeichnete, das eine bescheidene Importsteuer für Opium festsetzte. Nach 1860 erlebte aber auch die einheimische Opiumproduktion einen spektakulären Aufschwung und entwickelte sich zu einer erfolgreichen Konkurrenz für die ausländischen Erzeugnisse. In den achtziger Jahren wurden in der Provinz Szetschuan pro Jahr schätzungsweise 10000 Tonnen Rohopium geerntet, und die Provinz Yünnan begann sogar, Opium nach Südostasien zu exportieren.

Die Herstellung und der Schmuggel von Opium wurden auch bei den Bergvölkern der Gebirgsregion zwischen der chinesischen Grenze und dem südostasiatischen Tiefland zur Hauptstütze des wirtschaftlichen Lebens. Zu diesen Völkern gehörten die Hmong (»Meo« oder »Miao«) und die Iu Mien (»Yao« oder »Man«), die seit dem späten 17. Jh. nach und nach aus China verdrängt worden waren. Sie begannen nunmehr auf eigene Faust mit dem Anbau von Schlafmohn. Ab etwa 1890 wurde Opium in Thailand und in Nordost-Birma gewonnen, wo ein britischer Beobachter von »meilenweiten, mit Mohnblumen übersäten Hängen« berichtete (J. Scott, zit. in McCoy 1972, 65). Bei den meisten Berglandbewohnern Südostasiens – bei den Hmong, den Iu Mien, den Akha, den Lahu und den Lisu – ist Opium seitdem zum wichtigsten landwirtschaftlichen Marktprodukt geworden.

Da die aus Yünnan stammende Schlafmohnsorte in über 1000 Metern Meereshöhe am besten gedeiht, wird sie in der Regel in Lagen oberhalb der brandgerodeten Trockenreisfelder angebaut; es kommt aber auch rotierender Anbau auf Brandrodungsflächen vor, wobei sich dann Mohn und Mais innerhalb desselben Jahres abwechseln. Sinkende Erträge auf Brandrodungsfeldern zwingen die Bauern etwa alle fünfzig Jahre zum Weiterwandern. Um sich gegen die Konkurrenz anderer Gruppen das geeignete Terrain zu sichern, setzen sie auf ausgedehnte Verwandtschaftsbeziehungen und den Rückhalt bei ihrer eigenen ethnischen Gruppe.

Die Herstellung von Opium erfordert einen großen Arbeitsaufwand. Das Land muß nicht nur gerodet, sondern die gewonnen Felder müssen auch fortwährend von Unkraut befreit und gelichtet werden. Wenn die Blätter der Mohnblüten abgefallen sind, müssen die freigelegten Mohnkapseln sorgfältig angeritzt werden, damit der Milchsaft austreten kann; anschließend muß die geronnene Masse abgeschabt und abgepackt werden. Diese Arbeiten sind natürlich mit den beim Anbau von Reis, Mais oder Gemüse anfallenden Arbeitsgängen abzustimmen. Der große Arbeitsaufwand wird von den Familienmitgliedern bewältigt, einschließlich der Schwiegersöhne, von denen die Abgeltung des Brautpreises in Form von Arbeitsleistungen erwartet wird. Die einzelnen Haushalte helfen sich auch gegenseitig mit Arbeitskräften aus, und manchmal werden auch Arbeiter angeheuert, allerdings nicht für die heikle Aufgabe des Anritzens. Diese angeheuerten Arbeitskräfte sind oft Opiumsüchtige aus anderen ethnischen Gruppen, die teilweise mit Opium für den Eigenbedarf entlohnt werden. Wie erfolgreich ein Opiumproduzent ist, hängt also von seiner Fähigkeit ab, genügend Arbeitskräfte heranzuziehen, wobei derjenige im Vorteil ist, der viele Kinder und Schwiegersöhne hat. Die Aussicht, zahlreiche Kinder aufzuziehen und viele Schwiegersöhne an sich zu binden, hängt wiederum von erfolgreichen Manövern auf dem Heiratsmarkt und vom Umfang der dabei erzielten Brautpreise ab. Erfolge im Mohnanbau und beim Knüpfen verwandtschaftlicher Bindungen verschaffen einem Mann zudem politischen Einfluß, den er noch durch die Ausrichtung kostspieliger Feste zu Ehren von Ahnengeistern ausbauen kann.

Als ökonomischer Schlüsselfaktor für das Leben der Bergbewohner spielt Opium auch im Falle der in den bergigen Regionen Nordost-Birmas siedelnden Kachin eine einschlägige Rolle. Die Kachin haben aufgrund der bahnbrechenden Arbeit von Edmund Leach (1954) innerhalb der anthropologischen Forschung eine gewisse Bedeutung gewonnen. Leach war einer der ersten britischen Sozialanthropologen, der über den von Radcliffe-Brown

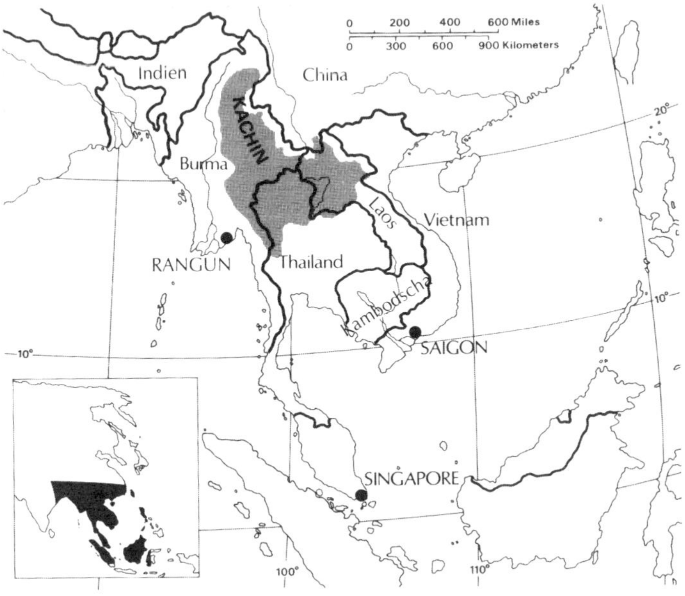

Schlafmohn-Anbau in Südostasien

vertretenen statischen Strukturalismus hinausgegangen ist. So hat er die sozialen Strukturen bei den Kachin in ihrem Oszillieren zwischen zwei polaren Gesellschaftsmodellen beschrieben, nämlich einem hierarchischen Modell, das auf Häuptling/Gefolgschaft-Beziehungen beruht und als *gumsa* bezeichnet wird, sowie einem egalitären Organisationsmodell, das *gumlao* genannt wird. Mit dem hierarchischen *gumsa*-Modell lehnte sich die Kachin-Gesellschaft an das theokratische Königtum des Shan-Tales an. Dies Modell war aber innerlich labil, weil ihm die ökonomische Basis einer nur im Flachland möglichen bewässerten Landwirtschaft ebenso abging wie die politische Basis eines theokratischen Staates. Bei den Kachin war dieses Modell in einem System verankert, bei dem die *patrilineages*, die Frauen spenden, denjenigen, die Frauen nehmen, im Rang überlegen sind. Diesem System drohten ständig Spaltungen, wenn nämlich Brüder um dieselbe Häuptlingsposition rivalisierten oder Schwiegersöhne nicht mehr mitmachten, sofern die Ableistung ihrer Brautpreisverpflichtungen in dauerhafte und erzwungene Abhängigkeitsformen umzuschlagen drohte. Die *gumsa*-Hierarchie mußte also ihrer inneren Natur nach zusammenbrechen, wobei ständig Abspaltungen und neue Gruppen entstanden, die sich nach den egalitären *gumlao*-Prinzipien organisierten. Aber dann wurde das *gumlao*-System wiederum von dem *gumsa*-System abgelöst, weil Aspiranten auf die dem Shan-Reich nachempfundene Häuptlingswürde sich wieder stärker auf ihre Rolle als rituell privilegierte Häuptlinge besannen.

Dieser Interpretation von Leach, die den Ausdifferenzierungsprozeß bei den Kachin aus den inneren Widersprüchen ihrer gesellschaftlichen Organisation hervorgehen sieht, hat Jonathan Friedman (1975) widersprochen. Kausale Triebfeder für die *gumlao*-Revolte ist nach Friedmans alternativem Erklärungsmodell eine Kombination politisch-ökonomischer Merkmale. Angesichts der sinkenden Erträge des Brandrodungsanbaus müssen sich Gruppen, die den Frauen-Spendern materielle Werte in Form von Brautpreisen abzutreten haben, letzten Endes verschulden – ein Zustand, dem sie durch die Abspaltung entgehen. Umgekehrt versetzt die erfolgreiche Umwandlung von Brautpreis-Vermögen in prestigeträchtige Ahnengeister-Feste einzelne Segmente der Kachin in die Lage, mehr Frauen und Anhänger zu erwerben, womit sie wiederum mehr Ansehen und Einfluß gewinnen können.

Stellt man die *gumsa*- bzw. die *gumlao*-Konstellation in einen umfassenderen historischen Zusammenhang, ergibt sich freilich folgendes Bild: Die *gumlao*-Revolten stellten ein historisch jüngeres Reaktionsmuster auf Veränderungen dar, die im Bergland der Kachin im späten 19. Jh. spürbar geworden sind; sie waren also mitnichten eine regelmäßige Konsequenz, die sich aus *gumsa*-typischem Statusneid und Ansprüchen auf die Arbeitsleistungen angeheirateter Verwandter ergeben hätte.

Diesen historischen Hintergrund hat Nugent (1980) unlängst in einem Aufsatz analysiert. Bis zum letzten Viertel des 19. Jhs. gehörten alle Häuptlinge der Kachin zur *gumsa*-Hierarchie. Den Opiumanbau betrieben sie mit Hilfe von Sklaven, und sie übten auch die Kontrolle über die Bernstein-, Serpentin- und Jadevorkommen aus – in der Tat waren sie es, die seit dem frühen 18. Jh. den Chinesen den Großteil ihrer Jadesteine lieferten (Leach 1954, 290). Vor allem aber erhoben sie Abgaben auf den lukrativen chinesischen Karawanenhandel zwischen China und Birma, und im späten 19. Jh. gründete sich die Macht der führenden *gumsa*-Häuptlinge in erster Linie auf die Einnahmen aus diesen Abgaben (Leach 1954, 237). Diese Häuptlinge waren außerdem gefragte Verbündete, die von vielen Seiten umworben wurden: von den durch Assam vorrückenden Engländern, von den Birmesen, die das englische Vordringen aufzuhalten versuchten, und von den chinesischen Händlern, deren Karawanen zwischen Yünnan und Birma verkehrten. Daß die Kachin-Häuptlinge in der Lage waren, den Prinzen des Shan-Volkes nachzueifern, rührte also daher, daß sie über Sklavenarbeiter verfügten, den Handel kontrollierten und von den um das Gebiet konkurrierenden politischen Mächten Waffen bezogen.

Diese vorteilhafte Situation wurde im Lauf der zweiten Hälfte des 19. Jhs. zunehmend untergraben. Aufstände in Yünnan und die Rebellenbewegung der Shan gegen den in Auflösung begriffenen birmesischen Staat führten zum Niedergang des Transporthandels zwischen China und Birma. Die Einmischung der Engländer in die Angelegenheiten Birmas führte 1852 zur Annexion von Nieder-Birma, 1886 zur Eroberung von Ober-Birma und zu weiteren Unterwerfungsfeldzügen gegen die Shan und die Kachin, die sich bis 1891 hinzogen. Überall – mit Ausnahme des »Goldenen Dreiecks« nördlich von Myitkyina, das erst in den zwanziger Jahren dieses Jahrhunderts zu pazifizieren war – wurden bei den Kachin Macht und Einfluß der *gumsa*-Häuptlinge strikt eingedämmt. Ihre Herrschaftsbereiche wurden zerschlagen, und jedes Dorf unter seinem eigenen Häuptling wurde als gesonderte politische Einheit behandelt. Die Sklaven wurden freigelassen, was den Anteil der Häuptlinge an der Opium-Produktion verringerte. Die Häuptlinge durften von den durchziehenden Karawanen keine Abgaben mehr erheben – die im 19. Jh. ihre Haupteinnahmequelle gewesen waren –, und man verbot ihnen auch, Tribute von benachbarten Shan-Gemeinden einzuziehen. Die von den Engländern erzwungene Machtbeschränkung der Häuptlinge besiegelte den Niedergang der rituell privilegierten Häuptlinge, der mit dem Versiegen des chinesisch-birmesischen Grenzhandels eingesetzt hatte. Die ersten *gumlao*-Revolten ereigneten sich, als die Macht der *gumsa*-Häuptlinge schon dahinschwand. Insofern lassen sich diese Revolten eher als Reaktion auf die Schwäche denn auf die zunehmende Stärke der Häuptlinge verstehen.

Überdies muß man diese Revolten vor dem Hintergrund der Opiumherstellung sehen. Wie Maran La Raw feststellt, »fiel die Abweichung vom *gumchying gumsa*, dem traditionellen eigentlichen Idealmodell der Kachin, mit der ständigen Intensivierung des Anbaus von Schlafmohn (also von *cash-crop*) zusammen, auf den sich die Kachin – auf Kosten der auf Bergreis beruhenden Subsistenzlandwirtschaft – immer stärker verlegten« (1967, Bd. I, 138 f.; vgl. auch Leach 1954, 26). Mit der Herstellung von Opium hatten die Kachin zugleich Geld hergestellt, denn bei den Berglandbewohnern war Opium immer – und das gilt bis heute – als Mehrzweck-Währung im Gebrauch. Selbst bei der Manipulation von Brautpreisen, die für den Erwerb von Status und Macht so wichtig sind, spielte das Opium seine Rolle. Leach berichtet von einem Fall, wo ein durch Opiumhandel reich gewordener Mann den Brautpreis, der formell in Vieh, Silber, Opium und Gewehren festgesetzt war, vollständig in der Opium-Währung entrichtet hat (1954, 151, Anm. 66). Als wahrscheinlich erscheint demnach, daß sich auf der konsolidierten Grundlage des aus der Opiumproduktion entstandenen Reichtums der Aufstieg neuer *gumsa*-Häuptlinge vollzog, die hauptsächlich vom Anbau, Verkauf und Schmuggel von Opium abhängig waren. So scheint es sich jedenfalls in den von den Wa bewohnten Staaten Birmas abgespielt zu haben, wo erfolgreiche Opiumanbauer sich am Vorbild der Wasserreisproduzenten der Ebenen orientierten, zum Buddhismus übertraten und mit dem Namen »Berg-Shan« (Tai Loi) belegt wurden.

Gold und Diamanten

Pflanzliche und tierische Erzeugnisse waren nicht die einzigen Warenarten, die während des 19. Jhs. massenhaft auf den Weltmarkt gelangten. Dasselbe geschah mit Erzen wie z. B. mit Zinn aus Malaya und Kupfer aus Chile. 1866 wurden auf dem Territorium des Oranje-Freistaates der Afrikaaner (Buren) im südlichen Afrika die ersten Diamanten entdeckt; zwanzig Jahre später folgte die Entdeckung von Goldvorkommen am Witwatersrand in Transvaal. 1874 waren schon 10 000 Afrikaner in den Diamantenbergwerken beschäftigt, zehn Jahre nach den ersten Goldfunden arbeiteten 97 000 von ihnen in den Goldminen. 1910 hatte sich die Zahl der afrikanischen Bergarbeiter auf 255 000, 1940 auf 444 000 erhöht.

In Südafrika hatte die europäische Besiedlung Neuland-Regionen erschlossen, die in manchem an die Gebiete in Nordamerika erinnerten. Die erste europäische Siedlung war eine Versorgungsstation am Kap, die 1652 von der holländischen Ostindien-Kompanie errichtet wurde. Von dieser Station aus hatten sich die ersten holländischen Siedler in alle Richtungen ausgebreitet und dabei das Sammlervolk der San (Buschmänner) ins Landesinnere zurückgetrieben und vernichtet sowie das Hirtenvolk der Khoi-Khoi (Hottentotten) in die Knechtschaft gezwungen und sich dabei gleich deren Fettschwanzschaf- und Rinderherden angeeignet.

Bei ihrer weiteren Expansion Richtung Norden stießen die Europäer auf Bantu-sprachige Völker, die sie etappenweise zurückdrängten, bis 1775 der Fish River erreicht war. Dort kam die Grenze für fünfzig Jahre zum Stehen – wobei der Verlauf dieser vordersten Expansionslinie durch die Entfernung zum Viehmarkt von Kapstadt bestimmt war. Nachdem 1820 ein beträchtliches Kontingent britischer Siedler an der Albany Bay nahe der Mündung des Fish River eingetroffen war, geriet die Grenze erneut in Bewegung. Das löste neue Auseinandersetzungen aus, diesesmal zwischen Buren und Gruppen von Bantu-sprachigen Xhosa. Im Gefolge dieser Zusammenstöße erhöhten sich die Spannungen in dem Landstreifen zwischen dem Fish River im Süden und der im portugiesischen Besitz befindlichen Delagoa-Bucht im Norden.

Dieses Gebiet befand sich in den Händen von kleineren Ngoni-Domänen, die sich jeweils um einen Häuptling, dessen *patrilineage* und weitere, durch Abstammung oder Bündnisse zusammengehaltene *patrilineages* gruppierten. Die auf die Figur des Häuptlings ausgerichtete Kriegs- und Jagdorganisation der Ngoni wurde immer wieder zerschlagen, wenn eine Häuptlingsdomäne sich auflöste; sie kristallisierte sich dann aber immer wieder um eine neue Figur, was auf einen fortwährenden Prozeß von Aufsplitterung und erneuerten Bündnissen hinauslief. Im letzten Viertel des 18. Jhs. hatten sich drei dieser Häuptlingsbündnisse gegen die übrigen durchgesetzt; im ersten Jahrzehnt des 19. Jhs. errang eines von ihnen – das der Mthetwa – die Herrschaft über die anderen, teils aufgrund der überragenden militärischen Fähigkeiten seines Häuptlings Dingiswayo, teils vielleicht auch aufgrund der Handelsverbindungen mit den Portugiesen an der Küste. Dingiswayo schaffte die Militär- und Jagdformationen, die Unterhäuptlingen loyalitätspflichtig waren, dadurch ab, daß er sein Volk nach Altersgruppen in Militäreinheiten zusammenfaßte. Außerdem übernahm er eine Jagdtechnik, die Umzingelung durch eine Zangenbewegung, als Taktik für seine Kriege. Nach dem Tod von Dingiswayo usurpierte Chaka, der Anführer des kleineren verbündeten

Klans der Zulu, die Häuptlingswürde der Mthetwa und errichtete ein noch größeres Zulu-Reich, das er mit Erfolg zu einem Kriegerstaat organisierte, wobei er auf die nach Altersgruppen organisierten Formationen und auf die militärischen Taktiken von Dingiswayo zurückgriff. Chaka verbesserte auch die Offensivqualitäten seiner Truppen durch die Einführung des *assagai*, eines kurzen Stoßspeeres, den er vielleicht selbst erfunden, zumindest aber bei den Schmieden der Zulu in Auftrag gegeben hat.

Die Bildung des Zulu-Staates liefert uns ein Beispiel kulturellen Wandels, der dynamischer verlief als die normalerweise von Anthropologen untersuchten Prozesse. Dingiswayo und Chaka reagierten auf Veränderungen der politischen Kräfteverhältnisse in ihrem Umfeld mit dem Aufbau einer neuen politischen Einheit. Dabei knüpften sie an ältere, vertraute Organisationsstrukturen an, die sie aber im weiteren Verlauf radikal veränderten. Diese Veränderungen unterminierten die partikularistischen Interessen der lokal verankerten *patrilineage*, benutzten zugleich aber deren Menschenpotential zum Aufbau eines mächtigen Militärapparates. Unter anderem verbot Dingiswayo das Betreiben von Beschneidungsschulen, in denen die Mitglieder benachbarter Siedlungsstätten unter der Oberaufsicht des jeweiligen Häuptlingssohnes zusammengefaßt waren. Und während noch die alten militärischen Formationen Blutsverwandte aus benachbarten Siedlungen unter dem Kommando ihrer örtlichen Häuptlinge vereinigt hatten, machte Dingiswayo die einzelnen Altersgruppen zur Grundlage der militärischen Organisation. Dadurch wurden die verschiedenen Generationen derselben *lineage* und derselben Siedlungsregion verschiedenen Regimentern zugeteilt. Ihre Loyalität wurde also auf den König ausgerichtet. Jedes Regiment erhielt seine besondere Kleidung, und seine Schilder aus Kuhfellen hatten jeweils eine bestimmte Farbe. Unter Chaka wurde die Rolle der Regimenter noch durch die Gründung paralleler Frauenverbände verstärkt. Die Männer durften erst mit vierzig Jahren heiraten, und ihr Regiment bestimmte, daß sie die Frauen aus der entsprechenden Haueneinheit auszuwählen hatten.

Chaka zog innerhalb des Zulu-Landes auch die Alleinverantwortung für die Bereiche der Magie an sich: Die Regenmacher-Funktion ging allein auf seine Person über, indem er die rivalisierenden Regenmacher vertrieb; die Medizinmänner zwang er, ihm ihre Heilmethoden beizubringen; alle Entscheidungen über Fälle von Hexerei mußten vom König bestätigt werden. Zur weiteren Stärkung des Zulu-Königtums stellte er bei den alljährlichen Ernte- und Kriegszeremonien die Figur des Königs und die königliche Ahnenreihe in den Mittelpunkt und machte diese Zeremonien zu einer Demonstration der Stärke und der Einheit der versammelten Armee. »Die Traditionen der *lineage* des Zulu-Königs wurde zu den Traditionen der

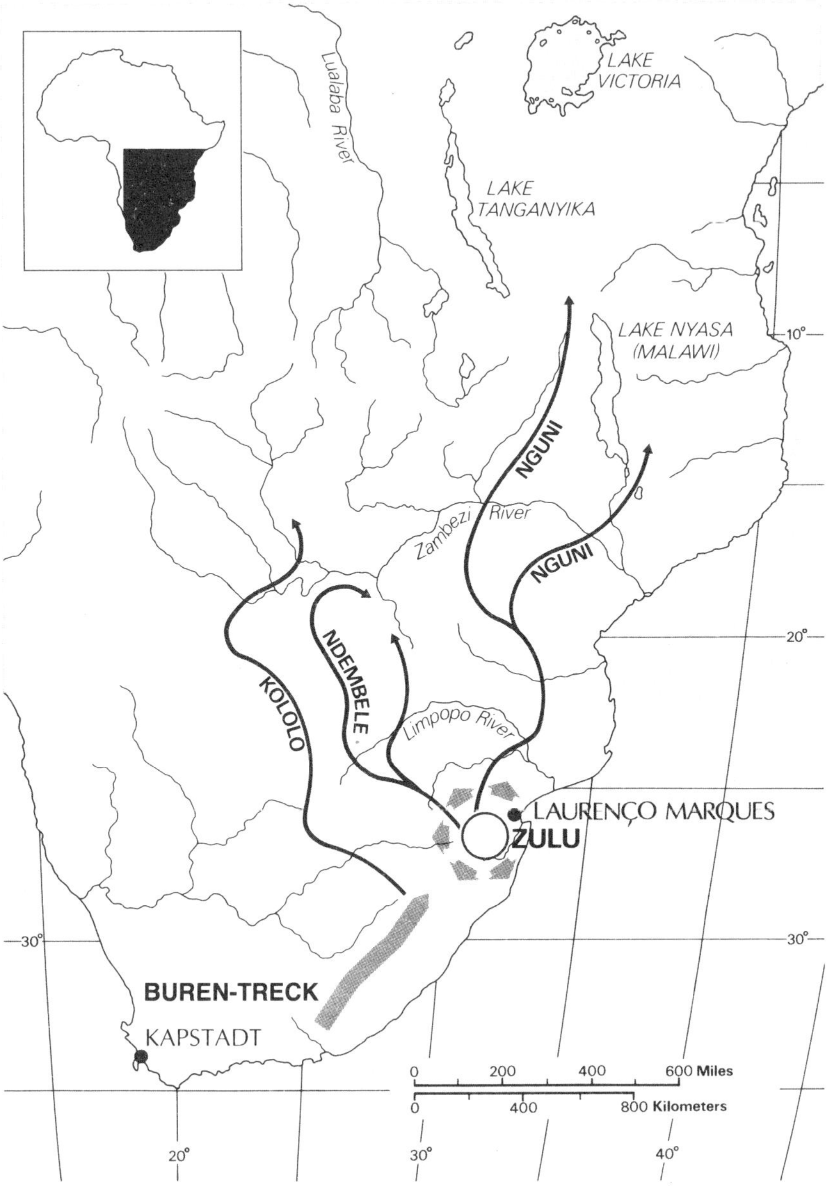

Expansions- und Migrationsbewegungen im südlichen Afrika

Nation; der Zulu-Dialekt wurde zur Sprache der Nation; und jeder Einwohner – gleich welcher Abstammung – wurde zu einem Zulu, der Chaka Gehorsam schuldete« (Thompson 1969, 345). Diese Transformation veranschaulicht in krasser Form die Art und Weise, wie bei einem durch die vorrückenden Grenzen der europäischen Besiedlung ausgelösten Staatsbildungsprozeß die alten Rituale manipuliert wurden.

Diese Expansion der Zulu zwischen 1800 und 1836 trieb wiederum andere Völker zentrifugal in alle Richtungen davon, was in vielen Fällen zur Entstehung neuer politischer Gruppierungen führte. So errang z.B. der Kumalo-Klan der Ngoni zunächst die Herrschaft über die benachbarten Tschuana und Sotho und überrannte dann die jenseits des Limpopo im heutigen Zimbabwe siedelnden Gruppen, woraus die ethnische Großgruppe der Ndebele (Matabele) entstand. Der Makololo-Klan zog nach Norden ins Sambesi-Tal und unterwarf dort die Barotse – das Ergebnis waren die Kololo. Die Dlamini, die an der Delagoa-Bucht siedelten, machten sich zu Herrschern über die im Norden des heutigen Swaziland lebenden Ngoni und Sotho – daraus entstand die Großgruppe der Swazi. Andere Gruppierungen wie die Basuto von Lesotho entstanden aus geflüchteten Absplitterungen anderer ethnischer Gruppen. In ähnlicher Weise bestand die Gruppierung der Ngwato – im heutigen Botswana ansässig – aus einer Sotho-sprachigen Kerngruppe aus dem Westen und einzelnen Mitgliedern der Tschuana, der nördlichen Sotho, der Schona, der Rotse, der Kubam, der Subia, der Herero sowie der bantuisierten San (Schapera 1940). Die von den Zulu in Gang gesetzte *difaqane*, sprich: erzwungene Abwanderung, schuf also viele neue politische Gruppierungen, die vor dem 19.Jh. noch gar nicht existiert hatten – die aber heute in der anthropologischen Literatur als »Stämme« oder »primitive Staaten« beschrieben werden.

1795 eroberten die Briten das Kap, und nach 1820 begannen sie den Küstenstreifen zu besiedeln. Dieser Siedlungsprozeß setzte seinerseits die holländischen Bauern und Viehzüchter (*boers* oder Buren) in Bewegung, die zu ihrem *trek* ins Landesinnere aufbrachen, wo sie die unabhängigen Republiken Transvaal (1852) und Oranje-Freistaat (1854) gründeten. Sowohl die Holländer als auch die Briten zogen in den sogenannten Kaffern-Kriegen gegen die afrikanische Bevölkerung zu Felde, zunächst gegen die Xhosa (1835, 1847, 1852), dann gegen die Basutho (1858, 1865–1866, 1867–1888). Diese Kriege vernichteten die viehwirtschaftliche Lebensgrundlage der Xhosa und verurteilten sie zur Existenz als unfreie Arbeiter und landlose Pächter auf den Farmen der Europäer. Chiliastische Bewegungen in den fünfziger Jahren – die durch das Abschlachten von Vieh den ersehnten Zustand der Reinheit und des Überflusses bzw. das Verderben der Weißen und ihrer Verbündeten heraufbeschwören wollten – haben die Widerstandsfähigkeit der Xhosa noch weiter geschwächt. Die Zulu waren zwar noch stark genug, um die Briten 1879 bei Isandhlwana zu besiegen, aber fünf Monate später verloren sie dann die entscheidende Schlacht bei Ulundi. Mit dieser Niederlage hatte das Zulu-Heer zu existieren aufgehört. Danach wurde – trotz wiederholter Kriege und Aufstände – eine afrikanische Volksgruppe nach der anderen der europäischen Herrschaft unterworfen. Dieses Schicksal widerfuhr auch den Basuto und Tschuana in den achtziger und den Swazi in den neunziger Jahren des 19. Jhs.

Die Unterwerfung der afrikanischen Bevölkerung ging einher mit der Entwicklung des südafrikanischen Bergbaus, also eines auf dem Einsatz afrikanischer Arbeitskräfte beruhenden Industriezweiges (vgl. Kapitel 12). Fünf Jahre, nachdem man im Griqualand die ersten Diamanten gefunden hatte, erreichte der Diamantenexport bereits einen Wert von jährlich 1,6 Millionen Pfund. In den darauffolgenden hundert Jahren wurden in diesem Teil der Erde Diamanten im Wert von phantastischen 700 Millionen Pfund gefördert. In den achtzig Jahren nach der Entdeckung von Goldvorkommen im Jahre 1886 warfen die südafrikanischen Goldminen 6 Milliarden Pfund ab. Beide Bergbau-Industrien erforderten große Kapitalmassen, vor allem als man von der »Trockenförderung« über Tage zum Untertagebau übergehen mußte. Außerdem erforderte der Abbau von Gold teure technische Einrichtungen, denn das Metall mußte aus riesigen Erzmassen mit niedrigem Goldgehalt gewonnen werden. Cecil Rhodes gründete die Firma de Beers Consolidated Mines Ltd.; der Name stammte von einer der ersten Minen in Kimberley, deren Standort sich in der Nachbarschaft der Farm eines Buren namens de Beer befunden hatte. Diese Farm hatte Rhodes für 18 000 Dollar gekauft (Gunther 1953, 553). Heute ist das Unternehmen ein Konsortium von sieben namhaften Gesellschaften, das die Produktion und Vermarktung von Diamanten beherrscht. Die Goldförderung wird also von sieben gigantischen, ineinander verschachtelten Gesellschaften kontrolliert, wobei sich die beiden größten – de Beers und Anglo-American – im Besitz derselben Familie befinden.

* * *

Die Große Depression des späten 19. Jhs. setzte eine beispiellose Ausweitung der Warenströme zwischen den einzelnen Weltregionen in Gang. Durch jede dieser die kapitalistische Entwicklung fördernden Warenarten – Nahrungsmittel, Agrarprodukte für industrielle Zwecke, Genußmittel, Gold, Diamanten – wurde dieser gewaltig anschwellende Strom noch verbreitert und

Angriff des Zulu-Heeres auf das 80. Regiment am Intombi-Fluß während des letzten britischen Vorstoßes auf die Zulu-Hauptstadt Ulundi. Holzschnitt nach einer Zeichnung von Lt. L. W. R. Ussher, 1879 (The Granger Collection, New York)

beschleunigt. Wir haben in diesem Kapitel einige derjenigen Waren näher betrachtet, die für diverse, durch die anthropologische Standardliteratur bekannt gewordene Völker von Bedeutung waren. Es gab noch viele andere solcher Waren – und ihr beschleunigter Umschlag ist leicht an den damaligen Transaktionen auf den Finanzmärkten der Welt abzulesen.

Warenproduktion und Warenhandel waren selbstredend keine neuen Erscheinungen. Schon 1400 zogen sich die Routen des Handelsaustausches kreuz und quer über den Globus, sie verliefen innerhalb und zwischen tributgebundenen Gesellschaften sowie zwischen solchen Gesellschaften und verwandtschaftlich strukturierten Gruppen. Längst bevor die ersten Kauffahrer in Erscheinung traten, waren viele Bevölkerungsgruppen in die Warenproduktion einbezogen, aus der sich dieser Handel speiste. Aber erst die europäische Expansion schuf einen Markt von globaler Ausdehnung. Dieser Weltmarkt hat sich das bereits vorhandene Netz von Handelsbeziehungen einverleibt und neue Verkehrsadern zwischen den Kontinenten geschaffen, die regionale Spezialisierung gefördert und in weltweitem Maßstab Warenbewegungen in Gang gesetzt.

Die Entwicklung des Kapitalismus führte zu einer qualitativen Veränderung nicht nur der vorherrschenden Produktionsweise, sondern auch der mit ihr verbundenen Handelsbeziehungen. Dieses Beziehungsgeflecht diente nunmehr dem Prozeß der Kapitalakkumulation – einem Prozeß also, der nicht mehr nur den Warenausstoß zwecks Geldvermehrung steigerte, sondern Kapital erzeugte, mit dem Maschinen, Rohstoffe und Arbeitskräfte

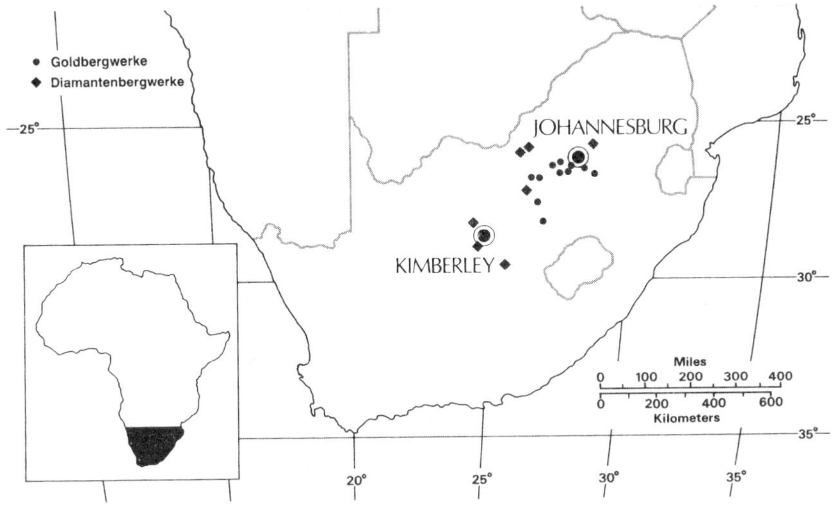

Die Bergbau-Regionen Südafrikas

gekauft wurden, um mit ihnen die Produktion auszuweiten und damit noch mehr Kapital zu akkumulieren. Der Handelsaustausch verlor seine Unabhängigkeit und Autonomie, denn die Profitrate wurde jetzt nicht mehr allein durch die Preisdifferenzen zwischen verschiedenen Regionen bestimmt (die es den Kaufleuten möglich machten, billig zu kaufen und teuer zu verkaufen), sondern durch den eigentlichen Produktionsprozeß selbst.

Die »geschichtlosen Völker« wurden jetzt also in ein System hineingezogen, das die natürlichen Ressourcen der Welt den Zwecken der Kapitalakkumulation unterwarf. Das bedeutete nun aber nicht, daß alle produktiven Tätigkeitsweisen, die den Markt mit Waren versorgten, kapitalistisch geworden wären. Nach Mandel ist die kapitalistische Weltwirtschaft ein gegliedertes System von kapitalistischen und nicht-kapitalistischen Produktionsverhältnissen, verbunden durch Austauschbeziehungen, deren Gesetze von der kapitalistischen Akkumulation diktiert werden (vgl. S. 413). Zu jedem bestimmten historischen Zeitpunkt sind einige Sektoren und Regionen dieses Systems für dessen Funktionieren von zentraler und entscheidender Bedeutung, während andere eine ergänzende bzw. eine Nebenrolle spielen, insofern sie dem Zentrum Waren liefern oder Arbeitskräfte abstellen. Mit der Zeit können sich die zentralen bzw. untergeordneten Regionen verlagern, wenn nämlich die Anforderungen der kapitalistischen Akkumulation bestimmte Randbereiche in eine zentrale Position rücken oder ehedem zentrale Bereiche in eine Randposition abdrängen.

Während die zentralen Sektoren und Regionen direkt von den Produktionsverhältnissen der kapitalistischen Produktionsweise beherrscht werden, mögen in den Neben- oder Randgebieten die innerhalb der verwandtschaftlich strukturierten oder der tributgebundenen Produktionsweisen aufgebauten gesellschaftlichen Strukturen durchaus geduldet, aufrechterhalten oder sogar noch verstärkt werden. Ist dies der Fall, wird allerdings die politische und ökonomische Autonomie immer streng begrenzt sein. Erstens müssen diese Gesellschaften ihre materielle Souveränität wie ihre Fähigkeit zur bewaffneten Verteidigung ihrer unabhängigen Interessen aufgeben. Und zweitens büßen sie nach und nach die Fähigkeit ein, ihre gesellschaftlichen Beziehungen und Hierarchien ohne Beteiligung am kapitalistisch beherrschten Markt zu reproduzieren. Die Menschen dieser Gesellschaften werden – als Warenproduzenten und Arbeiter – in die Reservearmee des Kapitalismus eingegliedert; sie können also in Aufschwungperioden mobilisiert und beim Rückgang der Konjunktur wieder in ihre Reservate oder Enklaven entlassen werden. Auf diese Weise mußte rund um den Globus ein Volk nach dem anderen erleben, wie seine Lebensgewohnheiten umgestaltet wurden, um den Geboten der kapitalistischen Produktionsweise zu genügen.

Kapitel 12

Die neuen Arbeiter

Das Wesen des Kapitals liegt in seiner Fähigkeit, durch den Kauf und den Einsatz von Arbeitskraft gesellschaftliche Arbeit zu mobilisieren. Voraussetzung dafür ist ein Markt, auf dem die Arbeitsfähigkeit von Menschen gekauft und verkauft werden kann wie jede andere Ware auch: Die Ankäufer von Arbeitskraft bieten Löhne, welche die Verkäufer als Gegenleistung für eine Ware, nämlich ihre eigene Arbeitskraft, entgegennehmen. Der Markt bringt die Fiktion hervor, daß es sich bei diesem An- bzw. Verkauf um einen symmetrischen Tausch zwischen gleichberechtigten Partnern handele; in Wirklichkeit schreibt die Markttransaktion lediglich eine asymmetrische Beziehung zwischen den Klassen fest. Über diese Transaktion wird den Arbeitern ein Teil des Produktes ihrer eigenen Arbeit in Form von Löhnen zurückgezahlt, der Rest bleibt als Mehrwert der Kapitalistenklasse überlassen.

Die Arbeiterklassen, die unter der Ägide der kapitalistischen Produktionsweise in die Industrie oder Plantagenwirtschaft Einzug hielten, stellten für die ganze Welt etwas Neues dar, das von vielen Beobachtern im 19. Jh. auch durchaus als solches erkannt wurde. Der modernen Geschichts- und Sozialwissenschaft hat das Aufkommen dieser arbeitenden Klassen insgeheim ein Forschungsprogramm vorgegeben, aber die Wissenschaftler konnten sich nur zögernd dazu verstehen, deren Rolle bei der Schaffung neuer Gesellschaftstypen anzuerkennen. Der Auftritt der Arbeiter auf der historischen Bühne löste die Furcht vor einer Überschwemmung durch die Massen und vor dem gesellschaftlichen Chaos aus – aber auch übertriebene Hoffnungen auf eine unmittelbar bevorstehende gesellschaftliche Erneuerung. Für vornehmlich mit den Aktionen der Mächtigen befaßte Historiker hatten diese neuen Arbeiterklassen keine Geschichte, sondern höchstens eine Anti-

Geschichte. Für Sozialwissenschaftler, die Soziologie in erster Linie als eine »moralische« Wissenschaft auffaßten, bedeuteten die neu auftauchenden »Massen« nur Wurzellosigkeit und Anomie. Die Humanisten, denen es um die Rettung der hehren Errungenschaften des menschlichen Geistes ging, empfanden das Proletariat als Schreckensvision – wie weiland die Römer, als sie zum erstenmal die Ostgoten mit ihren Reiterheeren innerhalb der Stadtgrenzen lagern sahen. Für die Revolutionäre verkörperten die Arbeiterklassen dagegen das Versprechen einer gesellschaftlichen Umwälzung – den »neuen Menschen«, der endlich die Antithese zur zivilisierten Welt schlechthin lieferte.

Selbst als sich die Gesellschaftswissenschaftler diese neuen Menschen näher anzusehen begannen, behandelten sie sie in erster Linie als gesellschaftliche Problemfälle, die aufgrund des Abbaus von Stammesstrukturen oder als Einwanderer ihre alten Bindungen eingebüßt hatten, und nicht als soziale, aus eigenem Antrieb handelnde Akteure, die sich auf ihre neuen Lebensbedingungen einstellten. Selbst Arbeitshistoriker konzentrierten sich anfangs auf die Geschichte von Arbeiterorganisationen und Arbeiterbewegung, interessierten sich also mehr für die Bemühungen um die Überwindung des gegebenen Zustandes als für die Aufgabe, diesen Zustand erst einmal selbst zu entziffern. Die Forschung befaßte sich mithin hauptsächlich mit dem, was es nicht gab – entweder mit Bedingungen und Attributen, die vorher dagewesen und nunmehr verschwunden waren, oder mit Bedingungen, die erst noch eintreten würden. Viel weniger war dagegen die Rede von dem, was wirklich existierte: vom Bezugsrahmen und vom Inhalt des Lebens der Arbeiterklasse. Erst in jüngerer Zeit sind einige Sozialhistoriker dazu übergegangen, eine prozessuale und relationale Geschichte für die Arbeiterklassen zu verfassen, ähnlich wie man auch begonnen hat, Geschichte für diejenigen Völker zu schreiben, die angeblich auf irgendeinem zeitlosen Evolutionsniveau stehengeblieben sind. Aber bei diesen beiden Zweigen der Geschichtsschreibung handelt es sich in Wirklichkeit um eine einzige Sache. Die Entwicklungskurven der »geschichtslosen Völker« auf den verschiedenen Kontinenten verschränken sich und verschmelzen innerhalb jenes umfassenderen Beziehungsgeflechtes, das die europäische Expansion und die kapitalistische Produktionsweise geschaffen hat.

Arbeitsmärkte

Im Laufe des 19. Jhs. kamen die Industrialisierung und die Einführung der großflächigen *cash-crop*-Landwirtschaft zügig voran. Mit dem Einströmen von Kapital in Bereiche, die sich für neue Möglichkeiten und Aktivitäten anboten, wurden die Maschinen zu immer größeren Produktionsanlagen zusammengefügt und laufend neue Arbeiterbataillone für die wachsende industrielle Armee angemustert. Die Manufaktur – »ihre Geschwindigkeit bestimmten nicht Maschinen, sondern Menschen« (Landes 1973, 121) – wurde zunehmend durch »Machinofakturen« abgelöst, bei denen sich die Arbeitsgeschwindigkeit nach den Maschinen richtete. Die politische Ökonomie der einzelnen Länder wurde umgemodelt, gesellschaftliche Bindungen wurden auseinandergerissen und neu aufgebaut, und die Menschen wanderten von den Regionen des Arbeitskräfteangebots in die Nachfrageregionen.

Eine Fülle statistischer Zahlen zeichnet die Ausweitung des Produktionsumfangs nach und spiegelt die wachsende Nachfrage nach industrieller Arbeitskraft wider. Die weltweit erzeugte Dampfkraft stieg vom Beginn der Industrialisierung in der zweiten Hälfte des 18. Jhs. bis 1850 auf 4 Millionen PS, nach weiteren zwanzig Jahren waren es schon ca. 18,5 Millionen PS. Die Kohleförderung – eine für das Wachstum des Industriesystems maßgebliche Größe – belief sich 1800 auf 15 Millionen Tonnen, 1860 auf 132 Millionen und 1900 auf 701 Millionen Tonnen. Die Eisenerzförderung wurde weltweit jährlich von 1820 bis 1910 von einer Millionen auf 65 Millionen Tonnen gesteigert. Die aus Steinkohle, Braunkohle, Öl, Erdgasolin, Erdgas und Wasserkraft gewonnene Energie betrug 1860 1,1 Milliarden, 1900 6,1 Milliarden und 1950 21 Milliarden Megawattstunden (Cipolla 1962, 48, 49, 51; Woodruff 1971, 9). Das Eisenbahnnetz verlängerte sich von 1831 bis 1876 von 332 km auf mehr als 300 000 km; die Tonnage der Dampfschiffe erhöhte sich im selben Zeitraum von 32 000 auf 3,3 Millionen Tonnen (Hobsbawm 1980, 391). In den Häfen in aller Welt häuften sich die Plantagenprodukte, die auf ihre Verschiffung nach Europa und Amerika warteten.

Die Dimensionen der Produktionseinheiten wurden immer größer, was die Nachfrage nach Arbeitskräften beschleunigte. Um 1825 beschäftigte eine durchschnittliche Baumwollspinnerei in Lancashire zwischen 100 und 200 Arbeitskräfte; 1851 jedoch war z. B. in der Stadt Oldham bereits ein Drittel aller Baumwollarbeiter in Betrieben mit mehr als 250 Arbeitern beschäftigt (Chapman 1972, 26; Foster 1974, 91). 1841 arbeiteten über die Hälfte der Bergarbeiter von Oldham in Bergwerken mit einer Belegschaft von über 200 Arbeitern. Aber auch in der Frühzeit der Industrialisierung waren schon weit größere Belegschaften anzutreffen, von denen es im Lauf der Zeit dann immer mehr gab. So beschäftigte 1815–1816 Robert Owen in New Lanark 1600 bis 1700 Arbeiter (Chapman 1972, 32). 1849 hatte das größte Eisenwerk Großbritanniens in New Dowlais mehr als 7000 Arbeiter (Landes 1973, 121). Die Krupp-Werke in Essen hatten 1848 erst 72, 1873 dann nahezu 12 000 Beschäftigte; die Belegschaft der Firma Schneider im französischen Le Creuzot bestand 1870 aus 12 500 Arbeitern, mehr als die Hälfte der Einwohnerzahl der Stadt (Hobsbawm 1980, 265). Die Plantagenwirtschaft verzeichnete einen ähnlichen Arbeitskräftebedarf: Auf einer Plantage in der peruanischen Küstenregion drängten sich ca. 2000 und auf Gütern in Java mehrere Tausend Arbeiter zusammen.

Das neue, durch die kapitalistische Produktionsweise eingeführte Arbeitsregime ermöglichte dem kapitalistischen Unternehmer eine äußerst flexible Anpassung an die Möglichkeiten und Erfordernisse des Wirtschaftswachstums. In der verwandtschaftlich strukturierten Produktionsweise können Verwandte weder angestellt noch entlassen werden. Auch ein tributbeziehender Grundherr muß sich militärischer oder anderer Machtmittel bedienen, um die Zahl der ihm unterstellten Produzenten des Mehrprodukts zu vergrößern oder zu verkleinern. Selbst der Besitzer von Sklaven kann die Größe seines Arbeitskräfteaufgebots nur begrenzt beeinflussen; um das in seine Sklaven investierte Geld zu erhalten, muß er diese auch in den Zeiten verpflegen, wo sie nichts zu arbeiten haben. Im Gegensatz dazu können kapitalistische Unternehmer ihre Arbeiter anstellen und entlassen und ihre Löhne variieren, wie es die Verhältnisse auf dem Arbeitsmarkt gerade erfordern. Eine Änderung der Profitrate bewirkt eine Änderung beim Angebot und der Bezahlung der Arbeitskraft, entsprechend also auch Fluktuationen des Umfangs und der Gegebenheiten des Arbeitsmarktes. Eine beschleunigte Akkumulation erschließt neue Bereiche des Arbeitsmarktes oder weitet alte Bereiche aus; eine sich verlangsamende Akkumulation läßt die Zahl der Arbeitsplätze schrumpfen oder verlagert sie in Regionen mit niedrigeren Arbeitskosten. Die aus den Veränderungen der Kapitalakkumulation folgende veränderte Nachfrage nach Arbeitskräften wirkt sich wiederum auf die Bedingungen aus, die Entstehung und Stabilisierung verschiedener Arbeiterklassen bestimmen.

Im Kapitalismus können die Unternehmer auch die Relation zwischen eingesetzter Arbeitskraft und Maschinen variieren, indem sie zusätzliche Arbeiter an die vorhandenen Maschinen stellen oder durch den Einsatz von Maschinen anstelle menschlicher Arbeit ihre Lohnausgaben reduzieren. In ihrem ständigen Akkumulationsdrang entwickelt die kapitalistische Produktionsweise die historische Tendenz, den Quotienten von in Fabriken und Rohstoffen angelegtem Kapital zu dem für Arbeitskraft aufgewendeten

Kapital – also die »organische Zusammensetzung des Kapitals« – zu erhöhen. Industriebetriebe, die das Produktionsvolumen durch den Einsatz von Maschinen vergrößern und zugleich die Arbeitskosten pro produzierter Einheit verkleinern, verdrängen also tendenziell die Betriebe mit einer niedrigeren organischen Zusammensetzung des Kapitals. Aber dieser Trend verläuft weder zeitlich linear, noch setzt er sich zum jeweiligen Zeitpunkt allgemein durch. Die Konkurrenz zwischen Kapitalisten bringt in jedem historischen Moment eine bestimmte Verteilung von Industrien, Industriezweigen und Einzelunternehmen hervor, die sich durch eine sehr unterschiedliche Kapitalzusammensetzung auszeichnen. So werden Industriebetriebe, die sich stärker auf Maschinen und Rohmaterialien als auf den Faktor Arbeitskraft stützen, immer auch Betrieben gegenüberstehen, die stärker auf den Faktor Arbeitskraft angewiesen sind.

Besondere Umstände können sogar die Betriebe mit großem Arbeitskräfte- und kleinem Maschinenanteil begünstigen. Zum Beispiel konnten ungelernte und schlecht entlohnte Frauen und Kinder, die in ausreichend mit Wasser versorgten Fabriken an den älteren Arkwrightschen Maschinen mit ihrer Rollentechnik zum Einsatz kamen, eine ganze Zeitlang mit den produktiveren Mule-Spinnmaschinen konkurrieren (Chapman 1972, 20f.). Eine ähnliche Konstellation führte dazu, daß die kontinentalen Textilfabrikanten auf die englische Konkurrenz erst mit Verspätung reagierten (Landes 1973, 3. Kap.). Manchmal kann es für Betriebe mit einer hohen organischen Zusammensetzung des Kapitals auch effizient und profitabel sein, bestimmte Phasen des Arbeitsprozesses an Firmen abzugeben, die eine niedrigere organische Zusammensetzung aufweisen. Die Vergrößerung von Betrieben und Firmen, die eigentlich zu niedrigeren Produktionsstückkosten führen sollte, kann in der Praxis an einen kritischen Punkt kommen, an dem diese Produktionskosten unverändert bleiben oder gar wieder ansteigen. Solche kritischen Punkte ergeben sich nicht einfach aus mechanischen Wachstumsprozessen, sondern hängen auch mit Faktoren wie dem Konzentrationsgrad, dem Standort, dem Management, der Arbeitsdisziplin und der Nachfrage zusammen. Auf diese Weise konnte es geschehen, daß Industrien, die eher auf Maschinen als auf menschliche Arbeitskraft setzen, andere Industrien mit einer niedrigeren organischen Zusammensetzung des Kapitals hervorbringen.

Das Nebeneinander von Industriebetrieben mit unterschiedlicher Kapitalzusammensetzung hat auf dem Arbeitsmarkt entsprechend eine gewisse Schwankungsbreite der quantitativen und qualitativen Nachfrage nach Arbeitskräften zur Folge. Aus diesem Grund ist der Arbeitsmarkt »segmentiert« oder »differenziert« und nicht etwa homogen (Gordon 1972). Die

Industriezweige mit hoher organischer Kapitalzusammensetzung werden stets einen hohen Standard beruflicher Fähigkeiten und formeller bzw. praktischer Ausbildung fordern, sie werden relativ hohe Löhne und Statusauszeichnungen gewähren und auf eine stabile Belegschaft achten; die Industriezweige mit einer niedrigen organischen Zusammensetzung des Kapitals werden hingegen die Löhne drücken und auf Statusauszeichnungen pfeifen, sie werden auf berufliche Fähigkeiten und Ausbildungsanforderungen keinen Wert legen und die Möglichkeiten einer unstabilen oder rotierenden Belegschaft ausnutzen. Auf diese Weise sind die einzelnen Segmente des Arbeitsmarktes – und die Arbeiter, die sich auf die von diesen verschiedenen Segmenten gestellten Anforderungen einstellen – deutlich voneinander unterschieden und bilden eine pyramidenförmige Rangfolge, an deren Spitze sich eine »Arbeiteraristokratie« eine höhere einkommens- und prestigemäßige Entlohnung verschaffen kann, während sich die Arbeiter auf den unteren Rängen mit niedrigen Löhnen und unsicheren Beschäftigungsverhältnissen abfinden müssen. Dieses Pyramidenmodell kann die Verhältnisse an einem bestimmten industriellen Standort kennzeichnen, es kann den Kontrast zwischen verschiedenen Industrieregionen mit unterschiedlichen branchenmäßigen Schwerpunkten wiedergeben, oder es kann auch für die internationale Ebene gelten, sich also auf die Rangordnung der Arbeiterschaften beziehen, die in verschiedenen Ländern und Kontinenten in den einzelnen industriellen Bereichen beschäftigt sind.

Die Verteilung von Kapitalanlagen und Arbeitsmärkten sowie die entsprechende lokale, regionale, nationale und internationale Aufdifferenzierung der Arbeiterschaft sind niemals starr und ein für allemal festgelegt. So wie die Vorhut der industriellen Unternehmer im Lauf der Konkurrenz das Handtuch werfen mag, kann auch die Arbeiteraristokratie von gestern durch Maschinen ersetzt und morgen als überflüssiger Teil der Belegschaft freigesetzt werden. Die Geschichte des technologischen Wandels im Kapitalismus bietet eine Fülle von Beispielen für die »Dequalifizierung« qualifizierter Arbeiter (Burawoy 1979; Warner/Low 1947). Oder es können Scharen von Arbeitern einer bestimmten Region durch die Abwanderung von Kapital in andere Regionen in die Reihen der unterbeschäftigten oder arbeitslosen »industriellen Reservearmee« verwiesen werden. Eine aktuelle Illustration für diesen Prozeß, der sich unter der Ägide der kapitalistischen Produktionsweise ständig wiederholt, bietet z. B. der Niedergang der Textilindustrie in den amerikanischen Neu-England-Staaten als Folge von Betriebs- und Kapitalverlagerungen in die Südstaaten nach dem Zweiten Weltkrieg, oder die noch jüngere Verlagerung industrieller Tätigkeiten in Billiglohnländer wie Taiwan, Hongkong und Korea.

Die Arbeiterklassen

Bei seinem ersten Auftreten um 1815 wurde der Begriff *Arbeiterklassen* im Plural gebraucht, bezeichnete also eine Mehrzahl von Klassen. Zurecht – denn obwohl die Entwicklung von Arbeiterklassen allenthalben die allgemeine Beziehung zwischen Arbeit und Kapital »reproduziert«, zeigen die charakteristischen Merkmale der einzelnen Arbeiterklassen eine weitgespannte Variationsbreite. Sie unterscheiden sich nach Herkunft und Zeitpunkt des Übergangs zu unselbständiger Tätigkeit, nach Zusammensetzung und nach der Art der Beziehungen zu anderen Gruppen und gesellschaftlichen Kräften.

Aufgrund ihrer unterschiedlichen Herkunft können die neuen Arbeiterklassen auf ganz unterschiedliche natürliche Ressourcen zurückgreifen. Handwerker wie die Glasbläser von Carmaux im Südwesten Frankreichs erfuhren ein anderes Klassenschicksal als z.B. die Bergarbeiter derselben Region. Die Glasbläser sind aus einer Berufsgruppe qualifizierter Wanderhandwerker mit weitgespannten »kosmopolitischen« Verbindungen hervorgegangen. Die Bergarbeiter stammten dagegen aus den Reihen bäuerlicher Kleineigentümer, die stark am Ort verwurzelt waren und einen örtlichen Dialekt sprachen und die sich in der landwirtschaftlich »toten« Jahreszeit zusätzlich als Bergarbeiter betätigten. Nach dem Verlust ihres Grundbesitzes wurden sie mehr und mehr vom industriellen Bergbau abhängig, der die in ihren eigenen Reihen bestehenden Qualifikations- und Statusunterschiede einebnete (Scott 1974; Trempé 1971). In den deutschen Arbeiterklassen gab es einen hohen Anteil von Facharbeitern; die russischen Arbeiterklassen hingegen rekrutierten sich zum Großteil aus den Söhnen und Töchtern von Bauern (Walker 1971; Moore 1982; Lyashchenko 1949). In einigen Ländern wurden die arbeitenden Klassen überwiegend innerhalb des eigenen nationalen Territoriums angeworben, in anderen Ländern – wie etwa in den Vereinigten Staaten – kam die Arbeiterschaft vor allem durch den Import verschiedener ethnischer Gruppen und Nationalitäten aus Übersee zustande.

Noch stärker aufgefächert wurde die Vielfalt der Arbeiterklassen durch die besonderen historischen Umstände ihrer Rekrutierung. Eine »alte« Arbeiterklasse wird andere Merkmale aufweisen als eine »neue«. Die englische Arbeiterklasse, die in eine Vielzahl von »Berufen« aufgesplittert und in relativ kleinen Betrieben beschäftigt war, entwickelte sich in Reaktion auf Marktanforderungen, die ganz anders waren als diejenigen, mit denen die neue russische Arbeiterklasse im späten 19. Jh. (Gordon 1941), die chinesische Arbeiterklasse in den ersten Jahrzehnten des 20. Jhs. (Chesneaux 1962) oder die Bemba beim Einrücken in die Kupferminen von Rhodesien in den zwanziger Jahren (Epstein 1958) konfrontiert waren.

Die Arbeiterklassen sind auch ihrer Zusammensetzung nach ganz verschieden. Die von den englischen Textilfabriken der ersten Industrialisierungsphase rekrutierten Arbeitskräfte waren großenteils Frauen, Kinder und pauperisierte Lehrlinge. In den ersten Spinnereien der Neu-England-Staaten der USA arbeiteten vor allem junge, unverheiratete Frauen. Dagegen bestand die Belegschaft der nach 1850 gegründeten Fabriken von Bombay weitgehend aus erwachsenen verheirateten Männern. Ein weiterer Unterschied zwischen den einzelnen Arbeiterklassen resultiert aus der örtlichen Basis, der geographischen Spannweite und der Leistungsfähigkeit der gesellschaftlichen Bindungen, die den Lebensunterhalt und die Reproduktion dieser Klassen gewährleisten. Um 1850 bestanden die Grundeinheiten der Arbeiterklasse in den englischen Fabrikstädten aus Kern- oder Stammfamilien, die ihre Überlebensprobleme dadurch bewältigten, daß sie Frauen und Kinder arbeiten ließen oder sich zu größeren Haushaltsgruppen formierten (»zusammenrückten«). In Oldham, einem Zentrum der frühen Textilindustrie, ging ein Drittel aller Mütter, die Kinder bis zu elf Jahren zu versorgen hatten, zur Arbeit – und auch ein Viertel dieser Kinder selbst. Viele Familien teilten sich eine gemeinsame Unterkunft (Foster 1974, 96–99). Die Leute in den Fabrikstädten bemühten sich aber auch, ihre Verbindungen zu Verwandten auf dem Lande nicht abreißen zu lassen, wobei sie häufig auf gegenseitige Vorteile aus waren. (Anderson 1971, 999). Im Gegensatz zu England ließen in Indien die Textilarbeiter ihre Frauen und Kinder in der Obhut der Großfamilien in ihren Heimatdörfern zurück; später kehrten sie dann selbst zurück, und andere Familienmitglieder nahmen ihre Arbeitsplätze ein (Morris 1960). In anderen Regionen erstreckte sich die Arbeiterklassen-Erfahrung nur auf eine Phase des individuellen Lebenszyklus. In den Neu-England-Staaten wurden vorwiegend unverheiratete Töchter von bäuerlichen Pionieren in den Textilfabriken beschäftigt. Aufgrund der Löhne der Töchter konnten die landwirtschaftlich tätigen Familien in der Gegend bleiben, und die Frauen kehrten, wenn sie heirateten, in diese Familien zurück. In Südafrika war dieses Hin und Her zwischen Arbeitsplatz und Wohnort sogar im Arbeitsvertrag festgeschrieben. Die Arbeiter wurden aus den verschiedenen »Stammesreservaten« zu den Bergwerken gebracht und mußten nach Auslaufen ihrer Verträge wieder dorthin zurückkehren; auf diese Weise wurde das Entstehen einer auf Dauer ansässigen Arbeiterklasse verhindert. Unter den Einwanderern in die USA gab es zwischen 1879 und 1918 ungefähr doppelt so viele Männer wie Frauen. Entfernung und Reisekosten waren Faktoren, die einer Rückwanderung entgegenstanden, und so blieb die Mehrheit der Einwanderer in der Neuen Welt; immerhin kehrten jedoch seit etwa 1890 über 30 Prozent der neu Eingewanderten wieder nach Europa zurück (Rosenblum 1973, 72 f. und 126).

Die charakteristischen Merkmale einer Arbeiterklasse hängen mithin nicht nur mit den Löhnen zusammen, sondern auch mit den verwandtschaftlichen, landsmannschaftlichen und vereinsmäßigen Bindungen, die sich zwischen den Herkunftsstädten und -dörfern und den neuen Wohnvierteln der industriellen Reviere entspinnen. Denken wir an die Beziehungen zu Eltern und Geschwistern, zu Verlobten, Ehefrauen und Kindern im Heimatort, zu Verwandten am neuen Wohnort, zu Arbeitgebern, Zuwanderungsagenten, Geldverleihern und Priestern, zu Freunden, Nachbarn und Arbeitskollegen. Denken wir weiter an die Beziehungen, die sich in den Wohnunterkünften, in den Kneipen und in den Gewerkschaftsversammlungen ergaben, sowie die Beziehungen zu anderen Mitgliedern in der Kirchengemeinde, im Bestattungsverein oder auch im Modellflugzeugclub. Arbeiterklassen werden also nicht allein am Arbeitsplatz »gemacht«; sie sind das Produkt vieler Beziehungen, die sich auf die weitere gesellschaftliche Umgebung erstrecken. Genau dieses umfassendere Netz von Beziehungen bestimmt auch das *politische* Leben der Arbeiterklassen – also die Fähigkeit der jeweiligen Arbeiterklasse, sich gegen Arbeitgeber und Regierungen zur Wehr zu setzen, Vereinigungen, Gewerkschaften und Parteiorganisationen zu gründen und die eigenen Arbeits- und Lebensbedingungen zu verbessern.

Die Verstädterung

Die Entwicklung von Arbeiterklassen stand in engstem Zusammenhang mit dem beschleunigten Wachstum der Städte ab 1800 und mit der massiv zunehmenden Größe, Dichte und Heterogenität der städtischen Bevölkerung. Im Jahre 1600 lebten nur 1,6 Prozent der europäischen Bevölkerung in Städten mit mehr als 100 000 Einwohnern; 1700 belief sich der entsprechende Anteil auf 1,9 und 1800 auf 2,2 Prozent. Als Pionierland der Industrialisierung lag England auch im Prozeß der Verstädterung vorn. 1801 lebte etwa ein Zehntel der Einwohner von England und Wales in Städten mit mehr als 100 000 Einwohnern. Bis 1840 hatte sich dieser Anteil verdoppelt, bis zum Ende des Jahrhunderts verdoppelte er sich ein weiteres Mal. »1900 war Großbritannien zu einer urbanisierten Gesellschaft geworden.« (Davis 1965, 43) In anderen europäischen Ländern, die sich erst etwas später auf den Weg der Industrialisierung gemacht hatten, folgte die Ausdehnung der Städte rasch dem englischen Muster.

Die Abwanderung der Bevölkerung in riesige, dicht besiedelte, mit industriellen Großbetrieben zusammenhängende städtische Ballungsräume bedeutete die Umkehrung eines früheren Mobilitätstrends. Zwischen 1600 und 1800 hatte die Ausbreitung des Verlagssystems die ländlichen Regionen mit Inseln einer »vorindustriellen Industrialisierung« durchsetzt. In diesem Zeitraum nahm der Prozentsatz der Europäer, die in Städten mit mehr als 20 000 Einwohnern lebten, nur in unbedeutendem Umfang zu; vielleicht ist er – trotz einer beträchtlichen Zunahme der Gesamtbevölkerung – sogar zurückgegangen (Tilly 1976). Die Bevölkerung hatte sich von den großen Zentren in die kleineren Städte und aufs Land verlagert, was wohl mit der zunehmenden Beschäftigung von landwirtschaftlichen Arbeitern und Handwerkern in der ländlichen Heimindustrie zusammenhing. Nach 1800 wirkte dann die kapitalistische Industrialisierung als Sog in die entgegengesetzte Richtung: Sie verwandelte die ländlichen Regionen in Sammelbecken für Industriearbeiter und bewirkte damit auch eine Entindustrialisierung des flachen Landes.

Dieser neue Trend zur wachsenden Bevölkerungskonzentration in den Städten war nicht nur ein quantitativer Prozeß, er bewirkte vielmehr auch eine qualitative Veränderung der Wirkungsmechanismen, kraft derer die Menschen auf räumlicher und beruflicher Ebene verteilt werden. Die älteren Zentren, in denen sich die politische Regierung, der Handel oder die symbolische Kommunikation abspielten, wurden jetzt zu strategischen Metropolen der neuen Produktionsweise. Das Aufkommen der »Machinofaktur« ließ neue Fabrikstädte wie Manchester und Essen und um die vorhandenen Städte herum einen Ring von Industriezonen entstehen. Die Entwicklung der finanziellen Dienstleistungsbereiche und der wachsende Bedarf an geschäftlicher Kommunikation trugen dazu bei, daß sich die Geschäftsviertel mit ihren Banken, Büros und gesellschaftlichen Treffpunkten weiter ausdehnten. Die expandierenden Arbeiterklassen waren in Arbeitersiedlungen oder -vierteln untergebracht, die sich durch ausgedehnte Anlagen von Mehrfamilienhäusern oder »Mietskasernen« auszeichneten. Hafenanlagen entstanden, und Eisenbahnlinien, Rangierbahnhöfe und Bahnstationen verwandelten die städtische Landschaft. Und abseits der Industriebezirke, der Arbeiterwohnviertel und der Güterbahnhöfe ließen sich die Industrie- und Handelsmagnaten ihre neuen Villen und Landhäuser bauen.

Der lange Marsch der Arbeitskräfte

Der wachsende Bedarf an Arbeitskräften veranlaßte die Arbeiter, sich aus Regionen, wo die Menschen unterbeschäftigt waren oder ihrer Arbeit in der Landwirtschaft bzw. Heimindustrie verlustig gingen, in Regionen erhöhter industrieller oder landwirtschaftlicher Aktivität zu verlagern. In der Folge führten Wachstum und Ausbreitung des Kapitalismus zu einer massiven Umsiedlung von Bevölkerungsgruppen, in deren Verlauf viele Menschen ihre Arbeitskraft und -qualifikation aus Gebieten, wo diese überflüssig oder obsolet geworden waren, in die neuen Schlüsselzonen der Akkumulation verlegten. Das heißt nun aber keineswegs, daß sich die Menschen immer nur in Reaktion auf einen Aufschwung oder Rückgang der Nachfrage in Bewegung gesetzt hätten. Häufig bleibt die Arbeitschaft durch bestimmte Zwänge an den Ort gebunden, und nicht immer sind die Regierungen gewillt, ihre Untertanen auswandern zu lassen. Bevölkerungsbewegungen sind manchmal auch Auftakt und nicht etwa Folge eines ökonomischen Aufschwungs, wenn nämlich das höhere Arbeitskräfteangebot auf die Löhne drückt und Investitionen begünstigt. Ungeachtet dessen hat der Kapitalismus im allgemeinen noch immer und überall die benötigten Arbeiter aufgetrieben, und mit den Wanderungsbewegungen wurde der Faktor Arbeitskraft rund um den Erdball zu Markte getragen.

Beim Thema »Migration« (Wanderungsbewegung) unterscheiden die Sozialwissenschaftler üblicherweise zwischen »interner« und »internationaler« Migration bzw. zwischen »intrakontinentalen« und »interkontinentalen« Bevölkerungsbewegungen. Nun stimmt es zwar, daß sich bei solchen Bewegungen über größere geographische Entfernungen oder über politisch fixierte Grenzen hinweg für die Migranten wie für die sie aufnehmende Bevölkerung besondere logistische und Kommunikationsprobleme ergeben. Aber weder geographische Entfernung noch politische Grenzen besagen etwas über das Ausmaß der kulturellen Distanz, die sich zwischen dem Herkunfts- und dem Bestimmungsort der Auswanderer auftut. Und wir sollten auch nicht voreilig auf den Grad der von diesen Auswanderern empfunden Entfremdung schließen, indem wir etwa einen unhistorischen Maßstab nationaler Identität zugrundelegen. Das 19. Jh. war in Europa das Zeitalter der Nationenbildung – also das Jahrhundert der ökonomischen und politischen Einigungsbewegungen, der sprachlichen Vereinheitlichung und der Herausbildung, Durchsetzung und Ausbreitung hegemonialer Kulturmuster. Diese Prozesse waren zu Beginn des Jahrhunderts in Gang gesetzt worden, aber durchaus noch nicht abgeschlossen. Zwischen Bewohnern ein und desselben nationalen Staatswesens bestanden oft noch Barrieren, weil es zwischen ihnen sprachliche und kulturelle Verständigungsprobleme gab. Diese inneren Barrieren zwischen Stadt und Land, zwischen den Klassen und den verschiedenen Regionen waren nicht grundsätzlich anderer Art als die Barrieren, denen sich ein Auswanderer in einem fremden Land oder auf einem anderen Kontinent gegenübersah.

Man darf sich also den Auswanderer keineswegs als Träger und Protagonisten einer zu einer homogenen Einheit verschmolzenen Kultur vorstellen, die er entweder beibehält oder als ganzes aufgibt. Der aktuelle Kenntnisstand über Kulturmuster lehrt uns, daß diese häufig innerlich widersprüchlich und gleichzeitig mit fremden Kulturformen kombinierbar sind. Kulturformen zu lernen bzw. zu verlernen fällt einem Zulu oder einem Bewohner Hawaiis nicht schwerer als einem Pommern oder einem Chinesen aus Fukien. Was für den Einwanderer zählt, das ist die Position, die er bei seiner Ankunft in Relation zu anderen Gruppen einnimmt. Denn sie entscheidet darüber, welche seiner mitgebrachten Fähigkeiten er einsetzen kann und welche neuen Fähigkeiten er sich noch aneignen muß.

Die Position des Migranten hängt also weniger von seiner Person oder seinem kulturellen Hintergrund ab als vielmehr von der Struktur der Situation, in der er sich wiederfindet. Unter der kapitalistischen Produktionsweise ergibt sich diese Struktur aus der Beziehung zwischen Arbeit und Kapital und deren spezifischer räumlicher und zeitlicher Wirkungsweise, mit anderen Worten: aus der Struktur des Arbeitsmarktes. Menschen können einen Ortswechsel aus religiösen, politischen, ökologischen oder anderen Gründen vornehmen – aber im 19. und 20. Jh. taten sie es vor allem auf der Suche nach Arbeit, d. h. als Inhaber von Arbeitskraft. Diese Arbeiter-Migrationsbewegungen zogen natürlich auch andere Berufe mit: z. B. Herausgeber von Zeitungen für polnische Bergleute oder deutsche Metallarbeiter, oder auch Ladenbesitzer, die ihren Landsleuten die vertraute Pasta oder die gewohnten Feuerbohnen verkauften, oder die religiösen Fachkräfte, die für das buddhistische oder katholische Seelenheil zuständig waren, usw. Mit jeder dieser Migrationen vollzog sich also nicht nur die geographische Umsiedlung von Arbeitskräften, sondern auch von Dienstleistungen und Ressourcen. Jede dieser Auswanderungswellen brachte an ihrem Zielort erneut ein ganzes Dienstleistungsgewerbe hervor, das von Arbeitsvermittlern über Kaufleute und Rechtsanwälte bis zum Trommler in der einschlägigen Heimatkapelle reichte.

Im Lauf der kapitalistischen Entwicklung stechen drei Migrationswellen ins Auge, die jeweils eine Reaktion auf entscheidende Veränderungen des Arbeitskräftebedarfs darstellten und zur Herausbildung neuer Arbeiterklassen führten. Die erste dieser Wellen entstand im Zusammenhang mit der Anfangsperiode der europäischen Industrialisierung. Die allererste Abwanderung in die kapitalistische Industrie erfolgte in England; und da sich hier die industrielle Entwicklung noch in örtlich eng gefaßten Grenzen hielt, wanderten die Arbeitskräfte nur über kurze Entfernungen. Ein Beispiel: in der Baumwollstadt Preston in Lancashire, wo 1851 etwa die Hälfte der Bevölkerung Einwanderer waren, lag der Geburtsort von über 40 Prozent dieser Einwanderer weniger als 10 Meilen (ca. 16 km) und nur von etwa 30 Prozent mehr als 30 Meilen (48 km) entfernt. 14 Prozent aller Einwanderer waren allerdings in Irland geboren und mit der wachsenden irischen Einwanderungswelle der vierziger Jahre des 19. Jhs. nach Preston gekommen (Anderson 1971, 37). Diese Wanderungsbewegung war also eine örtlich begrenzte Erscheinung, aber dennoch machte sie damals Lancashire zur am stärksten verstädterten Region in ganz Großbritannien: Über die Hälfte ihrer Bevölkerung lebte in 14 Städten, die jeweils über 10 000 Einwohner hatten (Anderson 1971, 32).

Dem britischen Beispiel folgte als nächstes Land Belgien. Hier wanderten die Arbeiter in den zwanziger Jahre des 19. Jhs. aus den ländlichen Bezirken in die aufblühenden Industriestädte der wallonischen Provinzen des Südens aus. In den dreißiger Jahren begann dann die industrielle Entfaltung in den preußischen Provinzen Westfalen, Rheinland, Berlin und Brandenburg, die einen gewaltigen Bevölkerungszustrom aus den östlichen landwirtschaftlichen Regionen Preußens auslöste (Milward/Saul 1977, 44 ff.). Dieser Zustrom schwoll im letzten Viertel des Jahrhunderts noch mächtig an, als durch die Konsolidierung und Mechanisierung der großen Junkergüter viele abhängige Bauern verdrängt wurden.

Im Gegensatz zur ersten Wanderungswelle des kapitalistischen Zeitalters, welche die Arbeiter nur innerhalb der europäischen Halbinsel in die Industriezentren trug, brachte eine zweite Welle die europäischen Arbeitskräfte nach Übersee. Zwischen 1800 und 1914 haben schätzungsweise 50 Millionen Menschen Europa auf Dauer den Rücken gekehrt. Das wichtigste Zielgebiet dieser Auswanderung waren die Vereinigten Staaten, die zwischen 1820 und 1915 etwa 32 Millionen Einwanderer aufnahmen, von denen die meisten aus Europa stammten (Rosenblum 1973, 70). Dieser Bevölkerungszustrom lieferte den Vereinigten Staaten die Arbeitskräfte, die für den Industrialisierungsprozeß erforderlich waren.

Eine dritte Wanderungswelle trug Kontraktarbeiter unterschiedlicher Herkunft in die expandierenden Bergwerks- und Plantagenunternehmungen der tropischen Regionen. Zu diesem Menschenstrom haben mehrere Einzelentwicklungen beigetragen: z. B. die Aufstellung einer Armee von Wanderarbeitern für die südafrikanischen Bergwerke, der wachsende Handel mit indischen und chinesischen Kontraktarbeitern oder die gezielte Abwanderung italienischer Arbeiter in die Kaffeeanbaugebiete Brasiliens. Diese Migrationsbewegungen schufen nicht nur die Grundlage für einen gewaltigen Zuwachs der landwirtschaftlichen Produktion in der Tropenzone, sie trugen auch entscheidend dazu bei, eine Transport- und Kommunikationsinfrastruktur – und damit eine Voraussetzung für die weitere Beschleunigung der kapitalistischen Entwicklung – zu errichten.

Die Vereinigten Staaten

Großbritannien, Belgien und Deutschland rekrutierten ihre Arbeiterklassen vor allem über die interne und intrakontinentale Migration; die Vereinigten Staaten hingegen importierten ihre Arbeiterklasse über den Ozean. Dabei war das Land natürlich schon vor Beginn der Industrialisierung auf die Einwanderung von Arbeitskräften angewiesen gewesen. Die Zwangsverfrachtung von Afrikanern in die Neue Welt – zumal in das Gebiet, das sich dann unter dem Einfluß der britischen Textilindustrie zum *Cotton South* entwickelte – haben wir bereits erörtert. Vor dem amerikanischen Unabhängigkeitskrieg kamen mit der europäischen Einwanderung auch viele Menschen nach den USA, die sich die zeitweilige Fessel einer Schuldknechtschaft zumuteten – in der Hoffnung, sich später in der Neuen Welt eine eigene Existenz aufbauen zu können. Bis zu zwei Drittel der ersten Einwanderer waren derartige verdungene Diener. Im weiteren Verlauf des 18. Jhs. kamen dann eine Viertelmillion schottisch-irischer Einwanderer hinzu, die man zunächst aus dem schottischen Tiefland nach Ulster verpflanzt hatte und die sich dann aufgrund wucherischer Pachtforderungen und steigender Zehnt-Abgaben gezwungen sahen, Ulster in Richtung Amerika wieder zu verlassen. Ebenfalls im 18. Jh. kamen auch noch Einwanderer aus dem schottischen Hochland dazu, die durch die Schafzucht verdrängt oder durch steigende Pachtleistungen vertrieben worden waren; ihre Anführer waren sogenannte *tacksmen*, also die Oberhäupter der jüngeren Linie des jeweils führenden *clans*, die als Mittelsleute zwischen dem Oberhaupt und den Gemeinen fungierten (vgl. Fox 1976, 112 f.). Eine weitere Viertelmillion Einwanderer kamen aus Südwestdeutschland, einer Region mit einer verarmten und durch Realteilung zersplitterten Landwirtschaft. Aber die eigentliche Masseneinwanderung in die Vereinigten Staaten setzte erst nach dem Ende der napoleonischen Kriege ein.

Im Zeitraum von 1820 bis 1829 kamen 151 000 Einwanderer in die Vereinigten Staaten, im darauffolgenden Jahrzehnt verdreifachte sich diese Zahl auf 599 000. Für 1840 bis 1849 stieg die Einwandererzahl auf 1 713 000 und für 1850 bis 1859 auf 2 314 000 (Jones 1960, 93). Für die Verdrängung all dieser Menschen aus Europa waren zwei Faktoren verantwortlich: die Ausbreitung des Industriekapitalismus und die Kommerzialisierung der Landwirtschaft. Die Ausbreitung der Industrie machte Handwerker überflüssig und vernichtete das häusliche Verlagssystem. Die Umstellung in der Landwirtschaft brachte für die irischen und südwestdeutschen Bauern immer höhere Pachten und Hypothekenbelastungen und trieb sie damit in die Verschuldung. In Schottland, in England und in Skandinavien verdrängten die Schaf- und die Rinderzucht die Bauern von ihrem Land. So kamen im Zeitraum zwischen 1820 und 1860 die größten Einwandererkontingente aus Irland (2 Millionen), aus Südwestdeutschland (1,5 Millionen) und von den Britischen Inseln (750 000). Aber die Vereinigten Staaten waren natürlich nicht das einzige Einwanderungsland. Zwischen 1818 und 1828 siedelten sich 250 000 Deutsche in Südrußland an, weitere Deutsche gingen nach Brasilien; irische Siedler ließen sich in Kanada, und hier insbesondere in den Küstenprovinzen, nieder oder fanden eine neue Heimat in Australien. Das Eintreffen neuer Einwanderer beschleunigte die kapitalistische Industrialisierung in den USA. Nach Maldwyn Jones hätten »weder das Fabriksystem noch der gewaltige Ausbau des Kanal- und Eisenbahnsystems in dieser Periode dermaßen zügig verwirklicht werden können, wenn nicht die Einwanderung für das billige Arbeitskräfte-Reservoir gesorgt hätte« (1960, 132). Als besonders wichtig erwies sich in dieser Hinsicht die Rolle der irischen Einwanderer, die sich damals im Baugewerbe und unter den Fabrikarbeitern eine neue Monopolstellung bei den ungelernten Arbeitskräften sicherten – und zwar in heftiger Konkurrenz mit den amerikanischen Schwarzen.

Zwischen 1860 und 1890 kamen dann weitere Engländer, Schweden und Deutsche aus den ostelbischen Gebieten nach den USA. Viele von ihnen waren wiederum Bauern, die durch den Ruin des Weizenanbaus – eine Folge der Importe von billigem amerikanischem und russischem Getreide in der Zeit von 1865 bis 1875 – von ihrem Land vertrieben worden waren. Durch die Große Depression wurden in Deutschland und England auch der Kohlebergbau, die Eisen- und Stahlproduktion und die Textilindustrie in Mitleidenschaft gezogen; also suchten auch Bergleute, Metallarbeiter, Spinnerei- und Webereiarbeiter in der Neuen Welt nach neuen Beschäftigungsmöglichkeiten. Den Bauern unter den Einwanderern kamen dabei die Landzuteilungen durch die nach Westen vordrängenden Eisenbahngesellschaften und durch die Staaten und Territorien des Mittelwestens und Westens zugute.

Um 1890 verlagerte sich die Herkunftsregion der Einwanderer von Nord- und Westeuropa nach Süd- und Osteuropa. Die neuen Einwanderer waren vornehmlich landlos gewordene Bauern und Landarbeiter aus Süditalien, aus der österreichisch-ungarischen Doppelmonarchie und aus den Balkanländern. Dazu kamen noch Polen, Juden und Wolgadeutsche aus dem zaristischen Rußland; die russische Bevölkerung emigrierte dagegen vor allem nach Sibirien. Diese Neuankömmlinge lösten in einigen Industrieregionen und Berufszweigen bald ihre Vorläufergenerationen ab. Vor 1890 waren z. B. die Bergleute in den Kohlegruben von Pennsylvania überwiegend englischer oder deutscher Herkunft gewesen, nach 1890 waren sie hingegen hauptsächlich Polen, Slowaken, Italiener und Ungarn. In den Textilfabriken der Neu-England-Staaten hatten zunächst vornehmlich französische Einwanderer aus Kanada sowie Engländer und Iren gearbeitet; die neuen Textilarbeiter stammten dann aus Portugal, Griechenland, Polen und Syrien. Und in der Bekleidungsindustrie traten russische Juden und Italiener an die Stelle von Deutschen, Tschechen und Iren.

Diese Massenzuwanderung europäischer Arbeitskräfte hatte auf die Entwicklungsrichtung der amerikanischen Technologie einen spürbaren Einfluß. In der ersten Hälfte des 19. Jhs. sahen sich die kapitalistischen Unternehmer einem relativen Arbeitskräftemangel gegenüber. Wer in die Landwirtschaft gehen wollte, dem stand Land zur Verfügung, und auch das Handwerk bot genügend Beschäftigungsmöglichkeiten; diese beiden Bereiche lockten die Einwanderer von der Industriearbeit weg. Für alle Kategorien von Arbeit lagen die Löhne verhältnismäßig hoch. Das scheint die Entwicklung arbeitseinsparender Anlagen und deren frühe Einführung in die Industrie gefördert zu haben (Habakkuk 1962). Der später einsetzende Zustrom süd- und osteuropäischer Arbeiter ohne industrielle Berufserfahrung hat dann wiederum die weitere Entwicklung von Maschinen und rationalisierenden Produktionsprozessen begünstigt, die keine technischen Fähigkeiten voraussetzten. 1908 stellte die US-Einwanderungs-Kommission fest, daß die neuen Einwanderer trotz mangelnder Qualifikationen häufig in hochkapitalisierten Industriezweigen beschäftigt wurden:

»Daher waren sie in den Bergwerken und Industriebetrieben des Landes nur zu beschäftigen dank der Erfindung technischer Anlagen und Prozesse, durch die berufliche Fähigkeiten und Erfahrungen hinfällig geworden sind, die früher in vielen Tätigkeitsbereichen allgemein anerkannt waren.« (Zit. in Rosenblum 1973, 76)

Die meisten der im Ausland geborenen Arbeiter fanden ihre erste Beschäftigung auf den keine Qualifikationen erfordernden und niedrig bezahlten Ebenen der Industriearbeit. Zwar boten ihnen ihre neuen Arbeitsplätze deutlich höhere Löhne, als sie in Europa bekommen hätten, aber für die amerikanischen Unternehmer bedeutete die Kombination von Mechanisierung mit ungelernten, eingewanderten Arbeitskräften die Möglichkeit, die Löhne niedrig zu halten (Douglas 1930; Rees 1961). Ohne die italienischen, slawischen, griechischen, portugiesischen, franco-kanadischen und russisch-jüdischen Arbeiter, die 1900 in den führenden amerikanischen Industriezwei-

Italienische Einwanderer auf dem Weg nach Ellis Island, um 1905 (The Granger Collection, New York)

gen schließlich das Gros der Arbeiterschaft stellten, wäre die zwischen 1880 und 1900 vollzogene industrielle Expansion nicht möglich gewesen (Jones 1960, 312).

Arbeitskräfte für den Bergbau: Südafrika

Wie in Kapitel 11 gezeigt, vollzog sich ungefähr zur selben Zeit, als sich in den Vereinigten Staaten die volle Industrialisierung anbahnte, auch im südlichen Afrika der Aufbruch in die kapitalistische Entwicklung. Hier wurden im letzten Drittel des 19. Jhs. in den nördlich des Oranje und des Vaal gelegenen Gebieten Diamanten- und Goldvorkommen entdeckt. Das Kerngebiet der südafrikanischen Entwicklung verlagerte sich dementsprechend in diese Binnenregionen. Zuerst wurden Diamanten wie Gold über Tage abgebaut. Für bestimmte Arbeitsaufträge wurden Verträge mit weißen Unternehmern abgeschlossen, die dann die nötigen Arbeitskolonnen organisierten. Zunächst zahlten auch einige Afrikaner die Konzessionsgebühren, die von einem vollberuflich tätigen Gold- und Diamantenschürfer verlangt wurden, aber 1876 waren die besser bezahlten und qualifizierten Arbeiten bereits fest in weißen Händen (Welsh 1971, 181), und die afrikanischen Arbeiter erhielten lediglich Arbeitsverträge über kurze, etwa dreimonatige Anstellungsperioden. 1892 hatten die qualifizierten Arbeiter eine Gewerkschaft aufgebaut, die sich gegen alle Bemühungen des Managements zur Wehr setzte, die Arbeitskosten durch den Einsatz afrikanischer Arbeiter oder durch die weitere Förderung der Einwanderung aus England zu senken.

Der Burenkrieg, bei dem die Briten und die Buren um die politische Herrschaft über Südafrika kämpften, ließ den Bergbau dann zwischen 1899 und 1902 zum Erliegen kommen und eine Front mitten durch die (weiße) Minenbelegschaft entstehen. Aber schon 1906 produzierten die Bergwerke wieder mit voller Kraft und einem Arbeitskräftepotential von 18 000 Weißen, 94 000 Afrikanern und 51 000 chinesischen Kontraktarbeitern (Houghton 1971, 15). 1907 streikten die weißen Facharbeiter gegen die Pläne der Bergbaumanager, noch mehr Chinesen ins Land zu holen und die weißen durch schwarze Arbeitskräfte zu ersetzen. Dieser Streik wurde zwar beendet, als arbeitslose Buren als Streikbrecher eingesetzt wurden, aber langfristig hatte er zum Ergebnis, daß die chinesischen Bergleute in ihre Heimat zurückgeschickt und die Rassenschranken am Arbeitsplatz weiter erhöht wurden.

Zum Zeitpunkt von 1912 stammten die meisten weißen Bergleute nicht aus Südafrika, sondern waren aus Großbritannien, Australien, den USA und anderen Ländern zugewandert. Diese Weißen stellten die Facharbeiter. Die Afrikaner waren dagegen ungelernte Wanderarbeiter, deren Arbeitsverträge über sechs bis achtzehn Monate liefen und ihre Löhne auf ein Zehntel der den Weißen gezahlten Höhe festsetzten.

Das Konzept, den Afrikanern nur zeitlich begrenzte Arbeitsverträge zu geben, hatte sich schon im ersten Jahrzehnt der Bergbauindustrie durchgesetzt. Es wurde in den achtziger Jahren durch die Regelung ergänzt, diese Afrikaner auf die Dauer ihres Vertragsverhältnisses in fest umgrenzte Wohnreviere einzusperren. Diese Praxis hatte sich zuerst in den Diamantenminen von Kimberley eingebürgert und sollte zum einen den illegalen Diamantenverkauf von afrikanischen Bergarbeitern an Händler unterbinden, zum anderen die Arbeiter am Weglaufen hindern. Diese »geschlossenen« Wohnreviere sind bis heute ein charakteristisches Merkmal der Diamantenminen geblieben. Am Anfang protestierten die örtlichen Kleinhändler gegen die firmeneigenen Läden, die die Bergwerksunternehmen für ihre eingesperrte Belegschaft eingerichtet hatten. Mit Rücksicht auf die Bedenken dieser örtlichen Ladenbesitzer wurden dann später, als auch die Goldminen das System übernahmen, die Wohnreviere in einer »offenen« statt einer »geschlossenen« Form aufgezogen (Welsh 1971, 180).

Die Bergwerke hatten von Anfang an nicht nur Arbeitskräfte aus Südafrika, sondern auch aus weit entfernten Gebieten wie Njassaland und Mozambique angezogen. Seit etwa 1910 stützten sich die Bergwerke zunehmend auf den Import von kurzfristig angeheuerten Arbeitern aus den sogenannten »Eingeborenenreservaten«. Diese Reservate waren Territorien, die ausschließlich der Besiedlung durch Afrikaner vorbehalten waren. Ihre Gesamtfläche bestand aus etwa 13 Prozent des Territoriums der Südafrikanischen Union sowie den Gebieten der britischen »Protektorate« Betschuanaland (heute Botswana), Basutoland (heute Lesotho) und Swaziland. Diese Gebiete sollten den Bergwerksunternehmen die Wanderarbeiter stellen, zugleich aber auch deren Familien und alten Leuten eine minimale Subsistenzbasis gewährleisten. Diese Institution der Eingeborenenreservate war allerdings nur *eine* Komponente eines umfassenderen Systems, mit dem die Arbeiter unter Kontrolle gehalten wurden. Als weitere Elemente kamen dazu: die organisierte Versorgung der weißen Farmer mit afrikanischen Arbeitskräften sowie eine Regelung, die den Afrikanern den legalen Daueraufenthalt in den Städten und Großstädten verwehrte. Der *Land Act* von 1913 teilte Afrikaner, die sich noch auf dem Grund und Boden von Weißen aufhielten, den Eigentümern der jeweiligen Farm als *labor tenants* (»Arbeiterpächter«) zu. Diese Pächter hatten den Farmern – als Preis für die Erlaubnis, sich auf ihrem Grundbesitz aufzuhalten – bestimmte Arbeitsleistungen zu erbringen. Mit Hilfe dieser Arbeitsleistungen konnten die weißen Farmer den kommerziellen Anbau von Nahrungsmittelerzeugnissen (insbesondere von Mais) ausweiten, mit denen sie die expandierenden Bergwerkssiedlungen und die Städte belieferten. Gleichzeitig konnten sie damit den Absatz der *cash-crop*-Produkte zurückdrängen, die von den in den Reservaten lebenden afrikanischen Bauern auf den Markt gebracht wurden. Das stärkte die kommerzielle Landwirtschaft der Weißen und hemmte das Wachstum einer *cash-crop*-Produktion der afrikanischen Bauern – die Reservate waren damit auf subsistenzwirtschaftlichen Anbau zurückgeworfen. Die Institution der Reservate bewirkte also eine Senkung der Bergarbeiterlöhne, insofern die Minenbesitzer ihre afrikanischen Arbeitskräfte jetzt mit Löhnen unterhalb des Subsistenzniveaus abspeisen konnten; und gleichzeitig verhinderte der *Land Act* die Abwanderung schwarzer Arbeitskräfte von den Farmen der Weißen in die Städte.

Ein weiterer Eckstein dieser Politik der Kontrolle über die Arbeitskräfte waren die »Paßgesetze«. Sie verpflichteten die Afrikaner, ständig ihre Wohnerlaubnis, ihre Untermieterbescheinigung, ein Zertifikat ihrer Arbeitgeber und ihren Passierschein für die Polizeistunde bei sich zu führen, und verschafften dem Staat die Möglichkeit, die für überzählig gehaltenen Afrikaner von einem Ort zu einem anderen zu schaffen. Die Ausübung des Rechts, sich frei zu bewegen, wurde durch diese Gesetze unmöglich gemacht. Durch weitere Gesetze wurden das Verlassen des Arbeitsplatzes und Verstöße gegen die Arbeitsdisziplin als kriminelle Vergehen definiert. Diese Gesetze sollten in den Städten die Entstehung einer festgefügten afrikanischen Arbeiterklasse – also einer Klasse, die an das ökonomische und politische System Ansprüche stellen kann – verhindern und die in städtischer Umgebung lebenden Afrikaner in ihre Bindungen an ihre Reservate zurückzwingen. Zugleich wurde den weißen Arbeitern ein privilegierter Zugang zu den Aufsichtspositionen und eine bessere Bezahlung gewährt. Das Resultat war ein Arbeitsmarkt, der mit politischen Mitteln segmentiert gehalten wurde.

Seit dem Zweiten Weltkrieg hat sich die industrielle Entwicklung Südafrikas außerhalb des Bergbausektors gewaltig beschleunigt; dadurch wurden auch immer mehr schwarze südafrikanische Arbeiter in anderen Industriebranchen in den Arbeitsprozeß hineingezogen. Die Bergwerksgesellschaften haben sich infolgedessen verstärkt bemüht, jenseits der Grenzen Südafrikas, etwa in Malawi und Mozambique, billige Wanderarbeiter anzuwerben. Dank dieser Politik haben sich die Löhne für die ungelernten Arbeiter im Bergbau wie in anderen Industriezweigen auf einem niedrigen Niveau gehalten.

Arbeitskräfte für die Plantagen: Importe aus Indien

Während England, der Nordwesten des europäischen Kontinentes und die Hochflächen im Inneren Südafrikas (der *veld*) Arbeitskräfte für ihre neuen industriellen Anlagen importierten, bemühte man sich in anderen Regionen der Erde um Nachschub an landwirtschaftlichen Arbeitskräften. Den »alten« Regionen der Plantagenlandwirtschaft, vor allem den Zuckerrohranbaugebieten, war mit der Abschaffung der Sklaverei ihr Potential an Sklavenarbeitern abhanden gekommen. Auf einigen der kleinen Karibischen Inseln – z. B. auf Barbados und St. Kitts – blieb den freigelassenen Sklaven gar keine andere Wahl, als weiter für ihre früheren Herren zu arbeiten. Aber auf den größeren Inseln wie Trinidad und Jamaica und in der Zuckerkolonie von Guyana auf dem südamerikanischen Festland (die damals Demarara hieß) konnten die ehemaligen Sklaven jenseits der Plantagengrenzen eigenen Grundbesitz erwerben und die Weiterarbeit auf den alten Pflanzungen verweigern. Angesichts ihres drohenden Ruins begannen hier die Pflanzer, für einen Nachschub von Arbeitskräften zu agitieren. Manchmal kam es vor, daß die Briten ein Schiff, das Sklaven für Brasilien geladen hatte, aufbrachten und die Sklaven nominell befreiten, um sie anschließend nach den westindischen Zuckerinseln zu verfrachten (Furtado 1963, 135).

Solche Maßnahmen waren aber nur ein Tropfen auf den heißen Stein. Dem Ruf nach Ersatz für das alte Arbeitskräftereservoir folgte bald – mit zunehmender Ausbreitung der kommerziellen Landwirtschaft – die Forderung nach immer neuen Arbeitskräften. Jenseits der alten Zuckeranbaugebiete gaben zuweilen auch politische Gründe den Ausschlag für den Import von Arbeitskräften. In Malaya z. B. waren die Engländer entschlossen, die Bauernschaft und ihre auf Tributleistungen beruhenden Beziehungen zu den Dorfoberhäuptern und zur herrschenden Adelsschicht unangetastet zu lassen. Hier begegnete man dem Bedarf an Plantagenarbeitern mit der organisierten Einwanderung von qua Schuldknechtschaft verdungenen Arbeitern aus Indien und von Kontraktarbeitern aus China.

Während die chinesischen Arbeiter vor allem im Bergbau und zu Bauarbeiten herangezogen wurden, kamen die indischen Schuldknechte hauptsächlich auf den Plantagen zum Einsatz, und zwar vornehmlich auf denen, die dem Territorium des britischen Empire angehörten. Schon unter der Mogul-Herrschaft hatten sich Trupps von indischen Arbeitern als Träger und Seeleute anheuern lassen, und Ende des 18. Jhs. konnte man indische Arbeiter, die sich auf zwei oder drei Jahre verdungen hatten, in allen Häfen Südostasiens antreffen. Aber ihren großen Auftrieb erfuhr diese »zweite Sklaverei« – wie Tinker (1974) die *indentured servitude* nannte – erst mit der

Abschaffung des Sklavenhandels im Jahre 1808, als sich ein plötzlicher Bedarf an billigen und willigen Arbeitskräften vor allem auf den Zuckerrohrplantagen der tropischen Zonen aufstaute.

Zuerst forderte Guyana indische Arbeiter an, ab 1836 folgten Jamaica und Trinidad (heute machen die Inder in Guyana über 50 Prozent der Bevölkerung aus, in Trinidad etwa 40 Prozent und in Jamaica etwa 2 Prozent). 1835 begann der Export indischer Arbeitskräfte nach Mauritius; 1861 stammten bereits zwei Drittel der Inselbevölkerung aus Indien. Seit 1860 bewarben sich die Teeplantagen in Assam und Bhutan um Einwanderer; für die Arbeit in diesen Gebieten wurden zwischen 1870 und der Jahrhundertwende 700 000 bis 750 000 Inder rekrutiert. Auf den Fidschi-Inseln setzte die Nachfrage nach indischen Arbeitern im Jahre 1879 ein; heute gibt es auf dieser Inselgruppe mehr Inder als Ureinwohner. Eine der wichtigsten Nachfragenregionen war nach 1870 Ceylon, in den achtziger Jahren dann auch Birma und nach der Jahrhundertwende Malaya. Um 1870 war auch in der südafrikanischen Provinz Natal der Import von indischen Kontraktarbeitern für die dortigen Zuckerrohr-Plantagen angelaufen. Tinker schätzt, daß alles in allem »in den vierzig Jahren vor 1870 über eine Million indischer Arbeitskräfte nach Übersee in die Plantagen der tropischen Zonen abgewandert sind, aber es können auch bis zu zwei Millionen gewesen sein« (1974, 114 f.).

Als die Engländer die ersten Arbeiter für ihre Indigo-Pflanzungen in Bihar und als Dienstpersonal in Kalkutta anwarben, griffen sie vor allem auf die *dhangar*, also die Bergland-Bewohner des Chota-Nagpur-Plateaus, zurück, z. B. auf die Santals, die Munda und die Oraons. Diese Bergvölker stellten auch einen beträchtlichen Anteil der Schuldknechtschaftsarbeiter, die unmittelbar nach Beendigung der Sklaverei nach Mauritius und Guayana verschickt wurden; in den siebziger Jahren waren sie auch unter den zugewanderten Arbeitern auf den Teeplantagen von Assam und Bhutan vertreten. Nach dem *dhangar* griffen die Anwerber dann auf das Arbeitskräftereservoir der »Präsidentschafts-Städte« Britisch-Indiens, also von Bombay, Madras und Kalkutta, zurück. Die Provinz Bihar wurde nach 1840 zum Schwerpunkt der Rekrutierungsbemühungen, als nämlich in der Armee die Bihari durch Brahmanen und Rajputen aus der Provinz Oudh ersetzt wurden. Danach verlegten sich die Anwerber vor allem auf Südindien, wobei in den Überseegebieten alle Südinder am Ende »Malabars« genannt wurden. Unter den Arbeitern in Ceylon, Birma, Malaya und Natal machten die Tamilen eine eindeutige Mehrheit aus. 1945 belief sich der Bevölkerungsanteil indischer Abstammung in Birma auf etwa eine Million, in Ceylon und Malaya auf je 750 000, in Mauritius auf 300 000, auf den Fidschi-Inseln auf 100 000, in Trinidad und Guyana auf 300 000 und in Natal auf 100 000.

Zur Abwicklung dieses Handels mit verdungenen Arbeitern hatte sich ein komplexes Aushebungssystem herausgebildet. An der Spitze des indischen Geschäftszweiges stand eine Führungsschicht von Spezialagenten. Diese gehörten in der Regel zu Minderheitsgruppen, die als Zwischenhändler fungierten, also zu Juden, Armeniern, indischen Christen und Eurasiern. Der Spezialagent entsandte einen Rekrutierungsbeauftragten (*arkatia* oder *arkati*), der mit den örtlichen Verhältnissen vertraut war. Dieser sprach die potentiellen Kunden entweder direkt an, oder er bediente sich örtlicher Gruppenchefs oder Anwerber. Im Süden hieß ein solcher örtlicher Gruppenchef *kangani* (von *kankani*, dem tamilischen Wort für Oberhaupt). Mitte des Jahrhunderts stellte ein *kangani* eine Truppe angeworbener Arbeiter häufig auch mit Hilfe eines *silara*, eines ihm verpflichteten Agenten, auf die Beine. Die Rekrutierung selbst lief über das Angebot von Geldvorschüssen, die der Angeworbene zur Bezahlung seiner Schulden, zur Ausrichtung eines Abschiedsfestes und zur Erstattung der Fahrtkosten verwendete. Alle eingegangenen finanziellen Verpflichtungen mußten dann am Bestimmungsort abgearbeitet werden. Unglücklicherweise war keineswegs garantiert, daß der Angeworbene auch lebend am Zielort eintraf. In den fünfziger Jahren ist auf der drei- bis viermonatigen Reise in die Karibik beinahe jeder sechste der Passagiere verstorben.

Zwischen 1830 und 1930 vollzog sich in indischen Regionen wie z.B. Thanjavur in der Provinz Madras (auf englisch: Tanjore) eine ökonomische Neuordnung mit dem Ziel, das Gebiet auf die Anforderungen des indischen Handels mit Arbeitern auszurichten (Gough 1978). Seit den dreißiger Jahren des 19. Jhs. war die britische Regierung bemüht, das im Laufe der Eroberung zerstörte Bewässerungssystem wiederherzustellen. Um 1850 waren drei Viertel der landwirtschaftlich nutzbaren Fläche von Thanjavur bewässert und für den Reisanbau genutzt. Die Ausfuhr der Region bestand 1841–1842 fast zu 70 Prozent, 1868–1869 bereits zu mehr als 80 Prozent aus Wasserreis; der größte Teil ging dabei in die Plantagen-Kolonien Ceylon, Malaya und Mauritius. Gleichzeitig bewirkte die britische Herrschaft in Thanjavur entscheidende Veränderungen in den Grundbesitz- und den ländlichen Arbeitsverhältnissen. Grund und Boden wurden nach und nach als individuelles Privateigentum an die Haushalte der die Dörfer beherrschenden Kasten übertragen. Die neuen Grundbesitzer waren ermächtigt, mit den Pächtern private Pachtverträge auszuhandeln, unerwünschte Bedienstete zu entlassen und nach Belieben bezahlte Gelegenheitsarbeiter anzuheuern; damit brauchten sie sich nicht mehr wie früher kollektiv mit den Dienstleuten und Pächtern des Dorfes auseinanderzusetzen. Diese Veränderungen haben die Auswanderung weiter beschleunigt. Die Mehrheit der etwa eine Million

Menschen, die zwischen 1830 und 1930 aus Thanjavur abwanderten, waren Unberührbare oder Angehörige der nicht-brahmanischen niedrigen bäuerlichen Kasten; drei Viertel von ihnen waren Männer, die übrigen junge Frauen. Mit ihrer Produktion von Arbeitskräften und Reis für den Exportbedarf wurde die Region letztlich zu einer Art »Menschen- und Nahrungsmittelnachschubbasis für die britischen Plantagen« (Gough 1978, 42).

Arbeitskräfte für die Plantagen: Importe aus Europa

Ein weiteres bedeutendes Reservoir landwirtschaftlicher Arbeitskräfte war Europa. Wir haben schon die polnischen Arbeiter erwähnt, die nach 1870 die deutschen Arbeiter-Pächter (Instleute, Heuerlinge) auf den Gütern der ostdeutschen Junker abgelöst haben. In den Kaffeeanbaugebieten Brasiliens führte die Beendigung der Sklavenhaltung – wie im Karibischen Raum – zu einer Arbeitsmarktkrise. Hier gelang es den Plantagenbesitzern nicht, das Arbeitskräftereservoir der Kleinbauern portugiesischer Abstammung anzuzapfen, von denen die meisten noch in Abhängigkeitsbeziehungen mit örtlichen Grundbesitzern und anderen Machtträgern steckten. Eine Zeitlang schwebte einigen brasilianischen Politikern der Plan vor, »Asiaten« als Kontraktarbeiter nach Brasilien zu bringen. Das Problem wurde schließlich durch die Einwanderung italienischer Arbeitskräfte gelöst. Die Regierung bezahlte dabei die Überfahrt, die örtlichen Plantagenbesitzer gewährten den Neuankömmlingen einen Vorschuß in Höhe eines Jahreslohnes und ein Stück Land zur Eigenversorgung – was beides auf eine Subventionierung »freier« italienischer Arbeitskräfte hinauslief.

Die italienische Auswanderungswelle war vor allem durch die in den siebziger Jahren des 19. Jh. einsetzende Krise der Landwirtschaft ausgelöst worden. Der Verkauf von staatlichem Grundbesitz und kirchlichem Pachtland hatte dazu geführt, daß die Großgrundbesitzer ihre Anwesen durch Zukauf abrunden konnten, wohingegen die Kleinbauern durch die sinkenden Preise für ihre Produkte ruiniert wurden. Dieser Preisverfall ging zu einem wesentlichen Teil auf die billige Konkurrenz des russischen und amerikanischen Weizens zurück. Außerdem vernichtete damals die wachsende Flut industrieller Fertigwaren das örtliche Handwerk, während der Reblausbefall die Weinkulturen zerstörte. Reiche Grundbesitzer begannen, ihre flüssigen Mittel in der Industrie anzulegen (vgl. Mack Smith 1969, 159), die kleinen Grundbesitzer und Arbeiter konnten hingegen dem Ruin nur dadurch entgehen, daß sie saisonweise, auf begrenzte Zeit oder sogar auf Dauer in andere Gegenden abwanderten.

Anfangs, in den sechziger Jahren, suchten sich diese Italiener ihre Arbeit in Frankreich, in der Schweiz, in Deutschland und Österreich-Ungarn, aber nur 16 000 von ihnen emigrierten in diesem Jahrzehnt auf Dauer. In den siebziger Jahren schwoll der Strom der Daueremigranten auf 360 000 Menschen an, von ihnen gingen bereits etwa 12 000 nach Argentinien und Brasilien. Zwischen 1881 und 1901 stieg dann die Zahl der Daueremigranten um das Sechsfache auf mehr als 2 Millionen Menschen. Insgesamt haben zwischen 1861 und 1911 mehr als 4 Millionen Italiener ihrem Land für immer den Rücken gekehrt. In ihrer Mehrheit stammten sie aus Süditalien, wo die Krise der Landwirtschaft die schlimmsten Folgen hatte. Vier Fünftel dieser Auswanderer hatten entweder in der Landwirtschaft oder im Baugewerbe gearbeitet (Sereni 1968, 353). Zwischen 1880 und 1899 war ihr Hauptziel Südamerika. Nach Brasilien und Argentinien zog es dreimal so viel Menschen wie in die Vereinigten Staaten. 1901 kippte dieser Trend dann um: In den ersten zehn Jahren des 20. Jhs. emigrierten in die USA mehr als doppelt, im zweiten Jahrzehnt schon mehr als dreimal so viele Italiener wie nach Südamerika. Bis dahin war es freilich den brasilianischen Kaffeepflanzern dank des Arbeitskräftenachschubs schon gelungen, die Grundlage für ein rasches industrielles Wachstum zu legen.

Rio Claro in Brasilien

Die Umstellung der brasilianischen Kaffeeplantagen von Sklavenarbeit auf die Beschäftigung eingewanderter Arbeiter hat Warren Dean in einem Bezirk etwa 150 km nordwestlich von São Paulo untersucht (Dean 1976). Der Bezirk Rio Claro war im 18. Jh. noch *boca do sertao*, also Hinterhof der tiefsten Provinz, mit offener Grenze zur angrenzenden Wildnis. Hier ließen sich *Squatter* (Ansiedler ohne Rechtstitel) nieder, die auf brandgerodeten Feldern Nahrungsmittel für den eigenen Bedarf anbauten und – als Ergänzung zum Fleisch des erjagten Wildes – ein paar Schweine hielten; einige von ihnen verkauften auch noch Ferkel und Tabak. Nach 1830 waren dann aber zwei Drittel des Landes in die Hände von Plantagenbesitzern, Kaufleuten, Beamten und städtischen Freiberuflern übergegangen, die ihren Grundbesitz entweder von Staats wegen übereignet bekommen oder in spekulativer Absicht erworben hatten. Die vertriebenen *Squatter* drangen weiter in den Urwald vor und verletzten dabei das Gebiet von Gruppen der eingeborenen Tupi. Bei den daraus entstehenden Konflikten bekamen sie die erbitterten Attacken dieser amerikanischen Ureinwohner zu spüren; darauf reagierten die *Squatter* mit eigenen Angriffen und schoben sich so als Puffer zwischen die Tupi und die weiter um sich greifenden Plantagen.

Zunächst wurde auf den Pflanzungen von Rio Claro Zuckerrohr angebaut, die Besitzer waren dabei zumeist schon Eigentümer von Zuckermühlen. Als Arbeiter beschäftigten sie afrikanische Sklaven, abhängige Arbeiter, die auf den Plantagen wohnten (*agregados*), *Squatter*, die in der Gegend geblieben waren und sich zusätzlich zu ihren Subsistenzaktivitäten als Lohnarbeiter betätigten, sowie Gelegenheitsarbeiter, die für einen Pauschallohn angeheuert wurden (*camaradas*).

Die ersten Kaffeekulturen wurden in dieser Region ab etwa 1840 eingeführt; 1859 waren im Bezirk Rio Claro schon 2,6 Millionen Kaffeebäume angepflanzt. Das Geld für den Kaffeeanbau stammte aus reinvestierten Zuckerprofiten oder von englischen und deutschen Exporteuren, die sich in Santos, dem Hafen von São Paulo, niedergelassen hatten. Das Setzen der Bäume lag zunächst in den Händen von Auftragnehmern, die dafür ihre eigenen Sklaven einsetzten. Später übernahm der Plantagenbesitzer den Baumbestand und bearbeitete die Kulturen mit Hilfe seiner eigenen Sklaven; auch mußte er die teuren Maschinen für das Schälen der Kaffeekirschen kaufen. Die hohen Kosten für den Landerwerb, die Sklaven und die Arbeitsgeräte begünstigten einen Konzentrationsprozeß: 1860 produzierten elf Kaffeeanbauer bereits 60 Prozent der Kaffeeernte von Rio Claro. Dabei hatten sich die Plantagen nie ausschließlich auf Kaffee spezialisiert, der

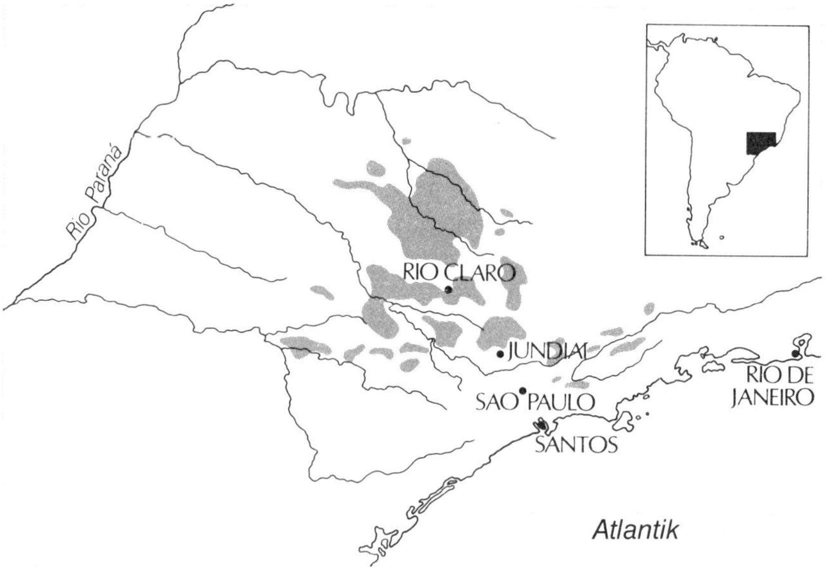

Kaffee-Plantagen in der Region Sao Paulo

gleichwohl zum Hauptanbauprodukt wurde. Sie produzierten auch ihre eigenen pflanzlichen Nahrungsmittel, hielten sich ihre eigenen Zugtiere und beschäftigten eigene Handwerker, obwohl sie durchaus auch Fertigwaren in den Städten einkauften.

Die Kaffeeproduktion erhöhte sich laufend und erreichte 1901 ihren höchsten Stand. Diese Expansion wurde durch den Bau einer Eisenbahn gefördert, die den Bezirk mit dem Hafen von Santos verband. Das Geld für diese Eisenbahnlinie stammte von den örtlichen Plantagenbesitzern und von britischen Investoren. Die Kaffee-Ernte wurde an Zwischenhändler verkauft, die mit den Plantagenbesitzern zuweilen direkt verwandt oder verschwägert waren. Im Laufe der Zeit ließen sich die Eigentümer der Kaffeepflanzungen in São Paulo nieder und überließen die Aufsicht über ihre Besitzungen ihren angestellten Verwaltern.

Obwohl der afrikanische Sklavenhandel 1835 für illegal erklärt worden war, machten in Rio Claro die Sklaven noch in den siebziger Jahren mehr als die Hälfte der landwirtschaftlichen Arbeitskräfte aus. In anderen Teilen Brasiliens ging die Verwendung von Sklavenarbeit zurück, in Rio Claro hingegen verstärkte sie sich noch, weil die Plantagenbesitzer noch weitere Sklaven aus weniger wohlhabenden Gegenden importierten und weil es Unternehmer gab, die Kolonnen von Arbeitssklaven unterhielten und sich nach wie vor in der Plantagenwirtschaft betätigten. Allerdings hat sich diese Sklavenbevölkerung nicht genügend reproduziert, um den Arbeitsbedarf zu decken. Kindesmord war an der Tagesordnung, und auch aus anderen Gründen lag die Kindessterblichkeit sehr hoch. Die Sklaven liefen im übrigen auch immer wieder davon, weshalb den professionellen Sklavenfängern die Arbeit nicht ausging. Nach 1850, als die meisten Sklaven bereits in Brasilien geboren waren und die Arbeiterschaft sich homogener entwickelt hatte, wurden die Sklaven zunehmend rebellisch.

Um ihr Arbeitskräftereservoir aufzufüllen, begannen die Plantagenbesitzer von Rio Claro sich nach Einwanderern umzutun. Einige hatten es schon in den vierziger und fünfziger Jahren mit der Anstellung von Schuldknechtschaftsarbeitern aus Portugal, Deutschland und der Schweiz versucht, aber dieses Experiment war damals gescheitert, weil diese Europäer sich bei ihren Konsulatsvertretern über ihre Arbeitsbedingungen beschwert hatten. Somit sahen sich die Pflanzer gezwungen, auf das Potential ihrer Sklaven zurückzugreifen, obwohl in den darauffolgenden zwanzig Jahren die Anschaffungskosten für Sklaven – ebenso wie die Kosten für ihre Unterhaltung und Überwachung – ständig weiter anstiegen.

Nach der 1888 erfolgten Abschaffung der Sklavenhaltung begannen die Plantagenbesitzer, italienische Arbeiter zu importieren. Dabei wurden sie vom Staat unterstützt, der die Überfahrt der Männer und ihrer Familien von Europa nach Santos finanzierte. Die Neueinwanderer wurden als Familienverband eingestellt, der unter der Leitung des männlichen Haushaltsvorstandes arbeitete. Die Verträge wurden auf ein Jahr abgeschlossen und galten von Ernte zu Ernte. Die gezahlten Löhne richteten sich nach dem Umfang der geforderten Hackarbeiten und nach der geernteten Kaffeemenge. Häuser wurden mietfrei gestellt, und die Arbeiter konnten in den plantageneigenen Läden einkaufen, wo ihre Auslagen mit ihren Arbeitsleistungen verrechnet wurden. Sie konnten auch für den eigenen Bedarf Gartenbau betreiben, was allerdings zu Konflikten mit den Plantagenbesitzern führte, die befürchteten, daß die Arbeiter über dem eigenen Garten die Kaffeebäume vernachlässigen könnten. Am Ende jeder Vertragsperiode gab es immer eine erhebliche Fluktuation zu verzeichnen, weil die Arbeiter versuchten, eine Anstellung auf einer produktiveren Besitzung zu finden.

Auf diese Einwanderer ging zwar ein großer Teil der Arbeit auf den Plantagen über, aber rund die Hälfte aller Kaffeebestände wurde nach wie vor von brasilianischen Arbeiter-Pächtern (*colonos*) bzw. von Arbeiterkolonnen versorgt, die für einen Pauschallohn angestellt wurden. Solche Kolonnenarbeit wurde an unverheiratete Italiener oder freigelassene Sklaven vergeben und behielt seinen Stellenwert für bestimmte Tätigkeiten wie das Roden neuer Flächen, das Anpflanzen neuer Kulturen und das Setzen von Zäunen.

Die Einführung der Lohnarbeit veränderte die Klassenstruktur ganz erheblich. Nur etwa 10 Prozent der eingewanderten *colonos* konnten selber Land kaufen, und zwar in der Regel mit Hilfe von Subventionen des Staates, der daran interessiert war, den Einwanderern eine stabile Existenzgrundlage zu geben. Die übrigen kehrten entweder in die Heimat zurück oder gingen im städtischen Proletariat auf. Der durch die Lohneinkommen erweiterte Bargeldumlauf belebte den Einzelhandel. Dadurch wurden neue Kaufleute in die Stadt gezogen, die wiederum ihre Gewinne in Landkäufen anlegten. Die freigelassenen Sklaven sanken in der Regel in die Reihen der Gelegenheitsarbeiter ab; ebenso erging es den Nachkommen der in der Region verbliebenen *Squatter*. Die italienische Einwanderung führte also in der Bevölkerung zu einer »ethnischen« Schichtenbildung, die zu einem guten Teil vom Staat finanziert wurde – mit Geldern, die letzten Endes der Ausbeutung brasilianischer Arbeitskräfte entsprangen.

Für die Erhaltung der Produktivität der Kaffeebäume wurde allerdings wenig unternommen. Mit sinkender Produktivität wanderten die Anbaugebiete ins Landesinnere weiter, und mit ihnen die Kaffeepflanzer und *camaradas*. Zurück blieb die Stadt mit ihrer neuen Mittelklasse von Kaufleuten und freien Berufen und mit ihrem entmutigten Proletariat – um mit der Zeit von der sich immer weiterfressenden Stadtlandschaft von São Paulo verschlungen zu werden.

Der Handel mit chinesischen Arbeitskräften

Auch China ließ sich als Arbeitskräftereservoir für die Außenwelt in Anspruch nehmen. In Südostasien hatte es Chinesen bereits vor der Expansion der Europäer gegeben. Die sogenannten Hwei oder Hui – chinesische Moslems, deren ethnischer Stammbaum einer Mischung von Han-Chinesen mit persischen, arabischen und zentralasiatischen Elementen entsprang – waren in der Periode der Mongolischen Dynastien des 13. und 14. Jhs. in die an Südwest-China angrenzenden Gebiete eingerückt, und viele von ihnen hatten den Überlandhandel nach Südasien hineingetragen. Im selben Zeitraum waren auch in der südostasiatischen Inselwelt chinesische Handelskolonien entstanden. Im 15. Jh. hatte dann aber der chinesische Staat den Handel mit dem Ausland unterbunden und in seinen Küstengebieten ein menschenleeres Niemandsland geschaffen, um die Han-Bevölkerung von Kontakten mit Ausländern abzuschotten, wodurch auch die weitere Auswanderung eingedämmt wurde. Gleichwohl exportierten die Portugiesen nach wie vor chinesische Arbeitskräfte über ihre Besitzung Macao, und gleichzeitig machte die holländische Ostindien-Kompanie an der chinesischen Küste Gefangene, die sie in ihrer Kolonialmetropole Batavia ansiedelte (Dermigny 1964, Bd. I, 831).

Mit den Verträgen, die 1842 den Opiumkrieg beendeten, waren die Auswanderungshindernisse aus dem Wege geräumt und ausländische Unternehmer konnten den Handel mit »Kulis« aufnehmen und damit den chinesischen Arbeitsmarkt direkt anzapfen. Politische Unruhen und ökonomische Krisen – wie etwa die Taiping-Rebellion – brachten viele Chinesen dazu, sich als Arbeiter ins Ausland verpflichten zu lassen. Rasch entstand auch ein ausgetüfteltes Händler-System zur Ankurbelung dieser Auswanderungsbewegung. Wenn z. B. ein Unternehmer chinesische Arbeiter für den Einsatz in Malaya benötigte, konnte er einen »Kuli-Agenten« in Singapur oder Penang (einer Insel vor der Küste Malayas) ansprechen. Dieser wiederum wandte sich mit der Bestellung an die Inhaber von »Speisehäusern« in Swatow, Amoy, Hongkong oder Macao. Diese nahmen ihrerseits Kontakt mit »Dorfvorstehern« (*khah-taus*) auf, die dann in ihren Gemeinden die Arbeiter rekrutierten. Letztere bezahlten ihre Transportkosten entweder selber, oder sie lieferten sich einem »Fahrtkostenkredit«-Vermittler aus, der ihnen das nötige Geld verauslagte.

Arbeiter, die ihre Reise selbst bezahlt hatten, konnten sich am Ankunftsort frei nach einer Arbeit umsehen. Die »nicht-bezahlenden Passagiere« jedoch standen in der Schuld der Vermittler und blieben für die Dauer ihrer Verschuldung durch Vertrag an diese gekettet. In Malaya wurden solche »verpfändeten« Arbeitskräfte bei ihrer Ankunft in Sammelquartieren untergebracht und von »Quartieraufsehern« bewacht, die im Dienst der Kuli-Vermittler standen. Diese waren wie die Quartieraufseher in der Regel einflußreiche Mitglieder mächtiger Geheimgesellschaften, die auch das Wachpersonal der Quartiere stellten. Diese Geheimgesellschaften entwickelten im Rahmen des Arbeiterhandels eine doppelte Funktion. Sie übten die soziale Kontrolle und die Zwangsgewalt über ihre abhängigen chinesischen Landsleute aus, gleichzeitig aber verteidigten sie die Interessen der chinesischen Kolonie gegen die Anordnungen und politischen Schachzüge der örtlichen Regierungen. Das Quartiersystem hielt sich in Malaya noch bis zum Ausbruch des Ersten Weltkrieges im Jahre 1914.

Singapur

Eine der zentralen Schaltstellen dieser chinesischen Arbeiteremigration war Singapur. Anhand dieser Stadt läßt sich exemplarisch aufzeigen, wie sich das Geschäft mit den Arbeitskräften in Asien nahtlos in die übrigen Aktivitäten eines bedeutenden Seehandels- und Geschäftszentrums einfügte.

Die Gründung von Singapur datiert aus dem Jahr 1819, als die Engländer sich an dem damals nur von ein paar malaiischen und chinesischen Fischern bewohnten Ort Ansiedlungsrecht sicherten. 1900 war die Stadt auf 229 000 Einwohner angewachsen, davon zwei Drittel Chinesen und ein Drittel Malaien, die vornehmlich von der malaiischen Halbinsel, aber auch von den südostasiatischen Inseln – und hier z. T. sogar von ganz östlich gelegenen Inseln wie Borneo oder den Philippinen – nach Singapur gezogen waren.

Auch die Bewohner der Umgebung waren zum großen Teil Malaien. Ihre gesellschaftliche Organisation entsprach der tributgebundenen Produktionsweise, politisch waren sie in eine Reihe von Königreichen aufgesplittert. An der Spitze jedes Reiches stand ein Monarch, der aus einer königlichen Familie stammte und von einer Hierarchie territorialer, regionaler und lokaler Anführer adliger Abstammung in seinem Amt bestätigt werden mußte. Die Basis dieser herrschaftlichen Hierarchien bildeten die Dörfer, in denen malaiische Bauern (*ra'ayat*) wohnten. Diese Dörfer erbrachten ihren Tribut in Form von Arbeitsleistungen und Naturalabgaben, die über das Dorfoberhaupt (*penghulu*) und die Hierarchie der Adligen zum königlichen Zentrum weitergeleitet wurden. Dieses Zentrum hatte in der Regel eine strategisch günstige Lage in der Nähe der Mündung des Hauptflusses des jeweiligen Reiches. Als die Briten ihre Souveränität auch auf die malaiischen Staaten ausdehnten, trafen sie die politische Entscheidung, die gesellschaftliche Ordnung der Bewohner so wenig wie möglich anzutasten, dafür aber eine jährliche Pauschalabgabe zu erheben. Infolgedessen »blieb die große Masse der Malaien in das starre System einer traditionellen Gesellschaft eingefügt, die sich nur langsam wandelte« (Roff 1967, 122).

Aber immerhin wandelte sie sich – und dies vor allem aufgrund der Ausstrahlung des großen städtischen Geschäftszentrums, das inmitten dieser traditionellen Gesellschaft entstanden war. Als chinesische Pflanzer auf der Singapur-Insel *cash crops* wie Pfeffer und Gambir (oder Katechu, ein adstringierendes Mittel, das aus einer Holzart gewonnen und zu medizinischen Zwecken sowie als Gerb-und Färbemittel gebraucht wird) anzubauen begannen, war den malaiischen Herrschern die Zuwanderung chinesischer Pflanzer und Bauern durchaus recht, weil sie in ihnen eine willkommene neue Einnahmequelle erblickten. Ebenso förderten sie nach 1850 das Vordringen chinesischer Bergbau-Unternehmen, die im Landesinneren Zinn abbauen wollten. Jetzt wurde das Hinterland von Singapur rasch zum Schlachtfeld erbittert konkurrierender Koalitionen von örtlichen malaiischen Potentaten, chinesischen Zinnbergwerksbesitzern und chinesischen Kaufleuten, die den Potentaten wie den Bergwerksbetreibern das Geld und die nötige Waren verschafften. Die damit ausbrechenden Rivalitäten ließen die von den Briten gestützte kunstvolle Konstruktion indirekter Herrschaft zusammenbrechen und beschworen die direkte Intervention der englischen Kolonialmacht herauf.

Seit 1867 spielte Singapur eine zentrale Rolle für die britischen Bemühungen, mit Hilfe von britischen Beamten, malaiischen Adjudanten und chinesischen wie tamilischen Angestellten auf der malaiischen Halbinsel durchzugreifen. Die Briten betrieben auch noch die Agenturfirmen, die mit den Geschäften der in Europa stationierten Handelshäuser betraut waren. Diesen europäischen Händlern standen chinesische Kaufleute zur Seite; sie waren durch verwandtschaftliche Bande eng miteinander verknüpft und unterstanden der Führung der angesehenen Baba-Familien. Als Nicht-Malaien hatten sie keinerlei Zugang zu den formellen politischen Machtpositonen, dafür lag bei ihnen ein Großteil der tatsächlichen Macht über das Kapital und die Menschen von Singapur. Sie gewährten den Pflanzern und Bergbauunternehmern Kredite; in ihren Händen lag der Handel, der die Zinnbergwerke von Perak und Selangor und die Plantagen mit Arbeitskräften versorgte; sie dominierten auch die mächtigen Geheimgesellschaften, die über die Arbeitsimmigranten geboten und denjenigen Protektion und Unterstützung bieten konnten, die ihnen dafür loyal und zu Diensten waren (vgl. Freedman 1960, 33). Die Engländer wiederum benutzten die Häupter dieser Geheimgesellschaften als »Anführer der Chinesen«, um die chinesische Bevölkerung unter Kontrolle zu halten. Dann aber wurden die Geheimgesellschaften allmählich selbst zu mächtig und 1889 verboten. An ihre Stelle traten Vereinigungen, die – auf der Grundlage gemeinsamer Dialekte oder Familiennamen – nach dem Vorbild der in China existierenden regionalen Vereinigungen konstruiert waren und auch ähnliche Unterstützungs- und Wohltätigkeitsaufgaben wahrnahmen. Diese Vereinigungen erfüllten zugleich auch eine religiöse Funktion. Vor dem Hintergrund des Lebens in Singapur verkörperten sie damit nicht nur die politische Opposition der Geheimgesellschaften gegen die Mandschu-Dynastie, sondern boten mit ihren spiritistischen Kulten, in denen über ein Medium Kontakte mit Geistern aufgenommen wurden, auch die Möglichkeit, individuellen Bedürfnissen einen unorthodoxen religiösen Ausdruck zu geben.

In Singapur lief das Kapital also vor allem durch britische und chinesische Hände, und die meisten Arbeitskräfte wurden ebenfalls von Chinesen geliefert. Die Malaien waren in dieser Stadt, die man in ihre Mitte hineingepflanzt hatte, zu Statisten verurteilt. Nur wenige hatten politische Ämter inne. Einige von ihnen – Bugis von Celebes, Dyaks von Borneo und Minankabau von Sumatra – machten als Händler ihre Geschäfte mit der malaiischen Inselwelt. Außerdem gab es auch ein paar religiöse Lehrer und Amtsträger. Die meisten Malaien waren jedoch in den weniger einträglichen Berufen beschäftigt: Sie waren Polizisten, Nachtwächter, Fuhrleute, Dienstboten, Bürogehilfen, Straßenhändler und kleine Ladenbesitzer in den malaiischen Wohnvierteln. Als sich zu Beginn des 20. Jhs. der Anbau von Kautschukbäumen ausbreitete, wurden auch dazu indische Arbeiter herangezogen, und den Malaien in Singapur blieben wieder nur die Tätigkeiten am Rande und in den Poren des neuen Gewerbes. Auf dem Lande war der malaiische Bauer zwar durch seine politischen Rechte besser geschützt, aber mit seinen wachsenden Schulden wurde er zum Opfer eines ganzen Heeres nichtmalaiischer Reismühlenbesitzer, Kautschukaufkäufer, Dorfkrämer und Geldverleiher.

Weitere Bestimmungsorte für chinesische Arbeitskräfte

Malaya war nicht der einzige Bestimmungsort für chinesische Arbeitskräfte. Zwischen 1849 und 1874 wurden etwa 90 000 chinesische Kontraktarbeiter – zumeist über Macao – nach Peru exportiert, wo sie Arbeitskräfte aus Hawaii zu ersetzen hatten, die beim Abbau von Guano-Ablagerungen umgekommen waren (Stewart 1951,74). Als sich die Baumwollnachfrage aufgrund der durch den amerikanischen Bürgerkrieg verursachten Knappheit belebte, setzte man einige dieser Chinesen auf den Baumwollfeldern in der peruanischen Küstenzone ein. Ein Teil der chinesischen Importarbeiter wurde auch beim Eisenbahnbau beschäftigt.

Zwischen 1852 und 1875 wurden weitere 200 000 Chinesen nach Kalifornien entsandt (Campell 1923, 33), wo sie in Obstplantagen und -verarbeitungsbetrieben, als Goldwäscher und beim Eisenbahnbau Beschäftigung fanden. 10 000 bis 14 000 dieser chinesischen Arbeiter bauten in den sechziger Jahren die Central Pacific Railroad of California zwischen der Westküste und dem Osten von Utah, mit der 1885 die letzte Lücke der transkontinentalen Eisenbahnverbindung geschlossen wurde. Weitere 5000 Arbeiter aus Hongkong holte man ins kanadische Victoria zum Bau der Canadian Pacific Railroad, die die Goldvorkommen des Staates British Columbia erschließen sollte.

In Kalifornien wurde die Zuwanderung chinesischer Arbeitskräfte von Händler-Agenten geregelt, die diese nach Bedarf vermieteten. Als Instrument der Kontrolle über die Arbeiter fungierten dabei die Geheimgesellschaften (vgl. Dillon 1962; Lee 1965). Diese standen wiederum in enger Verbindung mit den sogenannten »Sechs Gesellschaften«, die jeweils nach ihrem Herkunftsdistrikt in der Provinz Kuangtung benannt und nach dem Vorbild der regionalen Vereinigungen organisiert waren, die in China während der Ch'ing-Regierung der Mandschu-Herrschaft entstanden. Wie in Singapur verteidigten auch die »Sechs Gesellschaften« die chinesischen Interessen gegenüber einer feindlichen Umgebung. Zugleich übten sie aber auch die Kontrolle über die chinesische Bevölkerung an der amerikanischen Westküste aus. Die Pacific Steamship Company schloß mit ihnen eine Vereinbarung, wonach jeder, der auf ihren Schiffen nach China zurückkehren wollte, zuvor seine Schulden beglichen haben mußte. Nach der Einstellung des Handels mit chinesischen Arbeitskräften bestanden die »Sechs (später: Sieben) Gesellschaften« als politische bzw. als Bildungs- und Wohltätigkeits-Vereinigungen der chinesischen Gemeinschaft in den Vereinigten Staaten fort.

Gold wurde nicht nur im amerikanischen Kalifornien und im kanadischen British Columbia, sondern auch in Australien entdeckt (1853). 1854 gab es in den australischen Goldbergbaurevieren 2000, 1859 hingegen schon 52 000 chinesische Bergarbeiter. Und Australien blieb nicht die einzige Region, die sich für den Handel mit chinesischen Arbeitskräften öffnete. Kuba nahm 1847 800, 1852 bereits etwa 8000 bis 15 000 chinesische Kontraktarbeiter ab. Aus Hongkong wurden zwischen 1856 und 1867 19 000 Kontraktarbeiter exportiert; von ihnen gingen 6630 nach den britischen Besitzungen in Westindien (vor allem Guyana), 4991 nach Kuba, 2370 nach dem indischen Bombay, 1609 nach Holländisch-Guyana und 1035 nach Tahiti, Hawaii und anderen Inseln im Pazifik (Campbell 1923, 130 und 150).

Neben diesen chinesischen Arbeitern, die nur bis zum Ablauf ihres Vertrages im Ausland blieben, gab es auch Emigranten, die sich auf Dauer niederlassen wollten. Eines der bevorzugten Gebiete für solche Daueransiedlungen war Südostasien: Hier lebten in den siebziger Jahren dieses Jahrhunderts über 12 Millionen Chinesen (McEvedy/Jones 1978, 166). Die frühen Einwanderer waren häufig Händlergruppen, die sich mit der Zeit zu einer kaufmännischen Aristokratie entwickelten; das gilt z. B. für die Babas von der malaiischen Halbinsel und für die Peranakans von Indonesien. Die späteren Einwanderer hatten des öfteren mit den früher Angekommenen Machtkämpfe auszutragen.

Oft bauten sich die chinesischen Kaufleute in ihrer neuen Heimat auch eine zuverlässige Gefolgschaft auf, indem sie Verwandte oder Leute aus ihrer engeren chinesischen Heimatregion nachkommen ließen. Bei Einstellungen gab es eine deutliche Rangfolge: Enge Verwandte bekamen den Vorzug vor entfernteren Verwandten, entfernte Verwandte vor Landsleuten mit demselben chinesischen Dialekt, Leute mit demselben Dialekt vor anderen Chinesen und Chinesen vor Nicht-Chinesen (Jeromin 1966, 53). Eine solche, über verwandtschaftliche oder quasi-verwandtschaftliche Bindungen aufgebaute Gefolgschaft konnte sich in den unterschiedlichsten Bereichen betätigen; häufig handelte es sich dabei um Geschäfte, die sich zwischen den unmittelbaren Produzenten im Hinterland und westlichen Handelsunternehmen abspielten. Die Chinesen fungierten also weithin als Zwischenhändler – und dies in so überwiegendem Maße, daß die Indonesier sie als *bangsa tengah*, als »Zwischenhändler-Rasse«, zu bezeichnen begannen. Von chinesischen Kaufleuten stammten auch die Kredite, die als Schmiermittel für die Handelskreisläufe erforderlich waren. »Der einheimische Bauer hat Schulden beim chinesischen Händler, der Händler beim Großhändler, der Großhändler beim Export-Import-Unternehmen. Alle Stufen des Handels sind durch Rückzahlungsverpflichtungen untereinander verknüpft« (Jeromin 1966, 75). Es überrascht nicht, daß die chinesischen Kaufleute aufgrund ihrer Zwischenhändler- und Kreditgeber-Funktion in Südostasien des öfteren zum Ziel politischer Angriffe und Verfolgungen wurden; insofern hat man ihre Stellung in dieser Region häufig mit der Stellung der Juden in Osteuropa verglichen.

Aber auch den chinesischen Arbeitern schlug an den Orten, an die sie verschoben wurden, die Feindseligkeit der anderen Arbeiter entgegen. 1882 wurde in den Vereinigten Staaten der »Chinese Expulsion Act« (ein Einwanderungsstop für Chinesen) verabschiedet, der auf Druck der *Knights of Labor* (einer amerikanischen Gewerkschaft) zustandegekommen war, die sogar auf der Verdrängung der Chinesen aus den Wasch- und Bügelanstalten bestanden hatten.Aber die an der Westküste ausgebrochene anti-chinesische Agitation war kein rein kalifornisches Problem, sondern Bestandteil eines in den ganzen Vereinigten Staaten aufkommenden Rassismus (vgl. Hune 1977, 48 ff.). Die Einwanderungsbeschränkungen für Chinesen bezeichneten lediglich eine Phase innerhalb einer umfassenderen Bewegung, die darauf angelegt war, den Arbeitsmarkt nach rassischen Gesichtspunkten aufzuteilen. Ähnliche Bemühungen, die chinesischen Arbeiter abzuschieben, gab es auch in Australien, als dort die Arbeitsverträge der Importarbeiter in den Goldminen ausliefen, und ebenso in Südafrika, wo 1904 noch 43 296 chinesische Kontraktarbeiter beschäftigt waren, die 1907 dann einfach nach China zurückgeschickt wurden (Campbell 1923, 187).

Ethnische Segmentierung

Ein Kennzeichen der großen Industrie- und Plantagenanlagen, wie sie unter kapitalistischem Vorzeichen in aller Welt entstanden, war das Nebeneinander von Gruppen aus ganz unterschiedlichen Gesellschaften und Kulturen. Gesellschaften, die auf solchen Anlagen – insbesondere auf Plantagenkolonien – beruhten, sind zuweilen als »plurale Gesellschaften« etikettiert worden (Furnivall 1939; 1942; 1948). Mit diesem Ausddruck sollte ihre innere Aufspaltung in unterschiedliche gesellschaftliche und kulturelle Segmente gekennzeichnet werden. Dieser Vorstellung zufolge werden die disparaten Gruppen, die sich nebeneinander auf dem Arbeitsmarkt betätigen, durch die Machtausübung einer beherrschenden Gruppe, nämlich der europäischen Minderheit, zusammengehalten. Dem lag die Annahme zugrunde, die einzelnen Gruppen fielen – wenn einmal diese souveräne Macht abgeschafft würde – »wie die Wilden« übereinander her. Mit anderen Worten: Die europäische Herrschaft war notwendig, um die aufgrund der Verschiedenartigkeit unvermeidlichen Konflikte einzudämmen. Augenfällige Beispiele eines solchen gefährdeten Pluralismus boten der karibische Raum und Südostasien.

Diese Vorstellung ist nun insofern abwegig, als sie der gesellschaftlichen und kulturellen Heterogenität als solcher Erklärungskraft zuschreibt. Dabei muß man doch diese Heterogenität ihrerseits im Kontext der Organisation des gesamten Arbeitsprozesses betrachten. Natürlich haben sich die in solchen Gesellschaften zusammengebrachten Gruppen ihrer unterschiedlichen kulturellen Formen bedient, um ein Beziehungsgeflecht zu entwickeln, d.h. verwandtschaftliche und freundschaftliche Bindungen, religiöse Vereinigungen, gemeinsame Interessenvertretungen und politische Vereinigungen, die der eigenen Gruppe in Konkurrenz mit anderen einen möglichst großen Anteil an bestimmten Ressourcen sichern sollten. Aber alle diese Aktivitäten sind gar nicht zu verstehen, wenn man sie nicht in Beziehung setzt zu der Art und Weise, wie die verschiedenen Gruppen der Arbeiterklasse in den Prozeß der kapitalistischen Akkumulation eingebaut wurden.

Die Betonung der Verschiedenheit solcher Gruppen führt zudem zu einer falschen Gegenüberstellung von heterogenen »pluralen« Gesellschaften und den vermeintlich homogenen Gesellschaften Europas. Dabei trifft es durchaus nicht zu, daß in Europa eine kulturelle Uniformität dem Prozeß der Staats- und Nationenbildung den Weg geebnet hätte. Jede simple Gegenüberstellung von pluraler Heterogenität und europäischer Homogenität wird durch Beispiele aus der europäischen historischen Realität in Zweifel gezogen. Man denke nur an die Schwierigkeiten, die Regionen Frankreichs zu einem Reich zu integrieren und »Bauern zu Franzosen« zu machen (Weber 1976); oder an die Probleme, die all die zentrifugalen Bestrebungen des »rückgratlosen Spanien« (Ortega y Gasset 1937) aufgeworfen haben; oder an die Hindernisse, die einer Verwandlung von Bewohnern einer Vielzahl von Städten und Provinzen in »Italiener« im Wege standen (Mack Smith 1969). Man denke auch an den mühsamen Prozeß, der die individualisierten und widerstrebenden »Heimaten« Deutschlands in ein *Reich* zusammenzwingen mußte (Walker 1971); oder an die fortwährende Spaltung Großbritanniens in seine keltischen Randgebiete und das *»Sassenach«*-(schottisch/irisches Wort für »sächsisch«)-Kernland bzw. an seine Klassenspaltung in Disraelis berühmte »zwei Nationen« (Disraeli 1954).

Die »pluralen Gesellschaften« der Plantagenkolonien stellen durchaus keine Sonderkategorie von Gesellschaft dar. Sie sind ein historisch und geographisch spezifischer Unterfall der allgemeinen Tendenz der kapitalistischen Produktionsweise, aus unterschiedlichen Bevölkerungsgruppen eine »disponible Masse« zu machen und diese Masse dann – zugeschnitten auf die sich wandelnden Bedürfnisse des Kapitals – in den Produktionsprozeß zu werfen. In jedem einzelnen dieser Unterfälle sorgt die Produktionsweise dafür, daß die grundlegende Beziehung zwischen Kapital und Arbeitskraft immer wieder aufs neue erzeugt wird. Zugleich aber produziert sie auch immer wieder die Heterogenität der in diesem Prozeß entstandenen Arbeiterschaft, und zwar auf doppelte Weise. Die kapitalistische Produktionsweise bringt erstens die Gruppen und Abteilungen der Arbeiterschaft in eine hierarchische Rangfolge; und sie produziert zweitens fortwährend symbolisch überhöhte »kulturelle« Merkmale, durch die sich die einzelnen Gruppen von einander unterschieden.

Wir haben bereits darauf verwiesen, daß Veränderungen in der organischen Zusammensetzung des Kapitals zu einer segmentierten Schichtung des Arbeitsmarktes führen. Die Arbeiter in den eher privilegierten Marktsegmenten beziehen höhere Löhne und genießen bessere Arbeitsbedingungen als diejenigen, denen nur die unteren Schichten dieses Marktes zugänglich sind; außerdem können sie sich besser verteidigen und ihre Einkommen mittels gewerkschaftlicher Organisation und politischer Einflußnahme verbessern. Im Gegensatz dazu bekommen die Arbeiter in den unteren Schichten den unmittelbaren Druck auf ihre Löhne und Arbeitsbedingungen zu spüren, der von den unbeschäftigten Arbeitskräften ausgeht. Auf längere Sicht haben sie nicht nur schlechter bezahlte und weniger sichere Arbeitsplätze als ihre Kollegen von den privilegierteren Rängen der Arbeiterklasse; sie schützen letztere auch wie ein Puffer gegen die unmittelbare Arbeitsplatzkonkurrenz einer – auf nationaler und internationaler Ebene bereitstehenden – »Reservearmee«.

Diese die Arbeiterklasse spaltenden widerstreitenden Interessen werden mit dem Hinweis auf »rassische« und »ethnische« Verschiedenheiten noch weiter verstärkt. Solche Hinweise dienen dazu, den verschiedenen Gruppen von Arbeitern bestimmte Stufen in der Hierarchie des Arbeitsmarktes zuzuweisen, wobei die stigmatisierten ethnischen Gruppen auf die niedrigen Ränge verwiesen und die höheren Ränge vor der Konkurrenz von unten abgeschirmt werden. Zwar hat der Kapitalismus diese ganzen ethnischen und rassischen Unterschiede nicht geschaffen, aber erst durch die Mobilisierung von Arbeitskräften unter kapitalistischen Bedingungen kommen diese Unterschiede nachhaltig zum Tragen.

In dieser Hinsicht haben »rassische« Unterschiede denn auch ziemlich andere Implikationen als »ethnische« Besonderheiten. Rassenmäßige Kennzeichnungen wie »Indianer« oder »Neger« sind unmittelbares Resultat der Unterwerfung von Völkern im Verlauf der Ausdehnung der europäischen Handelsbeziehungen. Der Ausdruck *Indianer* bezeichnet die Völker der eroberten Neuen Welt, ohne im geringsten die kulturellen oder physischen Unterschiede zwischen den amerikanischen Ureinwohnern zu berücksichtigen. Der Ausdruck *Neger* dient entsprechend als Sammelbegriff für die kulturell und physisch ganz verschiedenartigen Völker, die den Europäern die Sklaven lieferten, wie auch für diese Sklaven selbst. Indianer sind unterworfene Menschen, die man zur Arbeit oder zu Tributleistungen zwingen konnte; Neger sind »Holzfäller und Wasserschöpfer«, die man gewaltsam in seinen Besitz und mit Hilfe von Zwangsmitteln zum Arbeiten brachte. Bei beiden Ausdrücken liegt also das Hauptaugenmerk auf der historischen Tatsache, daß diese Völker gezwungen wurden, unter Bedingungen der Unfreiheit für eine neue Klasse von Herrschern zu arbeiten. Gleichzeitig sehen beide Ausdrücke über die kulturelle und physische Vielfalt innerhalb der beiden Großkategorien hinweg, womit sie den einzelnen Gruppen jegliche eigenständige Identität auf politischer, ökonomischer oder ideologischer Ebene bestreiten.

In diesen Rassenbegriffen spiegelt sich der politische Prozeß, der die Völker ganzer Kontinente zu Zwangslieferanten von Mehrarbeit gemacht hat. Unter kapitalistischen Verhältnissen stehen diese Begriffe immer auch mit Zuschreibungen bürgerlicher Unmündigkeit im Zusammenhang, mit anderen Worten: sie beschwören nach wie vor die Abstammung von besagten unterworfenen Völkerschaften, um damit dem mutmaßlichen Abkömmling den Zugang zu den gehobenen Rängen des Arbeitsmarktes zu verweigern. »Indianer« und »Neger« sind mithin auf die niedrigen Dienstgrade der industriellen Armee verwiesen oder in die industrielle Reserve abgedrängt. Rassenkategorien innerhalb des Industriekapitalismus haben eine ausschließende Funktion. Sie stigmatisieren einzelne Gruppen, um sie von höher bezahlten Tätigkeiten und von den für die Ausübung dieser Tätigkeiten notwendigen Informationen auszuschließen. Sie schirmen die besser gestellten Arbeiter gegen die Konkurrenz von unten ab, indem sie es den Unternehmern erschweren, stigmatisierte Volksgruppen als billige Aushilfskräfte oder als Streikbrecher heranzuziehen. Schließlich schwächen sie die Fähigkeit dieser Gruppen, politischen Einfluß für ihre Interessen zu mobilisieren, denn diese Gruppen sind gezwungen, immer wieder Gelegenheitsarbeiten anzunehmen, was zugleich die Konkurrenz in ihren eigenen Reihen um die knappen und ungleichmäßigen Ressourcen verstärkt (vgl. Bonacich 1972, 555 f.).

Während Kategorien der Rassenzugehörigkeit in erster Linie dazu da sind, Menschen in die unteren Ränge der industriellen Armee zu verweisen, drücken ethnische Kategorien aus, wie es kommt, daß bestimmte Volksgruppen eine besondere Affinität zu bestimmten Schichten des Arbeitsmarktes entwickelt haben. Solche ethnischen Kategorien stammen aus zwei Quellen, wobei die eine außerhalb, die andere innerhalb der betreffenden Gruppe entspringt. Beim Eintritt der einzelnen Gruppen in den industriellen Prozeß waren Außenstehende in der Position, sie nach ihrer vermeintlichen Abstammung und ihrer mutmaßlichen Affinität zu bestimmten Bereichen des Arbeitsmarktes zu kategorisieren. Aber zugleich lernten die Mitglieder dieser

Gruppen selbst, ihre fremdbestimmte ethnische Zugehörigkeit als Klassifizierung zu schätzen, aus der sie bestimmte ökonomische und politische Ansprüche ableiten konnten. Ein solches ethnisches Zugehörigkeitsgefühl fiel selten mit der ursprünglichen Selbsteinschätzung dieser neuen Industriearbeiter zusammen, die sich anfangs keineswegs als Deutsche, sondern als Hannoveraner oder Bayern, und keineswegs als Polen, sondern als Mitglieder ihres Dorfes oder Bezirkes (*okolica*), und keineswegs als »Njassaländer«, sondern als Tonga oder Yao empfanden. Die breiteren ethnischen Kategorien entstanden erst, als bestimmte Arbeitergruppen sich den Zugang zu verschiedenen Abteilungen des Arbeitsmarktes eroberten und dazu übergingen, diesen Zugang als »Besitzstand« zu betrachten, den es auf gesellschaftlicher wie politischer Ebene zu verteidigen galt. Dieses ethnische Zugehörigkeitsgefühl ist also keineswegs eine »primordiale« (ursprüngliche) soziale Beziehung, sondern historisches Produkt der Segmentierung des Arbeitsmarktes in der kapitalistischen Produktionsweise.

* * *

Der beschriebene Prozeß, der neue Arbeiterklassen erzeugt und gleichzeitig immer schon in Segmente zerlegt, hat sich bis in unsere Gegenwart fortgesetzt. Er war dabei stets dem allgemeinen Rhythmus der kapitalistischen Akkumulation unterworfen, der bei einer Intensivierung der Akkumulation die Entwicklung neuer Arbeitsmärkte befördert, bei einer Stockung hingegen die Nachfrage nach Arbeitskräften wieder schrumpfen läßt. Mit der Zerrüttung der internationalen Märkte im Gefolge des Ersten Weltkrieges hatte sich die Akkumulation verlangsamt, um dann zwischen 1919 und 1926 wieder zuzulegen, als nämlich die Einführung automatischer Fließbandsysteme die Produktionskosten von dauerhaften Konsumgütern wie Autos und Elektrogeräten verbilligte. Dann folgten wieder Stagnation und Zusammenbruch, der erst in eine neuerliche Erholung mündete, als der Zweite Weltkrieg einen gigantischen Zuwachs der Militärausgaben auslöste und die zerstörten Industrieanlagen nach dem Krieg wieder aufgebaut werden mußten.

In dieser jüngsten Phase der Akkumulation setzten sich die ersten automatisierten Anlagen mit elektronischer Steuerung durch (sogenannte »Fließfertigungs-Techniken«). Aus automatisierten Produktionseinheiten sind heute umfassendere Komplexe automatisierter Betriebe geworden, in deren Umkreis ganz neue Bereiche verwandter Aktivitäten entstanden sind (Nehnevajsa/Frances 1959, 397). Das in solchen Komplexen arbeitende Personal greift nicht mehr direkt in den Produktionsprozeß ein, sondern hat in erster Linie für das reibungslose Funktionieren der automatisierten

Anlagen zu sorgen. Eine automatisierte Fabrik erfordert also neue Bedienungsmannschaften, die sich zusammensetzen aus einer Elite von Fachkräften und einem Team von Hilfskräften, die für die ganz einfachen Instandhaltungsaufgaben zuständig sind. Die Automatisierung schafft damit einerseits einen spezialisierten Bedarf an Arbeitern mit angemessenen Qualifikationen und schränkt zugleich den Umfang dieses Bedarfs wieder ein.

Allerdings ließ sich nur der kleinere Teil der Betriebe gewinnbringend auf automatisierte Produktionsabläufe umstellen. Der Rest muß versuchen, seine Profite mit Hilfe anderer Methoden zu maximieren, die von einer Teilautomation bis zur bevorzugten Ausnutzung billiger Arbeitskräfte reichen können. Die fortdauernde Abhängigkeit von Produktionsprozessen, bei denen der Faktor Arbeitskraft nach wie vor eine wichtige Rolle spielt, ist dabei nicht nur für die »Leichtindustrien« wie die Textilbranche oder die halbautomatisierten Nahrungsmittel-Verarbeitungsbetriebe charakteristisch geblieben. Selbst der Bereich der Elektronikindustrie, der das entscheidende Produktionsmittel der Kontrollautomaten herstellt, bleibt stark auf den Faktor Arbeitskraft angewiesen: Die Arbeitskosten machen hier etwa die Hälfte der Produktionskosten aus (C. Freeman, zit. in Mandel 1972, 190). Das Kapital ist also weiterhin auf der Suche nach Regionen mit einem überschüssigen Angebot an Arbeitskräften und mit niedrigen Arbeitskosten und schafft durch seine Nachfrage nach billigen Arbeitskräften weiterhin auch neue Arbeiterklassen. Seit 1960 sind z. B. über vierzig führende Industrieunternehmen aus dem Nordosten der Vereinigten Staaten in den Süden gezogen, wo die Löhne um 20 Prozent unter dem nationalen Durchschnitt lagen und nur eine Minderheit der Arbeiterschaft gewerkschaftlich organisiert war (*NACLA-East Apparel Project* 1977, 2). Das amerikanische Kapital hat sich auch verstärkt noch weiter nach Süden über den Rio Grande hinweg in den Norden Mexikos verlagert; ganz ähnlich nutzen auch das amerikanische, deutsche und japanische Kapital den Vorteil niedriger Arbeitskosten, den die »kleinen Japans« – also Hongkong, Singapur, Südkorea und Taiwan – zu bieten haben.

Diese Kapitalverlagerung hat eine kombinierte industrielle Struktur hervorgebracht, bei der hochtechnologische Verfahren in einigen Produktionsphasen mit arbeitsintensiver Produktion in anderen Phasen einhergehen. Die Standardisierung von Teilprodukten, die elektronische Überwachung der Fertigungsprozesse und die Datenverarbeitung haben es möglich gemacht, den Arbeitsprozeß zwischen automatisierten Stammbetrieben und arbeitsintensiven, in Niedriglohngebieten angesiedelten Montagefabriken aufzuteilen. Während in den automatisierten Betrieben Belegschaft abgebaut wird, wachsen gleichzeitig neue Arbeiterklassen in den sogenannten *export plat-*

forms nach, die vornehmlich in den Küstenregionen Ost- und Südostasiens und auf beiden amerikanischen Subkontinenten rund um die Karibik entstanden sind.

Das Kapital ist aber nicht nur in arbeitsintensivere Industrien abgewandert, sondern auch in neue und neuartige Produktionsbereiche, die durch die Ausbreitung der Konsumgesellschaft nach dem Zweiten Weltkrieg herangewachsen sind. Diese Erscheinung hat – unterstützt durch die Zunahme von Konsumentenkrediten und angeheizt durch die Werbung – viele Verrichtungen, die früher in den Haushalten geleistet wurden, an industrielle und kommerzielle Unternehmungen übertragen und die Nachfrage nach industriell produzierten oder verarbeiteten Waren gewaltig steigen lassen. Das Anwachsen dieser verbraucherorientierten Industrie- und Dienstleistungsbetriebe geht einher mit einem entsprechenden Bedarf an Arbeitskräften, zumal an billigen Arbeitskräften, der weitgehend von den neuen Arbeitergruppen gedeckt wird. Die industrielle Massenverarbeitung von Lebensmitteln hat wiederum zu Kapitalinvestitionen in die Landwirtschaft geführt; in diesem Bereich sind somit *agribusiness*-Unternehmen entstanden, die den Einsatz von teuren Maschinen und von wissenschaftlicher Forschung ebenfalls mit der Beschäftigung billiger Wanderarbeiter als manuelle Hilfskräfte kombinieren.

Die Periode seit dem Zweiten Weltkrieg hat also eine verstärkte Rekrutierung und Beschäftigung von Arbeiterklassen in einem internationalen Rahmen gebracht. In der Hochkonjunktur der späten sechziger Jahre waren in den industriellen Zentren Westdeutschlands, Frankreichs, der Schweiz und der Beneluxländer etwa 11 Millionen »Gastarbeiter« aus der Mittelmeerregion beschäftigt (Castles/Kosack 1973), wobei der westdeutschen Industrie schon der Zustrom von 10 Millionen Flüchtlingen aus dem Osten Europas zugutegekommen war. In den Vereinigten Staaten trugen vor allem drei Faktoren zu teilweise neuen Arbeitsmarktstrukturen bei: die Abwanderung von Afro-Amerikanern aus dem sich rasch industrialisierenden Süden in den Norden, die wachsende Zahl arbeitender Frauen, die sich zwischen 1950 und 1970 nahezu verdreifachte, und die Einwanderung von Arbeitern aus Mexiko und der Karibik. Die ölproduzierenden Länder des Nahen und Mittleren Ostens begannen eine Arbeiterklasse zu importieren, die sich aus Ägyptern, Palästinensern und Indern zusammensetzte. Auch in Afrika und Lateinamerika griff die Migration von Arbeitskräften rasch weiter um sich. 1950 wanderten 100 000 Mossi jeweils saisonweise von Ober-Volta zu den Plantagen der Elfenbeinküste, 1965 waren es fast eine Million geworden. 1968 zog es 2,3 Millionen Ausländer nach Ghana, von denen die meisten Beschäftigung auf den Kakaoplantagen suchten (Amin 1973, 52 f. und 68). Etwa eine

Million Kolumbianer vom Lande sind ins benachbarte ölreiche Venezuela abgewandert; weitere 60000 zogen nach Ecuador, um dort einen Arbeitsplatz in der Ölindustrie zu finden (Chaney 1979, 205).

Die kapitalistische Akkumulation bringt also laufend neue Arbeiterklassen in weit auseinanderliegenden Regionen der Erde hervor. Diese Arbeiterklassen werden aus sehr verschiedenartigen gesellschaftlichen und kulturellen Zusammenhängen herausgelöst und in fluktuierende politische und ökonomische Hierarchien hineingestellt. Die neuen Arbeiterklassen verändern diese Hierarchien durch ihre bloße Anwesenheit, sie werden aber auch selbst durch die auf sie einwirkenden Einflüsse verändert. Auf der einen Ebene erzeugt die kapitalistische Produktionsweise also allenthalben eine umfassendere Vereinheitlichung, indem sie die für sie charakteristische Beziehung zwischen Kapital und Arbeit ständig aufs neue wiederherstellt. Auf einer anderen Ebene führt derselbe Prozeß hingegen zur Betonung der Verschiedenheit, indem er noch in der Vereinheitlichung die gesellschaftliche Gegensätzlichkeit und gegenseitige Abschottung verstärkt. Wir sind also Zeugen einer Entwicklung, wie sich innerhalb einer immer stärker zu einer Einheit zusammenwachsenden Welt zugleich immer disparatere ethnische Gruppen einer proletarischen Diaspora ausbreiten.

Schlußwort

In diesem Buch bin ich der Frage nachgegangen, inwieweit wir ein anderes Verständnis unserer Welt gewinnen können, wenn wir uns diese Welt als ganze, als Totalität, als System vor Augen führen würden, anstatt sie als Summe jeweils eigenständiger Gesellschaften und Kulturen zu betrachten; wenn wir besser verstehen lernen würden, wie sich diese Totalität in der zeitlichen Dimension herausgebildet hat; wenn wir die Aufforderung ernst nehmen würden, diese Gesellschaften jeweils als eine Gesamtheit von Menschen zu erfassen, die »unauflösbar sowohl mit nahen als auch weit entfernten anderen Gesamtheiten in eine Art Netz oder Geflecht von Zusammenhängen eingebunden sind« (Lesser 1961, 42). Beim Aufdröseln der Kettenmaschen von Ursachen und Wirkungen, die im Leben der einzelnen Völker am Werk sind, haben wir herausgefunden, daß diese Ursachen und Wirkungen weit über die einzelnen Völker hinausreichten und sich auch auf die Entwicklungsbahnen von anderen, und zwar von *allen* anderen Völkern erstreckten.

Diese Kettenmaschen haben also letzten Endes ganze Kontinente miteinander verknüpft und die Alte Welt mit der Neuen Welt zusammengebracht. Bei der Herstellung dieses globalen Zusammenhangs war Europa – dieser kleinen Halbinsel am äußersten Rande der asiatischen Landmasse – eine auffällig wichtige Rolle zugefallen. Um die Natur der europäischen Expansion darzulegen, haben wir als zeitlichen Ausgangspunkt das Jahr 1400 gewählt. Die Welt von 1400 hatte bereits eine Fülle regionaler Verknüpfungen und Zusammenhänge aufzuweisen. Aber erst das Ausgreifen der Europäer über die Ozeane hinweg hat diese regional geknüpften Verbindungsnetze zu einer globalen Partitur vereint und sie einem weltumspannenden Rhythmus unterworfen.

Von diesen Kräften wurden Menschen von ganz unterschiedlicher Herkunft und aus ganz unterschiedlichen gesellschaftlichen Verhältnissen in gleichartige Tätigkeiten hineingezogen und dazu gedrängt, sich am Aufbau einer einzigen gemeinsamen Welt zu beteiligen. Zu diesen Menschen gehörten europäische Kauffahrer und Soldaten verschiedenster Nationalität, aber auch Ureinwohner Amerikas, Afrikas und Asiens. Die Gesellschaften und Kulturen aller dieser Menschen machten während dieses Prozesses entscheidende Veränderungen durch. Diese Veränderungen betrafen nicht nur die zu den Tragern der »eigentlichen« Geschichte ausersehenen Völker, sondern auch die ethnischen Gruppen, die von Anthropologen als »primitive« bezeichnet und häufig als unverfälschte Überreste einer zeitlosen Vergangenheit studiert werden. Auch für diese Gruppen sind die weltumspannenden Prozesse, die durch die europäische Expansion in Gang gesetzt wurden, ein Teil *ihrer* Geschichte. Demnach gibt es also keine »zeitgenössischen Urahnen«, keine geschichtslosen Völker bzw. keine Völker, deren Geschichte – um mit Lévi-Strauss zu sprechen – »kalt« geblieben wäre.

Die globalen wechselseitigen Verbindungen zwischen den verschiedenen Gruppierungen von Menschen zu demonstrieren – das ist die eine Aufgabe. Die andere besteht darin, die Entwicklung und den Charakter dieser Verbindungen zu erklären. Ich gehe dabei von der Position aus, daß man diese wechselseitigen Beziehungen nur begreifen kann, wenn man von den ökonomischen und politischen Verhältnissen ausgeht, die diese Verbindungen hervorgebracht und aufrechterhalten haben. Um die materiellen Fundamente dieser Verbindungen darzustellen, habe ich mich frei aus dem Begriffsvorrat der Marxschen Theorie bedient. Von Marx übernehme ich den grundlegenden Gedanken, daß das gesellschaftliche Leben durch die Art und Weise geprägt ist, wie sich die Menschen mittels der Produktion die Natur aneignen. Außerdem habe ich von Marx die Arbeitswertlehre, seine Unterscheidung zwischen kaufmännischem und industriellem Kapitel und das Konzept der langen Wellen in der kapitalistischen Entwicklung herangezogen. Ich habe mich dabei bemüht, diese theoretischen Ansätze nicht als endgültige Wahrheiten, sondern als intellektuelle Werkzeuge zu behandeln, die nützlich sind, insoweit sie sich als erklärungstüchtig erweisen.

Besonderes analytisches Gewicht habe ich auf einen Begriff gelegt, der die entscheidenden Beziehungen sichtbar machen soll, mittels derer gesellschaftliche Arbeit ihre Wirkung auf die Natur zur Geltung bringt: auf den Begriff der *Produktionsweise*. »Produktion« wird in diesem Zusammenhang nicht im Sinne eines engen Arbeitsbegriffes verwendet; d. h. eine Produktionsweise ist nicht dasselbe wie ein technologisches System. Auch ist eine Produktionsweise keineswegs identisch mit einer »Gesellschaft«. Der Begriff Gesellschaft zielt vor allem auf den Prozeß der gesellschaftlichen Formierung von Gruppen – der Begriff *Produktionsweise* hingegen will die Kräfte identifizieren, die diese Formierungsprozesse maßgeblich bestimmen. Er hebt also auf die Art und Weise ab, wie die Menschen ihrer Welt gegenübertreten, um sie in ihrem eigenen Sinne zu verändern, und konzentriert sich auf die dynamischen Konsequenzen dieser Konfrontation zwischen Mensch und Natur. Auch den Begriff *Beziehungen* fasse ich so, daß er eine aktive Kraft darstellt. In diesem Sinne zwingen die Beziehungen den Menschengruppen ihre Imperative auf, sie drängen Menschen in gesellschaftliche Formationen und vermitteln den so entstandenen Formationen eine orientierende Ausrichtung. Die Schlüsselbeziehungen einer Produktionsweise verleihen den Menschen die Kraft zum Handeln, sie geben diesem Handeln ihren Inhalt und werden ihrerseits von ihm vorangetragen. Wie schon Marx feststellte: die Menschen machen ihre Geschichte selbst, aber nicht unter Bedingungen, die sie frei wählen könnten. Sie machen sie vielmehr unter den Zwängen von Beziehungen und Kräften, die ihren Willen und ihre Bedürfnisse lenken.

Jede Produktionsweise bringt nun einen charakteristischen Verbund von gesellschaftlichen Gruppen und Segmenten hervor, der zugleich ihre Dynamik verkörpert und die Bedingungen für ihr weiteres Wachstum reproduziert. Jede Produktionsweise erzeugt aber auch ihre spezifischen inneren Risse und Gegensätze. *Die verwandtschaftlich strukturierte Produktionsweise* basiert auf den Gegensätzen zwischen denen, die »dazugehören«, und denen, die nicht dazugehören; sie erzeugt Unterschiede hinsichtlich des Geschlechts und des Ranges und verleiht Verwandten gegenüber anderen bestimmte Vorrechte. *Die tributgebundene Produktionsweise* stellt Tributbezieher gegen Tributproduzenten und führt zu militärischen und politischen Rivalitäten innerhalb wie zwischen den konkurrierenden Klassen. *Die kapitalistische Produktionsweise* bewerkstelligt die Akkumulation von Kapital durch die Anwendung von Arbeitskraft, zeichnet sich aber gleichzeitig durch einen zyklischen Wechsel zwischen Mobilisierung und Freisetzung von Arbeitskräften aus – wobei mit jedem Heranziehen neuer Arbeitskräfte einer älteren Lebensart der Boden entzogen wird, während jedes Ausscheiden von Arbeitskräften eine neue Gruppe von Arbeitslosen produziert. Da nun die für die Mobilisierung gesellschaftlicher Arbeit ausschlaggebenden Beziehungen von einer Produktionsweise zur anderen Unterschiede aufweisen und da jede Produktionsweise ihre eigenen Gegensätze produziert, bringt der Zusammenstoß unterschiedlicher Produktionsweisen für die beteiligten Menschengruppen regelmäßig Widersprüche und Konflikte mit sich.

Um uns Menschengruppen vorstellen zu können, die zeitlich wie räumlich untereinander verbunden sind, zugleich aber auf die von unterschiedlichen

Produktionsweisen erzeugten Kräfte reagieren, müssen wir unsere Vorstellung von *Gesellschaft* in Kategorien fassen, die stärker auf das Prozeßhafte abheben. Aus dieser Sicht stellen sich Gesellschaften dar als wechselnde Formationen gesellschaftlicher Gruppen, Segmente und Klassen, die weder feste Grenzen noch stabile innere Strukturen aufweisen. Jede Produktionsweise bringt innerhalb ihres Einflußbereiches diejenigen Verbindungen von Gruppen und Klassen hervor, die unter den gegebenen historischen und geographischen Verhältnissen ihren eigenen Erfordernissen entsprechen. Diese Erfordernisse verändern sich ebenso wie die aus ihnen resultierenden Verbindungen. Wo unterschiedliche Produktionsweisen sich überschneiden, werden diese Gruppen-Verbindungen stark vom Wechselspiel der verschiedenen Kräfte geprägt sein. Deshalb sind generationenübergreifende Kontinuität, institutionelle Stabilität und normativer Konsens nicht als Selbstverständlichkeiten vorauszusetzen, sondern immer als fragwürdig anzusehen. Wenn wir also entschlüsseln wollen, unter welchen Bedingungen diese Eigenschaften entstehen, sich halten und wieder verschwinden, müssen wir sie in ihrer historischen Dimension verstehen lernen. Statt gesellschaftliche Bündnisse als sich selbst bestimmende aufzufassen, müssen wir uns – vom Beginn unserer Untersuchungen an – ihre vielfältigen inneren und äußeren Beziehungen vor Augen führen.

Aus der Einsicht, daß die Menschengruppen immer schon miteinander verbunden sind, ergibt sich weiterhin die Notwendigkeit, unsere Auffassung von Kultur neu zu durchdenken. Dabei müssen wir uns in Erinnerung rufen, daß der Begriff *Kultur* in einem ganz bestimmten historischen Kontext aufgekommen ist – in einer Periode, in der mehrere europäische Nationen um die Vorherrschaft kämpften, während sich andere noch um eine eigenständige Identität bzw. um ihre Unabhängigkeit bemühten. Der Nachweis, daß jede dieser kämpfenden Nationen eine eigenständige, von ihrem spezifischen Geist – ihrer »Kultur« – beseelte Gesellschaft besaß, diente zur Legitimierung ihrer Bestrebungen, jede für sich einen eigenen Staat zu gründen. Der Begriff der eigenständigen und integralen Kultur war ein Echo auf diese politischen Ambitionen. Wenn wir demgegenüber die Realität von Gesellschaft in historisch wandelbaren, nicht endgültig abgegrenzten, vielfältigen und aufgefächerten gesellschaftlichen Formationen verorten, wird damit allerdings die Vorstellung einer ein für allemal feststehenden innerlich geschlossenen und deutlich nach außen abgegrenzten Kultur abgelöst durch ein Gespür für die Unbeständigkeit und Durchlässigkeit kultureller Gebilde. Dabei geht es beim Ausagieren der gesellschaftlichen Wechselwirkungen bekanntlich nicht gerade zimperlich zu: Einzelne Gruppen können z. B. widersprüchliche Züge ihrer überkommenen kulturellen Formen ausnutzen, sie können diese traditionellen Formen neu einschätzen oder bewerten, sie können sich auch andere Formen ausleihen, in denen sich ihre Interessen besser ausdrücken lassen, oder sie können völlig neue Formen hervorbringen, um sich auf veränderte Bedingungen einzustellen. Weiter gilt: Wenn wir die Kausalität dieser Wechselwirkung nicht aus sich selbst heraus ergründen wollen, sondern als Reaktion auf umfassendere ökonomische und politische Kräfte auffassen, muß jede Erklärung kultureller Formen diesen umfassenderen Kontext, also dieses größere Kräftefeld, in Rechnung stellen. Eine »Kultur« stellt sich aus dieser Sicht eher als eine Folge von Prozessen dar, bei denen in Reaktion auf bestimmbare Determinanten die einzelnen kulturellen Bauelemente zusammengesetzt, umgeschichtet und wieder abgebaut werden.

Vor nahezu fünfzig Jahren hat Robert Lowie zwischen »nüchternen Alltagsbestimmungen« und »sekundären Interpretationen« oder »Rationalisierungen« unterschieden (1937, 138f.). Diese Unterscheidung ist noch immer von Nutzen. Selbst die einfachste Nahrungsmittel sammelnde Gruppe bedient sich in ihrem Umgang mit der Außenwelt eines eindrucksvollen Aufgebots von Objekten, Gebräuchen und Kenntnissen, die noch durch einen ganzen Katalog von Gebrauchsanweisungen ergänzt werden. Sie alle machen die nüchterne Alltagsebene von Kulturerscheinungen aus. Auf einer zweiten Ebene erscheinen aber diese instrumentellen Formen – Objekte, Handlungen und Vorstellungen – als Elemente von kulturellen Symbolsystemen, die den Ort dieser Formen innerhalb der Beziehungen der Menschen zueinander wie auch in ihren Beziehungen zu ihrer Umwelt zu bestimmen beanspruchen. Anweisungen über den instrumentellen Gebrauch kultureller Formen fallen hier zusammen mit Mitteilungen über das Wesen und die Praxis der menschlichen Existenz. Hier handelt es sich also um die Ebene von Interpretation, Rationalisierung bzw. Ideologie, von Annahmen und Perspektiven, aus denen sich eine bestimmte Sicht des menschlichen Schicksals ergibt. Solche Mitteilungen sind nicht nur auf der Bedeutungs- bzw. der logischen Ebene, sondern häufig auch auf der körperlichen, kinästhetischen, affektiven und ästhetischen Ebene angesiedelt.

Eine bestimmte Kombination aus solchen nüchternen Alltagsbestimmungen und ideologischen Rationalisierungen wurde nun von den Anthropologen als »Kultur« bezeichnet und so behandelt, als verfüge sie über eine geschichtliche unwandelbare innere Kohärenz. Aber eine solche Verknüpfung von nüchternen Werkzeugen zur Bewältigung des Alltags mit Mitteilungen über ihren umfassenderen Sinngehalt vollzieht sich keineswegs automatisch und selbstverständlich. Den Dingen sind ihre Bedeutungsinhalte nicht von Natur aus aufgeprägt, sie werden vielmehr von Menschen entwickelt und durchgesetzt. Aus dieser Erkenntnis ergeben sich mehrere Schlußfolgerungen. Die Fähigkeit, Sinngehalte zu verleihen – d. h. Dinge, Handlungen und Ideen zu »benennen« –, ist eine Quelle von Macht. Die Kontrolle solcher Mitteilungen gibt den Ideologieverwaltern die Möglichkeit, die Kategorien festzulegen, in denen die Wirklichkeit wahrgenommen werden muß. Sie verleiht umgekehrt auch die Fähigkeit, andere Kategorien einfach als nichtexistent zu leugnen, sie dem Bereich von Unordnung und Chaos zuzuordnen oder sie auf gesellschaftlicher und symbolischer Ebene unsichtbar zu machen. Sind die Dinge einmal benannt, braucht es wiederum Macht, um die damit erzeugten Bedeutungsinhalte zu fixieren – die Benennungen müssen, wie die Chinesen es ausdrücken, »ausgerichtet« werden. Es gilt dabei, die Kategorien des ideologischen Diskurses gegen mögliche Gefährdungen zu verteidigen. Aufbau und Aufrechterhaltung eines Grundbestandes ideologischer Mitteilungen sind demnach als gesellschaftlicher Prozeß und nicht einfach als die gesetzmäßige Entfaltung einer inneren kulturellen Logik zu verstehen. Die Herausbildung eines umfassenden hegemonialen Modells des »Lebensentwurfes« ist mithin weniger als Sieg einer kollektiven kognitiven Logik oder einer ästhetischen Triebkraft zu sehen denn als Erfolg der fortwährenden Wiederholung – auf verschiedenen instrumentellen Ebenen – derselben grundlegenden Anschauungen über das Wesen der dargestellten Welt.

Wenn also Ideologieproduktion ihrer Natur nach gesellschaftlich ist, müssen sich entsprechend auch die Prozesse, durch die Ideologien entstehen, in der historischen Zeitdimension und unter genau bestimmbaren Bedingungen abspielen. Die Fähigkeit zum Entwerfen eines symbolischen Universums mag durchaus in der Struktur des menschlichen Gehirns angelegt sein, das sich – nach Lévi-Strauss – genötigt sieht, den unauflösbaren Widerspruch zwischen »Natur« und »Kultur« aufzulösen. Aber mit diesem Widerspruch setzen sich die Menschen – wie man es Lévi-Strauss zufolge annehmen könnte – keineswegs nur in der reinen Gedankenwelt auseinander (»der mythenersinnende Mensch«), sondern auch in der aktiven Transformation der Natur durch die gesellschaftliche Arbeit konkreter Menschen. Gegen die Anhänger des Glaubens, daß »der Geist« seine unabhängige Bahn ziehe, bestehe ich darauf, daß die Ideologieproduktion sich nicht in einer Konstellation abspielt, wo der »nackte Mensch« über die »nackte Natur« nachdenkt, sondern innerhalb der genau umgrenzten Sphäre einer bestimmten Produktionsweise, deren Entfaltung darauf angelegt ist, die Natur dem Menschen dienstbar zu machen.

Jedwede Produktionsweise bringt grundlegende Unterscheidungen zwischen den Menschen hervor. Die durch diese Unterscheidungen erzeugten sozialen Gegensätze sind der Nährboden für Ideologien. In der verwandtschaftlich strukturierten Produktionsweise wird die zentrale Unterscheidung zwischen direkten und angeheirateten Verwandten auf verschiedene Weise symbolisch überhöht – mit Begriffen wie: »Bande des Blutes«, »des Knochens« oder »des befruchtenden Geistes«. Der entscheidende Gegensatz innerhalb der tributgebundenen Produktionsweise wird benannt als Gegensatz zwischen tributbeziehenden »Kindern der Sonne«, »Nachfahren der Götter«, »Blaublütigen« oder »weißen Knochen« einerseits und tributproduzierenden »Gemeinen«, »schwarzen Knochen« oder »schwarzhaarigen Menschen« andererseits. Der primäre Gegensatz wird noch weiter aufgefächert durch eine weitere Differenzierung zwischen den verschiedenen Rangstufen innerhalb jeder einzelnen Gruppe. Der Grundwiderspruch innerhalb der kapitalistischen Produktionsweise zwischen Eigentümern von Produktionsmitteln und Arbeitern wird gesetzlich und politisch sanktioniert und durch zusätzliche Unterscheidungen wie die zwischen »Angestellten« und »Arbeitern« ergänzt.

Ideologien kodifizieren diese Unterscheidungen nicht nur auf der instrumentellen Ebene gesellschaftlicher Beziehungen, sondern als Prinzipien, die im Universum selbst wurzeln – also im Wesen der Natur, im Wesen der menschlichen Natur und im Wesen der Gesellschaft. In verwandtschaftlich strukturierten Gesellschaften werden die Unterscheidungen zwischen direkter und angeheirateter Verwandtschaft im Wirken des Übernatürlichen verankert. In tributgebundenen Gesellschaften werden die Unterschiede auf der Ebene gesellschaftlicher Grundkategorien als eine Erscheinungsform kosmischer Hierarchien gefaßt, und Mythos und Ritual dienen ebenso wie Gewalt nur zur Aufrechterhaltung der angemessenen Harmonie zwischen Erde und Himmel. In von der kapitalistischen Produktionsweise dominierten Gesellschaften kleiden sich solche wesenhaften Unterscheidungen z. B. in die calvinistische Auffassung, wonach Gott die Tugend belohne und erfolgreiche Menschen eben tugendhaft seien; oder in die Vorstellung, wonach »die Natur« denjenigen den Sieg zuspricht, die sich in einem natürlichen Ausleseprozeß durchsetzen. Armut gilt hier als Beweis dafür, daß jemand ein Nichtsnutz und gemäß der natürlichen Auslese ein Versager ist, mithin auch zurecht auf einer minderwertigen Position gelandet sei.

Aber jede Produktionsweise bringt gleichzeitig auch die ihr eigentümlichen Widersprüche hervor, die sich im Verhalten wie im Denken der Menschen äußern. In der verwandtschaftlich strukturierten Produktionsweise gelten eben bestimmte Verwandte als »gleicher als andere«, und unbedeutendere Verwandte bekommen die realen Grenzen verwandtschaftlicher Unterstützung zu spüren. Außerdem stellt sich bei einer in Familienmitglieder und Außenstehende aufgeteilten Gesellschaft das Problem, wie Fremde und Waisen einzuordnen seien. In der tributgebundenen Produktionsweise erzeugen die ständigen Interessenkollisionen zwischen den tributbeziehenden und tributentrichtenden Gruppen nicht nur soziale Oppostion, sondern auch ideologische Zweifel an der inhaltlichen Bestimmung von »richtigem« bzw. »falschem Handeln« oder von »angemessener Gerechtigkeit« bzw. »Ungerechtigkeit«. Eine tributgebundene gesellschaftliche Ordnung kann also selbst noch bei der Durchsetzung einer »gottgewollten« Rangordnung auf rebellische Reaktionen stoßen, die sich gegen die dabei begangenen Ungerechtigkeiten richten.

In der kapitalistischen Produktionsweise geht die herrschende Ideologie von der Gleichheit aller Marktteilnehmer aus – und dies angesichts der grundlegenden Differenz zwischen Kapitalisten und Arbeitern hinsichtlich der politischen und ökonomischen Macht. Auf der Ebene des Warenaustausches werden alle gesellschaftlichen Akteure als gleichberechtigte Teilnehmer definiert, aber die Produktionsweise beruht strukturell auf der »ungleichen Verteilung der Produktionsfaktoren« zwischen Kapitaleigentümern und denen, die ihre Arbeitskraft verkaufen müssen. In der Ideologieproduktion wird also die Unterscheidung zwischen Klassen in Unterscheidungen nach individuellen Fähigkeiten und persönlichen Verdiensten verwandelt. Erfolg erweist sich im Erwerb bevorzugter Waren; wer unfähig ist, am Konsum teilzuhaben, gilt entsprechend als gesellschaftlicher Versager. Da die Produktionsweise sich ständig zwischen Mobilisierung und Freisetzung von Arbeitskräften hin- und herbewegt, reproduziert sie auch ständig einen Gegensatz zwischen »tüchtigen« Konsumenten und verachteten Armen. So wie die tributgebundene Produktionsweise sowohl klassenmäßige Opposition als auch Rebellionen zur Korrektur von Unrecht hervorbringt, erzeugt auch die kapitalistische Produktionsweise einerseits Unzufriedenheit unter den Arbeitern und andererseits ideologische Bewegungen, die andere Definitionsinhalte für »tüchtig« und »unnütz« durchsetzen wollen.

Ideologie kann solche Widersprüche vielleicht überbrücken, aber sie kann sie nicht auflösen. Denn die jeweilige Produktionsweise erzeugt immer wieder aus sich heraus alternative Systeme von Ideen und ideologisch aufgeladenen Verhaltensweisen. Diese sind ein Produkt des Wechselspiels von Gruppen und Klassen, welche die ideologischen Alternativen zur Selbsteinordnung in das durch die jeweilige Produktionsweise erzeugte Kräftefeld heranziehen. Die Alternativen treten dabei in unterschiedlichsten Formen auf und drücken sowohl die Beziehungen zwischen den Gruppen und Klassen innerhalb einer bestimmten Produktionsweise als auch deren Gegensätzlichkeit aus. Sie können als abweichende Betonungs- oder Bedeutungsvarianten auftreten, die von den gesellschaftlichen Akteuren aus ihrem jeweiligen Blickwinkel heraus in dieselbe kommunikative Grundstruktur hineingelegt werden. Oder sie können als Vorstellungen und Gewohnheiten auftreten, die die Kommunikationsformen der großen Mehrheit wie ein systematischer Kontrapunkt begleiten. Sie können sich sogar zu völlig abweichender Realitätswahrnehmung verdichten und dann die Gefahr einer Rebellion gegen die herrschende Ordnung in sich bergen. Dazu kommt noch, daß solche abweichenden Varianten, Kontrapunktierungen und ketzerischen Lehren nur selten auf eine einzige soziale Konstellation oder Gesellschaft beschränkt bleiben. Denn Kulte, Religionen oder politische Bewegungen neigen stets dazu, Grenzen zu überspringen und ihre ideologischen Alternativen auch dem Publikum jenseits der eigenen Grenzen zu verkünden.

Die Herausbildung von Ideensystemen weist mithin eine ökonomische und eine politische Dimension auf; und in voll ausgebildetem Zustand werden sie zu Waffen in den Auseinandersetzungen zwischen gesellschaftlichen Interessen. Nun ist es allerdings nicht so, daß die Beziehung zwischen Ideenvorräten und einzelnen Gruppeninteressen strukturell völlig übereinstimmend wäre. Die von einer Produktionsweise hervorgebrachten Ideensysteme können ganz verschiedenartiger und oft widersprüchlicher Natur sein. Sie ergeben eine ganze »Lebenswelt« kollektiver Darstellungsformen, und die Ideologiebildung vollzieht sich innerhalb eines Bereichs ideologischer Optionen, in dem die einzelnen Gruppen in einem komplizierten Auswahlprozeß zwischen mehreren Alternativen ihre Positionen abstecken. Dieser Vorgang des Aus- und Eingrenzens spielt nicht etwa nur auf kognitiver Ebene eine Rolle, sondern hat auch etwas mit Machtausübung zu tun. Um ihre ideologische Hegemonie zu behaupten, müssen die Verteidiger der Orthodoxie ihre Gebote in immer mehr instrumentellen Bereichen durchsetzen und gleichzeitig subalterne Gruppen an der Formulierung entwicklungsfähiger Alternativen behindern. Wo aber die Wirkung der fortwährenden Wiederholung nachläßt und die Ideologie-Produktion mißlingt, kann dieser Mangel womöglich durch Einsatz von Gewalt ausgeglichen werden.

Ich habe in diesem Buch dargelegt, daß man Gesellschaften nicht mehr als isolierte und selbstgenügsame Systeme sehen kann. Ebensowenig lassen sich Kulturen als geschlossene Totalitäten vorstellen, bei denen jedes Einzelteil zur Aufrechterhaltung eines organisierten, autonomen und dauerhaften Ganzen beiträgt. In Wirklichkeit haben wir es mit kulturellen »Baukästen« aus Gewohnheiten und Ideen zu tun, aus denen sich bestimmte menschliche Akteure unter bestimmten historischen Verhältnissen bedienen. Diese kulturellen Baukästen werden in den konkreten Verhaltensweisen immer wieder zusammengestellt, aufgelöst und neu zusammengestellt, wobei sich in ihren vielfachen Varianten das unterschiedliche Verhalten von Gruppen und Klassen niederschlägt. Dieses Verhalten erklärt sich nicht aus den eigennützigen Entscheidungen, mit denen die Individuen aufeinander reagieren. Es erwächst vielmehr aus der Art und Weise, wie gesellschaftliche Arbeit aufgeboten wird, die dem menschlichen Ziel dienen soll, sich die Welt der Natur anzueignen. Die Art und Weise dieses Aufgebots gesellschaftlicher Arbeit bestimmt den Gang der Geschichte. Und dieser Gang stellt diejenigen Völker, die sich eine privilegierte Beziehung zur Geschichte gesichert haben, und die anderen Völker, denen eine »eigene« Geschichte vorenthalten wurde, in ein einziges, nämlich ihr gemeinsames »Schicksal«.

Literatur

Das Literaturverzeichnis der Originalausgabe ist von Hans Medick, Professor am Max-Planck-Institut für Geschichte in Göttingen, durch ein Bibliographisches Addendum erweitert worden.

ABRAHAM, D. P. 1961. Maramuca: An Exercise in the Combined Use of Portuguese Records and Oral Tradition. *Journal of African History* 2, S. 211–245.

— 1962. The Early Political History of the Kingdom of Mwene Mutapa (850–1589), in: Historians in Tropical Africa: Proceedings of the Leverhulme Inter-Collegiate History Conference Held at the University College of Rhodesia and Nyasaland, 1960. S. 61–92. Salisbury: International African Institute.

— 1964. Ethno History of the Empire of Mutapa, Problems and Methods, in: The Historian in Tropical Africa. Jan Vansina, R. Mauny/ L. V. Thomas (Hg.), S. 104–121. London: Oxford University Press.

— 1966. The Roles of the ›Chaminuka‹ and the Mhondoro-Cults in Shona Political History, in: The Zambezian Past. Eric T. Stokes/R. Brown (Hg.), S. 28–46. Manchester: Manchester University Press.

ABUN-NASR, JAMIL M. 1971. A History of the Maghrib. Cambridge: Cambridge University Press.

ADAMS, ROBERT MCC. 1965. Land Behind Baghdad: A History of Settlement on the Diyala Plain. Chicago: University of Chicago Press.

ADAS, MICHAEL 1974. The Burma Delta: Economic Development and Social Change on the Rice Frontier, 1852–1941. Madison: University of Wisconsin Press.

AJAYI, J. F. ADE/MICHAEL CROWDER (Hg.) 1972. History of West Africa, Bd. 1. New York: Columbia University Press.

AKINJOGBIN, I. A. 1967. Dahomey and Its Neighbors, 1708–1818. Cambridge: Cambridge University Press.

— 1972. The Expansion of Oyo and the Rise of Dahomey 1600–1800, in: History of West Africa, Bd. 1. J. F. Ade Ajayi/Michael Crowden (Hg.), S. 304–343. New York: Columbia University Press.

ALBION, ROBERT G. 1939. The Rise of New York Port, 1815–1860. New York: Scribner's.

ALLEN, G. C./A. G. DONNITHORNE 1962. Western Enterprise in Indonesia and Malaya. London: Allen & Unwin.

ALPERS, EDWARD 1968. The Mutapa and Malawi Political Systems, in: Aspects of Central

African History. Terence O. Ranger (Hg.), S. 1–28. Evanston, IL: Northwestern University Press.
Altheim, Franz 1954. Gesicht vom Abend und Morgen. Frankfurt: Fischer.
— 1960. Zarathustra und Alexander. Frankfurt: Fischer.
Althusser, Louis/Étienne Balibar 1972. Das Kapital lesen. 2 Bde. Reinbek: Rowohlt
American Fur Trade Conference 1967. Selected Papers of the 1965 American Fur Trade Conference. St.Paul: Minnesota Historical Society.
Amin, Samir 1973. Neo-Colonialism in West Africa. Harmondsworth: Penguin Books.
— 1975. Die ungleiche Entwicklung. Essay über die Gesellschaftsformationen des peripheren Kapitalismus. Hamburg: Hoffmann & Campe.
Anderson, Michael 1971. Family Structure in Nineteenth Century Lancashire. Cambridge: Cambridge University Press.
Anderson, Perry 1978. Von der Antike zum Feudalismus. Spuren der Übergangsgesellschaft. Frankfurt: Suhrkamp
— 1979. Die Entstehung des absolutistischen Staates. Frankfurt: Suhrkamp
Anstey, Roger 1977. The Profitability of the Slave Trade in the 1840s, in: Comparative Perspectives on Slavery in New World Plantation Societies. Vera Rubin/Arthur Tuden (Hg.), S. 84–93. Annals of the New York Academy of Sciences, Bd. 292. New York: New York Academy of Sciences.
Apter, David E. 1961. The Political Kingdom of Uganda: A Study in Bureaucratic Nationalism. Princeton, NJ: Princeton University Press.
Arhin, Kwame 1967. The Structure of Greater Ashanti (1700–1824). *Journal of African History* 8, S. 65–85.
Arrighi, Giovanni 1978. The Geometry of Imperialism: The Limits of Hobsons's Paradigm. London: New Left Books.
Asad, Talal (Hg.) 1973. Anthropology and the Colonial Encounter. London: Ithaca Press.

Baddeley, John F. 1919. Russia, Mongolia, and China. 2 Bde. London: Macmillan.
Baer, Gabriel 1962. A History of Landownership in Modern Egypt. London: Oxford University Press.
— 1969. Studies in the Social History of Modern Egypt. Publication of the Center for Middle Eastern Studies, Nr. 4. Chicago: University of Chicago Press.
Bagwell, Philip S./G. E. Mingay 1970. Britain and America 1850–1939: A Study of Economic Change. New York: Praeger.
Bailey, Alfred G. 1969. The Conflict of European and Eastern Algonkian Cultures 1504–1700: A Study in Canadian Civilization. Toronto: University of Toronto Press. (Erstveröff. 1937).
Bailey, F. G. 1957. Caste and the Economic Frontier. Manchester: Manchester University Press.
— 1960. Tribe, Caste, and Nation. Manchester: Manchester University Press.
Bailey, L. R. 1966. Indian Slave Trade in the Southwest: A Study of Slave-taking and the Traffic in Indian Captives from 1700–1935. Great West and Indian Series, Bd. 32. Los Angeles: Westernlore Press.
Bairoch, Paul 1975. The Economic Development of the Third World Since 1900. Berkeley, Los Angeles, London: University of California Press.
Bakewell, Peter J. 1971. Silver Mining and Society in Colonial Mexico: Zacatecas, 1546–1700. Cambridge: Cambridge University Press.
Balandier, George 1968. Daily Life in the Kingdom of the Congo From the Sixteenth to the Eighteenth Century. New York: Pantheon Books.
— 1970.The Sociology of Black Africa: Social Dynamics in Central Africa. New York: Praeger.
Balazs, Étienne 1964. Chinese Civilization and Bureaucracy. New Haven, CT: Yale University Press.
Banu, Ion 1967. La formation sociale ›tributaire‹. Recherches Internationales à la Lumiére du

Marxisme, Nr. 57–58. Sondernummer: Premières sociétés des classes et mode de production asiatique. S. 251–253. Paris: Éditions de la Nouvelle Critique.
BARBOUR, VIOLET 1963. Capitalism in Amsterdam in the Seventeenth Century. Ann Arbor: University of Michigan Press.
BARLOEWEN, WOLF-DIETRICH VON 1961. Abriß der Geschichte antiker Randkulturen. München: Oldenbourg.
BARRATT BROWN, MICHAEL 1970. After Imperialism. New York: Humanities Press.
BARRETT, WARD J./STUART B. SCHWARTZ 1975. Comparación entre dos economías azucareras colonials: Morelos, México y Bahía, Brasil, in: Haciendas, latifundios y plantaciones en América Latina. Enrique Florescano (Hg.), S. 532–572. Mexico City: Siglo Veintinuno Editores.
BASCOM, WILLIAM 1969. The Yoruba of Southwestern Nigeria. New York: Holt, Rinehart & Winston.
BAUER, OTTO 1907. Die Nationalitätenfrage und die Sozialdemokratie. Marx-Studien, Bd. 2. Max Adler/Rudolf Hilferding (Hg.), Wien: Volksbuchhandlung Ignaz Brand.
BEAN, RICHARD 1974. A Note on the Relative Importance of Slaves and Gold in West African Exports. *Journal of African History* 15, S. 351–356.
BECKFORD, GEORGE L. 1972. Persistent Poverty: Underdevelopment in Plantation Economies of the Third World. New York: Oxford University Press.
BENDA, HENRY J.1972. Continuity and Change in Southeast Asian History. Yale University Southeast Asian Studies Monograph Series, Nr. 18, New Haven, CT: Yale University Southeast Asian Studies.
BENDIX, REINHARDT 1960. Herrschaft und Industriearbeit. Frankfurt: Europäische Verlagsanstalt.
BERREMAN, GERALD 1979. Caste and Other Inequities. Meerut, India: Folklore Institute.
BERTIN, JACQUES/SERGE BONIN/PIERRE CHAUNU 1966. Les Philippines et le Pacifique des Ibériques, XVIe–XVIIe–XVIIIe siècles, Construction Graphique. Paris: École Pratique des Hautes Études, VIe Section, S.E.V.P.E.N.
BEST, LLOYD A. 1968. Outlines of a Model of Pure Plantation Economy. *Social and Economic Studies* 17, S. 282–326.
BETEILLE, ANDRÉ 1969. Castes: Old and New. Bombay: Asia Publishing House.
BINDOFF, S. T. 1966. Tudor England. The Pelican History of England, Bd. 5. Harmondsworth: Penguin Books.
BIRMINGHAM, DAVID 1965. The Portuguese Conquest of Angola. London: Oxford University Press.
— 1966. Trade and Conflict in Angola: The Mbundu and Their Neighbors Under the Influence of the Portuguese 1483–1790. Oxford: Clarendon Press.
— 1972. The African Response to Early Portuguese Activities in Angola, in: Protest and Resistance in Angola and Brazil. Ronald Chilcote (Hg.), S. 11–28. Berkeley, Los Angeles, London: University of California Press.
BISHOP, CHARLES A. 1976. The Emergence of the Northern Ojibwä: Social and Economic Consequences. *American Ethnologist* 3, S.39–54.
BISHOP, CHARLES A./ARTHUR J.RAY, (Hg.)1976. The Fur Trade and Culture Change: Resources and Methods. Special Issue. *Western Canadian Journal of Anthropology* 6 (1).
BLASSINGAME, JOHN 1972. The Slave Community: Plantation Life in the Antebellum South. New York: Oxford University Press.
BLOCH, MARC 1982. Die Feudalgesellschaft. Berlin: Propyläen. (frz. Erstveröff. 1939/40).
— 1970. French Rural History: An Essay on Its Basic Characteristics. Berkeley, Los Angeles, London: University of California Press. (frz. Erstveröff. 1931).
BOAS, FRANZ 1921. Ethnology of the Kwakiutl Based on Data Collected by George Hunt. 35th Annual Report of the Bureau of American Ethnology. Pt. 2. S. 795–1481. Washington, DC.
BOLUS, MALVINA (Hg.) 1972. People and Pelts: Selected Papers of the Second North American Fur Trade Conference. Winnipeg, Manitoba: Peguis.

Bonacich, E. 1972. A Theory of Ethnic Antagonism: The Split-Labor Market. *American Sociological Review* 5, S. 533–547.
Borochov, Ber 1937. Nationalism and the Class Struggle: A Marxian Approach to the Jewish Question. New York: Poale-Zion.
Bovill, E. W. 1968. The Golden Trade of the Moors. New York: Oxford University Press. (Erstveröff. 1933).
Bowles, Samuel/Herbert Gintis 1977. The Marxian Theory of Value and Heterogeneous Labour: A Critique and Reformulation. *Cambridge Journal of Economics* 1, S. 173–192.
Bowser, Frederick P. 1974. The African Slave in Colonial Peru 1524–1650. Stanford, CA: Stanford University Press.
Boxer, Charles B. 1948. Fidalgos in the Far East, 1550–1770; Fact and Fancy in the History of Macao. Den Haag: M. Nijhoff.
— 1953. South China in the Sixteenth Century, Being the Narratives of Galeote Pereira, Fr. Gaspar da Cruz, O. P. Fr. Martín de Rada, O.E.S.A., 1550–1575. London: Hakluyt Society.
— 1973a. The Portuguese Seaborne Empire 1415–1825. Harmondsworth: Penguin Books.
— 1973b. The Dutch Seaborne Empire 1600–1800. Harmondsworth: Penguin Books.
Bradbury, R. E. 1957. The Benin Kingdom and the Edo-Speaking Peoples of South-western Nigeria, Ethnographic Survey of Africa: Western Africa, Teil 13. London: International African Institute.
— 1964. The Historical Uses of Comparative Ethnography: Data with Special Reference to Benin and Yoruba, in: The Historian in Tropical Africa. Jan Vansina, R. Mauny/L. V. Thomas (Hg.), S. 145–160. London: Oxford University Press.
Bradby, Barbara 1975. The Destruction of Natural Economy. *Economy and Society* 4, S. 127–161.
Brading, D. A. 1971. Miners and Merchants in Bourbon Mexico 1768–1810. Cambridge: Cambridge University Press.
— 1977. The Haciendas as an Investment, in: Haciendas and Plantations in Latin American History. Robert G. Keith (Hg.), S. 135–140. New York: Holmes & Meier.
Brading, D. A./Harry E. Cross 1972. Colonial Silver Mining: Mexico and Peru. *Hispanic American Historical Review* 52; S. 545–579.
Bramson, Leon 1961. The Political Context of Sociology. Princeton, NJ: Princeton University Press.
Braudel, Fernand 1972. The Mediterranean and the Mediterranean World in the Age of Philip II, Bd. 1. New York: Harper & Row.
— 1973a. The Mediterranean and the Mediterranean World in the Age of Philip II, Bd. 2. New York: Harper & Row.
— 1973b. Capitalism and Material Life 1400–1800. New York: Harper & Row.
Brenner, Robert 1975. England, Eastern Europe, and France: Socio-Historical Versus Economic Interpretation, in: Failed Transitions to Modern Industrial Society: Renaissance Italy and Seventeenth Century Holland. Frederick Krantz/Paul M. Hohenberg (Hg.), S. 68–71. Montreal: Interuniversity Centre for European Studies.
— 1976. Agrarian Class Structure and Economic Development in Pre-Industrial Europe. *Past and Present* 70, S. 30–75.
Brody, David 1979. The Old Labor History and the New: In Search of an American Working Class. *Labor History* 20, S. 111–126.
Bromley, J. S./E. H. Kossmann (Hg.) 1964. Britain and the Netherlands. Groningen: Wolters.
— 1968. Britain and the Netherlands in Europe and Asia. London: Macmillan.
Broomfield, J. H. 1966. The Regional Elites: A Theory of Modern Indian History, in: Modern India: An Interpretative Anthology. Thomas R. Metcalf (Hg.), S. 60–70. London: Macmillan.
Brown, James A. 1975. Spiro Art and Its Mortuary Contexts, in: Death and the Afterlife in Pre-Columbian America. Elizabeth P. Benson (Hg.), S. 1–32. Washington, DC: Dumbarton Oaks Research Library and Collections, Trustees for Harvard University.
Brown, Judith K. 1975. Iroquois Women: An Ethnohistoric Note, in: Toward an Anthropo-

logy of Women. Rayna Rapp Reiter (Hg.), S. 235–251. New York: Monthly Review Press.
Brown, Richard 1973. Anthropology and Colonial Rule: Godfrey Wilson and the Rhodes-Livingstone Institute, Northern Rhodesia, in: Anthropology and the Colonial Encounter. Talal Asad (Hg.), S. 173–197. London: Ithaca Press.
Bruchey, Stuart W. 1965. The Roots of American Economic Growth 1607–1861: An Essay in Social Causation. New York: Harper & Row.
Bruchey, Stuart W. (Hg). 1967. Cotton and the Growth of the American Economy: 1790–1860, Sources and Readings. New York: Harcourt, Brace and World.
Bruner, Edward M. 1961. Mandan, in: Perspectives in American Indian Culture Change. Edward H. Spicer (Hg.), S. 187–227. Chicago: University of Chicago Press.
Bulliet, Richard 1975. The Camel and the Wheel. Cambridge: Harvard University Press.
Bundy, Colin 1977. The Transkei Peasantry, 1890–1914: Passing Through a Period of Stress, in: The Roots of Rural Poverty in Central and Southern Africa. Robin Palmer/Neil Parsons (Hg.), S. 201–220. Berkeley, Los Angeles, London: University of California Press.
Burawoy, Michael 1976. The Functions and Reproduction of Migrant Labour: Comparative Material from Southern Africa and the United States. *American Journal of Sociology* 81, S. 1050–1087.
— 1979. The Anthropology of Industrial Work. *Annual Review of Anthropology* 8, S. 231–266.
Burt, A. L. 1957. If Turner Had Looked at Canada, Australia, and New Zealand When He Wrote about the West, in: The Frontier in Perspective. Walker D. Wyman/Clifton B. Kroeber (Hg.), S. 60–77. Madison: University of Wisconsin Press.
Bythell, Duncan 1969. The Handloom Weavers: A Study in the English Cotton Industry During the Industrial Revolution. Cambridge: Cambridge University Press.

Cahen, Claude 1955. L'histoire économique et sociale de l'orient musulmane médiéval. *Studia Islamica* 3, S. 93–116.
— 1957. Les facteurs économiques et sociaux dans l'ankylose culturelle de l'Islam, in: Classicisme et déclin culturel dans l'histoire de l'Islam. S. 195–207. Paris: Besson et Chantemerle.
— 1959. Mouvements populaires et autonomisme urbain dans l'Asie musulmane de moyen-âge. *Arabica* 5, S. 225–250; 6, S. 25–56, 233–265.
— 1965.Quelques problèmes concernant l'expansion économique musulmane jusqu'au XIIe siècle; in: Occidente e l'Islam nell' alto medioevo, Bd. 1. S.391–432. Spoleto: Centro Italiano di Studi sull' alto Medievo.
Cairncross, A. K. 1953. Home and Foreign Investment, 1870–1913. Cambridge; Cambridge University Press.
Caldwell, Joseph R. 1958. Trend and Tradition in the Prehistory of the Eastern United States. American Anthropological Association, Memoir 88.
— 1962. Eastern North America, in: Courses Toward Urban Life: Archaeological Considerations of Some Cultural Alternatives. Robert J. Braidwood/Gordon R. Willey (Hg.), S. 288–308. Viking Fund Publications in Anthropology, Bd. 32. Chicago: Aldine.
Campbell, Mavis C. 1977. Marronage in Jamaica: Its Origin in the Seventeenth Century, in: Comparative Perspectives on Slavery in New World Plantation Societies. Vera Rubin/Arthur Tuden (Hg.), S. 389–419. Annals of the New York Academy of Sciences, Bd. 292. New York: New York Academy of Sciences.
Campbell, Persia Crawford 1923. Chinese Coolie Emigration to Countries Within the British Empire. Studies in Economics and Political Science, London School of Economics, Monograph Nr. 72. London: P. S. King and Son.
Carande y Thobar, Ramón 1943. Carlos V y sus banqueros. Madrid: Revista de Occidente.
— 1949. La Hacienda real de Castilla. Madrid: Sociedad de Estudios y Publicaciones.
Carmagnani, Marcello 1975. L'America latina dal '500 a oggi: Nascita, espansione e crisi di un sistema feudale. Mailand: Feltrinelli.

Carrasco, Pedro, et al. 1976 Estratificación social en la Mesoamérica prehispánica. Mexico City: SEP-INAH.
Carrasco, Pedro/Johanna Broda (Hg.) 1977. Economía, política e ideología en Mesoamérica. Mexico City: Editorial Nueva Imagen.
Castells, Manuel 1975. Urban Sociology and Urban Politics: Froma Critique to New Trends of Research. *Comparative Urban Research* 3, S. 7–13.
— 1977. The Urban Question. London: Edward Arnold. (frz. Erstveröff. 1972).
Castles, Stephen/Godula Kosack 1973. Immigrant Workers and Class Structure in Western Europe. London: Oxford University Press.
Centre d'Etudes et de Recherches Marxistes 1969. Sur le ›mode de production asiatique‹. Paris· Éditions Sociales.
— 1971. Sur le féodalisme. Paris: Éditions Sociales.
Chambers, Mortimeer (Hg.) 1963. The Fall of Rome: Can It Be Explained? European Problem Studies. New York: Holt, Rinehart & Winston.
Chaney, Elsa M. 1979. The World Economy and Contemporary Migration. *International Migration Review* 13, S. 204–212.
Chang, Tien-Tse 1934. Sino-Portuguese Trade from 1514 to 1644. Leiden: Brill.
Chapman, S. D. 1967. The Early Factory Masters: The Transition to the Factory System in the Midlands Textile Industry. Newton Abbot: David and Charles.
— 1972.The Cotton Industry in the Industrial Revolution. Studies in Economic History prepared for the Economic Historical Society. London: Macmillan.
— 1973. Industrial Capital Before the Industrial Revolution: An Analysis of the Assets of a Thousand Textile Entrepreneurs 1730–50, in: Textile History and Economic History: Essays in Honour of Miss Julia de Lacy Mann. N. B. Harte/K. G. Ponting (Hg.), S. 113–137. Manchester: Manchester University Press.
Chaunu, Huguette/Pierre Chaunu 1955–1959. Séville et L'Atlantique 1504–1650. 8 Bde. Bd. 1, Paris: Lib. Armand Colin. Bd. 2–8, Paris: S.E.V.P.E.M.
Chaunu, Pierre 1960. Les Philippines et le Pacifique des Ibériques (XVIe, XVIIe, XVIIIe siècles). Introduction Méthodologique et indices d'activité. Ports-Routes-Trafics, Bd. 11. Paris. S.E.V.P.E.M.
Cheong, W. E. 1965. Trade and Finance in China: 1784–1834; a Reappraisal, in: Les grandes voies maritimes dans le monde, XV–XIXe siècles: Rapports présentés aux XIIe Congrès International des Sciences Historiques par la Commission Internationale d'Histoire Maritime. S. 277–290. Paris: Biblioteque General de l'École Pratique des Hautes Études, VIe Section.
Chesneaux, Jean 1962. Le mouvement ouvrier Chinois de 1919 à 1927. École Pratique des Hautes Études-Sorbonne, Sixième Section: Sciences Économiques et Sociales, Le Monde d'Outre-Mer Passé et Présent, Premiére Série, Études XVII. Den Haag: Mouton.
— 1964. Le mode de production asiatique: quelques perspectives de recherches. *La Pensée* 114, S. 47–53.
Childe, V. Gordon 1946. What Happened in History. New York: Penguin Books.
Chittick, H. Neville 1972. The Coast Before the Arrival of the Portuguese; in: Perspectives on the African Past. Martin A. Klein/G. Wesley Johnson (Hg.), S. 93–106. Boston: Little, Brown.
Cipolla, Carlo M. 1962. The Economic History of World Population. Baltimore: Penguin Books.
— 1970. European Culture and Oversas Expansion. Harmondsworth: Penguin Books.
Cobban, Alfred 1964. The Social Interpretation of the French Revolution. Cambridge: Cambridge University Press.
Codere, Helen 1950. Fighting with Property: A Study of Kwakiutl potlatching and Warfare, 1792–1930. American Ethnological Society, Monograph Nr. 18. New York: J. J. Augustin.
— 1961. Kwakiutl. In Perspectives in American Indian Culture Change. Edward H. Spicer (Hg.), S. 431–516. Chicago: University of Chicago Pres.
Coedès, George 1962. Les peuples de la Péninsule Indochinoise. Paris: Dunod.

— 1964. Les états hindouisés d'Indochine et d'Indonésie. Paris: E. de Bocard.
COHEN, YEHUDI A. 1969. Ends and Means in Political Control: State Organization and the Punishment of Adultery. Incest, and Violation of Celibacy. *American Anthropologist* 71, S. 659–687.
COHN, BERNHARD S. 1959. Some Notes on Law and Change in Nort India. *Economic Development and Cultural Change* 8, S. 79–93.
— 1960. The Initial British Impact on India: A. Case Study of the Benares Region. *Journal of Asian Studies* 19, S. 419–424.
— 1961. From Indian Status to British Contract. *Journal of Economic History* 21, S. 613–628.
— 1962. Political Systems in Eighteenth Century India: The Benares Region. *Journal of the American Oriental Society* 82, S., 312–320.
— 1971. India: The Social Anthropolgy of a Civilization. Englewood Cliffs, NJ: Prentice-Hall.
COLEMAN, D. C. 1973. Textile Growth, in: Textile History and Economic History: Essays in Honour of Miss Julia de Lacy Mann. N. B. Harte/K. G. Ponting (Hg.), S. 1–12. Manchester: Manchester University Press.
COLLETI, LUCIO 1973. Marxism and Hegel. London: New Left Books. (ital. Erstveröff. 1969).
COLLIER, RICHARD 1968. The River That God Forgot: The Dramatic Story of the Rise and Fall of the Despotic Amazon Rubber Barons. New York: Dutton.
COLLINS, JUNE MC CORMICK 1950. Growth of Class Distinctions and Political Authority Among the Skagit Indians during the Contact Period. *American Anthropologist* 6, S. 331–342.
— 1974. Valley of the Spirits: The Upper Skagit Indians of Western Washington. American Ethnological Society, Monograph Nr. 56. Seattle: University of Washington Press.
COLOMBIA TODAY 1979. La Ciudad Perdida – Major Colombian Archaeological Find. *Colombia Today* 14 (4). New York: Colombian Information Service.
COOK, M. A. (Hg.) 1970. Studies in the Economic History of the Middle East. New York: Oxford University Press.
COPANS, JEAN (Hg.) 1975. Anthropologie et imperialisme. Paris: François Maspéro.
CORKRAN, DAVID H. 1962. The Cherokee Frontier: Conflict and Survival, 1740–1762. Norman: University of Oklahoma Press.
— 1967. The Creek Frontier, 1540–1783. Norman: University of Oklahoma Press.
COTTERILL, R. S. 1954. The Southern Indians: The Story of the Civilized Tribes Before Removal. Norman: University of Oklahoma Press.
COX, OLIVER C. 1959. The Foundations of Capitalism. London: Peter Owen.
CRANE, VERNER W. 1956. Southern Frontier, 1670–1732. Ann Arbor: University of Michigan Press.
CRATON, MICHAEL 1974. Sinews of Empire: A Short History of British Slavery. Garden City, NY: Anchor Books, Doubleday.
CRATON, MICHAEL/JAMES WALVIN 1970. A Jamaican Plantation: The History of Worthy Park 1620–1970. Toronto: University of Toronto Press.
CROUZET, FRANÇOIS 1967. England and France in the Eighteenth Century: A Comparative Analysis of Two Economic Growths, in: The Causes of the Industrial Revolution in England. Richard Hartwell (Hg.), S. 139–174. London: Methuen.
CUNNISON, IAN 1956. Perpetual Kinship: A Political Institution of the Luapula Peoples. *Human Problems in British Central Africa* 20, S. 28–48.
— 1957. History and Genealogies in a Conquest State. *American Anthropologist* 59, S. 20–31.
— 1961. Kazembe and the Portuguese, 1780–1832. *Journal of African History* 2, S. 61–76.
CURTIN, PHILIP D. 1969. The Atlantic Slave Trade, a Census. Madison: University of Wisconsin Press.
— 1975. Economic Change in Precolonial Africa: Senegabia in the Era of the Slave Trade. Madison: University of Wisconsin Press.
— 1977. Slavery and Empire, in: Comparative Perspectives on Slavery in New World Plantation Societies. Vera Rubin/Arthur Tuden (Hg.), S. 3–11. Annals of the New York Academy of Sciences, Bd. 292. New York: New York Academy of Sciences.

Cuvelier, Jean/Louis Jadin 1954. L'Ancien Congo d'après les archives romaines (1518–1640). Institut Royal Colonial Belge (Brüssel). Section des Sciences Morales et Politiques, Mémoires, Bd. 36. Brüssel: Académie Royale des Sciences d'Outre-Mer.

Daaku, Kwame Yeboa 1970. Trade and Politics on the Gold Coast 1600–1720: A Study of the African Reaction to European Trade. Oxford: Clarendon Press.
Damas, David (Hg.) 1969a. Contributions to Anthropology: Band Societies. Proceedings of the Conference on Band Organization, Ottawa, 1965. National Museums of Canada Bulletin Nr. 228. Anthropological Series Nr. 84.
— 1969b. Contributions to Anthropology: Ecological Essays. Proceedings of the Conference on Cultural Ecology, Ottawa, 1966. National Museums of Canada Bulletin Nr. 230. Anthropological Series Nr. 86.
Davenport, William 1969. The ›Hawaiian Cultural Revolution‹: Some Political and Economic Considerations. *American Anthropologist* 71, S. 1–20.
Davidson, Basil (in Zusammenarbeit mit F. K. Buah und J. F. Ade Ajayi) 1966. A History of West Africa to the Nineteenth Century. Garden City, NY: Anchor Books, Doubleday.
Davis, David Brion 1966. The Problem of Slavery in Western Culture. Ithaca, NY: Cornell University Press.
Davis, Kingsley 1965. The Urbanization of the Human Population. *Scientific American* 213, S. 41–53.
Davis, Ralph 1954. English Foreign Trade, 1660–1700. *Economic History Review* 7, S. 150–166.
— 1962. English Foreign Trade, 1700–1774. *Economic History Review* 15, S. 285–299.
— 1973. English Overseas Trade 1500–1700. London: Macmillan.
Dawley, Alan 1976: Class and Community: The Industrial Revolution in Lynn. Cambridge, MA: Harvard University Press.
Dean, Warren 1976. Rio Claro: A Brazilian Plantation System, 1820–1920. Stanford, CA: Stanford University Press.
Debo, Angie 1941. The Road to Disappearance. Norman: University of Oklahoma Press.
Deerr, Noel 1949–1950. The History of Sugar. 2 Bde. London: Chapman and Hall.
De Laguna, Frederica 1972. Under Mount Saint Elias: The History and Culture of the Yakutat Tlingit. 3 Teile. Smithsonian Contributions to Anthropology, Bd. 7. Washington, DC: Smithsonian Institution Press.
Dermigny, Louis 1964. La Chine et l'Occident: Le commerce a Canton aus XVIIIe siècle, 1719–1833. 3 Bde. + Album. Ports-Routes-Trafics, Bd. 18. École Pratique des Hautes Études, VIe Section, Centre de Recherchen Historiques. Paris. S.E.V.P.E.N.
Despres, Leo A. (Hg.) 1975. Ethnicity and Resource Competition in Plural Societies. World Anthropology: An Interdisciplinary Series. Den Haag: Mouton.
Dessaint, Alain Y. 1962. Effects of the Hacienda and Plantation Systems on Guatemala's Indians. *América Indígena* 22, S. 323–354.
— 1971. Lisu Migration in the Thai Highlands. *Ethnology* 10, S. 329–348.
— 1972. The Poppies Are Beautiful This Year. *Natural History* 81, S. 31–37, 92–96.
Dessaint, William Y./Alain Y. Dessaint 1975. Strategies in Opium Production. *Ethnos* 1–4, S. 153–168.
Deutsch, Karl W. 1954. Political Community at the International Level: Problems of Definition and Measurement. Doubleday Short Studies in Political Science. Garden City, NY: Doubleday.
— 1966. Nationalism and Social Communication: An Inquiry into the Foundations of Nationality. Cambridge, MA: MIT Press. (Erstveröff. 1953).
Diamond, Stanley 1951. Dahomey: A Proto-State in West Africa. Dissertation, Department of Anthropology, Columbia University.
Diffie, Bailey W./George W. Winius 1977. Foundations of the Portuguese Empire

1415–1580. Europe and the World in the Age of Expansion, Bd. 1. Minneapolis: University of Minnesota Press.
DIKE, K. ONWUKA 1956. Trade and Politics in the Niger Delta, 1830–1885. Oxford: Clarendon Press.
DILLON, RICHARD 1962. The Hatchet Men: The Story of the Tong Wars in San Franciso's Chinatown. New York: Coward-McCann.
DI PESO, CHARLES 1974. Casas Grandes: A Fallen Trading Center of the Gran Chichimeca. 3 Bde. Dragoon, AZ: Amerind Foundation; Flagstaff, AZ: Northland Press.
DISRAELI, BENJAMIN 1954. Sybil, or The Two Nations. Harmondsworth: Penguin Books. (Erstveröff. 1845).
DIXON, RUSSELL A./E. KINGMAN EBERHARDT 1938. Economic Institutions and Cultural Change. New York: McGraw-Hill.
DOBB, MAURICE 1970. Entwicklung des Kapitalismus. Vom Spätfeudalismus bis zur Gegenwart. Köln: Kiepenheuer & Witsch (am. Erstveröff. 1947).
DOBYNS, HENRY F. 1963. An Outline of Andean Epidemic History to 1720. *Bulletin of the History of Medicine* 37, S. 493–515.
DOCKER, EDWARD WYBERGH 1970. The Blackbirders: The Recruiting of South Sea Labour for Queensland, 1863–1907. Sydney: Angus and Robertson.
DODGE, ERNEST S. 1976. Islands and Empires: Western Impact on the Pacific and East Asia. Mineapolis: University of Minnesota Press.
DOUGLAS, DAVID C. 1969. The Norman Achievement, 1050–1120. Berkely, Los Angeles: University of California Press.
DOUGLAS, MARY 1964. Matriliny and Pawnship in Central Africa. *Africa* 34, S. 301–313.
DOUGLAS, PAUL 1930. Real Wages in the United States: 1890–1926. Boston: Houghton Mifflin.
DOWD, DOUGLAS F. 1956. A. Comparative Analysis of Economic Development in the American West and South. *Journal of Economic History* 16, S. 558–574.
— 1974. The Twisted Dream: Capitalist Development in the United States Since 1776. Cambridge, MA: Winthrop.
DOWNS, RICHARD 1967. A. Kelantanese Village of Malaya, in: Contemporary Change in Traditional Societies, Bd. 2. Julian H. Steward (Hg.), S. 107–186. Urbana: University of Illinois Press.
DRUCKER, PHILIP 1951. The Northern and Central Nootkan Tribes. Bureau of American Ethnology, Bulletin 144.
— 1963. Indians of the Northwest Coast. American Museum Science Books. New York: Natural History Press. (Erstveröff. 1955).
DUMONT, LOUIS 1976. Gesellschaft in Indien. Die Soziologie des Kastenwesens. Wien: Europa Verlag.
— 1970. Homo Hierarchicus: An Essay on the Caste System. Chicago: University of Chicago Press. (frz. Erstveröff. 1966).
DUNCAN, RONALD J. (Hg.) 1978. Social Anthropology in Puerto Rico. Sonderheft der *Revista/Review Interamericana* 8, S. 3–64.
DURHAM, PHILIP/EVERETT L. JONES 1965. The Negro Cowboys. New York: Dodd, Mead.
DUTT, ROMESH CHUNDER 1960. The Economic History of India. 2 Bde. Classics of Indian History and Economics. New Delhi: Publications Division, Ministry of Information and Broadcasting, Government of India. (Erstveröff. 1901).
DUYVENDAK, J. J. L. 1949. China's Discovery of Africa. London: Probsthain.

EBERHARD, WOLFRAM 1948. Chinas Geschichte. Bern: Francke.
EDWARDS, MICHAEL M. 1967. The Growth of the British Cotton Trade 1780–1815. Manchester: Manchester University Press.
EDWARDS, MICHAEL M./R. LLOYD-JONES 1973. N. J. Smelser and the Cotton Factory Family: A Reassessment. In: Textile History and Economic History: Essays in Honour of Miss Julia de

Lacy Mann. N. B. Harte/K. G. Ponting (Hg.), S. 304–319. Manchester: Manchester University Press.

EDWARDS, RICHARD/MICHAEL REICH/THOMAS E. WEISSKOPF (Hg.) 1972. The Capitalist System. Englewood Cliffs, NJ: Prentice-Hall.

EKHOLM, GORDON F./GORDON R. WILLEY (Hg.) 1966. Archaeological Frontiers and External Connections. Handbook of Middle American Indians, Bd. 4. Robert Wauchope (Hg.). Austin: University of Texas Press.

EKHOLM, KAJSA 1978. External Exchange and the Transformation of Central African Social System, in: The Evolution of Social Systems: Proceedings of a meeting of the Research Seminar in Archaeology and Related Subjects, Institute of Archaeology, London University. Jonathan Friedman/Michael J. Rowlands (Hg.), S. 115–136. London: Duckworth.

ELIAS, NORBERT 1976. Über den Prozeß der Zivilisation. 2 Bde. Frankfurt: Suhrkamp. (Erstveröff. 1939).

ELLIOT, J. H. 1966. Imperial Spain 1469–1716. New York: Mentor Books, New American Library.

— 1970. The Old World and the New 1492–1650. Cambridge: Cambridge University Press.

ELVIN, MARK 1973. The Pattern of the Chinese Past. London: Eyre Methuen.

EMBREE, JOHN F. 1950. Thailand, A Loosely Structured Social System. *American Anthropologist* 52, 181–193.

ENGELS, FRIEDRICH. Die Lage der arbeitenden Klassen in England, in: MEW 2, S. 225–506. Berlin (DDR): Dietz. (Erstveröff. 1845).

ENGLER, ROBERT 1968. Social Science and Social Consciousness: The Shame of the Universities, in: The Dissenting Academy. Theodore Roszak (Hg.), S. 182–207. New York: Vintage Books.

EPSTEIN, A. L. 1958. Politics in an Urban African Community. Manchester: Manchester University Press.

FAGE, J. D./R. A. OLIVER (Hg.) 1970. Papers in African Prehistory. Cambridge: Cambridge University Press.

FAIRBANK, JOHN K. 1953. Trade and Diplomacy on the China Coast: The Opening of the Treaty Ports, 1842–1854. 2 Bde. Cambridge, MA: Harvard University Press.

FAIRBANK, JOHN K./EDWIN O. REISCHAUER/ALBERT M. CRAIG 1973. East Asia: Tradition and Transformation. Boston: Houghton Mifflin.

FALS BORDA, ORLANDO 1976.Capitalismo, hacienda y poblamiento en la Costa Atlántica. 2. Aufl. Bogotá: Editorial Punta de Lanza.

FEINMAN, GARY 1978. The Causes of the Population Decline in Sixteenth Century New Spain. Masch., unveröff. Program in Anthropology, Graduate Center, City University of New York.

FENTON, WILLIAM N. 1971. The Iroquois in History. In: North American Indians in Historical Perspective. Eleanor B. Leacock/Nancy O. Lurie (Hg.), S. 129–168. New York: Random House.

— 1978 Huronia: An Essay in Proper Ethnohistory. *American Anthropologist* 80, S. 922–935.

FEUCHTWANG, STEPHAN 1975. Investigating Religion, in: Marxist Analyses and Anhropology. Maurice Bloch (Hg.), S. 61–82. Association of Social Anthropologists, Studies Nr. 2. London: Malaby.

FIELDHOUSE, D. K. 1967. The Colonial Empires: A Comparative Survey from the Eighteenth Century. New York: Delacorte Press.

FINER, SAMUEL E. 1975. State- and Nation-Building in Europe: The Role of the Military, in: The Formation of National States in Western Europe. Charles Tilly (Hg.), S. 84–163. Princeton, NJ: Princeton University Press.

FISHER, RAYMOND H. 1943. The Russian Fur Trade, 1550–1700. University of California Publications in History, Bd. 31. Berkeley, Los Angeles: University of California.

FISHER, ROBIN 1977. Contact and Conflict: Indian-European Relations in British Columbia, 1774–1890. Vancouver: University of British Columbia Press.

FLINN, M. W. 1966. The Origins of the Industrial Revolution. New York: Barnes & Noble.

FLORESCANO, ENRIQUE (Hg.) 1975. Haciendas, latifundios y plantaciones en América Latina. Simposio de Roma, org. por CLACSO. Mexico City: Siglo Veintiuno Editores.

— 1979. Ensayos sobre el desarrollo económico de México y América Latina (1500–1975). Mexico City: Fondo de Cultura Económica.

FOGEL, ROBERT W./STANLEY L. ENGERMAN 1974. Time on the Cross: The Economics of American Negro Slavery, Bd. 1. Boston: Little, Brown.

FONER, PHILIP S. 1941. Business and Slavery: The New York Merchants and the Irrepressible Conflict. New York: Russell and Russell.

FOREMAN, G. 1934. The Five Civilized Tribes. Norman: University of Oklahoma Press.

FORREST, DENYS 1973. Tea for the British: The Social and Economic History of a Famous Trade. London: Chatto and Windus.

FORTES, MEYER 1953. The Structure of Unilineal Descent Groups. *American Anthropologist* 55, S. 17–41.

FOSTER, JOHN 1974. Class Struggle and the Industrial Revolution: Early Industrial Capitalism in Three English Towns. New York: St. Martin's Press.

FOSTER-CARTER, AIDAN 1977. Can We Articulate Articulation? *New Left Review* 107, S. 47–77.

FOUST, C. M. 1961. Russian Expansion to the East Through the 18th Century. *Journal of Economic History* 21, S. 469–482.

— 1969. Muscovite and Mandarin: Russia's Trade with China and Its Setting, 1727–1805. Chapel Hill: University of North Carolina Press.

FOWLER, MELVIN L. 1971. Agriculture and Village Settlement in the North American East: The Central Mississippi Valley Area, a Case History. In: Prehistoric Agriculture. Stuart Struever (Hg.), S. 391–403. Garden City, NY: Natural History Press.

FOX, EDWARD 1971. History in Geographic Perspective: The Other France. New York: W. W. Norton.

FOX, RICHARD G. 1971. Kin, Clan, Raja, and Rule: State-Hinterland Relations in Preindustrial India. Berkeley, Los Angeles, London: University of California Press.

— 1976. Lineage Cells and Regional Definition in Complex Societies. In: Regional Analysis, Bd. 2. Carol A. Smith (Hg.), S. 95–121. New York: Academic Press.

FRANK, ANDRE GUNDER 1966. The Development of Underdevelopment. *Monthly Review* 18, S. 17–31.

— 1967. Sociology of Development and Underdevelopment of Sociology. *Catalyst* (Buffalo) 3, S. 20–73.

— 1980. Akkumulation. Abhängigkeit und Unterentwicklung. Frankfurt: Suhrkamp.

FRANKEL, S. H. 1938, Capital Investment in Africa. London: Oxford University Press.

FRANTZ, JOE B./JULIAN E. CHOATE, JR. 1955. The American Cowboy: The Myth and the Reality. Norman: University of Oklahoma Press.

FREEDMAN, MAURICE 1960. Immigrants and Associations: Chinese in Nineteenth-Century Singapore. *Comparative Studies in Society and History* 3, S. 25–48.

FREEMAN-GRENVILLE, G. S. P. 1962. The Medieval History of the Coast of Tanganyika. London: Oxford University Press.

FRENCH, DAVID 1961. Wasco-Wishram. In: Perspectives in American Indian Culture Change. Edward H. Spicer (Hg.), S. 337–430. Chicago: University of Chicago Press.

FRIED, MORTON H. 1952. Land Tenure, Geography and Ecology in the Contact of Cultures. *American Journal of Economics and Sociology* 11, S. 391–412.

— 1957. The Classification of Corporate Unilineal Descent Groups. *Journal of the Royal Anthropological Institute* 87, S. 1–29.

— 1960. On the Evolution of Social Stratification and the State. In: Culture in History. Stanley Diamond (Hg.), S. 713–731. New York: Columbia University Press.

— 1966. On the concepts of ›tribe‹ and ›tribal society‹. *Transactions of the New York Academy of Sciences* 28, S. 527–540.
— 1967. The Evolution of Political Society: An Essay in Political Anthropology. New York: Random House.
— 1975. The Notion of Tribe. Menlo Park, CA: Cummings.
FRIEDMAN, JONATHAN 1974. Marxism, Structuralism and Vulgar Materialism. *Man* 9, S. 444–469.
— 1975. Tribes, States, and Transformation, in: Marxist Analyses and Social Anthropology. Maurice Bloch (Hg.), S. 161–202. Association of Social Anthropologists, Studies Nr. 2. London: Malaby Press.
— 1979. System, Structure and Contradiction: The Evolution of ›Asiatic‹ Social Formations. Social Studies in Oceania and South East Asia, Nr. 2. Kopenhagen: The National Museum of Denmark.
FRIEDMANN, HARRIET 1978. World Market, State, and Family Farm: Social Bases of Household Production in the Era of Wage Labor. *Comparative Studies in Society and History* 20, S. 545–586.
FROBENIUS, LEO 1933. Kulturgeschichte Afrikas: Prolegomena zu einer historischen Gestaltenlehre. Zürich: Phaidon-Verlag.
FURBER, HOLDEN 1970. Madras Presidency in the Mid-Eigtheenth Century, in: Readings on Asian Topics: Papers Read at the Inauguration of the Scandinavian Institute of Asian Studies 16.–18. September 1968. Kristof Glamann (Hg.), S. 108–121. Scandinavian Institute of Asian Studies Monograph Series, Nr. 1. Lund: Studentlitteratur.
FURNAS, J. C. 1947. Anatomy of Paradise: Hawaii and the Islands of the South Seas. New York: William Sloane Associates. (Erstveröff. 1937).
FURNIVALL, J. S. 1939. Netherlands India: A Study of Plural Economy. Cambridge: Cambridge University Press.
— 1948. Colonial Policy and Practice: A Comparative Study of Burma and Netherlands India. London: Cambridge University Press.
FURTADO, CELSO 1963. The Economic Growth of Brazil: A Survey from Colonial to Modern Times. Berkely, Los Angeles: University of California Press.

GANGULI, B. N. (Hg.), 1964. Readings in Indian Economic History: Proceedings of the First All-India Seminar on Indian Economic History, 1961. London: Asia Publishing House.
GARFIELD, VIOLA E. 1939. Tsimshian Clan and Society. University of Washington Publications in Anthropology, Bd. 7, Nr. 3. Seattle: University of Washington Press.
GARTRELL, BEVERLY 1979. The Ruling Ideas of a Ruling Elite: British Colonial Officials in Uganda, 1944–52. Dissertation, Program in Anthropology, Graduate School, City University of New York, New York.
GATES, PAUL W. 1973. Landlords and Tenants on the Prairie Frontier: Studies in American Land Policy. Ithaca, NY: Cornell University Press.
GEARING, FRED 1962. Priests and Warriors: Social Structures for Cherokee Politics in the 18th Century. American Anthropological Association, Memoir 93, Bd. 64, Nr. 5, Teil 2.
GEERTZ, CLIFFORD 1963. Agricultural Involution: The Processes of Ecological Change in Indonesia. Berkeley, Los Angeles: University of California Press.
GÉNICOT, LEOPOLD 1966. Crisis. From the Middle Ages to Modern Times. In: The Cambridge Economic History of Europe, Bd. 2: The Agrarian Life of the Middle Ages. M. M. Postan (Hg.), S. 660–741. Cambridge: Cambridge University Press.
GENOVESE, EUGENE D. 1966. The Political Economy of Slavery: Studies in the Economy and Society of the Slave South. New York: Pantheon Books.
— 1969. The World the Slaveholders Made: Two Essays in Interpretation. New York: Pantheon Books.
— 1972. Roll, Jordan, Roll: The World the Slaves Made. New York: Pantheon Books.

Gerschenkron, Alexander 1943. Bread and Democracy in Germany. Berkeley, Los Angeles: University of California Press.
— 1962. Economic Backwardness in Historical Perspective. New York: Praeger.
Geyl, Pieter 1932. The Revolt of the Netherlands (1559–1609). London: William and Norgate.
Ghirschman, Roman 1954. Iran, from the Earliest Times to the Islamic Conquest. Harmondsworth: Penguin Books.
Gibbs, Marion 1949. Feudal Order: A Study of the Origins and Development of English Feudal Society. London: Cobbett Press.
Gibson, Charles 1964. The Aztecs Under Spanish Rule: A History of the Indians of the Valley of Mexico 1519–1810. Stanford, CA: Stanford University Press.
Gibson, James R. 1969. Feeding the Russian Fur Trade: Provisionment of the Okhotsk Seaboard and the Kamchatka Peninsula 1639–1856. Madison: University of Wisconsin Press.
Glamann, Kristof 1958. Dutch Asian Trade, 1620–1740. Den Haag: M. Nijhoff.
— 1971. European Trade 1500–1750, in: The Fontana Economic History of Europe, Bd. 2: 1500–1700, The Sixteenth and Seventeenth Centuries. Carlo M. Cipolla (Hg.), London: Fontana.
Godelier, Maurice 1965. La notion de mode de production asiatique. *Temps Modernes* 20, S. 2002–2027.
— 1966. Rationalität und Irrationalität in der Ökonomie. Frankfurt: Europäische Verlagsanstalt.
— 1977. Dead Sections and Living Ideas in Marx's Thinking on Primitive Society, in: Perspectives in Marxist Anthropology. Maurice Godelier (Hg.), S. 99–124. Cambridge Studies in Social Anthropology, Nr. 18. Cambridge: Cambridge University Press.
Godinho, Vitorino Magalhaes 1963–1965. Os descobrimentos e a economia mundial. 2 Bde. Lissabon: Editoria Arcádia.
— 1969. L'économie de l'empire Portugais aux XVe et XVIe siècles. École Pratique des Hautes Études, VIe Section, Centre de Recherches Historiques. Paris: S.E.V.P.E.N.
Goitein, S. D. 1956–1957. The Rise of the Near Eastern Bourgeoisie in Early Islamic Times. *Cahiers d'histoire mondiale* 3, S. 583–604.
— 1964. Artisans en Méditerranée orientale au haut Moyen Age. *Annales* 15, S. 847–868.
Goldman, Irving 1940. The Alkatcho Carrier of British Columbia, in: Acculturation in Seven American Indian Tribes. Ralph Linton (Hg.), S. 333–389. New York: Appleton-Century.
— 1975. The Mouth of Heaven: An Introduction to Kwakiutl Religious Thought. New York: Wiley.
Goody, Jack 1971. Technology, Tradition, and the State in Africa. London: Oxford University Press.
— 1973. British Functionalism, in: Main Currents in Cultural Anthropology. R. Naroll/F. Naroll (Hg.), S. 185–215. New York: Appleton-Century-Crofts.
Gordon, David M. 1972. Theories of Poverty and Underemployment: Orthodox, Radical, and Dual Labor Market Perspectives. Lexington, MA: Lexington Books, D. C. Heath.
Gordon, Manya 1941. Workers Before and After Lenin. New York: Dutton.
Gough, Kathleen 1968. World Revolution and the Science of Man, in: The Dissenting Academy. Theodore Roszak (Hg.), S. 135–158. New York: Vintage Books.
— 1978 Agrarian Relations in Southeast India, 1750–1976. *Review* 2, S. 25–53.
Gouldner, Alvin 1980. The Two Marxisms. New York: Seabury Press.
Gourou, Pierre 1936. Les paysans du delta tonkinois. Paris: Éditions d'art et d'histoire.
Graburn, Nelson H. H./B. Stephen Strong 1973. Circumpolar Peoples: An Anthropological Perspective. Pacific Palisades, CA: Goodyear.
Graham, Gerald S. 1970. A Concise History of the British Empire. London: Thames and Hudson.
Graymont, Barbara 1972. The Iroquois in the American Revolution. Syracuse, NY: Syracuse University Press.
Greenberg, Michael 1951. British Trade and the Opening of China 1800–42. Cambridge: Cambridge University Press.

GREENFIELD, SIDNEY M. 1977. Madeira and the Beginnings of New World Sugar Cane Cultivation: A Study in Institution Building, in: Comparative Perspectives on Slavery in New World Plantation Societies. Vera Rubin/Arthur Tuden (Hg.), S. 536–552. Annals of the New York Academy of Science, Bd. 292. New York: New York Academy of Sciences.

GREENWOOD, G. (HG.) 1955. Australia: A Social and Political History. New York: Praeger.

GREGG, DOROTHY/ELGIN WILLIAMS 1948. The Dismal Science of Functionalism. *American Anthropologist* 50, S. 594–611.

GROUSSET, RENÉ 1970. The Empire of the Steppes: A History of Central Asia. New Brunswick, NJ: Rutgers University Press. (frz. Erstver. 1939).

GUHA, AMALENDA 1972. Raw Cotton of Western India: Output, Transportation and Marketing, 1750–1850. *Indian Economic and Social History Review* 9, S. 1–41.

— 1973. Growth of Acreage Under Raw Cotton in India 1851–1901–A Quantitative Account. *Artha Vijñāna* 15, S. 1–56.

GUNTHER, ERNA 1972. Indian Life on the Northwest Coast of North America as Seen by the Early Explorers and Fur Traders During the Last Decades of the Eighteenth Century. Chicago: University of Chicago Press.

GUNTHER, JOHN 1953. Inside Africa. New York: Harper & Brothers.

GUTMAN, HERBERT G. 1973. Work, Culture, and Society in Industrializing America, 1815–1919. *American Historical Review* 78, S. 531–587.

— 1976. The Black Family in Slavery and Freedom, 1750–1925. New York: Pantheon Books.

HABAKKUK, H. J. 1962. American and British Technology in the Nineteenth Century: The Search for Labour-Saving Inventions. Cambridge: Cambridge University Press.

HABIB, IRFAN 1960. Banking in Mughal India, in: Contributions to Indian Economic History, Bd. 1. Tapan Raychadhuri (Hg.), S. 1–20. Calcutta: Mukhopadhyay.

— 1963. The Agrarian System of Moghul India 1556–1707. New York: Asia Publishing House.

— 1964.The Structure of Agrarian Society in Mughal India, in: Readings in Indian Economics History: Proceedings of the First All-India Seminar on Indian Economic History, 1961. B. N. Ganguli (Hg.), S. 37–43. London: Asia Publishing House.

— 1969. An Examination of Wittfogel's Theory of Oriental Despotism, in: Studies in Asian History: Proceedings of the Asian History Congress, New Delhi, 1961. K. S. Lal (Hg.), S. 378–392. London: Asia Publishing House.

HADJINICOLAOU-MARAVA, ANNE 1950. Recherches sur la vie des esclaves dans le monde byzantin. Athen: L'Instiut Français.

HALL, D. G. E. 1968. A History of South-East Asia. 3. Aufl. London: Macmillan.

HALPERIN-DONGHI, TULIO 1973. The Aftermath of Revolution in Latin America. New York: Harper & Row.

HAMILTON, E. J. 1934. American Treasure and the Price Revolution in Spain 1501–1650. Harvard Economic Studies, Bd. 42.

HANKS, LUCIEN M. 1972. Rice and Man: Agricultural Ecology in Southeast Asia. Chicago, New York: Aldine and Atherton.

HARNETTY, PETER 1972. Imperialism and Free Trade: Lancashire and India in the Mid-Nineteenth Century. Vancouver: University of British Columbia Press.

HARRIS, MARVIN 1972. Portugal's Contribution to the Underdevelopment of Africa and Brazil, in: Protest and Resistance in Angola and Brazil. Ronald H. Chilcote (Hg.), S. 210–223. Berkeley, Los Angeles, London: University of California Press.

— 1979. Cultural Materialism: The Struggle for a Science of Culture. New York: Random House.

HART, KEITH 1979. The Development of Commercial Agriculture in West Africa. Diskussionspapier für die United Nations Agency for International Development.

HARTWELL, R. M. (Hg.) 1970. The Industrial Revolution. New York: Barnes & Noble.

HARVEY, DAVID 1973. Social Justice and the City. Baltimore: John-Hopkins University Press.

HAUPT, GEORGES 1978. Why the History of the Working-Class Movement? *Review* 2, S. 5–24.

HAUPTMAN, LAURENCE M./JACK CAMPISI (Hg.) 1978. Neighbors and Intruders: An Ethnohistorical Exploration of the Indians of Hudson's River. Canadian Ethnology Service, Paper 39. National Museum of Man Mercury Series. Ottawa: National Museums of Canada.

HAYS, HOFFMAN R. 1975. Children of the Raven: The Seven Indian Nations of the Northwest Coast. New York: McGraw-Hill.

HECHTER, MICHAEL 1975. Internal Colonialism: The Celtic Fringe in British National Development 1536–1966. Berkeley, Los Angeles, London: University of California Press.

HEESTERMAN, J. C. 1973. India and the Inner Conflict of Traditions. *Daedalus*, Winter, S. 97–113.

HEICHELHEIM, FRITZ H. 1956. Effects of Classical Antiquity on the Land, in: Man's Role in Changing the Face of the Earth. William L. Thomas (Hg.), S. 165–182. Chicago: University of Chicago Press.

HELMS, MARY 1976. Ancient Panama: Chiefs in Search of Power. Austin: University of Texas Press.

HEMMING, JOHN 1978. Red Gold: The Conquest of the Brazilian Indians. Cambridge: Harvard University Press.

HENDERSON, RICHARD N. 1972. The King in Every Man: Evolutionary Trends in Onitsha Ibo Society and Culture. New Haven, CT: Yale University Press.

HENIGE, DAVID 1977. John Kabes of Komenda: An Early African Entrepreneur and State Builder. *Journal of African History* 18, S. 1–19.

HERLIHY, PATRICIA 1972. Odessa: Staple Trade and Urbanization in New Russia. Papier für das Symposium »Italian, Russian and Balkan Cities«, 87th Meeting of the American Historical Association, New Orleans, 29. Dezember 1972.

HERSKOVITS, MELVILLE J. 1939. Dahomey, an Ancient West African Kingdom. 2 Bde. New York: J. J. Augustin.

HEYD, W. 1885. Histoire du commerce du Levant au Moyen-Age. 2 Bde. Leipzig: Otto Harrassowitz.

HICKERSON, HAROLD 1956. The Genesis of a Trading Post Band: The Pembina Chippewa. *Ethnohistory* 3, S. 289–345.

— 1960. The Feast of the Dead Among the Seventeenth Century Algonkians of the Upper Great Lakes. *American Anthropologist* 62, S. 81–107.

— 1962a. Notes on the Post-Contact Origin of the Midewiwin. *Ethnohistory* 9, S. 404–423.

— 1962b. The Southwestern Chippewa: An Ethnohistorical Study. American Anthropological Association, Memoir 92. Menasha, WI: American Anthropological Association.

— 1970. The Chippewa and Their Neighbors: A Study in Ethnohistory. New York: Holt, Rinehart & Winston.

HILL, CHRISTOPHER 1949. The English Revolution and the State. *The Modern Quarterly* 4, S. 110–128.

— 1977. Von der Reformation zur Industriellen Revolution. Sozial- und Wirtschaftsgeschichte Englands 1530–1780. Frankfurt: Campus.

HILL, POLLY 1963.Migrant Cocoa Farmers in Southern Ghana: A Study in Rural Capitalism. Cambridge: Cambridge University Press.

HILTON, RODNEY 1951. Y eut-il une crise générale de la feodalité? *Annales* 6, S. 23–30.

— 1969. The Decline of Serfdom in Medieval England. London: Macmillan.

HINDESS, BARRY/PAUL Q.HIRST 1975. Pre-Capitalist Modes of Production. London, Boston: Routlege & Kegan Paul.

HINTZE, OTTO 1929. Wesen und Verbreitung des Feudalismus. Akademie der Wissenschaften, Berlin, Philosophisch-historische Klasse, Sitzungsberichte. S. 321–347. (Nachdruck in: *Die Welt als Geschichte* 4, S. 157–190, 1938).

HISTORY TASK FORCE, CENTRO DE ESTUDIOS PUERTORRIQUEÑOS 1979. Labor Migration Under Capitalism: The Puerto Rican Experience. New York: Monthly Review Press.

HO, PING-TI 1965. The Introduction of American Food Plants into China. *American Anthropologist* 57, S. 191–201.

— 1966. The Geographical Distribution of hui-kuan (Landsmannschaften) in Central and Upper Yangtze Provinces. *Tsing Hua Journal of Chinese Studies* 5, S. 120–152.

HOBSBAWM, ERIC J. 1967. Labouring Men: Studies in the History of Labour. New York: Anchor Books, Doubleday.

— 1969. Industrie und Empire. Britische Wirtschaftsgeschichte seit 1750. 2 Bde. Frankfurt: Suhrkamp.

— 1973. Karl Marx's Contribution to Historiography, in: Ideology in Social Science. Robin Blackburn (Hg.), S. 265–283. New York: Vintage.

— 1978. Europäische Revolutionen. München: Kindler (engl. Erstveröff. 1966).

— 1980. Die Blütezeit des Kapitals. Eine Kulturgeschichte der Jahre 1848–1875. Frankfurt: Fischer.

— (Hg.) 1964. Karl Marx. Precapitalist Economic Formations. New York: International Publishers.

HODGSON, MARSHALL G. S. 1974. The Venture of Islam. 3 Bde. Chicago: University of Chicago Press.

HOLDER, PRESTON 1970. The Hoe and the Horse on the Plains: A Study of Cultural Development Among North American Indians. Lincoln: University of Nebraska Press.

HOOKER, J. R. 1963. The Anthropologist's Frontier: The Last Phase of African Exploitation. *Journal of Modern African Studies* 1, S. 455–459.

HOPKINS, A. G. 1973. An Economic History of West Africa. London: Longman Group.

HORTON, ROBIN 1969. From Fishing Village to City-State: A Social History of New Calabar, in: Man in Africa. Mary Douglas/Phyllis M. Kaberry (Hg.), S. 37–58. London: Tavistock.

HOUGHTON, D. HOBART 1971. Economic Development, 1865–1965, in: The Oxford History of South Africa, Bd. 2: South Africa 1870–1966. Monica Wilson/Leonard Thompson (Hg.), S. 1–48. New York, Oxford:Oxford University Press.

HOWARD, JOSEPH K. 1952. Strange Empire, a Narrative of the Northwest. New York: Morrow.

HU, HSIEN CHIN 1948. The Common Descent Group in China and Its Functions. Viking Fund Publications in Anthropology, Nr. 10. New York: Wenner-Gren Foundation for Anthropological Research.

HUDSON, CHARLES M. 1976. The Southeastern Indians. Knoxville: University of Tennessee Press.

— (Hg.) 1971. Red, White and Black: Symposium on Indians in the Old South. Southern Anthropological Society Proceedings, Series Nr. 5. Athens, GA: Southern Anthropological Society.

HUGHES, H. STUART 1958. Consciousnes and Society: The Reorientation of European Social Thought 1890–1930. New York: Random House.

— 1966. The Obstructed Path: French Social Thought in the Years of Desperation, 1930–1960. New York:Harper & Row.

— 1975. The Sea Change: The Migration of Social Thought, 1930–1965. New York: Harper & Row.

HUNE, SHIRLEY 1977. Pacific Migration to the United States: Trends and Themes in Historical and Sociological Literature. RIIES Bibliographic Studies, Nr. 2. Washington, DC: Research Institute on Immigration and Ethnic Studies, Smithsonian Institution.

HUNT, GEORGE T. 1940. The Wars of the Iroquois: A Study in Intertribal Trade Relations. Madison: University of Wisconsin Press.

HUNTINGTON, SAMUEL P. 1968. The Bases of Accommodation. *Foreign Affairs* 46, S. 642–656.

HUTCHINS, FRANCIS G. 1967. Illusion of Permanence: British Imperialism in India. Princeton, NJ: Princeton University Press.

HUTTON, JOHN H. 1951. Caste in India, Its Nature, Function and Origins. 2. Aufl. New York: Oxford University Press.

HYDE, FRANCIS E. 1973. Far Eastern Trade, 1860–1914. The Merchant Adventurers Series. New York: Harper & Row/Barnes & Noble.

HYMES, DELL (Hg.), 1969. Reinventing Anthropology. New York: Pantheon.

Inalcik, Halal 1969. Capital Formation in the Ottoman Empire. *Journal of Economic History* 29, S. 97–140.
— 1973. The Ottoman Empire: The Classical Age, 1300–1600. New York: Praeger.
Inikori, J.E. 1977. The Import of Firearms into West Africa, 1750–1807: A Quantitative Analysis. *Journal of African History* 18, S. 339–368.
Innis, Harold A. 1956. The Fur Trade in Canada: An Introduction to Canadian Economic History. 2. Aufl., hrsg. v. Mary Q. Innis. Toronto: University of Toronto Press. (Erstveröff. 1930).
Islamoğlu, Huri/Çağlar Keyder 1977. Agenda for Ottoman History. *Review* 1, S. 31–55.
Issawi, Charles (Hg.) 1966. The Economic History of the Middle East 1800–1914. Chicago: University of Chicago Press.

Jablow, Joseph 1951. The Cheyenne in Plains Trade Relations 1795–1840. American Ethnological Society Monograph, Nr. 19. New York: J. J. Augustin.
Jackson, James S. 1968. Planters and Speculators: Chinese and European Enterprise in Malaya. Kuala Lumpur: University of Malaya Press.
Jacobs, Wilbur R. 1972. Dispossessing the American Indian: Indians and Whites on the Colonial Frontier. New York: Scribner's.
Jain, Ravindra K. 1970. South Indians on the Plantation Frontier in Malaya. New Haven, CT: Yale University Press.
Jayawardena, Chandra 1971. The Disintegration of Caste in Fiji Rural Society, in: Anthropology in Oceania: Essays Presented to Ian Hogbin. L. R. Hiatt/C. Jayawardena (Hg.), S. 89–119. San Francisco: Chandler.
Jeannin, Pierre 1980. La protoindustrialisation: développement ou impasse. *Annales* 35, S. 52–65.
Jenks, Leland R. 1973. The Migration of British Capital to 1875. New York: Harper & Row/ Barnes & Noble. (Erstveröff. 1927).
Jennings, Francis 1976. The Invasion of America: Indians, Colonialism, and the Cant of Conquest. New York: W. W. Norton.
Jennings, Jesse D./Edward Norbeck (Hg.) 1963. Prehistoric Man in the New World. Chicago: University of Chicago Press.
Jeromin, Ulrich 1966. Die Überseechinesen: Ihre Bedeutung für die wirtschaftliche Entwicklung Südostasiens. Ökonomische Studien, Bd. 12. Stuttgart: Gustav Fischer.
Jessop, Bob 1977. Recent Theories of the Capitalist State. *Cambridge Journal of Economics* 1, S. 353–373.
Jones, G. I. 1963. The Trading States of the Oil Rivers. London: Oxford University Press.
Jones, Gwyn 1968. A History of the Vikings. New York: Oxford University Press.
Jones, Maldwyn Allen 1960. American Immigration. Chicago: University of Chicago Press.
Jordan, Winthrop D. 1968. White over Black: American Attitudes Toward the Negro, 1550–1812. Chapel Hill: University of North Carolina Press.
Joshi, P. C. 1970. Social Change in Traditional India, in: Neue Indienkunde – New Indology, Festschrift für Walter Rubin zum 70. Geburtstag. Horst Krüger (Hg.), S. 287–306. Berlin: Akademie Verlag.

Kaplan, David 1979. Toward a Marxist Analysis of South Africa: Review of Bernard Makhosezwe Magubane, The Political Economy of Race and Class in South Africa. *Socialist Review* 9, S. 117–137.
Kea, R. A. 1971. Firearms and Warfare on the Gold and Slave Coasts from the Sixteenth to the Nineteenth Centuries. *Journal of African History* 12, S. 185–213.
Keller, Bonnie B. 1978. Millenarianism and Resistance: The Xhosa Cattle Killing. *Journal of Asian and African Studies* 13, S. 95–111.
Kelley, J. Charles 1966. Mesoamerica and the Southwestern United States, in: Archaeological Frontiers and External Connections. Gordon F. Ekholm/Gordon R. Willey (Hg.), S. 95–110.

Handbook of Middle American Indians, Bd. 4. Robert Wauchope (Hg.). Austin: University of Texas Press.

KEMP, TOM 1971. Economic Forces in French History. London: Dobson Books.

KEPNER, CHARLES D., JR. 1936. Social Aspects of the Banana Industry. New York: Columbia University Press.

—/JAY H. SOOTHILL 1935. The Banana Empire. New York: Vanquard Press.

KERNER, ROBERT J. 1942. The Urge to the Sea: The Course of Russian History. The Role of Rivers, Portages, Ostrogs, Monasteries, and Furs. New York: Russell and Russell.

KERR, CLARK 1954. The Balkanization of Labor Markets, in: Labor Mobility and Economic Opportunity. E. Wight Bakke, et al. (Hg.), S. 92–110. New York: Wiley.

KEY, V. O. 1949. Southern Politics in State and Nation. New York: Knopf.

KEYDER, ÇAĞLAR 1976. The Dissolution of the Asiatic Mode of Production. *Economy and Society* 5, S. 178–196.

KINIETZ, W. VERNON 1965. The Indians of the Great Lakes 1615–1760. Ann Arbor: University of Michigan Press. (Erstveröff. 1940).

KIRCHHOFF, PAUL 1959. The Principles of Clanship in Human Society, in: Readings in Anthrology, Bd. 2. Morton H. Fried (Hg.), S. 260–270. New York: Thomas Y. Crowell.

KLASS, MORTON 1980. Caste: The Emergence of the South Social System. Philadelphia: Institute for the Study of Human Issues.

KLEIN, A. NORMAN 1969. West African Unfree Labor Before and After the Rise of the Atlantic Slave Trade, in: Slavery in the New World. L. Foner/E. D. Genovese (Hg.), S. 87–95. Englewood Cliffs, NJ: Prentice-Hall.

KOENIGSBERGER, H. G. 1971. Estates and Revolutions: Essays in Early Modern European History. Ithaca, NY: Cornell University Press.

KOLKO, GABRIEL 1963. The Triumph of Conservatism: A Reinterpretation of American History, 1900–1916. Glencoe, IL: The Free Press.

KONDRATIEFF, N. D. 1979. The Long Waves in Economic Life. *Review* 2, S. 510–562.

KONETZKE, RICHARD 1970. Lateinamerika seit 1492. Stuttgart: Klett.

KOPYTOFF, IGOR/SUZANNE MIERS 1977. African ›Slavery‹ as an Institution of Marginality, in: Slavery in Africa: Historical and Anthropological Perspectives. Igor Kopytoff/Suzanne Miers (Hg.), S. 3–81. Madison: University of Wisconsin Press.

KOSAMBI, D. D. 1969. Ancient India: A History of Its Culture and Civilization. New York: Meridian Books–World Publishing Company.

KRADER, LAWRENCE 1955. Principles and Structures in the Organization of the Steppe-Pastorlists. *Southwestern Journal of Anthropology* 11, S. 67–92.

— 1957. Culture and Environment in Interior Asia, in: Studies in Human Ecology. Angel Palerm, et al. (Hg.), S. 115–138. Social Monographs III. Washington, DC: Pan American Union.

— 1958. Feudalism and the Tatar Polity of the Middle Ages. *Comparative Studies in Society and History* 1, S. 76–99.

— 1975. The Asiatic Mode of Production: Sources, Development and Critique in the Writings of Karl Marx. Assen: Van Gorcum.

— (Hg.) 1972. The Ethnological Notebooks of Karl Marx. Studies of Morgan, Phear, Maine, Lubbock. Frankfurt: Campus.

KRAENZEL, CHARLES F. 1955. The Great Plains in Transition. Norman: University of Oklahoma Press.

KRIEDTE, PETER/HANS MEDICK/JÜRGEN SCHLUMBOHM 1977. Industrialisierung vor der Industrialisierung: Gewerbliche Warenproduktion auf dem Land in der Formationsperiode des Kapitalismus. Veröffentlichungen des Max-Planck-Instituts für Geschichte 53. Göttingen: Vandenhoeck und Ruprecht.

KROEBER, ALFRED L. 1948. Anthropology. New York: Harcourt Brace.

— 1952. Basic and Secondary Patterns of Social Structure, in: The Nature of Culture. S. 210–218. Chicago: University of Chicago Press. (Erstveröff. des Artikels 1938).

— 1952. The Nature of Culture. Chicago: University of Chicago Press.
Kubler, George 1946. The Quechua in the Colonial World, in: Handbook of South American Indians, Bd. 2: The Andean Civilizations. Julian H. Steward (Hg.), S. 331–410. Bureau of American Ethnology, Bulletin 143. Washington, DC: Smithsonian Institution.
Kula, Witold 1976. An Economic Theory of the Feudal System. London: New Left Books. (poln. Erstveröff. 1962).
Kunstadter, Peter (Hg.) 1967. Southeast Asian Tribes, Minorities, and Nations. 2 Bde. Princeton, NJ: Princeton University Press.
Kuwabara, Jitsuzo 1928–1935. On P'u Shou-keng, a Man of the Western Regions Who Was the Superintendend of the Trading Ships Office in Ch'uanchou Towards the End of the Sung Dynasty, Together with a General Sketch of Trade of the Arabs in China During the T'ang and Sung Eras. Abhandlungen des Research Department of the Toyo Bunko. Nr. 2, S. 1–79; Nr. 7 (1935), S. 1–102.

Lacoste, Yves 1974. General Characteristics and Fundamental Structures of Medieval North African Society. *Economy and Society* 3, S. 1–17.
Lampard, Eric R. 1957. Industrial Revolution: Interpretations and Perspectives. Service Center for Teachers of History, Publication Nr. 4. Washington, DC: American Historical Association.
Landes, David 1958. Bankers and Pashas: International Finance and Economic Imperialism in Egypt. Cambridge: Harvard University Press.
— 1973. Der entfesselte Prometheus. Technologischer Wandel und industrielle Entwicklung in Westeuropa von 1750 bis zur Gegenwart. Köln: Kiepenheuer & Witsch.
Lane, Frederick C. 1980. Seerepublik Venedig. München: Prestel.
Lang, James 1975. Conquest and Commerce: Spain and England in the Americas. New York: Academic Press.
— 1979. Portuguese Brazil: The King's Plantation. New York: Academic Press.
Lapidus, Ira M. 1969. Muslim Cities and Islamic Societies, in: Middle Eastern Cities. Ira M. Lapidus (Hg.), S. 47–79. Berkely, Los Angeles: University of California Press.
Lapidus, Ira M. (Hg.) 1969. Middle Eastern Cities. Berkely, Los Angeles: University of California Press.
Laroui, Abdallah 1976. The Crisis of the Arab Intellectual: Traditionalism or Historicism? Berkeley, Los Angeles, London: University of California Press.
Latham, A. J. H. 1973. Old Calabar 1600–1891: The Impact of the International Economy Upon a Traditional Society. Oxford: Clarendon Press.
— 1978. The International Economy and the Underdeveloped World 1865–1914. London: Croom Helm.
Lathrap, Donald 1970. The Upper Amazon. London: Thames and Hudson.
Lattimore, Owen 1951. Inner Asian Frontiers of China. 2. Aufl. New York: American Geographic Society. (Erstveröff. 1940).
— 1962. Studies in Frontier History: Collected papers 1928–1958. London: Oxford University Press.
—/Eleanor Lattimore 1944. The Making of Modern China. Washington, DC: The Infantry Journal.
Lauber, Almon W. 1913. Indian Slavery in Colonial Times Within the Present Limits of the United States. New York: Columbia University Press.
Law, Robin 1975. A West African Cavalry State: The Kingdom of Oyo. *Journal of African History* 16, S. 1–15.
Lawson, Murry G. 1943. Fur: A Study in English Mercantilism, 1700–1775. University of Toronto Studies, History and Economics Series, Bd. 9. Toronto: University of Toronto Press.
Lazonick, William 1974. Karl Marx and Enclosures in England. *Review of Radical Political Economics* 6, S. 1–59.

LEACH, EDMUND R. 1954. Political Systems of Highland Burma: A Study of Kachin Social Structure. Cambridge: Harvard University Press.

— 1961. Rethinking Anthropology. London School of Economics Monographs on Social Anthropology, Nr. 22. London: Athlone Press.

LEACH, EDWARD R./S. N. MUKERJEE (Hg.) 1970. Elites in South Asia. Cambridge: Cambridge University Press.

LEACOCK, ELEANOR B. 1954. The Montagnais ›Hunting Territory‹ and the Fur Trade. American Anthropological Association, Abhandlung 78. Menasha, WI: American Anthropological Association.

— 1972. Einführung zu: Frederick Engels, The Origin of the Family, Private Property, and the State. S. 7–67. New York: International Publishers.

—/NANCY O. LURIE (Hg.) 1971. North American Indians in Historical Perspective. New York: Random House.

LEBAR, FRANK M./GERALD C. HICKEY/JOHN K. MUSGROVE (Hg.) 1964. Ethnic Groups of Mainland Southeast Asia. New Haven, CT: Human Relations Area Files Press.

LEE, CALVIN 1965. Chinatown, U.S.A. Garden City, NY: Doubleday.

LEEDS, ANTHONY 1976. ›Women in the Migratory Process‹: A Reductionist Outlook. *Anthropological Quarterly* 49, S. 69–76.

LEES, SUSAN H./DANIEL G. BATES 1974. The Origins of Specialized Pastoralism: A Systemic Model. *American Antiquity* 39, S. 187–193.

LEGASSICK, MARTIN 1977. Gold, Agriculture, and Secondary Industry in South Africa, 1885–1970; from Periphery to Sub-Metropole as a Forced Labour System, in: The Roots of Rural Poverty in Central and Southern Africa. Robin Palmer/Neil Parsons (Hg.), S. 175–200. Berkeley, Los Angeles, London: University of California Press.

LEHMAN, FREDERIC K. 1957. Anthropological Parameters of a Civilization: The Ecology, Evolution and Typology of India's High Culture. 2 Bde. Dissertation, Department of Anthropology, Columbia University, New York.

LEKACHMAN, ROBERT 1976. Economists at Bay. New York: Mc Graw-Hill.

LENIN, W. J. 1960. Der Imperialismus als höchstes Stadium des Kapitalismus. Gemeinverständlicher Abriß, in: ders., Werke, Bd. 22, S. 189–309. Berlin (DDR): Dietz. (russ. Erstveröff. 1917).

LE ROY LADURIE, EMMANUEL 1977. Occitania in Historical Perspective. *Review* 1, S. 21–30.

LESSER, ALEXANDER 1961. Social Fields and the Evolution of Society. *Southwestern Journal of Anthropology* 17, S. 40–48.

LEUR, JACOB CORNELIS VAN 1955. Indonesian Trade and Society: Essays in Asian Social and Economic History. Den Haag, Bandung: W. van Hoewe.

LEVIN, STEPHANIE SETO 1968. The Overthrow of the Kapu System in Hawaii. *Journal of the Polynesian Society* 74, S. 402–430.

LEVINE, DAVID 1977. Family Formation in an Age of Nascent Capitalism. New York: Academic Press.

LEVTZION, NEHEMIA 1972. The Early States of the Western Sudan to 1500, in: History of West Africa, Bd. 1. J. F. Ade Ajayi/Michael Crowder (Hg.), S. 120–157. New York: Columbia University Press.

LEWIS, ARCHIBALD R. 1951. Naval Power and Trade in the Mediterranean, 500–1100. Princeton, NJ: Princeton University Press.

— 1958. The Northern Seas: Shipping and Commerce in Northern Europe, A. D. 300–1100. Princeton, NJ: Princeton University Press.

LEWIS, OSCAR 1942. The Effects of White Contact Upon Blackfoot Culture: With Special Refernce to the Role of the Fur Trade. American Ethnological Society, Monograph Nr. 6. New York: J.J. Augustin.

LINARES, OLGA T. 1979. What Is Lower Central American Archaeology? *Annual Review of Anthropology* 8, S. 21–43.

LINDBLOM, CARLES E. 1977. Politics and Markets: The World's Political Economic Systems. New York: Basic Books.
LINTON, RALPH 1955. The Tree of Culture. New York: Knopf.
LLOYD, PETER C. 1954. The Traditional Political System of the Yoruba. *Southwestern Journal of Anthropology* 10, S. 235–251.
— 1965. The Political Structure of African Kingdoms, in: Political Systems and the Distribution of Power. Michael Banton (Hg.), S. 25–61. Association of Social Anthropologists, Monograph Nr. 2. London: Tavistock Publications.
— 1968. Conflict Theory and Yoruba Kingdoms, in: History and Social Anthropology. I. M. Lewis (Hg.), S. 25–61. Association of Social Anthropologists, Monograph Nr. 7. London: Tavistock Publications.
LOCKHART, JAMES 1968. Spanish Peru, 1532–1560: A Colonial Society. Madison: University of Wisconsin Press.
— 1972. The Men of Cajamarca: A Social and Biographical Study of the First Conquerors of Peru. Austin: University of Texas Press.
LOPEZ, ROBERT S. 1971. The Commercial Revolution of the Middle Ages, 950–1350. Englewood Cliffs, NJ: Prentice-Hall.
—/HARRY A. MISKIMIN/ABRAHAM UDOVITCH 1970. England to Egypt, 1350–1500: Long-Term Trends and Long-Distance Trade, in: Studies in the Economic History of the Middle East from the Rise of Islam to the Present Day. Michael A. Cook (Hg.), S. 93–128. London: Oxford University Press.
LOVE, THOMAS F. 1977. Ecological Niche Theory in Sociocultural Anthropology: A Conceptual Framework and an Application. *American Ethnologist* 4, S. 27–41.
LOWIE, ROBERT H. 1920. Primitive Society. New York: Boni and Liveright.
— 1937. The History of Ethnological Theory. New York: Rinehart.
LUXEMBURG, ROSA 1970. Die Akkumulation des Kapitals. Ein Beitrag zur ökonomischen Erklärung des Imperialismus. Frankfurt: Neue Kritik. (Erstveröff. 1913).
LUZZATTO, GINO 1961. An Economic History of Italy from the Fall of the Roman Empire to the Beginning of the Sixteenth Century. London: Routledge & Kegan Paul.
LYASHCHENKO, PETER I. 1949. History of the National Economy of Russia to the 1917 Revolution. New York: Macmillan. (russ. Erstveröff. 1939).
LYBYER, A. H. 1915. The Ottoman Turks and the Routes of Oriental Trade. *Economic History Review* 30, S. 577–588.
LYND, ROBERT S. 1939. Knowledge for What? Princeton, NJ: Princeton University Press.
— 1949. The Science of Inhuman Relations. *The New Republic* 121, S. 22–24.

MCCALL, DANIEL F. 1969. Africa in Time-Perspective. New York: Oxford University Press.
— 1971. Islamization in the Western and Central Sudan in the Eleventh Century, in: Aspects of West African Islam. Daniel F. McCall/Norman R. Bennett (Hg.), S. 1–30. Boston University Papers on Africa, Bd. 5. Boston: African Studies Center, Boston University.
MCCOY, ALFRED W. (in Zusammenarbeit mit CATHLEEN B. READ/LEONARD P. ADAMS II) 1972. The Politics of Heroin in Southeast Asia. New York: Harper & Row.
MCEVEDY, COLIN/RICHARD JONES 1978. Atlas of World Population History. Harmondsworth: Penguin Books.
MACFARLANE, ALAN 1979. The Origins of English Individualism: The Family, Property and Social Transition. New York: Cambridge University Press.
MCHUGH, TOM/VICTORIA HOBSON 1972. The Time of the Buffalo. New York: Knopf.
MCILWRAITH, T. F. 1948: The Bella Coola Indians. 2 Bde. Toronto: University of Toronto Press.
MACKNIGHT, C. C. 1972. Macassans and Aborigines. *Oceania* 42, S. 283–321.
MACK SMITH, DENIS 1969. Italy: A Modern History. 2. Aufl. Ann Arbor: University of Michigan Press.

MACLEOD, MURDO J. 1973. Spanish Central America: A Socioeconomic History, 1520–1720. Berkeley, Los Angeles, London: University of California Press.
MCNEILL, WILLIAM H. 1963. The Rise of the West: A History of the Human Community, Chicago: University of Chicago Press.
MCPHERRON, ALAN 1967. On the Sociology of Ceramics: Pottery Style Clustering, Marital Residence, and Cultural Adaptations of the Algonkian-Iroquoian Border, in: Iroquois Culture, History and Prehistory: Proceedings of the 1965 Conference on Iroquois Research. Elizabeth Tooker (Hg.), S. 101–107. Albany: State Education Department, University of the State of New York, and New York Museum and Science Service.
MACPHERSON, C. B. 1974. Die politische Theorie des Besitzindividualismus. Von Hobbes bis Locke. Frankfurt: Suhrkamp. (engl. Erstveröff. 1962).
MAGUBANE, BERNARD M. 1978. The Politics of History in South Africa. Notes and Documents Nr. 11/78. New York: Centre Against Apartheid, Department of Political and Security Council Affairs, United Nations.
— 1979. The Political Economy of Race and Class in South Africa. New York: Monthly Review Press.
MAIR, LUCY P. 1934. An African People in the Twentieth Century. London: Routledge.
MANCALL, MARK 1971. Russia and China: Their Diplomatic Relations to 1728. Cambridge, MA: Harvard University Press.
MANDEL, ERNEST 1972a. Marxistische Wirtschaftstheorie. 2 Bde. Frankfurt: Suhrkamp.
— 1972b. Der Spätkapitalismus. Versuch einer marxistischen Erklärung. Frankfurt: Suhrkamp.
MANN, JULIA DE LACY 1971. The Cloth Industry in the West of England from 1640 to 1880. Oxford: Clarendon Press.
MANTOUX, PAUL 1928. The Industrial Revolution in the Eighteenth Century: An Outline of the Beginnings of the Modern Factory System in England. London: Jonathan Cape.
MAQUET, JACQUES J. 1961. Une hypothèse pour l'étude des feodalités africaines. *Cahiers d'études africaines* 2, S. 292–314.
— 1964. Objectivity in Anthropology. *Current Anthropology* 12, S. 419–430.
MARAN LA RAW 1967. Towards a Basis for Understanding the Minorities in Burma: The Kachin Example, in: Southeast Asian Tribes, Minorities, and Nations, Bd. 1. Peter Kunstadter (Hg.), S. 125–146. Princeton, NJ: Princeton University Press.
MARCUS, STEVEN 1974. Engels, Manchester, and the Working Class. New York: Random House.
MARX, KARL. MEW. Karl Marx, Friedrich Engels, Werke. Berlin (DDR): Dietz
— 1974. Grundrisse der Kritik der Politischen Ökonomie (Rohentwurf 1857–1858). 2. Aufl. Berlin (DDR): Dietz
MASSELMAN, GEORGE 1963, The Cradle of Colonialism. New Haven, CT: Yale University.
MATHEW, GERVASE 1963.The East African Coast Until the Coming of the Portuguese, in: The History of East Africa, Bd. I. Roland Oliver/Gervase Mathew (Hg.), S. 94–127. Oxford: Clarendon Press.
MAUDE, H. E. 1968. Of Islands and Men: Studies in Pacific History. Melbourne: Oxford University Press.
MAUNY, RAYMOND 1961. Tableau géographique de l'ouest africain au Moyen Age, d'après les sources ecrites, la tradition et l'archéologie. Mémoires der l'Institut Français d'Afrique Noire, Nr. 61, Dakar.
MAURO, FRÉDÉRIC 1961. Toward an ›Intercontinental Model‹: European Overseas Expansion Between 1500–1800. *Economic History Review* 14, S. 1–17.
— 1967. L'expansion européenne (1600–1870). Paris: Presses Universitaires de France.
MEGGERS, BETTY J. 1966. Ecuador. New York: Praeger.
—/CLIFFORD EVANS (Hg.) 1963. Aboriginal Culture Development in Latin America: An Interpretive Review, Smithsonian Miscellaneous Collections, Bd. 146. Washington, DC: Smithsonian Institution.

MEGGITT, MERVYN J. 1962. Desert People: A Study of the Walbiri Aborigines of Central Australia. Sydney: Angus and Robertson.
MEHRING, FRANZ 1976. Karl Marx. Geschichte seines Lebens, in: ders., Gesammelte Werke, Bd. 3. Berlin (DDR): Dietz.
MEILINK-ROELOFSZ, M.A.P. 1962. Asian Trade and European Influence in the Indonesian Archipelago Between 1500 and About 1630. Den Haag: Nijhoff.
MEILLASSOUX, CLAUDE 1960. Essai d'interpretation du phénomène économique dans les sociétés traditionelles d'auto-subsistence. *Cahiers d'Études Africains* 4, S. 38–67.
— 1972. From Reproduction to Production: A Marxist Approach to Economic Anthropology. *Economy and Society* 1, S. 93–105.
— 1973. The Social Organization of the Peasantry: The Economic Basis of Kinship. *Journal of Peasant Studies* 1, S. 81–90.
— 1974. Are There Castes in India? *Economy and Society* 2, S. 89–111.
— (Hg.) 1971. The Development of Indigenous Trade and Markets in West Africa. London: Oxford University Press.
— (Hg.) 1975. L'esclavage en Afrique Précoloniale. Paris: François Maspéro.
MENCHER, JOAN 1974. The Caste System Upside Down: Or the Not So Mysterious East. *Current Anthropolgy* 15, S. 469–494.
MENDELS, FRANKLIN F. 1972. Proto-Industrialization: The First Phase of the Industrialization Process. *Journal of Economic History* 32, S. 241–261.
MERRIMAN, ROBERT O. 1926. The Bison and the Fur-Trade. Departments of History and Political and Economics Science in Queen's University, Bulletin 53, Kingston, Ontario.
MEYEROWITZ, EVA L. R. 1951. The Sacred State of the Akan. London: Faber and Faber.
MILLER, ERIC 1954. Caste and Territory in Malabar. *American Anthropologist* 56, S. 410–420.
MILLER, J. INNIS 1969. The Spice Trade of the Roman Empire, 29 B.C. to A.D. 641. Oxford: Clarendon Press.
MILLER, JOSEPH C. 1973. Requiem for the ›Jaga‹. *Cahiers d'Etudes Africaines* 13, S. 121–149
— 1975. Kings and Kinsmen: Early Mbundu States in Angola. London: Oxford University Press.
— 1976. The Slave Trade in Congo and Angola, in: The African Diaspora: Interpretive Essays. Martin L. Kilson/Robert I. Rotberg (Hg.), S. 75–113. Cambridge, MA: Harvard University Press.
MILLER, SOLOMON 1967. Hacienda to Plantation in Northern Peru: The Processes of Proletaria-nization of a Tenant Farmer Society, in: In Contemporary Change in Traditional Societies, Bd. 3: Mexican an Peruvian Communities. Julian H. Steward (Hg.), S. 133–225. Urbana: University of Illinois Pres..
MILWARD, A./S. B. SAUL 1977. The Development of the Economics of Continental Europe. Cambridge, MA: Harvard University Press.
MINGAY, G. E. 1973. English Landed Society in the Eighteenth Century. London: Routledge Kegan Paul.
MINTZ, SIDNEY W. 1956. Cañamelar: The Subculture of a Rural Sugar Plantation Proletariat, in: The People of Puerto Rico. Julian Steward, et al. (Hg.), S. 314–417. Urbana: University of Illinois Press.
— 1959a. Internal Market Systems as Mechanisms of Social Articulation, in: Intermediate Societies, Social Mobility, and Communication. Proceedings of the 1959 Annual Spring Meweting of the American Ethnological Society. Verne F. Ray (Hg.), S. 20–30. Seattle: University of Washington.
— 1959 b. The Plantation as a Socio-Cultural Type, in: Plantation Systems of the New World. Ángel Palerm/Vera Rubin (Hg.), S. 42–49. Social Science Monographs VII, Pan American Union. Washington, DC: Pan American Union.
— 1961. The Question of Caribbean Peasantries: A Comment. *Caribbean Studies* 1, S. 31–34.
— 1973. A Note on the Definition of Peasantry. *Journal of Peasant Studies* 1, S. 91–106.
— 1974. Caribbean Transformation. Chicago: Aldine.

— 1979a. Slavery and the Rise of Peasantry. *Historical Reflections* 6, S. 215–242.
— 1979b. Time, Sugar and Sweetness. *Marxist Perspectives 2, S. 56–73.*
—/RICHARD PRICE 1976. An Anthropological Approach to the Study of Afro-American History: A Caribbean Perspective. Philadelphia: ISHI.
MOHR, E. C. J. 1933. Tropical Soil Forming Processes and the Development of Tropical Soils with Special Reference to Java and Sumatra. Peking: National Geological Survey of China.
— 1944. The Soils of Equatorial Regions. Ann Arbor, MI: Edwards Brothers.
MOORE, BARRINGTON, JR. 1974. Soziale Ursprünge von Diktatur und Demokratie. Die Rolle der Grundbesitzer und Bauern bei der Entstehung der modernen Welt. Frankfurt: Suhrkamp.
— 1982. Ungerechtigkeit. Die sozialen Ursachen von Unterordnung und Widerstand. Frankfurt: Suhrkamp.
MORELAND, W. H. 1963. The Agrarian System of Moslem India. Bombay: Oriental Book Reprint Corporation. (Erstveröff. 1929).
MORENO FRAGINALS, MANUEL 1978, El ingenio: complejo económico social cubano del azúcar. 2 Bde. Havanna: Editorial de Ciencias Sociales.
MORGAN, EDMUND S. 1975. American Slavery – American Freedom: The Ordeal of Colonial Virginia. New York: W. W. Norton.
MÖRNER, MAGNUS 1973. The Spanish American Hacienda: A Survey of Recent Research and Debate. *Hispanic American Historical Review* 53, S. 183–216.
MORRIS, MORRIS D. 1960. The Recruitment of an Industrial Labor Force in India, with British and American Comparisons. *Comparative Studies in Society and History* 2, S. 305–328.
— 1963. Towards a Reinterpretation of Nineteenth Century Indian Economic History. *Journal of Economic History* 23, S. 606–618.
— 1965. The Emergence of an Industrial Labor Force in India: A Study of the Bombay Cotton Mills 1854–1947. Berkeley, Los Angeles: University of California Press.
—/BURTON STEIN 1961. The Economic History of India: A Bibliographic Essay. *Journal of Economic History* 21, S. 179–207.
MORTON-WILLIAMS, PETER 1964. The Oyo Yoruba and the Atlantic Slave Trade, 1670–1830. *Journal of the Historical Society of Nigeria* 3, S. 24–45.
— 1965. The Fulani Penetration into Nupe and Yoruba in the Nineteenth Century, in: Political Systems and the Distribution of Power. Michael Banton (Hg.), S. 1–24. Association of Social Anthropologists, Monograph Nr. 2. London: Tavistock Publications.
— 1967. The Yoruba Kingdom of Oyo in the Nineteenth Century, in: West African Kingdoms in the Nineteenth Century. Daryll Forde/Phyllis Kaberry (Hg.), S. 36–69. London: Oxford University Press.
— 1969. The Influence of Habitat and Trade on the Polities of Oyo and Ashanti, in: Man in Africa. Mary Douglas/Phyllis Kaberry (Hg.), S. 79–98. London: Tavistock Publications.
MOZIÑO, JOSÉ MARIANO 1970. Noticias de Nutka: An Account of Nootka Sound in 1792. American Ethnological Society, Monograph Nr. 50. Seattle: University of Washington Press.
MUDENGE, S. I. 1974. The Role of Foreign Trade in the Rozvi Empire: A Reappraisal. *Journal of African History* 15, S. 373–391.
MUKHERJEE, RAMKRISHNA 1958. The Rise and Fall of the East India Company: A Sociological Appraisal. Berlin: VEB Deutscher Verlag der Wissenschaften.
MUKHERJEE, S. N. 1970, Class, Caste and Politics in Calcutta, 1815–38, in: Elites in South Asia. E. R. Leach/S. N. Mukherjee (Hg.), S. 38–78, Cambridge: Cambridge University Press.
MURDOCK, GEORGE P. 1949. Social Structure. New York: Macmillan.
MURPHEY, RHOADS 1977. The Outsiders: The Western Experience in India and China. Ann Arbor: University of Michigan Press.
MURPHY, ROBERT F. 1958. Matrilocality and Patrilineality in Mundurucú Society. *American Anthropologist* 38, S. 414–434.
— 1960. Headhunters' Heritage: Social and Economic Change Among the Mundurucú Indians. Berkeley, Los Angeles: University of California Press.
MURRA, JOHN V. 1972. El control ›vertical‹ de un máximo de pisos ecológicos en la economía de

las sociedades andinas, *in:* Iñigo Ortiz de Zúñiga, visitador, visita de la provincia de León de Huánuco en 1562, Bd. 1. John V. Murra (Hg.), S. 427–476. Documentos para la Historia y Etnología de Huánuco y la Selva Central. Huánuco, Peru: Universidad Hermilio Valdizán.
— 1975. Formaciones económicas y políticas del mundo andino. Lima: Instituto de Estudios Peruanos.

NACLA-East Apparel Project, North American Congress for Latin America 1977. Capital on the Move: An Overview. *NACLA's Latin American and Empire Report* 11, S. 2–3.
Nash, Gary B. 1974. Red, White, and Black: The Peoples of Early America. Englewood Cliffs, NJ: Prentice-Hall.
Nehnevajsa, Jiri/Albert Frances 1959. Automation and Stratification, in: Automation and Society. Howard B. Jacobson/Joseph S. Roucek (Hg.), S. 394–415. New York: Philosophical Library.
Nekich, Sandra 1974. The Feast of the Dead: The Origin of the Indian-White Trade Ceremonies in the West. *Western Canadian Journal of Anthropology* 4, S. 1–20.
Nell, Edward 1973. Economics: The Revival of Political Economy, in: Ideology in Social Science: Readings in Critical Social Theory. Robin Blackburn (Hg.), S. 76–95. New York: Vintage Books/Random House.
Newell, William H. 1974. Comment on »The Caste System Upside Down«, by Joan P. Mencher. *Current Anthropology 15, S. 487–488.*
Newitt, Malyn D. D. 1973. Portuguese Settlement on the Zambesi: Exploration, Land Tenure and Colonial Rule in East Africa. New York: Africana.
Nikolinakos, Marios 1975. Notes Towards a General Theory of Migration in Late Capitalism. *Race and Class* 17, S. 5–17.
North, Douglass C. 1961. The Economic Growth of the United States 1790–1860. Englewood Cliffs, NJ: Prentice-Hall.
Northrup, David 1972. The Growth of Trade Among the Igbo Before 1800. *Journal of African History* 13, S. 217–236.
Nugent, David 1980. Closed Systems and Contradiction: The Kachin In and Out of History. Unveröffentl. Ms. Department of Anthropology, Columbia University, New York.

Oberg, Kalervo 1973. The Social Economy of the Tlingit Indians, American Ethnological Society, Monograph Nr. 55. Seattle: University of Washington.
O'Connor, James 1974. The Corporations and the State: Essays in the Theory of Capitalism and Imperialism. New York: Harper & Row.
O'Laughlin, Bridget 1975. Marxist Approaches in Anthropology. *Annual Review of Anthropology* 4, S. 341–370.
Olien, Michael D. 1970. The Negro in Costa Rica: The Role of an Ethnic Minority in a Developing Society. Developing Nations Monograph Series, Nr. 3. Winston-Salem, NC: Overseas Research Center, Wake Forest University.
Oliveira Marques, A. H. De 1972. History of Portugal, 2 Bde. New York: Columbia University Press.
Oliver, Douglas L. 1962. The Pacific Islands. Cambridge, MA: Harvard University Press.
Oliver, Roland A. 1970. The Problem of Bantu Expansion, in: Papers in African Prehistory. J. D. Fage/R. A. Oliver (Hg.), S. 141–156. Cambridge: Cambridge University Press.
Oliver, Roland A./Brian Fagan 1975. Africa in the Iron Age, 500 B. C. to A. D. 1400. London: Cambridge University Press.
Oliver, Roland A./J. D. Fage 1962. A Short History of Africa. New York: New York University Press.
Oliver, Symmes C. 1974. Ecology and Cultural Continuity as Contributing Factors in the Social Organization of the Plains Indians, in: Man in Adaption: The Cultural Present. 2. Aufl. Yehudi A. Cohen (Hg.), S. 302–322. Chicago: Aldine.
Ollman, Bertell 1976. Alienation. 2. Aufl. Cambridge: Cambridge University Press.

ONSELEN, CHARLES VAN 1976. Chibaro: African Mine Labour in Southern Rhodesia 1900–1933. London: Pluto press.
— 1979. The World the Mineowners Made: Social Themes in teh Economic Transformation ot the Witwatersrand, 1886–1914. *Review* 3, S. 289–302.
ORIGO, IRIS 1955. The Domestic Enemy: The Eastern Slaves in Tuscany in the 14th and 15th Centuries. *Speculum* 30, S. 321–366.
— 1957. The Mercheant of Prato, Francesco Di Marco Datini, 1335–1410. London: Jonathan Cape.
ORLOVE, BENJAMIN 1977. Integration Through Production: The Use of Zonation in Espinar. *American Ethnologist* 4, S. 84–101.
ORTEGA Y GASSET, JOSÉ 1937. Invertebrate Spain. New York: W. W. Norton (span. Erstveröff. 1921).
ORTIZ, FERNANDO 1947. Cuban Counterpoint: Tobacco and Sugar. New York: Knopf. (span. Erstveröff. 1940).
OSGOOD E. S. 1957. The Day of the Cattleman. Chicago: Phoenix Books.
OSTROGORSKY, GEORG 1963. Geschichte des byzantinischen Staates. München: Beck. (Erstveröff. 1940).
OTTENBEERG, SIMON 1958. Ibo Oracles and Intergroup Relations. *Southwestern Journal of Anthropology* 14, S. 295–317.
OTTERBEIN, KEITH F. 1964. Why the Iroquois Won: An Analysis of Iroquois Militäry Tactics. *Ethnohistory* 11, S. 56–63.
OWEN, E. R. J. 1969. Cotton and the Egyptian Economy 1820–1914: A Study in Trade and Development. Oxford: Clarendon Press.
OWEN, ROGER/BOB SUTCLIFFE (Hg.) 1972. Studies in the Theory of Imperialism. London: Longman.

PALERM, ÁNGEL, 1949. El industrialismo y la decadencia. *Presencia* (Mexico City) 5–6, S. 38–80.
— 1979. Sobre la formación del sistema colonial: apuntes para una discusión, in: Ensayos sobre el desarrollo económico de México y América Latina (1500–1975). Enrique Florescano (Hg.), S.93–127. Mexico City: Fonfo de Cultura Económica.
PALMER, ROBIN/NEIL PARSONS (HG.) 1977. The Roots of Rural Poverty in Central and Southern Africa. Berkeley, Los Angeles, London: University of California Press.
PARRY, J. H. 1966. The Establishment of the European Hegemony 1415–1715: Trade and Exploration in the Age of the Renaissance. 3. Aufl. New York: Harper Torchbooks/Harper & Row.
— 1971. Trade and Dominion: The European Overseas Empires in the Eighteenth Century. London: Weidenfeld & Nicolson.
— 1973. The Spanish Seaborne Empire. Harmondsworth: Penguin Books.
PARTRIDGE, WILLIAM L. 1979. Banana County in the Wake of the United Fruit: Social and Economic Linkages. *American Ethnologist* 6, S. 491–509.
PECKHAM, HOWARD H. 1970, Pantiac and the Indian Uprising. New York: Russell and Russell. (Erstveröff. 1947).
PELZER, KARL 1945. Pioneer Settlement in the Asiatic Tropics: Land Utilization and Agricultural Colonization in Southeast Asia. American Geogrphical Society, Special Publication Nr. 29. New Yok: American Geographical Society.
PENDLE, GEORGE 1963. A History of Latin America. Baltimore: Penguin.
PERDUE, THEDA 1979. Slavery and the Evolution of Cherokee Society 1540–1866. Knoxville: University of Tennessee Press.
PERKIN, HAROLD J. 1969. The Origins of Modern English Society 1780–1880. Toronto: University of Toronto Press.
PHILLIPS, PAUL C. 1961. The Fur Trade. 2 Bde. Norman: University of Oklahoma Press.
PHILLIPSON, D. W. 1977. The Spread of the Bantu Language. *Scientific American* 286, S. 106–114.

PIKE, RUTH 1966. Enterprise and Adventure: The Genoese in Seville and the Opening of the New World. Ithaca, NY: Cornell University Press.
PIRENNE, HENRI 1937. Economic and Social History of Medieval Europe. New York: Harcourt Brace.
PLATT, D. C. M. 1973. Latin America and British Trade, 1806–1914. The Merchant Adventurers Series. New York: Harper & Row/Barnes & Noble.
POLANYI, KARL 1978. The Great Transformation. Politische und ökonomische Ursprünge von Gesellschaften und Wirtschaftssystemen. Frankfurt: Suhrkamp. (Erstveröff. 1944).
— 1966. Dahomey and the Slave Trade. American Ethnological Society, Monograph Nr. 42. Seattle: University of Washington Press.
POLLARD, SIDNEY 1965. The Genesis of Modern Management: A Study of the Industrial Revolution in Great Britain. Cambrigde, MA: Harvard University Press.
POLLOCK, N. C./SWANZIE AGNEW 1963. An Historical Geography of South Africa. London: Longmans.
POPPINO, ROLLIE 1968. Brazil: The Land and People. London: Oxford University Press.
PORTES, ALEJANDRO 1978. Migration and Underdevelopment. *Politics and Society* 8, S. 1–48.
POTTER, JACK M. 1976. Thai Peasant Social Structure. Chicago: University of Chicago Press.
POULANTZAS, NICOS 1974. Politische Macht und gesellschaftliche Klassen. Frankfurt: Fischer Athenäum.
— 1975. Klassen im Kapitalismus, heute. Berlin: VSA.
PRAWER, JOSHUA/SHMUEL N. EISENSTADT 1968. Feudalism, in: International Encyclopedia of the Social Sciences, Bd. 5. David Sills (Hg.), S. 393–403. New York: Macmillan and Free Press.

QUAIN, BUELL 1937. The Iroquois, in: Cooperation and Competition Among Primitive Peoples. Margaret Mead (Hg.), S. 240–281. New York: McGraw-Hill.

RAGATZ, LOWELL J. 1928. The Fall of the Planter Class in the British Caribbean, 1763–1833. New York: Century.
RAMOS, ALCIDA R. 1978. Mundurucú: Social Change or False Problem? *American Ethnologist* 5, S. 675–689.
RANDLE, MARTHA C. 1951. Iroquois Women, Then and Now. *Bulletin of the Bureau of American Ethnology* 149, S. 167–180.
RANGER, TERENCE O. (Hg.) 1968. Aspects of Central African History. Evanston, IL: Northwestern University Press.
RAWICK, GEORGE P. 1972. From Sundown to Sunup: The Making of the Black Community. Contributions in Afro-American and African Studies, Nr. 11. Westport, CT: Greenwood.
RAWSKI, EVELYN SAKAKIDA 1972. Agricultural Change and the Peasant Economy of South China. Harvard East Asian Series, Nr. 66. Cambrigde, MA: Harvard University Press.
RAY, ARTHUR J. 1974. Indians in the Fur Trade: Their Role as Hunters, Trappers and Middlemen in the Lands Southwest of Hudson Bay 1660–1870. Toronto: University of Toronto Press.
RAYCHAUDHURI, TAPAN (Hg.) 1960. Contributions to Indian Economic History, Bd. 1. Calcutta: Firma K. L. Mukhopadhyay.
REDFORD, ARTHUR 1976. Labour Migration in England, 1800–1850. 3. Aufl. Manchester: Manchester University Press. (Erstveröff. 1926).
REES, ALBERT 1961. Real Wages in Manufacturing: 1890–1914. Princeton, NJ: Princeton University Press.
REICHEL-DOLMATOFF, GERARDO 1961. The Agricultural Basis of the Sub-Andean Chiefdoms of Colombia, in: The Evolution of Horticultural Systems in Native South America: Causes and Consequences. A Symposium. Johannes Wilbert (Hg.), S. 83–100. Supplement Publication Nr. 2, Antropológica. Caracas: Sociedad de Ciencias Naturales La Salle.
— 1965. Colombia. New York: Praeger.
REY, PIERRE-PHILIPPE 1976. Les alliances de classes. Paris: François Maspéro.
REYNOLDS, ROBERT L. 1957. The Mediterranean Frontiers, 1000–1400, in: The Frontier in

Perspective. Walker D. Wyman/Clifton B. Kroeber (Hg.), S. 21–34. Madison: University of Wisconsin Press.
— 1961. Europe Emerges. Madison: University of Wisconsin Press.
Ribeiro, Darcy 1971. Der zivilisatorische Prozeß. Frankfurt: Suhrkamp
Rich, E. E. 1955. Russia and the Colonial Fur Trade. *Economic History Review* 7, S. 307–328.
— 1959. History of the Hudson's Bay Company 1670–1870. 2 Bde. London: Hudson's Bay Record Society.
Richards, Alan R. 1977. Primitive Accumulation in Egypt, 1798–1882. *Review* 1, S. 3–49.
Richards, Cara B. 1957. Matriarchy or Mistake: The Role of Iroquois Women Through Time, in: Cultural Stability and Cultural Change. Proceedings of the 1957 Annual Spring Meeting of the American Ethnological Society. Verne F. Ray (Hg.), S. 36–45. Seattle: American Ethnological Society, University of Washington.
Richards, D. S. (Hg.) 1970. Islam and the trade of Asia: A Colloquium. Oxford: Bruno Cassirer; Philadelphia: University of Pennsylvania Press.
Richards, W. 1980, The Import of Firearms into West Africa in the 18th Century. *Journal of African History* 21, S. 43–59.
Robequain, Charles 1944. The Economic Development of French Indo-China. London: Oxford University Press. (frz. Erstveröff. 1939).
Roberts, Andrew D. 1973. A History of the Bemba: Political Growth and Change in North-eastern Zambia Before 1900. Madison: University of Wisconsin Press.
Robinson, K. R. 1966. The Archaeology of the Rozwi, in: The Zambezian Past: Studies in Central African History. Eric T. Stokes/R. Brown (Hg.), S. 3–27. Manchester: University of Manchester Press.
Robinson, Ronald 1972. Non-European Foundations of European Imperialism: Sketch for a Theory of Collaboration, in: Studies in the Theory of Imperialism. Roger Owen/Bob Sutcliffe (Hg.), S. 118–140. London: Longman.
Rodinson, Maxime 1971. Islam und Kapitalismus. Frankfurt: Suhrkamp. (frz. Erstveröff. 1966).
Rodney, Walter 1970. A History of the Upper Guinea Coast. Oxford: Clarendon Press.
Roff, William R. 1967. The Origins of Malay Nationalism. New Haven, CT: Yale University Press.
Rogers, Edward S. 1969. Band Organization Among the Indians of Eastern Subarctic Canada, in: Contributions to Anthropology: Band Societies. Proceedings of the Conference on Band Organization, Ottawa, 1965. David Damas (Hg.), S. 21–50. National Museum of Canada.
Rogin, Michael P. 1975. Fathers and Children: Andrew Jackson and the Subjugation of the American Indian. New York: Knopf.
Rohrbough, Malcolm J. 1968. The Land Office Business: The Settlement and Administration of American Public Lands, 1789–1837. New York: Oxford University Press.
Rokkan, Stein 1975. Dimensions of State Formation and Nation-Building: A Possible Paradigm for Research on Variations Within Europe, in: The Formation of National States in Western Europe. Charles Tilly (Hg.), S. 562–600. Princeton, NJ: Princeton University Press.
Rollwagen, Jack 1980. New Directions in Urban Anthropology: Building an Ethnography and an Ethnology of the world system, in: Urban Life: Readings in Urban Anthropology. George Gmelch/Walter P. Zenner (Hg.), S. 370–382. New York: St. Martin's Press.
Rosas, Paul 1943. Caste and Class in India. *Science and Society* 7, S. 141–167.
Roseberry, William 1978. Historical Materialism and The People of Puerto Rico, in: Social Anthropology in Puerto Rico, Special issue. Robert Duncan (Hg.). *Revista Interamericana* (San Germán, Puerto Rico) 8, S. 26–36.
Rosecrance, Richard N. 1964. The Radical Culture of Australia, in: The Founding of New Societis. Louis Hartz (Hg.), S. 275–318. New York: Harcourt, Brace and World.
Rosenberg, Hans 1967. Große Depression und Bismarckzeit: Wirtschaftsablauf, Gesellschaft und Politik in Mitteleuropa. Veröffentlichungen der Historischen Kommission zu Berlin beim

Friedrich-Meinecke-Institut der Freien Universität Berlin, Bd. 24; Publikationen zur Geschichte der Industrialisierung, Bd. 2. Berlin: Walter de Gruyter.
ROSENBERG, HARRIET G. 1978. The Experience of Underdevelopment: Change in a French Alpine Village from the Old Regime to the Present. Dissertation, Departments of Anthropology and History, University of Michigan, Ann Arbor.
ROSENBLUM, GERALD 1972. Immigrant Workers: Their Impact on American Labor Radicalism. New York: Basic Books.
ROSMAN, ABRAHAM/PAULA RUBEL 1971. Feasting with Mine Enemy: Rank and Exchange Among Northwest Coast Societies. New York: Columbia University Press.
ROSTOW, WALT WHITMAN 1967. Stadien wirtschaftlichen Wachstums. Eine Alternative zur marxistischen Entwicklungstheorie. Göttingen: Vandenhoeck und Ruprecht.
— 1975. How It All Began: Origins of the Modern Economy. New York: McGraw-Hill.
— 1978. The World Economy: History and Prospect. Austin: University of Texas Press.
ROTBERG, ROBERT I./ H. NEVILLE CHITTICK (Hg.) 1975. East Africa and the Orient: Cultural Syntheses in Pre-Colonial Times. New York: Africana.
ROTHENBERG, DIANE 1976. Erosion of Power: An Economic Basis for the Selective Conservatism of Seneca Women in the Nineteenth Century. *Western Canadian Journal of Anthropology* 6, S. 106–122.
ROWE, JOHN H. 1957. The Incas Under Spanish Colonial Institutions. *Hispanic American Historical Review* 37, S. 155–199.
ROWE, WILLIAM L. 1973. Caste, Kinship, and Association in Urban India, in: Urban Anthropology. Aidan Southall (Hg.), S. 211–249. New York: Oxford University Press.
ROWTHORN, BOB 1976. Late Capitalism. *New Left Review* 98, S. 59–83.
RUSSELL, JOSIAH C. 1958. Late Ancient and Medieval Populations. Transactions of the American Philosophical Society, Philadelphia, Bd. 43, Nr.3
— 1972. Medieval Regions and Their Cities. Bloomington: Indiana University Press.
RUYLE, EUGENE 1973. Slavery, Surplus and Stratification on the Northwest Coast: The Ethnoenergetics of an Incipient Stratification System. *Current Anthropology* 14, S. 603–631

SAHLINS, MARSHALL D. 1960. Political Power and the Economy in Primitive Society, in: Essays in the Science of Culture in Honor of Leslie A. White. Gertrude E. Dole/Robert L. Carneiro (Hg.), S. 390–415. New York: Thomas Y. Crowell.
— 1972. Stone Age Economics. Chicago: Aldine-Atherton.
—/ELMAN R. SERVICE (Hg.) 1960. Evolution and Culture. Ann Arbor: University of Michigan Press.
SAINI, KRISHAN G. 1971. A Case of Aborted Economic Growth: India, 1860–1913. *Journal of Asian History* 5, S. 89–118.
SANDERS, WILLIAM T./JOSEPH MARINO 1970. New World Prehistory. Englewood Cliffs. NJ: Prentice-Hall.
—/BARBARA J. PRICE 1968. Mesoamerica: The Evolution of a Civilization. New York: Random House.
SANSOM, ROBERT L. 1970. The Economics of Insurgency in the Mekong Delta of Vietnam. Cambrigde, MA: MIT Press.
SANTAMARÍA, DANIEL J. 1977. La propriedad de la tierra y la condición social del indio en el Alto Perú, 1780–1810. *Desarrollo Económico: Revista de Ciencias Sociales* (Buenos Aires, Argentina) 17, S. 253–271.
SASSEN-KOOB, SASKIA 1978. The International Circulation of Resources and Development: The Case of Migrant Labour. *Development and Change* 9, S. 509–545.
— 1981. Notes Towards a Conceptualization of Immigrant Labor. *Social Problems* 29, S. 65–85.
SAUER, CARL O. 1966. The Early Spanish Main. Berkeley, Los Angeles: University of California Press.
SCHAPERA, ISAAC 1940. The Political Organization of the Ngwato of Bechuanaland Protectorate,

in: African Political Systems. Meyer Fortes/E. E. Evans-Pritchard (Hg.), S. 56—82. London: Oxford University Press.
Schermerhorn, Richard A. 1978. Ethnic Plurality in India. Tucson: University of Arizona Press.
Schlumbohm, Jürgen 1977. Produktionsverhältnisse – Produktivkräfte – Krisen in der Proto-Industrialisierung, in: Industrialisierung vor der Industrialisierung: Gewerbliche Warenproduktion auf dem Land in der Formationsperiode des Kapitalismus. Peter Kriedte, Hans Medick, Jürgen Schlumbohm (Hg.), S. 194–257. Veröffentlichungen des Max-Planck-Instituts für Geschichte 53. Göttingen: Vandenhoeck & Ruprecht.
Schmidt, Alfred 1970. Der Begriff der Natur in der Lehre von Marx. Frankfurt: Europäische Verlagsanstalt.
Schneider, David M. 1972. What Is Kinship All About in: Kinship Studies in the Morgan Centennial Year. Priscilla Reining (Hg.), S. 32–63. Washington, DC: Anthropological Society of Washington.
Schneider, Jane 1977. Was There a Pre-Capitalist World System? *Peasant Studies* 6, S. 20–29.
—/Peter Schneider 1976. Culture and Political Economy in Western Sicily. New York: Academic Press.
Schumpeter, Joseph 1961. Konjunkturzyklen. Eine theoretische, historische und statistische Analyse des kapitalistischen Prozesses. 2 Bde. Göttingen: Vandenhoeck und Ruprecht. (am. Erstveröff. 1939).
Scobie, James R. 1964. Revolution on the Pampas: A Social History of Argentine Wheat, 1860–1910. Austin: University of Texas Press.
Scott, Joan Wallach 1974. The Glassworkers of Carmaux: French Craftsmen and Political Action in a Nineteenth-Century City. Cambrigde. MA: Harvard University Press.
Secoy, Frank R. 1953. Changing Military Patterns on the Great Plains (17th Century Through Early 19th Century). American Ethnological Society, Monograph Nr. 21. New York: J. J. Augustin.
Seddon, David (Hg.) 1974. Relations of Production: Marxist Approaches to Economic Anthropology. London: Frank Cass.
Sée, Henri 1937. Orígen y evolución del capitalismo moderno. Mexico City: Fondo de Cultura Económica. (frz. Erstveröff. 1926).
Sellnow, Irmgard 1961. Grundprinzipien einer Periodisierung der Urgeschichte. Berlin: Akademie Verlag.
Sereni, Emilio 1968. Il capitalismo nelle campagne (1860–1900). Turin: Einaudie.
Service, Elman R. 1962. Primitive Social Organization: An Evolutionary Perspective. New York: Random House.
— 1968. War and Our Contemporary Ancestors, in: War: The Anthropology of Armed Conflict and Aggression. Morton H. Fried / Marvin Harris / Robert F. Murphy (Hg.), S. 160–167. Garden City, NY: Natural History Press.
Shanin, Teodor 1978. The Peasants Are Coming: Migrants Who Labour, Peasants Who Travel, and Marxists Who Write. *Race and Class* 19, S. 277–288.
Shapiro, Seymour 1967. Capital and the Cotton Industry in the Industrial Revolution. Ithaca, NY: Cornell University Press.
Sharp, Lauriston/Lusien M. Hanks 1978. Bang Chan: Social History of a Rural Community in Thailand. Ithaca, NY: Cornell University Press.
— / Hazel M. Hauck / Kamol Janlekha / Robert B. Textor 1953. Siamese Rice Village: A Preliminary Study of Bang Chan, 1948–1949. Bangkok: Cornell Research Center.
Sharp, William Frederick 1976. Slavery on the Spanish Frontier: The Colombian Chocó 1680–1810. Norman: University of Oklahoma Press.
Sharrock, Susan R. 1974. Crees, Cree-Assiniboines, and Assiniboines: Interethnic Social Organization on the Far Northern Plains. *Ethnohistory* 21, S. 95–122.
Shelvankar, K. S. 1943. The Problem of India. Harmondsworth: Penguin Books.

SHINEBERG, DOROTHY 1966. The Sandalwood Trade in Melanesian Economics, 1841–65. *Journal of Pacific History* 1, S. 129–146.

— 1967. They Came for Sandalwood: A Study of the Sandalwood Trade in the South-West Pacific 1830–1865. Carlton: Melbourne University Press..

— 1970. Guns and Men in Melanesia. *Journal of Pacific History* 5, S. 61–82.

SHIOZAWA, KIMIO 1965. Les historiens japonais et le mode de production asiatique. *La Pensée* 122, S. 63–78.

SIDER, GERALD M. 1970. The Political History of the Lumbee Indians of Robeson Conty, North Carolina: A Case Study of Ethnic Political Affiliations. Dissertation, Department of Anthropology, New School of Social Research, New York

SILVERBERG, JAMES (Hg.) 1958. Social Mobility in the Caste System in India. Comparative Studies in Society ans History : Supplement III.

SIMKIN, C. G. F. 1968. The Traditional Trade of Asia. London: Oxford University Press.

SIMONS, H. J. 1949. Race Relations and Policies in Southern and Eastern Africa, in: Most of the World: The Peoples of Africa, Latin America, and the East Today. Ralph Linton (Hg.), S. 271–330. New York: Columbia University Press.

—/R. E. SIMONS 1969. Class and Colour in South Africa. Harmondsworth: Penguin Books.

SINDER, LEON 1964. Caste Instability in Moghul India. Seoul: Chung-ang University

SINHA, SURAJIT 1962. Status Formation and Rajput Myth in Tribal Central India. *Man in India* 42, S. 35–80.

SISKIND, JANET 1978. Kinship and Mode of Production. *American Anthropologist* 80, S. 860–872.

SKOCPOL, THEDA 1979. States and Social Revolutions: A Comparative Analysis of France, Russia, and China. Cambrigde: Cambrigde University Press.

SMELSER, NEIL J. 1959. Social Change in the Industrial Revolution: An Application of Theory to the British Cotton Industry. Chicago: University of Chicago Press.

SMIT, J. W. 1975. Holland: Comment, in: Failed Transitions to Modern Industrial Society: Renaissance Italy and Seventeenth Century Holland. First International Colloquium 1974. Frederick Krantz/Paul M. Hohenberg (Hg.), S. 61–63. Montreal: Interuniversity Centre for European Studies.

SMITH, ABBOT E. 1947. Colonists in Bondage: White Servitude and Convict Labor in America, 1607–1776. Chapel Hill: University of North Carolina Press.

SMITH, ABDULLAHI 1972. The Early States of the Central Sudan, in: History of West Africa. J. F. Ade Ajayi/Michael Crowder (Hg.), Bd. 1. S. 158–201. New York: Columbia University Press.

SMITH, C. T. 1967. An Historical Geography of Western Europe Before 1800. Praeger Advanced Geographies. New York: Praeger

SMITH, M. G. 1965. The Plural Society in the British West Indies. Berkeley, Los Angeles: University of California Press.

SNOW, DEAN 1976. Abenaki Fur Trade in the Sixteenth Century. *Western Canadian Journal of Anthropology* 6, S. 3–11.

SOUTHALL, AIDAN W. 1953. Alur Society: A Study in Processes and Types of Domination. Cambrigde, MA: W. Heffer.

SPALDING, KAREN W. 1967. Indian Rural Society in Colonial Peru: The Example of Huarochiri. Dissertation, Department of History, University of California, Berkeley.

— 1974. De indio a campesino: Cambios en la estructura social del Perú colonial. Lima: Instituto de Estudios Peruanos.

SPEAR, PERCIVAL 1963. The Nabobs: A Study of the Social Life of the English in Eighteenth Century India. London: Humphrey Milford/Oxford University Press.

— 1970. The Mughal Mansabdari System, in: Elites in South Asia. E. R. Leach/S. N. Mukherjee (Hg.), S. 1–15. Cambrigde: Cambrigde University Press.

SPODEK, HOWARD 1974. Rulers, Merchants and Other Groups in the City-States of Saurashtra, India, Around 1800. *Comparative Studies in Society and History* 16, S. 448–470.

Srinivas, M. N. 1959. The Dominant Caste in Rampura. *American Anthropologist* 6, S. 1–16.
— 1961. Social Change in Modern India. Berkeley, Los Angeles: University of California Press.
Stavenhagen, Rodolfo 1975. Social Classes in Agrarian Societies. Garden City, NY: Anchor Press/Doubleday.
Steensgard, Niels 1973. Carracks, Caravans, and Companies: The Structural Crisis in the European-Asian Trade in the Early 17th Century. Monograph Series, Bd. 17. Kopenhagen: Scandinavian Institute of Asian Studies.
Stein, Stanley J./Barbara Stein 1970. The Colonial Heritage of Latin America. Oxford: Oxford University Press.
Stenton, Doris M. 1952. English Society in the Early Middle Ages (1066–1307). 2. Aufl. Pelican History of England, Bd. 3, Harmondsworth: Penguin Books.
Sternberg, Fritz 1926. Der Imperialismus. Berlin: Malik.
Stevenson, Robert F. 1968. Population and Political Systems in Tropical Africa. New York: Columbia University Press.
Steward, Julian H. 1947. American Culture History in the Light of South America. *Southwestern Journal of Anthropology* 3, S. 85–107.
— (Hg.) 1946–1959. Handbook of South American Indians. 7 Bde. U. S. Bureau of American Ethnology, Bulletin 143. Washington, DC: U. S. Government Printing Office.
— 1956. The People of Puerto Rico: A Study in Social Anthropology Urbana: University of Illinois Press.
— / Louis G. Faron 1959. Native Peoples of South America. New York: McGraw-Hill.
Stewart, Watt 1951. Chinese Bondage in Peru: A History of the Chinese Coolie in Peru, 1849–1874. Westport, CT: Greenwood Press.
— 1964. Keith and Costa Rica: The Biographical Study of Minor Cooper Keith. Albuquerque: University of New Mexico Press.
Strachey, John 1935. Nature of the Capitalist Crisis. New York: Covici Friede.
Strayer, Joseph R. 1970. On the Medieval Origins of the Modern State. Princeton, NJ: Princeton University Press.
Strickon, Arnold 1960. The Grandsons of the Gauchos: A Study in Subcultural Persistence. Dissertation, Department of Anthropology, Columbia University, New York.
— 1965. The Euro-American Ranching Complex, in: Man, Culture, and Animals. Anthony Leeds/Andrew P. Vayda (Hg.), S. 229–258. American Association for the Advancement of Science, Publication 78. Washington, DC: American Association for the Advencement of Science.
Sturtevant, William C. 1962. Spanish-Indian Relations in Southeastern North America. *Ethnohistory* 9, S. 41–94.
— 1971. Creek into Seminole, in: North American Indians in Historical Perspective. Eleanor B. Leacock / Nancy O. Lurie (Hg.), S. 92–128. New York: Random House.
Summers, Roger 1961. The Southern Rhodesian Iron Age. *Journal of African History* 2, S. 1–13.
— 1963. Zimbabwe: A Rhodesian Mystery. Johannesburg: Nelson.
— 1970. The Rhodesian Iron Age, in: Papers in African Prehistory. J. D. Fage/ R. A. Oliver (Hg.), S. 157–172. Cambrigde: Cambrigde University Press.
Sundstrom, Lars 1974. The Exchange Economy of Pre-Colonial Tropical Africa. New York: St. Martin's Press.
Suttles, Wayne 1960. Variation in Habitat and Culture in the Northwest Coast. Akten des 34. Internationalen Amerikanisten-Kongresses. Wien. S. 522–537. Horn, Wien: Ferdinand Berger.
Swanton, John R., 1946. The Indians of the Southeastern United States. U. S. Bureau of American Ethnology Buuletin 137. Washington, DC: U.S. Government Printing Office.
Sweezy, Paul M. 1959. Theorie der kapitalistischen Entwicklung. Eine analytische Studie über die Prinzipien der Marxschen Sozialökonomie. Köln: Bund Verlag.

—/MAURICE DOBB 1978. Der Übergang vom Feudalismus zum Kapitalismus, hsg. v. Rodney Hilton. Frankfurt: Syndikat. (engl. Erstveröff. 1946).

TAWNEY, R. H. 1967. The Agrarian Problem in the Sixteenth Century. New York: Harper & Row. (Erstveröff. 1912).

TAYLOR, GEORGE ROGERS 1951. The Transportation Revolution 1815–1860. The Economic History of the United States, Bd. 4. New York: Rinehart.

TAYLOR, WILLIAM B. 1972. Landlord and Peasant in Colonial Oaxaca. Stanford, CA: Stanford University Press.

TEGGART, FREDERICK J. 1939. Rome and China: A study of Correlations in Historical Events. Berkeley, Los Angeles: University of California Press.

TENG, SSU-YÜ/JOHN K. FAIRBANK 1961. China's Response to the West: A Documentary Survey 1839–1923. Cambrigde, MA: Harvard University Press.

TERRAY, EMMANUEL 1973. Technologie, état et tradition en Afrique. *Annales* 28, S. 1331–1338.

— 1975. Classes and Class Consciousness in the Abron Kingdom of Gyaman, in: Marxist Analyses and Social Anthropology. Maurice Bloch (Hg.), S. 85–135. Association of Social Anthropologists, Studies Nr. 2. London: Malaby Press.

THIRSK, JOAN 1974. The Disappearance of the English Peasantry. Paper presented at the Peasant Seminar, Centre of International and Area Studies, University of London, 15. März. Vervielfältigtes Ms. P. 74/37.

THOMPSON, EDGAR T. 1975. Plantation Societies, Race Relations, and the South: The Regimentation of Populations. Durham, NC: Duke University Press.

THOMPSON, E. P. 1966. The Making of the English Working Class. New York: Vintage Books.

— 1978. Eighteenth-Century English Society: Class Struggle Without Class? *Social History* 3, S. 133–165.

— 1980. Das Elend der Theorie. Zur Produktion geschichtlicher Erfahrung. Frankfurt: Campus.

THOMPSON, LEONHARD 1969. Cooperation and Conflict: The Zulu Kingdom and Natal, in: The Oxford History of South Africa. Bd.1: South Africa to 1870. Monica Wilson / Leonard Thompson (Hg.), S. 334–390. New York and London: Oxford University Press.

THORNER, DANIEL 1950. Investment in Empire: British Railway and Steam Shipping Enterprise in India, 1825–1849. Philadelphia: University of Pennsylvania Press.

— 1964. Agricultural Cooperatives in India: A Field Report. London: Asia Publishing House.

—/ALICE THORNER 1962. Land and Labour in India. Bombay: Asia Publishing House.

THRUPP, SYLVIA L. 1962. The Merchant Class of Medieval London (1300–1500). Ann Arbor: University of Michigan Press.

TILLY, CHARLES 1964. The Vendée: A Sociological Analysis of the Counterrevolution of 1793. New York: Wiley.

— 1975. Food Supply and Public Order in Modern Europe, in: The Formation of National States in Western Europe. Charles Tilly, (Hg.) S. 380–455. Princeton, NJ: Princeton University Press.

— 1976. Sociology, History, and the Origins of the European Proletariat. Center for Research on Social Organization, Arbeitspapier Nr. 148. Ann Arbor: University of Michigan

— (Hg.) 1975. The Formation of National States in Western Europe. Princeton, NJ: Princeton University Press.

TINKER, HUGH 1974. A New System of Slavery: The Export of Indian Labour Overseas 1830–1920. London: Oxford University Press.

TITIEV, MISCHA 1943. The Influence of Common Residence on the Unilateral Classification of Kindred. *American Anthropologist* 45, S. 511–530.

TOGAN, A. ZEKI VALIDI 1939. Ibn Fadlan's Reisebericht. *Abhandlungen für die Kunde des Morgenlandes* (Leipzig) 24 (3).

TÖKEI, FERENC 1969. Zur Frage der asiatischen Produktionsweise. Neuwied, Berlin: Luchterhand.

Töpfer, Bernhard 1974. Zu einigen Grundfragen des Feudalismus. Ein Diskussionsbeitrag, in: Feudalismus. Heide Wunder (Hg.), S. 221–254. München: Nymphenburger Verlagshandlung.
Toussaint, Auguste 1966. History of the Indian Ocean. Chicago: University of Chicago Press.
Trelease, Allen W. 1960. Indian Affairs in Colonial New York: The Seventeenth Century. Ithaca, NY: Cornell University Press.
Trempé, Rolande 1971. Les mineurs de Carmaux. Paris: Éditions Ouvriéres.
Trigger, Bruce G. 1976. The Children of Aataentsic: A History of the Huron People to 1660. 2 Bde. Montral: McGill-Queen's University Press.
— (Hg.) 1978. Handbook of North American Indians, Bd.5: The Northeast. Washington, DC: Smithsonian Institution.
Trimberger, Ellen K. 1978. Revolution from Above: Military Bureaucrats and Development in Japan, Turkey, Egypt, and Peru. New Brunswick, NJ: Transaction Books.
Turner, Bryan S. 1978. Marx and the End of Orientalism. Controversies in Sociology, Nr. 7. London: Allen & Unwin.
Turner, Victor 1967. The Forest of Symbols: Aspects of Ndembu Ritual. Ithaca, NY: Cornell University Press.
Twichett, Denis 1962. Land Tenure and the Social Order in T'ang and Sung China. Inaugural Lecture, November 28th, 1961. London: School of Oriental and African Studies, University of London.

Uchendu, Victor C. 1965. The Igbo of Southeast Nigeria. New York: Holt, Rinehart & Winston.
Udovitch, Abraham L. 1970. Partnership and Profit in Medieval Islam. Princeton, NJ: Princeton University Press.
— (Hg.) 1980. The Islamic Middle East, 700–1900: Studies in Social and Economic History. Princeton, NJ: Princeton University Press.
Ukers, William H. 1935. All About Coffee. 2. Aufl. New York: Tea and Coffee Trade Journal Company.
Ure, Andrew 1967. The Philosophy of Manufacturers or, an Exposition of the Scientific, Moral, and Commercial Economy of the Factory System of Great Britain. Reprints of Economic Classics. New York: Augustus M. Kelley. (Erstveröff. 1835).

Vansina, Jan 1962. Long Distance Trade-Routes in Central Africa. *Journal of African History* 3, S. 375–390.
— 1963. Notes sur l'origine du royaume du Congo. *Journal of African History* 4, S. 33–38.
— 1968. Kingdoms of the Savanna. Madison: University of Wisconsin Press.
— / R. Mauny / L. V. Thomas (Hg.) 1964. The Historian in Tropical Africa. London: Oxford University Press.
Vasiliev, L. S./I. A. Stuchevskii 1967. Three Models for the Origin and Evolution of Precapitalist Societies. *Soviet Review: A Journal of Translations* 8, S. 26–39.
Vellut, Jean-Luc 1972. Notes sur le Lunda et la frontière Luso-Africaine (1700–1900). *Études d'Histoire Africaine* 3, S. 61–166.
Venable, Vernon 1945. Human Nature: The Marxian View. New York: Knopf.
Vercauteren, Fernand 1967. The Circulation of Merchants in Western Europe from the 6th to the 10th Century: Economic and Cultural Aspects, in: Early Medieval Society. Sylvia L. Thrupp (Hg.), S. 185–195. New York: Appleton-Century-Crofts.
Verlinden, Charles 1955. L'esclavage dans l'Europe mediévale. Bd. 1: Peninsule Ibérique, France. Brügge: De Tempel.
Vícens Vives, Jaime 1969. Economic History of Spain. Princeton, NJ: Princeton University Press. (span. Erstveröff. 1955).
— 1970. Approaches to the History of Spain. Berkeley, Los Angeles, London: University of California Press. (span. Erstveröff. 1952).

VILLAMARÍN, JUAN A. 1972. Encomenderos and Indians in the Formation of Colonial Society in the Sabana de Bogotá, Colombia: 1537–1740. Dissertation, Department of Anthropology, Brandeis University, Waltham, Mass.
— 1975. Haciendas en la Sabana de Bogotà, Colombia, en la época colonial: 1539–1810, in: Haciendas, latifundios y plantaciones. Enrique Florescano (Hg.), S. 327–345. Mexico City: Siglo XXI Editores.
— / JUDITH E. VILLAMARÍN 1975. Indian Labor in Mainland Colonial Spanish America. University of Delaware Latin American Studies Program Occasional Papers and Monographs, Nr. 1. Newark: University of Delaware Latin American Studies Program.
—/— 1979. Chibcha Settlement Patterns Under Spanish Rule 1537–1810, in: Social Fabric and Spatial Structures in Colonial Latin America. Dellplain Monograph Series in Latin American Studies, Bd. 1. David J. Robinson (Hg.), S. 25–84. Syracuse, NY: Department of Geography, Syracuse University.
VOLOŠINOV, VALENTIN N. 1973. Marxism and the Philosophy of Language. New York, London Press. (russ. Erstveröff. 1930).
VRIES, JAN DE 1974. Dutch Rural Economy in the Golden Age, 1500–1700. New Haven, CT: Yale University Press.
— 1975. Holland: Commentary, in: Failed Transitions to Modern Industrial Society: Renaissance Italy and Seventeenth Century Holland. First International Colloquium 1974. Frederick Krantz / Paul M. Hohenberg (Hg.), S. 55–57. Montreal: Interuniversity Centre for European Studies.

WADSWORTH, A. P. / JULIA DE LACY MANN 1931. The Cotton Trade and Industrial Lancashire, 1600–1780. Manchester: Manchester University Press.
WAGLEY, CHARLES 1953. Amazon Town: A Study of Man in the Tropics. New York: Macmillan.
WAKEMAN, FREDERIC, JR. 1974. Strangers at the Gate: Social Disorder in South China 1839–1861. Berkeley, Los Angeles, London: University of California Press.
— 1975. The Fall of Imperial China. New York: Free Press.
WALKER, MACK 1964. Germany and the Emigration, 1816–1885. Cambrigde, MA: Harvard University Press.
— 1971. German Home Towns: Community, State, and General Estate 1648–1871. Ithaca, NY: Cornell University Press.
WALLACE, ANTHONY F. C. 1970. The Death and the Rebirth of the Senecas. New York: Knopf.
WALLERSTEIN, IMMANUEL 1974. The Modern World-System, Bd.1: Capitalist Agriculture and the Origins of the European World-Economy in the Sixteenth Century. New York: Academic Press.
— 1979. Kondratieff Up or Kondratieff Down? *Review* 2, S. 663–673.
— 1980. The Modern World System, Bd. 2: Mercantilism and the Consolidation of the European World-Economy 1600–1750. New York: Academic Press.
WANG, YÜ-CH'ÜAN 1936. The Rise of the Land Tax and the Fall of Dynasties in Chinese History. *Pacific Affairs* 9, S. 201–220.
WARD, R. GERARD 1972. The Pacific Bêche-de-Mer Trade with Special Reference to Fiji, in: Man in the Pacific Islands. R. Gerard Ward (Hg.), S. 91–123. Oxford: Clarendon Press.
— (Hg.) 1972. Man in the Pacific Islands. Oxford: Clarendon Press.
WARD, W. E. F. 1966. A History of Ghana. London: Allen & Unwin.
WARNER, W. LLOYD 1958. A Black Civilization: A Social Study of an Australian Tribe. Revised edition. New York: Harper & Row. (Erstveröff. 1937)
— / J. LOW 1947. The Social System of a Modern Factory. New Haven, CT: Yale University Press.
WASHBURN, WILCOMB E. (Hg.) 1964. The Indian and the White Man. Documents in American Civilization Series. New York: Anchor Books.
WASSERSTROM, ROBERT 1977. Land and Labour in Central Chiapas: A Regional Analysis. *Development and Change* 8, S. 441–463.

— 1978. Population Growth and Economic Development in Chiapas, 1524–1975. *Human Ecology* 6, S. 127–143.
Watrous, Stephen D. 1966. John Ledyard's Journey Through Russia and Siberia 1787–1788. The Journal and Selected Letters. Madison: University of Wisconsin Press.
Watson, Andrew M. 1974. The Arab Agricultural Revolution and Its Diffusion, 700–1100. *Journal of Economic History* 34, S. 8–35.
Watson, James L. (Hg.) 1980. Asian and African Systems of Slavery. Oxford: Basil Blackwell.
Webb, Malcolm C. 1965. The Abolition of the Taboo System in Hawaii. *Journal of the Polynesian Society* 74, S.21–39
Webb, Walter P. 1931. The Great Plains. New York: Grosset's Universal Library.
Weber, Eugen 1976. Peasants into Frenchmen: The Modernization of Rural France 1870–1914. Stanford, CA: Stanford University Press.
Weber, Max 1924. Entwicklungstendenzen in der Lage der ostelbischen Landarbeiter, in: ders., Gesammelte Aufsätze zur Sozial- und Wirtschaftsgeschichte, S. 470–507. Tübingen (Erstveröff. 1894).
— 1964. Wirtschaft und Gesellschaft. Grundriß der verstehenden Soziologie. Studienausgabe hsg. v. J. Winckelmann. 1. Halbband. Köln: Kiepenheuer & Witsch.
— 1969. Die protestantische Ethik I. Eine Aufsatzsammlung. München, Hamburg: Siebenstern.
Webster, david 1975. Warfare and the Evolution of the State: A Reconsideration. *American Antiquity* 40, S. 464–470.
— 1976. On Theocracies. *American Anthropologist* 78, S. 812–828.
Weigand, Phil C. 1978. La prehistoria del estado de Zacatecas: una interpretación. *Zacatecas* 1, S. 203–248.
Welsh, David 1971. The Growth of Towns. in: The Oxford History of South Africa. Bd. 2: South Africa 1870–1966. Monica Wilson / Leonard Thompson (Hg.), S. 172–243. New York, Oxford: Oxford University Press.
Welskof, Elisabeth Charlotte 1957. Die Produktionsverhältnisse im Alten Orient und in der Griechisch-Römischen Antike. Berlin: Akademie-Verlag.
Werner, Ernst 1966. Die Geburt einer Großmacht – Die Osmanen: Ein Beitrag zur Genesis des türkischen Feudalismus. Forschungen zur Mittelalterlichen Geschichte, Nr. 13. Berlin: Akademie Verlag.
Wertheim, W. F. 1973. Dawning of an Asian Dream: Selected Articles on Modernization and Emancipation. Antropologisch-Sociologisch Centrum van de Universiteit van Amsterdam, Afd. Zuid-en Zidoost Azie, Publication Nr. 20.
— 1974. Evolution and Revolution: The Rising Waves of Emancipation. Harmondsworth: Penguin Books.
Wessman, James W. 1981. Anthropology and Marxism. Cambrigde, MA: Schenkman.
Western Canadian Journal of Anthropology 1972. Special Issue on the Fur Trade. Bd.3, Nr. 1.
Wheatley, Paul 1961. The Golden Khersonese: Studies in the Historical Geography of the Malay Peninsula Before 1500 A. D. Kuala Lumpur: University of Malaya Press.
— 1975. Satyānrta in Suvarnadvīpa: From Reciprocity to Redistribution in Ancient Southeast Asia, in: Ancient Cicilizations and Trade. Jeremy A. Sabloff/C. C. Lamberg-Karlovsky (Hg.), S. 227–283. Albuquerque: University of New Mexico Press.
Wheeler, Mortimer 1955. Rome Beyond the Imperial Frontiers. Harmondsworth: Penguin Books.
Wike, Joyce 1947. The Effects of the Maritime Fur Trade on Northwest Coast Indian Society. Dissertation, Department of Anthropology, Columbia University, New York.
— 1952. The Role of the Dead in Northwest Coast Culture, in: Indian Tribes of Aboriginal America. Proceedings of the 29th International Congress of Americanists, Bd. 3. Sol Tax (Hg.), S. 97–103. Chicago: University of Chicago Press.
— 1957. More Puzzles on the Northwest Coast. *American Anthropologist* 59, S. 301–317.
— 1958a. Social Stratification Among the Nootka. *Ethnohistory* 5, S. 219–241.

— 1958b. Problems in Fur Trade Analysis: The Northwest Coast. *American Anthropologist* 60, S. 1086–1101.

WILBUR, CLARENCE M. 1943. Slavery in China During the Former Han Dynasty, 206 B. C. – A. D. 25. Field Museum of Natural History, Publication 525, Chicago.

WILKS, IVOR, 1962. A Medieval Trade Route from the Niger to the Gulf of Guinea. *Journal of African History* 3, S. 337–341.

— 1967. Ashanti Government, in: West African Kingdoms in the 19th Century. Daryll Forde / P. M. Kaberry (Hg.), S. 206–238. Oxford: Oxford University Press.

— 1975. Asante in the Nineteenth Century: The Structure and Evolution of a Political Order. London: Cambrigde University Press.

WILLEY, GORDON R. 1966. An Introduction to American Archaeology, Bd. 1: North and Middle America. Englewood Cliffs, NJ: Prentice-Hall.

— 1971. An Introduction to American Archaeology, Bd. 2: South America. Englewood Cliffs, NJ: Prentice-Hall.

WILLIAMS, ERIC 1944. Capitalism and Slavery. Chapel Hill: University of North Carolina Press.

WILLIAMS, RAYMOND 1973a. The Country and the City. New York: Oxford University Press.

— 1973b. Base and Superstructure in Marxist Cultural Theory. *New Left Review* 82, S. 3–16.

WILLIS, WILLIAM S., JR. 1955. Colonial Conflict and the Cherokee Indians 1710–1760. Dissertation, Department of Anthropology, Columbia University New York.

— 1963. Divide and Rule: Red, White, and Black in the Southeast. *Journal of Negro History* 48, S. 157–176.

— 1970. Anthropology and Negroes on the Southern Colonial Frontier, in: The Black Experience in America. James C. Curtis / Lewis L. Gould (Hg.), S. 33–50. Austin: University of Texas Press.

— 1980. Fusion and Separation: Archaeology and Ethnohistory in Southeastern North America, in: Theory and Practice: Essays Presented to Gene Weltfish. Stanley Diamond (Hg.), S. 97–123. Den Haag: Mouton.

WILMOTT, W. E. (Hg.) 1972. Economic Organization in Chinese Society. Stanford, CA: Stanford University Press.

WILSON, CHARLES H. 1957. Profit and Power: A Study of England and the Dutch Wars. Cambrigde: Cambrigde University Press.

— 1965. England's Apprenticeship, 1603–1763. London: Longmans, Green.

WILSON, CHARLES MORROW 1947. Empire in Green and Gold. New York: Henry Holt.

WILSON, FRANCIS 1972. Labour in the South African Gold Mines, 1911–1969. African Studies 6. Cambrigde: Cambrigde University Press.

WILSON, GODFREY 1941–1942. The Economics of Detribalization in Northern Rhodesia. Rhodes-Livingstone Papers Nr. 5 (Teil I, 1941) and Nr. 6 (Teil II, 1942). London: Oxford University Press, for the Rhodes-Livingstone Institute.

WILSON, H. CLYDE 1956. A New Interpretation of the Wild Rice District of Wisconsin. *American Anthropologist* 58, S. 1059–1064.

— 1963. An Inquiry into the Nature of Plains Indian Cultural Development. *American Anthropologist* 65, S. 355–369.

WILSON, MONICA / LEONHARD THOMPSON (Hg.) 1969–1971. The Oxford History of South Africa. 2 Bde. Bd. 1: South Africa to 1870 (1969); Bd. 2: South Africa 1870–1966 (1971). New York, Oxford: Oxford University Press.

WINSTON, SANFORD 1934. Indian Slavery in the Carolina Region. *Journal of Negro History* 19, S. 431–440.

WITTEK, PAUL 1957. The Rise of the Ottoman Empire. London: Royal Asiatic Society.

WITTFOGEL, KARL A. 1931. Wirtschaft und Gesellschaft Chinas, Erster Teil: Produktivkräfte, Produkts- und Zirkulations-Prozeß. Schriften des Instituts für Sozialforschung an der Universität Frankfurt a. M. Bd. 3. Leipzig: C. L. Hirschfeld.

— 1977. Die orientalische Despotie. Eine vergleichende Untersuchung totaler Macht. Frankfurt, Berlin, Wien: Ullstein.

Wolf, Eric R. 1951. The Social Organization of Mecca and the Origins of Islam. *Southwestern Journal of Anthropology* 7, S. 329–356.
— 1953. La formación de la nación. Teil I. *Ciencias Sociales* 4, S. 50–62.
— 1959. Specific Aspects of Plantation Systems in the New World: Community Sub-cultures and Social Class, in: Plantation systems in the New World. Angel Palerm / Vera Rubin (Hg.), S. 136–146. Social Science Monograph Nr. 7. Washington, DC: Pan American Union.
— 1966. Peasants. Foundation of Modern Anthropology Series. Englewood Cliffs, NJ: Prentice-Hall.
— 1969. Peasant Wars of the Twentieth Century. New York: Harper & Row.
— / Sidney W. Mintz 1957. Haciendas and Plantations in Middle America and the Antilles. *Social and Economic Studies* 6, S. 380–411.
Wolpe, Harold 1972. Capitalism and Cheap Labour-Power in South Africa: From Segregation to Apartheid. *Economy and Society* 1, S. 425–456.
Wolters, O. W. 1967. Early Indonesian Commerce: A Study of the Origins of Srīviyaya. Ithaca, NY: Cornell University Press.
— 1970. The Fall of Srīviyaya in Malay History. London: Lund Humphries.
Woodruff, Philip 1964. The Men Who Ruled India. 2 Bde. New York: Schocken Books.
Woodruff, William 1966. The Impact of Western Man, a Study of Europe's Role in the World Economy: 1760–1960. London: Macmillan.
— 1971. The Emergence of an International Economy 1700–1914, in: The Fontana Economic History of Europe, Bd. 4: The Emergence of Industrial Societies. Carlo Cipolla (Hg.). London: Fontana.
Worsley, Peter 1973. Die Posaune wird erschallen: Cargo-Kulte in Melanesien. Frankfurt: Suhrkamp. (engl. Erstveröff. 1957).
— 1961. The Analysis of Rebellion and Revolution in British Social Anthropology. *Science and Society* 21, S. 26–37.
— 1964. The Third World. London: Weidenfeld & Nicolson.
Wright, Gary A. 1967. Some Aspects of Early and Mid-Seventeenth Century Exchange Networks in the Western Great Lakes. *Michigan Archaeologist* 13, S. 181–197.
Wright, Gavin 1978. The Political Economy of the Cotton South: Households, Markets, and Wealth in the Nineteenth Century. New York: W. W. Norton.
Wunder, Heide (Hg.) 1971. Feudalismus. München: Nymphenburger Verlag.

Yalman, Nur 1971. Under the Bo Tree: Studies in Caste, Kinship, and Marriage in the Interior of Ceylon. Berkeley, Los Angeles, London: University of California Press.
Young, Philip, D. 1971. Ngawbe; Tradition and Change Among the Western Guaymí of Panama. Illinois Studies in Anthropology, Nr. 7. Urbana: University of Illinois Press.

Zukin, Sharon 1980. A Decade of the New Urban Sociology. *Theory and Society* 9, S. 575–601.

Bibliographisches Addendum 1986

Adas, Michael 1979. Prophets of Rebellion: Millenarium Protest Movements against the European Colonial Order. Chapel Hill: University of North Carolina Press.
Axtell, James 1985. The Invasion within. The Contest of Cultures in Colonial North America. New York: Oxford University Press.
Bayly, C. A. 1983. Rulers, Townsmen and Bazaars: North Indian Society in the Age of British Expansion, 1770–1870. Cambrigde: Cambrigde University Press.

Buchanan, Carole 1978. Perceptions of Ethnic Interaction in the East African Interior: The Kitara Complex. *International Journal of African Historical Studies* 11, S. 410–28.
Bright, Charles / Susan harding (Hg.) 1984 Statemaking and Social Movements: Essays in History and Theory. Ann Arbor: University of Michigan Press.
Aston, T. H. / Philpin C. H. E. (Hg.) 1985. The Brenner Debate. Agrarian Class Structure and Economic Development in Pre-Industrial Europe. Cambrigde: Cambrigde University Press.
Blaschke, Jochen (Hg.) 1983. Persepktiven des Weltsystems. Materialien zu Immanuel Wallersteins ›Das Moderne Weltsystem‹. Frankfurt: Campus.
Braudel, Fernand 1980. Civilisation materielle, économie et capitalisme, XVe–XVIIIe siècle. 3 Bde. Paris: Armand Colin. Bd. 1 erschien in einer dt. Ausgabe:
— 1985. Sozialgeschichte des 15.–18. Jahrhunderts. Der Alltag. München: Kindler.
— 1986. Die Dynamik des Kapitalismus. Stuttgart: Klett-Cotta.
Cardoso, Ciro F. S. (Hg.) 1978. Formación y desarrollo de la burguesîa en México, siglo XIX. Mexico: Siglo Veintiuno Editores.
Clendinnen, Inga 1980. Landscape and World View: The Survival of Yucatec Maya Culture Under Spanish Conquest. *Comparative Studies in Society and History* 22, S. 374–93.
Cohen, David William 1977. Womunafu's Bunafu: A Study of Authority in a Nineteenth Century African Community. Princeton: Princeton University Press.
Cohen, David William 1985. Doing Social History from Pim's Doorway (zur Sozialgeschichte Afrikas), in: Reliving the Past. The Worlds of Social History. Olivier Zunz (Hg.), S. 191–235. Chapel Hill: University of North Carolina Press..
Collier, George / Renato I. Rosaldo / John D. Wirth (Hg.) 1982. The Inca and Aztec States, 1400–1800: Anthropology and History. New York: Academic Press.
Cooper, Frederick 1981. Africa and the World Economy, *African Studies Review* 24, S. 1–86
— (Hg.) 1983. Struggle for the City. Beverly Hills: Sage.
Corrigan, Philip / Derek Sayer 1985. The Great Arch: English State Formation as Cultural Revolution. Oxford: Basil Blackwell.
Curtin, Philipp D. 1984. Cross Cultural Trade in World History. Cambrigde: Cambrigde University Press.
Dening, Greg 1980. Disourse on a Silent Land: Marquesas 1774–1880. Honolulu: The University Press of Hawaii.
Elvin, Mark / G. William Skinner (Hg.) 1974. The Chinese City Between Two Worlds. Stanford University Press.
Farriss, Nancy 1984. Maya Society under Colonial Rule: The Collective Enterprise of Survival. Princeton: Princeton University Press.
Fox, Richard G. 1985. Lions of the Punjab: Culture in the Making. Berkeley, Los Angeles: University of California Press.
Fröbel, Volker / Jürgen Heinrich / Otto Kreye 1977. Die neue internationale Arbeitsteilung. Strukturelle Arbeitslosigkeit in den Industrieländern und die Industrialisierung der Entwicklungsländer. Hamburg: Rowohlt 1977.
— / — / — 1986. Umbruch in der Weltwirtschaft, die globale Strategie. Verbilligung der Arbeitskraft, Flexibilisierung der Arbeit, Neue Technologien. Hamburg: Rowohlt.
Gordon, David M. / Richard Edwards / Michael Reich 1982. Segmented Work, Divided Workers: the historical transformation of labor in the United States. Cambridge: Cambridge University Press.
Guha, Ranajit (Hg.) 1982–1984. Subaltern Studies. Writings on South Asian History and Society. 3 Bde. Dehli: Oxford University Press.
Harms, Robert 1981. River of Wealth, River of Sorrow: The Central Zaire Basin in the Era of the Slave and Ivory Trade, 1500–1891. New Haven: Yale University Press.
Hill, Polly 1986. Development Economics on Trial. The Anthropological Case for a Prosecution, Cambrigde: Cambrigde University Press.
Hobsbawm, Eric, J. / Terence Ranger (Hg.) 1983. The Invention of Tradition. Cambrigde: Cambrigde University Press.

Huang, Philip C. C. 1985. The Peasant Economy and Social Change in North China. Stanford: Stanford University Press.
Iliffe, John 1984. Poverty in Nineteenth-Century Yorubaland. *Journal of African History* 15, S. 43–57
Kea, Ray A. 1982. Settlements, Trade, and Polities in the Seventeenth-Century Gold Coast. Baltimore: Johns Hopkins University Press.
Krech III, Shepard (Hg.) 1984. The Subarctic Fur Trade: New Social and Economic Adaptations. Vancouver: University of British Columbia Press.
Kriedte, Peter 1980. Spätfeudalismus und Handelskapital. Grundlinien der europäischen Wirtschaftsgeschichte vom 16. bis zum Ausgang des 18. Jahrhunderts. Göttingen: Vandenhoeck und Ruprecht.
Kula, Witold 1985. Measures and Men. Princeton: Princeton University Press.
Lee, James 1982. Food Supply and Population Growth in Southwest China, 1250–1850. *Journal of Asian Studies* 41, S. 711–46.
Lockhart, James / Stuart B. Schwartz 1983. Early Latin America: A History of Colonial Spanish America and Brazil. Cambrigde: Cambrigde University Press.
Martínez Alier, Verena 1974. Marriage, Class and Colour in Nineteenth-Century Cuba: A Study of Racial Attitudes and Sexual Values in a Slave Society. Cambrigde: Cambrigde University Press.
Marks, Shula / Anthony Atmore (Hg.) 1980. Economy and Society in Pre-Industrial South Africa. London: Longman.
Meillassoux, Claude 1976. ›Die wilden Früchte der Frau‹. Über häusliche Produktion und kapitalistische Wirtschaft. Frankfurt: Syndikat.
Mintz, Sidney 1984. Carribean Transformations. Baltimore: Johns Hopkins University Press.
— 1985. Sweetness and Power. The Place of Sugar in Modern History. New York: Viking Press. (dt. Ausg. in Vorbereitung. 1987, Die süße Macht. Frankfurt: Campus).
Murra, John V. et al. (Hg.) 1986. Anthropological History of Andean Polities. Cambrigde: Cambrigde University Press.
Murray, Colin 1981. Families Divided. The Impact of Migrant Labour in Lesotho. Cambrigde: Cambrigde University Press.
Nolte, Hans Heinrich 1982. Die eine Welt. Abriß der Geschichte des internationalen Systems. Hannover: Fackelträger Verlag.
Odhiambo, Atieno 1976. The Movement of Ideas: A Case Study of Intellectual Responses to Colonialism Among the Liganua Peasants, in: In History and Social Change in East Africa. B. A. Ogot (Hg.) , S. 165–85. Nairobi: East African Publishing House.
Onselen, Charles van 1982. Studies in the Social and Economic History of the Witwatersrand, 1890–1914. 2 Bde. London: Longman.
Popkin, Samuel 1979. The Rational Peasant. The Political Economy of Rural Society in Vietnam. Berkeley: University of California Press.
Price, Richard 1983. First Time. The Historical Vision of an Afro-American People. Baltimore: Johns Hopkins University Press.
Ranger, Terence O. 1975. Dance and Society in Eastern Africa, 1890–1970: The Beni Ngoma. Berkeley: University of California Press.
Review ot the Cambridge Economic History of India and Beyond 1985. Sonderheft: Modern Asian Studies 19. 1985. Heft 3. Cambrigde: Cambrigde University Press.
Roberts, Richard 1980. Long Distance Trade and Production: Sinsani in the Nineteenth Century. *Journal of African History* 21, S. 169–88.
Rosaldo, Renato 1980. Ilongot Headhunting, 1883–1974. A Social History. Stanford: Stanford University Press.
Rowe, William T. 1985. Approaches to Modern Chinese Social History , in: Reliving the Past. The Worlds of Social History. Olivier Zunz (Hg.) , S. 236–296. Chapel Hill: University of North Carolina Press.

— 1984. Hankow: Commerce and Society in a Chinese City, 1796–1889. Stanford: Stanford University Press.

SACKS, KAREN 1979. Causality and chance on the Upper Nile. *American Ethnologist* 6, S. 437–448.

SAHLINS, MARSHAL 1986. Der Tod des Kapitän Cook. Geschichte als Metapher und Mythos als Wirklichkeit in der Frühgeschichte des Königreichs Hawaii. Berlin: Klaus Wagenbach Verlag.

— 1985. Islands of History. Chicago: University of Chicago Press.

SCHNEIDER, JANE / PETER SCHNEIDER 1976. Culture and Political Economy in Western Sicily. New York: Academic Press.

SCOTT, JAMES C. 1976. The Moral Economy of the Peasant: Rebellion and Subsistence in Southeast Asia. New Haven: Yale University Press.

SCOTT, REBECCA 1983. Gradual Abolition and the Dynamics of Slave Emancipation in Cuba, 1868–1886. *Hispanic American Historical Review* 63, S. 449–77.

SENGHAAS, DIETER 1982. Von Europa lernen. Entwicklungsgeschichtliche Betrachtungen. Frankfurt: Suhrkamp.

SIDER, GERALD 1986. Culture and Class in Anthropology and History. A Newfoundland Illustration. Cambrigde: Cambrigde University Press.

SKINNER, G. WILLIAM 1964/65. Marketing and Social Structure in Rural China. 3 Teile. *Journal of Asian Studies* 24 (November 1964–Mai 1965), S. 3–43, 195–228, 363–99.

SMITH, CAROL A. 1984. Local History in Global Context: Social and Economic Transitions in Western Guatemala. *Comparative Studies in Society and History* 26, S. 193–228.

SOCOLOW, SUSAN M. 1978. The Merchants of Buenos Aires, 1778–1810: Family and Commerce. Cambrigde: University Press.

TAUSSIG, MICHAEL T. 1980. The Devil and Commodity Fetishism in South America. Chapel Hill: University of North Carolina Press.

TAYLOR, WILLIAM B. 1985. Between Global Processes and Local Knowledge: An Inquiry into Early Latin American Social History, 1500–1900, in: Reliving the Past. The Worlds of Social History. Olivier Zunz (Hg.), S. 53–114. Chapel Hill: University of North Carolina Press.

— 1979. Drinking, Homicide, and Rebellion in Colonial Mexican Villages. Stanford: Stanford University Press.

THORNTON, JOHN K. 1982. The Kingdom of Kongo, ca. 1390–1678: The Development of an African Social Formation. *Cahiers d'Etudes Africaines* 22, S. 325–42.

TILLY, CHARLES 1984. Big Structures, Large Processes, Huge Comparisons. New York: Russell Sage Foundation.

TOSH, JOHN 1980. The Cash Crop Revolution in Tropical Africa: An Agricultural Reappraisal. *African Affairs* 79, S. 79–94.

VINCENT, JOAN 1982. Teso in Transformation: The Political Economy of Peasant and Class in Eastern Africa. Berkeley: University of California Press.

VRIES, JEAN DE 1984. European Urbanisation 1500–1800. London: Methuen.

WILL, PIEREE ETIENNE 1980. Bureaucratie et Famine en Chine au XVIIIe siècle. Paris: Mouton.

WILKS, IVOR 1977. Land, Labour, Capital and the Forest Kingdom of Asante, in: The Evolution of Social Systems. J. Friedman / M. J. Rowlands (Hg.), S. 487–534. Pittsburgh: University of Pittsburg Press.

WARMAN, ARTURO 1980. »We Come to Object«: The Peasants of Morelos and the National State. Baltimore: Johns Hopkins University Press.

WALLERSTEIN, IMMANUEL 1986. Das moderne Weltsystem. Kapitalistische Landwirtschaft und die Entstehung der Europäischen Weltwirtschaft im 16. Jahrhundert. Frankfurt: Syndikat.

WASSERSTROM, ROBERT, 1983. Class and Society in Central Chiapas, Berkeley, Los Angeles: University of California Press.

WORSLEY, PETER 1984. The Three Worlds: Culture and World Development. Chicago: Chicago University Press.

Register

Personen und Autoren

Orte, Länder, ethnische Gruppen

Sachen und Begriffe

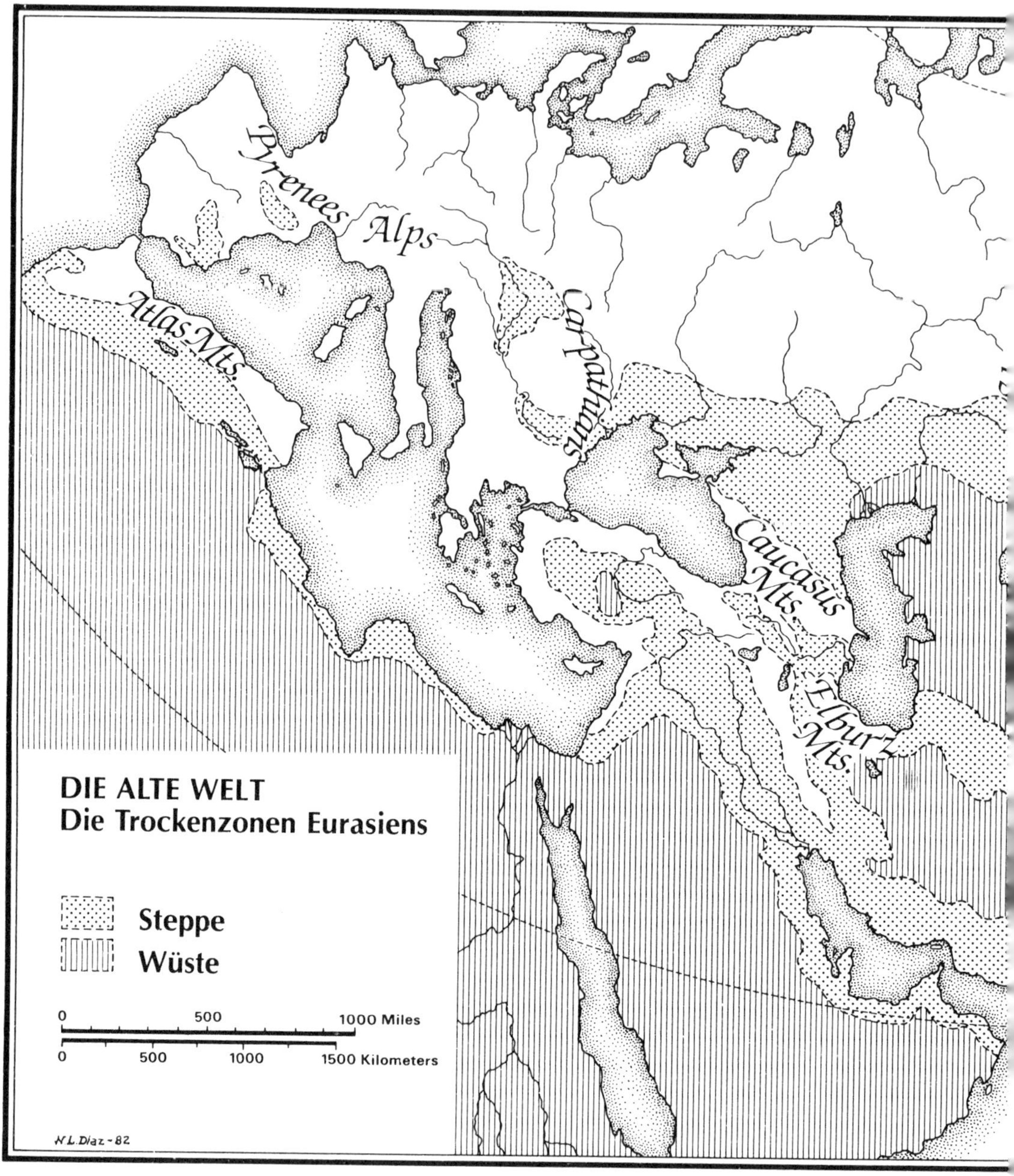

Pyrenees
Alps
Atlas Mts.
Carpathians
Caucasus Mts.
Elburz Mts.
DIE ALTE WELT
Die Trockenzonen Eurasiens
Steppe
Wüste
0
500
1000 Miles
0
500
1000
1500 Kilometers
N.L.Diaz-82

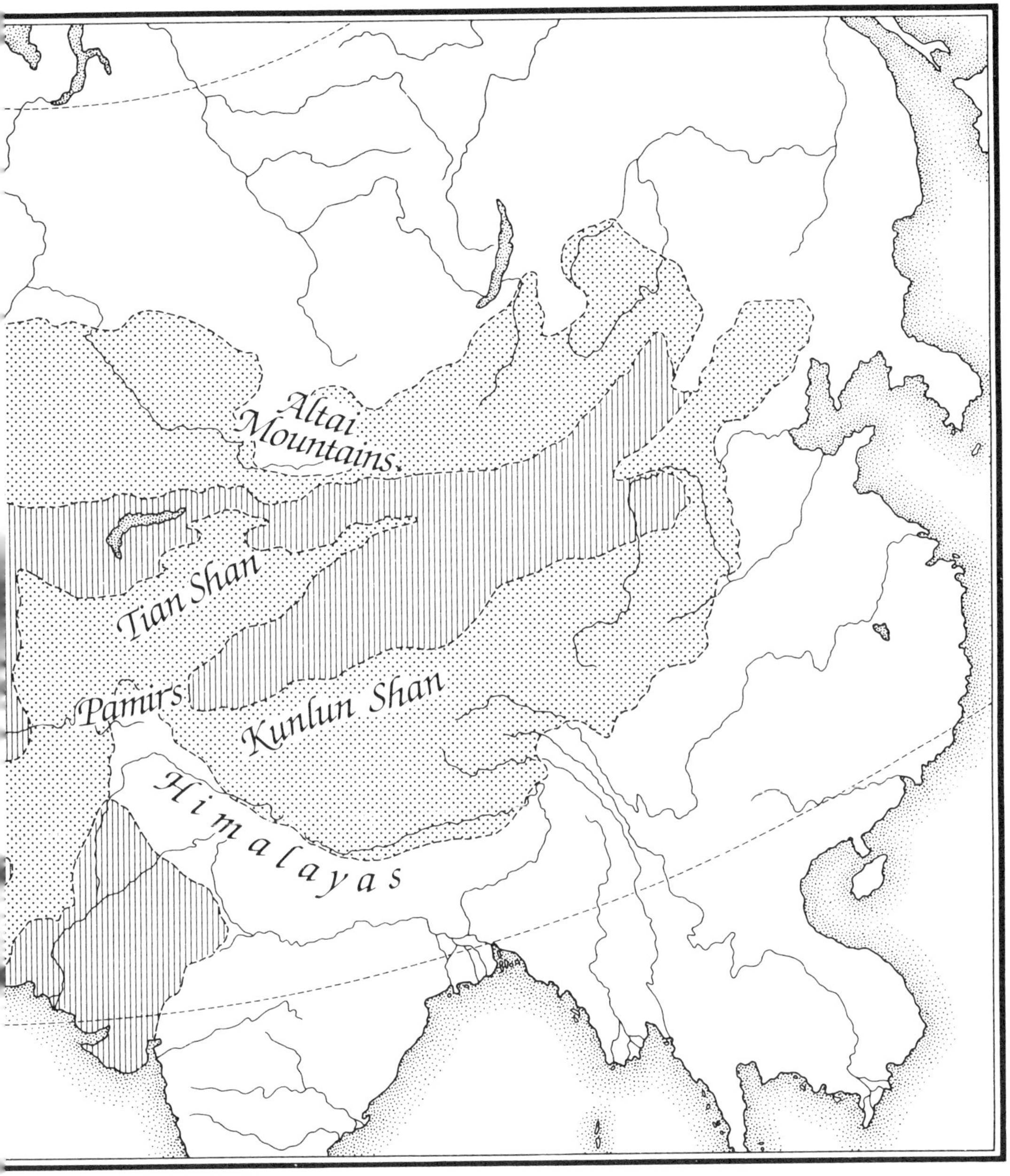

Altai Mountains
Tian Shan
Pamirs
Kunlun Shan
Himalayas

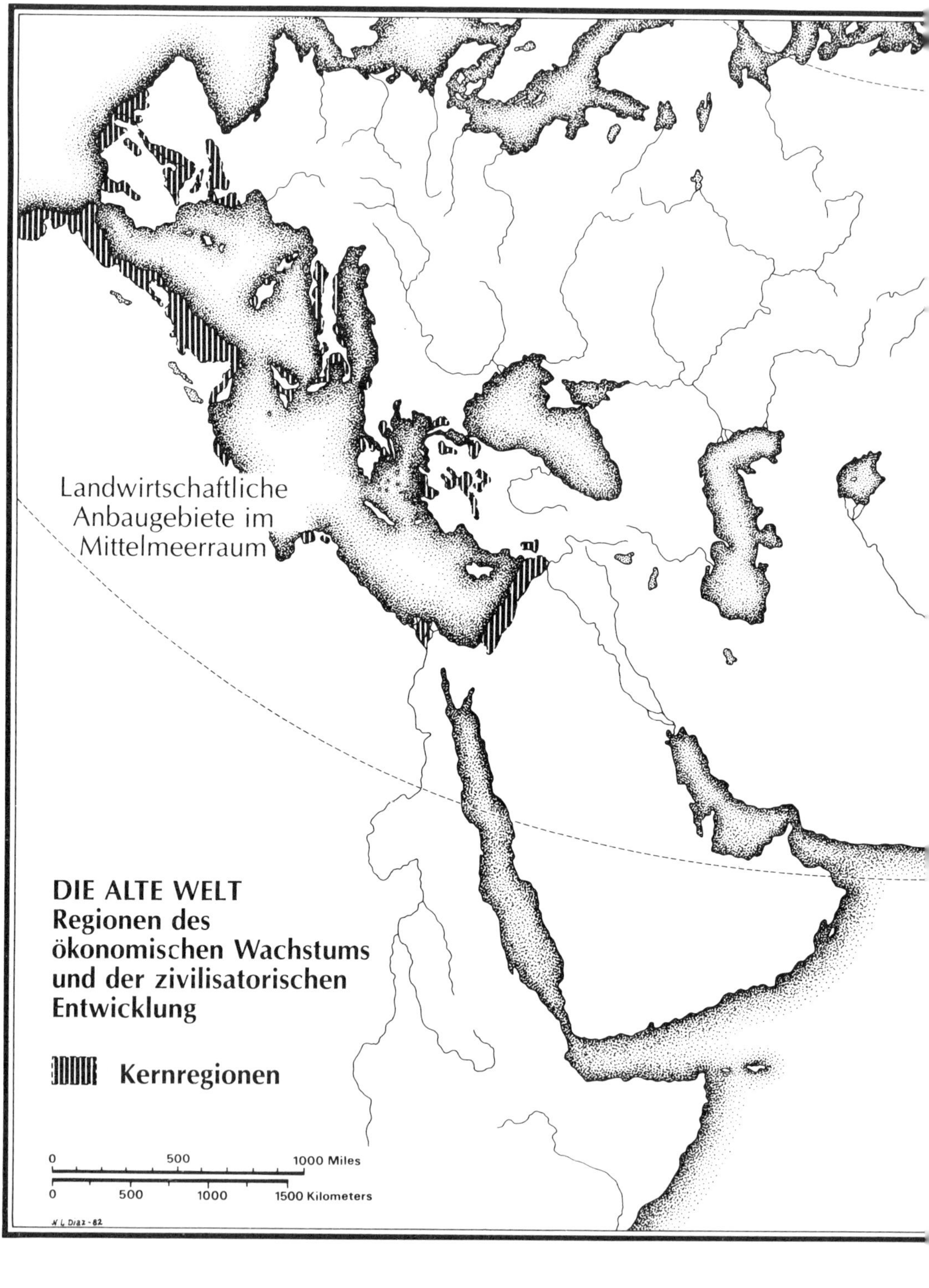
Landwirtschaftliche
Anbaugebiete im
Mittelmeerraum
DIE ALTE WELT
Regionen des
ökonomischen Wachstums
und der zivilisatorischen
Entwicklung
Kernregionen
0 500 1000 Miles
0 500 1000 1500 Kilometers
N. L. Diaz - 82

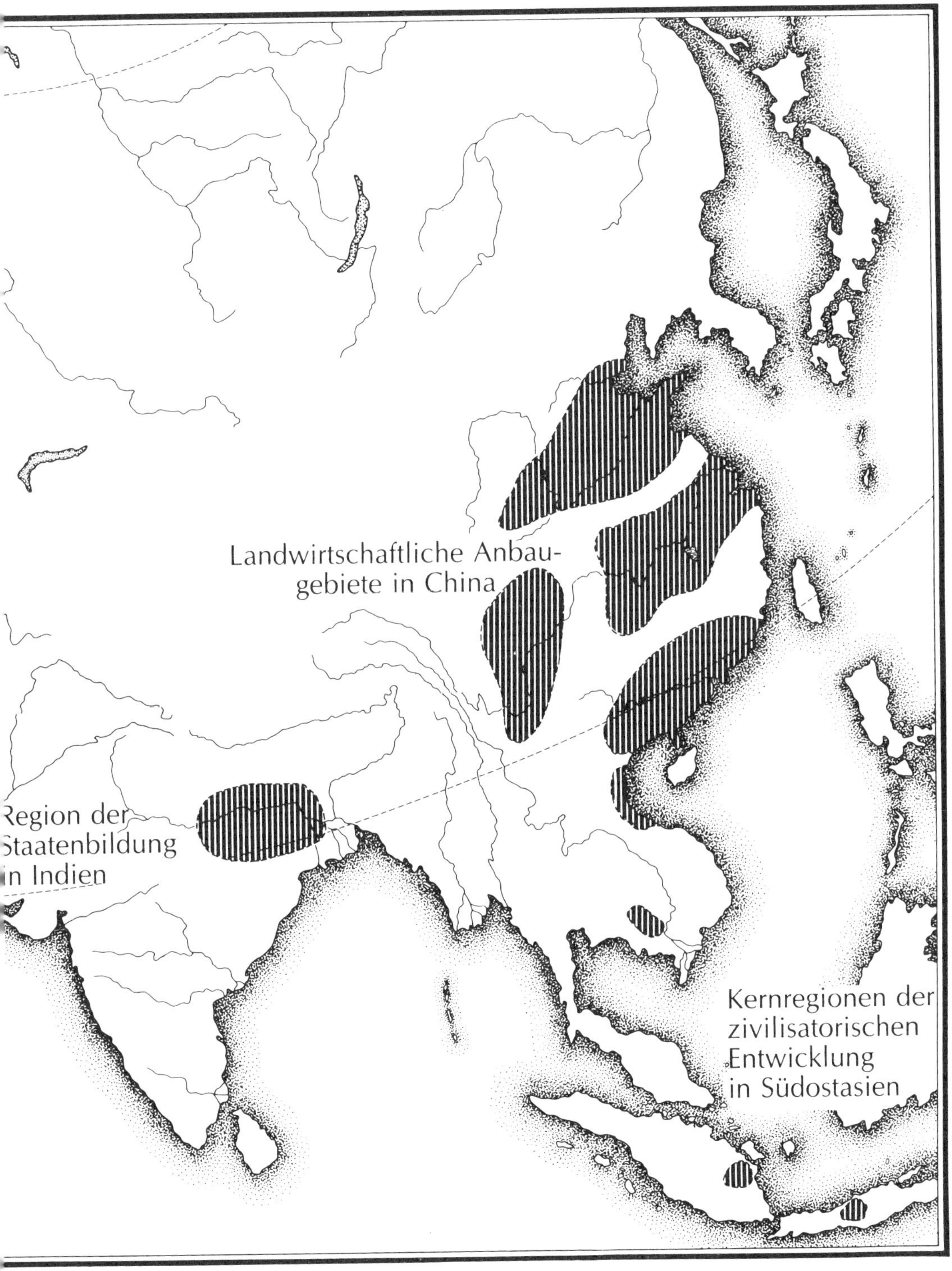

Landwirtschaftliche Anbau-
gebiete in China
Region der
Staatenbildung
in Indien
Kernregionen der
zivilisatorischen
Entwicklung
in Südostasien